Nutze die Heilkräfte
für Seele und Geist

Dr. med. E. Schneider (Hrsg.)

Nutze die Heilkräfte für Seele und Geist

Herausgegeben im Auftrag des Deutschen
Vereins für Gesundheitspflege
unter Mitarbeit von Gerhard Rempel

Saatkorn-Verlag · Hamburg

Mitarbeiter dieses Buches sind:

Jürgen Ansel, Wilhelm Ansorg, Philippe Augendre, Ewald Axt, Peter Lackner, Wilfried Müller, Marna Naumann, Winfried Noack, Gerhard Rempel, Reinhard Rupp, Wolfgang Scherf, Lothar Schmidt, Ernst Schneider, Gerhard Svrcek-Seiler, Lothar Träder, Fred J. Voorthuis, Karlheinz Woeber, Jean Zürcher, Horst Zschunke

Textredaktion: Dr. Ernst Schneider, Gerhard Rempel
Layout und Einbandgestaltung: Hellmut Baensch

2. Auflage

Der Text von Tobias Brocher auf Seite 5 ist dem Buch „Von der Schwierigkeit zu lieben" (Maßstäbe des Menschlichen, Band 8, Kreuz-Verlag, Stuttgart, 1981, Seiten 11. 12) mit freundlicher Erlaubnis des Verlags entnommen.

Gesamtherstellung: Grindeldruck GmbH, Hamburg 13

ISBN 3-8150-1139-6

Professor Dr. med. Tobias Brocher, Sozialpsychologe und Psychoanalytiker

Liebe und Leben sind unlösbar miteinander verbunden. Die Strecke zwischen Geburt und Tod ist nicht umkehrbar. Wir vergehen und wandeln uns in jedem Augenblick. Die Liebe aber ist zeitlos. Sie reicht über diese Strekke hinaus, weit über Zeit und Raum in eine andere Dimension. Eine Illusion? Nein, das ist eine Frage unserer Existenz, der Entscheidungen unseres Lebens, welche Zielvorstellungen wir haben, wohin unser Weg am Ende führt. Unser Leben mag uns oft wie ein wirres Gewebe aus Gut und Böse erscheinen. Was immer aber wir gelebt haben, es fiele uns schwer, dieses Leben mit dem Gefühl zu beenden, die Liebe niemals erfahren zu haben im Geben und Nehmen. Bestimmt nicht die Liebe, was wir aus Hoffnung oder enttäuschter Verzweiflung tun?

Liebe hat Gezeiten wie das Leben, und das ist ihre Schwierigkeit. Sie läßt sich nicht abtrennen von dem, was wir sind und was wir leben. Können wir aber lieben, bevor wir begriffen haben, wer wir sind und was wir tun? An dieser Frage entscheidet sich unser Ich. So erwachsen unsere Taten auch erscheinen mögen, ihre verborgenen Motive können sehr kindlich sein. Wir sind enttäuscht, wenn alles Rennen, Jagen und Hasten inmitten ehrgeiziger Arbeit uns am Ende doch nicht zu dem ersehnten Ziel der kindlichen Motive führt: geborgen und sicher zu sein in echter spürbarer Liebe.

Dann plötzlich taucht die Frage auf: Was hat nun alles für einen Sinn gehabt? Wir fühlen uns leer, traurig und zu Tode erschöpft. Diese Frage rufen wir in die Welt, als erwarteten wir eine Antwort, und sind dann wütend oder enttäuscht, wenn diese Antwort nicht sofort erfolgt. Oder wir hören und verstehen sie gar nicht, weil unsere Ohren taub und unsere Augen blind wurden von der Einseitigkeit unserer Erwartungen. So wiederholen wir die Frage und übersehen dabei, daß nicht wir fragen können, sondern daß wir aufgefordert sind zu antworten. An uns selbst ist eine Frage gerichtet: „Adam, wo bist du?“

Inhalt

Vorwort

Dieses Buch will Heilkräfte darstellen, die durch die Zwänge und seelischen Gefahren unseres technisierten Lebens weitgehend aus dem Bewußtsein verdrängt werden und dem Vergessen anheimfallen. Sie verdienen es aber, neu entdeckt zu werden.

Krankheit und Heilung spielen sich vordergründig im körperlichen Bereich ab. Wir erkennen die Krankheiten an ihren manchmal sehr typischen Erscheinungen und gehen ihnen dann mit Medikamenten, physikalischen Maßnahmen und Diätvorschlägen buchstäblich „zu Leibe".

Finden wir aber bei einer eingehenden ärztlichen Untersuchung keine verwertbaren Abweichungen von der Norm, so kommt man zu dem Schluß, daß der Untersuchte „organisch", also im Bereich der Körperorgane, gesund ist, was aber durchaus nicht heißt, daß sich dieser Mensch auch gesund und wohl fühlt.

Weitere Untersuchungen dringen dann auf das Gebiet der Krankheiten vor, die sich zwar als körperlich empfundene Erscheinungen oder auch als tatsächliche organische Erkrankungen (wie Asthma, Magengeschwür, Bluthochdruck u. a.) darstellen, aber ihren Ursprung, ihre Ur-sache im seelischen Bereich haben und daher auch als seelisch bedingte Erkrankungen erkannt werden müssen.

Bei den komplizierten, vielschichtigen und widersprüchlichen Einflüssen körperlicher, seelischer und geistiger Art auf unsere Gesundheit, unsere Krankheit, unser ganzes Sein und Dasein, ist es natürlich schwierig, eine diagnostische Klärung herbeizuführen. Man muß sich dazu meist mit der ganzen bisherigen Lebensgeschichte auseinandersetzen.

Organische Erkrankungen sind mit den heutigen diagnostischen Möglichkeiten meistens zu klären. Seelische Krankheiten lassen sich mit rein naturwissenschaftlichen Methoden kaum erfassen. Welche Möglichkeiten der diagnostischen Klärung und heilenden Beeinflussung heute auch bei seelischen Erkrankungen bestehen, gehört zum Themenkreis unseres Buches.

Die Autorengruppe setzt sich, der umfangreichen Thematik wegen, aus Ärzten verschiedener Fachrichtungen, Psychologen, Psychotherapeuten, Pädagogen, Theologen und Seelsorgern zusammen, um den gestellten Aufgaben möglichst weitgehend gerecht zu werden und möglichst den ganzen Menschen mit Körper, Seele und Geist zu erfassen.

Alle Autoren sind sich einig darin, daß Krankheit und Heilung den ganzen Menschen angehen und daher oft genug keine rein ärztliche Aufgabe sind. Dennoch wird der Arzt versuchen, seine Patienten über ihre Krankheit zu informieren, sie zur Mitarbeit bei den Behandlungsmaßnahmen zu gewinnen, sie möglichst zu Partnern zu machen und zu einem vernünftigen Gesundheitsverhalten zu veranlassen.

Nur wenn der einzelne Mensch hierzu bereit ist, werden auch Heilungsergebnisse zu erzielen sein und wird sich neue Lebensfreude einstellen.

Dieses Buch spricht daher zunächst Menschen mit körperlich-seelischen Erkrankungen an, deren Zahl in der ganzen zivilisierten Welt ständig zunimmt, so daß man heute schon von einer kollektiven Neurose unserer Gesellschaft spricht. Viel Fleiß wird von denkenden und forschenden Menschen aufgewandt, um die Ursachen, die diesen Krankheiten zugrunde liegen, zu erkennen. Geklärt ist wohl, daß die seelisch-geistigen Erkrankungen nicht selten als unwillkürliche, mehr oder weniger auch unbewußte Reaktionen auf größere Belastungen oder Konflikte auftreten, also aus dem Inneren des Menschen stammen. Ebensogut können es aber auch Konflikte der zwischenmenschlichen Beziehungen sein. Es ist auch klar, daß wir auf die Dauer keine echte Heilung erreichen, wenn wir die seelisch-geistigen Abläufe nicht in die Diagnose und Behandlung einbeziehen.

Die innerseelischen Belastungen spielen als kränkende oder krankmachende Faktoren eine weitaus größere Rolle, als die meisten Menschen ahnen. Viele Menschen ringen, um nicht zu sagen betteln um ein wenig Geborgenheit, Hoffnung, Glauben, Freude, Lachen, Singen und Anständigkeit, weil es einfach zum menschlichen Leben gehört. Sie finden aber oft nur Ablenkung, Amüsierplätze und -lokale, Traumfabriken, Konsumanheizung, Sensationsblätter, Kitsch, Schundliteratur und Verführung. Sie haben Angst oder Furcht, sind trostlos und niedergeschlagen oder werden aggressiv bis terroristisch.

Auch die aus den zwischenmenschlichen Beziehungen und der weiteren (sozialen) Umwelt sich ergebenden Belastungen und Konflikte (Ehepartner, Familie, Arbeitsplatz, Klub und Verein, Partei) bedürfen größerer Beachtung. Es ist ja nicht mehr daran zu zweifeln, daß heute viele Menschen der Dauerbelastung des modernen Berufslebens, dem Tempo der technischen Entwicklung, der ständigen Informationsflut und dem unerhörten Wissenszuwachs nicht mehr standhalten können. Das schafft Unruhe, Verkrampfung, Depressionen, Unsicherheit, Minderwertigkeitsempfindungen, Furcht vor dem Versagen und Angst vor dem Verlust des Arbeitsplatzes.

Krankmachende Faktoren können – über die Mitmenschen hinaus – auch in der natürlichen Umwelt liegen, wobei sofort die Frage auftaucht, wo wir noch eine unberührte Natur finden. Diese Frage geht uns alle an.

Dieses Buch wendet sich daher an alle Menschen, die schon lange ahnten, heute aber wissen, daß die stürmische industrielle und zivilisatorische Entwicklung – Faktoren, die an sich zu begrüßen sind – zur Ausbeutung und Verwüstung der Erde führen. Das kann aber nicht der Sinn des menschlichen Lebens sein und stellt auch nicht die Verwirklichung des biblischen Auftrags dar: „Macht euch die Erde untertan und herrschet über sie." Die Erde ist uns vom Schöpfer gegeben, um uns an der Schöpfung teilnehmen zu lassen, indem wir sie durch eigene schöpferische Mitarbeit im wahrsten Sinne des Wortes kultivieren, das heißt, ihre Möglichkeiten zur Entfaltung bringen.

Dieses Buch wird gewiß von allen Menschen begrüßt werden, die sich eine Ahnung oder ein Gefühl dafür bewahrt haben, daß es jenseits der sichtbaren oder sonst sinnlich erfaßbaren Welt eine über unsere Sinne hinausgehende, übersinnliche, metaphysische Welt gibt, die sich unserem Verstand allein, auch bei einem außergewöhnlichen Aufwand an Nachdenken, nicht eröffnet. Dazu benötigt der Mensch außer dem Verstand auch das seelische Empfinden, Vorstellungs- oder Einbildungskraft und die Phantasie. Das sind aber alles Kräfte, die das moderne zivilisierte Leben des Wohlstands in gefährlicher Weise verkümmern läßt.

Wir möchten zeigen, daß in einer neuen Denkungsart vielfache, ungehobene Lebens-, Gesundheits- und Heilkräfte für Leib, Seele und Geist liegen.

Ernst Schneider

Unser Wunsch: Gesund an Leib und Seele

„Wenn man versteht und fühlt, daß man schon in diesem Leben an das Grenzenlose angeschlossen ist, ändern sich Wünsche und Einstellungen. Letzten Endes gilt man nur wegen des Wesentlichen, und wenn man das nicht hat, ist das Leben vertan." (C. G. Jung)

Gedanken zur körperlichen und seelischen Gesundheit

Naturgemäßes Denken sieht den Lebenslauf des Menschen als ein Ganzes. Störungen, vom Unwohlsein bis zu schweren Krankheiten, sind nur im Zusammenhang mit dem Ganzen zu verstehen. Ursachen sind nicht nur Bakterien und Gifte, sondern die Bedingungen, durch die der Mensch in eine Abwehrreaktion auf die „Ursachen" – Krankheit genannt – gerät. Gesund oder krank ist immer nur der ganze Mensch mit Leib, Seele und Geist. Heilung betrifft stets das Körperliche wie das Seelisch-Geistige.

Heilwerden ist nicht immer möglich. Man lernt dann mit der Krankheit zu leben und fragt nach ihrem Sinn. Auch Krankheit gehört zum Dasein des Menschen.

Die naturwissenschaftliche Krankheitsauffassung

- **Fortschrittlich, doch unzureichend**
- **Die Seele erfassen**
- **Organisation besiegt die Krankheit nicht**
- **Mehr persönliche Zuwendung**

Die psychosomatische oder ganzheitliche Medizin

- **Keine Krankheiten – nur kranke Menschen**
- **Bedeutung der Erlebnisvorgänge**
- **Angst beherrscht unser Leben**
- **Wir handeln nicht vernunftgemäß**
- **Seelisch Kranke fliehen vor sich selbst**
- **Kampf ums Dasein verdrängt das Wesentliche**

Die naturwissenschaftliche Krankheitsauffassung

Unsere moderne Medizin ist naturwissenschaftlich orientiert und – mit Recht – auf hochentwickelte labortechnische Methoden der Krankheitsfindung (Diagnostik) und erstaunliche Behandlungstechniken stolz. Sie kann eine überwältigende Fülle von großartigen Entdeckungen und Leistungen aufführen. Das hat im europäischen Raum nicht nur seinen Niederschlag in einer Verlängerung des Durchschnittsalters der Menschen gefunden, sondern hat auch zu einer Verbesserung der allgemeinen Lebens-, Ernährungs- und Arbeitsbedingungen geführt. Hierbei ist auch an die Verminderung der Säuglings- und Kleinkindersterblichkeit und an die Eindämmung der Infektionskrankheiten, besonders auch der großen gefährlichen Seuchen, zu denken. Unbedingt zu erwähnen sind aber auch die Entwicklungen operativer Verfahren in der Chirurgie, Orthopädie und Frauenheilkunde. Sie führten zu Verbesserungen der Bestrahlungsgeräte und der Narkoseverfahren und zu neuen Methoden der Herzdiagnostik und Herzchirurgie. Die operativen Heilungen von angeborenen Herzfehlern und lebensgefährlichen Verengungen der Herzkranzgefäße (Bypass-Operationen) und anderer großer Blutgefäße sind bewundernswert. Man könnte die Aufzählung der modernen Errungenschaften noch wesentlich erweitern. Die ärztliche Wissenschaft hat eine erstaunliche Höhe erklommen.

Gesundheit bedeutet nicht nur das Funktionieren der Körperorgane, sondern hat es auch mit Wohlgefühl, gesunder Umwelt und geordneten sozialen Verhältnissen zu tun.

Trotz all dieser großartigen Erfolge hören wir aber mehr und mehr Klagen über die unmenschliche Medizin, das inhumane Krankenhaus, die Mißachtung der Menschenwürde und der seelischen Bedürfnisse der Patienten.

Fortschrittlich, doch unzureichend

Es entwickelt sich heute, vielleicht mitbedingt durch die Überflutung mit medizinischen Informationen durch alle Massenmedien, der mündige Patient genauso, wie wir ja schon längere Zeit vom mündigen Staatsbürger sprechen. Ob und wieweit das seine Berechtigung hat, muß zunächst noch unbeantwortet bleiben.

So fortschrittlich die rein naturwissenschaftliche Medizin auch ist, sie bleibt dennoch für den Patienten unzulänglich, solange sie den Menschen als eine Zusammenballung von kompliziert gebauten Eiweißmolekülen *(Bertrand Russell)* und als eine Ansammlung von Organen und Teilfunktionen ansieht, die bei Betriebsstörun-

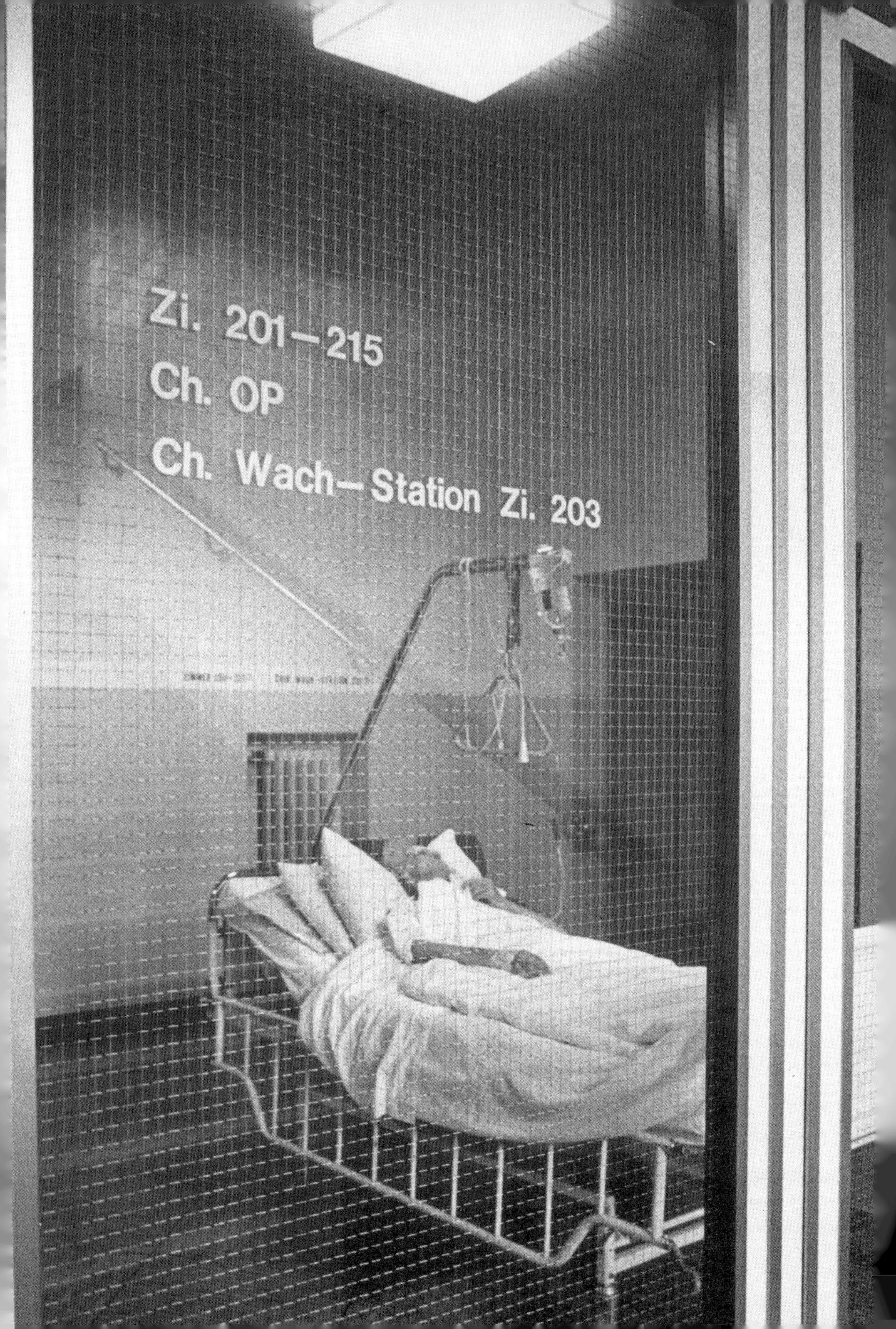
Zi. 201–215
Ch. OP
Ch. Wach–Station Zi. 203

Wichtig für den Kranken ist die persönliche Zuwendung. Für diese ist in dem modernen Krankenhausbetrieb kaum mehr Raum. Aber eine reine Organmedizin ist für den Menschen zu wenig.

gen wieder neu „eingestellt" werden müssen – wie die Zündung beim Auto.

Die naturwissenschaftliche Medizin bleibt auch dann noch unzulänglich, wenn sie in die reine Organmedizin einmündet und ohne unseren Willen (unwillkürlich) über das vegetative Nervensystem ablaufende Ordnungsbeziehungen, die zur Erhaltung der Gesundheit notwendig sind, einbezieht. Und sie bleibt selbst dann unzulänglich, wenn sie die zahlreichen, uns heute bekannten „biologischen Faktoren" berücksichtigt, die bestimmte biochemische Reaktionen auslösen, um das Stoffwechselgleichgewicht aufrechtzuerhalten.

Wenn also die naturwissenschaftlich-materielle Denkform nicht ausreicht, dann kann sich die daraus erwachsene Medizin in ihrem praktischen Handeln am Menschen auch nur als unzureichend erweisen. Woran liegt das?

Die Seele erfassen

Der Mensch besteht eben nicht nur aus einem Körper, sondern er stellt eine Körper-Seele-Geist-Einheit dar. Wir müssen daher über den körperlichen Bereich hinaus auch im seelisch-geistigen Bereich nach Ordnungs- und Regelungsfaktoren, gesund- und krankmachenden Einflüssen suchen.

Der naturwissenschaftlichen Medizin entspricht eine materialistische Krankheitsauffassung. Hierbei sieht der Arzt seine Aufgabe darin, dem kranken Menschen materielle Hilfe zu leisten, indem er dessen Organe und ihre Funktionen wieder „in Ordnung" bringt, sie notfalls sogar entfernt oder ersetzt. Diese Auffassung ist so lange richtig und ausreichend, als es sich um Unfälle oder akute Erkrankungen handelt – wie zum Beispiel bei einer Blinddarmentzündung oder einer Gallenkolik.

Haben wir es aber mit einem Menschen zu tun, der in seinem seelischen Fühlen und Erleben dauernden Spannungen ausgesetzt ist, für die er keinen entsprechenden Ausgleich und damit keine angemessene Entspannung findet, wird ein Arzt mit rein naturwissenschaftlicher, materialistischer Krankheitsauffassung zu den verschiedensten Beruhigungsmitteln greifen, die letztlich wirkungslos bleiben und auch wirkungslos bleiben müssen, weil sie die zugrunde liegende Krankheitsproblematik nicht zu beeinflussen vermögen.

Durch die seelischen Dauerbelastungen treten unwillkürliche (vegetative) Fehlsteuerungen auf, die mit materiellen Mitteln, zum Beispiel Medikamenten, nicht zu beheben sind. Sie lassen sich mit großer Wahrscheinlichkeit nur mit seelischen Beeinflussungen, wie sie die Psychotherapie (Seelenheilkunde) ausübt, auflösen. Das kann aber wiederum nur aus einer ganz anderen Krankheitsauffassung heraus geschehen.

Bevor wir aber diese „andere Krankheitsauffassung" näher erörtern, werfen wir zunächst noch einen Blick auf unser gesamtes heutiges Gesundheits- und Krankenversorgungssystem. Was nämlich für die Einzelperson, den Patienten, gilt, trifft für unser gesamtes System zu.

Organisation besiegt die Krankheit nicht

Bei der ständig zunehmenden Überorganisation unseres Gesundheitswesens ist es nicht verwunderlich, daß die rein menschliche und das heißt seelische Zuwendung zum einzelnen Kranken durch Arzt und Pflegepersonal zu kurz kommt. Das trifft besonders für Krankenhäuser zu, die häufig mit zu wenig und zu schnell wechselnden Ärzten und Schwestern besetzt sind.

Dabei entsteht in unserer Bevölkerung ein echtes und dringendes Bedürfnis nicht nur nach einer technisch-perfekten, sondern auch nach menschlicher ärztlicher Betreuung. Der Kranke braucht ein Wort von Mensch zu Mensch.

Gerade hieran zeigt sich eindeutig, daß der Mensch unserer Tage nicht nur Krankheiten hat, sondern vielmehr krank *ist;* krank als ganze Person, krank an Leib und Seele.

Es ist kaum möglich, leidende oder kranke Menschen einzuteilen in seelisch Kranke *ohne* körperliche Mitbeteiligung und seelisch Gesunde *mit* körperlichen Schäden.

Was nützt es, daß wir in der Bundesrepublik mehr als zehn Prozent unseres Sozialproduktes – zur Zeit mehr als 127 Milliarden DM – zur Gesundheitssicherung ausgeben, wenn der Patient dabei seelisch verkümmert? Es ist gar nicht selten, daß ein Kranker in einer ausgezeichneten, hochtechnisierten Klinik vereinsamt, auf sich selbst zurückgeworfen ist und resigniert *(Th. v. Uexküll).*

Selbstverständlich ist nicht nur die Personalsituation in den Krankenhäusern und Kliniken an dieser nicht menschengerechten Medizin allein schuld. Es sind auch die starren Strukturen im Gesundheitswesen und die jahrelang hochgezüchteten Erwartungen, daß der „Sieg über die Krankheiten" durch den massiven Einsatz von Geld und medizinischer Technologie machbar sei.

Mancher Arzt erfährt im persönlichen Gespräch, daß die Krankengeschichte des Patienten dessen Lebensgeschichte ist. Rechts: Kreatives Gestalten ist jedem und in jedem Lebensalter möglich.

Mehr persönliche Zuwendung

Es erweist sich immer mehr als eine Illusion, daß Technologie und Chemie Heilmittel gegen alle Krankheiten zu schaffen vermögen. *Thorwald* erinnert mit Recht an einen berühmten Forscher vom California Institute of Technology, der 1970 noch proklamierte: „Wir kennen keine Grenzen unserer Lebensdauer. Wie alt wollen Sie werden?"

Es liegt auch an unseren, durch ununterbrochene Werbung hochgezüchteten Konsumgewohnheiten und an einer Wirtschaft, die nur auf materielle und egoistische Zuwachsraten zielt.

Sieht man einmal von den organisatorischen und finanziellen Fragen, die ohnehin kaum noch lösbar sind, ab, so bleibt immer

noch das große und mit keiner noch so raffinierten Technik zu erfüllende und zu befriedigende Bedürfnis des kranken Menschen nach menschlicherer medizinischer – besser ärztlicher – Zuwendung und Betreuung. Bürokratische Maßnahmen oder gar staatliche Eingriffe sind nicht in der Lage, menschenwürdigere Formen der Heilkunde zu entwickeln und zu praktizieren.

Wenn aber der Arzt diesem Bedürfnis nicht entspricht oder nicht entsprechen will, weil er sich nur als naturwissenschaftlich trainierter Organtherapeut versteht, so muß man sich nicht wundern, daß sich Selbsthilfeorganisationen entwickeln, die den Versuch unternehmen, eine „alternative Medizin" zu suchen, was natürlich die Gefahr in sich birgt, schnell in eine unverantwortliche „Laienmedizin" zu münden.

Inzwischen gibt es jedoch auch Ärzte und Ärztegruppen, die nach neuen, ganzheitlichen Formen der Medizin suchen und dabei Modelle entwickeln, die eine allseitige und damit wesentlich menschengerechtere Krankenversorgung gewährleisten sollen.

In diesem Zusammenhang ist besonders Prof. *Thore v. Uexküll* zu nennen, der solche Modelle in seinem Buch „Integrierte Psychosomatische Medizin" darstellt. Das leitet schon über von der zwar technisch außerordentlich fortschrittlichen und in vielen schwierigen Krankheitszuständen auch lebensrettenden naturwissenschaftlichen Medizin – auf die wir weder verzichten können noch wollen – zu einer den gesamten Menschen in den Vordergrund stellenden, Körper, Seele und Geist berücksichtigenden Medizin, die wir als Ganzheitsmedizin oder auch psychosomatische Medizin bezeichnen können.

Die psychosomatische oder ganzheitliche Medizin

Die psychosomatische Medizin entspricht einer Krankheitsauffassung, bei der seelische Erregungen etwas zu bedeuten haben. Nach ihrer Meinung kann sich eine Vielzahl von Erlebnissen kränkender und verletzender Art und belastender Gefühle (zum Beispiel Trauer und Leid) im Körperlichen ausbreiten und dabei spezielle Krankheitsbilder hervorrufen. Was uns kränkt, macht uns krank. Die psychosomatische Krankheitsauffassung kennt eine so große Zahl seelisch-leiblicher Beeinflussungen, wie es Erlebnisse und Gefühle gibt.

An dem einen Ende dieser ganzen Reihe von Erlebnissen und Gefühlen stehen die selteneren oder extremen Fälle der vorwiegend erblich bedingten Krankheiten, bei denen ein Erlebnis keine große Rolle spielt oder bedeutungslos ist. Am anderen Ende stehen die ganz überwiegend erlebnisbedingten Krankheiten, zum Beispiel die Psychoneurosen. Bei diesen tritt die erbliche Komponente zurück.

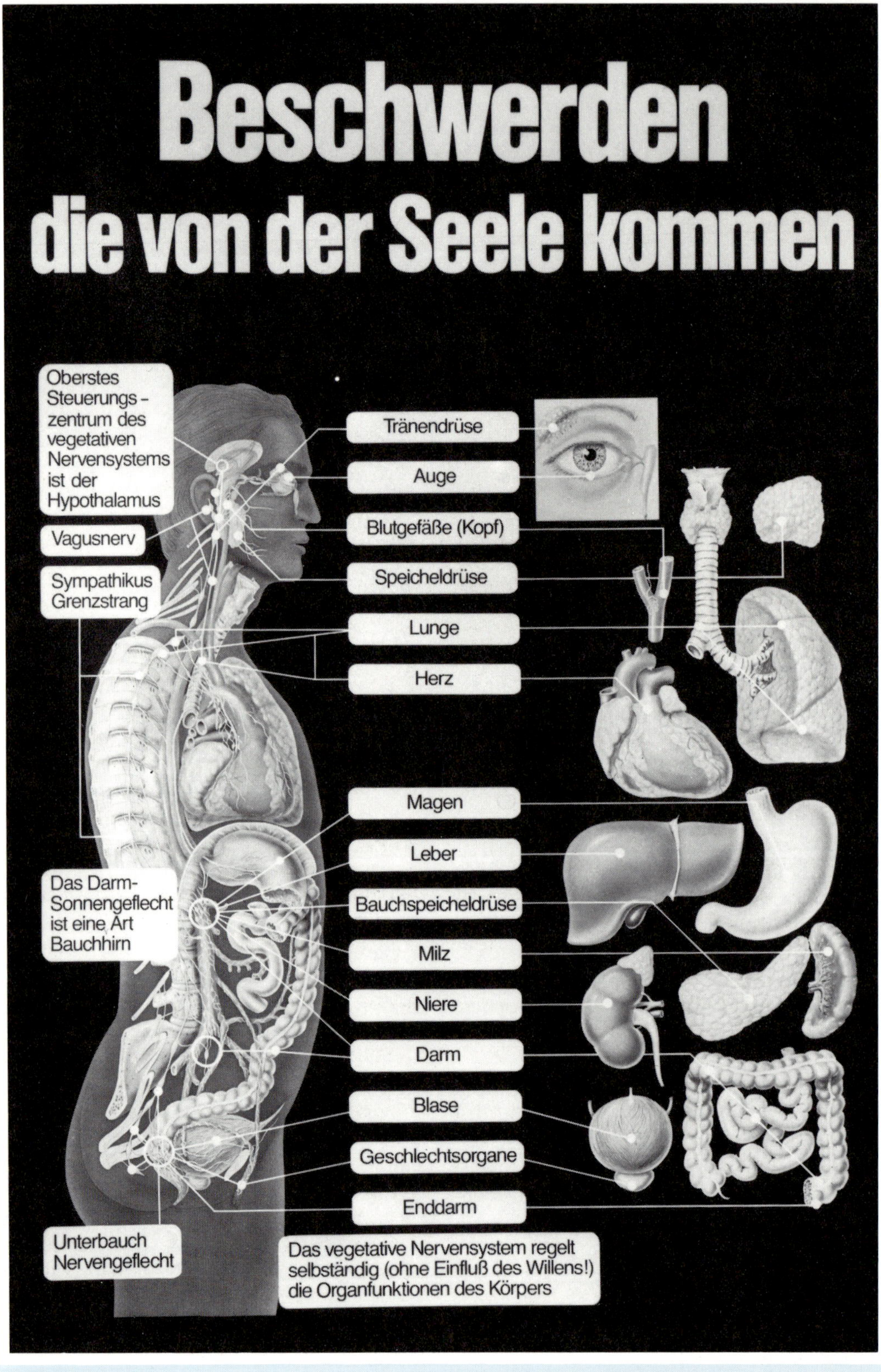
Beschwerden
die von der Seele kommen
Oberstes Steuerungs-zentrum des vegetativen Nervensystems ist der Hypothalamus
Vagusnerv
Sympathikus Grenzstrang
Das Darm-Sonnengeflecht ist eine Art Bauchhirn
Unterbauch Nervengeflecht
Tränendrüse
Auge
Blutgefäße (Kopf)
Speicheldrüse
Lunge
Herz
Magen
Leber
Bauchspeicheldrüse
Milz
Niere
Darm
Blase
Geschlechtsorgane
Enddarm
Das vegetative Nervensystem regelt selbständig (ohne Einfluß des Willens!) die Organfunktionen des Körpers

Keine Krankheiten – nur kranke Menschen

Früher glaubte man, daß seelische oder seelisch bedingte Leiden seltene Ausnahmen seien. Heute kann man damit rechnen, daß fast 90 Prozent aller Leiden und Krankheiten seelisch bedingt oder zumindest „seelisch überlagert" sind. Zur Zeit gibt es viele ungelöste Lebensprobleme im beruflichen Bereich, in der häuslichen und schulischen Erziehung, im Bereich der Familie, in Ehe, Liebe, Sexualität und bei der Entwicklung des Selbstbewußtseins. Sie alle erzeugen eine gesteigerte Erregbarkeit, Angst, Unsicherheit und Minderwertigkeitsgefühle. Im körperlichen Bereich drückt sich das aus in Kreislaufstörungen, Herzbeschwerden, Unruhe, Schlaflosigkeit, Migräne, Kopfschmerzen, Krampfzuständen oder Magen- und Darmleiden.

Erlebnisse und Erfahrungen aus der Außen- wie auch aus der triebbestimmten Innenwelt, die nicht verarbeitet werden, wie es einem gesunden Seelenleben entspricht, besitzen eine krankmachende Wirkung. Wirklich verarbeitete Erlebnisse und Erfahrungen lösen dagegen einen Reifungsprozeß aus, führen damit zu einem seelischen Gleichgewicht und haben so eine heilende Wirkung.

Medikamente oder physikalische Maßnahmen können bei erlebnisbedingten Krankheiten keine oder nur geringe Heilwirkungen haben. Denn sie rufen lediglich eine biochemische – also materielle – Veränderung im Organismus hervor. Diese hemmt zwar die seelische Erregung oder vermindert den seelischen Druck (Depression), führt aber nicht zu einer Lösung.

Man braucht nur daran zu denken, mit welcher Konstanz beruhigte, verdrängte, anscheinend in Vergessenheit geratene ungelöste Fragen immer wieder auftauchen. Hier ist mit materiellen Mitteln nicht zu helfen, sondern nur mit seelisch beeinflussenden Heilverfahren.

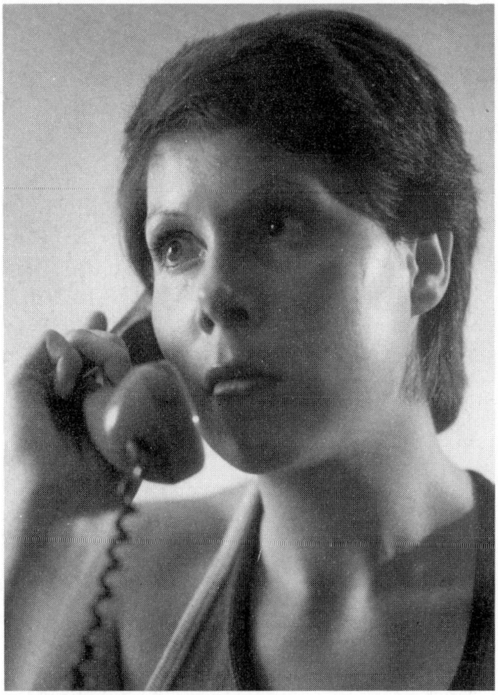

Seelische Erregungen drücken sich unmittelbar in körperlichem Geschehen aus.

Bedeutung der Erlebnisvorgänge

Bei der völligen Durchdringung der nur in Gedanken zu trennenden Teilbereiche Körper, Seele und Geist ist selbstverständlich eine mehr oder weniger starke gegenseitige Beeinflussung der Teilbereiche unabdingbar.

Sobald wir uns „Eindrücken" oder „Einflüssen" aus der Außen- oder Innenwelt hingeben, verknüpft sich unser Denken mit erregenden Gefühlen. Dadurch verstärkt und erweitert sich der Einfluß unseres Gedankenganges auf unsere körperlichen Organfunktionen.

Erregungen beeinflussen also unsere Gedanken, die uns in eine entsprechende Stimmung versetzen, und diese Stimmung drückt sich dann unmittelbar auch im körperlichen Geschehen aus.

Übersteigen die Eindrücke und Erregungen die Anpassungsfähigkeit und damit die Grenzen der körperlichen Funktionen, treten krankhafte Reaktionen im Bereich des Körperlichen und Seelischen auf. Umgekehrt werden auch immer Seele und Geist beeinflußt, wenn uns irgendein Reiz oder ein Schaden im körperlichen Bereich trifft. Jeder Schreck als psychische Erregung kann einen Kreislaufkollaps zur Folge haben, und jede Verletzung führt zu seelischen Erregungszuständen.

Jeder von uns erlebt eine Vielzahl von seelischen Erregungen wie Liebe und Leid, Hoffnung und Verzagen, Bitterkeit und Glück, Bosheit und Gutmütigkeit und viele andere. Sie haben nicht alle einen Krankheitswert, sondern je nach Art und Stärke auch gesundheitsfördernde Wirkungen.

Alle Erregungen unseres seelisch-geistigen Bereichs, ob sie uns nun kränkend oder gesundend beeinflussen, müssen erlebt und durchlebt werden, um daran zur Persönlichkeit zu reifen und zur Selbstfindung zu gelangen. Das ist ihre positive Seite.

Dieser Reifungsprozeß ist durchaus nicht einfach und kommt auch im Verlauf des Lebens nie völlig zum Abschluß. Viele Faktoren aus der Außen- wie auch aus der Innenwelt machen diesen notwendigen Prozeß gerade für den modernen Menschen so schwierig, zumal die krankmachenden und verletzenden Erregungen häufig überwiegen. Deshalb müssen diese noch etwas eingehender dargestellt werden. Ein Beispiel von vielen ist die Angst, die heute zahllose Menschen beherrscht.

Angst beherrscht unser Leben

Die Menschen haben wie zu früheren Zeiten auch heute noch Angst vor dem Kranksein, Angst vor dem Krieg, ja Angst vor dem Leben überhaupt. Hinzu kommt heute noch die Angst vor der bis vor einiger Zeit stürmisch begrüßten und als Fortschritt gefeierten Technik, die aber heute übermächtig geworden ist und das Leben der Menschen auf dieser Erde auslöschen kann. Dazu wird jeder von Bürokratie und Datenerfassung durchleuchtet, so daß jede Individualität und jedes Eigenleben zu ersticken drohen. Auch die Möglichkeit der Beeinflussung von Erbfaktoren (Gen-Manipulation) wird als Bedrohung empfunden.

Suchen nicht auch immer mehr Menschen wegen ihrer mechanisierten, langweiligen, unschöpferisch gewordenen und als Last empfundenen Arbeit nach übernatürlichen Beziehungen, nach Magie, „Bewußtseinserweiterung“ durch Drogen, nach Ekstase, nach Sensationen jeder Art? Vertrauen sie sich nicht mehr und mehr dem Glück, dem Zufall oder irgendwelchen Idolen an und betrachten sich selbst nur als Fans?

Wir handeln nicht vernunftgemäß

Alles das ist mit der Vernunft nicht zu erklären, es sind alles Ausdrucksformen des oft nicht entwickelten, nicht befriedigten oder unterdrückten, gekränkten oder sogar kranken seelischen Bereiches.

Deshalb haben es die Ärzte heute überwiegend mit Menschen zu tun, die in ihrem seelischen Erleben dauernden Spannungen ausgesetzt sind, für die sie keine Entlastung oder keine natürliche Entspannung finden.

Es wird immer wieder behauptet, daß der moderne Mensch in erster Linie ein Vernunftwesen sei, ein Mensch, der Gründe und Hintergründe im persönlichen, wirtschaftlichen, gesellschaftlichen und politischen Leben durchschaue. Er wäre ja sonst nicht als mündiger Bürger zu bezeichnen.

Glaubt dieser Mensch wirklich nicht mehr an Wunder und außerirdische Kräfte? Existieren für ihn Begriffe wie Glaube, Liebe, Hoffnung, Gott nicht mehr?

Es ist sicher eine Fehleinschätzung zu meinen, daß wir es bei der Mehrzahl der Menschen unserer Zeit mit „mündigen" Bürgern zu tun haben. Um als „mündig" zu gelten, muß man seelisch und geistig gesund sein.

Der seelisch kranke Mensch ist nicht in der Lage, sich den Herausforderungen des modernen Lebens zu stellen. Er ist nicht einmal fähig, sich der Freiheit, die er tatsächlich besitzt, zu erfreuen und den – noch immer bestehenden – Wohlstand in unserem Lande zu verkraften. Das bildet alles eine Verlockung für ihn, der er nicht widerstehen kann, und eine Prüfung, der er nicht standhält.

Der seelisch kranke Mensch ist unentschlossen, labil, antriebslos, ohne Leistungsbereitschaft. Er fühlt sich wurzellos, unverstanden, orientierungslos und ungeborgen. Er kann nicht leben und nicht sterben und wird damit besonders leicht ein Opfer des Alkoholismus, der Drogensucht und der Kriminalität. Am Ende steht nicht selten der Selbstmord. Das ist wahrlich nicht das Bild eines „mündigen" Bürgers.

Seelisch Kranke fliehen vor sich selbst

Bei der großen Verbreitung der seelischen Nöte und Erkrankungen in unserer Zeit ist jedes Nichtsehenwollen, vor allem auch jede satte Behäbigkeit fehl am Platze. Dringend notwendig dagegen ist, daß uns die Augen geöffnet werden für die Ursachen der ganzen Fehlentwicklung. Schließlich benötigen wir auch eine Antwort auf die Frage, ob unsere heutige Basis, auf der wir unser Leben aufgebaut haben, uns überhaupt noch trägt.

Für die meisten von uns sind Angst, Verwirrung, Lebens- und Existenzkrisen, Ratlosigkeit und Vereinsamung ständige Begleiter geworden. Wir müssen alle mit ihnen leben. Jeder muß trotzdem den „Weg zu sich selbst" finden. Jeder muß „werden", um zu „sein", wenn auch unter vielen widrigen Umständen.

Kampf ums Dasein verdrängt das Wesentliche

Für viele, vielleicht sogar für die Mehrzahl der Menschen steht aber nicht das Werden und Sein im Vordergrund, sondern das Kämpfen, um zu „haben", das Ringen um Besitz und Wohlstand. Dieser Kampf stellt sich täglich neu und spielt sich mit und in der äußeren Welt ab. In dieser ständigen Konfrontation hat sich ein Netz von Konventionen herausgebildet, das uns davor schützt, immer wieder in akuter Lebensgefahr zu stehen oder in einem zermürbenden Daseinskampf aufgerieben zu werden. Das Streben nach äußerem Erfolg, Besitz und Macht schafft dennoch keine Verläßlichkeit, keine Sicherheit und keine Ruhe, weil das Erkämpfte und Eroberte immer wieder verteidigt werden muß. Gewiß, der Kampf ums materielle Dasein ist unbedingt erforderlich und unumgänglich, aber er kann und darf nicht alleiniger Lebenszweck sein. Denn was geschieht, wenn eines Tages die körperliche und geistige Kraft dazu fehlt, wenn man im Kampf ums Dasein versäumt hat, rechtzeitig den Weg zur Selbstfindung und zum Selbstsein zu gehen, wenn man immer wieder die Lebensfragen Woher? Wohin? Wozu? verdrängt? Wenn man immer wieder an den jeden Menschen zutiefst angehenden Fragen vorbeilebt, also im wahrsten Sinne des Wortes an sich selbst vorbeigeht und dabei seelisch erkrankt? Wäre nicht weniger Wohlstand ein Segen?

Was ist zu tun? Um diese Frage beantworten zu können, müssen wir uns zunächst ein wenig darin vertiefen, was für unser Leben und damit für Gesundheit und Krankheit am wesentlichsten ist. Das nächste Kapitel geht dieser Frage nach.

Das Wesentliche des Menschen (der seelische Bereich)

Es reicht nicht aus, sich mit der Gesundheit des Menschen lediglich im körperlichen und materiellen Bereich zu befassen, zumal überzeugende Erfolge im Kampf gegen die Zivilisationskrankheiten kaum noch nachzuweisen sind. So müssen wir feststellen, daß uns die Ursachen von Arteriosklerose, Herzinfarkt und der Krebsentstehung immer noch weitgehend unbekannt sind. Weder die Krebs- noch die Kreislaufsterblichkeit konnte bisher mit Operationen oder chemotherapeutischen Mitteln auch nur gebremst werden.

Insbesondere haben die umfangreichen Fahndungen der Krebsforscher in Richtung Virusinfektion, Defekte im Immunsystem oder im Vererbungsmaterial oder nach tumorauslösenden Umweltgiften keine überzeugenden Durchbrüche erzielt. Auch die aufwendige Interferon-Forschung hat bisher keine Wende gebracht.

So differenziert auch die Erforschung des menschlichen Fettstoffwechsels betrieben wurde, außer einigen interessanten neuen Erkenntnissen sind keine Erklärungen für die lebensbedrohenden Gefäßwandveränderungen, die zu Gefäßverschlüssen und Herzinfarkt führen, zum Vorschein gekommen.

Man hat inzwischen erkannt, daß man mit all den hochspezialisierten Methoden nicht an die *eigentlichen Ursachen* der heute wichtigsten Volkskrankheiten herankommt. Das gilt nicht nur für Arteriosklerose, Zuckerkrankheit und Krebs, sondern auch für viele psychosomatische Störungen.

Die Medizin ist keine reine Naturwissenschaft, wenn diese auch unverzichtbar bleibt. Medizin ist ein besonderes Gebiet der allgemeinen Menschenlehre (Anthropologie). Diese hat es nicht nur mit dem Stofflichen, sondern auch mit dem Seelisch-Geistigen des Menschen zu tun.

Was uns zum Menschen macht
- **Die materielle Grundlage**
- **Überaktivität hemmt Selbstentfaltung**
- **Der Weg zum Werden und Reifen**

Gesundheit ist nicht alles
- **Haben Krankheiten einen Sinn?**
- **Krankheit hat verwandelnde Kraft**

Wissenschaftliche und Ganzheitsmedizin ergänzen sich
- **Wissenschaftliche Medizin schafft feste Grundlagen**
- **Psychosomatische Medizin durchleuchtet die seelischen Hintergründe**
- **Eine neue Gesundheits- und Krankheitslehre**

Was uns zum Menschen macht

Das, was uns vom materiellen, pflanzlichen und tierischen Bereich wesentlich unterscheidet, was den Menschen erst zum

Erst die Frage nach dem Sinn seines Lebens macht den Menschen zum Menschen und führt zur Selbstverwirklichung.

Menschen macht, ist der seelisch-geistige Bereich, der das Unterbewußte, das Ahnen, Sehnen, die Triebregungen, das Fühlen und Wollen, Hoffen und Glauben und schließlich das Bewußtwerden bis zur hellen, wachen Geistigkeit umfaßt.

Aus diesem Bereich steigen die großen Fragen für uns auf, die uns dann bewußt werden und uns zutiefst berühren wie etwa diese: Weiß der Mensch wirklich, wer er ist? Woher er kommt? Wohin er geht? Vermag er sich selbst zu verstehen? Haben wir es mit einem Gesellschaftswesen, einem „Zoon politikon" zu tun? Welche Stellung nimmt er ein in der belebten und unbelebten Natur, zwischen den Tieren und Pflanzen? Ist es für immer aus, wenn der Mensch stirbt, oder gibt es ein Weiterleben nach dem Tode in welcher Form auch immer? Ist der christliche Glaube an eine Wiederauferstehung berechtigt?

Das sind die Fragen, die das Wesentliche des Menschen ausmachen. Hierbei geht es um die Sinngebung des Lebens durch die Religion und um die Suche des Menschen nach Wahrheit durch die Bemühungen der Wissenschaften. Hier spielt sich letztlich das ab, was wir Kultur, Religion, Wissenschaft und Kunst nennen.

Die materielle Grundlage

Selbstverständlich können wir erst dann daran gehen, die im wissenschaftlichen, kulturellen und religiösen Bereich liegenden Möglichkeiten auszuschöpfen, wenn für den einzelnen Menschen die materiellen Voraussetzungen gegeben sind. Bekanntlich sind diese aber nur durch Arbeit, Leistung und materiellen Gewinn zu schaffen. Deshalb kann keine moderne Gesellschaft (ganz gleich, ob demokratisch, diktatorisch, liberal oder marxistisch) auf Arbeit und Leistung verzichten. Es ist unmöglich, seelische und geistige Fähigkeiten zu entwickeln und damit ein sinnvolles Leben zu führen, wenn die notwendigen materiellen Voraussetzungen nicht gegeben sind, wenn die Menschen in ständiger Lebensangst, Unfreiheit, Wohnungsnot, Hunger und Elend leben.

Eine geordnete Entwicklung des seelisch-geistigen Bereiches des Menschen und damit ein sinnerfülltes Leben ist aber auch dann unmöglich, wenn Arbeit, Leistung und materieller Gewinn sowie ein entsprechend hoher Lebensstandard zum alleinigen Inhalt unseres Lebens werden. Hierdurch kann nur eine tiefgreifende seelisch-geistige Verarmung entstehen, und damit wird eine ernsthafte seelische Erkrankung zur harten Wirklichkeit.

Medikamente unterstützen die Heilung, aber sie lösen das Problem der Krankheit letztlich nicht.

Überaktivität hemmt Selbstentfaltung

Man kann sehr wohl auf dem Standpunkt stehen, daß alle Überaktivität, alles rastlose Arbeiten, alles Streben nach Macht, ja, jede Stress-Situation auch Ausdruck geistigen Leerlaufs darstellt, der kein Sichselbstfinden, sondern im Gegenteil Selbstentfremdung bedeutet.

Wer sich aber von sich selbst entfernt, ist bereits auf dem Weg zur Krankheit, er gerät in die Enge, in die Angst – auch Herzangst (Angina pectoris), in die Neurose und in die Verhaltensstörung. Damit sind aber wesentliche Voraussetzungen für die Entstehung auch organischer Krankheiten wie Kreislaufstörungen, Bronchialasthma, Allergien, Magenerkrankungen und Darmstörungen gegeben.

Natürlich möchten wir all diese unliebsamen Störungen bald loswerden. Wenn uns das nicht allein gelingt, gehen wir zum Arzt, um uns behandeln zu lassen. Versucht der Arzt nun zu den Ursachen der Erkrankungen vorzustoßen, so kann sich herausstellen, daß die Krankheiten größtenteils seelisch bedingt sind. Medikamente werden daher keine Heilung bewirken können.

Der Weg zum Werden und Reifen

Es ist altes Erfahrungsgut der Menschen aller Kulturkreise, daß nur derjenige, der den Weg zu sich selbst, zum Wesentlichen des Menschen sucht und das Herabsteigen in die eigene Seelentiefe nicht scheut, den göttlichen Funken in sich selbst wahrnimmt. Erst dann wird er die im seelischen Bereich wirksamen Lebens- und Heilkräfte entdecken.

Nach einem manchmal sehr beschwerlichen Weg, der vom Haben und Habenwollen über das Werden und Reifen zum Sein und Selbstsein führt, beginnt das wesentliche, das geistige und geistliche Leben, das, was eigentliches Menschsein und wahres Leben bedeutet.

Wer nun zum Wesentlichen in seinem Leben vorgestoßen ist, wer erkannt hat, daß er es in seinem Leben immer mit einem sehr wechselvollen Zusammenspiel seiner körperlichen und seelischen Kräfte zu tun hat, und glaubt, alles getan zu haben, um sich gesund an Leib und Seele zu erhalten, aber dennoch einmal ernsthaft erkrankt, wird sich auch die *Frage nach dem Sinn der Krankheit* stellen.

Wir wollen eine Antwort auf diese Frage versuchen, denn auch diese Frage rührt an das Wesentliche des Menschen.

Gesundheit ist nicht alles

Kann es einen Menschen überhaupt befriedigen, nur ja alles zu tun, um sich körperlich „fit“ zu halten? Ist es sinnvoll, täglich Stunden darauf zu verwenden, auf dem „Trimmpfad“ zu laufen, ein- bis drei-

Das Erlebnis von Liebe und Gemeinschaft, von Freiheit und Schönheit ist entscheidend für das Lebensgefühl des einzelnen. Aus solchen Erlebnissen bezieht er seine seelische Kraft.

mal jährlich wochenlange Kuren aller Art über sich ergehen zu lassen, jedes Nahrungsmittel auf seinen eventuellen Giftgehalt und Gesundheitswert zu untersuchen, peinlichst genau extreme Diätkuren durchzuführen, Hormon- und Vitaminpillen zu schlucken und gymnastische Übungen zu absolvieren?

Alle diese Maßnahmen haben zweifellos ihren Sinn und Zweck, über den man mit dem behandelnden Arzt sprechen kann, aber sie sind letztlich nicht der Sinn unseres Lebens.

Körperpflegemaßnahmen sind zweifellos unentbehrlich. Jede Übertreibung ist aber eher schädlich, jedes Fixiertsein auf die unbedingte Lebenserhaltung führt eher und häufig zu hoffnungsloser Verkrampfung, innerer Unruhe und zu Lebensangst, die den so geängsteten Menschen weiter einengt und nach immer neuen Maßnahmen der Lebenserhaltung suchen läßt. Es ist im wahrsten Sinne des Wortes wahnsinnig, und man möchte das Wort Jesu erwähnen: „Wer sein Leben zu retten sucht, wird es verlieren."

Wenn man das zweifellos weise Wort: „Gesundheit ist nicht alles, aber ohne Gesundheit ist alles nichts" *(Schopenhauer)* überdenkt, wird man zwar auf den hervorragenden Wert der Gesundheit verwiesen, aber sie ist eben nicht alles. Sie ausschließlich mit allen unseren Kräften zu erstreben erfüllt nicht unser Menschendasein; sie ist nur eine Seite unserer Existenz und kann uns über das Wesentliche des Menschen – seine seelische Seite – hinwegtäuschen, kann das seelische Fühlen und Wollen zwar verdrängen und unterdrücken, ohne es jedoch zum völligen Schweigen bringen zu können. Es wirkt im Untergrund, im Unbewußten weiter und macht sich durch zahlreiche seelische und auch körperliche Symptome bis zur Ausbildung regelrechter Krankheiten oft plötzlich und unvermittelt bemerkbar; häufig suchen wir dann die Ursachen in der falschen Richtung.

Haben Krankheiten einen Sinn?

Das bringt uns auf die Frage, ob *Krankheiten* vielfach nicht nur seelische Ursachen, sondern auch *einen besonderen Sinn* haben.

Gehen wir einmal von der auch im körperlichen Bereich sich ausdrückenden und für jeden Arzt diagnostizierbaren Krankheit aus und fragen: Ist sie nur eine von außen auf uns eingedrungene „Betriebsstörung" und lediglich eine lästige und uns störende Unterbrechung unseres „normalen" Lebens? Oder müssen wir begreifen und lernen, daß eine seelische „Entgleisung" oder „Rebellion" oder jahrelange Kränkung dahintersteckt und sich nun plötzlich gewaltsam Luft macht?

Wenn das aber so ist, müssen wir dann nicht einsehen, daß alle ärztliche, lediglich auf die körperlichen Erscheinungen gerichtete Therapie nur ein Teil der zu lösenden Aufgabe ist?

Krankheit ist so aufgefaßt ein unübersehbares Warnsignal, ist ein Haltepunkt auf unserem Lebensweg, vielleicht sogar ein Wendepunkt, eine Wegweisung, die ins Innere, ins Wesentliche des Kranken führt.

Krankheit hat verwandelnde Kraft

Krankheit hat aber dann auch einen hohen Sinn, sie besitzt nicht nur einen negativen, sondern auch einen höchst positiven Wert, nämlich eine – vielleicht einmalige – Gelegenheit zur Besinnung, eine Gelegenheit, die menschliche Unzulänglichkeit zu erkennen.

Sollten wir nicht an diesem Punkt wiederum fragen, wie und was bin ich denn eigentlich, aus welchen Tiefen des Lebendigen komme ich, was steckt in mir, und wer gab es mir?

Krankheit kann die Gelegenheit sein, aus dem Natürlich-Körperlichen ins Geistig-Geistliche hinüberzuwechseln und unser Bewußtsein in eine ganz andere Dimension

Zum Menschen gehören nicht nur Denken und Arbeiten, sondern auch Körperbewegung und unbefangenes Spiel. Fröhliche Ausgelassenheit beim Spiel ist echte Medizin. Und diese Medizin steht jedem frei, kostet nichts und schafft darüber hinaus noch angenehme Gemeinschaft.

zu lenken. Das ist schon ein Stück Erfüllung einer nie eingestandenen Sehnsucht nach einer ganz anderen Welt, einem ganz anderen Leben.

Krankheit kann so eine *verwandelnde Kraft* in uns entfalten, kann uns erkennen lassen, wer wir sind, kann unserem Leben eine neue Richtung und ein neues Ziel geben, kann zum Wesentlichen des Menschen führen. Gesundheit und Krankheit meint immer den ganzen Menschen, ein Wesen mit Leib, Seele und Geist. Dieses Wesen benötigt daher auch eine Medizin, die dieser Auffassung entspricht, und das kann nur die ganzheitliche oder psychosomatische Medizin sein.

Wissenschaftliche und Ganzheitsmedizin ergänzen sich

Wissenschaftliche Medizin schafft feste Grundlagen

Die Ganzheitsmedizin oder psychosomatische Medizin ist eine Betrachtungsweise, die bei der Klärung (Diagnose) und Behandlung (Therapie) den mehr oder weniger starken, aber unbestrittenen Einfluß des Seelischen berücksichtigt. Die organischen Zell-, Gewebs- und Organveränderungen stehen für sie meist am Ende eines längeren Prozesses, in dem nicht nur Umwelteinflüsse chemischer oder physikalischer Natur, sondern auch Innenweltprozesse, nämlich das Erleben, Fühlen und Verhalten des Menschen, eine ganz wesentliche Rolle spielen.

Die psychosomatische Medizin nutzt die klinischen Beobachtungen und die Ergebnisse der technischen Untersuchungen aller Art ebenso wie die Ergebnisse der Psychophysiologie und der Verhaltensforschung, um sie mit den körperlichen Faktoren zur Krankheitsentstehung in Beziehung zu setzen. Sie versucht nicht nur festzustellen, was ist, sondern auch besser zu verstehen, wie die organischen Prozesse zustande gekommen sind. Die wissenschaftliche Medizin verschafft uns nur die festen Grundlagen, die zum Gesamtbild der Krankheit unerläßlich sind.

Psychosomatische Medizin durchleuchtet die seelischen Hintergründe

Erst die Betrachtungsweise der psychosomatischen Medizin macht die Krankheiten psychologisch verstehbar und sinnvoll und geht damit über die rein naturwissenschaftlich orientierte Medizin mit den ihr eigenen biochemisch-biophysikalischen Denkweisen und Fachdisziplinen hinaus. Sie deckt dabei die persönlichen Konflikte des Patienten auf, woraus sich ganz persönliche Konflikthilfen ergeben, die zu einer ursächlichen Behandlung und Heilung führen.

Die psychosomatische Medizin steht keineswegs im Gegensatz zur naturwissenschaftlichen, sie versteht sich vielmehr als ihre notwendige Ergänzung, weil sie die andere Seite, nämlich die seelische, berücksichtigt, ohne zu vergessen, daß sie nicht von der körperlichen Komponente zu trennen ist. Im gesunden wie im kranken Zustand ist der Mensch weder allein vom Leiblichen noch allein vom Seelischen her zu verstehen. Freilich ist es schwer, immer „das Ganze" des Menschen besonders in seiner Krankheit zu erfassen. Die psychosomatische Medizin stellt daher an alle am Gesundheitswesen Beteiligten hohe Anforderungen, die unter unserem gegenwärtigen Krankenversicherungssystem nicht genug berücksichtigt werden. Denn dazu gehört wesentlich die Betonung der seelischen Seite, der Wille des Patienten zur Gesundheit und seine Eigenleistung zur Therapie.

Eine neue Gesundheits- und Krankheitslehre

Deswegen muß der Aufbruch in eine neue Gesundheits- und Krankheitslehre mit den sich aus ihr ergebenden Konsequenzen für die Behandlung erfolgen. Dabei müssen die Grenzen erkannt und jede Überbewertung sowohl in der einen wie in der anderen Richtung möglichst vermieden werden. Es ist weder eine Ideologie des biomechanistischen Körperdenkens noch eine Ideologie des Psychologisierens am Platze. Jede Übertreibung würde vor allem dem Patienten schaden.

Macht und Aufgabe des Unbewußten

Neben der Vernunft und dem tageshellen Bewußtsein, für das man heute nach immer neuen Wegen und Methoden einer Erweiterung sucht, spricht man auch von der Welt des Unbewußten im Menschen. Das Unbewußte wird zuweilen als eine unwägbare, dunkle Kraft geschildert, die oft genug das bewußte (sich selbst bewußte) Ich des Menschen zu überfluten, seinen Körper zu ergreifen und sich als Urkraft und sehr wirksame Ursache vieler Krankheiten zu erweisen vermag. Dabei wird meist übersehen, daß es auch viel positive Erscheinungen wie Leistungsfähigkeit, schöpferische Kraft und Einfallsreichtum hervorbringen kann. So ist das Unbewußte ein wichtiger Teil und ein entscheidendes Motiv des Menschen.

Das Unbewußte – eine geheimnisvolle Kraft

Wenn der seelische Bereich und in diesem insbesondere der unbewußte Anteil eine so wichtige Quelle körperlicher und seelisch-geistiger Erscheinungen darstellt, muß uns das Schicksal der Seele besonders am Herzen liegen. Bevor aber von seelischer Gesundheit und den seelisch bedingten Krankheiten die Rede sein kann, möchte ich durch einen kleinen Rückblick in die Geschichte der „Entdeckungen" des Unbewußten versuchen, eine bessere Vorstellung davon zu vermitteln und schon dadurch zumindest etwas vom Unbewußten ins Bewußtsein zu heben.

Die Entdeckung des Unbewußten

Das Unbewußte ist nicht etwa erst in unserem Jahrhundert erkannt worden. Die Ansätze dazu finden wir schon bei den alten griechischen Ärzten und Philosophen, zum Beispiel bei *Antiphon* in Korinth und *Hippokrates* von Kos (geb. um 460 v. Chr.), später bei *Galen* (geb. um 131 in Pergamon), dem Leibarzt des Kaisers Marc Aurel.

Von *Johann Georg Hamann* (1730–1788), einem der bedeutendsten christlichen Philosophen seit dem Ausgang des Mittelalters, stammt folgende interessante Aussage aus dem Jahre 1766: „Nun siehe in den dunklen Abgrund der menschlichen Seele hinunter, wo die Empfindungen des Tieres zu den Empfindungen eines Menschen werden und sich gleichsam von fern mit der Seele mischen; siehe hinab in den Abgrund dunkler Gestalten, aus welchen sich nachher Triebe und Affekte und Lust und Unlust heben... Zeige mir den Weg, wie die Empfindungen meiner Sinne Bilder meiner Seele werden, und meine Einbildungskraft Entzücken in meine Adern gießet, und eben zu der Zeit einen Nebel vor meine Vernunft webet."

Nach *Hamann* ist es *Carl Gustav Carus* (1789–1869), der fast hundert Jahre später gleich zu Beginn seines im Jahre 1860 erschienenen Buches „Psyche" ganz Wesentliches über das Unbewußte sagt: „Der Schlüssel zur Erkenntnis vom Wesen des bewußten Seelenlebens liegt in der Region des Unbewußten. Alle Schwierigkeit, ja alle scheinbare Unmöglichkeit eines wahren Verständnisses vom Geheimnis der Seele wird von hier aus deutlich. Wäre es eine absolute Unmöglichkeit, im Bewußten das Unbewußte zu finden, so müßte der Mensch verzweifeln, zum Erkennen seiner Seele, das heißt zur eigentlichen Selbsterkenntnis zu gelangen. Ist diese Unmöglichkeit nur eine scheinbare, so ist es die erste Aufgabe der Wissenschaft von der Seele darzulegen, auf welche Weise der Geist des Menschen in diese Tiefen hinabzusteigen vermöge."

Der Philosoph *Eduard von Hartmann* (1842–1906), bekannt als „Philosoph des Unbewußten", stellte in seinem Hauptwerk „Philosophie des Unbewußten" eine so verfeinerte Auffassung vom Unbewußten dar, daß sie Nichtfachleuten nur schwer zugänglich ist.

In der Folgezeit machte sich der starke Einfluß des französischen Philosophen *René Descartes* (1596–1650) bemerkbar, der als „Vater der modernen Philosophie" den modernen Rationalismus begründete und von der alles beherrschenden Vernunft überzeugt war.

Die Psychologie wandte sich in dieser Zeit vom Unbewußten ab und befaßte sich wieder in steigendem Maße mit dem Bewußtsein. Das Wissen wurde jetzt so sehr zum Interessengebiet der Psychologie, daß es schließlich zu einer maßlosen Verherrlichung des bewußten Ichs (Ego) kam. Das „Ich" war nun für alles zuständig, obwohl man schon vorher erkannt hatte, daß es nur einen Teil des Menschen, ja, sogar nur einen Teil des seelischen Bereiches ausmacht. Man glaubte, nun sei der Mensch ganz und gar Herr seines Denkens, und das Denken wurde lediglich ein Abbild der äußeren Wirklichkeit.

Europa machte, beginnend im 16. Jahrhundert bis etwa zur Mitte des 18. Jahrhunderts, einen gewaltigen Umschichtungsprozeß durch. In ihm wurden alle Anschauungen, die auf politischer oder religiöser Autorität beruhten, beseitigt und durch Anschauungen ersetzt, die auf der Vernunft beruhten oder vernunftgemäßer Kritik standhalten konnten, was zu einer einseitigen Erklärung der Wirklichkeit führte.

Während der Zeit der Aufklärung, die 1789 in die Französische Revolution mündete, wurden die Metaphysik und die Welt des Unbewußten nicht nur vernachlässigt, sondern sogar bekämpft. Erst in der ersten Hälfte des 19. Jahrhunderts, die wir als die Zeit der Romantik bezeichnen, entdeckte man das Unbewußte neu, wenn auch zunächst nur als eine unvernünftige, „irrationale" Tatsache.

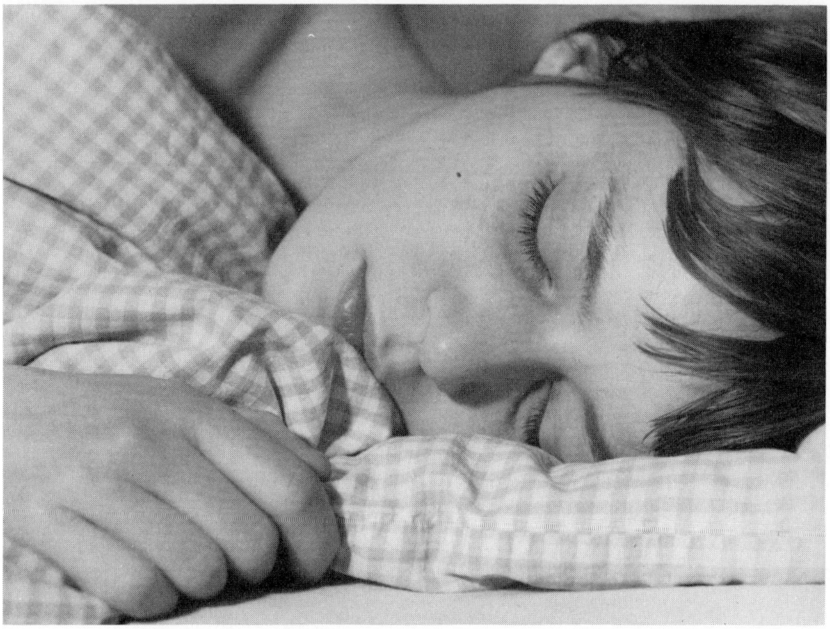

Gerade im Traum meldet sich das Unbewußte des Menschen häufig zu Wort und verdichtet sich zu Erlebnissen und Bildern.

Freuds Lehre vom Unbewußten

Als im Jahre 1886, fast hundert Jahre später also, der Wiener Arzt und Psychiater *Sigmund Freud* (1856–1939) in einer Sitzung der „Wiener Gesellschaft der Ärzte" seine neue „Lehre vom Unbewußten" vortrug, wurde er von der ganzen Gesellschaft verlacht und von Prof. *Bumke,* dem maßgebenden Vertreter der klassischen Psychiatrie, als Zerstörer der Wissenschaft und Philosophie beschimpft. *Freud* ging dennoch seinen Weg weiter. Heute gilt er als der Begründer der Psychoanalyse (Seelenanalyse).

Aus seinen Bemühungen um die Behandlung funktioneller seelischer Erkrankungen, insbesondere der Hysterie und der Neurosen, entwickelte er ein neues seelisches Heilverfahren durch Abreaktion. Er gewann dadurch Einsichten in die Rolle der menschlichen Triebreaktionen (Triebstruktur) und in die unbewußten Wurzeln des seelischen Lebens, kurz ins Unbewußte.

Freud sah das Unbewußte zunächst sozusagen als Requisitenkammer für all das an, was aus dem Bewußtsein verdrängt wurde, weil es störte. Negative Inhalte des Bewußtseins bedeuteten für ihn eine Bedrohung, die störend oder gar krankmachend wirkt und deshalb im allgemeinen aus dem Bewußtsein ins Unbewußte verdrängt wird. Als Beispiel für verdrängte Störungen sieht *Freud* die im Alltag oft auftretenden „Fehlleistungen" an, wozu Versprechen, Verlegen, Vergessen, Verschreiben und Verwechseln gehören.

So bezeichnete er auch alle neurotischen und psychotischen Erkrankungen als Folge von Verdrängungen, was allerdings nicht unwidersprochen blieb.

Als Konsequenz seiner Auffassung ergab sich für *Freud* logisch der Weg für eine seelische Behandlung: das Unbewußte, das Verdrängte durch seine Psychoanalyse bewußt zu machen, um es verarbeiten zu können. Man geht dabei davon aus, daß Psychisches nicht zufällig geschieht, sondern mit der Lebensgeschichte verknüpft ist.

Man versteht einen Menschen nicht, wenn man ihn nur an seinen äußeren Handlungen mißt. Man muß auf die Zwischentöne achten, in denen sich seine Gefühle, seine Hoffnungen und seine Enttäuschungen aussprechen.

Freuds Deutungen nicht unwidersprochen

Freud gibt zu, daß sein wissenschaftliches Interesse an seelischen Vorgängen das ärztliche überwiegt. Er bezeichnet den seelischen Bereich des Menschen auch als den „seelischen Apparat", den er untersucht und deutet. In der „Deutung" waren seine Mitarbeiter oft nicht seiner Meinung, zumal *Freud* recht einseitig das menschliche Unterbewußtsein auf Sexualität, Triebregung und ihre Regelung festlegte. So ist auch Liebe für ihn nur eine lokale Körperfunktion. Liebe äußert sich aber nicht nur und schon gar nicht erstrangig in Sexualität, sie ist vielmehr Eros und noch mehr Agape. Hat nicht schon der Kuß als Symbolhandlung neben der sexuellen Bedeutung auch eine nichtsexuelle als Sinnbild der Einigung im Bruderkuß und Friedenskuß? Kann er nicht auch schönster Ausdruck der Verehrung und Hochachtung sein?

Das Instrumentarium, mit dem *Freud* an die Untersuchung des „seelischen Apparates" herantritt, besteht aus drei Faktoren:

1. Das Unbewußte in der Hypnose durch Willenszwang zur „Offenbarung" zu bringen. Diese Methode gab *Freud* als unmoralisch und unergiebig bald auf.
2. Das kombinatorische Erraten nach Art des Verhörs und des Indizienbeweises in der Justiz. Dabei spielen die Fehlleistungen eine große Rolle, wie sie im Versprechen, Verlegen, Verschreiben, Vergessen und Verwechseln zum Ausdruck kommen. Während man im allgemeinen diese Fehlleistungen mit Zufall, Ermüdung, Gedankenlosigkeit, Unachtsamkeit oder Zerstreutheit erklärt, erkennt *Freud* im Seelischen keine Sinnlosigkeit oder Zufälligkeit an. Alles Geschehen, das sich aus dem Seelischen ergibt, hat einen Sinn, alles Tun muß einen Täter haben.

   Was unserem Bewußtsein in den Fehlleistungen einen Streich spielt, ist nach *Freud* das Unbewußte. Es setzt sich dabei etwas Verdrängtes, aber untergründig Gewolltes plötzlich durch und verrät dadurch etwas von unserem Unbewußten. So sagt der Psychoanalytiker mit *Freud*, daß Fehlleistungen meist Geständnis und Selbstverrat bedeuten.
3. Die Träume, die allen Menschen allnächtlich begegnen, ob sie bewußt werden oder nicht. Gerade dieses am häufigsten vorkommende Ereignis unseres Seelenlebens wird im allgemeinen als völlig sinn- und zwecklos bezeichnet und mit dem Schlagwort „Träume sind Schäume" abgetan. Diese vor unserem geistigen Auge fast wie ein Film ablaufenden Bilder haben anscheinend keine Bedeutung und entziehen sich auch jeder Deutung durch unsere Vernunft, wenn sie überhaupt aus der Nacht in den Tag gelangen und festgehalten oder rekonstruiert werden können.

   Für die empirische Wissenschaft fehlt den Träumen jeder logische oder seelische Sinn. Die Wissenschaft billigt den Bilderfolgen der Träume weder Wahrheit noch Zweck, weder Gesetz noch Bedeutung zu.

Für etwas als sinnlos Erscheinendes eine Singebung zu suchen oder für etwas als bedeutungslos Aufgefaßtes eine Deutung zu finden wurde vor *Freud* gar nicht versucht. Erst mit *Freud* beginnt wieder eine positive Einschätzung des Traumes. Er erkannte in dem anscheinenden Chaos der Träume ein geregeltes Walten.

Vernunft allein löst Seelenrätsel nicht

Es ist sicher ein Irrtum zu glauben, mit Vernunft (ratio) und Intellekt die Rätsel der Seele klären und erklären zu können. *Sigmund Freud* hat es anfänglich geglaubt und scheiterte daran. Er scheiterte auch mit dem Versuch, Religiosität und Glaube als

1730–1788:
Johann Georg Hamann
Hamann, ein Gegner der Aufklärung, wies in seinen philosophischen Schriften auf die Schöpferkraft des Gefühls und des Gemüts hin. Damit leistete er einen wichtigen Beitrag zum Verständnis des Menschen und zählt zu den Vorläufern eines ganzheitlichen Menschenbildes.

1789–1869:
Carl Gustav Carus
Professor für Medizin in Dresden, war Carus Anhänger einer umfassenden Naturphilosophie. In vielen Veröffentlichungen befaßte er sich mit dem unbewußten Leben und führte den Begriff des „Unbewußten", in dem er den Schlüssel zum Verständnis des Menschen sah, in die Psychologie ein.

Neurosen zu erklären, also als krankhafte seelische Reaktionen. Für ihn waren auch seelische Unberührtheit, Scheu, Scham und Keuschheit keine echten Werte, und die ganze Kultur stellte für ihn nur zurückgehaltene, verdrängte oder sublimierte Triebenergie dar. Er nahm damit dem Menschen viel von seiner Menschlichkeit, da er den sittlichen Zustand der Menschen in einen rein „sinnlichen" zu verwandeln suchte.

Aber man muß *Freud* zugestehen und ihm damit Gerechtigkeit widerfahren lassen: Er hat nachgewiesen, daß unsere bewußten Absichten und Motive nur ein Teil unseres Wesens sind. Er wagte es, auch die unterschwelligen Motive in jedem Menschen furchtlos zu benennen, die im Alltagsleben für manche Heuchelei, in der Psychopathologie (Lehre von den seelischen Krankheiten) aber mitverantwortlich für schwere Symptome und Krankheiten zu machen sind, auch wenn sie verleugnet werden.

Jung entwickelt ein umfassenderes Konzept

Ein früherer Mitarbeiter *Sigmund Freuds*, der Schweizer Psychologe und Psychiater *Carl Gustav Jung* (1875–1961), geriet sehr bald wegen mancher Einseitigkeiten *Freuds* in Gegensatz zu ihm, was schließlich zur Trennung führte. Für *Jung* war das Unbewußte nicht – wie bei *Freud* – fast mit dem Verdrängten gleichzusetzen und damit hauptsächlich negativ.

Jung entwickelte von Anfang an ein umfassenderes Konzept von dem Anteil des seelischen Bereiches, den wir das Unbewußte nennen. Auf ihn geht eine gewaltige Erweiterung des Horizontes der Psychologie zurück, weil er die Wirklichkeit des Seelischen in ihrer Ganzheit erfaßte. *Jung* erkannte das Bewußtsein als selbständige Quelle vieler Kräfte und Strebungen positiver wie negativer Art; Kräfte, die das Bewußtsein streifen, welche die Ursubstanz, das Erbgut der Menschen, die Archetypen darstellen und die Keime aller Gestalten (insbesondere auch aller künstlerischen und schließlich auch aller bewußten Erkenntnis) bilden.

Mit seiner Lehre vom Unbewußten, bei der *Jung* noch das persönlich Unbewußte vom kollektiv Unbewußten unterschied, vermochte er fast alle Gebiete unseres kulturellen, geistigen, religiösen und naturwissenschaftlichen Lebens zu durchleuchten und eine sich als fruchtbar erweisende Veränderung hervorzurufen.

1875–1961:
Carl Gustav Jung
Zunächst Anhänger von Freud, wandte er sich von dessen Lehre ab und begründete eine eigene tiefenpsychologische Schule. Neben das persönliche Unbewußte aus der individuellen Lebensgeschichte stellte er das kollektive Unbewußte, das überindividuell aus Geschichte und Tradition erworben wird.

1856–1939:
Sigmund Freud
Der Begründer der Psychoanalyse befaßte sich zunächst mit Störungen des Nervensystems, ehe er grundlegende Einsichten in die Triebstruktur menschlichen Verhaltens gewann. Obwohl seine Lehre vielfach kritisiert wurde, hat Freud einen großen Beitrag zum Verständnis des seelischen Lebens geleistet.

Wenn wir auch noch so viele Einblicke in unseren seelischen Bereich gewinnen und auch ein wenig den unbewußten Anteil anzuleuchten vermögen, so sei doch daran erinnert, daß wir von *Heraklit* (um 500 v. Chr.), dem letzten und zugleich größten Philosophen der Ionier, einen Ausspruch über das Innere der eigenen Seele besitzen, der mir schon oft Anlaß zum Nachdenken war: „Der Seele Grenzen kannst du schreitend nicht ausfindig machen, auch wenn du jeden Weg dahin zögest, so tiefen Sinn (Logos) hat sie."

Walter Kranz sieht darin den Anfang der Psychologie und zugleich – in gewissem Sinn – ihre Begrenzung. „Umfassenderes ist über die Menschenseele nicht ausgesagt worden, und alle spätere Seelenkunde, so reich ihre Ergebnisse sind, steht unter diesem Wort."

Aus den bisherigen Ausführungen ist wohl verständlich, daß es bis heute noch nicht zu einer allgemein anerkannten Begriffsbestimmung gekommen ist, obwohl wir kaum medizinisches oder psychologisches Schrifttum aufschlagen können, in dem nicht vom Unbewußten die Rede ist.

Und doch können wir über das Unbewußte folgendes zusammenfassend sagen: Das Unbewußte ist nicht nur die große Empfangsstation für Einflüsse und Eingebungen aus Umwelt und Überwelt, es ist auch die alles umfassende, für uns selbst geheime Sendestation für alle Einwirkungen und Einflüsse auf unsere gesamte Umwelt, auf unser Denken, Wollen, Tun und Fühlen.

Das Unbewußte ist immer noch geheimnisvoll

Wir täuschen uns, wenn wir glauben, daß planende Vernunft und Wissen unser Leben beherrschen. Es steht ebenso oder sogar viel mehr unter dem Druck des Unbewußten, das unsere Entscheidungen und somit unser Schicksal wesentlich mitformt. Nicht umsonst spricht man vom Unbewußten als dem tiefsten Geheimnis des Menschen.

Tief im Unbewußten wirkt die seelische Triebkraft. Hier sind wir noch eine Ganzheit, hier ist alles aufbewahrt, das Einst und das Heute, der unverfälschte Naturmensch und der daraus geformte und genormte Kulturmensch, hier ist die Quelle unseres wahren, zeitlosen Ichs, von hier streben die Triebkräfte ins tageshelle Bewußtsein, zum bewußten Zeit-Ich, von hier empfängt unser zeitliches Sein seine Kraft, die wir mit unserer Vernunft vernehmen, wahrneh-

„Er hat viele Gesichter", sagt man, wenn man auf die Widersprüchlichkeit eines Menschen hinweisen will – wie sieht es aber in seiner Seele aus?

men, um sie kontrolliert, gefiltert und dosiert in die verschiedensten Leistungen umzuformen, zu „verkörperlichen" oder zu „vergeistigen". So werden die körperlichen Leistungen, wozu auch der Geschlechtsakt zählt, sowie die geistigen, künstlerischen und religiösen Tätigkeiten letztlich aus der gleichen Quelle gespeist.

Wir können die gesamten seelischen Triebkräfte vom kollektiven Unbewußten (mit den in ihm enthaltenen Archetypen) als „Mutterboden" unseres Seins ansehen. Über das Unbewußte und das Bewußte mit seinen verschiedenen Strahlungen versetzen wir uns in die Lage, das menschliche Ringen und die menschliche Sehnsucht nach einem gültigen Lebensinhalt zu stillen, das Leben mit Sinn zu erfüllen und Denk- und Erkenntnisformen zu finden, die uns den Anschluß an das Numinose, Heilige und damit an das Göttliche finden lassen. Religiosität ist eine Fähigkeit und zugleich ein Bedürfnis der Seele, um hinter den alltäglichen, vordergründigen, flüchtigen Erscheinungen das Zeitlose, Bleibende und Göttliche zu erkennen.

Einfluß des Unbewußten auf Körper und Geist

Werden wir nun – und das erlebt jeder von uns viele Male – von den uns unverständlich erscheinenden eigenartigen und unbewußten Kräften, die aus den Tiefen unserer Seele aufsteigen, erfaßt, so kann es uns passieren, daß wir davon ergriffen und erschüttert werden oder auch begeistert und beglückt sind. Jeder von uns tut dann böse oder gute Dinge, die er sich sonst nie zugetraut hätte, mit denen man sich nicht identifizieren zu können glaubt, in denen wir uns selbst nicht erkennen, weil wir uns selbst noch nicht richtig „erkannt" haben.

Autonomie der unbewußten Kräfte

Diese von unserem Willen unabhängigen, autonomen Kräfte sind oft so stark, daß sie sich „wider bessere Vernunft" furchtbar und zuweilen gewaltig durchsetzen. Sie können also stärker als unsere Vernunfts- und Verstandeskräfte sein. Sie überrennen aber nicht nur unser bewußtes Ich, sie nehmen – wie könnte es bei der Einheit von Leib, Seele und Geist anders sein – auch unseren Körper in Besitz und wirken dabei aktivierend und leistungssteigernd, oder sie stehen ursächlich hinter vielen Krankheiten, die dann seelisch bedingte (psychogene) oder psychosomatische Erkrankungen sind.

Die Ausstrahlung des Unbewußten

Die aus der Welt des Unbewußten stammenden Kräfte, die auch als gefühlsbewegende (emotionale) Kräfte bezeichnet werden, wirken nicht nur in unser Bewußtsein und in unser Wollen hinein, sondern auch im Körper und auf den Körper des Menschen. Darüber hinaus beeinflussen sie auch unsere nähere Umwelt und die Außenwelt. Volkstümlich sagt man: Dieser oder jener Mensch hat eine starke oder eine schwache „Ausstrahlung". Dabei sind die Kräfte der Seele wunderbarerweise unabhängig von der Zeit. Vergangenheit und Zukunft sind ihnen gleichermaßen gegenwärtig. Sie sind auch nicht an einen begrenzten Raum gebunden, denn sie wirken mit unbegrenzter Reichweite. Für unser seelisches Erleben existieren also weder Raum noch Zeit. Ein Verständnis dafür läßt sich gewinnen, wenn man bedenkt, daß der Mensch heute das gesprochene Wort in riesige Entfernungen senden und von dort, zum Beispiel von einem anderen Himmelskörper, Antwort erhalten kann, wenn er mit einem entsprechenden Empfangs- und Sendegerät ausgestattet ist.

Entscheidend für die Bewertung beim Eiskunstlauf ist, ob ein Paar Ausstrahlung hat. Dieses Eiskunstlaufpaar hat sie (Babilonia/ Gardner). Jeder Mensch hat eine ihm unbewußte Ausstrahlung.

Das Unbewußte überspielt die Vernunft

Die unbewußten Kräfte der Seele stehen auch oftmals unseren Vernunftsgründen, unserem Geist also, gleichgültig gegenüber und werden von ihnen nicht bewegt. Wir müssen aber mit diesen Kräften rechnen, zumal sie sich zuweilen stärker als unsere Vernunftsgründe und Willenskräfte auswirken.

Wie sehr Vernunft und Wille vor dem Unbewußten kapitulieren, hat schon der Apostel Paulus erkannt, als er schrieb: „Das Gute, das ich tun möchte, das tue ich nicht, aber das Böse, das ich nicht tun will, das tue ich."

Gute und böse Kräfte

Es muß aber nochmals betont werden, daß die in unser Bewußtsein eindringenden seelischen Kräfte nicht nur negative, „böse" Kräfte darstellen. Es können auch helfende, stärkende, uns selbst und viele andere Menschen im wahrsten Sinne des Wortes begeisternde Erfindungen (Findungen), Einfälle, Ideen oder Erkenntnisse sein, die unter Umständen zu geistigen, wirtschaftlichen oder politischen Veränderungen größten Ausmaßes zu führen vermögen.

Selbstheilungskräfte der Seele

Außerdem muß erwähnt werden, daß viele Menschen trotz schwerer seelischer Erkrankungen durch widrige und schädigende Einflüsse besonders in der Kindheit und im Jugendalter im Laufe ihrer Entwicklung doch heraus- und darüber hinauswachsen und den Weg zu sich, zu einer Selbstverwirklichung und damit zu einem fruchtbaren und erfüllten Leben finden. Hier wirken Selbstheilungskräfte aus dem Unbewußten, mit denen sich der bekannte Psychotherapeut Dr. *Alfons Maeder* viele Jahre lang wissenschaftlich besonders beschäftigte.

Erkenntnisse über die Selbstreinigung

In seiner Arbeit über das Unbewußte kam er zu Erkenntnissen, die für uns alle so wichtig sind, daß sie verdienen, wörtlich zitiert zu werden: „Das Unbewußte umfaßt nicht nur Verdrängtes (sinnliches Begehren, Ressentiments, Haß, Revolte), das wieder nach oben drängt, sondern auch das noch ‚Ungeborene', noch nie bewußt Gewordene, das auf seine Zeit wartet, um aktualisiert zu werden. Von besonderer Mächtigkeit aber ist das, was aus dem unpersönlich-kollektiven Unbewußten stammt und sich in gewissen Zeiten bemerkbar macht, sei es im Laufe einer Krise des individuellen Lebens oder in einer kollektiven Krise des Völkerlebens. Falls Wachsamkeit und Bereitschaft zur Aufnahme der Zeichen besteht, führt der Prozeß zur Heilung, zu einer neuen Entwicklung."

Hierin liegen Ansatzpunkte für eine Heilung selbst schwerer seelischer Erkrankungen, die in einem späteren Kapitel dieses Buches näher erörtert werden.

> Wir alle sind nur in dem Maße Menschen geworden, in welchem wir Menschen liebten oder Gelegenheit zu lieben hatten. (Boris Pasternak)

Die Seele verbindet mit Umwelt und Gott

In der Neuzeit, die seit der Mitte des 19. Jahrhunderts besonders durch die technische Entwicklung gekennzeichnet ist, wurde ein Menschenbild entwickelt, in dem der Mensch als ein selbständiges, allein von seiner Vernunft und seinem Denken geleitetes Wesen dargestellt wird. Man sprach seit *Descartes* (1596–1650) dem Menschen sogar eine Seele ab, weil sie wissenschaftlich nicht nachzuweisen sei.

Es wurde in dieser Zeit verkannt, daß es gerade die seelischen Kräfte sind, die den Menschen mit seiner Umwelt, mit seinen Mitmenschen, mit der Natur als Schöpfung Gottes, auf den sich alles bezieht und auf den alles gerichtet ist, in Verbindung bringen.

Das Zeitalter der Vernunft löste nicht nur die Seele auf, sondern mit der Seele zugleich die seelischen Bindungen. Man bezeichnete das als „Befreiung" und empfand das als „Freiheit". Man löste sich damit aber auch von Gott, machte ihn nur noch zu einem Objekt des Denkens, das nicht mehr wirklich und damit nicht mehr wirkungsvoll war und an das man nicht mehr glauben konnte.

Man löste sich auch von seiner Umwelt, vom Nächsten, vom Nachbarn, vom Mitmenschen, was auch zur Lockerung und Auflösung der ehelichen Bindungen führte.

Die Vernunft, das bewußte Ich also, schloß sich von der Seele ab, löste sich aus ihrem lebendigen Zusammenhang, ging zu ihr in Opposition und schuf sich nicht etwa die ersehnte Freiheit – Freiheit wozu? –, sondern die große Leere, die Kontaktarmut bis zur eigenen Entfremdung, also eine neue große Not.

Dabei hungert der Mensch heute nach Kontakt mit dem anderen, nach Liebe und Geborgenheit mit und im anderen Menschen, nach einem Miteinander und Füreinander, wie es in Hunderten von Liedern und Schlagern zum Ausdruck kommt. Hat der heutige Mensch die Seele wiederentdeckt? Ich glaube ja, und er sehnt sich danach, sie in vollem Umfang zu erleben.

Die moderne Medizin wie auch alle anderen Wissenschaften sehen sich heute veranlaßt oder gar gezwungen, sich auf ihren Gebieten mit den psychischen Kräften und dem seelischen Untergrund und deren Bedeutung für die einzelnen Wissensgebiete auseinanderzusetzen. Im Bereich der Theologie findet das schon in zahlreichen Fällen statt.

Sich selbst erleben können

Wir haben heute alle mehr oder weniger große und zahlreiche unlösbar erscheinende Probleme, die wir deshalb verdrängen und in den Untergrund, ins Unbewußte verschieben.

Keiner von uns lebt und erlebt sich selbst so, wie er wirklich ist, weil es keinem gelingt, alles das zu verwirklichen, was – unbewußt oder bewußt – in ihm drin steckt.

Das kann zahlreiche äußere und innere Gründe haben. So ist mancher vielleicht in einem sehr bescheidenen Elternhaus geboren und aufgewachsen, wo seelische Qualitäten kaum angeregt und gefördert wurden. Ein anderer erlebte vielleicht eine Erziehung, die eher eine Dressur auf einen Beruf hin war als eine Anleitung zu einer allgemeinen harmonischen Entwicklung. Andere wieder waren überstarken gesellschaftlichen Einflüssen ausgesetzt, die hemmend wirkten.

Wie viele geheime Wünsche werden nicht gelebt, weil man sich ihre Erfüllung weder leisten kann noch erfüllen darf! Wie viele Gelüste müssen unterdrückt werden, um nicht seine Umgebung zu schockieren! Wie viele echte Gefühle werden versteckt gehalten, weil wir lernten zu lächeln trotz Weh und tausend Schmerzen!

Brechen nicht in jedem von uns plötzlich einmal längst vergessene Wünsche aus der Kinderzeit hervor und drängen fordernd nach Erfüllung?

Steigen nicht plötzlich einmal vor unseren Augen längst überwunden geglaubte Kränkungen und schwere seelische Verletzungen auf, die wir anderen Menschen zugefügt oder selbst erlitten haben? Sie werfen auch nach langer Zeit noch einen Schatten in unseren so zufrieden scheinenden Tag. Wir können diese Schatten mit Hilfe unserer Vernunft wieder verdrängen, aber sie sind damit keineswegs gestorben. Sie hausen im Unbewußten weiter, erregen unbestimmte Ängste und Beunruhigungen oder brechen eines Tages erneut in unser Bewußtsein ein und bereiten uns ein Schuldbewußtsein, solange nicht eine wirkliche Entschuldigung und Vergebung erfolgt ist. Wer erinnert sich da nicht an die bekannte Zeile des „Vaterunser“: Vergib uns unsere Schuld, wie wir vergeben unseren Schuldigern . . .?

Es muß schon zwischen Menschen ein hohes Maß von Vertrauen zustande gekommen sein, bevor der eine dem anderen einen kleinen Einblick in seinen intimsten Bereich gewährt. Es sind dann aber manchmal Sternstunden in unserem Leben, in denen wir einmal das Schema des uns anerzogenen und angelernten Verhaltens durchbrechen, in denen wir unsere Maske einen Augenblick abstreifen und dabei für Minuten ein echtes und tiefes Glücksempfinden haben können. Ebenso ist es aber auch möglich, daß uns eine tiefe Depression oder gar eine große Verzweiflung überfällt, wenn wir uns ohne unsere Maske, seelisch nackt sozusagen, erkennen.

Wir werden aber immer wieder unsere Maske aufsetzen, weil wir sie brauchen, um unsere Rolle, oft auch mehrere Rollen, die wir im Leben spielen oder spielen müssen, wieder zu übernehmen. Die Maske ist ein Schutz für uns, *C. G. Jung* nennt sie die „Seelenmaske" oder Persona und versteht darunter nicht den Begriff der „Persönlichkeit", sondern die antike Schauspielermaske, durch die die Stimme hindurchtönte (lat. personare).

Die Quellkraft der Seele gibt neues Leben

Das Unbewußte, der seelische Bereich in uns ist es also, der uns trägt, der uns die Impulse vermittelt, die uns hoffen und glauben, hassen und lieben, danken und bitten, geben und nehmen lassen. Der unbewußte Bereich ist es, der die schöpferischen Momente in unser Bewußtsein bringt, der uns eigenschöpferisch tätig werden läßt, Eingebungen (Intuitionen) vermittelt, Anreize aus der Umwelt erhält und Impressionen aller Art aufnimmt, der sich den Einflüssen der göttlichen wie auch menschlichen Kräfte zu öffnen vermag. Der seelische Bereich ist es, der uns deprimiert oder freudig erregt, der uns krank oder gesund werden läßt, der uns Erleuchtung und tiefe Einsicht schenkt, der dem Leben Sinn und Richtung gibt.

Eine intensive Beschäftigung mit allen Fragen des Unbewußten ist gerade heute so entscheidend wichtig, weil bei immer mehr Menschen durch Leistungsdruck, zunehmende Rationalisierung und kaltes Erfolgsstreben der Bezug und die Verbindung zum Innenraum der Seele (Psyche), der größten Kraftquelle des Menschen, verlorengeht.

Wenn es diesen Kraftquell im Menschen nicht gäbe, wäre nicht zu verstehen, wie Menschen die großen Strapazen und Nöte des letzten Krieges und der Nachkriegszeit – sei es in der zerstörten Heimat, auf der Flucht oder in der Kriegsgefangenschaft – überhaupt auszuhalten vermochten.

Mir selbst ist in der schwersten Zeit meines Lebens diese Kraft erst erkenntlich geworden. Dazu verhalf mir ein Wort des Arztes *Carl Gustav Carus* (1789–1869), der in seiner Schrift „Psyche" erklärt, daß der Mensch das Aufeinander- und Ineinanderwirken seiner „beiden Seelen" – heute würde man sagen: seines kollektiven und persönlichen Unbewußten – erkennen und erleben müsse, um sich innerlich mehr und mehr gewahr zu werden.

Ich meine, ich müßte dieses Kapitel über das Unbewußte mit zwei alten Weisheitssprüchen aus der Bibel beenden, weil sie das Wesentliche dieses Kapitels noch einmal zum Ausdruck bringen, unsere Seele bewegen, unseren Geist erleuchten und unser Gemüt zu ändern in der Lage sind.

„Was hülfe es dem Menschen, wenn er die ganze Welt gewönne und nähme doch Schaden an seiner Seele." (Matthäus 16, 26, Luther.)

„Wenn ich in allen Sprachen der Menschen redete und sänge in den Worten der Engel, und keine Liebe wäre in mir, gliche ich einer dumpfen Brummglocke oder einem scheppernden Becken aus Blech. Wenn ich Gottes Gedanken kennte und alle Geheimnisse wüßte, wenn ich alle Weisheit der Welt besäße, wenn mein Glaube die Macht hätte, Berge zu versetzen, und keine Liebe wäre in mir, so wäre ich nichts." (1. Korinther 13, 1, 2, Zink.)

Die Beschäftigung mit und der Weg zum Unbewußten, zu unserem eigenen seelischen Bereich ist eine viel zu wenig beachtete Möglichkeit, uns zur Lebensfülle und zur Gesundheit an Leib und Seele zu führen, um das Schöpferische in uns zu wecken und zu verwirklichen.

Eingeübtes Verhalten kann eine gute Hilfe im Umgang mit anderen Menschen sein. Aber es ist zu wenig, wenn der Mensch im Leben nur die Erwartungen seiner Umwelt erfüllt und nur eine Rolle spielt. Er soll zu sich selbst finden.

Umwelteinfluß und zwischenmenschliche Beziehungen

Wir haben bisher auf die wichtige Rolle hingewiesen, die das Unbewußte im körperlichen und seelischen Leben des Menschen spielt. Die Anregungen oder die Abwehr, die es hervorruft, sind dem einzelnen zu eigen und kennzeichnen sein inneres Leben.

Der Mensch muß als ein Ganzes betrachtet werden, der eine eigene Geschichte mit ihren Gesetzen von Ursache und Wirkung hat. In ihm selbst, im Inneren seines Seelenlebens, liegt die Quelle seiner Tatkraft und seiner Gesundheit oder aber auch der eigentliche Grund für seine Probleme oder Konflikte und manchmal sogar für zahlreiche Krankheiten. Darum müssen wir immer wieder nach diesen verborgenen Quellen fragen, wenn wir uns selbst verstehen und völlig gesund an Leib und Seele sein wollen.

Leben heißt für andere da sein

Es gibt aber noch einen ganz anderen Gesichtspunkt, von dem aus man an das menschliche Verhalten herankommen kann. Dieser steht nicht im Gegensatz zum vorangegangenen, sondern ergänzt ihn harmonisch. Man nimmt den Menschen in der Situation, die vom *Hier und Heute* gegeben ist, und betrachtet nicht mehr seine Geschichte und seine Person für sich, sondern das Bündel der Beziehungen zu anderen Menschen, mit denen er lebt. So ist bei einem Kind sein Verhältnis zu seinen Eltern und seinen Spielkameraden zu klären oder das Verhältnis zwischen Ehegatten oder ihre jeweiligen Beziehungen zu Freunden, Vorgesetzten oder Angestellten.

Wichtig ist auch das Verhältnis eines kranken Menschen zu seinem Arzt und umgekehrt das eines Arztes zu seinen Kranken. Anstatt die positiven und negativen Kräfte im Innern seines Seelenlebens zu betrachten, werden wir dahin geführt, die *zwischenmenschlichen Beziehungen* und die Art und Weise der menschlichen Verständigung zu studieren. Weil die Erwartungen und Bedürfnisse in diesem Bereich häufig verkannt werden, hat der Mensch es oft so schwer, körperlich und geistig gleichermaßen gesund zu sein. Die Hereinnahme des geistigen Bereichs in den Gesundheitsbegriff ist unumgänglich.

Erklären wir dies einmal anhand eines Beispiels aus einem ganz anderen Bereich.

Stellen wir uns vor, wir wollten die Wirtschaft eines Landes studieren. Man kann versuchen, dieses Land für sich zu verstehen, indem man seine Geschichte, die Wesensart seiner Einwohner, seine landwirtschaftlichen Erträge, seine Bodenschätze und seine industrielle Struktur untersucht. Aber wir wissen heute mehr denn je, daß es nicht ausreicht, das Problem von dieser Seite anzugehen. Man muß auch die politischen und wirtschaftlichen, die Handels- und Währungsbeziehungen kennen, die dieses Land zu seinen Nachbarn, seinen Lieferanten und seinen Kunden unterhält. Bestimmte Reichtümer und Probleme entstehen aus dem Inneren des Landes selbst, gute oder schlechte Gewohnheiten, die es sich in der Vergangenheit angeeignet hat (das ist das Gegenstück zur psychoanalytischen, innerseelischen Perspektive, wenn man so will). Andere Reichtümer, andere Schwierigkeiten entstehen ihm durch die Art seiner äußeren Beziehungen (das ist das Gegenstück zum zwischenmenschlichen Gesichtspunkt, den Beziehungen untereinander).

Die zwischenmenschlichen Bedürfnisse

Es ist klar ersichtlich, daß diese beiden Bereiche, der innere und der äußere, ebenso unerläßlich für die Erforschung des Wesens eines einzelnen wie auch eines Volkes sind. Sie ergänzen sich gegenseitig. Deshalb müssen wir uns jetzt, nachdem wir im vorigen Kapitel über das Unbewußte gesprochen haben, mit den *zwischenmenschlichen Bedürfnissen* befassen.

Diese sind außerordentlich verwickelt. Es ist unmöglich, sie vollständig zu behandeln. Wir werden daher nur einige wesentliche Beispiele betrachten, um den gesamten Vorgang verständlich zu machen und eine Vorstellung von den Abläufen zu vermitteln.

Man könnte meinen, daß die einzigen lebensnotwendigen Bedürfnisse des Menschen Nahrung, Atemluft und Wärme seien. Nichts ist irriger. Nehmen wir einen Freiwilligen – der für den Versuch bezahlt wird – und isolieren ihn völlig, so daß er nichts sieht, nichts hört und nichts fühlt. Dafür reicht es aus, ihn in ein dunkles, schalldichtes, mittelwarmes Zimmer zu bringen, ihn warm in eine Decke zu wikkeln und auf einem weichen Lager auszustrecken. Obwohl diesem Menschen weder zu kalt noch zu warm ist, obwohl er weder Hunger noch Durst hat, obwohl er nach Lust und Laune nachdenken oder schlafen kann, wird seine Lage schnell unerträglich. Das Fehlen von Gefühlen oder Kontakten und Eindrücken von außen ist eine schreckliche Strafe. Alle Freiwilligen haben den Versuch vorzeitig abgebrochen. Jene, die weitermachen wollten, wurden schnell Opfer von Halluzinationen und Verwirrungszuständen, die mit der Zeit recht ernst werden können.

Man könnte auch annehmen, daß die einzigen Bedürfnisse eines Säuglings rein körperlicher Natur seien: Milch, Schlaf und Sauberkeit. Das genügt aber nicht. Das Neugeborene braucht es, daß man mit ihm spricht, es wiegt und liebkost und daß es Kontakt mit seiner Mutter hat. Mit einem Wort, es braucht Liebe. Ohne Liebe, ohne warme menschliche Beziehung wird das kleine Kind schnell krank. Eine Krankheit, die aus Mangel an mütterlicher Zuwendung entsteht, kann bleibende Schäden zur Folge haben und sogar zum Tode führen.

Der Mensch ist somit geistig, sittlich und seelisch grundsätzlich ein Wesen der Kommunikation, des Austauschs und der Verständigung mit anderen Menschen (Bezugspersonen).

Diese Tatsachen sind vor verhältnismäßig kurzer Zeit durch die Verhaltensforschung bestätigt worden. Die Arbeiten von vielen Forschern verschiedener Wissensgebiete haben gezeigt, daß es bei Tier und

Mensch eine Art „Beziehungsinstinkt“ gibt, ein gesellschaftliches Urbedürfnis. Das ist die Anhänglichkeit. Die Psychoanalytiker haben auf eine relativ frühzeitige sexuelle Bindung bestanden, wobei sie sich auf die Ernährungsbeziehung stützen, aber das Bedürfnis nach Kontakt (körperlicher Berührung) ist noch viel grundlegender.

Die Beziehung zueinander ist nicht das Ergebnis des Lebens in der Gesellschaft und einer Lehrzeit, sondern etwas Gegebenes, das zur biologischen Struktur, zur seelisch-leiblichen Beschaffenheit gehört. Durch die Vererbung, durch die Schöpfung ist der Mensch ein gesellschaftliches, geselliges Wesen, das die Beziehungen zu anderen seiner Art braucht.

Das Bedürfnis, sich mit jemandem zu treffen, mit dem man sprechen kann, Selbstbestätigung zu erleben, zu lieben und geliebt, anerkannt, angenommen, verstanden und bestärkt zu werden und nützlich sein zu können, ist nicht überflüssig und keine Spielerei. Vielleicht treten solche Bedürfnisse nicht auf, solange Lebensnotwendigkeiten wie die Ernährung ein Problem sind. Aber sobald diese befriedigt sind, tauchen die feineren, zum Dasein in Beziehung stehenden Bedürfnisse auf. Wenn sie nicht befriedigt werden, können sie den Menschen in die Verzweiflung und zum Selbstmord treiben. Wenn sie befriedigt werden, ob nun flüchtig oder in der Prüfung und im Schmerz, geben sie dem Menschen Augenblicke seltener Intensität und sind die beste Grundlage, auf der sich eine reiche, harmonische, fruchtbare Persönlichkeit aufzubauen vermag. Die Gläubigen haben ganz sicher recht gegenüber den Atheisten, wenn sie die Notwendigkeit einer Beziehung zu Gott über alles stellen. Nur dieses Band zu einem Wesen, das uns verstehen, helfen und lieben kann, das unserer Anbetung vollkommen würdig ist, das es uns ermöglicht, über uns selbst hinauszuwachsen, das dem Leben einen Sinn gibt, kann dem Menschen völlige

Das Leben bietet viele Möglichkeiten, das Miteinander mit anderen Menschen zu lernen. Nur über zwischenmenschliche Beziehungen gelangen wir zur seelischen Entfaltung.

Gesundheit vermitteln, nicht nur körperlich und geistig, sondern auch geistlich.

Mag er wollen oder nicht, der Mensch ist dazu bestimmt, sich anderen mitzuteilen. Wir verstehen diesen Begriff im weitesten Sinne des Wortes. Es ist also wichtig, daß der Mensch sich so gut wie möglich verständigt und Fallen, Konflikte, Mißverständnisse und Irrtümer in seinem Bereich möglichst vermeidet. Deshalb muß man die Regeln der zwischenmenschlichen Beziehungen kennen.

Sich selbst und andere bestätigen

Es ist eine Allerweltsweisheit, daß der Mensch sich bestätigt fühlen muß: in seinem Heim, bei seiner Arbeit, in der Gesellschaft. Das ist sogar lebenswichtig für ihn.

Jeder verwirklicht es auf seine Weise, aber keiner kommt darum herum.

Es ist aufschlußreich zu sehen, wie der einzelne sich bestätigt. Tut er es zum Schaden seiner wahren persönlichen Werte, ohne Rücksicht auf andere? Früher oder später wird diese Selbstbestätigung krankhaft oder wertlos werden, oberflächlich an äußerlichen materiellen Wirklichkeiten klebend, die die Persönlichkeit aushöhlen und unfruchtbar machen. Tut er es, indem er seine eigenen echten Bedürfnisse und die der anderen beachtet? Dann kann er sich selbst bestätigen, ohne sittlich zu verderben und ohne die anderen zu erdrücken; er kann dann sogar zu deren eigener Bestätigung beitragen und ihnen dadurch hilfreich sein.

Um sich selbst zu bestätigen, benutzt der Mensch im allgemeinen zwei Strategien. Die menschlichen Beziehungen lassen sich tatsächlich in zwei große Klassen einteilen: in symmetrische und komplementäre (ergänzende).

Zwei Formen menschlicher Beziehungen

In der *symmetrischen Beziehung* zeigen zwei Personen ein gleiches Verhaltensmuster. Jeder baut seine Haltung, möglicherweise unbewußt, darauf auf, den anderen nachzuahmen. Das kann auf Spielregeln beruhen: zwei Tennis- oder Ping-Pong-Spieler verhalten sich symmetrisch. Sie wollen beide gewinnen, sie müssen beide ihre Schlagtechnik gut beherrschen. In diesem Fall ist die symmetrische Beziehung normal und gesund. Aber manchmal kann sie auch übertrieben und krankhaft sein. Haben Sie schon einmal bemerkt, wie sich bestimmte Leute im Gespräch benehmen? Wenn Sie eine Grippe erwähnen – sie haben gerade eine gehabt. Ihr Kind ist ungehorsam – das ihre ist schrecklich. Sie haben gewisse finanzielle Schwierigkeiten – gerade jetzt haben sie unwahrscheinliche Sorgen auf diesem Gebiet. Sie haben ein neues Auto gekauft – weil ihr Nachbar das gleiche getan hat. Das sind Beispiele symmetrischen Verhaltens. Das Gesetz darin lautet: Genauso handeln wie der andere, wenn möglich ein bißchen besser, ein „klein wenig gleicher" sein als der Partner.

Man findet die gleiche Verhaltensweise häufig bei Ehepaaren wieder. Beide wollen die Führung haben. Es genügt, daß der Mann irgend etwas will, schon stellt die Frau die gleichen Ansprüche; und wenn sie zufällig krank wird, dann fühlt auch er sich müde, abgespannt und zerschlagen.

In Beziehungen dieser Art führt die Selbstbestätigung schnell zu einer Art Wettkampf, der Krisen und zerstörerische Explosionen hervorrufen kann. Jeder beschuldigt den anderen, der eigentliche Unruhestifter zu sein. Immer ist der andere entweder schlecht oder dumm. Die Wahrheit sieht ganz anders aus. Jeder hat seine eigene Wirklichkeit. Keiner von beiden beachtet die Wirklichkeit und das Bedürfnis nach Bestätigung des anderen. Nicht die Partner sind krank, sondern ihre Verständigung untereinander krankt.

In der *komplementären Beziehung* ist es umgekehrt. Das Verhalten paßt sich dem andern an und spielt den Unterschied heraus. Das Verhältnis Arzt–Kranker, Lehrer–Schüler, Eltern–Kind ist eine normalerweise komplementäre Beziehung (die aber leider entarten kann!). Genauso wie die symmetrische Beziehung ist auch die komplementäre weder gut noch schlecht in sich. Alles hängt davon ab, wie dieses Verhältnis gestaltet wird und wie die Umstände sind. Eine Beziehung Herrschender–Beherrschter, Sadist–Masochist ist komplementär. Seltsamerweise beschuldigt auch hier jeder den anderen, der Grund allen Übels zu sein. Je verschwenderischer der eine ist, desto sparsamer ist der andere. Je tugendhafter, strenger und moralistischer der eine, desto trunksüchtiger

Lebensfreude kann nur entstehen, wenn man sich in eine lebendige Gemeinschaft eingebunden fühlt und Liebe und Freundschaft empfängt. Der Mensch wird erst dadurch zu sich selbst finden, indem er mit anderen spricht und durch den anderen sich selber kennenlernt.

der andere. Je autoritärer der Vater ist, je mehr er auf ordentliche Kleidung und Haarschnitt achtet, desto ungehorsamer, ungepflegter und langhaariger ist der Sohn.

Liebe geben und empfangen

Wie kann man diese symmetrischen bzw. komplementären Situationen meistern? Vorerst müssen wir uns fragen, welche Ziele jemand verfolgt, der versucht, sich selbst zu bestätigen. Es gibt bestimmt zahlreiche Antworten darauf, und sie sind von Mensch zu Mensch verschieden. Aber der gemeinsame Nenner all dieser Verhaltensweisen ist die Suche nach Liebe.

Viele setzen Liebe gleich mit Verstandenwerden. Ist es nicht schmerzlich, wenn uns jemand in den Rücken fällt, besonders wenn es ein Mensch ist, der uns nahesteht und der unsere wahren Beweggründe eigentlich hätte erkennen müssen? Es rührt von diesem Bedürfnis her, wenn wir uns nicht mit Worten ausdrücken müssen, weil wir wissen, daß der andere in unserem

Herzen unsere Gefühle, Ängste und Sehnsüchte lesen wird.

Für andere bedeutet geliebt zu werden: beschützt zu werden, in Sicherheit zu sein, zu wissen, daß ihnen beigestanden wird. Die Welt, die uns umgibt, ist bedrohlich. Materielle und gefühlsmäßige Sicherheit und Beständigkeit sind also auch wichtige Faktoren bei diesem Problem.

Den anderen besser kennenlernen

Oft beklagt sich die Frau – vielleicht fühlt sich aber auch der Mann betroffen –, daß sie nicht gesehen und beachtet wird. „Mein Mann ist wirklich nett", seufzt sie, „er ist fleißig, ehrlich und ein guter Vater, aber er hat sich schon so an mich gewöhnt, daß er mich nicht mehr sieht. Es hilft nichts, wenn ich ein hübsches Kleid anziehe, er beachtet es gar nicht. Ich lege mir eine neue Frisur zu, aber er bemerkt es nicht." Wie wichtig ist doch der Blick des anderen auf mich! Dieser Blick kann in mir Leben und Freude wecken. Wenn der andere mich sieht, erkennt er mich, schätzt er mich, bestätigt er mich in meiner Persönlichkeit und bestärkt er mich in dem Gefühl, geliebt zu werden. Wenn er dagegen teilnahmslos ist, gleichgültig, nicht vorhanden, wenn er über mich hinwegsieht, als wäre ich durchsichtig, und auf einen weit entfernten Punkt schaut, dann verurteilt er mich zur Bedeutungslosigkeit, zum Nicht-vorhanden-Sein. Schlimmer, als verabscheut und angegriffen zu werden, ist es, wenn man überhaupt keinen Platz im Herzen, in der Seele, in den Gedanken, im Sinn und in der Erinnerung und in den Augen des anderen hat!

Für andere ist Liebe gleichbedeutend damit, daß sie gehört, als verantwortlich angesehen werden, daß ihnen vertraut und verziehen wird, daß man ihnen hilft und sie ermutigt, daß man sie an einer allgemeinen Aufgabe teilhaben läßt, die schöpferische Anforderungen stellt und verpflichtend ist.

Wenn die Menschen sich frei äußern könnten, ohne befürchten zu müssen, daß sie verspottet oder verurteilt werden, wenn sie es besser gelernt hätten, sich ihres seelischen Zustandes bewußt zu werden, jene verwickelten Pfade zu erkennen, auf denen sie an ihren jetzigen Punkt gelangt sind, wären wir sicherlich sehr erstaunt zu erfahren, daß ein Großteil ihres Verhaltens – sei es nun verführerisch oder beherrschend, gutmütig oder angriffslustig (womit sie versuchen, sich selbst zu bestätigen) – eine unermüdliche und mehr oder weniger geschickte Suche nach Liebe ist.

Aber genausowenig, wie man sich im guten Sinne des Wortes durchsetzen kann, ohne den anderen anzuerkennen und zu achten, kann man nicht nach Liebe suchen, ohne zu lernen, Liebe zu geben.

Das menschliche Wesen wird keine feste seelische und sittliche Gesundheit erlangen können, bevor es nicht dieses Liebesbedürfnis in seinem Leben ernst genommen hat.

Das ist nicht einfach und geht auch nicht von heute auf morgen. Sicher, jeder gibt vor, zu lieben und Liebe zu brauchen. Aber diese Wörter sind in ihrer Bedeutung herabgewürdigt, verkannt und verfälscht worden. Liebe, das bedeutet für die meisten beherrschen oder besitzen, selbstsüchtig mit dem anderen zu spielen oder ihn zu benutzen. Es ist nur zu wahr, daß Eifersucht und Aggressivität stets die selbstverständlichen Folgen dieser Scheinliebe sind.

Aber die Liebe, die es dem Menschen erlaubt zu wachsen, zu reifen, im Gleichgewicht zu bleiben, fruchtbar zu werden, ist ganz anders beschaffen: man anerkennt die Bedürfnisse und Erwartungen des anderen, achtet seine Freiheit, seine Individualität, besser: man liebt diese Persönlichkeit so sehr, daß man ihr bereitwillig bei ihrer Entwicklung hilft, daß man ihre Begabung fördert und daß man sich schließlich dem anderen hingibt, ohne sich davon irgendwelche Vorteile zu versprechen.

Sich nützlich machen und Aufgaben erfüllen

Einer der letzten Aspekte unter so vielen anderen, die wir in diesem großen Bereich der zwischenmenschlichen Beziehungen näher betrachten wollen, ist das Bedürfnis, sich nützlich zu machen, zu fühlen, daß man gebraucht wird; ein Bedürfnis, das dem Leben einen Sinn gibt.

Von klein auf will sich das Kind gerne nützlich machen, kleinere Aufgaben verrichten, seinen Eltern helfen, den Tisch decken und vieles andere. Die Eltern sollten ihre Kinder darin nicht entmutigen, selbst wenn sie dadurch etwas Zeit und – manchmal – auch Geld verlieren.

Als Erwachsener, sei es im Berufs- oder Familienleben, bei sportlicher Betätigung oder in Ausübung der Nächstenliebe, hat der Mensch das Bedürfnis, diese Begabung zu üben, denn sie gehört zu ihm.

Zu der Zeit, als die Familien noch nicht auf Eltern und Kinder beschränkt waren, sondern Großfamilien bestanden, hatten die Großeltern ein sehr lebendiges Empfinden ihrer Nützlichkeit. Das Gefühl, noch eine Aufgabe zu haben, war eine wichtige Grundlage für ein glückliches Alter. Sie bewachten das Haus, beschäftigten sich mit den Enkelkindern; Großmutter paßte auf die Suppe auf; Großvater schnitzte Holzspatel mit seinem Messer, von dem er sich nie trennte. Ihre Gegenwart, ihre Weisheit und ihre Erfahrung halfen, die kleinen unvermeidlichen Krisen des täglichen Lebens zu überwinden. Trotz des materiellen und medizinischen Fortschritts, trotz Zentralheizung und gesicherter Rente liegt im Verlust des Gefühls, noch gebraucht zu werden, für jeden alten Menschen eine große Tragik. Jede noch so kleine, sorgfältig erfüllte Aufgabe trägt außerordentlich zum Wohlbefinden, zur Zufriedenheit, zur Beruhigung und zum Sich-freuen-Können bei.

Wenn wir also einen gesunden Geist erlangen wollen, brauchen wir nicht nur einen gesunden Körper, müssen wir nicht nur lernen, uns selbst zu verwirklichen, zu lieben, zu wissen, was wir tun müssen, damit wir geliebt werden, wir müssen auch wieder lernen, zu dienen, uns nützlich zu machen, den Sinn des Lebens neu zu entdecken.

Der Psychiater *Viktor E. Frankl* hat gezeigt, daß die Gesamtheit des unbewußten Lebens sich nicht in Trieben, in einer Tiefenpsychologie manifestiert, sondern

Aufgaben anpacken, etwas gemeinsam tun, auch Gemeinschaft in Geselligkeit und Spiel – das sind die Erlebnisse, die unser Leben bereichern und zur Verständigung führen. Nur so lernt der einzelne, um des Ganzen willen eigene Interessen unterzuordnen.

sich in einer ebenso lebenswichtigen Dimension ausdrückt, die den Menschen noch stärker adelt und zur Entfaltung bringt: der Suche nach dem Sinn des Lebens. Der normale, vollständige, gesunde Mensch hat das Bedürfnis nach Selbstüberwindung, nach Transzendenz. Er braucht eine „Höhenpsychologie".

Schritte auf dem Weg zur Verständigung

Was sollen wir nun eigentlich tun, um zu einer besseren Verständigung zwischen den Menschen zu kommen, um die symmetrischen und die komplementären Beziehungen zu meistern, um die eigenen Erwartungen und Hoffnungen, aber auch um die Erwartungen und Hoffnungen der anderen anzuerkennen, um den Sinn des Lebens wiederzuentdecken und neu aufzubauen?

Hier sind die großen Etappen auf dieser Wegstrecke:

- Wir müssen die Wirklichkeit des anderen, die ganz anders ist als unsere eigene, und sein Bedürfnis nach Bestätigung anerkennen.
- Wir müssen Streitigkeiten schlichten, indem wir über die Beziehung selbst sprechen und gemeinsam erforschen, wo sie krankhaft und ungesund zu werden droht, ob sie nun symmetrisch oder komplementär ist. Man nennt die-

se Verständigung über die Verständigung Metakommunikation. Sie ist lebensnotwendig. Wir müssen lernen, uns einander mitzuteilen.

- Wir müssen die Wege ablehnen, die die Erfahrung überdeutlich als negativ und unfruchtbar erwiesen hat, besonders jenen Weg, der darin besteht, ein „klein wenig mehr" von derselben Sache zu machen. Um das Beispiel der komplementären Beziehung wieder aufzunehmen, sparsamer zu sein (der andere wird sagen: geiziger), tugendhafter zu sein (der andere wird sich noch schuldiger fühlen), autoritärer zu sein (der andere wird noch stärker widerstreben).
- Im Gegenteil, wir müssen paradoxe Lösungen finden, die die Problematik aufheben. Denn die Art, in der ein Problem sich stellt, ist das eigentlich Schlechte daran. Man kennt die Geschichte von den ausgehungerten Belagerten, die ihre letzten Vorräte (anstatt sie zu essen, was „logisch" gewesen wäre) über die Stadtmauern werfen und so ihre Feinde entmutigen und dazu veranlassen, die Belagerung aufzuheben. Genauso befahl Salomo in seinem berühmten Urteil, ein Kind, das zwei Mütter für sich beanspruchten, in zwei Teile zu schneiden. Kann man sich eine widersinnigere Entscheidung vorstellen? Die eine nimmt das Urteil an, die andere bittet, das Kind am Leben zu lassen, selbst auf die Gefahr hin, daß sie es dadurch verliert. „Das ist die wahre Mutter", erklärt der Weise, „gebt ihr ihr Kind."
- Wir müssen den anderen fragen, was er von uns erwartet (zum Beispiel: Was verstehst du unter geliebt werden?), und uns bemühen, nicht auf unsere eigenen Bedürfnisse zu antworten, sondern auf die des anderen.
- Wir müssen das aktive Zuhören nach der Methode von *Dr. Gordon* üben. Wenn jemand mit einem Problem zu uns kommt, sind allem Anschein zum Trotz zwölf Wege falsch: befehlen, drohen, Moralpredigten halten, Ratschläge geben, Schlüsse ziehen, kritisieren, Komplimente machen, die Angelegenheit ins Lächerliche ziehen, eine Diagnose stellen, trösten, ausfragen, ablenken. Ein einziger Weg ist richtig: versuchen, sich in die Lage des anderen zu versetzen, seine Gefühle zu verstehen (selbst wenn man glaubt, sie seien ungerecht) und sie neu in Worte zu fassen.

  Zum Beispiel: Ein Kind kommt aus der Schule und sagt: „Mein Lehrer ist gemein. Er ist ein Mistkerl." Man könnte jetzt sagen: „Ich verbiete dir, so über deinen Lehrer zu reden" (befehlen, drohen) oder auch: „Mein armes Kleines. Man hat dir Unrecht getan" (trösten). Man wird besser sagen: „Du hast also das Gefühl, dein Lehrer sei ungerecht." Dieses aktive Zuhören gibt dem anderen das Gefühl, verstanden zu werden, und läßt ihn seinen Konflikt deutlicher ausdrücken. Schließlich ist dies oft der erste Schritt, eine Lösung zu erkennen.
- Wir müssen eine Lebensethik pflegen, sie durch Nachdenken über dichterische, philosophische oder religiöse Texte, die wegen ihrer Qualität und ihrer geistigen Tiefe anerkannt sind, bereichern. „Was du nicht willst, daß man dir tu', das füg auch keinem andern zu", ist zum Beispiel ein alter Weisheitsspruch. Wir müssen uns die Vorstellung zu eigen machen, daß keine Suche in sich selbst ihren Abschluß finden kann; sie muß sich immer um die Verständigung zwischen den Menschen drehen.

Es ist klar ersichtlich, daß diese Vorschläge fruchtlos bleiben, solange der Mensch sich nicht damit beschäftigt, solange er keine Entscheidung trifft, solange er nicht einen gewissen Mut, eine gewisse Kühnheit aufbringt.

Der Mensch – ein Wanderer zwischen zwei Welten

„Wir haben es bei allem Heilen mit der einen
Wirklichkeit zu tun, die wir Menschen nennen. Nichts ist wichtiger
für das Verständnis des Heilens als die Ablehnung jeder
Zweiteilung oder Dreiteilung in der Beschreibung
der menschlichen Natur. Der Mensch ist eine
vieldimensionale Einheit . . . In allen Dimensionen
muß geheilt werden, wenn überhaupt geheilt werden soll."
(Paul Tillich)

Was uns prägt und trägt

Vieles ist es, was den Menschen prägt und bestimmt. Die Einflüsse aus der geschichtlich-gesellschaftlichen Umwelt kennzeichnen sein Leben. Vielen Einflüssen ist er hilflos und schuldlos ausgesetzt, zumal in jungen Jahren. Anderen Einflüssen kann er sich verschließen oder gedanklich gegensteuern.

Alle Lebensgestaltung geht um so einfacher und unkomplizierter, je mehr sie in einer Atmosphäre von Geborgenheit und Sicherheit erfolgt.

Das Elternhaus

Eltern werden bei uns nicht besonders zu Erziehern ihrer Kinder erzogen. Wenn sie auch von Natur aus vieles richtig machen, so handeln sie doch zunächst nach guten Ratschlägen ihrer Familien oder ihrer nächsten Umgebung. Erst viel später – meist wenn das erste Kind bereits da ist – beginnen sie, sich mit Erziehungsfragen zu beschäftigen. Oft geschieht es auch dann noch nicht.

Eltern müssen Erziehen lernen

Ganz allgemein könnte man sogar sagen, daß wir selbst als Erwachsene die Rolle des Erziehers nicht oder noch nicht gelernt haben. Wir bedürfen daher alle für diese Rolle einer „Nacherziehung". Ganz abgesehen von der Kindererziehung leiden die meisten von uns – wie Psychologen und besonders Tiefenpsychologen nachzuweisen vermögen – unter mancherlei „Infantilismen" (Kindlichkeiten) und triebhaften, die Vernunft zuweilen überrumpelnden Aggressionen (feindseligen Handlungen). Diese hindern uns oft genug daran, im Umgang mit anderen Menschen, auch den Familienangehörigen gegenüber, sachlich und unvoreingenommen zu urteilen und zu reagieren oder auch einmal zu schweigen und vorerst nicht zu reagieren. Man entschuldigt sich dann meist mit der Erklärung, daß „einem die Pferde durchgegangen" seien. Aber diese Redewendung offenbart einen Mangel an Selbstbeherrschung, Lenkungs- und Führungsfähigkeit. Nicht selten bedeutet das in der Folge auch einen Autoritätsverlust.

Alle Erzieher, im weitesten Sinne also Eltern, Lehrer, Ärzte, Seelsorger und viele andere, sind Menschen und darum vor Irrtümern, Versäumnissen und Fehlern nicht gefeit.

Wenn man nun bedenkt, daß gerade die Eltern einen für das ganze Leben des Kindes entscheidenden und prägenden Einfluß ausüben, weil sie für das Kind die ersten Bezugspersonen sind, wird die große Verantwortung klar, die auf den Eltern ruht.

Es gibt keine vollkommenen Erzieher, aber sie sollten sich bemühen, ihre eigenen Fehler, Versäumnisse und Unzulänglichkeiten zu erkennen und ihr Unwissen oder ihre Wissensmängel auszugleichen, um nicht eines Tages erschüttert feststellen zu müssen: Ja, wenn ich das früher gewußt hätte, wären meine Kinder ganz anders erzogen worden.

Folgen von Unwissenheit und Mangel an Zuwendung

Fehler und Versäumnisse in der Erziehung, die ein Kind für sein Leben beeindrucken können, geschehen nicht selten aus Gleichgültigkeit und Unwissenheit. Auch Mangel an Zuwendung, Herzlosigkeit und Lieblosigkeit zeigen die gleichen Folgen. Liebesmangel und herzlose Behandlung zum Beispiel durch Worte, die im Zorn gesprochen werden, wie „Du Schaf, du taugst ja nichts, aus dir wird im Leben nichts", verletzen die kindliche Seele so sehr, daß es kaum wiedergutzumachen ist. Das Kind kommt sich ausgestoßen vor und verliert den Rückhalt, den es ja längere Zeit braucht. Ein solches Kind wird seelisch krank, entwickelt Minderwertigkeitskomplexe, die auf lange Zeit, wenn nicht lebenslang, Hemmungen, Schüchternheit, Sprachstörungen (Stottern) und Lebensangst hervorrufen können. Beispiele dafür kann man heute in der Praxis häufig erleben. Ein anderes Beispiel sind Ehestreitigkeiten, die, wenn sie heftig und in Gegenwart eines Kindes ausgetragen werden, das Kind verängstigen, da es sehr wohl fühlt, was sich da ereignet, wenn es auch den Sinn der Worte noch nicht versteht. Der Streit hinterläßt im Herzen (in der Seele) des Kindes eine tiefe Wunde, da es sich von Vater und Mutter verlassen wähnt und das Gefühl der Geborgenheit verliert.

Prägung im Säuglingsalter

Es muß auch noch einiges über die Prägung des Kindes im Säuglingsalter gesagt werden. Im Zuge der Entwicklung der Gleichberechtigung der Frau und der Partnerschaft der Ehegatten, die heute bis in die Pflege des Säuglings hineinreicht, entstehen Forderungen an den Mann, für die er nicht besonders geeignet ist, während die Frau nicht nur von Natur aus dazu begabt ist, sondern „ein Naturtalent für die Pflege des eigenen Säuglings mitbringt", wie es der Sozialreformer *Ivan Illich* ausdrückt. Wer als Mann heute nicht die praktischen Maßnahmen der Kinderpflege handhaben lernt und damit den zeitgemäßen Vorstellungen der Partnerschaft entspricht, gilt als unmodern, konservativ und einseitig. Selbstverständlich darf es nicht wie früher als unmännlich gelten, den Kinderwagen zu schieben. Es muß aber daran festgehalten werden, daß der Säugling in der ersten Lebenszeit nur eine einzige Bezugs- und Kontaktperson braucht, und zwar in aller-

Von entscheidender Bedeutung für die charakterliche Prägung eines Menschen ist die Prägung durch die Mutter. Vermag die junge Mutter ihrem Kind das Gefühl der Geborgenheit und Freude zu vermitteln?

erster Linie die Mutter. Sie hat dem Säugling die ersten Entwicklungsreize und damit die ersten prägenden Einflüsse zu vermitteln, die dem Kind den nötigen Rückhalt geben und es befähigen und ermutigen, zu weiteren Personen Kontakt aufzunehmen.

Zunächst wird das der Vater sein. Er hat aber anfangs lediglich die Rolle zu übernehmen, die wunderbare und durchaus in mancher Hinsicht noch geheimnisvolle Mutter-Kind-Beziehung vor Störungen zu bewahren. Er muß zunächst nur schützend hinter der Mutter stehen und sie möglichst von zusätzlicher Arbeit entlasten, damit sie sich voll und ganz dem Kind zuwenden kann. Es ist auch heute noch realistisch zu sagen, daß der Vater das beglückende Erleben der Mutter mit ihrem Kind im Arm gar nicht wirklich teilen kann. Er vermag es aber als einen ihn beflügelnden Auftrag zu empfinden, nun für seine Familie die notwendigen Voraussetzungen zu Wachstum, Gedeihen und Wohlbefinden zu schaffen. Er wird sehr schnell von seinem Kind nach der ersten Entwicklungsphase erobert werden, wobei er dann auch aus dem Hintergrund hervortritt.

Das Kind entdeckt den Vater

Die Entdeckung und Hinwendung des Kindes zum Vater ist ein neuer Lebensabschnitt für das Kind, wenn es ihn in seiner Beschützerrolle und als den erkennt, der mit starker Hand alles kann und macht, der ihm hilft, die moderne technische Umwelt, in der wir nun einmal leben, zu erobern und zu bewältigen. So gewinnt das Kind mit Hilfe des Vaters Selbstbewußtsein, Vertrauen und Freude an der meist unbewußt vor sich gehenden Eingliederung in die Welt der Erwachsenen. Damit stellt der Vater vor allem durch sein Vorbild einen weiteren prägenden Faktor dar.

Die prägende Wirkung durch den Vater sollte noch einen Schritt weiter gehen. Er hat noch eine Funktion zu erfüllen, die ihm niemand, auch die Mutter nicht, abnehmen kann, wo also ein Rollentausch nicht möglich ist. Alle Väter haben die für ihre Kinder unter Umständen lebenswichtige Funktion zu erfüllen, das unbewußte Vorbild für den „Vater im Himmel" zu bilden. Es ist eine Funktion, die den Vätern bewußt werden muß. Wenn das aber geschehen ist, wird sie von allen Vätern schwer zu erfüllen und von vielen in unserer heutigen „entchristianisierten Zeit" nur schwer zu ertragen sein. Aber an diesem Punkt geschieht eine sehr verantwortliche Prägung des Kindes meist für sein ganzes Leben, nämlich die Wegweisung zu dem Vater, der unser aller Vater ist. Hier kann der Vater mit der Mutter zugleich dem Kind das Modell eines wahren Elternpaares vermitteln, indem es in einfacher Weise mit ihm singt: „Weißt du, wieviel Sternlein stehen an dem blauen Himmelszelt? Weißt du, wieviel Wolken gehen weithin über alle Welt? Gott der Herr hat sie gezählet, daß ihm auch nicht eines fehlet an der ganzen großen Zahl. – Weißt du, wieviel Kindlein frühe stehn aus ihren Betten auf, daß sie ohne Sorg und Mühe fröhlich sind im Tageslauf? Gott im Himmel hat an allen seine Lust, sein Wohlgefallen. Kennt auch dich und hat dich lieb."

Wenn dann die Eltern am Bettchen des Kindes mit ihm das Abendgebet sprechen: „Müde bin ich, geh zu Ruh, schließe beide Äuglein zu. Vater, laß die Augen dein über meinem Bette sein", hat man in das Herz des Kindes den Keim zu einem Vertrauen auf Gott, den Vater aller Väter, gelegt. Es hat dann auch das große, letztlich wiederum prägende Erlebnis gehabt, daß auch Vater und Mutter zu dem großen Vater, dem starken Gott, beten.

Fragen zur Vater- und Mutterrolle

Das hört sich vielleicht alles als etwas Altes, Überkommenes, der Tradition Entsprechendes, Patriarchalisches an. Natürlich kann die Frau auch Geld verdienen, Auto fahren, die Heizung versorgen, Küchengeräte reparieren und bisher typische Männerberufe übernehmen. Es ist unbezweifelbar, daß Vater und Mutter somit in vielen Dingen ihre Rollen austauschen und wechselseitig übernehmen können. Alle Lasten und Mühseligkeiten des Haushalts und der Kinderpflege lassen sich so gleichmäßig und, wie es scheint, gerechter verteilen.

Für das Kind bedeutet das aber etwas ganz anderes, worauf *Illich* ganz eindeutig aufmerksam gemacht hat: „Es kann nur bedeuten, daß für das Kind neben die Hauptperson, neben die ihm verbundene Bezugsperson, also die Mutter, eine zweite, ähnliche Person tritt, die im gleichen Sinne wirkt und handelt. Statt der naturgemäßen Polarität zwischen väterlichen und mütterlichen Elementen in seiner Umgebung erfährt das Kind also nur ein verdoppeltes, verstärktes, aber einpoliges Kraftfeld." *Illich* ist der Meinung, mit der ich voll übereinstimme, daß das Kind nun der nivellierenden Doppelbesetzung der Mutterrolle zu entkommen sucht und sich, von

Die „gute, alte Zeit" kannte zwar nicht den heutigen Komfort, aber die Familien waren noch zusammen mit einer klaren Aufgabenverteilung.

einer Erwartungshaltung getrieben, den „Vater" woanders sucht. Selbstverständlich ist es dann dem reinen Zufall überlassen, an welch eine „Vaterfigur" es gerät.

Eltern sollten es sich bei Säuglingen und Kleinkindern sehr überlegen, ob sie nicht doch die ihnen angestammte Mutter- und Vaterrolle übernehmen, weil das einer kindgerechten Entwicklung zugute kommt.

Wenn die Kinder heranwachsen, wandeln sich die Verhältnisse. Der Vater wird dann mehr in den Vordergrund treten und das Kind mit der (zwangsläufig) technischen Umwelt bekannt machen, mit seinen Erfahrungen und Hilfestellungen und mit vielerlei gemeinsamen sportlichen Betätigungen nicht nur das Vertrauen des Kindes erwerben, sondern auch seinen Mut, seinen Helferwillen und seine Freude im Umgang mit Dingen und Menschen stärken.

Der nicht hoch genug einzuschätzende Wert einer intakten Ehe wird anscheinend wieder erkannt. Erfreulich ist in diesem Zusammenhang das Ergebnis einer Repräsentativ-Umfrage eines Hamburger Meinungsforschungs-Instituts zu der Frage, ob eine „freie Ehe", also eine Partnerschaft ohne Trauschein, einer Ehe herkömmlicher Art, also mit Trauschein, vorzuziehen sei: 73,5 Prozent aller Bundesbürger sprachen sich für eine echte Ehe aus. Die Ehe steht also nach wie vor hoch im Kurs. Daraus läßt sich Hoffnung schöpfen.

Schule, Hochschule und Betrieb

In der Entwicklungszeit, die mehrere Stadien des Bewußtwerdens durchläuft, machen sich die in der menschlichen Natur gegebenen, zunächst noch ungeläuterten und nicht gleich zielgerichteten Triebe besonders bemerkbar. Durch die manchmal stürmisch sich entwickelnden Triebregungen ist der junge Mensch in einem Egoismus befangen, den man oft als „gesunde" Vitalität bezeichnet. Als gesund und für die Umwelt annehmbar kann man sie aber nur dann bezeichnen, wenn noch etwas, das dem Menschen als einzigem Lebewesen auf dieser Erde gegeben ist und ihm eine Sonderstellung gegenüber der Tierwelt garantiert, nämlich das Selbst-Bewußtsein, die Oberherrschaft behält. Tiere können nicht über sich selbst nachdenken und sich damit nicht ihrer selbst bewußt werden. Dem Menschen ist es von Gott gegeben. Es kommt darauf an, daß er davon Gebrauch macht und damit seine Triebregungen, wie Nahrungs- und Besitztrieb, Bindungstrieb, Selbstbehauptungstrieb, Aggressionstrieb und Geschlechtstrieb, zügelt und in die richtigen Bahnen lenkt. Das Bewußtsein bestimmt schließlich seinen menschlichen Rang, wenn er es lernt, der natürlichen, aber meist überschießenden Selbstsucht der Triebe den Triebverzicht und die Selbstüberwindung entgegenzustellen.

Entwicklung, Reifung und Prägung

Dieser Entwicklungsschritt geschieht selten von selbst. Er ist vielmehr das Resultat guter Beeinflussung, ja, Prägung durch Lehrer, Hochschullehrer und Lehrmeister gerade in der so entscheidenden Zeit der Entwicklung und Reifung. Leider ist es oft dem Zufall überlassen, wie die Reifung und Prägung durch diesen in jedem Menschenleben wichtigen Lebensabschnitt ausfällt. Es kommt ja nicht nur auf die Vermittlung von viel Wissensstoff, sondern auch auf die Entwicklung der vererbten Anlagen und aller seelischen Qualitäten an, denn diese formen und prägen das gesamte Verhalten des Menschen.

Die Schule kann zwar die Familie nicht ersetzen, aber sie hat einen nicht unerheblichen Einfluß auf den jungen Menschen.

In der Jugendzeit entstehen nicht nur Leistungsfreude und zielbewußtes Streben, sondern auch die Hilfswilligkeit für andere, Freude an der Natur und allem Lebendigen, also Lebensfreude. In dieser Zeit erwachsen nicht nur wesentliche Erkenntnisse im naturwissenschaftlichen wie auch im geisteswissenschaftlichen Bereich, sondern auch das, was wir mit echter Religiosität bezeichnen. Gerade diese ist aber der Quellgrund tragender Lebenskräfte, nämlich von Glaube, Hoffnung und Liebe, ohne die ein wahrhaft menschliches Leben nicht bestehen kann.

Dieser Prozeß des Lernens, der Beeinflussung, der Prägung, der Rollen- und Positionsübernahme ist nicht nur an das jugendliche Alter gebunden, er vollzieht sich das ganze Leben lang.

Ausbildung, Aussichten, Sozialkonflikte

Leider werden unsere Schulen und Universitäten mit ihren Erziehungs-, Bildungs- und Ausbildungsprogrammen immer mehr so ausgerichtet, daß die jungen Menschen zu gut vorbereiteten und vielseitig einsetzbaren Fachleuten und Funktionären werden, wie sie Staat und Industrie, Parteien und Gewerkschaften „gebrauchen" können. Es ist allerdings sehr zweifelhaft, ob sie damit ihr eigenes, ganz persönliches Leben zu meistern lernen.

Zahllos sind heute die Konflikte, in die gerade Jugendliche geraten. Es sind Konflikte der Desorientierung, Anpassungskonflikte einer Welt gegenüber, die sich so rasch und so gründlich verändert, daß gerade Jugendliche sie seelisch nicht mehr verarbeiten können. Die Umstellungen verlaufen so tiefgreifend, daß ganze Industriezweige und mit ihnen eine Reihe von Berufen ausfallen. Für viele Jugendliche bedeutet das den Verlust des gerade erst erlernten Berufes und ihres Arbeitsplatzes. Vielleicht müssen sie einen neuen Beruf lernen, oder sie stehen auf der Straße und verstehen die Welt nicht mehr, weil Werte, Erfahrungen und Hoffnungen der Vorfahren wertlos geworden sind.

Ein junger Mensch wird das immer als einen Schicksalsschlag und als einen Sinnverlust seiner Existenz empfinden. Er wird einfach nicht verstehen können, daß eine hochentwickelte Technik und Wirtschaft und ein moderner, sich auf den Volkswillen berufender, also demokratischer Staat nicht in der Lage sein sollen, ihm ein Recht auf Arbeit und Verdienst zum Unterhalt seiner Familie zu garantieren. Er kann den Worten und Versprechungen der Politiker nicht mehr glauben und verliert so sein Vertrauen in den Staat. Wir müssen uns nicht wundern, wenn darauf das Nein zu dieser Welt folgt. Das Nein gebiert bei ihnen – fast gegen ihren Willen – die Empörung über diese Welt. Ein Mensch, der mit solchen Beeinflussungen und Prägungen in die Welt hinausgeht, wird früher oder später an ihr scheitern.

Woran sollen sich die Jugendlichen eigentlich halten, wenn sich ihnen alle bisherigen Wertvorstellungen als unsicher erweisen? Viele suchen den „Trost aus der Flasche", also den Alkohol, andere werden neurotisch und damit verhaltensgestört, und wieder andere schließen sich fernöstlichen Ideologien an oder werden zu Chaoten.

Jugend und Gottesglaube

Junge Menschen jedoch, die in ihrer frühesten Jugend durch ihre Eltern einen Gottesbegriff gewonnen haben und dadurch ganz einfach glauben, daß ein gütiger und liebender, alles Lebendige beschirmender Gott-Vater existiert, besitzen das Urvertrauen, das ihr Leben trägt. Die Urfunktion der Glaubensfähigkeit führt auch unter schwierigen Umständen zu einer

Bejahung des Lebens. Sie prägt das ganze Verhalten des Menschen, macht Vertrauen, Hinwendung, Zuneigung, Freundschaft und echte Liebe zu anderen Menschen möglich. Glauben hat wenig mit Wissen und Verstand zu tun, aber er ist eine notwendige psychologische, also seelische Grundfunktion, die in jedem Menschen anlagemäßig vorhanden ist (*Jung, Maeder, Rudin*). Glauben und Wissen stehen aber nicht im Gegensatz zueinander, sie gehören zusammen.

Ein glaubender Mensch ist davon überzeugt, daß er ein Geschöpf Gottes ist und sein Leben in dieser Welt einen Sinn hat und daß der sinngebende Gott hier in der von ihm geschaffenen Welt und auch in ihm selbst lebendig und wirksam ist.

Es kann auch eigentlich nicht anders sein, als daß ein glaubender und damit zielgerichteter Mensch auch Erlebnisse des Geführtwerdens hat. Gerade das gibt ihm aber eine für nichtglaubende Menschen unverständliche Ruhe, Sicherheit und Geborgenheit und läßt ihn seelisch und nervlich ausgeglichen sein.

Gesellschaftlich-wirtschaftliche Bedingungen

Natürlich wird auch jeder Mensch von den sozio-ökonomischen Bedingungen, im weitesten Sinne von Umweltbedingungen geprägt. Die Beeinflussung, Entwicklung und schließlich Prägung ist sehr unterschiedlich, je nachdem ob ein Kind in einer Mangelgesellschaft oder in einer Überflußgesellschaft groß wird. Eine wesentliche Rolle spielt auch die Tatsache, ob es in einer Agrargesellschaft oder einer Industriegesellschaft lebt, ob die Gesellschaft sich ihren Lebensstandard hauptsächlich mit Handarbeit oder mit geistiger Arbeit erwirbt.

Umwelteinflüsse

Von großer Bedeutung ist es auch, in welcher Gegend oder Landschaft die Menschen wohnen und die Kinder aufwachsen. Man vergleiche zum Beispiel die Situation von Kindern, die auf dem Lande groß werden, mit der von Kindern in der Großstadt. Krasser noch fällt der Vergleich aus zwischen Kindern auf einer kleinen Insel in der Nordsee oder auf einem einsam gelegenen Bergbauernhof im Hochgebirge im Vergleich mit Stadtkindern. Die Unterschiede zwischen Stadt und Land haben sich zwar schon erheblich verringert, es bleiben aber die dichte oder dünne Besiedlung, die Besiedlungsform eines geschlossenen Dorfes mit einem gesellschaftlichen Mittelpunkt (Markt, Kirche, Vereinshäuser, Gasthäuser, Schule) oder langgezogene Straßendörfer mit einzelnstehenden Häusern ohne rechten Mittelpunkt.

Wohnverhältnisse

Die Wohnverhältnisse selbst sind außerordentlich wichtig. Räumliche Nähe der Menschen zueinander verbessert die Häufigkeit der gesellschaftlichen Beziehungen, ihre Intensität, ihre Sachlichkeit oder auch gefühlsmäßige Angeregtheit. Zu enge Wohnverhältnisse bilden aber eine schwere nervliche Belastung und fördern die Aggressivität. Weite Entfernungen voneinander vermindern die persönlichen Informationen, die Inanspruchnahme weiterführender Bildung, verkleinern die Schulwahl, verschlechtern die Berufswahl und damit die Zukunftsmöglichkeiten.

Kulturelle Verhältnisse (besonders die Sprache)

Zu allem müßte noch von einer ganzen Reihe von kulturellen Faktoren die Rede

Sparkasse

Auch wie sie wohnen, prägt die Menschen. Viele nennen heute Hochhäuser ihr Zuhause. Sie leben bequem und mit Komfort, aber sie kennen ihre Nachbarn nicht mehr. Zu Gespräch und Kontakt kommt es kaum noch.

sein wie Brauchtum, Religion, Weltanschauung, Ideologien und andere Wertschätzungen. Ich möchte aber vor allem die Sprache erwähnen. Es ist lebenslang ein großer Mangel für ein Kind, wenn es im Elternhaus nur mundartlich sprechen lernt, statt gutes Hochdeutsch zu hören und mühelos nachzusprechen und davon fürs Leben geprägt zu sein.

Kinder müssen Partner werden

Genauso wichtig ist es, daß die Eltern ihre Kinder nicht Kinder bleiben lassen, sondern aus der Kindheit herausführen, die Jugendlichen ernst nehmen und sich sachlich und partnerschaftlich mit ihnen unterhalten. In der partnerschaftlichen Beziehung können sich Liebe, Anerkennung und gegenseitige Wertschätzung voll auswirken. Wer Partnerschaft anbietet, bezeugt Liebe. Liebe befähigt zur Mitarbeit; sie will nicht Almosen austeilen, nicht begönnern, nicht bevormunden. Liebe macht nicht abhängig; sie befreit. Solche Erlebnisse prägen.

Die Zeit, in der wir leben

Die Zeiten der Antike, des Mittelalters, des Humanismus, der Renaissance und des Neu-Humanismus (im 18. und 19. Jahrhundert) sind vorbei. Sie haben die Menschen dieser Zeiträume jeweils nachhaltig geprägt. Heute werden wir alle mehr und mehr durch den Staat, der seinen Machtbereich immer weiter ausdehnt, und von der Industrie, die unsere Lebens- und Arbeitsformen immer stärker verändert, prägend beeinflußt. Überall, wo Rationalisierung, Elektronisierung und Datenverarbeitung praktiziert werden, benötigt man vor allem hochqualifizierte Mitarbeiter. Sie werden heute von Schulen und Hochschulen bereits vorgeprägt. Die Vermittlung wesentlicher geistiger Werte wird zugunsten einer Ausbildung zur Sicherung des technischen und wirtschaftlichen Fortschritts vernachlässigt.

Apparatemedizin darf nicht den Arzt verdrängen

Ähnliches spielt sich auch im gesamten medizinischen Bereich ab. Kliniken und Ärzte sehen sich von immer komplizierteren und leistungsfähigeren diagnostischen und therapeutischen Apparaturen umgeben, wie es in der Bezeichnung „Apparatemedizin" auch zum Ausdruck kommt. Die Ärzte selbst geraten ungewollt immer mehr unter andauernden Zeitdruck. Sie können nicht mehr zu einem umfassenden Denken gelangen, das den körperlichen wie auch den seelisch-geistigen Bereich des Menschen umfaßt. Es bleibt ihnen kaum noch Zeit, sich mit den in schneller Folge auf den Markt kommenden neuen Präparaten vertraut zu machen, um deren Hauptwirkungen und die meist vorhandenen Nebenwirkungen kennenzulernen. Ein Eingehen auf die individuelle Besonderheit, auf die Persönlichkeit also, ist immer weniger möglich. Sollen sich die Ärzte von diesem „Zeitgeist" prägen lassen? Der Arzt darf nicht zum Verwalter medizinischer Technik werden.

Die Rolle des Weltbildes, des Geistigen und der Glaubensfähigkeit

Das Weltbild des modernen Menschen wie auch des modernen Arztes ist naturwissenschaftlich-technisch geprägt. Wir können auch sagen: Der moderne Mensch ist von der sichtbaren Welt geprägt. An eine unsichtbare, nicht meßbare, nicht beweisbare Welt glaubt er nicht. Es fehlt ihm die Dimension des Glaubens, des Glaubens an eine unsichtbare und dennoch vorhandene Welt. Damit fehlt zugleich der Glaube an den ebenfalls unsichtbaren Gott, wie er vom Christentum, das über Jahrhunderte das „christliche Abendland" geprägt hat, auch heute noch verkündigt wird.

Für den vom christlichen Glauben geprägten Menschen sind Leben und Gesundheit eine religiöse Aufgabe. Wir können das von so vielen Einflüssen geformte und schließlich geprägte Leben der Menschen nicht nur vom Körperlichen her sehen. Es ist auch noch nicht damit getan, daß wir die Bedeutung des Seelischen entdeckt haben.

Als dritten Aspekt gilt es, das Geistige zu berücksichtigen, das uns erst zum wahren Menschen macht. Ebenso wie der seelische Bereich unterliegt auch das Geistige körperlichen Einflüssen, kann der geistige Anteil unseres Lebens gesund oder auch krankhaft verlaufen. Das Werkzeug des Geistes, unser Gehirn, unterliegt mancherlei schädigenden oder auch fördernden Einflüssen. In einem geschädigten Gehirn können sich die geistigen Funktionen nur unvollkommen auswirken, ist die geistige Kraft je nach Stärke der Schädigung oder Krankheit beeinträchtigt. Auch das Gehirn kann in Mitleidenschaft gezogen werden, wenn es überfordert wird. Es ist zwar richtig, daß ein Geist einer vielseitigen Beschäftigung bedarf, um möglichst lange gesund und unverbraucht zu bleiben. Sich geistgerecht zu verhalten ist aber nicht nur eine Frage der Menge – zuviel ist schädlich –, sondern auch eine Frage der Qualität. Vielseitigkeit ist gesund, chronische Überforderung schadet.

So wie es Nahrungmittel gibt, die erst nach einer richtigen Zubereitung für den Menschen verträglich und kraftspendend sind, so gibt es auch geistige „Nahrung", die erst nach einer Aufbereitung und nach Lernprozessen bekömmlich ist. Auch auf geistigem Gebiet gibt es Gifte und Heilmittel, für deren Wirkung immer die Dosierung entscheidend ist. In allem geistigen Suchen unserer unruhigen Zeit sollte man sich kundigen Menschen, Ärzten und Seelsorgern anvertrauen, zumal ein Alleingang Schäden anzurichten vermag, die oft irreparabel sind. *Hans Gödan* schrieb einmal über den Arzt: „Der Arzt muß, um recht helfen und raten zu können, auf dem Gebiet der geistigen Erkenntnis und in dem Ringen nach Wahrheit genauso zuverlässig und sorgfältig sein wie bei der Zusammensetzung stark wirksamer Pillen."

Leidenschaften und Süchte zerstören den Geist

Jeder sollte sich zum Thema Sucht und Suchtverhalten einmal folgende Fragen ehrlich beantworten: Kann ich frei und überlegen mein Leben gestalten? Verfüge ich über genügend Urteilskraft, Entschlußfähigkeit und -freudigkeit für mein Tun und Lassen im täglichen Umgang mit den Mitmenschen verschiedenster Art? Vermag ich in guter körperlicher und seelischer Verfassung die lebensnotwendigen zwischenmenschlichen Beziehungen aufzubauen? Oder bin ich durch mancherlei

Leidenschaften und Süchte durchziehen heute das öffentliche wie das private Leben. Diese falsche Aktivität und dieses Getriebensein hindert an der seelischen Gesundheit.

Unzulänglichkeiten, Leidenschaften oder Süchte gehemmt oder gar geprägt, so daß sich meine Anlagen und Fähigkeiten gar nicht entwickeln und entfalten können?

Es muß doch der größte Wunsch besonders der jungen Menschen sein, nicht nur die körperlichen, sondern auch die seelisch-geistigen Kräfte – Gefühl, Verstand, Intellekt, Urteil und Entschlußfähigkeit – zu üben, um ein gesundes, sich selbst und andere Menschen beglückendes Dasein erleben und ausleben zu können. Aber gerade das – ein Leben in körperlicher Gesundheit, geistiger Freiheit und Überlegenheit – ist in unserer Zeit selten geworden. Die meisten Erwachsenen haben bereits „Schlagseiten". So wie die Kinder hauptsächlich durch die Eltern und die damit zusammenhängende nächste Umgebung geprägt werden, so unterliegen die Erwachsenen zahlreichen Einflüssen, die sie in eine beschämende und demütigende Abhängigkeit bringen.

Unter diesen Einflüssen und Prägungen stehen heute Leidenschaften und Süchte an erster Stelle. So wirkt der Alkoholkonsum und der sich daraus ergebende Alkoholismus nicht nur verändernd auf den Charakter, er führt im täglichen Leben auch zu schwerem Fehlverhalten und Versagen, was sowohl dem Betroffenen als auch den unmittelbar mitbetroffenen Familienmitgliedern große wirtschaftliche Not und unter Umständen lange Leidensjahre aufzwingt. Besonders bei jungen Menschen schwinden sehr bald das Verantwortungsgefühl und die Entschlußkraft und werden die Gehirnfunktionen gestört bis zur organischen, nicht wiederherstellbaren Schädigung der Gehirnzellen.

Auch der Nikotingenuß verändert letztlich den Geist des Menschen, wenn man einmal von den schweren körperlichen Schäden absieht.

Anfänglich wirken die Tabakgifte anregend und funktionssteigernd auf den übermüdeten und abgespannten Geist des Menschen. Statt dann natürliche Entspannung, Erholung und Schlaf zu suchen, will man noch mehr aus sich herausholen, um mehr leisten oder mehr und bis tief in die Nacht hinein „genießen" zu können. Man merkt gar nicht, daß man dauernd Reserven, die für Notfälle bereitstehen müssen, in Anspruch nimmt, was eines Tages zu völliger Erschöpfung oder schwerer körperlicher Erkrankung (Herzinfarkt, arterieller Durchblutungsstörung bis zum Arterienverschluß) führt, wobei meist keine Wiederherstellung möglich ist.

Es fällt uns oft schwer, uns über unsere geheimsten Sehnsüchte, Ängste, Hoffnungen und Erwartungen ehrlich Rechenschaft abzugeben. Vielfach verdrängen wir die eigentlichen Motive, bis wir uns ihrer selbst nicht mehr bewußt sind. Das kann so weit gehen, daß wir in einer unwirklichen Welt leben und uns in der Welt nicht mehr zurechtfinden. Daher ist es immer wieder nötig, daß wir ehrlich vor uns selbst sind, um den Aufgaben des Lebens gewachsen zu sein.

Unser Geist muß im Wählen und Urteilen frei und unabhängig bleiben, sonst wird er insbesondere von Suchtmitteln, die noch tiefgreifender wirken als Alkohol und Nikotin, langsam aber sicher für die ganze noch verbleibende Lebenszeit geprägt.

Beeinflussungen und Prägungen, die den Geist unfähig machen, ein Leben in Freiheit und Verantwortung zu führen, müssen wir rechtzeitig zu erkennen und zu vermeiden suchen. Weil aber viele durch Umstände, die oftmals in ihnen selbst oder aber in ihrer Umwelt liegen, nicht mit sich fertig werden und nicht die nötige Erkenntnisfähigkeit besitzen, brauchen sie Menschen, die sie durch ihr gelebtes Vorbild mittragen. Sie brauchen aber ebenso religiöse Bindungen, wie sie jeder Mensch nötig hat, um Liebe erfahren zu können, die das große Licht auf unserem Lebensweg durch alle Wirrungen und Irrungen hindurch darstellt. Sie ist auch die Kraft, die aufzubauen und zu heilen vermag.

Wir nehmen mit unseren Sinnesorganen unendlich viele Eindrücke, Farben, Bilder, Signale, Laute, Worte und Töne auf, die mit unseren aus dem seelischen Bereich stammenden Empfindungen, Eingebungen, Einfällen und Antrieben aller Art oft in großer Fülle verbunden und verwoben werden. Daraus ergibt sich schließlich unser Denken, Fühlen, Wollen und Handeln im Guten wie im Bösen.

Das, was uns aus dem Inneren und aus der Umwelt bewegt, beeindruckt und schließlich prägt, spiegelt sich in allem, was wir äußern in Wort und Ton, in der Geste und im Handeln. Wir offenbaren damit unsere Gesinnung, unser Wesen, unseren Charakter und unsere geistige Qualität.

Wechselwirkungen zwischen körperlichem und seelisch-geistigem Bereich

Als Regulationszentrum für den Organismus empfängt das Gehirn nicht nur Impulse aus dem Körper, sondern es reflektiert seine eigenen Impulse in den Körper. So beeinflußt die Psyche Gewebe und Organe. Das vegetative Nervensystem spielt dabei die Mittlerrolle. Wie die Wahrnehmungen in das Gehirn aufsteigen, steigen die Vorstellungen in die Organe ab. Sie beeinflussen sich gegenseitig. Eine unkoordinierte, psychische Bewußtseinslage muß daher die Koordination der Organe stören, unter Umständen sogar zerstören. Eine konfuse Geisteshaltung zieht psychosomatische Erkrankungen nach sich.

Ohne Trost kannst du nicht leben... Trost ist keine Flut von Worten. Trost ist wie eine lindernde Salbe auf eine schmerzende Wunde. Trost ist wie eine unverhoffte Oase in einer unbarmherzigen Wüste. Trost ist wie ein gütiges Gesicht in deiner Nähe von jemandem, der deine Tränen versteht.
(Phil Bosmans)

Die Einheit von Körper, Seele und Geist

Bis zur Zeit der Romantik galt für die Ärzte die Einheit von Körper, Seele und Geist noch als selbstverständlich. Typisch für diese Zeit war der Naturforscher, romantische Naturphilosoph, Psychologe und Arzt *Carl Gustav Carus* (1789-1869). Er betrachtete den Leib als Ausdruck der Seele und faßte Krankheit als Störung der leibseelischen Ganzheit auf. Von diesem Standpunkt aus war deshalb Krankheit nur vom Ganzen her zu beurteilen und zu beheben. Die Hauptleistung von *Carus* war die Erforschung des unbewußten Seelenlebens. In seinem Hauptwerk „Psyche" findet man eine Darstellung darüber, wie im Menschen alle Lebensbereiche durch Kopplung und Rückkopplung miteinander verbunden sind.

Die Einheit von Körper, Seele und Geist
- **Die Rolle der Außenseiter**
- **Einstieg in Charakter und Persönlichkeit**

Ganzheitliche Krankheitsauffassung
- **„Ich gehöre dir mit Leib und Seele"**
- **Die Wirklichkeit seelischer Krankheitsursachen**

Die Rolle der Außenseiter

Im Zuge der naturwissenschaftlich-technischen Entwicklung der Medizin ging die Auffassung vom Menschen als einer Leib-Seele-Geist-Einheit weitgehend verloren.

Einzelne Ärzte trugen sie jedoch weiter. Es waren die Vertreter der Naturheilkunde, der Homöopathie sowie der Lebensreformbewegung und ähnlicher geistiger Strömungen. Ihre Arbeit hat manchen beachtenswerten Beitrag zur Naturheilkunde geliefert, die allerdings lange Zeit lediglich als Volksheilbewegung oder Außenseitermedizin neben der Schulmedizin existierte. Alle Außenseiter aber hatten die Auffassung von der leib-seelischen Ganzheit des Menschen gemeinsam. Sie gewannen eine gute Resonanz im Volke. Eine gewisse soziale Bedeutung konnte man ihnen nicht absprechen.

Die naturwissenschaftliche Medizin hat, ohne ihre durch Anatomie, Physiologie, Physik, Chemie und Biologie gewonnenen Grundlagen zu verlassen, in den letzten Jahrzehnten erkannt, daß eine rein stoffliche Betrachtungsweise der Heilkunde unzulänglich bleibt.

Einstieg in Charakter und Persönlichkeit

Mit der weiteren Erforschung der nervösen Funktionen, der Funktionen der Körpersäfte und Hormondrüsen entwickelte sich eine Lehre von den Steuerungsfunktionen der Nervenzentren und der Hormondrüsen, wodurch sehr bald unter anderem Einsichten in den seelisch-geistigen Bereich, in den Charakter und in die Persönlichkeit gewonnen wurden.

Das waren schon Ansätze zur modernen, wiederum Körper, Seele und Geist als Ganzes erfassenden psychosomatischen Medizin, von der auch wir ausgehen.

Aber auch von der rein seelenkundlichen Richtung, von der Psychologie her, ereignete sich bereits am Ende des vorigen Jahrhunderts ein Einbruch in die wissenschaftliche Medizin durch die Entwicklung der Freudschen Psychoanalyse, nachdem *Freud* entdeckt hatte, daß die bislang nur als „nervös" abqualifizierten neurotischen Symptome einen unbewußten Sinn haben. Gelingt es, diesen Sinn zu entdecken und bewußt zu machen, so verschwindet – nach *Freud* – das Symptom. Das rief einen grundsätzlichen Wandel in der Auffassung und Beurteilung nervöser und funktioneller Störungen hervor

Vielen Kranken mit funktionellen Störungen von erheblichem Krankheitswert konnte mit rein naturwissenschaftlichen Erkenntnissen nicht geholfen werden. Für diese funktionellen oder nervösen Störungen fand man die verschiedensten Bezeichnungen wie: Neurasthenie, Neurosen, Erschöpfungszustände, nervöse Zusammenbrüche, Versagungszustände, Lebenskrisen und Verstimmungen. Man zählte auch psychopathische Persönlichkeiten und Suchtkranke dazu. Oft wurde auch nicht zwischen Organneurosen und Psychoneurosen unterschieden.

Der altbekannte Fastenarzt *Eugen Heun* faßte all diese Störungen einmal unter dem einfachen Begriff „Lebensstörungen" zusammen. Er wollte damit ihre leib-seelische Natur betonen und sie einerseits aus Veränderungen des Leibes oder konstitutionellen Veränderungen erklären und andererseits aus psychologischen (seelischen) Störungen verstehen. Durch diese gedankliche Trennung wurden die Störungen besser einsichtig, wobei dennoch nicht zu vergessen ist, daß die seelischen und körperlichen Veränderungen und Störungen stets eine untrennbare Einheit bilden.

Ganzheitliche Krankheitsauffassung

In all diesen Fällen besteht die erste und hauptsächliche Hilfe in einer sauberen psychosomatischen Diagnostik und einer sich daran anschließenden Therapie. Der kranke Mensch muß in seiner Ganzheit erkannt und als ganzer Mensch in seinem vielseitigen Zusammenhang behandelt werden. Neben einer rein körperlichen Behandlung mit physikalischen und medikamentösen Methoden muß eine Psychotherapie treten, die auch Anlagen und Umwelt berücksichtigt. Das ist eine schwere Aufgabe, zumal seelisch bedingte Krankheitsursachen immer vorrangiger werden.

„Ich gehöre dir mit Leib und Seele"

Wenn man der Aufgabe, psychosomatische Störungen und Krankheiten zu beeinflussen, gerecht werden will, muß man sich folgende einfache Tatsache immer wieder vor Augen halten: Bei allem, was wir empfinden und wollen, erleben wir, wie das Seelische in einem innigen Zusammenhang mit unserem Körper steht. Diese

Übersicht der hauptsächlich psychosomatisch bedingten Krankheiten

Kreislauforgane (Herz und Gefäße)

Herzneurose
Herzrhythmusstörungen
Blutdruckerhöhung
Herzenge (Angina pectoris)
Herzinfarkt

Atmungsorgane

Heuschnupfen (allergische Nasenschleimhautentzündung)
Bronchialasthma
Chronische Bronchitis (chronischer Husten)
Das nervöse Atmungssyndrom

Bewegungsorgane

Rheumatische Erkrankungen

Bauchorgane (Magen-Darm-Kanal)

Magen- und Zwölffingerdarmgeschwür
Darmverstopfung (Obstipation)
Durchfall (Diarrhoe)
Reizkolon (Colon irritabile)
Chronische Dickdarmentzündung
Gallenblasenerkrankungen

Harn- und Geschlechtsorgane

Überstarke Menstruationsschmerzen
Scheidenkrampf (Vaginismus)
Empfängnisverhütung
Schwangerschaftsabbruch
Vorsteherdrüsenbeschwerden

Hormondrüsensystem

Schilddrüsenerkrankungen (Basedow, Hyperthyreose)
Nebenschilddrüsenerkrankungen (Tetanie)

Stoffwechselerkrankungen

Zuckerkrankheit (Diabetes mellitus)
Unterzuckerungszustände (Hypoglykämie)
Pubertätsmagersucht

Nervensystem

Vegetative Dystonie (Regulationsstörungen im vegetativen Nervensystem)
Migräne
Depressionen
Schlafstörungen
Tic-Erscheinungen
Schiefhals (Torticollis)

Krebs (Karzinom, Neoplasma)

Hauterkrankungen

Ekzeme
Nesselsucht
Juckende Hautknötchen
Schuppenflechte

Augenerkrankungen

Chronische Bindehautentzündung

Kinderkrankheiten

Bronchialasthma
Bettnässen
Bauchschmerzen
Lymphdrüsenschwellungen

unlösbare Verflochtenheit zwischen Körper und Seele ist jedem einfachen und unbefangenen Menschen selbstverständlich. Sagt er doch, wenn er einen anderen Menschen wirklich liebt, spontan: „Ich gehöre dir mit Leib und Seele."

Lange Zeit waren die meisten Mediziner, unter ihnen besonders die Forscher und Hochschullehrer, geneigt, sich nur mit körperlichen Leiden zu befassen und die seelischen Verhaltensweisen als „nur nervöse Erscheinungen" mehr oder weniger unberücksichtigt zu lassen, weil hierbei keine exakten Meßergebnisse zu erhalten waren. Heute erwartet man schon eher, daß der Arzt nach einer rein körperlichen Untersuchung auch versucht, sich in die soziale, ethische und gesamte gefühlsmäßige Situation des Patienten zu versetzen. Nur so kann er dieses komplizierte Wesen Mensch, bei dem während seines ganzen Lebens ständig Wechselwirkungen zwischen seelisch-geistigen Erlebnissen und körperlichem Geschehen stattfinden, erfassen, das Krankheitsgeschehen erkennen und einen umfassenden Plan zur Heilung erstellen.

Daß der Verwirklichung dieser umfassenden Untersuchung und der Durchführung eines entsprechenden Heilplans in der täglichen Praxis noch zahlreiche Schwierigkeiten entgegenstehen, ist jedem praktisch tätigen Arzt klar. Die Hauptschwierigkeiten liegen in unserem gesamten Krankenversorgungssystem, das einerseits ein ungeheures Anspruchsdenken heraufbeschwört, welches schon längst nicht mehr zu befriedigen ist, und zugleich dem Arzt keine Zeit läßt, sich mit einem Patienten wirklich individuell zu befassen.

Was ist Psychotherapie?

Wie das Wort selbst sagt (griech. psyche = Seele, therapeuein = dienen, behandeln, heilen), geht es um das Heilen von seelischen Leiden im Unterschied zum Heilen organischer Krankheiten. Dabei werden gewisse über das Erleben wirkende Elemente als seelische Heilmittel eingesetzt. Der Facharzt wendet bestimmte therapeutische Methoden an. Schon wenn es dem Hausarzt gelingt, dem Patienten Trost und Zuversicht zu vermitteln, hat das für die Heilung eine große Bedeutung. Die natürliche Psychotherapie des Hausarztes versagt meist dann, wenn es sich um unbewußte Konflikte handelt. Durch eine aufdeckende Psychotherapie sucht nun der Facharzt die unbewußten Hintergründe der seelischen Erkrankung bewußt zu machen (Psychoanalyse). Entscheidend ist, daß sich der Patient in seinen Hoffnungen, Enttäuschungen, Wünschen, Sehnsüchten und Ängsten versteht. Es besteht die leider weitverbreitete Ansicht, daß mit Hilfe der Psychotherapie alle schwerwiegenden seelischen und psychosomatischen Störungen und Krankheiten geheilt werden können. Die Psychotherapie kann selbst nicht heilen, aber den Weg dazu eröffnen, setzt aber immer die Mitarbeit des Patienten voraus.

Die Wirklichkeit seelischer Krankheitsursachen

Heute geht man endlich daran, die seelischen Krankheitsursachen als Wirklichkeiten anzusehen und mit entsprechenden psychologischen Untersuchungsmethoden erfaßbar zu machen und nun auch in das wissenschaftliche Lehrgebäude einzufügen. Ein wesentlicher Schrittmacher auf dem Wege der Erkennung seelischer Krankheitsursachen war Prof. *Gustav von Bergmann*, wie die folgenden Zeilen aus einer von ihm selbst stammenden Darstellung beweisen: „Als ich im Jahre 1922 einem so hochgeschätzten Kliniker wie Geheimrat *Friedrich von Müller*, den ich sehr verehrt habe, einen in Frankfurt gehaltenen Vortrag über ‚Seele und Körper in der Inneren Medizin' nach München schickte, bat er mich umgehend um weitere 15 Exemplare, um sie an gleichgesinnte Freunde verteilen zu können, denn die Wichtigkeit des Seelischen, so schrieb er,

Viele Krankheiten haben seelische Nöte als Ursache. Trost, Zuspruch und Ermutigung helfen dann mehr als Arzneimittel. Hier ist der Bereich, wo wir im zwischenmenschlichen Bereich füreinander Verantwortung tragen.

sei ihm noch nie so begegnet. Es ist aber nicht damit getan, daß wir nun eine andere, zweite Welt, nämlich die seelische, beschreiben, in der weder Maß, Zahl, Gewicht noch Quantität herrschen, sondern Qualität, die scharf geschieden von der körperlichen Welt verlaufen soll. Denn das, was niemanden so sehr angeht wie den Arzt, ist eben gerade die Frage des Zusammenhangs dieser beiden Welten. – Wir Menschen aber sind darauf angewiesen, was wir in uns selbst erleben und sehr vergleichbar von Mitmenschen erfahren. Diese Erlebnisse sind Ausdruck der seelischen Welt, die Erscheinungen aber Wahrnehmungen der körperlichen Welt."

Prof. *von Bergmann* machte auch durch einige jedem Menschen geläufige Tatsachen und Beobachtungen auf das enge Wechselverhältnis zwischen den im Körper auf seelische Anreize hin entstehenden Wirkstoffen und den Lebensnerven aufmerksam. Damit zeigt sich, daß diese zwei Welten, die Erscheinungen einer objektiven Welt und die Erlebnisse einer subjektiven Welt, selbst dann in engem Zusammenhang stehen, wenn sie nicht bewußt werden.

Ob unser Lebensgeschehen gesund oder krankhaft abläuft, ob es uns wie Trauer oder Ärger klar bewußt wird oder unbewußt geschieht, in jedem Fall ist das körperliche vom seelischen Geschehen nicht zu trennen. Wir haben immer die Gesamtsituation und das Wechselspiel in allen menschlichen Vorgängen und damit den „Wanderer zwischen den Welten" zu studieren.

Krankheiten in psychosomatischer Sicht

Nachdem die Wechselwirkungen zwischen dem körperlichen und seelisch-geistigen Bereich im vorhergehenden Kapitel besprochen wurden, soll nach einigen grundsätzlichen Bemerkungen an einer Reihe von verschiedenen Krankheiten gezeigt werden, wieweit die psychosomatischen Zusammenhänge heute erkannt sind und welche Folgerungen sich daraus für die Behandlung dieser Krankheiten ergeben.

Wenn auch noch viele Einzelfragen ungeklärt sind, so werden heute doch die Beziehungen, die zwischen körperlichen, seelischen und auch sozialen Faktoren im Krankheitsgeschehen bestehen, viel besser gesehen.

Seele und Körpersprache

Es wird immer wieder darauf hingewiesen, daß die Psychosomatik die seelisch-leibliche Ganzheit des Menschen zum Ausdruck bringen will und daß zahlreiche körperliche Krankheiten erst verständlich werden, wenn man sie auch vom Seelischen her betrachtet. Dabei ist es durchaus möglich, daß der erste Anstoß zur Entstehung der Krankheit aus dem seelischen Bereich kommt und sich die Krankheit zunächst über nervliche Funktionsstörungen schließlich in Struktur- und Organveränderungen, also im Körperlichen, auswirkt.

Genauso ist es aber auch denkbar und entspricht es der Wirklichkeit, daß körperliche Beschwerden und eine anfänglich körperliche Krankheit schließlich auf den seelischen Bereich einwirken und deutliche, eindrucksvolle Krankheitszeichen hervorbringen, wie hohe Überempfindlichkeit, seelische Unausgewogenheit und Labilität, anomale Triebhaftigkeit, starke Emotionen (Gefühlsaufwallungen) und scheinbar grundlose Aggressionen oder Depressionen.

Das Ringen um klare Begriffe

Man könnte für diese beiden Möglichkeiten den Ausdruck modifizieren und von somatopsychischen Krankheiten einerseits und psychosomatischen Krankheiten andererseits reden. Man bleibt aber fast allgemein bei der Bezeichnung psychosomatische Krankheiten für beide Entstehungswege, da sie ohnehin nicht immer klar voneinander zu trennen sind.

Es ist unmöglich, die psychosomatischen Krankheiten nach zunächst seelisch (psychisch) bedingten und zunächst körperlich (somatisch) bedingten Krankheiten einzuteilen, weil das der engen Verflechtung der (gedachten) Anteile gar nicht gerecht würde. Außerdem ist die streng wissenschaftliche Erforschung – soweit sie überhaupt möglich ist – für den psychischen Anteil der Krankheiten noch nicht weit genug gediehen.

Wir sprechen heute von psychosomatischen Krankheiten, wenn sich ein objektiv nachweisbarer Organbefund, also eine körperliche Krankheit, herausstellt und sich gleichzeitig krankhafte seelische Störungen und Entwicklungen nachweisen lassen.

Schematismus führt in die Irre

Es ist hier besonders darauf hinzuweisen, daß es zu Irrtümern führt, wenn man neben körperlichen Krankheitserscheinungen auch einige wenige seelische Anzeichen findet, die für einen bestimmten Krankheitstyp sprechen, und nun glaubt, einen zwingenden Beweis für das Vorhandensein einer bestimmten psychosomatischen Krankheit zu haben.

Man liest zum Beispiel, daß übergewichtige, ehrgeizige, aber zugleich überempfindliche Menschen, die außerdem eine strenge oder gar autoritäre Erziehung hinter sich haben, im Erwachsenenalter zu hohem Blutdruck neigen. Das kann so sein, muß es aber nicht, denn es gibt Menschen dieses Typs, die niemals Bluthochdruckkranke werden.

Menschen, die sehr an ihrer Mutter hängen, aber diese Abhängigkeit zugleich loswerden möchten, sollen bei plötzlichem Verlust der Mutter zu Magengeschwüren neigen. Wenn es auch zahlreiche Beobachtungen in dieser Richtung gibt und die Entstehung eines nachgewiesenen Magengeschwürs so erklärt und verstanden werden kann, ist noch lange nicht gesagt, daß es in jedem Einzelfall so sein muß. Es kommt vielmehr auf die Erfassung der Gesamtpersönlichkeit an, wobei jede schematische Einordnung des „Falles" unbedingt vermieden werden muß.

Wandlung der Krankheitsbilder

Man liest heute immer wieder, daß die Krankheiten ihr „Gesicht verändert" haben, und meint damit die Tatsache, daß die Schwerpunkte in der Medizin heute nicht mehr ausschließlich bei den körperlichen Veränderungen liegen, sondern zahlreiche seelische und soziale Tatsachen hinzukommen, die, mit den körperlichen Veränderungen verknüpft, als Ursachen an der Krankheitsentstehung beteiligt sind.

Früher haben die durch Infektion hervorgerufenen Volksseuchen im Vordergrund gestanden. Heute nehmen neben den ernährungsabhängigen Krankheiten die seelisch- und verhaltensbedingten diesen Platz ein.

Das ärztliche Handeln kann sich deshalb nicht mehr nur auf die körperliche Untersuchung und entsprechende physikalisch-chemische Behandlungsmethoden beschränken. Es muß sich nun auch verstärkt den seelisch- und sozialbedingten Problemen und Bedürfnissen des Menschen zuwenden. Es ist sogar notwendig, eine intensive Gesundheitserziehung zu betreiben, damit eine gesündere Verhaltensweise erreicht und die Lebensqualität des einzelnen verbessert wird. So werden auch die Krankheitskosten tragbar bleiben.

Die psychosomatische Medizin, die Ganzheitsbetrachtung des Menschen und als praktische Anwendung Naturheilverfahren und Psychotherapie könnnen wesentlich dazu beitragen, die genannten Ziele zu erreichen.

Forschung auf neuen Wegen

Die Entwicklung der psychosomatischen Medizin in ihrer Betrachtung der Krankheiten als gesamtmenschliche Probleme wird durch die Forschung verschiedener Wis-

HERBSTLICH SONNIGE TAGE

Herbstlich sonnige Tage,
mir beschieden zur Lust,
euch mit leiserem Schlage
grüßt die atmende Brust.

O wie waltet die Stunde
nun in seliger Ruh!
Jede schmerzende Wunde
schließet leise sich zu.

Nur zu rasten, zu lieben,
still an sich selber zu baun,
fühlt sich die Seele getrieben
und mit Liebe zu schaun.

Jedem leisen Verfärben
lausch ich mit stillem Bemühn,
jedem Wachsen und Sterben,
jedem Welken und Blühn.

Was da webet im Ringe,
was da blüht auf der Flur,
Sinnbild ewiger Dinge
ist's dem Schauenden nur.

Jede sprossende Pflanze,
die mit Düften sich füllt,
trägt im Kelche das ganze
Weltgeheimnis verhüllt.

Emanuel Geibel

senschaftszweige wie naturwissenschaftliche Medizin, Allergie- und Immunitätsforschung, Psychologie und Psychiatrie vorangetrieben. Das Ziel ist es, die Lücke, die zwischen den Erkenntnissen über körperliche Funktionen und Strukturen und den Erkenntnissen über seelische Vorgänge und ihre Zusammenhänge klafft, zu schließen.

Wir sind es ja schon gewöhnt, bei einem erhöhten Blutdruck nicht nur nach rein körperlichen Ursachen zu fahnden, sondern auch nach dem seelischen Ausdrucksgehalt dieses körperlichen Krankheitszeichens zu fragen. Dabei wird die Lebensgeschichte häufig genug zur Krankengeschichte.

Es ist auch von großer praktischer Bedeutung, wenn wir erfahren, wie sich krankhafte seelische Reaktionen in blutchemischen Änderungen äußern und damit erkennbar werden, zum Beispiel durch Anstieg der sogenannten Katecholamine (Wirkstoffe, die im Nebennierenmark gebildet werden, z. B. Adrenalin) im Blut bei Aufregung und Stress.

Viele Geheimnisse stecken auch noch in der Bildung von Abwehrkörpern und Immunkörpern als Auswirkung abnormer seelischer Zustände.

Wandlung der Zielvorstellungen

Schon jetzt ist aber zu erkennen, daß die psychosomatische Medizin auf eine frühe Erkennung und eine Verhütung von Krankheiten hinausläuft. Die Medizin muß vorbeugende Medizin werden, sonst bleibt sie von ihrem wahren Ziel, der echten Heilung nämlich, noch meilenweit entfernt.

20 Beispiele psychosomatischer Krankheiten

Es ist deutlich gemacht worden, daß wir es bei den Krankheiten in psychosomatischer Sicht nicht mit neuen Krankheiten zu tun haben. Es geht immer um den Menschen und sein Kranksein, und es wird versucht, einen umfassenderen Weg zur Heilung zu finden, indem nicht nur körperliche Symptome behandelt werden.

Viele Fragen um die psychosomatische Sicht der Krankheiten sind noch ungelöst und können auch hier noch nicht erörtert werden. Was es dagegen an praktischen Ergebnissen bisher gibt, ist weitgehend in die Krankheitsbesprechungen eingebracht worden.

Das Bild, das wir uns vom Menschen machen, ist ja nicht neu. Es gibt schon lange Entwürfe eines Menschenbildes, bei denen neue Erkenntnisse naturwissenschaftlicher und psychologischer Art berücksichtigt wurden, um einer echten Heilung näher zu kommen.

Wer sich intensiver mit psychosomatischer Medizin befaßt, erkennt, daß sie nicht nur „das Seelische" in ihre Überlegungen zur Diagnose und Behandlung einbezieht, sondern zu den Grundfragen des Krankseins und Heilens vorstößt. An der Lösung dieser Fragen sind aber nicht nur Ärzte und Psychologen, sondern auch Soziologen und Theologen beteiligt. Natürlich ergeben sich daraus Schwierigkeiten, weil jeder von seinem Fachgebiet her oft auf gegensätzliche Anschauungen und Forschungsmethoden eingeschworen ist, die zunächst nach Möglichkeit auf eine gemeinsame Linie gebracht und auf ihre praktische Brauchbarkeit hin erprobt werden müssen.

Die psychosomatische Medizin stellt an alle Beteiligten große Aufgaben. Aber jede gelöste Frage läßt uns menschliches Kranksein besser verstehen und eröffnet uns neue Wege zur Krankenheilung, die ja das Ziel aller Überlegungen darstellt. Die nachfolgende Besprechung psychosomatischer Erkrankungen möchte die neue Sicht der Erkrankungen und die sich daraus ergebenden Behandlungsmöglichkeiten zeigen.

20 Beispiele psychosomatischer Krankheiten

- **Herzneurose**
- **Bluthochdruck**
- **Herzinfarkt**
- **Asthmakrankheit**
- **Nervöses Atmungssyndrom**
- **Allergische Krankheiten (besonders Heuschnupfen)**
- **Magen- und Zwölffingerdarmgeschwür**
- **Stuhlträgheit (Obstipation)**
- **Durchfall (Diarrhöe)**
- **Reizkolon**
- **Chronische Dickdarmentzündung**
- **Migräne (Kopfschmerzen)**
- **Depressionen**
- **Unterzuckerungszustände (Hypoglykämien)**
- **Krebs**
- **Empfängnisverhütung**
- **Schwangerschaftsabbruch**
- **Rheumatische Erkrankungen (Erkrankungen der Bewegungsorgane)**
- **Hautkrankheiten**
- **Kinderkrankheiten**

Herzneurose

Ich habe Angst um mein Herz! Schon in diesem kleinen Satz steckt die enge Verbindung zwischen Körper und Seele. Es wird zwar immer wieder darauf hingewiesen, daß in den mitteleuropäischen Ländern jeder zweite Todesfall auf eine Herz-Kreislauf-Erkrankung zurückzuführen ist. Diese Erkrankungen sind auch der häufigste Grund für einen Arztbesuch. Wichtig ist aber auch zu wissen, daß 50 Prozent der Patienten, die wegen Herzschmerzen einen Arzt aufsuchen, an Herz und Kreislauf gesund sind. Aber gerade diese Patienten klagen nicht nur viel über Herzschmerzen, sie leiden auch sehr darunter. Bei anfallartig auftretenden Herzschmerzen haben sie sogar Todesangst.

Wenn der Arzt trotz intensiver Untersuchungen nichts findet, was für eine organische Herzerkrankung spricht, stellt er die Diagnose Herzneurose. Das sagt lediglich, daß keine organische Herzkrankheit vorliegt, sondern die Beschwerden von nervlichen und seelischen Störungen herrühren. Man spricht dann von einer Funktionsstörung.

Es gibt Patienten, die sich beruhigen, wenn sie hören, daß von einer Herzkrankheit nichts zu finden ist. Andere schenken dem Arzt aber kein Vertrauen und laufen nun von einem Arzt zum anderen in der Vorstellung, einer müsse doch mal finden, was ihnen eigentlich fehle.

Das Herz ist gesund, aber der Mensch ist krank

Es ist anzunehmen, daß sehr bald der Arzt, sei er nun psychologisch geschult oder nicht, an die seelische Seite dieser Erkrankung denkt. Dem Herzen fehlt nichts, aber dem ganzen Menschen fehlt etwas. Es fehlt ihm nicht nur das Vertrauen „zu den Ärzten", sondern auch zu sich selbst. Damit fehlt ihm aber auch der Halt, und das führt unmittelbar zur Angst. Die Herzneurose ist eine Angstneurose, eine seelische Erkrankung, die sich körperlich am Herzen äußert. Im Zentrum der Erkrankung steht die Angst.

Prof. *Paul Kielholz* (Psychiatrische Universitätsklinik Basel) charakterisiert diese Angst wie folgt: „Im Gegensatz zur Furcht ist Angst eine unangepaßte körperliche und seelische Reaktion, die der Betroffene weder durch Vernunft noch durch sinnvolles Handeln bekämpfen kann. Eine so starke emotionale Reaktion bewirkt über das vegetative Nervensystem eine Beschleunigung der Herztätigkeit. Der Blutdruck wird erhöht, der Puls beschleunigt." Wir haben es also mit einer typischen psychosomatischen Erkrankung zu tun.

Die Psychosomatische Abteilung der Universitätsklinik Gießen stellte bei einer Untersuchung von zahlreichen Herzneurotikern fest, daß die vorwiegend männlichen Patienten überwiegend zwischen 20 und 30 Jahre alt waren, während Herzinfarktpatienten meist zehn Jahre älter sind.

Persönlichkeitsfaktoren

Ganz allgemein herrscht eine andauernde Ängstlichkeit vor, eine pessimistische Auffassung von den Verhältnissen und eine Neigung zu einer übertriebenen Krankheitsvorstellung (Hypochondrie). Hierzu kommen Schwindel-, Hinfälligkeits- und Mattigkeitsgefühle. Häufig bestehen auch Schlafstörungen.

H. B. Staehelin sieht den Grund der Angst darin, „vereinzelt dastehen zu müssen, entwurzelt und enthoffnet zu sein".

Arthur Jores fand als Auslösesituation für den ersten Anfall oft den Verlust eines nahestehenden Menschen, was der Patient als lebensbedrohend erlebt. Er neige dann dazu, auf solche Trennungserlebnisse mit entsprechenden Anklammerungswünschen zu reagieren. Er meint, daß diese Abhängigkeitsproblematik auf eine frühe Phase der individuellen Entwicklung zurückgeht, in der eine Trennung von der schützenden Mutter das Kleinkind hilflos zugrunde gehen lassen würde.

Behandlung

Es wird oft schon eine starke Beruhigung für den Patienten sein, wenn der Arzt nach der körperlichen Untersuchung sagen kann, daß eine organische Störung am Herzen ausgeschlossen ist.

Die Beschwerden beruhen dann auf einer Störung des vegetativen (unwillkürlichen) Nervensystems. Der Patient ist also dennoch krank, und zwar nicht „eingebildet" krank. Er muß sich vom Arzt als Mensch und Kranker, nicht als ein „nur Nervöser" angenommen fühlen. Das ist so wichtig, weil der Arzt, von dem er sich verstanden fühlt, jetzt nicht nur der notwendige Halt in seinem Leben ist, sondern sogar die Rolle einer verstehenden, Geborgenheit vermittelnden Mutter spielt, an die er sich anklammert. Der Arzt selbst ist nun die Arznei, und zwar mit Worten und seinem Verhalten dem Patienten gegenüber, wobei er natürlich auch medikamentöse Stützen verordnen kann. Es dürfen aber keine Herz- und Gefäßmittel sein, die ja auch nicht notwendig sind. Die Berufsarbeit braucht bei guter Behandlung meist nicht unterbrochen zu werden, zumindest muß der Kranke einer Beschäftigung nachgehen. Sport ist sogar sehr zu empfehlen.

> Kann man einen Menschen wirklich erkennen, wenn man ihn nicht – in irgendeiner Weise – liebt? (Romano Guardini)

Alle diese Maßnahmen reichen aber nur aus, wenn eine ärztliche Gesprächstherapie hinzukommt oder eine entsprechende Gruppentherapie mitgemacht wird. Auch der Ehepartner sollte mit einbezogen werden, zumindest muß er großes Verständnis für die im Grunde bestehende Liebesbedürftigkeit haben, wenn der Kranke selbst auch einen gefühlsmäßigen Kontakt nur schwer herstellen kann.

Richter und *Beckmann* beschreiben vier Gruppen von Ereignissen, die die Krankheit auslösen können:

- Unfall, schwere Krankheit oder Todesfall in der Umgebung,
- beunruhigende Beobachtungen am eigenen Körper,
- beunruhigende ärztliche Diagnosen und
- bestimmte seelische Konflikte.

Fast regelmäßig findet man bei der Angstneurose (Herzneurose) den Trennungskonflikt. Er bezieht sich meist auf Personen, die einerseits Halt und Schutz darstellen, aber auch zu einer Einengung und demütigenden Abhängigkeit führen. Es besteht zwar der Wunsch nach Unabhängigkeit, zugleich aber auch die Angst vor dem Alleinsein.

W. Bräutigam und *P. Christian* verstehen den Konflikt wie folgt: „Der Konflikt liegt in der von den Patienten vorweggenommenen (zum Beispiel in der Phantasie vorgestellten) Trennungssituation, einer Trennung, die sie wünschen müssen und zugleich fürchten." Eigene Phantasien und äußere Veränderungen stellen „Versuchungssituationen" dar. Diese Versuchungssituationen, die die Bedeutung von Alleinsein haben, rufen eine psychosomatische Feind-Angst-Tönung hervor, auf welche die „sympathikotone Bereitschaft" (ein erhöhter Spannungszustand im sympathischen Nervensystem) anspricht. Wenn hierbei eine Krise in Form eines sympathikovasalen Anfalls (Herzschmerzanfalls) auftritt, kann dies zur Auslösung einer Herzphobie (Herzangst) führen.

Bluthochdruck

Nach einer Empfehlung der Weltgesundheitsorganisation (WHO) spricht man von einem Bluthochdruck (Hypertonie), wenn bei mehrfachen Blutdruckmessungen über längere Zeit die Meßwerte über 140/90 mm Quecksilberdruck liegen.

In der Bundesrepublik Deutschland leiden etwa sechs Millionen Einwohner an Bluthochdruck. Diese hohe Zahl spricht für die Bedeutung dieser Krankheit.

Ursachen des Bluthochdrucks

Die eigentliche Ursache des Bluthochdrucks ist in den meisten Fällen noch nicht bekannt. Wir kennen nur eine Reihe von Faktoren, die dazu beitragen, ohne ihre Bedeutung für die Krankheit genau werten zu können. Zu diesen Faktoren gehören Nieren-, Herz-, Gefäß-, Hormon- und Nervenerkrankungen. Darüber hinaus ist aber schon lange bekannt, daß seelische Erregungen aller Art, auch anstrengende geistige Tätigkeit, den Blutdruck akut erhöhen können. Nicht geklärt ist bisher, ob seelisch-geistige Erregungen allein einen chronischen Bluthochdruck bewirken.

Man beobachtete, daß die starken seelischen Erregungen, wie sie in Kriegsjahren, in Gefangenenlagern oder in belagerten Städten auftraten, *nicht* zu vermehrten Erkrankungen an chronischem Bluthochdruck geführt haben. Es ist bisher auch noch nicht einwandfrei geklärt, ob persönliche Konfliktsituationen ursächlich einen Dauerhochdruck auslösen.

Bei aller Unsicherheit über die Frage der seelischen Entstehung des Hochdrucks soll dieses heute so sehr verbreitete Leiden dennoch unter den psychosomatischen Krankheiten aufgeführt werden, weil man annehmen muß, daß seelische Faktoren im weitesten Sinne sowohl für die Entstehung als auch für den Verlauf der Blutdruckkrankheit nicht ohne Bedeutung sind. Prof. *Klaus Dietrich Bock* hält es durch klinische Beobachtungen für gesichert, daß häufig wiederholte Blutdruckanstiege, wie sie zum Beispiel auch durch seelische Erregungen aller Art hervorgerufen werden, das Fortschreiten eines Hochdruckleidens beschleunigen. Sie könnten auch einen Umschlag in eine besonders schwer behandelbare Form bewirken. Er hält es sogar für vorstellbar, daß bei einer vorhandenen erblichen Grundlage (genetische Disposition für Hypertonie) seelische Faktoren, die intensiv und häufig genug einwirken, für das Auftreten mitbestimmend sind.

Verschiedene Formen des Bluthochdrucks

Ein zu Anfang sich wieder rückbildender Bluthochdruck wird auch als „labiler Hochdruck“, ein nicht mehr rückbildungsfähiger als „stabiler Hochdruck“ bezeichnet. Man spricht von einem „primären“ (= essentiellen) Hochdruck, wenn keine der bekannten Ursachen eines „sekundären“ Hochdrucks nachweisbar ist.

Ein sekundärer Hochdruck wird angenommen, wenn eine auf Grund von entsprechenden Untersuchungen in Betracht kommende Ursache feststellbar ist, zum Beispiel bei Erkrankungen der Nieren, der Nebenniere oder der großen Arterien. Auch durch bestimmte Arzneimittel können „sekundäre“ Blutdruckanstiege auftreten, die allerdings vorübergehend sind.

Die Einteilung der Bluthochdruckerkrankungen nach Schweregraden (I–III) ist eine ärztliche Aufgabe.

Mitwirkung der seelischen Faktoren

Beim Bluthochdruck scheinen die seelischen Erlebnisse, die bei einer Blutdruckerhöhung mitwirken, aus der Umwelt zu stammen. So berichtet der Psychiater *H. Weiner* (New York), daß erörtert werden muß, was an der Umwelt krankheitsauslösend wirken und warum sich der Patient veränderten Umweltbedingungen nicht anpassen kann. Er erwähnte das Beispiel der schwarzen Bevölkerung Amerikas, bei der der Blutdruck wesentlich höher sei als bei der nicht farbigen Bevölkerung der USA und der schwarzen Bevölkerung Afrikas. Hier scheinen soziale Klassenfaktoren eine Rolle zu spielen. Dem entspricht auch, daß in gefestigten Kulturen generell niedrigere Blutdruckwerte gemessen werden. Hier sind die Umweltbedingungen günstiger, weil die Tradition noch etwas gilt und die Mitglieder der sozialen Gruppen durch frühe Erfahrungen angepaßt sind und ihre längst eingespielte Rolle kennen.

Es gibt bereits viele Untersuchungen über den Einfluß seelischer Faktoren auf den Blutdruck. Die beste Zusammenschau aller Untersuchungsergebnisse stammt von *J. J. Groen*. Er kam zu folgender Auffassung: Hypertoniker sind teils genetisch (von der Erbstruktur her), teils erworbenermaßen anfällig für die Entwicklung eines Bluthochdrucks, der in einer langfristigen Konfliktsituation zum Ausbruch kommt. Sie haben eine zwanghafte Persönlichkeitsstruktur mit hoher gefühlsmäßiger (emotionaler) Ansprechbarkeit, mit großem Liebesbedürfnis bei gleichzeitiger Angst vor Liebesverlust, mit unerfülltem Bedürfnis nach Vorherrschaft, mit starken aggressiven Impulsen, aber ebenso starken Aggressionshemmungen als Reaktion darauf. Die zwanghafte Abwehr verhindert ein Ausagieren in Klagsamkeit, Trinken, Weinen, Depressionen oder ähnlichem. Auf Grund seiner Persönlichkeit gerät der Hypertoniker auch öfter in solche Situationen als andere Menschen. Verschlechterung oder Besserung des Hochdrucks hängt mit einer entsprechenden Veränderung der Konfliktsituation zusammen. Die zwanghafte Persönlichkeitsstruktur führt dazu, daß die Patienten nicht gut zu vergessen, zu vergeben oder Konflikte zu lösen und sich an veränderte Situationen anzupassen vermögen.

Wenn hier die seelische Komponente bei der Entwicklung des hohen Blutdrucks vom Thema des Buches her etwas im Vordergrund stand, so soll das natürlich nicht heißen, den Bluthochdruck nur von der seelischen Seite her erklären zu wollen. Es ist jedoch anzuerkennen, daß seelische Störungen durchaus zur Entwicklung eines hohen Blutdrucks beitragen. Insofern sind seelische Gründe wie Konflikte, Angst, Aggressionen, Versagungen (Frustrationen), Verführungen oder andere Emotionen Mitursache oder sogar auch einmal der erste Grund auf dem Wege zur Entwicklung der körperlichen Erkrankung Bluthochdruck.

Behandlungsmöglichkeiten

Daraus ergibt sich, daß die *Psychotherapie* neben der diätetischen und medikamentösen Behandlung meist in Form von *Entspannungsübungen* einen wichtigen Faktor der Gesamtbehandlung darstellt.

Wenn die Berufstätigkeit keine besondere körperliche Beanspruchung verlangt, vielleicht sogar ein Schreibtischberuf ausgeübt wird, ist eine regelmäßige *körperliche Betätigung* (z. B. Spaziergänge, Gartenarbeit, Gymnastik) sehr erwünscht. Auch das wirkt seelisch entspannend und ausgleichend.

Eine *sportliche Tätigkeit* ist beim mäßigen Bluthochdruck sehr zweckmäßig, wenn plötzliche Anstrengung, große Dauerleistung, Wettkampf und Leistungssport unterbleiben. Zugleich muß die Krankheit *diätetisch* und *medikamentös* gut eingestellt sein, das heißt, daß zumindest der Ruhe-Blutdruck im Normbereich liegen muß.

Bei der erwähnten diätetischen Behand-

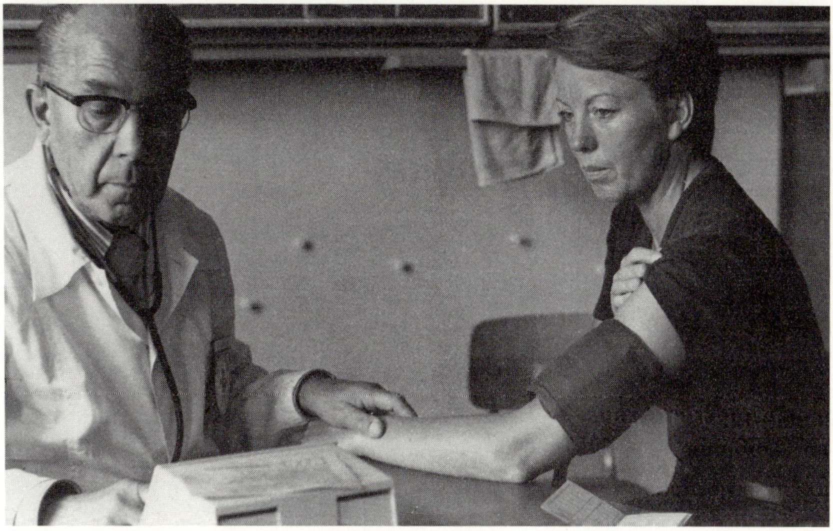

Auch der Bluthochdruck gehört zu den Krankheiten, bei denen seelische Einflüsse in Betracht gezogen werden müssen. Innere Konflikte kommen über das Körperliche zum Ausdruck.

lung ist auf *Kochsalzarmut* (nicht mehr als 3–4 g täglich), auf viel Gemüse, Obst und Salate, Vollkornprodukte, Sauermilchprodukte und viel pflanzliche Gewürze als Ausgleich für das Kochsalz zu achten. Auch sind Weißzucker und Weißmehl möglichst zu vermeiden. Genaue Anweisungen mit zahlreichen Rezepten vermittelt das Buch „Nutze die Heilkraft unsrer Nahrung" aus dem gleichen Verlag.

Beim Bluthochdruck ist auf Selbsthilfe nicht zu verzichten. Jeder an Bluthochdruck Leidende kann sein Risiko aus eigener Kraft erheblich vermindern, wenn er drei Grundsätze strikt in die Tat umsetzt:

- Den Kochsalzverbrauch auf 3–4 g pro Tag vermindern.
- Das Körpergewicht langsam normalisieren.
- Den alten Spruch des Dichters und Reiseschriftstellers *Johann Gottfried Seume* (1763–1810) beachten: „Es ginge alles besser, wenn man mehr ginge."

Prof. Dr. *Hanns Wolff* erklärte: „Wenn es gelingt, den Kochsalzverbrauch der Hypertoniker auf 4 g täglich oder darunter zu vermindern, kann der Blutdruck bei der Hälfte der Patienten entscheidend gesenkt werden."

Herzinfarkt

Wenige, aber wichtige Beschwerden charakterisieren die Gefahr eines Herzinfarktes: Schmerzen im Brustraum beim Gehen, die beim Stehenbleiben wieder abklingen. Die Schmerzen können in den linken oder auch rechten Arm, zwischen die Schulterblätter oder auch in den Bauchraum ausstrahlen. Darüber hinaus kann Atemnot, besonders bei Belastung, und Druckgefühl hinter dem Brustbein bestehen. Nicht selten treten Rhythmusstörungen auf. Das ist die Kurzbeschreibung der Herzenge (Angina pectoris), des häufigsten Vorstadiums des Herzinfarktes.

Ein Beweis für eine echte Angina pectoris ist gewöhnlich eine Schmerzausstrahlung aus der Gegend hinter dem Brustraum in beide Arme, den linken oder beide Unterkiefer sowie eine Schwäche der linken Unterarmmuskulatur. Als Hinweis auf die Angina pectoris ist auch das Auftreten von Schmerzen bei körperlicher oder seelischer Belastung zu betrachten. In jedem Falle sollte das schon zum Arzt führen.

Im Gegensatz zu den USA steigt die Zahl

der Herzinfarkttodesfälle in der Bundesrepublik Deutschland immer noch an. Man glaubt, daß die günstigere Entwicklung in den Vereinigten Staaten das Ergebnis ausgedehnter Aufklärungsaktionen über die sogenannten Risikofaktoren ist.

Körperliche Ursachen

Zu den körperlichen Risikofaktoren zählen heute: Übergewicht, hoher Blutdruck, Zuckerkrankheit, schwerer Nikotingenuß und Bewegungsmangel. Kommen mehrere dieser Risikofaktoren zusammen, entsteht das körperlich bedingte Infarktrisiko.

Mitwirkung seelischer Faktoren

Zu diesen vom Körperlichen her gesehenen mehrfachen und meßbaren Risikofaktoren kommen jedoch auch noch psychische Faktoren, nämlich die zum Infarkt disponierenden Anteile der Persönlichkeitsstruktur. Das Zusammentreffen der einzelnen körperlichen mit einzelnen oder mehreren seelischen Faktoren ergibt die gefährdende Einheit. Diese multifaktorielle und zugleich auch psychosomatische Betrachtungsweise legt aber auch schon die Ansatzpunkte zu einer sinnvollen Behandlung frei. Zuvor möchte ich aber noch das Persönlichkeitsbild des Infarktgefährdeten oder Infarktkranken beschreiben.

Persönlichkeitsbild des Infarktgefährdeten

Infarktgefährdete Menschen haben in der Regel ein ausgesprochenes Leistungsstreben mit Selbstüberforderungstendenzen. Man kann schon von einer zwanghaften Neigung zur Aktivität sprechen. Das zeigt sich auch in ihrer besonders aufgeschlossenen, kontaktfreudigen Art. Sie

Übergewicht ist ein Risikofaktor für eine Reihe von Erkrankungen. Übergewicht ist jedenfalls eine unnötige Belastung des ganzen Kreislaufs. Mit einem normalen Gewicht fühlt ein Mensch sich wohler.

möchten am liebsten jeden mit jedem in Verbindung bringen. Dominanzbestrebungen (d. h. Menschen beherrschen und ihr Verhalten kontrollieren zu wollen) und Getriebenheit sind unverkennbar. Manchmal entwickeln sich dabei Zustände ausgesprochener Aggressivität. Man kann auch sagen, daß diese Menschen ständig unter krankmachendem Stress stehen. Ein gewisses Maß an Stress ist aber lebensnotwendig und gesund.

Hinter der übertriebenen Aktivität und ihrem überangepaßten und sich stets überfordernden Wesen verbergen diese Menschen aber zugleich die Abwehr eigener Hingabewünsche und ihre Ängste vor Enttäuschungen im zwischenmenschlichen Umgang und vor Erlebnissen eines Objektverlustes (z. B. Trennung von einem Liebes- oder Geschäftspartner). Dabei fordern sie durch ihren eigenen Mangel an Hingabefähigkeit die Konflikte geradezu heraus. Für arbeitswütige Menschen ist eine persönliche familiäre Welt eher unerträglich. Unterstrichen werden die negativen Verhaltensweisen meist noch durch ungesunde Eß-, Trink-, Rauch- und Bewegungsgewohnheiten.

Die ganzen Persönlichkeitsmerkmale in Verbindung mit Umweltfaktoren ergeben eine „Risikopersönlichkeit", die im Zusammenhang mit den bekannten körperlichen (organischen) Risikofaktoren zu den mit Recht gefürchteten Herzkranzgefäßerkrankungen und zum Herzinfarkt führen können oder diesen sogar herausfordern.

Behandlung und Vorbeugung

Die psychosomatische Sicht der Herzinfarkterkrankung erschließt ganz von selbst die Notwendigkeit einer kombinierten, also *körperlichen und seelischen,* Behandlung. Sie muß nach Überwindung der akuten, stationär im Krankenhaus durchgeführten Phase auch eine längere Zeit der *Nachbehandlung* umfassen.

Eine „Innenschau", wie sie eine an sich notwendige Psychoanalyse darstellt, ist bei der Persönlichkeitsstruktur (Extrovertiertheit) der Infarktkranken kaum zu vollziehen. *W. Bräutigam* und *P. Christian* teilten mit, daß es in der Literatur keine Darstellung eines psychoanalytischen Behandlungsfalles bei Herzinfarkt gibt.

Die streng auf Leistung bezogene Haltung des Patienten ist schon ein konflikthaftes Verhalten. Das aber wird vom Patienten meist nicht erkannt oder aber geleugnet. Für ihn gilt fast grundsätzlich: Wer viel arbeitet, beweist ja, daß er gesund ist. Die Verleugnungstendenz erschwert natürlich jede Therapieplanung.

Meist werden die Patienten erst neben der immer notwendigen, ärztlich kontrollierten körperlichen Behandlung zu einer ergänzenden seelischen (psychischen) Behandlung bereit, wenn die Beschwerden (besser Leidensdruck, weil dieser Ausdruck das Seelische einschließt) nicht mehr aus eigenen Kräften zu beherrschen sind und dann ärztliche Hilfe erbeten wird.

Zu einer Verhinderung der ganzen Infarktentwicklung gibt es zwar gute und einfache Ratschläge. Sie fordern aber mit gutem Recht manchmal eine völlige Änderung der Lebensweise. Diese wird aber nach anfänglicher Bereitwilligkeit selten lange genug durchgeführt.

Hier sind diese Vorschläge zusammengefaßt:

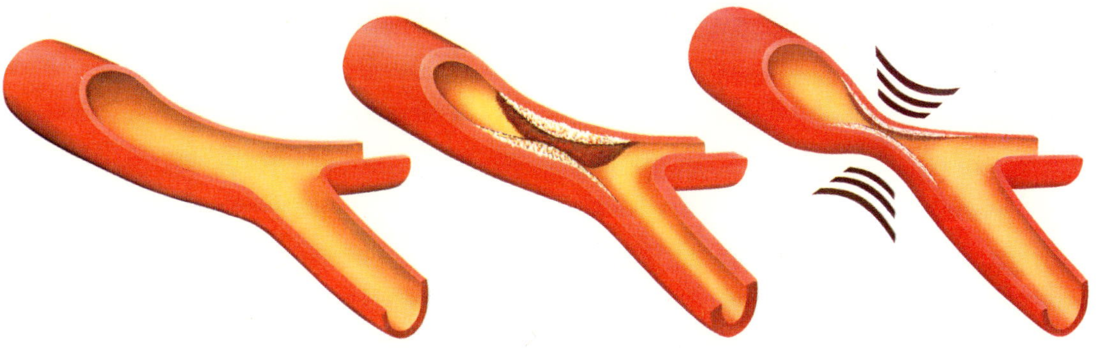

Links ein gesundes Herzkranzgefäß, daneben ein krankhaft verändertes, das an seiner normalen Funktion gehindert ist. Wenn die Herzkranzgefäße nicht genügend Blut durchlassen, entsteht Sauerstoffmangel, der sich als Schmerz im Brustkorb, Engegefühl, Atemnot bis zur Todesangst steigert.

Anzeichen einer Infarktgefährdung

Körperliche (somatische) Symptome

Beschwerdebild einer untergründigen (latenten) oder sich auch schon körperlich äußernden (manifesten) Herzkranzgefäßerkrankung:

Schmerzen im Brustraum

Schmerzen beim Gehen

Ausstrahlung in den linken und/oder rechten Arm,

Ausstrahlung zwischen die Schulterblätter

Ausstrahlung in den Bauchraum

Atemnot bei Belastung

Druckgefühl hinter dem Brustbein

Nicht selten auch Rhythmusstörungen

Seelische (psychische) Symptome

Leistungsstreben mit Selbstüberforderungstendenz

Dominanzstrebungen

Zwanghaftigkeit (zwanghafte Tendenz zur Aktivität)

Getriebenes Arbeitsverhalten (Stress)

Aggressivität

Abwehr eigener Hingabewünsche

Seelische Unausgeglichenheit

Labiles Selbstwertgefühl (Minderwertigkeitsempfinden)

Unausgesprochene Angst zu versagen

Rigidität (seelische Verhärtung)

Wegen der vorhandenen seelischen Struktur besteht eine besondere Gefährdung zur Infarktauslösung durch:

Erlebnis eines Objektverlustes (Kind, Ehepartner u. v. a.)

Zwischenmenschliche Enttäuschung mit Trennungscharakter

Berufliche Versagungen

Narzißtische Kränkungen (gekränkte Eitelkeit)

1. Eine vom Arzt verordnete *medikamentöse* Behandlung gewissenhaft durchführen und die vorgesehenen Kontrolluntersuchungen regelmäßig wahrnehmen.
2. Eine vorgeschlagene *Diät* realisieren und längere Zeit einhalten.
3. *Physikalische Maßnahmen* nicht vernachlässigen (z. B. angepaßtes Lauftraining, Teilnahme bei Sportgruppen).
4. Seelische Behandlungsmaßnahmen, die in Frage kommen, sind:

- Aufnahme der *Lebensgeschichte* in einem ärztlichen Gespräch, um Störungen im Empfindungs- und Gefühlsbereich jeglicher Art aufspüren und Konflikte aller Art eventuell auflösen zu können. Wichtig ist dabei auch, wie der Kranke mit seinen inneren Gefühlen und Strebungen umzugehen vermag.
- Ob eine *Gruppentherapie* oder Teilnahme an einem Anti-Infarkt-Klub sinnvoll ist, muß der Arzt entscheiden.

Asthmakrankheit

Die Asthmakrankheit ist vor allem durch Luftmangel oder starke Atemnot gekennzeichnet, durch Beschwerden, die anfallsweise auftreten. Dabei ist die Ausatmung erschwert. Meist besteht auch ein ziemlich trockener Husten, bei dem nur sehr wenig zähflüssiger Auswurf zutage gefördert wird. Die Anfälle sind von symptomfreien Zwischenphasen unterbrochen, die Stunden, aber auch Monate dauern können.

Die Krankheit kann auch in eine chronische Form mit dauernd erschwerter Atmung übergehen. Ganz gleich, ob die Krankheit leicht oder schwer auftritt, immer sind vor allem Atemschwierigkeiten vorhanden, und es besteht eine erhöhte Empfindlichkeit gegenüber Infekten und zahlreichen anderen Umweltreizen.

Ebenso können aber die Anfälle auch durch seelische Störungen ausgelöst werden. Es bestehen zahlreiche Beziehungen zwischen körperlichen (somatischen) und seelischen (psychischen) Faktoren in der Entwicklung des Asthmaleidens.

Das Bronchialasthma (Asthma bronchiale) ist die häufigste Krankheit des Kindesalters. Es kommt in allen anderen Lebensaltern viel weniger vor. Die Hälfte der erkrankten Kinder wird mit Eintritt der Pubertät wieder völlig gesund. In der Bundesrepublik Deutschland leidet ungefähr ein Prozent der Bevölkerung an Asthma.

Ursachen und körperliche Entwicklung

Nach Prof. *Jores* unterscheidet man heute drei Ursachengruppen: 1. entzündlich-allergische Reaktionen auf Einwirkung der verschiedensten Allergene aus der Umwelt, 2. Infektionen der Bronchialschleimhaut durch Bakterien oder Viren und 3. seelische Faktoren. Bei 70 Prozent aller Kranken spielen die seelischen Faktoren die größte Rolle. Den allergischen Faktoren kommt auffallenderweise das geringste Gewicht zu. Es konnte bisher auch noch nicht ausgeschlossen werden, daß ein *Erbfaktor* mit im Spiele ist.

Unabhängig von den zugrunde liegenden Ursachen kommt es immer zu einer Verengung, Verlegung oder Verstopfung (Obstruktion) der Atemwege und damit zum Atemnotanfall. Die Verengung und Verlegung der Atemwege ist aber eine Folge der auf nervlichen Wegen zustande gekommenen Zusammenziehung (Verkrampfung) der Brust- und Bauchmuskulatur. Der dabei auftretende erhöhte Druck innerhalb des Brustraumes führt (nach *Groen*) zu einer Blutüberfüllung und damit Schwellung der Schleimhaut und zu einer Blutstauung. Diese wiederum kann auch Schleimbildung auslösen. Der in die klei-

Körperliche und seelische Krankheitserscheinungen beim Asthmakranken

Körperliche Krankheitserscheinungen

Atemstörungen bis zum schweren Asthma-Anfall

Appetitlosigkeit

Stuhlverstopfung

Husten und Bronchitis (als Ausdruck versteckter Aggression und Opposition)

Wenn Schleimbildung, dann sehr zäh

Seelische Krankheitserscheinungen

Überempfindlichkeit in des Wortes weitester Bedeutung (Umwelt, Innenwelt) gegen Gerüche

Gegen Unsauberkeit und Schmutz in der Umwelt und im seelischen Bereich (Unsauberes und Schmutziges)

Streben nach Sauberkeit, Ordnung, Korrektheit, Wohlanständigkeit

Sehnsucht nach Liebe und Umsorgtsein (krankhafte Bindung an Mutter oder Ersatzperson)

Selbsthingabe gering oder unmöglich (auch auf sexuellem Gebiet)

Aggressionserlebnisse oder „Entäußerung“

Der Kranke kann sich bei Unmut und Ärger „keine Luft machen“

Protest führt zu Husten- und Asthma-Anfällen

Schlafstörungen wegen mangelnder Hingabefähigkeit (Schlaf – Akt der Hingabe)

Konflikt zwischen ausgeprägten Anlehnungs- und Abwehrtendenzen

Übertriebene Leistungsanforderungen an sich und andere aus Wunsch nach Anerkennung und Liebe

Sehnsucht nach Hingabe, aber Angst vor Gefühlen

Sehr strenges „Über-Ich“

Grundsätzlich: wenig Einsicht in die Zusammenhänge zwischen Verhaltensweise und Krankheit.

nen Bronchien abfließende Schleim bewirkt dann Verstopfung und allergische Reaktionen.

Prof. *Jores* schließt aus diesem Ablauf, daß der Asthma-Anfall eine *Funktionsstörung* der Atmungsorgane ist. Es wäre auch sonst nicht möglich, allein durch Beeinflussung der Atmung einen Anfall zu überwinden. Wenn die Auffassung von Prof. *Jores* richtig ist, würde eine Fehlsteuerung im vegetativen Nervensystem und eine seelische Fehlhaltung letztlich die Grundlage der Erkrankung darstellen. Das muß noch etwas näher erläutert werden.

Die seelische Entwicklung (Psychogenese)

Wenn man von der Annahme ausgeht, daß die seelische Verfassung und Struktur des Asthmakranken die Basis des ganzen Krankheitsgeschehens darstellen, steht man vor der Frage, was denn nun den eigentlichen Asthma-Anfall auslöst. Die Tabelle auf Seite 87 zeigt die von *Jores* herausgearbeiteten Wesensmerkmale und Fehlverhaltensweisen (seelischen Krankheitserscheinungen) des Asthmakranken. Das daraus hervorgehende Persönlichkeitsbild grenzt sich nicht speziell gegen einen Nicht-Asthmatiker ab. Die Persönlichkeitsstruktur des Asthmatikers ist daher allein nicht entscheidend für die Krankheitsentwicklung. Sie macht es aber verständlich, daß nur noch bestimmte Situationen als Reizfaktoren aufzutreten brauchen, um einen Asthma-Anfall auszulösen.

Untersuchungen haben auch ergeben, daß drei Gruppen von Situationen asthmaauslösende Wirkung zeitigen.

Erste Gruppe

Schwellenerlebnisse: Schulbeginn, Prüfungen, Eintritt ins Berufsleben, Erkrankung oder Trennung von Mutter oder Vater.

Zweite Gruppe

Neurotische Situationen: Streit mit Eltern, Vorgesetzten, Ärger im Beruf oder in der Ehe und außereheliche Beziehungen.

Dritte Gruppe

Schicksalserlebnisse: Tod von Eltern, Kindern oder anderen Bezugspersonen, Kriegserlebnisse und Besitzverlust.

Behandlungsmöglichkeiten

Es ist also beim einzelnen Kranken herauszufinden, ob die angenommene *Basis* vorhanden ist. Aus der *Lebensgeschichte* ist dann zu erfahren, welche *Situationen* anfallsauslösend waren. Dann erst kann überlegt werden, welche der in der Tabelle aufgezeichneten *Behandlungsmöglichkeiten* für die seelische Seite des Asthmakranken angemessen sind.

Übersicht der Behandlungsmöglichkeiten bei Asthmakranken

Körperliche (somatische) Behandlung

Medikamente: Ihre Verordnung muß ausschließlich dem behandelnden Arzt vorbehalten bleiben. Ihr Einsatz ist erst nach genauer Einschätzung ihrer Eigenschaften und ihrer Wirkung auf die seelische Verfassung möglich.

Kuraufenthalt in Badeorten (z. B. Bad Lippspringe, Bad Reichenhall): Dort physikalische Maßnahmen, Inhalieren, Atemschulung, Bindegewebsmassage, Lockerungsübungen.

Klimakuren im Gebirge in über 1500 Meter Höhe.

Seelische (psychische) Behandlung

1. **Das ärztliche Gespräch (Gesprächstherapie)**
2. **Entspannungsübungen**
3. **Verhaltens-, Familien- und Gruppentherapie**

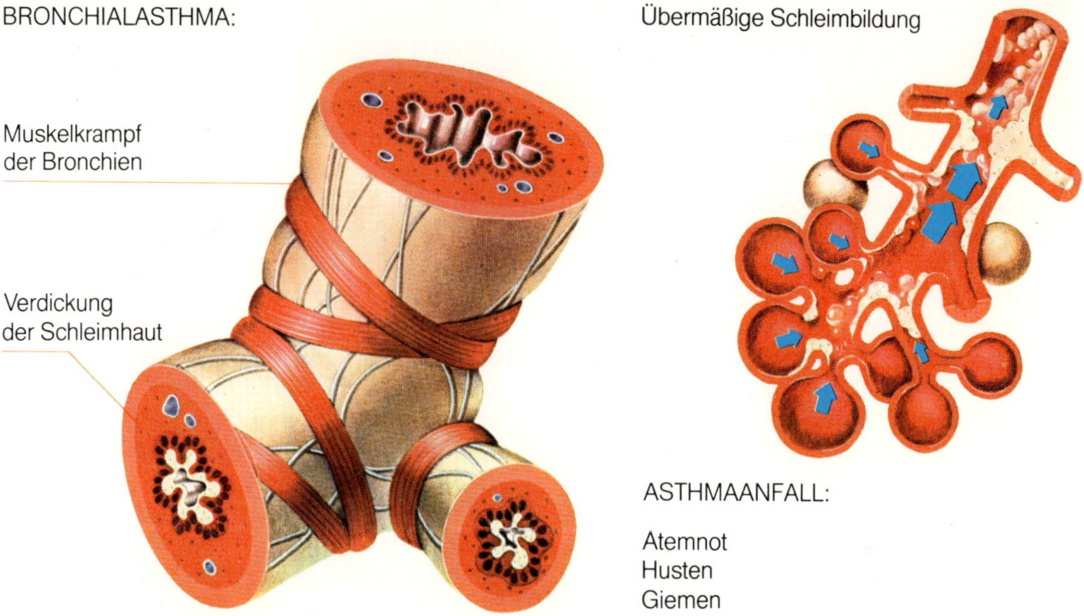

Seelische Behandlung des Asthmas (Psychotherapie)

Aus der Übersicht sollen drei psychologische Möglichkeiten, die guten Erfolg versprechen, näher erörtert werden:

1. das ärztliche Gespräch
2. Entspannungsübungen
3. Verhaltens-, Familien- und Gruppentherapie

1. Das *ärztliche Gespräch* ist immer die erste und sicher auch wichtigste psychotherapeutische Maßnahme. Zu einem Gespräch gehören zumindest zwei Menschen, die in einem gewissen Vertrauensverhältnis zueinander stehen, wobei jeder den anderen in seiner Rolle (Arzt oder Patient) annimmt. Die Vertrauensbasis ist so wichtig, weil der Erfolg psychotherapeutischer Bemühungen weder wägbar noch meßbar ist. Er wird sichtbar, vielleicht nicht für den Außenstehenden, aber für die beiden Beteiligten, den Patienten und den Arzt: Dabei wird deutlich, daß eine Frau zum Beispiel eine längst fällige Reifeentwicklung zur Mütterlichkeit vollzieht, ein in der Ehe jahrelang sexuell impotenter Mann potent wird und sogar seine infantile (kindliche) Wesensart verliert oder ein Asthmakranker seine Angst ganz allgemein, insbesondere aber die Angst vor der Trennung von der Mutter, verloren hat, nachdem der Abhängigkeits-Unabhängigkeitskomplex, der sein Wesen bisher prägte, überwunden ist und die Luftnot-Anfälle ausbleiben.

Es kann sein und muß anfänglich oft so sein, daß bei dem Miteinanderreden der Arzt am wenigsten sagt. Das ist dann der Fall, wenn der Kranke empfindet, daß er einen Menschen gefunden hat, bei dem er einmal alle Kränkungen, Enttäuschungen, Leiden, Mißhandlungen und Entbehrungen, die er erleben mußte, vielleicht aber auch einige kleine Freuden, die er in der Vergangenheit erlebt hat, vorbringen kann. Im Erzählen erlebt er alles wieder neu, stehen die Situationen wieder vor ihm, und es geschieht das Merkwürdige, daß er diesmal alles, was er damals nicht zu bewältigen vermochte – was ihn bedrängte, bedrückte, kränkte und schädigte –, nun aufzulösen vermag. Sprechend bewältigt er seine Vergangenheit. Sprechend und offenbarend befreit er sich von tatsächlicher oder vermeintlicher Schuld.

Der Weg, über das Miteinandersprechen zum Verstehen, zur Lösung von Ängsten und Konflikten und damit auch zu einer echten Heilung von leib-seelischen Krankheiten und Leiden zu kommen, ist nicht immer so einfach, wie er sich hier darstellt.

Wer nämlich redet, nur um zu reden, wer ununterbrochen daherredet und die ganze Situation zerredet, hat letztlich nichts gesagt, hat seine Seele nicht sprechen lassen. Wer *reden* will, muß auch *hören* können. Hören auch auf Zwischenbemerkungen und Fragen des anderen, die dem Gespräch das Ziel geben, die sogar heilend wirken können.

Zum Reden und Hören gehört auch das *Schweigen*. Das Schweigen kann sehr beredt, kann sehr bedeutsam sein, kann Angst, Abwehr, Trotz oder Schuld ausdrücken. Es kann aber schließlich auch völlige Übereinstimmung und Seelenfrieden bedeuten und das Gefühl des Glücklichseins aufkommen lassen.

Die Ausführungen über Reden, Hören und Schweigen gelten auch für den Asthmakranken. Bronchialasthma ist eine regelrechte psychosomatische Krankheit. Sie tritt primär *leibhaftig in Erscheinung*, hat aber einen seelischen (psychischen, emotionalen) Hintergrund. Es ist ein menschliches Problem, das auch leiblich zum Austrag kommt.

Für den Arzt ist das Wichtigste das unvoreingenommene Hinhören und Erkennenkönnen der Hintergründe des seelischen Krankseins sowie eine echte Begegnung zwischen Arzt und Patient. Er wird durch weitere gezielte Gespräche die Lebensgeschichte des Kranken zu erfassen versuchen, soweit sie für das Verständnis der Erkrankung seines Patienten notwendig ist. Konfliktsituationen werden dabei im Vordergrund stehen. Der Patient muß empfinden, daß seine Erkrankung ernst genommen wird. Er muß aber auch verstehen, daß seine seelischen Probleme Mitursachen seiner Erkrankung darstellen. Dazu ist das verstehende Gespräch unerläßlich.

2. Jede der heute vielfältig angepriesenen *Entspannungsmethoden* hat zum Ziel, durch aktive Übungen eine allgemeine Umschaltung (Entspannung) vom körperlichen bis zum seelischen Bereich herbeizuführen.

Alle Entspannungsmethoden wirken rein unspezifisch. Sie vermögen weder Lebenskonflikte zu lösen noch neurotische Fehlhaltungen zu beheben. Gerade das ist aber bei den psychosomatischen Erkrankungen das Behandlungsziel. Deshalb genügt auch die heute verbreitetste Form der Selbstentspannung (z. B. das autogene Training) nicht.

Viel besser ist hier die *Atemtherapie*, die insgesamt auf Entspannung und Geschehenlassen ausgerichtet ist. Sie bildet eine zusätzliche Hilfe, um gewohnheitsmäßige Fehlatmung zu „verlernen" und damit zu überwinden.

Ähnlich wirkt auch die neuere Methode des *Bio-Feedback*. Hierbei lernt der Patient durch Beobachtung eines in einem Oszillationsgerät ständig angezeigten (rückgemeldeten) Atemwiderstandes allmählich so zu atmen, daß sich der fortlaufend vom Gerät gemeldete Wert normalisiert. Völlige Normalisierung wird allerdings nicht erreicht. Die Atemmittellage bleibt, mitbedingt durch die Lungenblähung (Emphysem) des Asthmatikers, auf einem zu hohen Wert.

Mit der gleichen Methode läßt sich aber auch der Spannungszustand des Stirnmuskels, entweder sichtbar oder hörbar, anzeigen (rückmelden), da man beobachtet hat, ohne es erklären zu können, daß der Spannungszustand des Stirnmuskels mit dem der Bronchialmuskulatur übereinstimmt. Auch auf diese Weise läßt sich eine vom Kranken selbst zu beobachtende Entspannung erzielen, die sich in einer erleichterten Atmung bemerkbar macht und wiederum die Angst vor dem immer wieder drohenden Asthma-Anfall verringert.

3. Als weitere psychotherapeutische Möglichkeit bei der Asthmakrankheit sind auch die *Verhaltenstherapie*, die *Familientherapie* oder die *Gruppenpsychotherapie* zu nennen.

Nicht selten versinnbildlicht der Asthma-Anfall das Gefühl, im Leben, in der Familie oder in der sozialen Umwelt erstikken zu müssen; es „bleibt einem die Luft weg". Hier ist die Familien- oder Gruppenpsychotherapie angebracht. Nach *W. Bräutigam* und *P. Christian* haben neuere Erfahrungen gezeigt, daß gerade für Menschen mit starken Charakterpanzerungen, Ängsten und Kontaktschwierigkeiten die Gruppentherapie eine aussichtsreiche Behandlungsform darstellt. Nach Beobachtung der Verfasser reagierten jüngere Patienten, die noch keine Krankenhausbehandlung hinter sich hatten, aber Ehepartner besaßen, die mitarbeiteten, am besten. Gut war der Erfolg auch bei Patienten, die eine befriedigende Arbeitssituation hatten und in der Lage waren, ihre seelischen Konflikte (Emotionen) in der Gruppe zu äußern. Patienten dagegen, die zwar in der Gruppe mitmachten, aber es nicht fertigbrachten, die Wahrheit über sich zu sagen, blieben in ihren Konflikten stecken und hatten keinen Erfolg. In solchen Fällen ist sicher die Einzeltherapie durch einen Psychotherapeuten erforderlich, der den Patienten erst einmal im Ringen um die Wahrheit beisteht. Hier ist man nicht mehr weit von Konflikten entfernt, die vom Seelischen ins Weltanschauliche oder gar Theologische reichen.

Prof. *Adolf Köberle* sagte einmal hierzu: „Wie er (der Arzt) es dem Kranken nicht überläßt, beliebige Arzneien einzukaufen und zu konsumieren, so darf er ihn auch nicht einem wilden Durcheinander von Weltanschauungen überlassen, sondern muß ihm unter Umständen den Weg zu metaphysischer Bindung und Beheimatung weisen."

Zusammenfassung

Die beim Asthmatiker festzustellenden Verhaltensstörungen sind meist die Folge einer entsprechenden Erziehung. Im Kindesalter wurden ihm sehr früh zu hohe Anforderungen an Sauberkeit, Ordnung und Wohlanständigkeit auferlegt. Der mit der Entwicklung aufkommende Selbständigkeitsdrang blieb unbeachtet. Auftretender Widerspruch wurde meist unterdrückt und die Bindung an die Mutter meist noch verstärkt. Dadurch kann einem Kind die „Luft wegbleiben". Es reagiert dann körperlich mit Asthma-Anfällen. Die hohe Zahl der Asthma-Erkrankungen im Kindesalter ist kein Zufall.

In der weiteren Entwicklung muß es notgedrungen zu einer *Abwehr* der nicht gelösten Mutterbindung kommen und eine Reaktion auf alle Versagungen und Unterdrückungen eintreten. Daraus entwickeln sich die verschiedensten Arten von Persönlichkeitstypen, nämlich überempfindliche, explosive, aggressive, ehrgeizige und streitsüchtige Menschen.

Hohe Empfindlichkeit und Aggressionen sind die häufigsten Folgen. Die Aggressionen können sich gegen die Mutter, gegen die Umwelt oder auch gegen den Kranken selbst richten.

Allergische Reaktionen sind eher Folgen als Ursachen des Asthmas, wenn auch eine hohe Empfindlichkeit gegen verschiedenste Auslöser (Allergene) besteht.

In der materialistisch-naturwissenschaftlichen Medizin wird das allergische

Frische Luft ist ein kostbares Gut, und an der See bekommen viele Menschen eine Wertschätzung dafür. Oft hat das Seeklima auf Menschen mit Atmungsstörungen eine heilsame Wirkung.

Kranksein als eine physiologisch-chemische Reaktion beschrieben und in der Antigen-Antikörper-Reaktion die Ursache von Asthma-Anfällen, Ekzemen, Migräne und anderen allergischen Erkrankungen gesehen. Das heißt aber, daß man die Chemie der Antigene und Antikörper als Grundlage des Leidens auffaßt. Das Leiden ist somit versachlicht und wird deshalb auch sachlich, nämlich mit Stoffen, die wir Medikamente nennen, behandelt. Man hat aber längst eingesehen, daß mit dieser versachlichten Betrachtungsweise die als allergisch bezeichneten Krankheiten nicht auf die Dauer in den Griff zu bekommen sind.

Im Anfall muß bei der Behandlung die medikamentöse, auf den körperlichen Bereich wirkende Behandlung durch den behandelnden Arzt im Vordergrund stehen. Es ist ja grundsätzlich zu beachten, daß seelische (psychische) Faktoren nur dann einen Asthma-Anfall auslösen können, wenn von der körperlichen Seite her die Voraussetzungen bestehen.

In der anfallsfreien Zeit ist eine langfristige Psychotherapie notwendig.

Die Gleichzeitigkeit der seelischen und körperlichen Erscheinungen zeigt, daß hier der ganze Mensch mit seinen körperlichen und seelischen Anteilen im Krankheitsgeschehen zum Ausdruck kommt. Das muß auch in der kombinierten Behandlung berücksichtigt werden. Die Behandlung der seelischen Faktoren der Krankheit wird heute noch zu wenig beachtet. Asthma ist nicht nur Allergie, nicht nur eine Verengung der Bronchien und auch nicht nur ein Persönlichkeitsdefekt. Der Mensch *hat* kein Asthma, er *ist* ein Asthmatiker. Er muß aber verlernen, es zu sein. Dazu braucht er den Arzt und Psychotherapeuten.

Atmungsstörungen (das nervöse Atmungssyndrom)

Das nervöse Atmungssyndrom (andere Krankheitsnamen sind: Atmungstetanie, Hyperventilationssyndrom, nervöse Dyspnoe oder Da-Costa-Syndrom) stellt eine weniger bekannte, deshalb auch seltener erkannte, aber doch wichtige psychosomatische Erkrankung dar.

Um dieses Krankheitsbild verstehen zu können, sind einige Vorbemerkungen über den Atmungsvorgang notwendig. Die Atmung hat zunächst wichtige physiologische oder biochemische Funktionen zu erfüllen, nämlich Sauerstoffaufnahme und Kohlensäureabgabe, ferner Temperaturregelung und Flüssigkeitsabgabe, um die wichtigsten zu nennen. Der Organismus regelt und steuert diesen Vorgang ohne unser Zutun, also unwillkürlich. Wir können aber den Atmungsvorgang auch bewußt, also willkürlich steuern und somit beeinflussen. In dem Augenblick wird die seelische Funktion der Atmung sichtbar. Wir können mit der bewußten Atmung etwas ausdrücken, und sie kann etwas von unserer Befindlichkeit zeigen.

Formen der Atmungsstörungen

Eine beschleunigte Atmung kann Ausdruck einer großen körperlichen Anstrengung, aber auch unserer Gefühlslage sein, wie schwere nervöse Erregung, Angst, Wut oder Zorn.

Eine lang hingezogene, flache, aber beschleunigte Atmung, die nicht zur Lösung kommt, tritt bei der sexuellen Erregung auf.

Eine ruhige, langsame, ausgeglichene Atmung ist Ausdruck einer ruhigen, harmonischen Stimmung, von Zufriedenheit und Behaglichkeit. Die Atmungsfrequenz ist normal und unbewußt, so wie sie sich auch im Schlaf vollzieht.

Es gibt auch einen vorübergehenden Atemstillstand zum Beispiel durch große Überraschungen, Schreck und Angst.

Es kann natürlich nicht unterbleiben, hier das bekannte Wort *Goethes* anzuführen: „Im Atemholen sind zweierlei Gnaden, die Luft einziehen, sich ihrer entladen, jenes bedrängt, dieses erfrischt, so wunderbar ist das Leben gemischt." Hierin ist der innige Zusammenhang zwischen körperlicher und seelischer Funktion des Atmens in einfachster Form ausgedrückt.

Volkstümliche Redensarten sprechen für sich

Auch viele Redewendungen aus der Umgangssprache zeigen ganz plastisch und eindeutig diesen Zusammenhang. Einige Beispiele: „Mir blieb die Luft weg", vor Angst „stockt mir der Atem", „Du bist für mich nur Luft", hier ist „dicke Luft", „eine bedrückende Atmosphäre", es war „beklemmend", er „atmete erlöst auf". Man kann sich aber auch gegenseitig „anpfeifen" oder „sich etwas husten". Ich kann auch auf etwas „pfeifen" oder ihr „etwas blasen".

Immer drücken diese Redewendungen eine Befindlichkeit und das Verhältnis oder das Verhalten zum anderen Menschen aus. Immer sind Affekte und Gefühle im Spiel, immer machen sich die Gefühle Luft, und so ist die Atmung der Ausdruck von Leben und Seele. Störungen der Atmung sind daher stets Ausdruck des Körpers und zugleich der Seele.

Das Krankheitsbild und seine Variationen

Das nervöse Atmungssyndrom ist die Bezeichnung für eine Reihe von funktionellen Atemstörungen, die wegen ihrer Verschiedenheiten auch andere Namen tragen, wie sie anfänglich schon erwähnt wurden. Die Kranken empfinden selbst die Atemstörung oft gar nicht. Sie äußern vielmehr andere körperliche Beschwerden, zum Beispiel Kopfschmerzen, Schwindel, Schlafstörungen und dauernde Müdigkeit. Auch bei dem größten Teil der Neurotiker lassen sich Atmungsstörungen feststellen, obwohl sie über die verschiedensten Organstörungen klagen.

Als Formen der Atemstörung lassen sich unterscheiden:

Die *Seufzeratmung* als Ausdruck einer „unruhig-nervösen, mißmutigen Abgeschlagenheit" nach vergeblicher Anstrengung oder nach Enttäuschung.

Die *Hyperventilation*, eine zu große und beschleunigte Atmung, wie wir sie als Folge einer großen körperlichen Anstrengung kennen. Nach Anstrengung tritt sie nur kurzdauernd als Folge des aufgetretenen Sauerstoffmangels und vermehrter Kohlensäure im Blut auf und ist dann wieder normal. Tritt aber die beschleunigte und vergrößerte Atmung auch ohne körperliche Anstrengung auf, so weist das auf eine Neurose mit Angstzuständen hin. Sie ist also Ausdruck einer seelischen Störung.

Und schließlich kennen wir die Atemstörung, die man als *Atmungskorsett* bezeichnet. Hierbei steht das Empfinden, nicht richtig durchatmen zu können, im Vordergrund. Gleichzeitig werden auch Herzbeschwerden geäußert und über das Gefühl geklagt, daß die Brust wie durch einen Ring oder ein Korsett eingeengt wird. Wenn man die Atmung mit einem Atmungsmeßgerät registriert, findet man objektiv oft keine Atmungsstörung. Es handelt sich also um eine Störung in der Erlebnissphäre; sie ist seelisch bedingt. Man sieht hierin vielfach einen Übergang zur Herzneurose.

Gemeinsam ist diesen verschiedenen Formen der Atmungsstörung eine abnorme Vergrößerung der Atemzüge und eine einseitige Betonung der Brustatmung, während die Zwerchfellatmung vernachlässigt wird (*Bräutigam* und *Christian*).

Behandlungsmöglichkeiten

Bei den drei geschilderten Formen der Atemstörung kann im akuten Stadium durch Atmung in die Plastiktüte, wodurch eine Kohlensäurenanreicherung bei der Einatmung erreicht wird, der Anfall meist beseitigt werden. Eine medikamentöse Behandlung ist meist zwecklos. Sehr sinnvoll ist jedoch die Atemtherapie, wenn sie fachgerecht durchgeführt wird.

Die seelische (psychische) Behandlung besteht in einer festen ärztlichen Führung, durch die länger schwelende oder aktuelle seelische Konflikte aufgearbeitet werden müssen. Weitergehende Maßnahmen wie analytische Einzel- oder Gruppentherapie und die Erlernung von Entspannungsübungen muß der Arzt von Fall zu Fall festlegen. Entspannung und Lockerung der Gesamtmuskulatur wird zur Beruhigung der Atmung wesentlich beitragen.

Zusammenfassung

Von der körperlichen Seite her steht die Atemtherapie im Vordergrund der Behandlung. Sie muß aber von einem entsprechend geschulten Arzt oder einer ausgebildeten Atemtherapeutin durchgeführt werden. Sprech- und Stimmübungen können die Atemtherapie wirksam ergänzen. Selbst kann man den Gesang pflegen, der eine lösende Wirkung entfaltet.

Von der seelischen Seite her sind Entspannungsübungen zu erlernen. Besonders notwendig und wirksam ist aber die ärztliche Gesprächstherapie.

Allergische Krankheiten (u. a. Heuschnupfen)

Allgemein versteht man unter Allergie eine veränderte Reaktionsfähigkeit des Organismus, und zwar eine Bereitschaft zu Überempfindlichkeitsreaktionen auf bestimmte Stoffe. Die Stoffe, die zu einer veränderten – meist übermäßigen – Reaktion führen, nennt man Allergene oder Antigene. Als Allergene können grundsätzlich alle Stoffe wirken. Häufig sind es chemische Substanzen (auch Medikamente) oder Zerfallsprodukte von Krankheitserregern. Bei den meisten Allergenen handelt es sich aber um Eiweißstoffe tierischen oder pflanzlichen Ursprungs, deren chemische Struktur nicht immer bekannt ist.

Basis ist die allergische Diathese

Die Grundlage dafür, daß ein Mensch auf Allergene überempfindlich (= allergisch) reagiert, ist eine besondere innere Bereitschaft dazu. Diese innere Bereitschaft nennt man auch *allergische Diathese*. Sie ist angeboren und besteht in einer besonderen Neigung zu krankhaften Reaktionen, die bei den verschiedenen Menschen in verschiedenster Form auftreten können. Diese Krankheitsbereitschaft wird vererbt, tritt aber bei vielen Menschen zeitlebens nicht in Erscheinung. Die durch Allergen-Einwirkung entstandenen Krankheiten nennt man allergische Krankheiten.

Der *Heuschnupfen* ist eine der verschiedenen möglichen Erkrankungsformen. Andere sind zum Beispiel Ekzeme, Bronchialasthma, Nesselsucht (Urtikaria), Rheumatismus und Steinleiden. Der Heuschnupfen stellt in den meisten Fällen eine Überempfindlichkeit auf Pollen dar. Pollen nennt man die mikroskopisch sichtbaren männlichen Keimzellen der Pflanzen (Windblütler). Beim Heuschnupfen sind es überwiegend die Gräserpollen, weniger die Pollen anderer Pflanzen, Sträucher und Bäume, die den Schnupfen erregen.

Auf die Pollen als körperfremde Substanz reagiert der allergische Organismus in überschießender Weise mit der Bildung von Antikörpern, um die Pollen (Antigene) abzuwehren. Der überstark reagierende Organismus wird als sensibilisiert gegen Pollen bezeichnet.

Um die krankhafte Überempfindlichkeit gegen Pollen, die in jedem Jahr in der Blütezeit wieder zu dem oft quälenden Heuschnupfen führt, rückgängig zu machen, benutzt man eine ganze Reihe von antiallergisch wirkenden Substanzen. Sie entfalten aber alle nur eine zeitweilige und begrenzte Wirkung. Sie machen die Krankheit, die nur während der Blütezeit auftritt, erträglicher, aber sie heilen nicht.

Kennzeichen bei allergischen Krankheiten

Körperliche Krankheitszeichen

Jucken und Brennen in Augen und Nase

Dünnflüssiger Schnupfen, Nase „tropft“ wie ein Wasserhahn

Bindehautentzündung (Konjunktivitis)

Nasenschleimhautschwellung

Oft Atembeschwerden wie bei Asthma

Regelmäßige Wiederkehr zur Blütezeit

Erhebliche Besserung bei Regenwetter (kein Pollenflug)

Seelische Krankheitszeichen

Persönlichkeitsmerkmale (nach Jores)

Gefühlsmäßige (affektive) Unsicherheit

Fortbestehende Mutterbindung

Aggressive Triebimpulse und gleichzeitig Wunsch nach Aufhebung von Distanz

Störungen der Kontakt- und Beziehungsfähigkeit

(Eine Ursache der Störungen wurde in fehlenden Hautempfindungen im Verhältnis zur Mutter gesehen. Daher ist die Haut oder Schleimhaut Austragungsort innerer Konflikte geblieben.)

Persönlichkeitsstruktur berücksichtigen

Die Tatsache jedoch, daß trotz der modernen antiallergischen, synthetischen und reizmildernden pflanzlichen Mittel die Heilerfolge gering sind, brachte einige Ärzte auf den Gedanken, daß die allergischen Erkrankungen mit Gemütserregungen im Zusammenhang stehen könnten. Die moderne Psychosomatik ist heute der Auffassung, daß Menschen mit allergischen Erkrankungen nicht nur mit einem Organsystem verändert (allergisch) reagieren (zum Beispiel der Asthmakranke mit einem Asthma-Anfall, wenn er eine Primel sieht oder ein bestimmtes Eiweiß zu sich nimmt), sondern mit einer veränderten Reaktionsweise auch ihrer Umwelt und ihren Mitmenschen begegnen, mit einer Veränderung also, die ihre ganze Existenzweise betrifft (*Schwöbel*). Wenn es in solchen Fällen zu einer echten Heilung kommen soll, muß die gesamte Daseinsstruktur des Kranken erfaßt werden. Er ist ja in all

Pollenflug-Kalender

Wichtig für Heuschnupfen-Patienten. Denn wer weiß, welche Pollen ihm schaden, kann Vorsorge treffen.

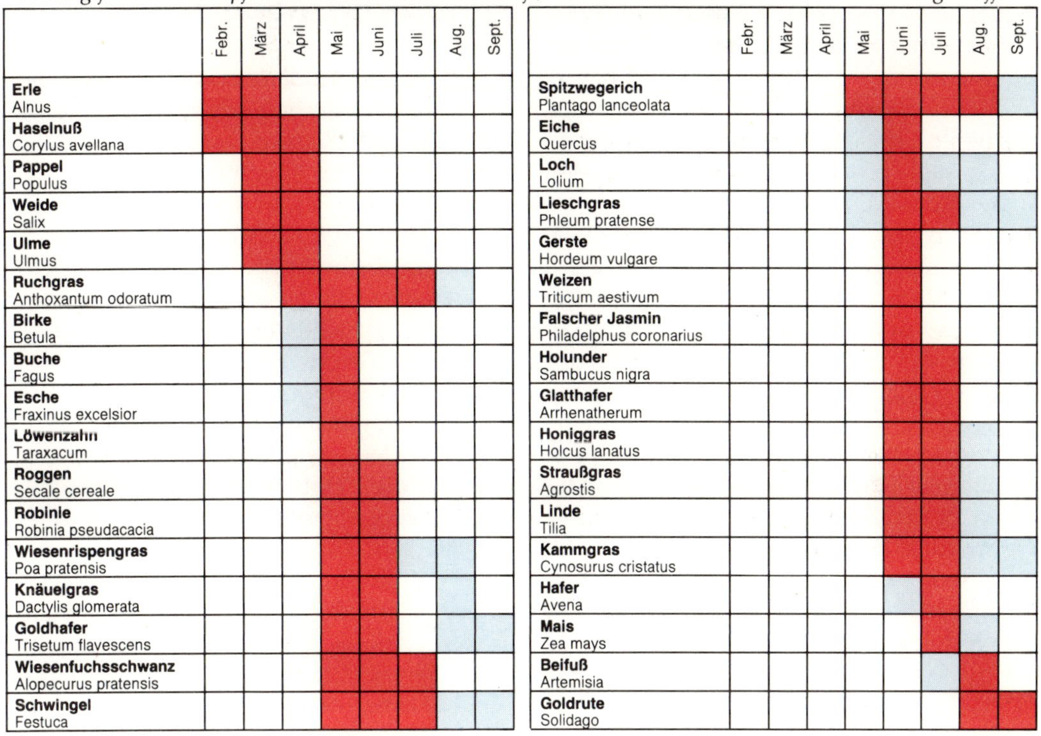

seinen Reaktionen dauernd auf Abwehr eingestellt, für ihn hat die Umwelt den Charakter des Gefährlichen, Feindlichen und Bösen. Seine allgemeine Abwehrhaltung bedingt seine Verspannung, die sich in Verkrampfungen der verschiedensten Organ- und Gewebssysteme zeigt. Die allergisch Kranken sind im tiefsten Grunde vielfach seelisch Kranke, die noch keinen tragfähigen Lebensgrund, die sich selbst noch nicht gefunden haben und deren Reifeprozeß noch nicht abgeschlossen ist.

Es wird dabei häufig nur mit Hilfe eines Psychotherapeuten oder eines Seelsorgers möglich sein, die fehlende Reifung nachzuholen, die eigenen Möglichkeiten zu erkennen und damit eine Lebensbasis zu schaffen, bei der die ständige Abwehrhaltung sinnlos erscheint, das Leben aber in all seinen Bezügen wieder sinn- und zweckvoll wird.

Die psychosomatische Beurteilung begnügt sich also nicht mit der Suche nach dem Allergen. Sie fragt auch nach der Lebensgeschichte des allergisch Kranken, in der oft genug der Grund für die Sensibilisierung zu finden ist. Konfliktsituationen und Angstzustände können die Basis chronischer Aggressionsfaktoren sein.

Nach *Schur* vollzieht sich in der Erkrankung eine Verkörperlichung verschiedenster Abfuhrbedürfnisse der frühesten Kindheit bei gleichzeitiger Einwirkung von Anlage und Umwelt.

Im Persönlichkeitsbild des Kranken sind sicher noch manche Züge ungeklärt. Dennoch ist bei der Behandlung auf die seelische Situation besonders zu achten.

Behandlung

Bei jeder Behandlung des Heuschnupfenkranken sind beide Seiten, die körperliche und die seelische, zu berücksichtigen. Die medikamentöse Behandlung ist häufig nur ein Hilfsmittel, aber dennoch eine wertvolle Unterstützung für die notwendige seelische (psychische) Behandlung. Man sollte also auf die wohltuende und erleichternde Wirkung der Medikamente nicht verzichten. Sowohl die Art der Medikamente wie auch ihre Dosierung müssen aber vom Arzt festgesetzt und überwacht werden.

Kennt man den allergisch machenden Stoff, so ist es möglich, durch eine Reihe von Injektionen ganz kleiner Mengen dieses Stoffes die gebildeten Antikörper sozusagen zu verbrauchen und auf diese Weise die normale Reaktionsbereitschaft wiederherzustellen. Diese spezifische Desensibilisierung ist aber leider nur in einem Teil der Fälle erfolgreich.

Unter unseren Heilpflanzen besitzt die *Rauwolfiawurzel* die Fähigkeit, Überempfindlichkeit und übergroße Reizbarkeit bei allergischen Krankheiten herabzusetzen. Sie kann allerdings in einzelnen Fällen auch unerwünschte Nebenwirkungen haben.

Das Pulver aus getrockneten *Sonnenhutblüten* hat nach neueren Erfahrungen eine antiallergische Wirkung. Man nimmt täglich für die Dauer von sechs Monaten 0,05 g (50 Milligramm) mit 0,3 Gramm milchsaurem Kalzium gemischt zweimal täglich ein. Jeder Apotheker kann die Mischung herstellen.

Für die seelische Behandlung gelten die gleichen Maßnahmen, wie sie unter der Asthmakrankheit beschrieben worden sind, da auch das Bronchialasthma oft eine allergische Krankheit und zugleich eine körperliche Antwort auf seelische Schwierigkeiten oder Dauerstress darstellt wie der Heuschnupfen.

Magen- und Zwölffingerdarmgeschwür

Diese Geschwürskrankheit verläuft häufig in sich wiederholenden Schüben von ca. drei bis acht Wochen Dauer. Die Abstände zwischen den Schüben können Monate bis Jahre dauern. Es gibt Patienten, die nur einmal im Leben ein Magen- oder Zwölffingerdarmgeschwür bekommen. Die von der Geschwürsbildung ausgehenden krampfartigen, drückenden oder bohrenden Schmerzen werden im mittleren oder oberen rechten Oberbauch lokalisiert. Das Zwölffingerdarmgeschwür überwiegt an Zahl das Magengeschwür erheblich.

Über die Ursachen und die Entwicklung der Magen- und Zwölffingerdarmgeschwüre sind unsere Kenntnisse noch lükkenhaft. Früher hielt man eine gesteigerte Magensäureabsonderung als wichtigsten Faktor für die Entstehung eines solchen Geschwürs (Ulcus). In den letzten Jahren wurde aber immer mehr erkannt, daß Patienten mit einem Magengeschwür häufig eine *verminderte* Säureabsonderung aufweisen, während bei den meisten Patienten mit einem Zwölffingerdarmgeschwür eine *normale* Säurebildung gefunden wird. Nur sehr wenige an einem Zwölffingerdarmgeschwür Erkrankte weisen eine *stark erhöhte* Säureabsonderung auf. Die Annahme, daß eine stark erhöhte Säurebildung der wichtigste Faktor für jede Ulcusbildung sei, muß daher wohl fallen gelassen werden. Sie ist nicht die wichtigste Ursache der Geschwürsbildung.

In den USA sieht man heute *Medikamente* und *Alkohol* als wichtigste ursächliche Faktoren an. Acetylsalicylsäure zum Beispiel gehört zu den Medikamenten, durch die es zu einem Magengeschwür kommen kann.

Beim Menschen erneuert sich die Magenschleimhaut innerhalb von vier bis sechs Tagen vollständig. Dieses Regenerationsverhalten der Magenschleimhaut wird aber durch Medikamente nicht selten erheblich gestört. So bewirkt das Medikament Methylprednisolon (ein Nebennierenrindenhormon) eine Verlängerung der mittleren Regenerationszeit der Schleimhautzellen bis auf das Doppelte der Norm. Dasselbe tritt auch bei einer Behandlung mit krebshemmenden Mitteln (Zytostatika) ein. Die Hemmung der Zellerneuerung durch Medikamente führt natürlich zu einer Störung der Widerstandsfähigkeit der Schleimhaut, so daß der Geschwürsentstehung dadurch Vorschub geleistet wird.

Man rechnet bei der Geschwürsbildung nach wie vor auch noch mit einer erblichen Veranlagung, da die Geschwüre in manchen Familien gehäuft vorkommen.

Anzeichen der Ulcus-Krankheit

Körperliche Anzeichen

Lange vorhergehender Reizmagen mit vermehrter Saftbildung (chronische Gastritis)

Schmerzen im Oberbauch (Nabelgegend)

Brechreiz (und Erbrechen)

Blut im Stuhl (oder im Erbrochenen)

Biologische (noch nicht ganz gesichtete) Anlagefaktoren
(schon bei Geburt erhöhte Absonderung von Pepsinogen als Vorstufe des Verdauungsfermentes)

Seelische Anzeichen
(als typisch angesehene Verhaltensweisen)

Abhängigkeits-Unabhängigkeitskonflikte

Stolz und Streben nach Unabhängigkeit

Aggressionen, abwehrender und zerstörender Art (oft auch sehr differenzierte Aggressionsformen)

Aggressionsunterdrückung bei erzwungener Abhängigkeit

Übertriebener Ehrgeiz

Leistungsstreben und Selbstgenügsamkeit

Wunsch, geliebt und versorgt zu werden
(oft: Liebe = Versorgung)

Entwicklung im körperlichen Bereich

Die sich rein im Organischen abspielende Entwicklung führt zu körperlichen Beschwerden, die in der Tabelle aufgeführt sind. Sie weisen darauf hin, daß sich wahrscheinlich ein Magen- oder Zwölffingerdarmgeschwür entwickelt hat, das der Arzt dann durch eine Röntgenuntersuchung oder eine Spiegelung des Magens und Zwölffingerdarms (Gastroskopie) nachweisen kann. Die Abbildung auf Seite 101 zeigt, wie ein Zwölffingerdarmgeschwür bei der Spiegelung aussieht.

Das erste Bild zeigt das Aussehen einer normalen Schleimhaut aus dem gleichen Zwölffingerdarmabschnitt.

Entwicklung im seelischen Bereich

Wie steht es nun mit den seelischen (psychischen) Ursachen der Geschwürskrankheit? Man hat schon lange rein körperliche Merkmale, insbesondere die schmale zartgliedrige (leptosome) und angeborene Körperverfassung, als ausschlaggebend für die Geschwürsentstehung angesehen. Es fiel aber vor allem auf, daß es vorwiegend Menschen mit einem „schwachen" Nervensystem betrifft. Diese „Ulcus-Typen" sind dabei oft übernervös, rastlos und überaus reizbar. Das weist nicht nur auf die Nerven, sondern auch auf die seelische Verfassung dieser Menschen hin. Man prägte dafür die Begriffe Asthenie (körperliche Schwäche) und Psychasthenie (seelische Schwäche). Seelische Merkmale, die man bei den Ulcus-Kranken fand, zeigt unsere Tabelle.

Eine umfassendere psychosomatische Betrachtungsweise der Krankheitsentstehung hat erkennen lassen, daß seelische, nicht ausgetragene, meist „verdrängte“, oft schon aus der Kindheit stammende Konflikte, insbesondere der sogenannte Abhängigkeits-Unabhängigkeitskonflikt, die tiefere Ursache der Erkrankung bilden können. Die Patienten sind im Laufe ihrer Entwicklung meist nicht aus der Abhängigkeit von ihrer Mutter (oder einer Mutter-Ersatzperson) herausgekommen. Die Mutter hat sie in ihrem Leben meist völlig beherrscht, ständig kontrolliert, übertriebene Hergabehaltungen gefordert und Äußerungen der Selbständigkeit oder der Ablösung von den Eltern unterdrückt. Das schafft Dauerspannungen und Konfliktsituationen, die sich eines Tages in körperlichen Erkrankungen (z. B. einem Magengeschwür) „aussprechen“.

Im Laufe der Entwicklung treten beim jungen Menschen beiderlei Geschlechts durch den ständigen Einfluß einer dominierenden Mutter zwangsläufig *Abhängigkeits-Unabhängigkeitskonflikte* auf. Wenn sie nicht ausgetragen werden können, das Unabhängigkeitsstreben also nicht erfüllt wird, entsteht daraus eine Enttäuschung oder gar seelische Verletzung und die Überzeugung, ungerecht behandelt zu werden. Der ganze Vorgang wird auch von den Psychologen als Frustration (Versagung, Nichterfüllung, erzwungener Verzicht) bezeichnet. Tiefenpsychologische Untersuchungen der Frustrationsvorgänge haben gezeigt, daß sie zu aggressivem Verhalten gegenüber anderen (aus Rachegefühlen) oder gegen sich selbst bis zur Selbstschädigung oder gar Selbstzerstörung (Selbstmord) führen können.

Manche Menschen werden aber je nach Charakterveranlagung mit Versagungen oder erzwungenen Verzichten (Frustrationen) auch auf andere Weise fertig, zum Beispiel durch Ausweichen in Wunschphantasien oder durch Umsetzung (Sublimierung) in geistige oder künstlerische Ausdrucksformen. Zuweilen finden sie auch den Ausgleich durch starke körperliche Arbeit oder die Entwicklung eines Hobbys. Hier ist dann die jedem Menschen innewohnende *Selbstheilungstendenz der Seele* zum Durchbruch gekommen. Das kann auch zugleich einen wesentlichen Entwicklungsschritt bedeuten. Wahrscheinlich ist die viel zu wenig beachtete Selbstheilungstendenz der Seele ein wesentlicher Grund für die Spontanheilung der Geschwüre des Magens oder des Zwölffingerdarmes.

Die Entstehung des Geschwürs selbst kann dagegen zunächst als Ausdruck der Aggression gegen sich selbst (Selbstschädigung oder „lokaler Selbstmord“) aufgefaßt werden. Auftretende Aggressionen müssen also unter Umständen sehr ernst genommen werden.

Auch *übertriebener Ehrgeiz* führt häufig zu Magen- und Zwölffingerdarmgeschwüren. Ein Beispiel dafür ist mir ein langjähriger Patient: Er besuchte noch die Schule, als sein Vater an einer Blutvergiftung plötzlich starb. Er mußte die Schule unterbrechen und ins Geschäft seines Vaters eintreten, um für seine Mutter und mehrere Geschwister den Unterhalt zu verdienen. Nach vielerlei Rückschlägen entwickelte er einen ungeheuren, übertriebenen Ehrgeiz, der nur aufs Geldverdienen gerichtet war. Er erwarb sich ein großes Vermögen, sah aber schließlich ein, daß er in vielerlei Hinsicht zu kurz gekommen war. Er hatte inzwischen geheiratet und zwei Kinder bekommen. Seine Frau trieb ihn zu immer höherer Leistung an, für die Kinder hatten beide keine Zeit. Dafür mußten die Angestellten sorgen. Es kam, was kommen mußte: Hetze, Zeitnot, Ehrgeiz und die Erkenntnis des Versäumten ließen ihn krank werden. Er bekam ein Magengeschwür. Durch eine körperliche Behandlung mit Ruhe, Diät, Wärme und Medikamenten heilte das Geschwür zunächst, wiederholte sich aber nach Aufnahme der vollen Arbeit in wenigen Monaten mit schweren Schmerzen und Blutungen. Es folgte eine stationäre Be-

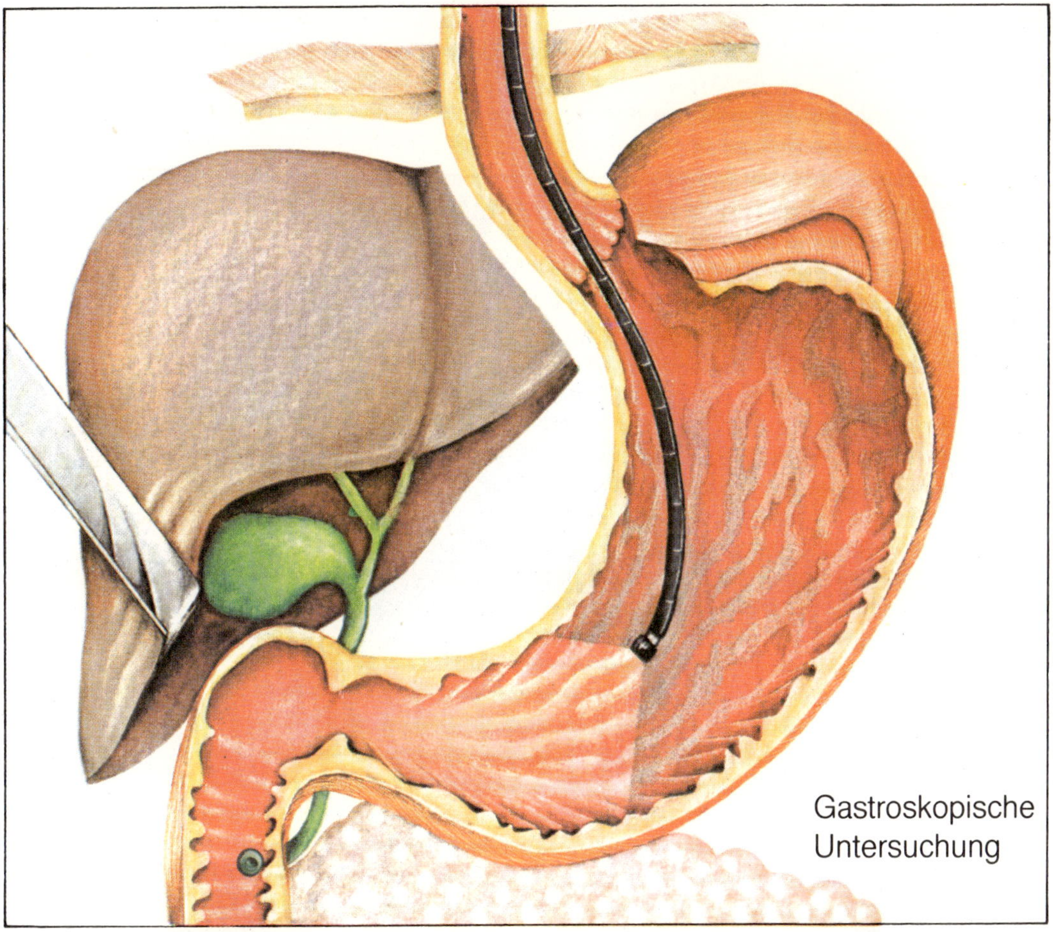

Bild einer gesunden Schleimhaut des Zwölffingerdarms bei gastroskopischer Untersuchung.

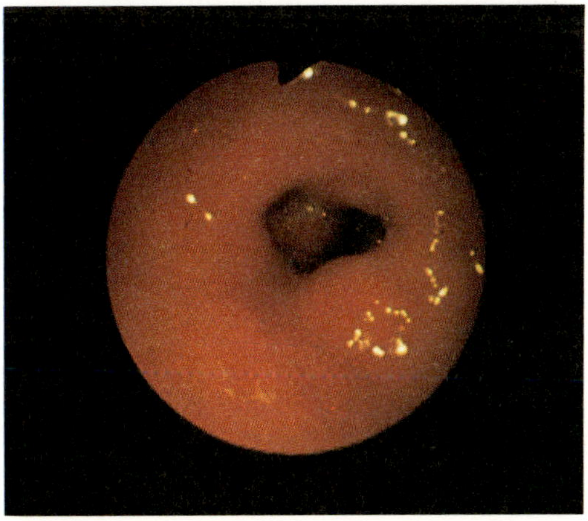

Gastroskopische Untersuchung eines Geschwürs im Zwölffingerdarm.

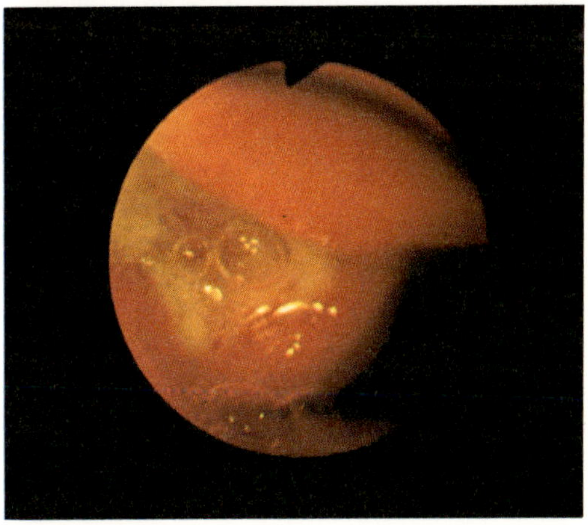

handlung. Nun war er dafür zugänglich, daß eine eingehende, ihm schon früher vorgeschlagene Psychotherapie zugleich mit der körperlichen Behandlung notwendig sei und die Beeinflussung auch vom Seelischen her stattfinden müsse.

Er erkannte in mehreren eingehenden ärztlichen Gesprächen seine Wesensmerkmale und sein Fehlverhalten. Langsam lernte er auch den Umgang mit sich selbst und seiner Familie. Die Wandlung führte schließlich zur seelischen und körperlichen Heilung. Die Krankheit hat sich in diesem Falle nicht wiederholt.

Natürlich kann man gegen dieses Beispiel einwenden, daß in vier Wochen viele Geschwüre (etwa 50 Prozent) auch ohne irgendwelche Maßnahmen außer Ruhe, Wärme und Diät heilen. Man weiß nur vorher nicht, wer im Einzelfall zu den Spontanheilenden gehört.

Die seelische Bedingtheit der Geschwürskrankheit ließ sich auch experimentell feststellen. Münchener Ärzte und Psychologen führten während der notwendigen Röntgenuntersuchungen des Magens weitgehend feststehende (halbstandardisierte) Befragungen (Interviews) durch. Dabei kam es beim Ansprechen der wichtigsten seelischen Konflikte mit bezeichnender Häufigkeit zu einem Krampf (Spasmus) in dem vor dem Magenpförtner liegenden Abschnitt des Magens, in jenem Teil, in dem hauptsächlich die Magengeschwüre auftreten.

Jede Krankheit wirft, wie man sieht, Fragen auf, die von lebenswichtiger Bedeutung sind. Dabei sind körperliche und seelische, manchmal auch religiöse Faktoren eng miteinander verknüpft. Der psychosomatisch denkende Arzt kann sich daher den Seelenkämpfen, die seine Kranken vor ihm auszusprechen wagen, nicht verschließen. Gerade dadurch, daß er sich damit befaßt, schafft er eine echte menschliche Vertrautheit zwischen sich und seinen Patienten. Oft wird gerade hierdurch der Hintergrund der Lebensprobleme aufgedeckt. Dadurch können sowohl der Arzt als auch der Patient die vorliegende Krankheit wirklich verstehen, was für den Verlauf und die schließliche Heilung von entscheidender Bedeutung ist.

Behandlung der Geschwürskrankheit

So notwendig die seelische Behandlung der Geschwürskranken ist, so schwierig ist sie auch, weil diese Patienten nur schwer ein „Arbeitsbündnis" (*Jores*) mit dem Arzt eingehen. Sie wehren sich gegen die Abhängigkeit vom behandelnden Arzt und brechen auch leicht die Behandlung ab.

Ulcus-Patienten, die eine notwendigerweise ärztliche Psychotherapie durchhalten, haben eine gute Heilungsaussicht. Sie muß durch eine körperliche (internistische) Behandlung zur Schmerzbekämpfung und durch eine sinnvolle Diätetik ergänzt werden. Bei häufigen Wiederholungen, Magendurchbruch in die Bauchhöhle oder narbiger Verengung des Magenausganges als Folge vieler Geschwüre muß eine Magenoperation (bei Durchbruch sofort!) durchgeführt werden.

Die körperliche (medikamentöse) Behandlung sollte man immer dem behandelnden Arzt überlassen. Die Medikamente müssen risikolos und ohne wesentliche Nebenwirkung sein. Sie sollten nicht auf andere Organe, sondern nur auf Magen und Zwölffingerdarm wirken.

Der seelische (psychische) Anteil an der Entstehung des Magen- und Zwölffingerdarmgeschwürs konnte noch nicht mit wissenschaftlicher Genauigkeit festgelegt werden. Dennoch lehrt die praktische Erfahrung, daß erst die Kombination von körperlicher und seelischer Behandlung auch in hartnäckigen Fällen zu den erwünschten Heilerfolgen führt. Man kann dabei die Hilfe eines psychosomatisch orientierten Arztes nicht entbehren.

Stuhlträgheit

Stuhlträgheit (Obstipation) ist gegeben, wenn der Stuhlgang sehr verhärtet ist und nur selten, das heißt nicht wenigstens täglich einmal von selbst erfolgt. Schlakkenreiche Kost und Abführmittel führen natürlich zu häufigeren Entleerungen.

Obstipation ist in den sozial gehobenen Schichten häufiger festzustellen als in den sozial niedrigeren Bevölkerungsgruppen. Frauen leiden etwa dreimal häufiger darunter als Männer. Die chronische Stuhlträgheit ist ein weit verbreitetes Leiden.

Krankheitsbild

Die Stuhlträgheit macht im allgemeinen keine wesentlichen Beschwerden. Hält sie längere Zeit an, können Kopfschmerzen, Schlafstörungen, Schwächegefühl, Blähungen und Leibschmerzen auftreten. Die volkstümliche Meinung, daß der längere Zeit im Darm zurückgehaltene Kot eine Schlackensubstanz darstellt, die den Körper vergiftet, ist nicht unberechtigt. Man weiß heute, daß manche Darmgifte krebserzeugende Eigenschaften besitzen.

Bevor man annimmt, daß nur eine Stuhlträgheit vorliegt, muß man daran denken, daß eine Reihe von psychosomatischen Erkrankungen mit dem Krankheitssymptom Stuhlträgheit einhergeht, so die Fettsucht, das Magen- und Zwölffingerdarmgeschwürsleiden, die Wahnstimmungen der Paranoia (Verrücktheit, Wahnsinn) und die schwere Depression. Man muß also bei langdauernden und hartnäckigen Verstopfungen an die erwähnten Krankheiten als möglichen Hintergrund denken.

Selbstverständlich wird jeder auch darauf achten, ob andere organische Ursachen für das Zustandekommen einer Stuhlträgheit, zum Beispiel Dickdarmkrebs, Beckentumoren, die Hirschsprung'sche Krankheit oder eine Unterfunktion der Schilddrüse, verantwortlich sind. Selbstverständlich hat auch die Ernährung einen großen Einfluß auf die Darmfunktion. Wer eine faserarme Kost zu sich nimmt, wie das in den Industrieländern sehr häufig der Fall ist, und dadurch dem Darm zu wenig Bewegungsanreize gibt, muß sich über eine Stuhlträgheit nicht wundern.

Die Darmfunktion hat jedoch auch viel mit dem vegetativen Nervensystem und dem seelischen (psychischen) Bereich zu tun. Jeder weiß, daß seelische Erregungen der verschiedensten Art zu Verstopfung oder auch Durchfall führen.

Es wurde schon erwähnt, daß bei Depressionen (endogenen Depressionen) hartnäckige Verstopfungen vorkommen. Das weist darauf hin, daß man sich bei einer Verstopfung nicht damit begnügen kann, die rein körperliche Untersuchung durchzuführen. Man muß auch die Persönlichkeitsstruktur des Verstopften kennen-

Körperliche und seelische Symptome der Obstipationskranken

Körperliche Symptome

Allgemeines Unwohlsein
Kopfdruck, Benommenheit, Kopfschmerzen
Mattigkeit
Ängstlichkeit bis zur (leichten) Depression
Frigidität bzw. Impotenz

Seelische Symptome

nach Freud:
Eigensinn bis Intoleranz
Sparsamkeit bis Geiz
Ordnungsliebe bis Pedanterie

zusätzlich nach Jores:
Abkapselung von der Welt (Sichabkapseln)
Äußerste Zurückhaltung (Sichverschließen)
Äußerlich ruhig, innerlich gespannt

lernen. Es ist deshalb zu klären, wer dieser Verstopfte eigentlich ist, wie seine Beziehungen zum anderen Geschlecht, zur Familie, zur Umwelt und zu seiner Arbeitswelt (Untergebener oder Vorgesetzter) aussehen und ablaufen. Man sollte auch einiges über seine Handlungs- und Arbeitsweise erfahren. Erst wenn man den Kranken vom Körperlichen und vom Seelischen her erfaßt, also das Gesamtbild des Kranken gewonnen hat, wird auch der Weg zu einer sinnvollen Therapie klar. Die körperlichen und seelischen Krankheitszeichen sind aus der Tabelle auf Seite 103 ersichtlich.

Das Persönlichkeitsbild

Die Psychologen beschreiben den chronisch verstopften Menschen als meist ängstlichen, etwas depressiven, äußerlich ruhigen, aber innerlich verspannten Menschen, der zugleich kontaktarm und leicht entmutigt ist. *Freud* schrieb ihm Eigensinn, übergroße Ordnungsliebe und Sparsamkeit bis zu den Extremen der Intoleranz, des Geizes und der Pedanterie zu.

Verstopfung kann auch Ausdruck von Protestreaktionen (besonders beim Kind) sein, kann angstvolles Zurückhalten bedeuten, auch den Versuch des Festhaltens darstellen oder auch Angst und Abwehr vor zu großen Verausgabungen ausdrücken.

Ursachen

Die bei uns allgemein übliche zu frühe und zu strenge Reinlichkeitserziehung führt häufig dazu, daß der Stuhldrang sehr bald gewohnheitsmäßig verdrängt wird und dadurch schließlich die gewohnheitsmäßige (habituelle) Verstopfung entsteht.

Beim Erwachsenen ist es in vielen Fällen auch „der Mangel an Gelegenheit" (ein Chef diktiert stundenlang, ein Kunde hält auf, man geht nicht auf fremde Toiletten usw.), der die Verdrängung zur Gewohnheit werden läßt und damit schließlich zur Verstopfung führt.

Zwei typische Beispiele

Eine Sekretärin und zugleich Dolmetscherin, deren Dienst morgens recht früh begann, fand morgens keine Zeit für den Stuhlgang und im Dienst erst recht nicht. Sie versuchte daher, die Stuhlentleerung auf den Abend zu verlegen, was aber nur selten gelang. Es kam so zur Verdrängung des Stuhlgangs und schließlich zur hartnäckigen Verstopfung, bei der auch Abführmittel und Einläufe am Abend nur ungenügend wirkten. Der daraufhin aufgesuchte Arzt schickte sie schließlich zur Kur in ein Kneipp-Sanatorium. Schlackenreiche Kost, Wandern, Lendenwickel und einige aufklärende Gespräche ließen die Obstipation vom sechsten Tag an völlig verschwinden. Sie empfand die normale Stuhlentleerung als große Wohltat.

Prof. *Jores* schilderte folgenden eindrucksvollen Fall: „Die hartnäckig obstipierte Patientin war durch das Verhalten ihrer Oberin (sie war Schwester) wie auch ihrer Mitschwestern, die sich ganz von ihr zurückgezogen hatten, so schwer irritiert worden, daß sie insbesondere in ihren Beziehungen zur Umwelt völlig verunsichert war. Zusammen mit der Obstipation ergab sich nun auch ein Versagen ihres religiösen Lebens. Sie konnte nur noch mechanisch beten, sie hatte keine wirklich inneren Beziehungen mehr zu ihrem Glauben. Sie konnte auch nicht mehr weinen. Die Aussprachen, die sie mit dem Therapeuten hatte, führten bald zu einer großen Erleichterung. Das erste Anzeichen der sich anbahnenden Besserung war, daß sie plötzlich in einem Gespräch anfing, intensiv zu weinen. In dem Maße, wie sich auch ihre anderen Verhaltensweisen auflocker-

Wenn auch eine sitzende Beschäftigung und zuwenig Körperbewegung leicht zu Verstopfung führen, so können doch auch seelische Ursachen mitwirken.

ten, erfolgte plötzlich und für sie ganz überraschend eine normale Stuhlentleerung."

Darm und Seele

Die psychischen Beziehungen zu gestörten Darmfunktionen sind vielfältig. Alles beruht aber schließlich auf der Unfähigkeit zur Hergabe, auf der Abkapselung von der Welt und der Unfähigkeit zur Hingabe. Diese Kranken können sich von nichts trennen, zum Beispiel auch nicht von Geld und sonstigem Besitz, weshalb der Geizige meistens „unten verstopft" ist. Der Geizige und Obstipierte kann sich selbst auch nicht verschenken, sich nicht verlieben und keine Liebe mitteilen. Er baut vielmehr gegen alles und alle ängstliches Mißtrauen auf. Diese nach innen und außen eingenommene Haltung, die nur wieder aus der Kindheitssituation – Strenge, Zwang, Strafandrohung, Angst vor Mutterverlust – zu erklären ist, führt auch dazu, daß der Darm nichts hergeben will. Die vielfältigen krankheitsauslösenden Ereignisse können hier nicht geschildert und beschrieben werden. Die engen körperlich-seelischen Beziehungen zeigen aber den Weg der Heilung, die wie bei allen psychosomatischen Krankheiten unseren Körper und Geist umfassen muß.

Behandlung

Die Behandlung ist verhältnismäßig einfach und sicher und besteht in folgenden Maßnahmen:

- Ruhepausen (Vermeidung von Hetze, Zeitnot, Getriebensein).
- Diät (schlackenreiche Kost, Leinsamen, Weizenkleie, viel Gemüse, Obst und Salat, Vollkornprodukte).
- Viel Bewegung (laufen, schwimmen, Gymnastik oder jede andere Sportart, nur kein Leistungssport).
- Ärztliche psychotherapeutische (konfliktaufdeckende) Gespräche

- Richtige Erziehung im Kleinkindes-, Kindes- und jugendlichen Alter und rechtzeitige (nicht zu frühe und nicht zu späte) Abkopplung von den Eltern stellt die Weichen zur echten Vorbeugung vor späteren Krankheiten, so auch vor der Obstipation. Die Sauberkeitsgewöhnung ist die früheste Lernerfahrung für das Kind. Unter Umständen kommt es dabei zum ersten traumatisierenden (seelisch verletzenden, verängstigenden, schockierenden) Erleben.

Von *Bräutigam* und *Christian* stammt folgende, für alle Eltern bedenkenswerte Äußerung: „Die Kotabgabe hat den Charakter eines Geschenks (Hergegebenen) in der Beziehung zu einer geliebten Person. Erzwungen stellt sie die Unterwerfung gegenüber einer gefürchteten Autoritätsperson dar. In der Macht des Kindes liegt es, die Mutter warten zu lassen. Zurückhalten bedeutet Macht über sie, kann eine Aktion des Trotzes, des eigenen Willens, auch des Eigensinns sein."

Durchfall (Diarrhöe)

Von Durchfall sprechen wir, wenn zu häufige und zu dünnflüssige Darmentleerungen bei verstärkten Darmbewegungen (Darmperistaltik) auftreten. Dabei ist der Dickdarm nicht in der Lage, dem Darminhalt genügend Wasser zu entziehen. Durchfall allein ist kein selbständiges Krankheitsbild. Es muß noch etwas dahinterstecken. Wir müssen deshalb nach den Ursachen fragen.

Ursachen

Die häufigste Ursache ist eine Reizung des Dünn- und Dickdarms durch unverträgliche oder verdorbene Speisen, verunreinigtes Wasser, Infektionen (Ruhr, Typhus, Paratyphus), Abführmittel oder Gifte. Auch eine Schilddrüsenüberfunktion kann Durchfälle bewirken. Bei Säuglingen führt jede Ernährungsstörung leicht zu Durchfällen, die im Säuglingsalter immer ernst zu nehmen sind. Bei langanhaltendem Durchfall kommt es durch den Wasser-, Mineral- und Eiweißverlust schnell zu einer Allgemeinschwäche.

Abgesehen von den rein körperlichen Ursachen kann Durchfall auch durch seelische Belastungen ausgelöst sein. Man spricht dann von psychogener oder emotionaler Diarrhöe. Die Belastungen können durch das Erleben von Aufregungen, Angstzuständen oder Überforderungen zustande kommen. Man könnte also auch von „seelischen Verdauungsstörungen" sprechen.

Seelische Struktur (Widersprüche in der Persönlichkeit)

Bei Durchfallkranken (emotionaler Diarrhöe) fand man folgende bemerkenswerte, psychologische Faktoren, die man wohl als Persönlichkeitsmerkmale ansprechen kann:

- Streben nach eigener Gestaltung und Leistung, auch wenn die Kraft dazu fehlt und Überforderung droht.
- Die Patienten geraten leicht in ein Abhängigkeitsverhältnis, haben aber zugleich das Bedürfnis, zu schenken und wiedergutzumachen.
- Das Bedürfnis wird unterdrückt, aber der Körper antwortet mit Durchfall, einer infantilen (kindlichen) Form des Hergebens.
- Die Neigung der Durchfallkranken, immer alles hergeben zu müssen, ist Ausdruck der Angst oder auch Demutsgebärde vor dem Stärkeren (z. B. dem Vater).

Körperliche und seelische Krankheitszeichen bei Durchfall

Körperliche Krankheitszeichen

Bei wechselnder Beteiligung je nach Schwere der Erkrankung:

Wässerige, schleimige, oft übelriechende Entleerungen

Belegte Zunge

Kopfschmerzen

Konzentrationsschwäche

Allgemeinschwäche

Seelische Krankheitszeichen

Starker Wunsch nach Geltung und Leistung

Hintergründiges Bewußtsein eigener Schwäche und Überforderung

Neigung, sich in Abhängigkeit zu begeben

Bedürfnis, zu schenken und wiedergutzumachen

Neigung, alles herzugeben, als Ausdruck der Angst

Behandlung

Bei der gegebenen Persönlichkeitsstruktur müssen dem Kranken zuerst seine eigenartigen Fehlhaltungen oder gar Konflikte bewußt gemacht werden. Durch das ärztliche Gespräch bis eventuell zur psychoanalytischen Behandlung müßte es gelingen, die Abhängigkeit, die Hemmungen, das übertriebene Pflichtgefühl und die Neigung, alles herzugeben, bei dem Betroffenen abzubauen. Auch der meist zugleich bestehende innere Konflikt, der sich aus übertriebenen Erwartungen und Ansprüchen sowie aus übergroßen Ängsten vor Autoritäten ergibt, muß überwunden werden. Mit der Überwindung der Fehlhaltungen verschwindet das körperliche Krankheitssymptom Durchfall. Das gibt wieder Lebensmut und eröffnet neue Lebensmöglichkeiten.

Die Psychotherapie kann durch kleine Dosen eines Psychopharmakons (z. B. *Limbatril*) unterstützt werden, weil sie die Konfliktlösung erleichtern.

Wir sehen, wie sogar bei einer so banal erscheinenden Erkrankung wie dem Durchfall die Lebensgeschichte des Patienten entscheidend für die leib-seelischen Zusammenhänge der Erkrankung und damit auch für eine sinnvolle ganzheitliche Therapie sein kann. Selbstverständlich darf die rein körperliche Behandlung des Durchfalls nicht vernachlässigt werden.

Reizkolon

Dickdarmbeschwerden, die sich vor allem durch krampfartige oder drückende Schmerzen im ganzen Bauchraum äußern und von Verstopfung oder Durchfällen begleitet sind, nennt man Reizkolon. Bevor man sich zu dieser Diagnose entschließt, müssen aber organische Veränderungen des Dickdarms ausgeschlossen sein.

Das Krankheitsbild des Reizkolons *(irritables Colon, Colica mucosa)* ist zu unterscheiden von der Verstopfung (Obstipation) und ebenso von der geschwürigen Dickdarmentzündung (Colitis ulcerosa).

Unter allen Erkrankungen der Bauchorgane nehmen die Dickdarmbeschwerden, die als reine Funktionsstörungen angesehen und als Reizkolon bezeichnet werden, zahlenmäßig die erste Stelle ein. 30 bis 50 Prozent der Patienten, die einen Spezialisten für Magen-Darm-Erkrankungen aufsuchen, leiden an einem Reizkolon.

Krankheitsbild

Starke Blähungen (Meteorismus) und Schmerzen sind die Beschwerden, die Pa-

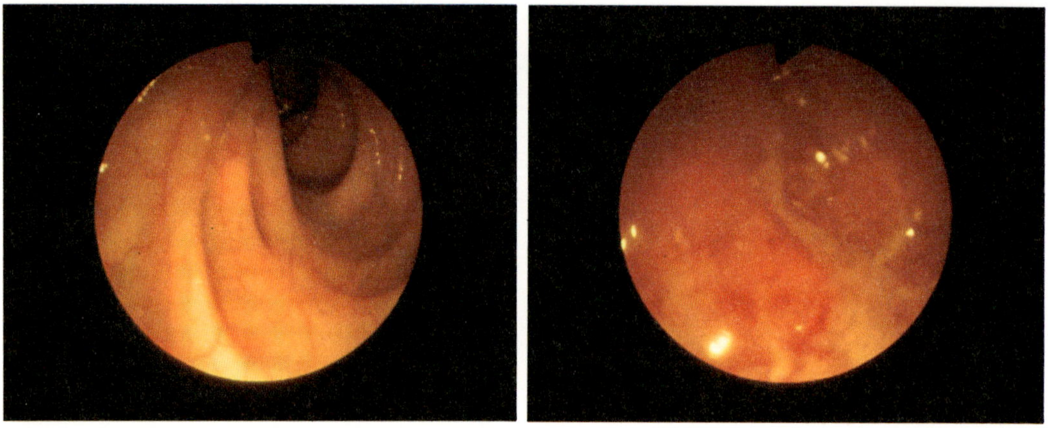

Ein erheblicher Teil aller Darmstörungen beruht auf einem Reizkolon (links eine normale, rechts eine krankhaft veränderte Kolonschleimhaut).

tienten mit Reizkolon zum Arzt führen. Weitere Klagen sind Stuhlunregelmäßigkeiten, Durchfall oder Verstopfung, Völlegefühl, Unverträglichkeit verschiedenster Nahrungsmittel und Nervosität.

Die üblichen körperlichen Untersuchungen einschließlich Röntgen- und Laboruntersuchungen ergeben keine krankhaften Veränderungen. Im Stuhl werden manchmal Schleimfetzen beobachtet, aber keine Blut- oder Eiterbeimengungen. Auch nach jahrelangen Beschwerden ergeben die Abspiegelungen des Dickdarms (Koloskopie) keine wesentlichen krankhaften Befunde, außer bei Patienten, die lange Zeit regelmäßig viele Abführmittel einnahmen. Meist verläuft die Krankheit schubweise, sie wird aber auch leicht chronisch.

Persönlichkeitsbild

Angsterlebnisse aus den verschiedensten Anlässen – zum Beispiel vor Prüfungen, bei Auseinandersetzungen in der Familie, mit Vorgesetzten oder am Arbeitsplatz oder nach plötzlichen Verlusten von Sachen (Einbruch) oder Personen (Tod) – sind meist Auslösemomente für die Erkrankung. Wenn nämlich die Ängste verdrängt werden, wie es häufig der Fall ist, drückt sich die Angst auf körperlichem Wege aus, hier über den Dickdarm mit Bauchschmerzen. Das setzt Persönlichkeiten voraus, die es gelernt haben, ihre Ängste zu überspielen, wie sie auch alle anderen tiefergehenden Empfindungen und Gefühlsausbrüche unterdrücken. Sie legen sogar ein betont forsches und männliches Auftreten an den Tag, um nicht ihr „Gesicht zu verlieren“, aggressiv oder schwach zu werden oder sonstwie „aus der Rolle“ zu fallen.

In ihrer Entwicklung haben sie sich meist nicht richtig von den Eltern gelöst, keine Selbständigkeit gewonnen und sind deshalb abhängig geblieben. Sie versuchen dabei eine harmonische Verbindung zu den Eltern und Vorgesetzten oder anderen Autoritätspersonen aufrechtzuerhalten.

Bei einer *aufdeckenden Therapie*, bei der meist *ärztliche Gespräche* ausreichen, können Konfliktsituationen, unterdrückte Gefühle oder abwegige Vorstellungen geklärt, bearbeitet und aufgelöst werden. Danach können auch entspannend und psychisch beruhigend wirkende *Medikamente* (Sedativa), die eine zudeckende Behandlung darstellen, eine zusätzliche Hilfe bringen. Ohne eine Therapie wird die Erkrankung chronisch und seelisch stark belastend.

Chronische Dickdarmentzündung

Die chronische Dickdarmentzündung ist eine Erkrankung der Dickdarmschleimhaut, die mit Leibschmerzen und blutigschleimigen Durchfällen beginnt und sich häufig und schubartig wiederholt.

Meistens beginnt die Krankheit im Enddarm (Mastdarm) und breitet sich von dort langsam in die höheren Darmabschnitte bis in den Krummdarm (Sigma) hinauf aus. Die Bezeichnung „chronische Dickdarmentzündung mit Geschwürsbildung“ (Colitis ulcerosa) hat sich allgemein durchgesetzt. Wenn nur der Enddarm betroffen ist und bleibt, spricht man von einer Enddarmentzündung (Proctitis). Wie die Krankheit aussieht, läßt sich durch eine Spiegelung des Dickdarmes mit einem Koloskop (Gerät zur Ausspiegelung des Dickdarmes) erkennen. Das Bild auf dieser Seite zeigt die Dickdarmschleimhaut bei Colitis ulcerosa.

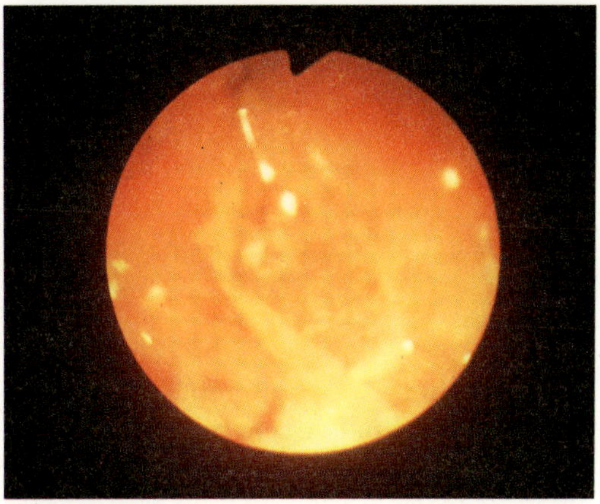

Koloskopisches Bild von einer chronischen Dickdarmentzündung (Colitis ulcerosa).

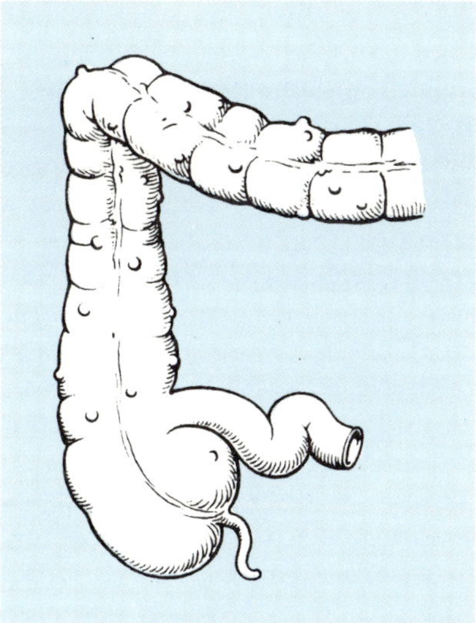

Dickdarm mit vielen kleinen Aussakkungen, die harmlos sind, solange keine Entzündung (Divertikulitis) und kein Durchbruch eintritt.

Ursachen

Die eigentliche Ursache der Erkrankung ist noch nicht ganz klar. Als Ursachen erörtert werden:

- Allergische Reaktionen gegen Nahrungsmittel, wie sie manchmal gegen Milch, Käse oder Getreidearten nachgewiesen werden können.
- Eine vom Körper selbst ausgehende Abwehrkörperbildung gegen die Dickdarmschleimhaut (Autoimmunkörperbildung).
- Seelische Störungen, durch die Veränderungen der Schleimhaut bei entsprechender Persönlichkeitsstruktur ausgelöst werden.

In der Tat faßt man heute die Colitis ulcerosa weitgehend als eine psychosomatische Erkrankung auf. Das bedeutet, daß sowohl seelische wie auch körperliche Krankheitserscheinungen feststellbar sein müssen, die sich wechselseitig beeinflussen.

Diese Krankheitserscheinungen sind in der nebenstehenden tabellarischen Übersicht erfaßt.

Die Erkrankung kann sich einmal durch vorwiegend körperliche, ein andermal durch überwiegend seelische Krankheitserscheinungen ausdrücken. Was primär oder sekundär ist, läßt sich oft nicht entscheiden.

Sieht man die Erkrankung einmal von der seelischen Seite und geht den Persönlichkeitseigentümlichkeiten nach, so ist durch manche Beobachtungen und Untersuchungen die Annahme folgender Krankheitsentwicklungen gerechtfertigt:

- Erstsymptome zwischen dem 18. und 36. Lebensmonat, die durch Erziehungspersonen ausgelöst werden, welche die natürliche Angriffslust und den Ausdehnungsdrang des Kindes überstark einschränken.
- Die Mutter ist entweder eine alles kontrollierende und beherrschende Persönlichkeit oder eine herzenskalte Person, die das Kind zu übermäßiger Hingabe und Unterwerfung zwingt.
- Die Väter solcher Patienten sind meist hart, strafend, erzwingend und drohend. Sie zwingen dem Kind hohe moralische und körperliche Belastungen oder gar Verantwortungen auf, die nicht kindgemäß und daher nicht tragbar sind.
- Diese starken und für junge Menschen bedeutsamen Ereignisse bilden – so manche Untersucher nach sorgfältigen Beobachtungen – den Beginn der Erkrankung.

Meist geht man den seelischen Ursachen erst viel zu spät nach, zumal es auch zu lange dauert, bis die Krankheit richtig erkannt ist. Im medizinisch-wissenschaftlichen Sinn ist die Colitis nicht heilbar. Der von der Krankheit Betroffene wird sich aber immer wieder die Fragen stellen:

Welche Ursachen liegen der Krankheit zugrunde?

Warum heilt sie nicht?

Ist sie bösartig, oder kann sie bösartig werden? Was ist zu tun?

Die wahrscheinlichsten seelischen Ursachen wurden erwähnt. Ob primär rein körperliche Ursachen vorliegen, ist nicht bekannt; es sei denn, daß die Krankheit, wie manche Ärzte annehmen, von einem Erbfaktor abhängt. Psychosomatisch orientierte Ärzte glauben jedenfalls, daß der Ausbruch der Erkrankung von Umweltfaktoren mit ihren seelischen Wirkungen mitbestimmt wird.

Solange die meist schon in der Jugend erfolgte Prägung der Persönlichkeit mit ihren negativen Folgen nicht verändert werden kann, ist keine Besserung zu erwarten. Die Krankheit ist nicht bösartig. Wie bei allen anderen entzündlichen Erkrankungen kann aber eine bösartige Entwicklung nicht ausgeschlossen werden.

Behandlung

Wenn ein akuter Schub auftritt, muß die dadurch entstehende Unterernährung durch eine entsprechende Diät wie folgt behandelt werden:

- 24 Stunden lang nur roh geriebene grüne Äpfel (am besten auf der Glasreibe gerieben) oder
- für die gleiche Zeit 3–4mal in 24 Stunden frisch angerührten Bananenbrei (nur mit einer Gabel zerdrücken und verrühren).
- Wenn die Schmerzen nachgelassen haben und der Stuhl sich normalisiert hat, muß man mit einigen Einschränkungen langsam zu einer abwechslungsreichen gesunden Mischkost zurückkehren. Die Einschränkungen bestehen darin, daß Zucker möglichst völlig ausgeschaltet wird, da er besonders ungünstig wirkt. Dazu gehören auch Süßigkeiten wie Schokolade, Pralinen, Kuchen, süße Nachspeisen, Marmeladen, Eis und alle süßen (gezuckerten) Getränke.

Chronische Dickdarmentzündung

Körperliche Krankheitserscheinungen

Rückwirkungen der seelischen Faktoren auf den Organismus

Gemütsbewegungen führen zu:
Blutstauungen in der Dickdarmschleimhaut
Steigerung und Übersteigerung der Darmbewegung (Dickdarmmotorik)
Übermäßige Schleimabsonderung
Aufquellung der Schleimhaut bis zur Geschwürsbildung

Weitere körperliche Erscheinungen:
Leibschmerzen
Blutig-schleimige Durchfälle
Allgemeine Schwäche
Depressive Verstimmungen

Seelische Krankheitserscheinungen (Persönlichkeitsstrukturen)

Passive Patienten

Kindliches Abhängigkeitsbedürfnis
Übermäßige Selbstlosigkeit
Übersteigertes Verpflichtungsgefühl
Eigener Standpunkt wird nicht verteidigt
Bestrebt, durch Leistung Anerkennung zu finden

Aktive Patienten

Demonstrieren übertriebene Selbständigkeit
Versuchen, ihre Umgebung zu beeinflusssen

Beide Typen

Wenig belastbar
Leicht kränkbar
Gefühle werden abgewehrt (verdrängt)
Tendenz zur Verausgabung
Verpflichtungsgefühl
Aggressionshemmung
Depressive Züge
Unselbständigkeit
Hilflosigkeit
Depressive Verstimmungen
Hoffnungslosigkeit
Selbstaufgabe

Die unverdaulichen Fasern (Ballaststoffe), von denen man weiß, daß sie den Darm reizen und den Transport des Darminhaltes beschleunigen, bekommen dem Darm besser als erwartet. Ballaststoffreiche Nahrungsmittel sind Obst, Gemüse, Salate, Vollkornprodukte und Kartoffeln. Alle Weißmehlprodukte müssen gemieden werden, wie Weißmehlbrötchen, Weißbrot, Nudeln, Spätzle, Spaghetti, ebenso weißer geschälter Reis.

Sollte sich unter dieser Kost der Stuhl nicht normalisieren, müßte täglich noch soviel Weizenkleie zugeführt werden, daß weicher Stuhl auftritt (meist 1–2 Eßlöffel in Wasser verrührt).

In akuten Phasen der Erkrankung muß die ballaststoffreiche Kost ausgesetzt und durch Fastentage und Schleimkost (Haferschleim, Reisschleim), geriebenen Apfel oder Bananenbrei ersetzt werden.

Sehr eindrucksvolle Erfahrungen über eine kohlenhydratarme Diät zur Behandlung der Colitis ulcerosa liegen von dem österreichischen Arzt *W. Lutz* vor. Er berichtet von 74 Colitis-Patienten, die er veranlaßte, sich meist über zwei Jahre lang kohlenhydratarm zu ernähren. Diese Diätform wurde in manchen Fällen bis zu 18 Jahren durchgeführt.

Nach seinem Bericht bilden sich die Colitis-Symptome in 54 Prozent nach zwei, in 56 Prozent nach vier, in 85 Prozent nach sechs Jahren und nach über acht Jahren in mehr als 90 Prozent der Fälle zurück. Die Kohlenhydrate wurden strikt auf sechs Broteinheiten (1 Broteinheit= ca. 12 g reines Kohlenhydrat) beschränkt. Eiweiße und Fette konnten unbegrenzt verzehrt werden.

Obwohl die Krankheit gewöhnlich als unheilbar gilt, sieht Dr. *Lutz* seine Patienten als von Colitis geheilt an, wenn seit Monaten keine Durchfälle und keine Blutungen mehr auftreten, sich die Stühle normalisieren und bei der Darmableuchtung mit dem Koloskop ein normaler Schleimhautbefund erhoben werden kann. In dem Bericht gab er eine Operationsfrequenz von nur 4,3 Prozent und eine Sterblichkeit von nur 1,34 Prozent an. Das sind Zahlen, die sonst in keiner Statistik über Colitis ulcerosa vorkommen.

Leser, die Einzelheiten über diese Kostform und ihre praktische Durchführung wünschen, können diese über den Verlag dieses Buches (Staatkorn-Verlag, Grindelberg 13–17, 2 Hamburg 13) vom Verfasser erhalten.

Schwerere Fälle benötigen Medikamente, und zwar

1. Azulfidine, eventuell auch
2. Antibiotika und
3. Medikamente der Cortisonreihe.
4. Seelisch wirkende Medikamente (Psychopharmaka) können angebracht sein, wenn kein psychologisch geschulter Arzt zur Verfügung steht. Auch der Beginn einer psychotherapeutischen Behandlung kann dadurch unterstützt werden. Es stehen dazu die sogenannten Breitbandpsychosomatika zur Verfügung.
5. Hormonpräparate (z. B. ACTH) müssen in Einzelfällen sorgfältig erwogen werden.

Nach Möglichkeit ist eine Zusammenarbeit mit einem Klinikzentrum besonders für den Fall der Abwesenheit des Hausarztes anzustreben. Hier könnte auch eine manchmal notwendige frühe Operation besprochen werden. Über Art und Dosierung notwendiger Medikamente muß der behandelnde Arzt entscheiden.

Seit Jahren hat man erfahren müssen, daß neben der immer notwendigen internistischen Behandlung eine gleichzeitige seelische Behandlung (Psychotherapie) oft zu einer entscheidenden Besserung führt, was auch nach den Ausführungen über die seelischen Hintergründe als ursächliche Faktoren verständlich wird.

Die psychotherapeutische Behandlung kann allerdings nur ein Arzt mit großer Erfahrung und persönlicher Zuwendung durchführen, der außerdem über eine gute Technik verfügt und den dazu notwendigen Zeitaufwand nicht scheut. Psychotherapie heißt ja immer Zuwendung und nach Möglichkeit Weiterentwicklung des Patienten. Welche Art der Psychotherapie in Frage kommt, muß dem Arzt der Wahl überlassen bleiben.

Die psychotherapeutische Behandlung (neben der internistischen) zielt auf

- Verlängerung der normalen Zwischenzeit,
- Verkürzung der Erkrankungsintervalle und
- Bewältigung von Stress-Situationen durch Einübung von Konfliktlösungsmöglichkeiten.

Es seien noch die dem Hausarzt zur Verfügung stehenden Methoden kurz erwähnt.

1. *Begleitung* des Kranken und *Herstellung einer echten Arzt-Patienten-Beziehung*, wobei die vorsichtige Erforschung einer vertieften Lebensgeschichte sehr nützlich ist. Eine ehrliche Anteilnahme kann schon – trotz der Abwehrhaltungen des Patienten – eine Umstellung im Verhalten des Patienten entstehen lassen. Das neugewonnene Vertrauen erlaubt es, nachteilige Verhaltensweisen des Patienten ohne jede Verurteilung zu korrigieren.

Es ist durchaus möglich, daß zwischen Arzt und Patient durch das ärztliche Wissen zunächst eine unsichtbare, aber mächtige Schranke besteht, die den Kontakt des Arztes mit dem Kranken erschwert. Solange der Kranke sich seinem Arzt unterlegen fühlt und der Arzt ein trügerisches Überlegenheitsgefühl in sich aufkommen läßt, kann eine vertrauensvolle Arzt-Patienten-Beziehung nicht entstehen. Der Genfer Arzt *Paul Tournier* sagt: „Nur in dem Gefühl unserer inneren Gleichheit als Menschen ist ein menschlicher Kontakt möglich. Den richtigen Kontakt zum Menschen findet der Arzt nicht als Wissender, sondern nur als Mensch, der sich, bei all seinem Wissen, ebenso tief elend fühlen kann wie sein Patient, der teilnimmt an seinen Leiden, der mit ihm fühlt."

Eine gute Arzt-Patienten-Beziehung, eine vertiefte Lebensgeschichte und gegenseitiges Vertrauen wirken bereis lösend und entspannend. Es sind dann

2. *Entspannungsübungen* in die Behandlung einzubeziehen. Mit der Aufdeckung der Lebensgeschichte ist es möglich, die Zusammenhänge zwischen seelischen Fehlentwicklungen und seelischen Konflikten, vegetativem Nervensystem und Darmfunktion zu erörtern und die Bedeutung des Darmes als persönlichen Ausdruck seelischer Nöte zu erklären.

3. Bei fortschreitender Besserung können aktive Entspannungsmethoden erlernt und vom Patienten selbst durchgeführt werden. Er kann sich dann beim Auftreten unangenehmer oder ängstlicher Krankheitszeichen selbst helfen und beruhigen.

4. Ein neueres Behandlungsverfahren, das sich als sehr günstig erwiesen hat, ist die *supportive Psychotherapie*. Hierbei handelt es sich um eine Behandlung, bei der die Arzt-Patienten-Beziehung völlig in eine Richtung geht, bei der man den Patienten stützt, ihn gewähren läßt und ermutigt. Nach Prof. *H. Freyberger* geschieht das in mehreren Schritten:

- Aufbau einer guten Arzt-Patienten-Beziehung. Der Arzt ist und bleibt die Schlüsselfigur.
- Der Patient kann seine Wünsche und Ängste aussprechen, seine Unlustgefühle abreagieren. Der Arzt bespricht mögliche Versagungen und gibt eventuell auch Ratschläge.
- Der Arzt versucht in bildhafter Sprache die Gefühlsleere des Patienten zu überwinden.
- Schließlich wird versucht, verdrängte Konflikte und ungelöste Probleme bewußt zu machen, zu deuten und möglicherweise zu lösen. Dabei kann es zum Abbau aggressiver Strebungen, erlittener Kränkungen, von Depression und Selbstvorwürfen kommen.

Dieser letzte Schritt ist dann nur sehr begrenzt oder nicht möglich, wenn sich die meist zugrunde liegende neurotische Fehlentwicklung nicht mehr rückgängig machen läßt und somit ein seelischer Defekt besteht, der ebenfalls nicht mehr reparabel ist. Es fehlen dann das Vermögen zur Innenschau, Selbstbeobachtung oder Selbsterkenntnis und zugleich das Vermögen, Gefühle ausreichend wahrzunehmen und in Worten auszudrücken. Beides führt zu einem Verhalten, das für eine seelische Abstumpfung oder sogar seelische Leere spricht. In solchen Fällen wird es auch kaum möglich sein, diese Kranken zu bewegen, für längere Zeit an regelmäßigen Aussprachen teilzunehmen, also aufdekkende (analytische) Behandlungen (Psychoanalysen) anzuwenden. Erst die längere Anwendung der supportiven Psychotherapie wird zeigen, ob der Patient bereit ist, zu kommen und zu reden. Der von Prof. *Knoepfel* formulierte Grundsatz „Ohne Motivierung keine Therapieversuche" besteht leider und sicher zu Recht.

Es soll aber nach der letzten, etwas betrüblichen Feststellung nicht unerwähnt bleiben, daß der Schweizer Spezialarzt für Psychiatrie und Psychotherapie *J. M. Caliezi* folgendes schrieb: „Psychotherapie verbunden mit Medikamenten der Cortisonreihe erreicht nach meiner eigenen Erfahrung volle Heilung – aber erst nach zum Beispiel zweijähriger anstrengender Behandlung der Angstneurose."

Zusammenfassung

Die chronische Dickdarmentzündung ist ohne ausreichende Langzeitbehandlung ein chronisch fortschreitendes Leiden. Die

Der Kopfschmerz ist für viele Menschen ein lästiger Begleiter. Bei der Migräne, die stunden- und tagelang anhalten kann, kommt es zu schweren Allgemeinstörungen (Brechreiz, Sehstörungen usw.).

psychotherapeutischen Maßnahmen können das Leiden oft nur ungenügend beeinflussen. Sie sollten daher immer mit einer internistischen Behandlung verbunden sein. Im akuten Schub stehen die internistischen Maßnahmen im Vordergrund, in den symptomfreien Zwischenzeiten sollen die psychotherapeutischen Maßnahmen Vorrang haben.

Nur eine lange und intensive Behandlung kann zu befriedigenden Ergebnissen führen. Das gilt sowohl für die kohlenhydratfreie Diät wie auch für die psychotherapeutischen Maßnahmen. Medikamente sind nur zeitweise notwendig.

Migräne (Kopfschmerzen)

Ein Mensch, der noch keine Kopfschmerzen erlebt hat, weiß nicht, wie sehr man darunter leiden kann. Häufig werden Kopfschmerzen als eine „faule" Entschuldigung angesehen oder behauptet, daß sich insbesondere Frauen in ihre Migräne flüchten.

90 Prozent aller Kopfschmerzen sind nicht organisch bedingt, das heißt, daß sich als Ursache dafür keine Gewebs- oder Organveränderungen finden lassen. Zu entdecken sind aber sowohl körperliche als auch seelische Funktionsstörungen. Es bestehen also fast immer psychosomatische Zusammenhänge. Daher können wir sie als eine psychosomatische Krankheit auffassen.

Ursächliche Faktoren

Wenn auch fast 90 Prozent der Kopfschmerzen „nur" auf Funktionsstörungen beruhen, so darf man doch nicht die bekannten körperlichen (somatischen) Faktoren für den Kopfschmerz völlig außer acht lassen. Man muß daran denken, daß eine ganze Reihe von organischen Erkrankungen mit Kopfschmerzen einhergeht. So verursachen Magen-Darm-Störungen (insbesondere Verstopfung oder Durchfall), Leber-Gallen-Leiden, Nierenkrankheiten, Bluthochdruck, Nasennebenhöhlenentzündungen, Überanstrengung der Augen und Hirngeschwülste fast immer Kopfschmerzen. Dasselbe erlebt man bei allen hochfieberhaften Infektionen.

Wenn organische Krankheiten jedoch ausgeschlossen werden können, dann muß man daran denken, daß *neurotische* oder rein *seelische Störungen* im Vordergrund stehen.

Kopfschmerzformen

Sie zeigen sich schon, wenn man die auftretenden Krankheitszeichen beobachtet. Wenn die Kopfschmerzen langsam beginnen, immer stärker werden, den ganzen Kopf erfassen, als starker Druck empfunden werden und sich über Stunden, Tage oder Wochen hinziehen, kann man von einem *Spannungskopfschmerz* sprechen. Er tritt meist nach körperlicher oder seelischer Überlastung auf, wobei sich die Belastungen durch Muskelspannungen oder sogar Muskelverkrampfungen in der

Nacken-, Hals- und Schultermuskulatur ausdrücken.

Wenn die Kopfschmerzen jedoch anfallsweise, halbseitig und mit Sehstörungen (Lichtscheu), Hörstörungen, Übelkeit, Erbrechen und Durchfall auftreten, so muß man eine *Migräne* (Hemikranie) annehmen. Der Anfall kann Stunden bis Tage dauern und ist meist mit einer depressiven und zugleich äußerst reizbaren Stimmung verbunden.

Vom Spannungskopfschmerz und der Migräne wird schließlich noch der *neuralgische Kopfschmerz* unterschieden. Ihm gehen häufig Empfindungen von Hitze, Spannung oder Ameisenlaufen im betroffenen Nervengebiet voraus. Er kann aber auch wie ein Blitz aus heiterem Himmel auftreten. Der Schmerz bleibt streng auf das Versorgungsgebiet der Nerven beschränkt, kann völlig verschwinden oder noch längere Zeit einen geringen, dumpfen Schmerz oder ein Wundgefühl hinterlassen, so wie man es auch bei Schmerzen nach einer Gürtelrose kennt.

Wegen der immer vorhandenen seelischen Faktoren neben den körperlichen Symptomen hat man versucht, ein Persönlichkeitsbild bei Kopfschmerzen zu gewinnen. Eine Einheitlichkeit wurde dabei bisher nicht erzielt. Hilfreich ist aber zunächst einmal die Feststellung von *Luban-Plozza* und *Pöldinger*, daß Kopfschmerzen besonders oft bei Patienten mit seelischen Erkrankungen vorkommen, und zwar

- bei *akuten seelischen Reaktionen* auf seelische Verletzungen oder Konflikte (Aufregung, Ärger, Feindseligkeit, Wut, Überforderung, Geltungskonflikt);
- bei *seelischen Fehlentwicklungen*, bei denen die Konflikte bewußt oder unbewußt ins Unbewußte verdrängt und zu Komplexen geworden sind. Zu den ersteren gehört die Erschöpfungsdepression nach *Kielholz*, zu den letzteren die neurotische Fehlentwicklung und die psychosomatischen Erkrankungen;
- bei *psychopathischen Persönlichkeiten* in Belastungssituationen und im Rahmen von Verstimmungszuständen;
- bei *endogenen Psychosen*, insbesondere bei der endogenen Depression.

Zum Persönlichkeitsbild der Kopfschmerzpatienten gehören starke Angst, Ehrgeiz, Neigung zu Perfektionismus, zu Überforderung und Dominanzstreben, Unterdrückung von Aggressivität und Frustrationen, chronische Gespanntheit.

Depressionen

Depressionen sind gekennzeichnet durch eine Senkung der gesamten Lebensspannung (des vitalen Tonus). Der Antrieb, der persönliche Schwung, die Dynamik und das Temperament sind ebenso vermindert wie das Gefühl, der Wille und der Verstand. Ein aktiver, lebensbejahender und zuversichtlicher Mensch verhält sich in der Depression plötzlich völlig zurückgezogen; er kann nicht mehr recht denken, die Umgebung ist für ihn fade, farblos und völlig gleichgültig, und seine Gefühlswelt ist wie erkaltet und verödet. Er fühlt sich leer und sitzt schlaff auf einem Stuhl, unfähig, sich zu konzentrieren, willenlos, antriebsarm, ohne Entscheidungs- oder Entschlußkraft. Der Depressive sagt nicht ja und nicht nein. Wenn man ihn anspricht, bekommt man keinen rechten Kontakt, und man hat das Gefühl, daß er durch einen hindurchsieht. Im Verlauf der Depression treten Gefühle der Minderwertigkeit und Hoffnungslosigkeit auf.

Victor Emil von Gebsattel hat den Zustand der Depression einmal ganz kurz wie folgt formuliert: Es bestehe „eine Hemmung der gesamten basalen Lebensbewegung". Man muß aber wissen, daß es auch ängstlich-aufgeregte Depressionen gibt.

Schon in der Kindheit werden die Weichen für die spätere seelische Entwicklung gestellt. Eine unbeschwerte, frohe Kindheit stärkt die spätere Lebenstüchtigkeit und vermag vor Depressionen zu bewahren.

Formen der Depression

Das beschriebene Bild entspricht der sogenannten endogenen (aus dem Körperinneren, aus Anlagefaktoren hervorgegangenen) Depression. Man unterscheidet heute drei Grundformen der Depression, nämlich die *somatogene* (aus dem Körperlichen kommende), die *endogene* (aus Anlagen hervorgegangene) und die *psychogene* (seelisch bedingte). Die psychogenen Depressionen teilt man wiederum ein in *reaktive* Depressionen (als Reaktion auf umweltbedingte Einflüsse), *Erschöpfungsdepressionen* und *neurotische* Depressionen.

Alle drei Grundformen haben je nach dem Überwiegen der innerkörperlichen oder der umweltbedingten Einflüsse weitere Unterteilungen erfahren. So wird bei der endogenen Grundform das Erscheinungsbild der *gehemmten* und der *erregten* Depression unterschieden. Die Abgrenzung der verschiedenen Formen der Depression ist eine fachärztliche Angelegenheit.

Für den Leser ist hier nur wichtig,

- wie sich die Depression, gleich welcher Art, körperlich auswirkt,
- welche seelischen Grundstörungen allen Depressionen gemeinsam sind,
- welche Behandlungsmöglichkeiten bestehen und
- welche Erfolge zu erwarten sind.

Häufigkeit

In den europäischen Ländern rechnet man damit, daß drei bis fünf Prozent der Bevölkerung an Depressionen erkrankt sind. Der in den Industriestaaten übliche moderne Lebensstil, der vom Leistungsstreben bestimmt wird, wirkt sich auf die Erkrankungszahl ungünstig aus. Man erklärt das damit, daß sich das Gehirn als „Funktionsbatterie" der Menschen noch nicht an den heutigen Lebensstil angepaßt hat. Es ist aber neben dem Umwelteinfluß auch zu erwägen, ob nicht seelische Funktions- und Strukturänderungen daran mitschuldig sind.

Krankheitsbild

Bei allen Depressionen sind *körperliche* Krankheitserscheinungen entweder als Ursache oder als Reaktion unabdingbar vorhanden. Oft stehen die körperlichen Erscheinungen sogar so stark im Vordergrund, daß man die seelische Grundlage leicht übersieht. Man spricht dann von einer „larvierten Depression".

Außerdem ist allen Depressionen gemeinsam, daß

1. die körperliche und seelisch-geistige Leistungsfähigkeit,
2. die Aufnahmefähigkeit für körperliche und geistig-seelische Nahrung und damit
3. die Genußfähigkeit und
4. das Umweltinteresse an Menschen und Dingen

verringert oder – je nach Schwere der Erkrankung – gelähmt ist.

Wie die körperlichen und seelischen Beschwerden im einzelnen zusammenhängen, ist noch ungeklärt.

Wenn auch manche neueren biochemischen Untersuchungen dafür sprechen, daß die Depression primär eine körperliche Erkrankung ist, kann man doch bis heute noch nicht sagen, wo und wodurch die Krankheitsentwicklung beginnt, und auch nicht, ob die körperlichen Erscheinungen sich aus der seelischen Krankheit entwikkeln. Wir müssen ja bedenken, daß Körperliches und Seelisches letztlich nicht trennbar ist. Erleben bedeutet auch „erleiden", oder wie der Volksmund sagt: „Ein Mensch, wie er leibt und lebt." Die körperlichen wie die seelischen Krankheitserscheinungen sind aus der beigefügten Tabelle ersichtlich.

Vordergründig körperliche, aber versteckt seelische Erkrankung

Sowohl für den untersuchenden Arzt als auch für den Patienten stehen die

Körperliche und seelische Krankheitszeichen bei Depressionen

Körperliche Krankheitszeichen:

Hemmung (Senkung) der vegetativen Körperfunktionen (Verstopfung, Blutunterdruck, Mundtrockenheit, Kälteempfindlichkeit, Schweißausbrüche)

Störungen der rhythmisch ablaufenden Funktionen, des Biorhythmus (Durchschlafstörungen, frühes Erwachen, morgendlicher Pessimismus. Der morgendliche Pessimismus, das sog. „Morgentief" ist typisch für endogene Depressionen; bei psychogenen ist es oft umgekehrt: diese Patienten fühlen sich am Morgen eher besser als abends)

Herz- und Kreislaufstörungen (Beklemmungen, Herzschmerzen, Rhythmusstörungen, Lufthunger)

Magen-Darm-Störungen

Mißempfindungen in den Gliedmaßen

Leistungsschwäche bis zur Erschöpfung

(Körperliche Krankheitszeichen sind für depressive Zustände oft typisch.)

Seelische Krankheitszeichen:

Verringertes Interesse an Menschen und Dingen

Verminderte Fähigkeit, etwas zu genießen

Herabgesetzte Leistungsfähigkeit

Gefühlsverlust und innere Leere

Antriebslosigkeit

Senkung der Stimmung (Traurigkeit, Angst)

Senkung der Einzeltriebe

Senkung der gefühlsmäßigen (affektiven) Ansprechbarkeit (Mutlosigkeit) oder:

Innere Unruhe

Getriebenheit

Depressive Gedankeninhalte

Selbsttötungsimpulse

(Allgemein äußern die depressiv Kranken mehr seelische als körperliche Beschwerden.)

körperlichen Beschwerden oft zunächst im Vordergrund. Sie stellen ja auch den Grund dafür dar, daß der Patient den Arzt aufsucht. Es ist daher schwer, hinter den körperlichen Beschwerden eine mehr oder weniger verborgene Depression zu erkennen.

Häufig genug wollen sich die Patienten selbst nicht eingestehen, daß sie *quälende seelische Verstimmungen* erleben. Sie glauben gar nicht, daß von ihrer Umgebung die Hauptsymptome der Depression, nämlich *Traurigkeit* und *Angst*, als „handfeste" Krankheit anerkannt werden. Kopf-, Herz- oder Bauchschmerzen machen schon einen viel glaubhafteren Eindruck auf die Umwelt.

Der Arzt steht vor der schweren Aufgabe, herauszufinden, ob hinter den fraglos bestehenden körperlichen Erscheinungen eine sich entwickelnde oder längst vorhandene Depression steckt. Hat er die Depression erkannt, ist es wiederum gar nicht leicht, sowohl dem Kranken als auch den Angehörigen klarzumachen, daß nicht nur eine körperliche Erkrankung, sondern seelisches Leiden zu Leistungsschwäche, Appetitlosigkeit, Kopfdruck und Schlafstörungen geführt haben. Gerade der Patient selbst schüttelt meist ungläubig den Kopf, wenn er hört, daß „alles nur von den Nerven" kommen soll. Er verfällt leicht auf die Idee, daß man ihn für einen Simulanten oder Drückeberger hält. Sollte er dann auch noch von seiner Umgebung energisch aufgefordert werden, „sich endlich mal zusammenzureißen", so verschwinden damit weder die Depressionen noch die körperlichen Beschwerden. Es können daraus vielmehr *Selbstmordimpulse* erwachsen, da solche Patienten sich dann völlig unverstanden vorkommen.

Die Depression ist ein Beispiel für die enge Verflochtenheit zwischen seelischen und körperlichen Vorgängen, so daß eine Entscheidung über die primäre Ursache nicht möglich ist. Hier ist der ganze Mensch an Körper und Seele krank und als solcher auch zu behandeln.

Die seelischen Entwicklungsstufen

Einen tieferen Einblick in das Krankheitsgefüge beim einzelnen Kranken (jeder einzelne Kranke ist immer „ein Fall für sich") gewinnt man durch eine Klärung der seelischen Beweggründe. Die Tiefenpsychologie geht davon aus, daß der depressive Mensch auf eine infantile (kindliche) Erlebnisstufe zurückgesunken ist. Obwohl ein intellektueller Überbau besteht, spielen sich die Erlebnisse im Gefühlsbereich nur auf einer kindlichen Ebene ab. Nach psychoanalytischer Auffassung ist geklärt, daß der depressive Kranke die Entwicklungsstufe des Urvertrauens nicht erreicht hat. Er muß deshalb mit Hilfe eines Psychotherapeuten noch manche seelische (meist nicht intellektuelle) Entwicklungsstufe nachholen, um auch seelisch ein Erwachsener zu sein. Oft ist das nur noch teilweise möglich.

Behandlung von Depressionen

Vom Arzt werden die Körperbeschwerden bei der Depression genauso wichtig genommen wie die eigentliche seelische Störung. Er wird daher in seiner *Behandlung* beide Seiten berücksichtigen, um eine Entwicklung der Depression zum Suizid (Selbsttötung) hin zu verhindern. Dazu gehören: *Ruhe* (anfangs Bettruhe), *Abschirmung* und Sorge für ausreichenden *Schlaf.* Ebenso wichtig ist die *Verringerung der körperlichen Belastung*. Wenn die Voraussetzungen zu Hause nicht gegeben sind, muß eine stationäre Behandlung erfolgen. Weiterhin sollte eine vorhandene Kreislaufschwäche ausgeglichen werden. Nach einigen Ruhetagen geht man dann stufenweise zur Mobilisierung über durch Aufstehen,

Spaziergänge, Krankengymnastik und Handarbeiten, die dazu geeignet sind, daß der Kranke sich anderen Aufgaben zuwendet.

Ganz allgemein ist bei der Behandlung der Depression eine leichte, mittlere und schwere Depression zu unterscheiden.

Bei der *leichten* Depression sollten möglichst *keine* Medikamente verabreicht werden. Hier ist die *seelisch-geistige Verarbeitung* die Hauptsache.

Bei der *mittleren* Depression bestehen auch immer körperliche Erscheinungen. Sie bedarf einer *arzneilichen Behandlung* und einer *seelischen Führung* durch einen Psychotherapeuten.

Bei der *schweren* Depression besteht häufig Selbsttötungsgefahr. Hierbei ist unbedingt eine *klinische Behandlung* erforderlich. Erst wenn eine Rückführung in die mittlere oder leichte Form erreicht ist, darf die seelische Verarbeitung beginnen.

Bei allen Depressionen spielt die Erschöpfung eine große Rolle. Man spricht sogar von einer Erschöpfungsdepression. Jede Anstrengung körperlicher oder seelisch-geistiger Art vertieft dann die Depression.

Bei der Erschöpfungsdepression spielt vor allem das Gefühls- oder Gemütsleben eine große Rolle. Eine einmalige, kurze, wenn auch starke seelische Belastung hat keine erschöpfende Wirkung. Sie kommt auch nicht durch zuviel Arbeit zustande. Aber durch immer wiederkehrende „Nadelstiche" wird schließlich das Vegetativum (das nicht dem Willen unterliegende Nervensystem) „erschöpft", was sich dann als Erschöpfungsdepression auswirkt.

Der Unterschied zwischen einer endogenen (vererbten) und einer reaktiven (erlebnisbedingten) Depression wurde schon erwähnt. Man muß nun damit rechnen, daß oft Mischungen beider Formen vorkommen, also oft ein endogener Anteil dabei ist. Die endogene Depression geht in ihrem phasenhaften Verlauf oft vorbei. Kranke mit reaktiver Depression brauchen einen Gefährten, mit dem sie sprechen können und der noch mehr mit ihnen spricht. Schwere Schicksale, falsche Ehepartnerwahl, Altwerden oder Altsein können die Depressionen hervorrufen. Einsame haben es dabei besonders schwer.

Es gibt gut wirksame Medikamente, die der Arzt auch nach Bedarf einsetzen wird. In Trauerfällen, die ein Grund für die Depression sein können, darf nicht soweit „abgedämpft" werden, daß keine Anteilnahme mehr möglich ist. „Trauerarbeit" ist notwendig, um seelisch mit dem Leid fertig zu werden und zu dessen Überwindung zu kommen.

Hierbei muß aber die Depression klar gegen die Trauer abgegrenzt werden. Nach Priv.-Doz. Dr. *Thomas Haenel* und Prof. *Paul Kielholz* ist Trauer eine der Größe des Verlustes oder der Kränkung entsprechende, das heißt angemessene Gemütsreaktion. Der Inhalt der Trauer bleibt auf den Verlust konzentriert und kann durch Vernunft, zweckmäßiges Handeln sowie durch gefühlsmäßiges Abreagieren verarbeitet werden. Die Betroffenen sind ablenkbar und können sich freuen. Sie reifen durch die Trauerreaktion und lernen aus ihren Erfahrungen, ähnliche Situationen schneller zu verarbeiten. Trauer bedarf deshalb keiner Behandlung.

Bei jeder Depression muß die *geistige Überwindung* angestrebt werden, für die der Kranke natürlich die Hilfe eines *Psychotherapeuten und eines Seelsorgers* benötigt. Dabei wird man meist von dem Teil der Depression ausgehen, der im Vordergrund steht, zum Beispiel Stimmungsverlust (Traurigkeit, Stimmungsverzweiflung), Müdigkeit (kein Antrieb) oder Angst (Menschen, die als Kinder nie Geborgenheit und Liebe erfuhren, laufen dem später immer nach, haben immer Angst).

Zur geistigen Überwindung gehört auch die Besprechung von Einzelfragen. So die *Frage der falschen Erwartungen.* Man kann

Ein Mann, der die Depression überwand

Zu den bedeutendsten amerikanischen Präsidenten zählt Abraham Lincoln (1809–1865). Sein Vater ist Waldarbeiter und Kleinfarmer, der für seine Kinder wenig Verständnis zeigt. Die ganze Liebe des kleinen Abraham gehört der Mutter, die ihm, da er nur sechs Monate zur Schule geht, das Schreiben beibringt. Bald stirbt die geliebte Mutter. Zur Stiefmutter findet er rasch ein gutes Verhältnis, während das zu seinem Vater feindselig und gespannt bleibt.

Lincoln hat Schwierigkeiten, Liebesbeziehungen zu anderen Frauen anzuknüpfen. Als er schließlich heiratet und seine Frau nach wenigen Monaten stirbt, überfällt ihn die erste schwere Depression. Er wird Rechtsanwalt, lernt erneut ein Mädchen kennen. Am Tag der Hochzeit wartet man verzweifelt auf den Bräutigam. Dieser befindet sich in der tiefen Verzweiflung einer neuen depressiven Phase, die zehn Monate andauert.

Seine Ehe verläuft glücklich. Als jedoch Lincolns dritter Sohn stirbt, den er besonders liebt, bricht eine weitere Depression über ihn herein. Diese Depression jedoch führt zu einem heilsamen Persönlichkeitswandel. Lincoln überwindet seinen Vaterhaß, vermag die Liebe zu seinen Müttern in soziale Gesinnung umzuwandeln und findet durch einen lebendigen Glauben innerlich Ruhe.

zum Beispiel nicht erwarten, daß man die Liebe, die man seinen Kindern überreich gegeben zu haben glaubt, später zurückbekommt.

Eine Mutter „verliert" ihren Sohn durch seine Heirat. Sie kann und darf nicht erwarten, daß sie weiterhin die erste Rolle im Leben ihres Sohnes spielt.

Wer sich selbständig macht, kann nicht erwarten, daß ihn jedermann schont und schützt und ihm gar hilft. Er muß vielmehr mit Konkurrenzkampf, Neid und Mißgunst rechnen. Man muß daher vorher gelernt haben zu kämpfen, um später nicht entmutigt zu werden und der Depression zu verfallen. Jugendlicher, reiner Idealismus ist gut, aber er scheitert an der Realität.

Ein anderes Problem ist das der *Schuld und der Schuldgefühle*. Es gibt falsche Schuld, die man glaubt auf sich geladen zu haben. Zum Beispiel: Ein Vater verliert seine Frau. Seine verheiratete Tochter nimmt ihn zu sich ins Haus. Der Vater kann dann nicht erwarten, daß sie ganz für ihn da ist. Wenn die Tochter aber glaubt, eine solche Erwartung erfüllen zu müssen, lädt sie ein falsches Schuldgefühl auf sich.

Wenn einem etwas zugewiesen ist und er verwirklicht es nicht, kann sich wegen dieser Verfehlung eine Depression entwikkeln. Hier gilt das Wort des *Angelus Silesius:*

Vor jedem steht ein Bild des,
das er werden soll.
Solange er dies nicht ist,
wird nicht sein Friede voll.

Eine *Gruppentherapie* sollte nicht mit akut Depressiven durchgeführt werden, da sich der akut Deprimierte in einer Gruppe nicht verstanden fühlt. Er hat meist in seinem Leben den „Geschwistereffekt" nicht erlebt. Mit chronisch Deprimierten wird Gruppentherapie durchgeführt, wenn auch mit wechselndem Erfolg.

Hypnose ist für einen Deprimierten nicht angängig. Hierbei wird am Willen und an der Würde des Menschen vorbeibehandelt.

Wenn in einem *seelsorgerlichen Gespräch* zu erreichen ist, daß der Depressive sich selbst annimmt, wie er ist, dann muß man ihm sagen und damit wissen lassen, daß Gott ihn annimmt und liebt, so wie er ist. Das kann ihm *Geborgenheit* geben.

Es muß auch versucht werden, daß der Kranke zu den *natürlichen Rhythmen* (Schlaf-Wach-Rhythmus, Einhalten der Essenszeiten) zurückfindet.

Praktisch wichtig ist auch die alte Erfahrung, daß *Massagen,* vor allem Bindegewebsmassagen der Nackengegend, die Wirkung antidepressiver Medikamente verstärken können.

Es gilt heute die Auffassung, daß die Möglichkeit, depressiv zu reagieren, nur dann besteht, wenn eine Disposition dazu vorhanden ist. Dabei ist es gleichgültig, ob die körperlichen oder seelischen Krankheitserscheinungen zunächst im Vordergrund stehen. Die Disposition wird durch Anlagefaktoren und durch frühkindliche Umwelteinflüsse erworben (*W. Bräutigam, P. Christian*). Für die Auslösung und die weitere Entwicklung der Depressionsformen spielen aber die durch die jeweilige Lebenssituation gegebenen *sozialen Verhältnisse und Einflüsse* eine große Rolle.

Heilungsaussichten

Zu dieser Frage kann ich nur die Ansicht eines hochqualifizierten Fachmannes wiedergeben. Prof. *Walther Birkmayer* (Wien) sagt dazu: „In erster Linie ist es der Arzt, der dem Depressiven Halt geben muß. Depressive sind die einzigen Patienten, die mich zu jeder Tages- und Nachtzeit anrufen dürfen. Oft gelingt es durch ein kurzes Gespräch, eine Krise zu überwinden. Eine wichtige Voraussetzung für diese Hilfe liegt darin, daß der Arzt mit voller Überzeugung dem Kranken versichern kann, daß er wieder völlig gesund wird."

Und an einer anderen Stelle: „Bei den

Gemütskranke, die wir heute als Depressive bezeichnen, wurden im Mittelalter wie Geisteskranke behandelt, und zwar mit drakonischen Maßnahmen, wie unser Bild zeigt.

wenigen gläubigen Menschen, die es heute noch gibt, ist ihre Einstellung, diese Prüfung über sich ergehen zu lassen, eine echte Hilfe. Für diese Menschen ist ein Gespräch mit einem Priester [Seelsorger] mit psychiatrischer Ausbildung von großem Gewinn."

Zusammenfassung

Die Diagnose der larvierten Depression ist schwierig, und die Intensität der depressiven Krankheitszeichen kann schwach sein. Das führt immer wieder zu vielfachen und langwierigen körperlichen Untersuchungen, die sich als vergeblich erweisen. Es geht oft viel Zeit verloren, bis die Depression erkannt und die notwendige körperliche und seelische Behandlung eingeleitet wird.

Der depressive Kranke braucht nicht nur Medikamente (Antidepressiva) und physikalische Maßnahmen (z. B. Massagen, krankengymnastische Übungen, Spaziergänge, Handarbeiten), sondern vor allem zunächst das einfühlsame *mitmenschliche Gespräch*, die Begegnung mit dem Arzt seines Vertrauens. Das kann eine Umstimmung im Leben des Kranken erzeugen, so daß er die Welt und seine Umwelt nicht mehr als bedrohlich und beengt zu erleben braucht.

Wesentlich über das mitmenschliche Gespräch hinaus geht das *tiefenpsychologische Interview*. Hierbei wird versucht, die seelische Entwicklung (Psychodynamik) der Depression zu erklären. Alle Äußerungen des Patienten, sei es durch Worte oder auch ohne Worte durch gefühlsmäßige Äußerungen und Gestik oder auch Reaktionen zwischen Arzt und Patient, werden als diagnostische Information gewertet und im Therapieplan berücksichtigt.

Eine ausgesprochen psychoanalytische Behandlung ist höchstens bei den neurotischen Depressionen angezeigt, aber auch hier nicht in der akuten Phase, sondern erst später oder wenn die Depression chronisch wird.

Die Auffassung der Depression als Rückfall in frühkindliche Verhaltensweisen erfordert als Behandlung ein geduldiges und langwieriges *Aufarbeiten der frühkindlichen Erlebnisse* bis ins Erwachsenenalter.

Die *Frage nach einer Vorbeugung* gegen die Depression ist kaum zu beantworten. Prof. *Tobias Brocher* meint dazu: „Wenn es eine Vorbeugung gegen die Depression überhaupt gäbe, so wären es glückliche, liebesfähige Mütter und Eltern. Es wird noch lange dauern, bis in der Menschheit die Liebe endlich die Liebe sein wird – weder ein Surrogat noch ein narzißtischer Irrtum. Seit 2000 Jahren wissen wir, daß die Liebe die größte Kraft ist, größer als Glaube und Hoffnung. Wann werden wir es wirklich wissen?"

Unterzuckerungszustände

Daß sich seelische Einflüsse auch auf Stoffwechselvorgänge erstrecken und umgekehrt manchmal versteckte körperliche Veränderungen seelische Reaktionen und Störungen hervorrufen, konnte Dr. *Jatzko* am Beispiel von *Unterzuckerungszuständen* (Hypoglykämien) zeigen. Diese Zustände können jahrelang bestehen, ohne klar erkannt zu werden. Es können seelische Störungen auftreten wie depressive oder ängstliche Gefühle, aber auch spontane aggressive Anfälle, sogar Jähzorn, Gewalttätigkeit bis zu amokähnlichen Zuständen mit Bedrohung der ganzen Familie. Im körperlichen Bereich ließen sich vegetative Krankheitszeichen wie Ermüdung, plötzliches Hungergefühl, Schweißausbrüche, Zittern, Bewußtseins- und Konzentrationsschwäche feststellen. Der jahrelange Wechsel dieser Symptome verunsichert diese Menschen sehr und veranlaßt sie auch, häufig einen Arzt aufzusuchen, wobei oft kein „handfester" Befund erhoben werden kann.

Zucker und Übergewicht als körperliche Grundlage

Dr. *Jatzko* fand in diesen Fällen bei den Familienangehörigen meist Diabetes mellitus oder zumindest Übergewicht und meint, man könne davon ausgehen, daß Menschen mit dieser Anlage, die sie immer wieder als ihnen fremde, von außen oder innen aufgezwungene, umkippende Phasen bezeichnen, „in vielen Fällen und über Jahre in ärztlicher und neuerdings in psychotherapeutischer Behandlung stehen, ohne daß von der einen Seite die somatische (körperliche) und von der anderen Seite die psychologische (seelische) Komponente miteinander verknüpft wurde".

Umfassende psychosomatische Behandlung erforderlich

Patienten mit solchen manchmal sehr schnell wechselnden seelischen und körperlichen Reaktionen sind psychosomatisch krank. Sie bringen sich selbst und andere mit ihren äußerst heftigen *Aggressionen* und auch körperlichen *Versagungszuständen* in große Gefahr. Sie müssen nach Klärung der möglichen körperlichen Veränderungen (Hyperglykämie, Hyperinsulinismus) und der seelischen krankhaften Reaktionen einer umfassenden psychosomatischen Behandlung auf einer entsprechenden Krankenhausabteilung unterzogen werden.

Krebs

Mit Krebs bezeichnet man ganz allgemein bösartige, ohne Rücksicht auf ihre Umgebung wuchernde und sich vermehrende Zellen. Sie sind durch ein durchdringendes und zerstörend wirkendes Wachstum oder durch die Bildung von Tochtergeschwülsten (Metastasen) gekennzeichnet.

Es ist heute weithin bekannt, daß fast jeder dritte Mensch an Krebs erkrankt und jeder fünfte Mensch an dieser Krankheit stirbt. Die Zahl der Krebskranken scheint noch weiter anzusteigen. Bei Erwachsenen ist heute der Krebs der Bauchorgane am verbreitetsten. Männer erleiden am häufigsten einen Lungenkrebs, Frauen den Krebs der Geschlechtsorgane und der Brustdrüse.

Ursachen

Die Frage nach den Ursachen kann hier nur stichwortartig beantwortet werden. Zu unterscheiden sind

- physikalische Schädigungen (z. B. Röntgen- oder Radiumstrahlen),
- chemische Schädigungen (z. B. Teerstoffe, Stoffwechselprodukte von Schimmelpilzen),
- Erbfaktoren (nur bei einigen Krebsformen bisher bekannt),
- Krebsviren (nur bei einigen Krebsformen bisher bekannt),
- natürliche und synthetische Hormone und Schädigungen des Immunsystems (Schwächung der körpereigenen Abwehr).

Als ursächlich für die Minderung der spezifischen und unspezifischen Abwehrkräfte wird heute vor allem der *Stress* angesehen. Man glaubt, daß große seelische Belastungen – Stress genannt – auf Krebsentstehung und Krebswachstum Einfluß gewinnen können.

Es gibt *Tierexperimente*, die für diese Annahme sprechen. Bei Ratten, die mit einem Brustkrebs erregenden Virus infiziert wurden und dann unter einem Laborstress gehalten wurden, erkrankten 92 Prozent an Krebs, während Ratten ohne Stress-Einwirkung nur zu sieben Prozent eine Krebsgeschwulst entwickelten. Prof. *W. Bräutigam* sagt zu dieser Frage, daß Selbst- und Fremdbeobachtungen *am Menschen* noch nicht ausreichend und auch noch so widersprüchlich sind, daß man nicht mit wissenschaftlicher Genauigkeit beim Krebs von einer psychosomatischen Krankheit sprechen kann.

Dennoch muß in Erinnerung gehalten werden, was Prof. *Bleuler* bereits im Jahre 1951 sagte: „Eine Reihe von heute vorliegenden Stoffwechselbefunden zeigt, daß emotionelle (gefühlsmäßige) Einwirkungen auf den Stoffwechsel überaus tiefgreifend sein können, so tiefgreifend, daß sich die Mehrzahl der bisher bekannten Stoffwechselbefunde ohne jede Schwierigkeit als Begleiterscheinung einer emotionellen Spannung verstehen lassen."

Auch bei Krebs spielen seelische Faktoren eine Rolle. Wie in vielen Fällen ist seelische Gesundheit und das Gefühl, gebraucht und anerkannt zu sein, ein Schutz vor Erkrankung.

Es gibt noch weitere tierexperimentelle Forschungsergebnisse, die belegen, daß Stress das immunologische Abwehrsystem schwächt und dadurch die Ausbreitung von bösartigen Geschwülsten fördern kann. Insgesamt gesehen sind aber die Forschungsergebnisse noch widersprüchlich, was sicher mit den großen Schwierigkeiten der experimentellen Psychologie zusammenhängt und auch mit unserer unzulänglichen Kenntnis der gegenseitigen Beeinflussung von Krebswachstum und Immunreaktionen des menschlichen Körpers. Grundsätzlich ablehnen kann man aber die Einwirkung seelischer Zustände auf das Krebswachstum nicht.

Körperliche und seelische Krankheitszeichen bei Krebskranken

An dieser Stelle auf die zahlreichen körperlichen Krankheitszeichen der vielen Krebsformen einzugehen ist unmöglich, zumal die seelische (psychische) Seite hier im Vordergrund stehen soll. Auch bei den seelischen Krankheitszeichen bestehen Schwierigkeiten. Bisher galten die Krebserkrankungen als völlig unabhängig von der Persönlichkeit des Kranken. Es stand lediglich der krankhafte Wachstumsprozeß der Körperzellen im Vordergrund, wobei die Ursachen für das krankhafte Wachstum fast ausschließlich in der Umwelt gesucht wurden (physikalische und chemische Faktoren). Seit kurzer Zeit hat man nun auch die Psyche (Seele) als Ursachenfaktor entdeckt oder verdächtigt und versucht, für die Krebskranken eine besondere Persönlichkeitsstruktur herauszuarbeiten, zumindest aber charakteristische seelische Krankheitszeichen zu finden.

Persönlichkeitsbild

Wenn man aus den vorhandenen Persönlichkeitsbildern die wesentlichen Merkmale herausnimmt, kommt man zu der nachstehenden tabellarischen Übersicht:

Bild von Dr. Volker zur Linden

- Passivität
- Resignation
- Verschlossenheit
- Hoffnungslosigkeit
- fehlende Glaubenshaltung
- innere Leere, still, affektlos

Bild von Dr. Bünstig

- Depression (geminderte Lebensenergie), maskiert durch gute Leistung, Angepaßtheit, Ansehen, Verzicht auf Aggressivität, Resignation vor eigenen Ansprüchen, Ignorierung von Überforderungen
- Unterdrückung von Gefühlen
- Verleugnung von Angst
- Vernachlässigung der Gesundheit
- Lebensverneinung, Gefühl der Sinnlosigkeit des Lebens
- wenig Selbstgefühl, mangelnde Selbstwahrnehmung
- Selbstaufgabe
- Zusammenbruch der körperlich-seelischen Abwehrkraft

Wenn man die zahlreichen von der Norm abweichenden seelischen Faktoren überblickt, muß man natürlich zu der Frage kommen, ob die erhobenen, als Mitursache für die Krebsentstehung angesehenen seelischen Befunde nicht Reaktionen und Auswirkungen des körperlichen Krebsgeschehens sind. Selbstverständlich wird jeder Mensch von Angst und Depressionen geplagt, wenn ihm bewußt wird, daß er an Krebs erkrankt ist. Man kann dann wohl von somato-psychischen Auswirkungen des sich im Körperbereich entwickelnden Krebses reden. Es bleibt dann immer noch die Frage, wie hoch der Anteil der psychischen Einwirkung auf das Krebsgeschehen zu veranschlagen ist gegenüber den starken Einwirkungen der physikalischen und chemischen Umweltfaktoren, zu denen auch noch Erbfaktoren treten können. Eine Gewichtung der vier Faktorengruppen (physikalische, chemische, seelische und erbliche Einflüsse) ist außerordentlich schwer. Viele Fragen bedürfen noch der Klärung.

Daß bestimmte lebensgeschichtliche Belastungen (Tod oder sonstige Verlusterlebnisse) mit Reaktionen der Hoffnungslosigkeit und des Sichaufgebens eine krebsauslösende Wirkung haben können, ist wohl zu verstehen. Der Entstehungszeitpunkt und die Entwicklungszeit sind aber vorerst kaum feststellbar.

Neuere Untersuchungsergebnisse

Bemerkenswert sind in diesem Zusammenhang besonders Untersuchungen von *A. H. Schmale* und *M. P. Iker*. Bei 68 Frauen sollte durch Papanicolaou-Abstriche (Untersuchung von Zellen und Zellverbänden

Wer sich vor dem Ertrinken fürchtet, tut besser, schwimmen zu lernen, als dem Wasser auszuweichen.
(Karl Heinrich Waggerl)

nach dem griechischen Arzt Papanicolaou) festgestellt werden, ob Krebsverdacht besteht. Vor Durchführung der Abstriche wurde durch Fragebogen die seelische Struktur und Befindlichkeit dieser Frauen festgestellt. Aufgrund der Fragebogenergebnisse machten die Untersucher Voraussagen, bei welchen Frauen mit Krebs zu rechnen sei. Danach erfolgten die Abstrichuntersuchungen. Die Trefferquote der Fragebogenaussage lag wesentlich (signifikant) über der Zufallswahrscheinlichkeit. Die entscheidenden seelischen Faktoren waren Hoffnungslosigkeit und Gefühle der Resignation und des Aufgebens. Man nimmt an, daß diese Kranken keine seelischen Entlastungsmöglichkeiten finden, wenn stark belastende Situationen oder schwere Verluste auftreten.

Wenn man als Beispiel gesundheitsschädlichen Verhaltens das suchtartige Zigarettenrauchen zugrunde legt, steckt die Persönlichkeitsstruktur dahinter. Hier ist der Fall gegeben, daß seelische Faktoren krebsfördernd wirken, wobei anzunehmen ist, daß noch weitere seelische Umweltfaktoren hinzukommen müssen.

Wenn es, insbesondere bei Frauen, aus bewußten oder unbewußten Gründen zur Stuhlverhaltung (Obstipation) kommt, ist eine krebsfördernde Situation gegeben und somit ein Zusammenhang zwischen Seele (Psyche) und Krebs hergestellt. Wahrscheinlich wird man durch weitere Untersuchungen eine seelische Struktur finden, die man mehr oder weniger scharf als krebsspezifisch ansehen kann, wobei dennoch nicht zu sagen ist, ob eine Krebsgeschwulst wirklich auftritt.

Psychotherapie notwendig

Es kann nicht Aufgabe dieses Buches sein, Aussagen über die rein körperliche (somatische) Behandlung der Tumorerkrankungen zu machen. Das ist Sache der Hausärzte (Ärzte für Allgemeinmedizin) oder der sich speziell mit Krebsbehandlung befassenden Onkologen. Diese werden bei Notwendigkeit den Chirurgen oder Strahlentherapeuten heranziehen.

Hier soll vielmehr die *seelische Seite der Krebsbehandlung* berücksichtigt werden, obwohl es noch kein psychotherapeutisches Konzept gibt, das für die *ursächliche* Wirkung psychotherapeutischer Verfahren an einer größeren Anzahl von Krebskranken spricht. Es liegen aber zahlreiche Erfahrungen von Ärzten und Psychotherapeuten vor, die uns zeigen, wie notwendig und wertvoll es ist, neben der körperlichen Behandlung (somatische Therapie) eine psychologische und soziale Betreuung in den Behandlungsplan aufzunehmen.

Die Frage, ob psychologische und soziale Faktoren Einfluß auf den *Verlauf* der Tumorkrankheiten haben, ist auch noch weitgehend ungeklärt. Das gleiche gilt für die Frage, ob Persönlichkeitsfaktoren oder bestimmte Familiensituationen für Tumorbildungen *disponieren*. Auch ohne eine Antwort auf diese Fragen ist der psychologische Beistand für den Krebskranken von großem Wert.

Prof. *Hansjakob Mattern* hat eindeutig festgestellt, was unter diesem Beistand beim Umgang mit dem Krebskranken zu verstehen ist: „Umgang schließt die oft tägliche Begegnung mit ein, das Hinhören auf die vielen besorgten Fragen der Kranken, die Gespräche, aber auch die Gespräche und Begegnungen mit der Umwelt des Patienten. Er schließt ein das Wohnen, den Ehemann, die Ehefrau, die Kinder und die Verwandten. Er schließt ein die besorgten Anrufe von Angehörigen und Freunden des Kranken, schließt nicht zuletzt die eigene Auseinandersetzung mit dieser Krankheit und ihren Konsequenzen ein: das ist die Infragestellung der Diagnose, der Therapie, der Prognose, und das ist die Einstellung zur Wahrheit am Krankenbett, zum Tod, auch zum eigenen Sterben. Der psychologische Beistand des Hausarztes setzt aber auch das Wissen um das Krankheitsgeschehen und die therapeutischen Möglichkeiten, ihrer positiven und negativen Wirkung, voraus. Das von Vertrauen getragene Gespräch kann nicht ohne die sachlich richtige Information geführt werden. So kann die Betreuung nur in einer untrennbaren Einheit von Psyche und Soma (Körper) bestehen, um in dem Kranken die Bereitschaft zu schaffen, die Diagnose und die Therapie mit all ihren körperlichen und seelischen Belastungen annehmen zu können."

Da jede körperliche Krankheit auch eine seelische Dimension hat, ist anzunehmen, daß Persönlichkeitsfaktoren und belastende Familien- und Arbeitsverhältnisse die Anfälligkeit für Krankheiten ganz allgemein und damit auch für Geschwulstkrankheiten erhöhen.

Das gilt insbesondere für langfristig wirkende Eindrücke und Einflüsse seelischer und sozialer Faktoren wie Enttäuschungen, ungelöste Schuldgefühle, Trennungen, Haßgefühle und Haßgesinnung sowie dauernde Kränkungen. Dauerbelastungen dieser und anderer Art, mit denen man nicht „fertig" wird, führen in die Isolierung und Einsamkeit.

Bei einer längeren Einsamkeit verliert aber das Leben seinen Sinn und seine Richtung, und es entwickeln sich krankmachende Verhaltensweisen, wie Überempfindlichkeit, Reizbarkeit, Medikamenten-, Nikotin- und Drogenmißbrauch, besonders aber Alkoholmißbrauch.

Wir stehen erst am Anfang einer Erkenntnis über die Wertigkeit psychosomatischer Faktoren für die Entstehung der Geschwulstkrankheiten. Es entspricht aber einer langen ärztlichen Erfahrung, daß die meisten Krebskranken einer eingehenden seelischen und sozialen Betreuung bedürfen.

Fragen der Krebsnachsorge

Um diesem echten Bedürfnis zu entsprechen, entstehen im Verbund mit den Tumorzentren großer Kliniken Einrichtungen für eine „psychosoziale Nachsorge" mit der Aufgabe, Patienten zu helfen, die die nach oft sehr eingreifenden Krebsbehandlungen auftretenden seelischen und sozialen Probleme nicht bewältigen können. So hat die Deutsche Krebshilfe die Mittel für solche Einrichtungen in drei Münchner Klinken zur Verfügung gestellt. Es werden dazu vor allem Psychotherapeuten und Sozialarbeiter benötigt. Diese Mitarbeiter werden für ihre spezielle Aufgabe in der Heidelberger Chirurgischen Universitätsklinik vorbereitet, die über eine besondere (modellhafte) Nachsorgeeinrichtung verfügt.

Auf Krebsnachsorgekongressen wies Prof. *Ulf Koenig* darauf hin, daß auch der Krebs seine Rechnung nicht ohne den Wirt, also den tumortragenden Patienten, machen kann. Dieser reagiert auf den Tumor mit seinen *Immunsystemen,* die normalerweise durch verschiedene Immunfaktoren eine Einnistung von Krebszellen oder sogar die Entartung einer Zelle zur Krebszelle verhindern. Hierbei spielen Emotionen, das heißt seelische Regungen, eine erhebliche Rolle. Sie beeinflussen auf dem Wege über die Hormondrüsen die Immunitätsvorgänge. Anregungen der Immunfaktoren führen zur Wachstumshemmung der Krebszellen.

So wird klar, daß jede positive seelische Anregung oder Gemütsbewegung sowie jedes positive Gefühl günstig bei der Begleit- und Nachbehandlung der Tumorerkrankung wirkt. Positive Gefühle, das heißt: liebende Zuwendung, die Gegenliebe hervorruft, Vertrauen schenken, Hoffnung verbreiten, Freude bereiten, Dank sagen und Dank empfangen können.

Es gibt auch eine Reihe von negativen seelischen Faktoren, die mit der Krebsentwicklung in Verbindung gebracht werden können und den Krebs begünstigen. Der gemeinsame Nenner all dieser Faktoren ist der Stress. Unter Stress soll in diesem Zusammenhang die chronische Überforderung der körperlichen und nervlichen Regulationsfunktionen verstanden werden.

Dieses Ursachenbündel Stress übt nachweisbare und exakt meßbare Wirkungen auf lebenswichtige Körperfunktionen aus, nämlich auf den Hormonhaushalt, den Stoffwechsel, alle Nervenfunktionen und die Immunreaktionen. Es sind alles Funktionsstörungen, die geeignet sind, die Körperzellen oder bestimmte Organzellen zu irritieren und schließlich dem destruktiven, ungezügelten Wachstum Vorschub zu leisten und damit die Krebsentstehung einzuleiten und zu unterhalten.

Es ist daher im Rahmen der ganzen Krebsbehandlung nötig, allen seelischen Störfaktoren nachzugehen und sie nach Möglichkeit auszuschalten. Die Frage der Wahrhaftigkeit am Krankenbett spielt dabei eine ebenso große Rolle wie die Wirkung von Vertrauen, Liebe und Hoffnung. Diese Fragen werden vom unheilbar Krebskranken viel intensiver erlebt, als ein Nichtbetroffener ahnen kann.

Empfängnisverhütung

Die Einwirkung empfängnisverhütender Hormonpräparate („Pille") stellt einen Eingriff in körperliche Funktionen dar, der bis zur Krankheitsentstehung führen kann, zum Beispiel zur Venenentzündung und eventuell auch zur Krebsentwicklung. Viel wichtiger ist aber, daß in der Folgezeit – wesentlich häufiger, als allgemein bekannt – auch *seelische Veränderungen* auftreten, die man fachlich als „endokrines Psychosyndrom" bezeichnet. Diese Bezeichnung meint einen von Hormoneinwirkung ausgelösten Krankheitskomplex. Im Vordergrund stehen dabei Störungen der Stimmung, des Antriebs und der elementaren Triebe. Das hat erhebliche Folgen für die Aktivität, die Entfaltung und die Arbeitsfähigkeit, die alle gehemmt werden.

Prof. *P. Petersen* weist darauf hin, daß schon seit drei Jahrzehnten das feine Wechselspiel zwischen hormonalen, seelischen und sozialen Prozessen bekannt ist und daß seelische Störungen durch hormonelle Eingriffe in den Körperhaushalt zu erwarten waren. Prof. *Volkmar Sigusch* bezeichnet die Einnahme der empfängnisverhütenden Pillen als „mittelschwere bis schwere therapeutische Gewalt".

Schwangerschaftsabbruch

Nach Schwangerschaftsabbruch treten nicht nur kurzandauernde Trauerreaktionen auf, man muß vielmehr in nicht wenigen Fällen mit langzeitigen seelischen Veränderungen rechnen. Zahlreiche und umfangreiche Studien zu dieser Frage in den Jahren 1949–1974, 1976 und 1977 wurden in folgenden Ländern durchgeführt: Skandinavien, Schweiz, Großbritannien, USA und am wenigsten in der Bundesrepublik Deutschland. Zahlenmäßig kam man bei diesen Studien zu folgenden Prozentsätzen: 4 bis 9 Prozent chronische, vorwiegend *depressive Fehlentwicklungen*, 14 bis 24 Prozent leichte vorübergehende Störreaktionen. Zu ähnlichen Ergebnissen kam man auch bei Frauen, deren Wunsch nach Schwangerschaftsabbruch abgelehnt wur-

Auch heute noch bedeuten Schwangerschaft und die Erwartung eines Kindes einen seelischen Einschnitt in das Leben eines Ehepaares. Die Mutter spürt das Kind wachsen. Unsere Abbildung unten zeigt, in welcher Reihenfolge sich bei einem ungeborenen Kind die Organe entwickeln.

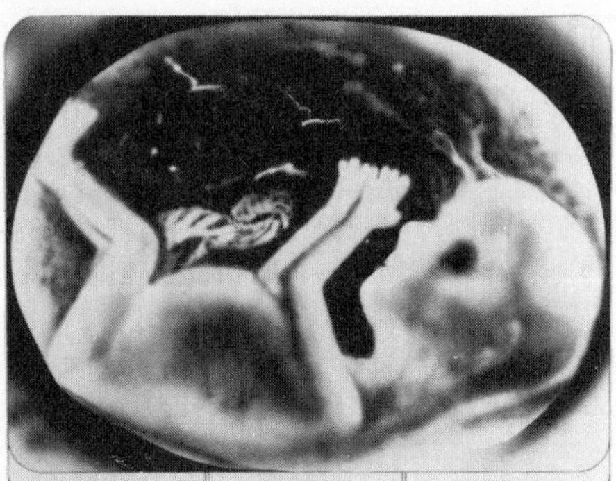

de und die ihre Schwangerschaft austrugen. Auch bei diesen traten seelische Störungen in ähnlicher Stärke auf. Einer der Studienleiter, Prof. *P. Petersen,* schließt daraus: „Frauen mit einer labilen seelischen Struktur und in einer labilen Lebenssituation werden angesichts einer unerwünschten Gravidität wahrscheinlich in jedem Fall mit Störungen reagieren, ob sie die Schwangerschaft austragen oder nicht."

Es muß aber auch gesagt werden, daß der größte Teil der Frauen den gewünschten legalen Schwangerschaftsabbruch als Entlastung empfand und daher mit großer Zufriedenheit reagierte. Depressive Frauen erlebten die Maßnahme sogar als außerordentlich entlastend.

Der Schwangerschaftsabbruch, das haben großangelegte statistische Untersuchungen ergeben, kann auch zu Spätkomplikationen bei nachfolgenden Schwangerschaften führen. So treten vermehrt auf:

Bauchhöhlenschwangerschaften, ungenügende Funktion des Muttermundes (Zervixinsuffizienz), drohende Frühgeburten und Spätaborte.

So hat der Schwangerschaftsabbruch als körperlicher Eingriff *Rückwirkungen auf die seelische Verfassung*; darüber hinaus sind spätere Kinder besonders gefährdet.

Rheumatische Erkrankungen

Unter der älteren Bezeichnung „Rheumatische Erkrankungen" verstand man im allgemeinen Erkrankungen der Bewegungsorgane, die sich durch Schmerzen und Funktionseinschränkungen an Muskeln und Gelenken äußern, aber außerdem noch von Beschwerden an anderen Geweben und Organen begleitet sind.

Heute unterscheidet man:

- Weichteilrheumatismus (Muskulatur)
- Degenerativer Rheumatismus (Arthrosen, Spondylosen, Spondylarthrosen)
- Entzündlicher Rheumatismus (fortschreitender chronischer Gelenkrheumatismus, akuter fieberhafter Gelenkrheumatismus, Bechterew'sche Krankheit)

Häufigkeit

Die Häufigkeit des Vorkommens der Erkrankungen des sogenannten rheumatischen Formenkreises ist sehr unterschiedlich. Sie wird auf einen Blick durch die graphische Darstellung von *Walter Siegenthaler* auf dieser Seite klar:

Es ist überraschend festzustellen, daß der Weichteil(Muskel)-Rheumatismus weitaus am häufigsten vorkommt, dann die degenerativen Formen folgen und die entzündlichen Formen (akut und chronisch) mit nur 7 Prozent vertreten sind.

Beteiligung seelischer Faktoren

Für die Erforschung seelischer Faktoren bei der Entstehung und im Verlauf der rheumatischen Erkrankungen spielte aus der kleinen Gruppe der entzündlichen

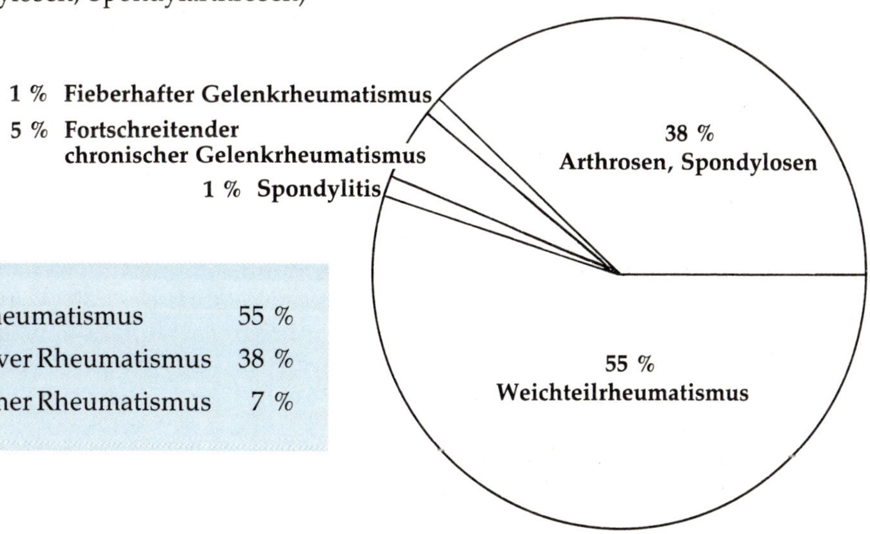

Weichteilrheumatismus	55 %
Degenerativer Rheumatismus	38 %
Entzündlicher Rheumatismus	7 %

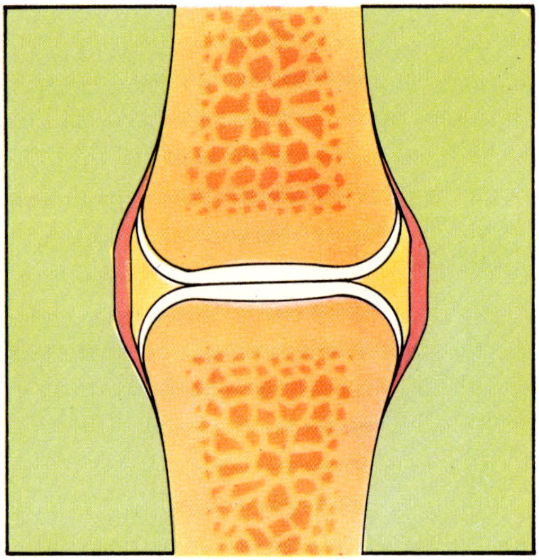

Unsere körperliche Beweglichkeit hängt vom Zustand unserer Gelenke ab. Schema eines gesunden Gelenkes.

Rheumaformen der fortschreitende chronische Gelenkrheumatismus zunächst die Hauptrolle. Man erkannte jedoch sehr bald die Bedeutung seelischer Faktoren für alle Formen der rheumatischen Krankheiten mit ihren jeweiligen Beschwerden. Das wurde von *W. Müller* ganz klar zum Ausdruck gebracht, als er schrieb: „Als Ursache rheumatischer Beschwerden kommen neben somatischen (körperlichen) auch psychische (seelische) Faktoren in Frage. Dies gilt besonders für die Schmerzen beim extraartikulären (außerhalb der Gelenke sich abspielenden) Rheumatismus und – in geringerem Maße – bei den degenerativen (durch Verschleiß oder Abbau bedingten) Gelenkprozessen." Entzündlich-rheumatische Erkrankungen können durch seelische Einflüsse in ihrer Entwicklung positiv wie auch negativ verändert werden. Die Therapie muß dem Rechnung tragen.

Neben einer körperlichen Behandlung ist immer auch eine Psychotherapie (insbesondere nach einer Behandlung mit Medikamenten, die auf den seelischen Bereich wirken) erforderlich.

Weichteilrheumatismus

Da in der Praxis dem Weichteilrheumatismus, der sich in Muskeln, Sehnen, Bändern und Schleimhäuten abspielt, die größte Rolle zukommt, soll zunächst die Einwirkung seelischer Faktoren auf diese Krankheitsgruppe näher besprochen werden. Gerade beim Weichteilrheumatismus kann man sich häufig nicht von der Vorstellung lösen, daß es sich um ein rein körperliches Leiden mit entsprechender Verursachung aus der Umwelt handelt (z. B. Erkältung, Infektion, Überanstrengung). Aber gerade hier könnte man schon aus einer gewöhnlichen volkstümlichen Redewendung den Hinweis erhalten, daß psychosomatische Zusammenhänge im Spiel sind. Wenn man sagt: „Das ist ein hartnäckiger Mensch", dann meint man das nicht etwa körperlich, sondern zielt auf seine Verhaltensweise. In der Tat sind Verspannungen in der Muskulatur der Nackenregion besonders häufig. Sie kommen nicht nur nach langen Autofahrten oder durch eine falsche Körperhaltung bei der Arbeit vor. Sie sind – rein seelisch – sehr häufig Ausdruck einer Angespanntheit und der Unfähigkeit, sich gehen zu lassen. Unterdrückte, an sich gesunde aggressive Impulse führen nicht nur zu einer starren Lebenshaltung und zu einer inneren Verkrampfung, sie setzen sich vielmehr in Muskelverspannungen bis zu lokalisierten oder generalisierten Schmerzen um. Der Körper läßt erkennen, was die Seele meint.

Die zahlreichen körperlichen und seelischen Faktoren rufen neben den Schmerzen und Versteifungen schließlich auch psychosomatische Symptomenkomplexe in Form von zunächst nicht organischen, sondern funktionellen Herzbeschwerden, Magen-Darm-Beschwerden, Kopfschmerzen und Erschöpfungszuständen hervor. Für die subjektiven Klagen findet man wenig objektive Befunde.

Neben der Lokalisation der Erkrankung

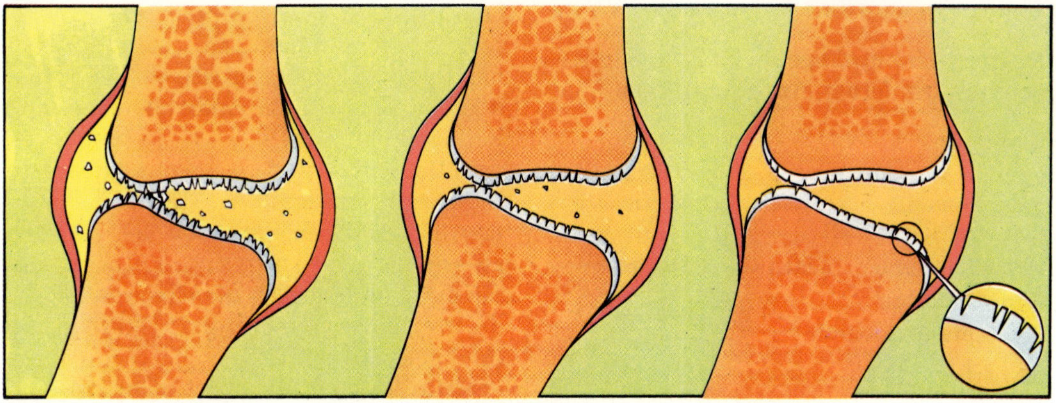

Gelenkveränderungen bei Arthrose (von links): Knorpelschädigung, Schwellung und Unbeweglichkeit durch Knorpelabrieb.

im Nackenbereich kommt der Weichteilrheumatismus auch an den verschiedensten anderen Teilen des Bewegungsapparates vor und hat dann meistens entsprechende Bezeichnungen, wie steife Schulter, Hexenschuß (Rücken), steifes Kreuz und andere. Nacken- und Lendengegend bleiben aber die häufigsten Lokalisationen.

Die Patienten schwanken zwischen Hingabe und Standfestigkeit, zwischen Sanftmut und Aggressivität, zwischen Opfersinn und Egoismus. Am wenigsten können sie die immer wieder aufkommenden Ängste und Depressionen verdrängen.

Man erlebt am Weichteilrheumatismus im besonderen Maße, daß ein und dieselbe Konfliktsituation sich in psychosomatischen Störungen verschiedenster Art äußern kann.

Der körperlich empfundene Schmerz kann Ausdruck einer Umwandlung von seelischen Erregungen (Affekten) in das körperliche Symptom Schmerz sein. Der Schmerz erzeugt funktionelle Muskelverspannungen oder sogar Strukturveränderungen an den Bewegungsorganen. Andererseits kann ein primärer körperlicher Schmerz wiederum Angst und Depressionen erzeugen.

Die engen körperlich-seelischen Verflechtungen sagen uns schon, daß es selten oder überhaupt nicht ausreicht, die körperlichen Krankheitserscheinungen – etwa mit Medikamenten, Einreibungen, Bestrahlungen, Massagen oder Bewegungsübungen – allein zu behandeln. Es muß eine Psychotherapie erfolgen, bei der oft das *einfache ärztliche Gespräch* genügt, aber manchmal auch weitergehende Maßnahmen bis zu einer eingehenden seelischen Analyse erforderlich werden.

Deckt bereits das ärztliche Gespräch *Konflikte religiöser Natur* auf, tut man gut daran, sich einem psychologisch geschulten Seelsorger anzuvertrauen, um mit ihm Auswege aus der Konfliktsituation zu finden.

Da aber die Erkrankung auch eine ebenso starke körperliche Seite hat, darf die meist leicht mögliche *medikamentöse* und *physikalische Behandlung* auf keinen Fall vernachlässigt werden.

Chronisch-entzündlicher Gelenkrheumatismus

Die auch mit „rheumatoide Arthritis" oder „chronische Polyarthritis" bezeichnete chronisch fortschreitende Erkrankung zeigt sich hauptsächlich an den Gelenken und den sie umgebenden Geweben. Sie führt zu charakteristischen, aber unspezifi-

Körperliche und seelische Krankheitszeichen bei Muskelrheumatikern

Körperlich

Erhöhte Muskelspannung, daraus lokalisierte oder generelle Schmerzen, Schmerzlokalisation wechselt schnell

Herzbeschwerden, Magen-Darm-Beschwerden

Kopfschmerzen

Erschöpfungszustände

Seelisch

Versteifte, erstarrte, übertriebene Lebenshaltung

Starke Selbstbeherrschung („stramme" innere Haltung)

Tendenz zu Perfektionismus

Unterdrückung aggressiver Impulse

Andererseits:
Angstzustände, depressive Verstimmung (Affektäußerungen)

Tendenz zur Aufopferung, Hingabebedürfnisse

Übertriebener Helferwille (zwanghaft)

Neigung zur Abhängigkeit

Versorgungswünsche

schen Veränderungen an den befallenen Gelenken. Im Blutserum lassen sich häufig entsprechende Immunkörper nachweisen.

Etwa 0,3 bis 3 Prozent der Bevölkerung eines Landes leiden an einem chronisch-entzündlichen Gelenkrheumatismus. Die meisten Erkrankungen finden sich im mittleren und höheren Alter. Frauen erkranken häufiger als Männer. Die städtische Bevölkerung ist gegenüber der ländlichen häufiger befallen.

Seelische Einflüsse wirken bei dieser Krankheit hauptsächlich auf die Bewegungsfähigkeit (Motorik). Die ersten Anzeichen machen sich oft jahrelang vor der eigentlichen Gelenkerkrankung durch morgendliche Steifigkeit, besonders in den Händen, und Muskelschmerzen bemerkbar. Man nimmt heute an, daß übertriebener Sport (Leistungssport), zuviel Haus- oder zu schwere Gartenarbeit dabei eine Rolle spielen. Aber seelische Reize, besonders Dauerreize und belastende Erlebnisse oder Konfliktsituationen, führen bei Personen, die zu dieser Krankheit neigen, stets zu erhöhter Muskelspannung. Sie reagieren ihre Konflikte über die Muskelarbeit ab, die bis zur Verkrampfung und Verhärtung (Myogelosen) führt.

Natürlich darf man jetzt nicht einseitig jede Muskelverspannung oder Muskelhärte als Ausdruck seelischer Schwierigkeiten ansehen. Die erhöhte Muskelspannung um die Gelenke herum kann auch als *Folge* und nicht als erste Ursache auftreten. Gelenke reagieren auch auf Verletzungen, Infektionen, auf Änderungen der Abwehrfähigkeit (Immunitätslage), wobei auch allergische Faktoren eine Rolle spielen.

Wir wissen heute, daß gerade die Biochemie, die sich besonders der Immunitätsvorgänge annimmt, eine Brücke bildet von seelischen Erregungen zu physiologisch-chemischen, also körperlichen oder organischen Veränderungen. Über unsere Sinnesorgane gelangen Umweltreize in die Zentren unseres Nervensystems, zum Beispiel in die Gegend des Hypothalamus, der einen Teil des Zwischenhirns darstellt und Sitz mehrerer vegetativer Regulationszentren ist. Die Erregung dieses Zentrums führt dazu, daß die *Rheumafaktoren verändert* und Immunreaktionen sowohl im Blutserum wie auch in den Blutzellen unterdrückt werden. Das heißt aber, daß psychologische Vorgänge grundsätzlich nicht von anderen Prozessen, die sich im Körper abspielen, verschieden sind. Sie sind vielmehr stets gleichzeitig *physiologische* Prozesse, worauf Prof. *Franz Alexander* hinwies. Von ihm stammt schon aus dem Jahre 1945 der Ausspruch: *„Jeder körperliche Vorgang wird direkt oder indirekt von psychologischen Reizen beeinflußt*, weil der ganze Körper eine Einheit bildet, deren sämtliche Teile miteinander verbunden sind."

Daß seelische Belastungen einen Einfluß auch besonders auf den chronischen Gelenkrheumatismus ausüben, wurde nach Prof. *Alexander* von mehreren Forschern bestätigt. Als seelische Belastungen und damit auslösende Situationen führen *Bräutigam* und *Christian* folgende Ereignisse und Erlebnisse an:

- Krisen in zwischenmenschlichen Beziehungen
- Tod und Verlust wichtiger Beziehungspersonen
- Autoritätsprobleme
- Eheprobleme (sexuelle Probleme)

So beginnt zum Beispiel bei einer Frau die Erkrankung, wenn der Ehemann oder ein Kind, die bisher überversorgt und zugleich aber auch beherrscht wurden, sich gegen die Bevormundung auflehnen und durchsetzen. Die Befriedigung der Versorgungs- und Beherrschungsbedürfnisse fällt weg und äußert sich nun im Körperlichen als Krankheit. Das Scheitern des Dienens und Herrschens, wodurch sich in verdeckter Weise aggressive Tendenzen Ausdruck verschafften, führt nun in anderer Weise zur Verkörperlichung in der Krankheit. Daß hier nicht nur eine körperliche Behandlung hilft, sondern die Psychotherapie zur Änderung der seelischen Haltung führen muß, dürfte einleuchten.

Auch der chronische Gelenkrheumatismus ist ein Beispiel dafür, daß es sich dabei nicht nur um eine chronische Gelenkentzündung handelt, sondern um eine Allgemeinerkrankung. Daraus ergibt sich die zwingende Notwendigkeit, den ganzen Menschen zu berücksichtigen. Nur dann lassen sich bisher übersehene Ursachen klären. Außerdem läßt sich die Entstehung der Krankheit besser verstehen und auch ihre Behandlung sowohl in körperlicher als auch in seelischer Hinsicht umfassend gestalten.

Bedeutungsinhalt rheumatischer Schmerzzustände

Einteilung	Bedeutungsinhalt (nach Jores)
1. Psychosomatische Halswirbelsäulenschmerzen (Zervikalgie)	**Gefühlsmäßig (emotional) erschwerte Be-haupt-ung, hartnäckiges Gesichtwahren**
2. Psychosomatische Brustwirbelsäulenschmerzen (Dorsalgie)	**Trauer, Verzweiflung, Mutlosigkeit oder ausgleichende (kompensierende) Zwangshaltung**
3. Psychosomatische Rückenwirbelsäulenschmerzen (Lumbalgie)	**Seelische (psychische) Überlastung, Sprunghaftigkeit, Versagung (Frustration), besonders bei gestörter Sexualität**
4. Psychosomatische Armschmerzen (Brachialgie)	**Gehemmte Aggression: Wut, Zorn. Symbol: geballte Faust**
5. Psychosomatische Beinbeschwerden	**„Nicht mit beiden Beinen auf der Erde stehen", „Nicht Fuß fassen", „kniefällig werden"**

Degenerativer Rheumatismus

Zu dieser Krankheitsform des Rheumatismus zählt man hauptsächlich die Arthrosen, Spondylosen und Spondylarthrosen. Wie in der Übersicht bereits gezeigt, machen sie etwa 38 Prozent der Rheumaerkrankungen aus und sind damit praktisch wichtig.

Der degenerative Rheumatismus ist oft mit großen Schmerzzuständen verbunden. Der objektiv nachweisbare Befund (Röntgenaufnahme oder Szintigramm) ist oft so gering, daß der Arzt sich nicht entschließen kann, darauf die starken Schmerzen zurückzuführen. Gerade diese Tatsache weist aber darauf hin, daß das Krankheitszeichen Schmerz nicht nur vom Körperlichen herkommt, sondern oft im Seelischen zu suchen ist. Wir haben dann einen *psychosomatisch zu deutenden Schmerz* vor uns, der nach *Jores* dadurch gekennzeichnet ist, daß er unbeständig und unbestimmt ist, ziehend oder schneidend und mit großer Heftigkeit auftritt. Das wird natürlich zunächst rein *körperlich* empfunden. Der Arzt wird es deshalb schwer haben, dem Patienten klarzumachen, daß seelische Vorgänge dahinter stecken und daß Schmerzen als Ausdruck einer Umwandlung von seelischen Störungen (Affekten) in körperliche Erscheinungen, in diesem Falle in Schmerzen, aufzufassen sind.

Prof. *Jores* hat eine Übersicht über den Bedeutungsinhalt der praktisch wichtigsten Schmerzzustände erstellt, die in der Tabelle auf Seite 135 wiedergegeben sind, wobei versucht wurde, die Fachausdrücke allgemeiner verständlich zu machen.

Zusammenfassend muß man sagen: Bei allen Formen der rheumatischen Erkrankung sind seelische Einflüsse ein wesentlicher Faktor des Ursachenbündels der einzelnen Erkrankungsformen. Die körperlichen und seelischen Ursachen voneinander zu trennen und eine fachgerechte Diagnose zu stellen ist eine ärztliche Aufgabe, wobei man auch einen Psychodiagnostiker, einen Psychotherapeuten oder, soweit unter den Konfliktsituationen auch Schuldkomplexe und Gewissensnöte eine Rolle spielen, einen Seelsorger oft nicht entbehren kann.

Hautkrankheiten

„Die Haut ist uns mehr als lediglich ein ,Mantel gegen Regen und Sonnenschein'", wußte schon *Christoph Wilhelm Hufeland*, der große Arzt der Goethe-Zeit. Sie sei ein „Hauptmittel zur Verlängerung des Lebens".

Jeder weiß, daß die Haut ein wesentliches Ausdrucksorgan unserer Empfindungen darstellt, die wir als Erröten, Erblassen, Juckreiz, Gänsehaut oder Schwitzen, also im Körperlichen, wahrnehmen.

Gerade die Haut reagiert unheimlich rasch auf seelische Vorgänge, seien sie erfreulicher oder belastender Art. Sie reagiert in verschiedenster Form, so zum Beispiel mit „holdem Erröten" bis zur „Schamröte", mit leichter Blässe bis zur Schreckensbleiche, mit flohstichartigen bis zu großflächigen Verfleckungen oder auch mit Quaddel-, Ekzem- oder Schuppenbildung. Je nach Veranlagung ist die Reaktion verschieden stark. Die Haut wird so zu einem Ausdrucksorgan der Seele.

Recht gut verständlich ist der Zusammenhang zwischen Seele, Nerven und Haut, wenn man an die embryonale Entwicklung des Menschen denkt. Die Embryologen können uns zeigen, daß sowohl das zentrale Nervensystem als auch die Haut aus der gleichen Keimanlage hervorgehen. Man kann die Haut sogar als den am weitesten nach außen vorgeschobenen Teil des Nervensystems ansehen. Sie ist die große Antenne zur Aufnahme einer großen Anzahl von Sinnesreizen.

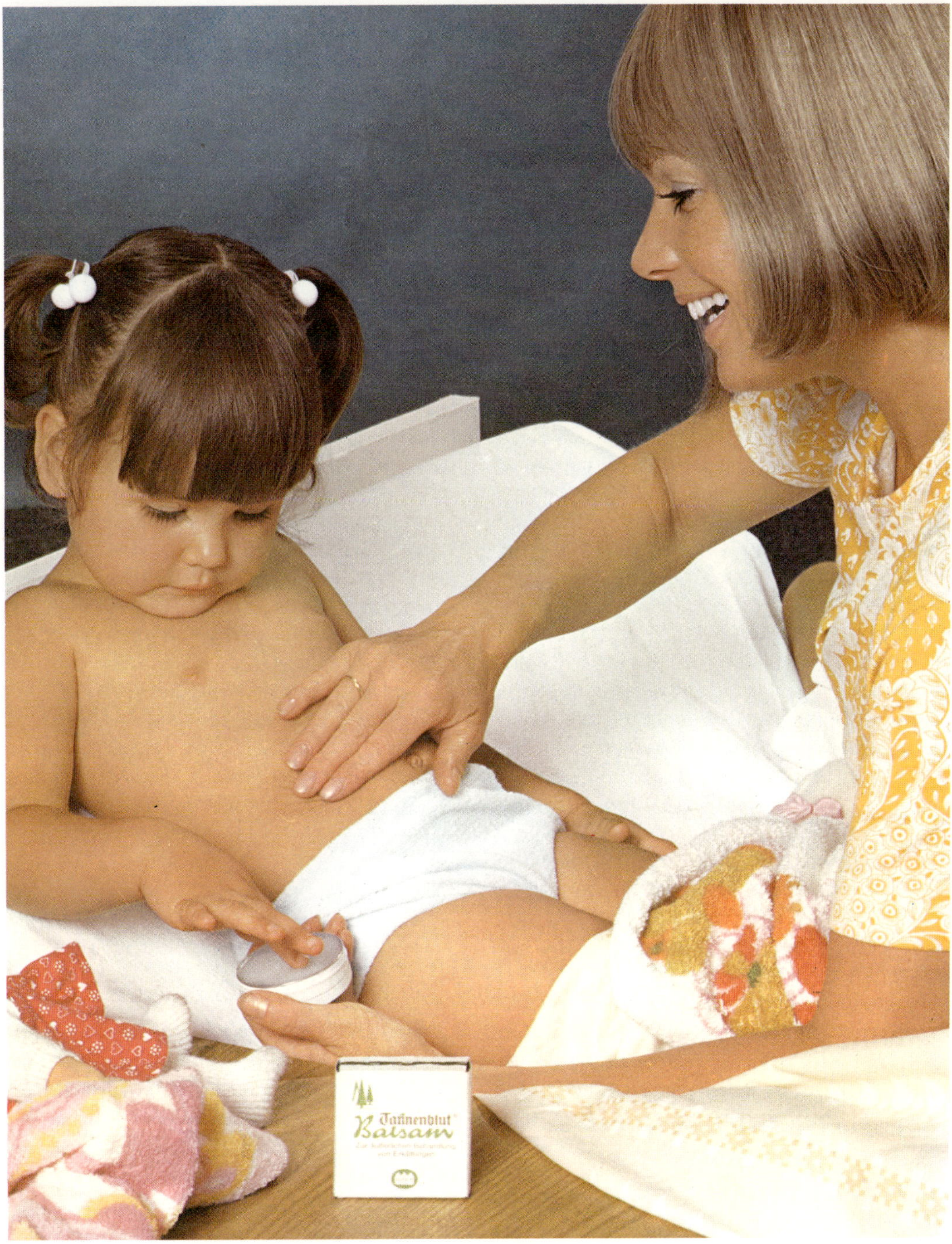

Nach der zarten Haut eines Kindes sehnt sich mancher Erwachsener zurück. Aber wie so vieles am Menschen ist auch die Haut ein Spiegel innerer und seelischer Vorgänge.

Konfliktableitung auf die Haut

Die Haut ist aber nicht nur ein großes Sinnesorgan, sondern auch Austragungsort innerer Konflikte. Das geht aus einer großen Zahl von volkstümlichen Redewendungen hervor, zum Beispiel: „Er ist noch einmal mit heiler Haut davongekommen"; man „fährt aus der Haut"; wird bleich oder „krebsrot vor Wut"; es „stehen einem die Haare zu Berge". Wir haben uns „unserer Haut zu wehren", wenn einem „etwas gegen den Strich geht". Man soll die Haut „nicht leichtsinnig zu Markte tragen", sondern „sein Fell so teuer wie möglich vekaufen".

Prof. *H. Schipperges* drückt den Zusammenhang zwischen Seele und Haut besonders schön mit folgenden Worten aus: „Die Haut als Organ des Taktes und Kontaktes ist aber nicht nur das Medium (Mittel) der Weltberührung und damit des Interesses, sondern auch des Berührtwerdens und zugleich Vertrautseins mit einer Mitwelt. Auch hier verschafft uns die Sprache überraschend intensive Beziehungen zwischen dem äußeren, rein körperlichen Berührtwerden und einem emotionalen (gefühlsmäßig), leibhaftig erlebten Angerührtsein."

In der praktischen Medizin spielt die Haut heute wieder mehr und mehr eine größere Rolle für die Diagnose nicht nur von Haut-, sondern auch von inneren Erkrankungen. Sie ist aber auch vielfach der Ausgangspunkt für Methoden der Behandlung und der Verhütung von Leiden der inneren Organe (Wasseranwendungen, Hitze- oder Kälteanwendungen, Bestrahlungen, Einreibungen, Injektionen in die Haut sowie „Ausleitungen durch die Haut" und „Ableitungen auf die Haut").

Für die Lehre und Forschung der psychosomatischen Krankheiten spielen die engen Beziehungen zwischen seelischem Erleben und Hauterkrankungen eine große Rolle.

Die Haut verweist nach außen, zum Partner, auf die Welt; sie ist unser Fenster zur Wirklichkeit wie auch zur Seele. (Heinrich Schipperges)

Die Haut als Kommunikationsmittel

Die moderne Kinderheilkunde weist heute immer wieder darauf hin, daß für den Säugling und das Kleinkind die Haut ein außerordentlich wichtiges Kommunikationsmittel mit der Mutter ist. Der Hautkontakt wirkt sich direkt auf das Befinden des Kindes aus. Jeder Kinderpsychologe sagt uns: Wer als Kind keine Zärtlichkeit empfängt, vermag sie auch als Erwachsener nicht weiterzugeben.

Haut will eben gestreichelt werden. Das gilt nicht nur für das Kind. „Die Haut verweist nach außen, zum Partner, auf die Welt; sie ist unser Fenster zur Wirklichkeit wie auch zur Seele." *(Schipperges)*

Nesselsucht (Urtikaria)

Diese meist akut auftretende Krankheit ist leicht an den zuerst im Gesicht, aber auch am ganzen Körper sich bildenden Quaddeln zu erkennen. Die stark juckenden Quaddeln sind rot, mehr oder weniger geschwollen und von unterschiedlicher Größe.

Ursachen: Ursächlich macht man meist eine „allergische Bereitschaft" gegenüber Nahrungsmitteln, Medikamenten und Stoffen aus der Umwelt (Staub, Blütenpollen, Gifte u.a.) verantwortlich. Wenn sich die Erkrankung oft wiederholt, muß man auch an *seelische Belastungen* denken, die als

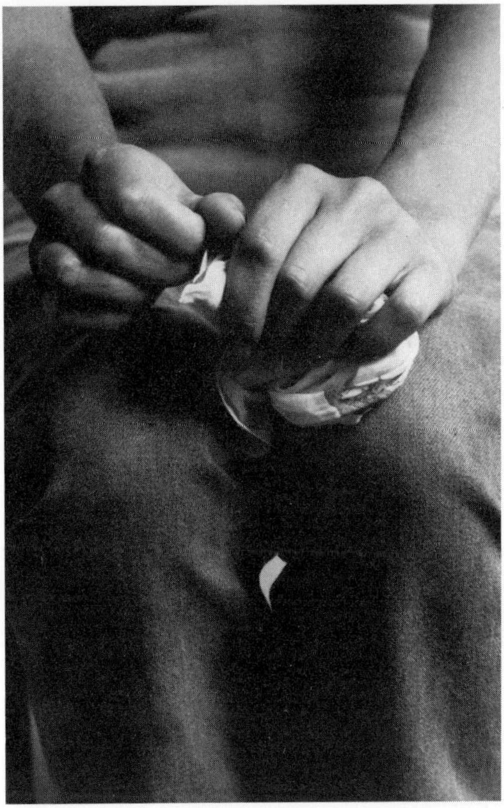

Schwitzende, unruhige Hände bekommen wir oft in peinlichen Situationen. Auch an vielen anderen Reaktionen unserer Haut geben wir unsere Seelenlage zu erkennen. Das reicht vom anmutigen Erröten bis zum schreckhaften Erbleichen.

Mitursache oder als Auslöser dieser nun *chronische Urtikaria* genannten Form wirksam werden können.

Immunabwehr: Es wird heute angenommen, daß die Nesselsucht auf immunologischen Störungen beruht. Das spricht nicht gegen die Auffassung, daß seelische Störungen dahinter stecken. Wir wissen ja, daß gefühlsmäßige (emotionelle) Einwirkungen tief in Stoffwechselvorgänge und damit auch in immunologische Funktionen eingreifen können.

Persönlichkeitsstrukturen: Man hat versucht, für die an chronischer Urtikaria leidenden Menschen charakteristische Züge ihrer Persönlichkeit auszumachen. So fand man

- eine starke Neigung zur passiven Haltung im menschlichen Kontakt;
- große Angstbereitschaft in Kombination mit Angsttoleranz;
- starke Verletzbarkeit in den Liebesbeziehungen und ein
- hohes Maß an Unsicherheit im Benehmen.

Ein spezielles Persönlichkeitsbild läßt sich daraus nicht aufstellen. Prof. *Jores* meint jedoch, daß „Patienten mit chronischer Urtikaria infantile Persönlichkeitsstrukturen aufweisen". Ob die angeborene Immunschwäche die seelische Reaktionsweise oder die gegebene seelische Struktur die Immunabwehr beeinflußt, ist noch nicht sicher zu sagen. Dennoch haben wir das Bild einer körperlich-seelischen oder umgekehrt seelisch-körperlichen Erkrankung vor uns, für die eine Ganzheitsbehandlung im Sinne der Psychosomatik vonnöten ist.

Behandlung: In der Behandlung der Urtikaria wird man mit Medikamenten (Antiallergica, Nebennierenrindenpräparate) sehr sparsam sein, weil sie nicht frei von mitunter erheblichen Nebenwirkungen sind. In stärkeren akuten Fällen aber sind sie sehr nützlich, wirksam und nicht zu entbehren. Die vom Arzt verordnete Menge muß jedoch eingehalten werden.

Lassen sich Zusammenhänge mit seelischen Konflikten, Situationen dauernder Spannung oder anhaltendem Stress aufdecken, besteht die Möglichkeit, durch Einzel- oder Gruppentherapie eine Heilung zu erzielen.

Wie schwierig, aber auch wie erfolgreich die Psychotherapie sein kann, läßt sich aus der folgenden, von *W. Bräutigam* und *P. Christian* übernommenen beispielhaften Krankengeschichte ersehen.

Bei einer 43jährigen Patientin wird eine dreimonatige stationäre und danach eine

18monatige ambulante gruppentherapeutische Behandlung durchgeführt.

In der Gruppenstunde ist die Patientin zunächst nicht in der Lage zu sprechen. Wird sie vom Therapeuten vorsichtig aufgefordert, zieht sie ihr Taschentuch und beginnt zu weinen. Sie kann zunächst also nur leidend, als Opfer, masochistisch Beziehungen zu anderen aufnehmen. Dabei wird deutlich, daß sie identifikatorisch (sich mit der Gruppe gleichstellend) die Auseinandersetzung in der Gruppe mit vollzieht. Bei aggressiven Auseinandersetzungen, vor allem während einer Revolte gegenüber dem Gruppenleiter, kommt es zu einem Rückfall der Urtikaria.

Erst in der zweiten Hälfte der ambulanten Behandlung ist sie in der Lage, eigene Spannungen und Rivalitätsgefühle gegenüber anderen Frauen in der Gruppe auszusprechen. Sie berichtet bald selbst, daß sie in ihren Beziehungen zu anderen Menschen auch außerhalb der Gruppe freier, weniger angstbesetzt und selbstbewußter geworden ist. Sie bringt es im Laufe der ambulanten Gruppentherapie fertig, ihre ausweglose Ehesituation trotz heftigster Angriffe ihres Ehemannes durch Scheidung zu ändern; sie nimmt eine neue Arbeit auf und findet zusammen mit ihrer Tochter eine neue Existenz.

In den letzten Monaten der Behandlung trat die vorher außerordentlich hartnäckige Urtikaria gar nicht mehr in Erscheinung. Bei katamnestischer (abschließender) Untersuchung – 30 Monate nach der Entlassung – kein Rückfall der Urtikaria und der neurotischen Ängste.

Schuppenflechte (Psoriasis)

Obwohl bei der Schuppenflechte erbliche Faktoren eine wesentliche Rolle spielen, stellt sie aber auch eine Krankheit dar, durch die seelische Konflikte abreagiert werden. Bei seelisch belastenden Situationen, wie Bedrohungen der Gesundheit oder Sicherheit, sowie bei Unfall oder Tod näherer Angehöriger (Objektverlusterlebnisse) tritt meist eine Verschlimmerung des Leidens auf, während entspannende und erfreuliche Erlebnisse eine Verbesserung herbeiführen können.

Häufig stehen Störungen der zwischenmenschlichen Beziehungen im Vordergrund. An Schuppenflechte Erkrankte haben, was naheliegend und durchaus verständlich ist, häufig das Gefühl, auf ihre Mitmenschen abstoßend, wenn nicht sogar ekelhaft zu wirken und als nicht ganz vollwertig betrachtet zu werden. Ängstlichkeit und depressive Verstimmungen treten auch bei der Vorstellung auf, im sexuellen Bereich für einen Partner abstoßend zu wirken.

Ursache zunächst körperlich: Wir haben bei der Schuppenflechte also eine Krankheit vor uns, die wegen ihrer Beschaffenheit Reaktionen im seelischen Bereich auslöst. Hier liegt es nahe, die Ursache zunächst im körperlichen Bereich zu sehen. Dem entspricht auch, wenn ausführliche Untersuchungen sehr wahrscheinlich gemacht haben, daß die Ursache der Schuppenflechte nicht in erster Linie in seelischen Faktoren zu suchen sei.

Körperlich-seelische Behandlung: Das Wechselspiel zwischen Hautveränderungen und seelischen Reaktionen berechtigt aber doch, die Schuppenflechte zu den psychosomatischen Erkrankungen zu zählen, zumal die rein körperliche Behandlung allein selten ausreicht. Es muß eine psychische Behandlung hinzukommen, obwohl das Psychische allein nicht maßgebend ist.

Die notwendige kombinierte Behandlung besteht

- in den vom Hautarzt verordneten Medikamenten,
- in psychisch wirkenden Medikamenten,
- in psychotherapeutischen Maßnahmen, insbesondere in Form der Gruppentherapie.

Die *Gruppentherapie* ist bei Kranken mit

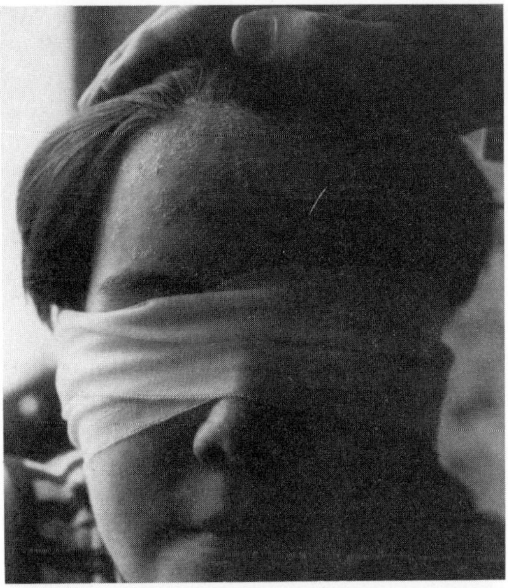

Ein Beispiel für Schuppenflechte: Auf der Stirn ist das Ausmaß der Krankheit noch deutlich sichtbar. Teilweise konnte die Patientin die Flechte mit einem Pony bedecken.

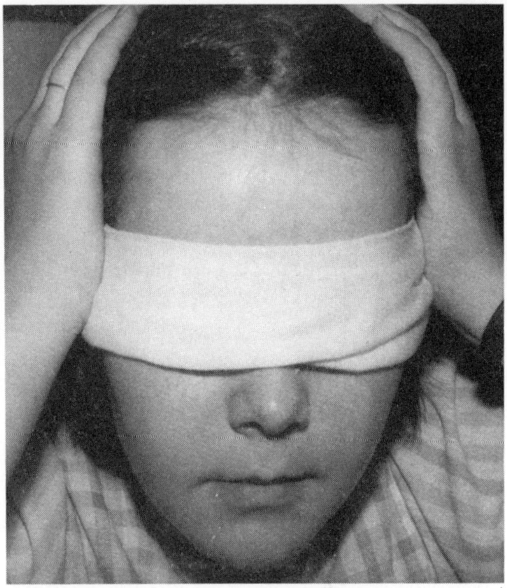

Nach vierwöchiger ärztlicher Behandlung: Die Schuppenflechte ist abgeheilt und die Haut wieder glatt.

Schuppenflechte besonders geeignet, weil die Kranken keine Scheu voreinander haben (sie leiden alle an der gleichen Krankheit). Das Kontaktproblem wird dadurch geringer. Die Patienten sprechen offen miteinander und tauschen ihre Erlebnisse und Erfahrungen aus. Die Isolation wird auf diese Weise durchbrochen, und die sozialen Kontakte stellen sich wieder ein, was für alle nicht nur eine seelische Erleichterung, sondern auch eine allgemeine Reaktivierung bedeutet.

In schweren Fällen mit starkem Juckreiz sind stärkere psychotherapeutische Einwirkungen erfolgreich, wobei aber auf eine Narkose nicht verzichtet werden kann.

Endogenes Ekzem

Das endogene Ekzem (Neurodermitis, atypische Dermatitis, konstitutionelles Ekzem, Asthma-Ekzem) stellt eine chronische, weitverbreitete Hauterkrankung dar. Es geht mit Juckreiz einher und führt zu sichtbaren Verdickungen, Verhärtungen und ekzematischen Veränderungen der Haut. Man zählt es auch zu einer Gruppe allergischer Krankheiten wie chronischer Nasenschleimhautentzündung, Nesselsucht und Bronchialasthma. Es kann auch mit diesen Krankheiten vergesellschaftet vorkommen. Die vorzugsweise befallenen Körperpartien sind Gesicht, Nacken und Hals, Ellenbogen, Hände und Handgelenke, aber auch die Kniekehlen.

Die Krankheit tritt in allen Altersklassen auf, befällt auch Säuglinge nach dem sechsten Monat und Kleinkinder.

Krankheitsbild: Die Krankheit beginnt meist mit Juckreiz. Durch das fast unvermeidliche Reiben und Kratzen wird die Haut beschädigt und verdickt sich schließlich. In der weiteren Entwicklung bildet die Haut bald rautenförmige, mosaikartige Veränderungen aus, die man *Lichenifikation* nennt.

Seelische Ursache bei Säuglingen und Kleinkindern: *R. Spitz* kam bei einer sehr bekannt gewordenen Untersuchung an sechs bis zwölf Monate alten Säuglingen, die ohne Mutter in Waisenhäusern lebten und ekzematös erkrankt waren, zu der Auffassung, daß die Erkrankung der Säuglinge mit der Trennung von der Mutter, der fehlenden Liebe, der mangelnden Zuwendung und dem Verlust des Hautkontaktes in Verbindung zu bringen sei. Es lag also nahe, die Erkrankung der Haut als Ausdruck einer gestörten Mutter-Kind-Beziehung aufzufassen.

Bei weiteren Untersuchungen der Mütter von Kindern, die an Ekzemen litten, fand er schließlich zwei für die Entstehung der Krankheit wesentliche Faktoren:

- In ihrer Persönlichkeit infantil gebliebene Mütter, die ihrem Kind feindselig gegenüberstanden und es ablehnten und deshalb ihr Kind nicht gern berührten, es ungern pflegten und ihm systematisch den Hautkontakt vorenthielten. Die Feindseligkeit wurde als Ängstlichkeit getarnt.
- Die Kinder wiesen eine angeborene Neigung (Disposition) für erhöhte Hautreaktionen auf, die eines liebevollen Kontaktes besonders bedurfte. Aber gerade diesen Kontakt vermieden die Mütter unter dem Vorwand, daß sie ihrem Kind keinen Schaden zufügen wollten, weil es so zart und zerbrechlich sei. Unter dem Anschein der Fürsorglichkeit wurde die Ablehnung verborgen.

Andere Untersucher kamen zu ähnlichen Ergebnissen. Man darf daher wohl mit Recht annehmen, daß das krankmachende Milieu, dem ein Säugling ausgesetzt ist, neben der Veranlagung eine wesentliche Ursache für die Entstehung des endogenen Ekzems ist.

Glücklicherweise hören die Säuglings- und Kleinkindekzeme in der ersten Hälfte des zweiten Lebensjahres meist von selbst auf. Das ist die Zeit, in der sich bei dem Kind die Aktivität entwickelt, wodurch es nicht mehr allein auf den Kontakt mit der Mutter angewiesen ist. Seine eigene Kontaktaufnahme mit anderen Personen und den Dingen der Umwelt läßt anscheinend die Krankheit erlöschen. Ob und welcher Art das Säuglingsekzem für die seelische Entwicklung einen dauernden Schaden hinterläßt, ist bis heute nicht sicher zu beurteilen.

Seelische Ursachen bei Jugendlichen und Erwachsenen: Es wurde anfangs schon gesagt, daß das endogene Ekzem in allen Altersklassen vorkommt. In der Entwicklungszeit und im Erwachsenenalter kann das endogene Ekzem als besondere Ausdrucksform innerhalb der ganzen Gruppe von Ekzemen in Verbindung mit anderen allergischen Krankheiten auftreten. Die Krankheit ist in diesen Altersgruppen nach Auffassung von *Luban-Plozza* und *Pöldinger* „ganz allgemein an die Person des Kranken gebunden". Sie ist also von der seelischen Struktur des Kranken abhängig.

Diese Struktur ist nun durch folgende Merkmale gekennzeichnet:

- Ausgeprägte Passivität;
- Ansprüche gegen Umwelt und sich selbst werden nicht durchgesetzt;
- Konflikte, besonders mit dem Partner, lösen die Krankheit aus.

Ob diese seelischen Faktoren Erstursache der Krankheit darstellen oder ob sie Folge der sehr unangenehmen Hauterkrankung sind, ist wohl kaum zu unterscheiden. Jedenfalls ist es denkbar, daß die Erkrankung negative Rückwirkungen auf die Gefühlswelt, also auf den seelischen Bereich, hat. So sind Gefühle der Minderwertigkeit und des Ekels sowie das Gefühl, von anderen gemieden zu werden, sehr verständlich. Wenn sich der Erkrankte dadurch von der Umwelt zurückzieht, gerät er in einen unauflösbaren Aktivitäts-Passivitätskonflikt. Dabei besteht meist der unausgesprochene Wunsch nach seelischem und körperlichem Kontakt.

Psychotherapeutische Behandlung: Das endogene Ekzem, heute auch häufig Neurodermitis genannt, ist durchaus günstig und eventuell heilend zu beeinflussen durch eine *aufdeckende psychotherapeutische Behandlung*, besonders bei jüngeren Menschen. Die meist begleitenden neurotischen und psychosomatischen Beschwerden können dann gleichfalls verschwinden. Die Behandlung dauert längere Zeit.

Kinderkrankheiten

Wir wissen heute, daß eine gestörte Entwicklung des Menschen durch direkt auf den seelischen Bereich wirksame Einflüsse nicht nur möglich, sondern recht häufig ist. Die gesunde leibliche Entfaltung lebenswichtiger Funktionen wird dadurch – oft schon in einem frühen Stadium – gehemmt, unterdrückt, verzerrt und verbildet. Faktoren oder Einflüsse dieser Art sind zum Beispiel die Mutterferne, Vernachlässigung des Kleinkindes und zu häufiger Wechsel der Bezugspersonen. Diese Einflüsse finden sehr häufig und täglich statt, wenn Mütter ihren Arbeitsplatz in der Industrie oder wo auch immer aus meist wirtschaftlichen Erwägungen nicht aufgeben wollen. Die Kinder werden dann „irgendwo" untergebracht, zumal ein gut geführter Kindergarten oft schwer zu finden ist. Es kommt auf diese Weise eine gefährliche seelische Schwächung zustande, die sich im Erwachsenenalter als Suchtneigung, Selbstmordgefährdung, neurotische Depression, psychosomatisches Leiden, neurotische Verwahrlosung, Neigung zu Raubkriminalität und Arbeitsscheu äußern kann.

Im späteren Alter können selbst tief erschütternde und aufwühlende Einzelereignisse von gesunden, seelisch ausgeglichenen Menschen auch ohne Dauerschäden überwunden werden.

Wiederum können Kinder in guten hygienischen Verhältnissen und bei guter Pflege und Ernährung erkranken und sogar sterben, wenn ihnen eine gefühlsmäßige und liebende Zuwendung fehlt, wie es in langen und gefilmten Beobachtungen nachgewiesen werden konnte *(Spitz).*

Wenn sich die psychosomatische Ganzheit Mensch richtig bilden, entfalten, anpassen und dadurch heranreifen soll, ist es notwendig, daß jeweils zur rechten Zeit die rechten Einwirkungen erfolgen. Nur dann sind die altersgemäßen Reifungsstufen mit ihrem vielfältigen Werdegang der Erlebens- und Verhaltensstrukturen nicht nur ermöglicht, sondern auch erreichbar.

Seelische Störungen drücken sich auch beim Kind häufig in körperlichen Erkrankungen aus, von denen einige kurz skizziert werden sollen.

Bronchialasthma

Beim *Asthma bronchiale* ist die Ursache häufig in familiären Schwierigkeiten zu suchen, zum Beispiel bei Zurücksetzung gegenüber den Geschwistern. Oft besteht ein Konflikt, der sich aus einer ausgesprochenen, nicht gelösten Mutterbindung ergibt *(Alexander).*

Bettnässen

Das Bettnässen bedeutet als seelisch-nervöse Erkrankung (Psychoneurose) nicht nur für das Kind, sondern auch für die Mutter ein erhebliches Problem und eine große Last. Nach *M. Gerard* ist das Bettnässen Ausdruck einer noch nicht überwundenen zweigeschlechtlichen Tendenz. Die

Auch für Kinder gilt schon, was verstärkt für Erwachsene gilt: Freude am Leben und das Gefühl, in einer Gemeinschaft aufgehoben zu sein, erweist sich als ein starker Schutz gegen die Krankheit.

immer wieder geforderte Beschränkung der Flüssigkeitsaufnahme nützt meistens nicht viel. Mit wenig Dressur, aber viel Verständnis und liebevoller Zuwendung muß diese Phase überwunden werden. Die Meinung mancher Erzieher und Eltern, Bettnässen sei eine Art Ungezogenheit und beruhe auf mangelndem oder sogar schlechtem Willen, trifft nicht zu. Es ist ja ein unwillkürlicher Vorgang, der in einem Gehirnbezirk ausgelöst wird, welcher dem Willen nicht unterliegt. Erst mit der weiteren Ausbildung des menschlichen Ich lernt der Mensch mit Hilfe der besser ausgebildeten Ringmuskulatur, After und Harnwege „dicht" zu machen, was dann auch wieder reflexartig unbewußt wird und auch im tiefen Schlaf wirksam bleibt.

Bauchschmerzen

Die bei Kindern ziemlich häufig auftretenden Bauchschmerzen (Nabelkoliken) sind meist seelischer Natur. Eine körperliche Untersuchung durch den Arzt muß auf jeden Fall immer stattfinden, weil es sich ja auch um einen kleinen Bruch in der Bauchwand (epigastrische Hernie) oder um eine Blinddarmentzündung handeln kann.

Lymphdrüsenschwellung

Wenn bei Kindern häufig Lymphdrüsenschwellungen besonders am Hals auftreten, sucht man natürlich nach einem Infekt. Diese „Drüsenkinder“ sind tatsächlich infektanfällig und gedeihen schlecht, daher auch „Kümmerer“ genannt. Es ist daran zu denken, daß es sich meist um überbehütete und verwöhnte Einzelkinder handelt, die doch eher abgehärtet werden müssen, zum Beispiel durch mehrwöchige Nordseeaufenthalte über mehrere Jahre hinweg. Auch muß das Kind aus der Vereinzelung heraus und Anpassung lernen und selbstbewußter werden. Selbstverständlich müssen die körperlichen Erscheinungen entsprechender ärztlicher Kontrolle unterliegen.

Anschriften psychosomatischer Spezialkliniken in der Bundesrepublik Deutschland

Psychosomatische Klinik Bad Herrenalb
Bernbacherstr. 33, Telefon: 07083/20 71
Aufnahme von psychoneurotischen und psychosomatischen Kranken (mit Ausnahme von Asthma bronchiale und Colitis ulcerosa)
Eigendarstellung des Patienten und Arztbericht erforderlich

Rheinklinik für psychosomatische Medizin
Fachklinik für Innere Medizin und Neurologie, Luisenstr. 3, 5340 Bad Honnef, Telefon: 02224/20 81
Aufnahme aller psychosomatischen Kranken
Erstuntersuchung in der Aufnahmestelle der Klinik

Psychotherapeutische Klinik Sonnenberg
Christian-Belser-Str. 79, 7000 Stuttgart 70, Telefon: 0711/64 40 01
Aufnahme von Menschen mit Psychoneurosen und psychosomatischen Erkrankungen, nur subakute Fälle
Aktive Behandlungsbereitschaft und Motivation des Patienten und ärztliche Bestätigung der stationären psychotherapeutischen Behandlungsnotwendigkeit erforderlich

Psychosomatische Klinik Kinzigtal
7614 Gengenbach, Telefon: 07803/20 21-24
Aufnahme aller psychosomatischen Kranken außer Bronchialasthma
Ärztlicher Einweisungsbericht oder ambulante Voruntersuchung

Hochschwarzwaldklinik St. Blasien
Postfach 101, 7822 St. Blasien, Telefon: 07672/3 57
Aufnahme psychosomatischer Kranker
Abt. für Jugendliche ab 16. Lebensjahr
Eigenbericht des Patienten und ausführlicher Arztbericht erforderlich

Psychosomatische Station Umkirch
der Medizinischen Klinik Freiburg, 7801 Umkirch über Freiburg, Telefon: 07665/64 32
Aufnahme aller Kranken mit psychosomatischen Erkrankungen
Ambulante Voruntersuchung

Niedersächsisches Landeskrankenhaus Tiefenbrunn
Fachkrankenhaus für psychogene und psychosomatische Erkrankungen, 3405 Tiefenbrunn bei Göttingen, Telefon: 0551/7 80 81
Abteilung für Kinder und Jugendliche
Ausführlicher Arztbericht oder ambulante Voruntersuchung erforderlich

Psychosomatische Klinik Universität Heidelberg
Voss-Str. 2, 6900 Heidelberg 1, Telefon: 06221/53 22 14
Aufnahme aller psychosomatischen Kranken
Ambulante Voruntersuchung

Psychosomatische Klinik Bad Neustadt
Staatlich anerkannte private Krankenanstalt, 8740 Bad Neustadt/Saale, Salzburger Leite 1, Telefon: 09771/50 75

Wie man psychosomatische Erkrankungen erkennt

Es wurde in den vorangegangenen Abschnitten immer wieder betont, daß der Mensch nicht eine Krankheit oder Gesundheit hat, sondern immer als ganzer Mensch, als Leib-Seele-Geist-Einheit krank oder gesund ist und als solcher besonders in seinen kranken Tagen verstanden werden muß. Für das praktische Handeln erhebt sich dazu natürlich die Frage, wie man psychosomatische Krankheiten erkennen kann, ob also eine Krankheit vorliegt, bei der neben den körperlichen auch seelische (psychische) Einflüsse eine wesentliche Rolle spielen.

Wir wissen, daß ein erheblicher Teil der Patienten, die einen Arzt aufsuchen, über Störungen klagt, denen mehr oder weniger leicht erkennbare oder sehr versteckte seelische Ursachen zugrunde liegen müssen. Während wir aber für die überwiegend oder rein körperlichen Krankheiten über zahlreiche technische Untersuchungsmöglichkeiten verschiedenster Art verfügen, die eine klare Diagnose gestatten, gilt das für die psychosomatischen Krankheiten nicht ohne weiteres.

Diagnostische Möglichkeiten

Unsere in der Praxis tätigen Allgemeinärzte und Ärzte für innere Krankheiten rechnen damit, und neuere Untersuchungen haben das bestätigt, daß 35 bis 40 Prozent aller Patienten psychosomatisch bedingte Gesundheitsstörungen aufweisen. Sie richten daher seit Jahren ihre besondere Aufmerksamkeit darauf und verfügen inzwischen über breitere Erfahrungen mit den verschiedensten psychisch verursachten oder mitverursachten Erkrankungen.

Einfache Tests gibt es noch nicht

Nach Dr. *H. Hamm*, dem Präsidenten der Deutschen Gesellschaft für Allgemeinmedizin, gibt es keine einfache, von jedem Behandler nachvollziehbare und vergleichbare Methode, psychosomatische Erkrankungen zu erkennen oder auszuschließen. Auch psychologische Tests, die manchmal gestatten, spezielle Fragen zu beantworten, existieren nach *W. Bräutigam* und *P. Christian* zur Frage einer psychosoma-

Die Krankengeschichte deckt sich oft mit der Lebensgeschichte. Um einen Menschen in seiner Krankheit zu verstehen, muß man sein Leben kennen.

tischen Entwicklung von Beschwerden oder Symptomen (Krankheitszeichen) nicht. Ein Arzt, der die Lebensumstände seiner Patienten oft jahrelang und manchmal lebenslang kennt (hier kommt dem Hausarzt, der das Leben einer Familie begleitet, eine besondere Bedeutung zu), kann natürlich durch sein Miterleben die seelischen Entstehungsbedingungen am besten beurteilen. Hier kommt wieder etwas zur Geltung, was die alten Ärzte immer schon für sehr wichtig hielten, nämlich die oft miterlebte Krankengeschichte des einzelnen sowie der ganzen Familie.

Im Psychologischen Institut der Universität Tübingen ist es neuerdings gelungen, durch gezielte Messungen im seelisch-körperlichen Bereich (psychophysiologische Diagnostik) die psychosomatischen Erkrankungen besser zu erfassen und die Fortschritte einer entsprechenden Behandlung zu verfolgen. Es gibt auch eine Bewertungsskala krankheitsfördernder Ereignisse des gewöhnlichen Lebens, die ihre verschiedene Wertigkeit in bezug auf die Entwicklung einer Gesundheitsstörung erkennen lassen.

Die Lebensgeschichte ist aufschlußreich

Die Kenntnis der Vorgeschichte der Familie und des Patienten selbst ist eine wesentliche Hilfe zur diagnostischen Klärung. Sie gibt uns Auskunft über die allgemeinen Lebensumstände der Familie, die äußeren Lebensschwierigkeiten, die verschiedenen seelischen Probleme der Eltern untereinander, der Eltern mit den Kindern und der Kinder untereinander. Es kommen dabei meist auch Belastungen durch Krankheiten in der Familie, Suchtfragen, finanzielle Nöte oder Eheschwierigkeiten zur Sprache, die alle in verschiedenem Umfang einen verursachenden Krankheitswert haben.

Krankmachende Konflikte

Konflikte und seelische Schwierigkeiten lassen sich mit wissenschaftlicher Exaktheit kaum feststellen. Wie sollte man auch Kränkungen und Konflikte messen, die

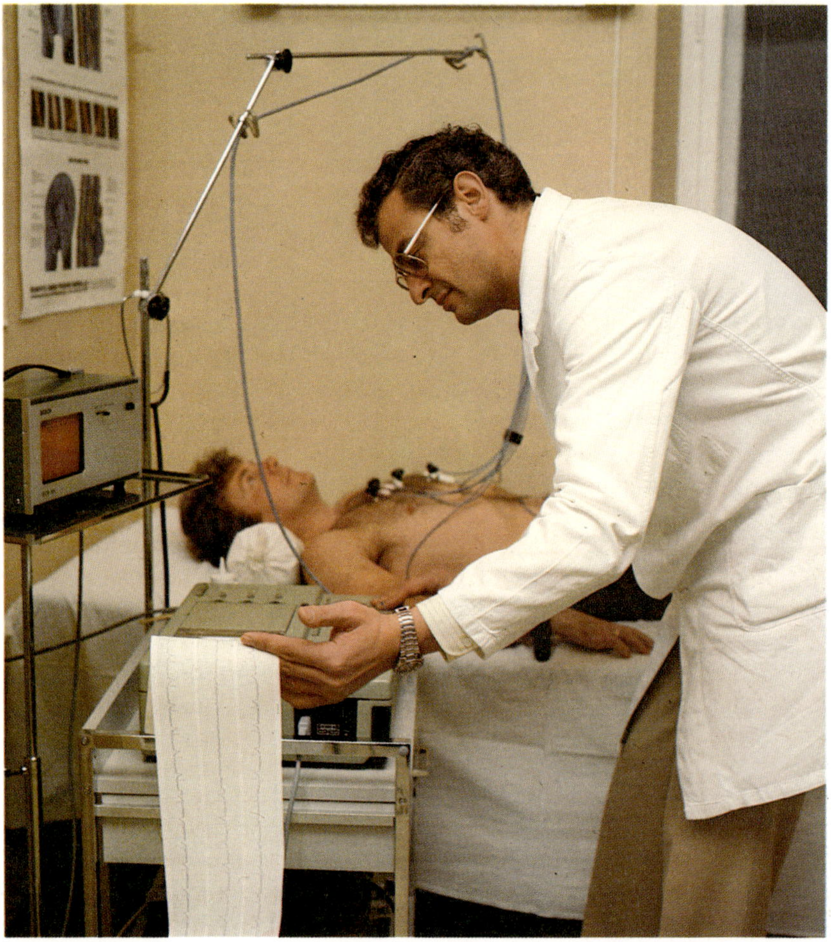

Bei aller Bedeutung, die das Seelische für das Körperliche hat, darf eine gründliche ärztliche Untersuchung nicht vernachlässigt werden. Eine Diagnose muß immer den körperlichen Bereich einschließen.

zum Beispiel durch eine Schuld gegen einen anderen Menschen, durch Lieblosigkeit oder durch Ungenügen und Unvermögen einem selbstgewählten Ideal gegenüber entstanden sind?

Außer diesen sozusagen „klassischen" Konflikten gibt es in unserer modernen Welt noch zahlreiche andere und *neue Konflikte*, die krankmachend wirken, zum Beispiel Konflikte der Unorientiertheit und der Anpassungsschwierigkeiten einer Welt gegenüber, die sich so rasch und gründlich verändert, daß man die Veränderungen seelisch nicht verarbeiten kann. Man denke daran, daß sich ganze Industriezweige so tiefgreifend verändern, daß eine Reihe von Berufen ausfällt, und viele Menschen in eine berufliche Krise geraten.

Der Kranke erkennt seine Konflikte nicht

Abgesehen von der Vielfältigkeit der Konfliktstoffe muß man auch noch an die Tatsache denken, daß gerade die psychosomatischen Erkrankungen von dem davon betroffenen Menschen selten und wenn doch, dann nicht richtig gesehen werden. *Jores* erklärt, daß der Mensch immer nur an solchen Umständen krank wird, die er selbst nicht sehen will. Meist fällt den Angehörigen das krankhafte Verhalten zuerst auf. Es wäre daher zu wünschen, daß sie den Betroffenen in aller Ruhe veranlaßten, einen psychosomatisch orientierten Arzt aufzusuchen.

Erkennen und behandeln

Der psychotherapeutisch arbeitende Arzt wird seinen Patienten bei dem ersten Kontakt zunächst einmal sprechen, sich aussprechen lassen, ohne selbst viel zu fragen. Er wird auch die bei ihm selbst durch den Patienten auftretenden *Gefühle* (Emotionen) beobachten. Von *Michael Balint* wissen wir nämlich, daß der Patient im Arzt etwa die Gefühle auslöst, die ihn selbst beherrschen. Daraus sind Rückschlüsse auf den seelischen Zustand des Patienten möglich.

Klärung seelischer Funktionsstörungen

Der nächste Schritt wird darin bestehen – und damit beginnt die Einbeziehung des kranken Menschen –, festzustellen, ob die anfänglich vorgebrachten Beschwerden oder Klagen wegen bestimmter Ereignisse aus der Lebensgeschichte des Kranken zu verstehen sind. Es wird auch gefragt, ob die ersten Krankheitszeichen zu bestimmten Zeiten auftreten, zum Beispiel in bestimmten Lebensabschnitten, im Urlaub, an Wochenenden oder in der Arbeitszeit. Daraus läßt sich oft schon erkennen, wo und wann sich Schwierigkeiten oder Konflikte entwickelt haben, die krankmachend gewirkt haben können.

Wichtig ist auch die Frage, wie der Kranke seine Kindheit, Eltern, Großeltern, Geschwister und seine nächste Umgebung erlebt hat. Es ist aufschlußreich, ob man sich als Kind umsorgt, angenommen und verstanden fühlte oder ob man sich letztlich verlassen vorkam. Die Antworten auf diese Fragen lassen wichtige Rückschlüsse zu. Ein Kind wird in den sehr empfindlichen Phasen geprägt von der Liebe, dem Verständnis und der Geborgenheit, die es insbesondere durch Mutter und Vater empfangen hat.

Aus dem Gespräch wird sich meistens ein Zusammenhang zwischen den augenblicklichen Klagen und bestimmten Erlebnissen, Schwierigkeiten und Konflikten ergeben. Daraus ist dann oft schon die Diagnose einer *funktionellen Störung* als Ausdruck unverarbeiteter, nicht gelöster Konflikte möglich. Der Körper „spricht aus", was die Seele irritiert und kränkt. Damit ist die Klärung des Krankheitsgeschehens aber noch längst nicht abgeschlossen.

Es ist erstaunlich, daß es im Laufe des Gesprächs mit dem Arzt beim Patienten zu einer seelischen Auflockerung und einer Gesprächsbereitschaft kommt. Auf gezielte Fragen des Arztes hin findet er auch den Weg zu einer gelösten Darstellung seiner Probleme. Das erleichtert ihn und gibt dem Arzt die Möglichkeit, die Zusammenhänge zu verstehen und Konfliktlösungen zu suchen.

Auch die körperliche Untersuchung ist wichtig

Zur Sicherung und zum Ausschließen organischer Störungen wird sich der psychosomatisch orientierte Arzt nicht mit der seelischen (psychischen) Seite des Krankheitsgeschehens allein befassen, sondern auch die körperliche Betrachtung und Untersuchung einbeziehen, um eine möglichst breite Grundlage zum Verstehen des kranken Menschen zu gewinnen. Er wird deshalb wie in der Schulmedizin eine körperliche Untersuchung durchführen, den Blutdruck messen, die zunächst wichtigsten Laboruntersuchungen und auch andere technische Untersuchungen, wie Elektrokardiogramm, Röntgen- oder Ultraschalluntersuchungen, anordnen, soweit die Beschwerden oder die Verdachtsdiagnose solche Maßnahmen rechtfertigen.

Belanglose Ergebnisse müssen als solche gewertet und zurückgestellt oder später überprüft werden. Fehlen wesentliche Organbefunde, so liegt der Verdacht auf eine funktionelle Störung vor.

Sollten sich aber bei der körperlichen Untersuchung Anzeichen einer organischen Krankheit ergeben (z. B. für ein Asthma bronchiale, einen Bluthochdruck, ein Magengeschwür oder eine chronische Dickdarmerkrankung), so ist trotzdem auch das psychologische ärztliche Gespräch erforderlich, weil auch die *organischen* Krankheiten durchaus mit bestimmten Konfliktsituationen zusammenhängen können und aus der Lebensgeschichte verständlich werden. Das ist dann eine echte *psycho-somatische Erkrankung,* die sowohl einer organischen (körperlichen), als auch einer seelischen (psychischen) Behandlung bedarf.

Da die psychosomatischen Krankheiten heute ein weitgehendes ärztliches Interesse gefunden haben, ist zu erwarten, daß sich das Rüstzeug zu ihrer Erkennung noch wesentlich verbessern wird. Sicher kommt dabei vorläufig noch vieles auf die „Intuition" des Arztes an, aber eine gezielte Interview-Technik kann keinesfalls entbehrt werden. Immerhin ist die psychosomatische Medizin inzwischen in den Gegenstandskatalog der ärztlichen Prüfung aufgenommen worden.

Im Laufe einer seelischen (psychischen) Behandlung werden wir bei der Bearbeitung von Konflikten und Lebensschwierigkeiten manche Stufe der Selbsterkenntnis erklimmen, aber auch immer wieder zwischen Selbsterkenntnis und Selbstentfremdung hin- und herschwanken, immer wieder an eine Grenze stoßen, die *Eduard Mörike* in seinem Gedicht beschreibt:

> Könnt ich, o Seele, wie du bist,
> dich in den reinsten Spiegel fassen,
> was all dir einzig eigen ist,
> als Fremdes dir begegnen lassen!
> Ja fiele nur aus diesem Aug ein Blick,
> wie er uns traf, ins eigne Herz zurück –
> von selgen Schauern angeweht,
> scheu nahtest du dem namenlosen Bilde,
> wie einem Rätsel, das um Lösung fleht,
> das eins im andern sich auf ewig stillte;
> doch auch, kaum hast du halb dich selbst erkannt,
> verkennst du dich und hast dich abgewandt!

Es gibt eine Möglichkeit, Antwort darauf zu erhalten, wer wir sind, ob wir uns wirklich selbst richtig sehen. Wir brauchen uns nur in ein Wort des 139. Psalms zu vertiefen, das lautet:

„Erforsche mich, Gott, und erfahre mein Herz; prüfe mich und erkenne, wie ich's meine. Und sieh, ob ich auf bösem Wege bin, und leite mich auf ewigem Wege."

Zusammenfassung

Es ist geradezu charakteristisch, daß sich die psychosomatischen Krankheiten weder allein durch Psychotherapie noch allein durch Medikamente beeinflussen lassen. Eine grundlegende Besserung ist nur durch eine gute Kombination beider Behandlungsmethoden möglich.

Die gute Kombination zu finden ist eine ausgesprochen schwierige Aufgabe, die oft genug nur vom Arzt in Verbindung mit einem versierten Psychotherapeuten oder Seelsorger gelöst werden kann.

Der angefochtene Mensch

„Ein Sprichwort sagt: Verhüten ist leichter
als Heilen. Ich sage: So, wie die Verhältnisse sowohl auf
körperlichem, wie auf seelischem Gebiete heute
liegen, ist Verhüten um vieles schwerer als Heilen. Erst der Leidende
hat Ohren zu hören." (M. Bircher-Benner)

Leben heißt wachsen und reif werden

„Ein Mann, der Herrn K. lange nicht gesehen hatte, begrüßte ihn mit den Worten: ‚Sie haben sich gar nicht verändert.‘ – ‚Oh!‘ sagte Herr K. und erbleichte.“ (Bertolt Brecht in seinen „Geschichten vom Herrn Keuner“.) Vielleicht sind wir selbst schon einmal von jemand, der uns lange nicht gesehen hat, mit den Worten begrüßt worden, wir hätten uns gar nicht verändert, und haben das für ein Kompliment gehalten. In unserer Geschichte aber erbleicht der so Begrüßte. Was hat ihn erschreckt? Vielleicht meinte er, das, was er erlebt hat, müsse ihn doch zu einem anderen gemacht haben. Was er durchlitten, müsse man ihm ansehen; das müsse ihn auch äußerlich geprägt haben. So aber fühlt er sich erschreckend unverstanden.

Wir werden reicher – oder ärmer

Wachsen ist das Gesetz des Lebens, und auch die Altersstufen des menschlichen Lebens stellen eine Entwicklung zur Reife dar, wenn sie recht begriffen und eingeordnet werden. „Wer rastet, der rostet“, sagt das Sprichwort, nur ist der Rost, den ein Mensch ansetzt, der nicht mehr innerlich wächst, mit dem natürlichen Auge nicht zu sehen. Auf die Ganzheit des menschlichen Lebens bezogen, heißt Wachsen: sich wandeln, verändern, neu anfangen, im tieferen Sinn menschlich handeln, reif werden. Wenn ein Kind plötzlich zu wachsen aufhört, ist das ein Zeichen von Krankheit. Äußeres Wachstum läßt sich feststellen, zählen und messen. Die Jahresringe im Stamm verraten das Alter eines Baumes. Das innere Wachstum eines Menschen – und darum geht es hier, nicht um das rein biologische Wachstum – ist so leicht nicht abzulesen.

Das Leben als Lernprozeß

Man sagt, eine Ehe werde entweder immer reicher oder immer ärmer. Jedenfalls bleibe sie nicht das, was sie war. Das gilt auch für das Leben. Wenn wir einen Menschen längere Zeit nicht gesehen haben und er mittlerweile vieles durchleben und durchleiden mußte, dann fällt uns sein veränderter Gesichtsausdruck auf. Der jugendliche Schmelz ist gewichen, Falten sind entstanden, aber der Blick ist vielleicht verstehender, anteilnehmender, wacher, fürsorglicher geworden. Bei einer solchen Begegnung verspüren wir etwas von dem, was wachsen und reif werden bedeutet. Oder ein gegenteiliges Beispiel: Da ist die eitle Klassenschönste, die mit allen kokettiert und von allen begehrt wird. Mit 40 Jahren erschreckt ihr platter Gesichtsausdruck; sie wirkt verlebt, und ihre Augen sind tot. Bei ihrem eitlen Gehabe hat sie genau den Partner gefunden, der zu ihr paßte und ihr die nötigen Impulse zum Leben nicht geben konnte.

Auch wenn wir scheinbar auf einer bestimmten Stufe stehenbleiben, bleiben wir nicht, wer wir waren. Wir werden entweder reicher oder ärmer. Stillstand und abgekapseltes Beharren in sich selbst stellen sich oft bei näherem Hinsehen als Vereinsamung und Verkümmerung heraus. *Tobias Brocher* erzählt einmal von der unverheirateten Tante seines Freundes, von der es immer nur hieß: „Tante Emma sitzt wieder in ihrem Zimmer und nimmt übel." Dann wartete sie nämlich darauf, daß die anderen zu ihr kämen, bevor sie sich um andere bemühte.

Viele alte Menschen stehen, was die Ernte aus ihrem Leben betrifft, mit leeren Händen da. Sie sind reizbar, verbittert, ungerecht, schadenfroh und fallen nun, da ihre Kräfte am Ende sind, in kindliche Verhaltensweisen zurück. Sie haben ihr Leben als einen großen Lernprozeß nicht begriffen, können ihre Erfahrungen nicht einordnen und haben nicht jene Reife gewonnen, die eigentlich zum verklärten Alter gehört, das ohne Haß und Zorn auf die eigene Vergangenheit zurückschaut.

Dabei sehnt sich jeder Mensch nach Zufriedenheit, Liebe, Freude, eben nach all dem, was mit dem Allerweltswort „Glück" in Zusammenhang gebracht wird. Wenn man alte Menschen fragt, was sie anders machen würden, wenn sie noch einmal jung wären, dann kommen eben nicht Antworten wie: „Ich würde mehr Geld verdienen", „Ich hätte mich nicht so um Menschen kümmern sollen", „Ich hätte mehr an mich denken sollen", sondern die Antworten lauten gewöhnlich: „Ich hätte vielleicht damals nachgeben sollen", „Ich hätte mit diesem oder jenem nicht in Feindschaft leben sollen", „Ich habe zuwenig Zeit für meine Familie gehabt", „Ich habe mir zuviel Sorgen gemacht", „Ich würde mich selbst nicht so wichtig nehmen". Bei diesem Rückblick wird deutlich, worin das Eigentliche des Lebens liegt und daß sich vieles, was vordergründig so wichtig und erstrebenswert erscheint, auf die Dauer gesehen als Vergeudung von Kräften und als Irrtum herausstellt.

Wachsen im Leben kann nur der, der einen Blick für die dauerhaften Werte des Lebens hat. Richtig leben muß eben nicht unbedingt bedeuten erfolgreich leben. Im Gegenteil, das Aufbieten aller Kräfte um des äußeren Erfolges willen kann der Weg in den Unfrieden sein. Man kann sogar noch ein Stück weitergehen und sagen, daß viele gerade im Scheitern einen Blick für das Wesen des Menschlichen gewonnen und zu sich selbst gefunden haben, und das war ein Erlebnis, das in ihnen inneres Wachstum auslöste.

Ermüdung hindert am Wachstum

Wachsen und Reifen haben einen großen Feind: die Ermüdung. Diese Ermüdung hat viele Namen und kann sich nach der körperlichen wie nach der geistigen Seite hin zeigen. Je älter ein Mensch wird, desto mehr ist er auf die Kräfte einer geistigen Erneuerung angewiesen. Manche verbitterte Frau ist geradezu aufgewacht, als sie Enkel hatte, weil ihr das Erlebnis kindlicher Unbefangenheit ein neues Gesichtsfeld erschloß. Auch diese geistige Veränderung ist Wachsen und Reifen. Unser Leben ist immer wieder von Resignation (lat. resignare = die Feldzeichen zurücksetzen) bedroht und besonders dann, wenn unser Leben nicht mehr nach Fahrplan verläuft und gerade dann ein mutiger Schritt nach vorn nötig wäre. Das bloße Abfinden mit dem Leben und der Verzicht auf eigene persönliche Erfüllung sind Abschluß einer negativen Entwicklung und nicht Wachstum. Gleichgültigkeit gegen Welt und Menschen ist nicht Reife, sondern eine tragische Form von Verkümmerung in sich selber, bei der nichts mehr wächst, blüht und gedeiht. Wie soll auch jemand noch wachsen, der sich mit sich selbst – seinen Schwächen und seiner Unbeweglichkeit – abgefunden hat? „Ich bin nun eben mal so", ist dann die einzige Entschuldigung, wenn man mit der Welt, den Menschen und sich selbst nicht zurechtkommt. Altwerden ist schön, wenn man dabei nicht das Lernen und Wachsen vergißt und immer wieder den Mut hat, neu anzufangen.

Selbstprüfung

Wachsen und Reifwerden hat es zu tun mit der Leidenschaft für das Leben. Freude am Dasein und über die Ermöglichung fremden Lebens, das ist eine bewegende Kraft. Testen wir uns doch einmal, wie stark uns diese Leidenschaft zum Leben erfüllt:

- Wofür setze ich Zeit ein? Sind es nur die Dinge des persönlichen Lebenskomforts, oder ist es auch das Wohlergehen anderer Menschen?
- Was interessiert mich so, daß ich dafür persönliche Opfer auf mich zu nehmen bereit bin?
- Wofür bin ich bereit, mein Leben einzusetzen?
- Welche Erfahrung möchte ich gern zu deren Hilfe meinen Mitmenschen mitteilen?
- Wie viele Menschen gibt es, deren Freude und Leid auch mich berühren?

Die Sehnsucht nach einer sinnvollen Lebensgeschichte

Wir sehnen uns nach einer sinnvollen Lebensgeschichte, und wir leiden darunter, wenn all unsere Erfahrungen zufällig und willkürlich scheinen und unversöhnt nebeneinander stehen. Der Blick für das eigene Lebensganze wird uns erst dann werden, wenn wir unsere Erfahrungen als etwas begreifen, wodurch wir lernen oder besser verstehen sollen. Hier ist der Punkt, auf den wir alle Erfahrungen beziehen können, und es stellt sich heraus, daß doch hinter allen scheinbaren Zufälligkeiten und Widersprüchen eine sinnvolle Lebensgeschichte sichtbar wird. Es ist tröstlich für einen gereiften Menschen, daß er sein Leben und sich selbst in diesem Leben als eine Einheit erkennt. Ein Ausdruck dieser erlangten Reife ist das Gefühl einer umfassenden Dankbarkeit. Er hat ein Leben hinter sich, das – auch bei körperlichem Verfall – innerlich reicher geworden ist.

Wer kann über den eigenen Schatten springen?

Das Leben eines Menschen ist bis zu einem bestimmten Grad voraussehbar. Das bedeutet aber nicht, daß er in seinem Wesen festgelegt ist und nur in einer bestimmten Art und nicht anders handeln kann. Der Vater, der stets „aus dem Häuschen" gerät, wenn die Zeitung nicht an ihrem bestimmten Platz liegt, ist eigentlich ein unfreier Mensch, weil er bloß noch in *einer* Art zu reagieren vermag. Über den eigenen Schatten springen hieße hier: daß er sich einmal mit freundlichem Gesicht die Zeitung eben von dort holt, wo sie liegt, oder freundlich nach ihr fragt. Wer bei einem bestimmten Anlaß stets einen Wutausbruch bekommt und eines Tages beim selben Anlaß gelassen und heiter bleibt, hat so etwas wie einen Sieg über sich selbst errungen und wird wahrscheinlich in seiner Menschlichkeit ernster genommen werden als vorher.

K. befand sich im Flugzeug, um seine Tochter zu besuchen, mit der er in einer gewissen Spannung lebte. Ihre unbekümmerte Art zu leben und vor allem Geld auszugeben konnte er, der sein Geld nur sinnvoll ausgab, nicht verstehen. Die Tochter empfing den Vater am Flughafen. Sie hatte noch ein paar Besorgungen in der Stadt, und er begleitete sie. In einem Schuhgeschäft stachen ihr besonders ein paar gelbe Schuhe in die Augen. Ihr Vater bemerkte es, und ganz gegen das, was man von ihm erwarten konnte, kaufte er ihr die Schuhe. Von Stund an hatte er ein neues Verhältnis zu seiner Tochter – dank des „Geheimnisses der gelben Schuhe". Wer wachsen und reifen will, muß auch den Mut zum Ungewöhnlichen, zum Sprung über den eigenen Schatten haben.

Paul Tournier zählt als wichtigste Entwicklungsfaktoren eines Menschen auf: die Liebe, das Leiden, die Identifikation, die Anpassung. Mangel an Liebe läßt den Menschen verkümmern, die Erfahrung von Liebe bewirkt Wachstum und Lebensreife. Deswegen kann ja die Ehe, bei der sich zwei Menschen in Liebe einander zuwenden, eine so große Chance zu einem Neuanfang sein, wenn die Liebe durchgehalten wird. Was das Leiden betrifft, muß man sagen: Leiden kann natürlich auch einen Menschen verbittern und ungerecht machen; aber es ist ein wichtiger Entwicklungsfaktor für einen Menschen auf seinem Weg zur Reife. Gereifte Menschen haben eben auch vieles erleben müssen. Geistig verarbeitetes Leid schärft Auge und Ohr für das Leid anderer. Der Entwicklungsfaktor Identifikation spricht das Vorbild an, an dem sich ein Mensch orientiert. Mancher Leben wäre anders verlaufen, wenn ihnen glaubwürdige Vorbilder für ein wahres Leben begegnet wären. Das fängt bei den Eltern für das Kleinkind schon an, setzt sich fort bei den Lehrern, Erziehern und schließlich allen Menschen, mit denen wir zu tun haben. Der letzte genannte Entwicklungsfaktor ist die Anpassung. *Goethe* sagte einmal: „Leben heißt sich anpassen." Die hier gemeinte Anpassung hat nichts mit Charakterlosigkeit zu tun und einem taktischen Die-Fahne-nach-dem-Wind-Hängen. Jede neue Situation erfordert von uns Anpassung. Das berufliche Leben erfordert Anpassung. Ohne sie gibt es keine Team-Arbeit, gibt es keine Partnerschaft. Nicht-Anpassung ist kein Zeichen von Stärke, weil echte innere Stärke nicht mit Starrheit, sondern mit Lebendigkeit zusammenhängt. Anpassung kann mit persönlicher Umstellung und dem Aufgeben alter Gewohnheiten zu tun haben und schmerzlich sein, aber sie ist ein wichtiger Faktor zum Wachsen und Reifwerden.

Gemeinschaft heißt miteinander sprechen

Tobias Brocher schreibt einmal: „Kommunikation ist die Anfangsbedingung jedes Lernprozesses." Kommunikation, der zwischenmenschliche Austausch von Informationen, ist ein wichtiger Prozeß. Wer nicht mit anderen spricht, lernt nicht. Die Begegnung mit dem anderen Menschen, meist durch die Sprache, ist für das innere Wachstum nötig. Reif werden kann man eben nur im Kontakt mit der Wirklichkeit des Lebens. Flucht in die Illusion, in die eigene Privatheit oder in eine Welt des Scheins verhindert diesen Prozeß. Diese Wirklichkeit ist aber im wesentlichen der andere Mensch und sein Verhältnis zu mir. Aber auch die Dinge und Mächte des Daseins gehören dazu, von denen ich aber auch erst durch die Kommunikation mit dem Mitmenschen ein realistisches Bild

Die Jahresringe sind ein untrügliches Zeichen für das Alter eines Baumes. Beim Menschen gibt es nicht so eindeutige Zeichen; und dennoch kommen Wachstum und Reife in seinem Erscheinungsbild deutlich zum Ausdruck.

bekomme. Durch diese Kommunikation werde ich zu einem sachlichen Sprechen und Denken erzogen. Viele Probleme würden allein schon dadurch gelöst, wenn man über sie sprechen könnte, ohne Vorurteil und Befangenheit. Bei seiner Unzulänglichkeit ist der Mensch angewiesen auf den Zuspruch des anderen, auf dessen Sicht der Dinge, auf dessen Teilnahme. Wir können nicht seelisch gesund bleiben, wenn wir nicht das aussprechen, was uns bedrückt, und nicht in Gemeinschaft leben, wenn der andere sich uns in seiner seelischen Not nicht öffnet.

Wachsen und Reifwerden geschieht in vielen Formen und in einem vielfältigen Verbundsystem. Es ist wie bei einem Kind, bei dem ja auch nicht nur einzelne Organe oder einzelne Gliedmaßen, sondern alles zusammen wächst. Zur Erläuterung wollen wir einige Bereiche nennen:

Stufen zum Reifwerden

Selbsterkenntnis: Unsere Existenz versteht sich nicht von selbst, und viele haben von sich selbst ein Bild, das mit der Wirklichkeit nicht übereinstimmt und ein sachgemäßes Verhalten erschwert. Es erfordert gewissermaßen Geduld mit sich selber, wenn man die eigenen Interessen, Bedürfnisse und Motive verstehen will. Man versteht auch die eigene Not besser, wenn man weiß, woran es liegt. Es ist ehrlicher und klärender, einfach zu sagen: „Ich fühle mich im Betrieb nicht wohl, weil ich nicht anerkannt werde", als das angeblich schlechte Betriebsklima für das eigene Unbehagen verantwortlich zu machen.

Den anderen verstehen: Eine der schwersten Aufgaben, die uns gestellt sind, ist die Annahme fremden Lebens. Wir kommen gut mit einem Menschen aus, der dasselbe denkt wie wir, und vielleicht ist er uns gar nicht als Person sympathisch, sondern bloß weil er unserer Meinung ist. Wir können dankbar sein für ein Kind, das sich nach unseren Vorstellungen entwickelt; aber wie ist es, wenn es unseren Erwartungen nicht entspricht? Jetzt käme es eben darauf an, vom eigenen Phantasiebild zu lassen und dem Kind die Entfaltung zu einem eigenen Dasein zu ermöglichen. Hier liegt ein Grundkonflikt der Erziehung überhaupt. Gerade in der Begegnung mit dem anderen Menschen wird etwas deutlich von der egoistischen Grundstruktur unseres Wesens, und wir müssen erst lernen, einen anderen Menschen zu verstehen. Im Verstehen des anderen wird unser Leben reicher, weitet sich unser eigener Horizont.

Die Welt als Möglichkeit sehen: Man kann in der Umwelt lediglich eine Kulisse für das eigene Leben, man kann in ihr aber auch ein Angebot vielfältiger Möglichkeiten sehen, die wir aufgreifen und die wir nützen können. Etwa das Angebot, sich für Menschen in Not einzusetzen; oder das Angebot, die vielen Impulse und Anregungen durch Menschen, Bücher, Eindrücke wahrzunehmen und im Leben auszuprobieren; oder das Angebot, selbst Hilfe in Anspruch zu nehmen. Wir leben in einer Welt, die bei aller Brüchigkeit den, der sein Leben für

eine gute Sache einzusetzen bereit ist, ein hilfreiches Staunen lehrt. Wer dieses Staunen, über eine Blume wie über den Reichtum eines Daseins, das für andere Menschen geöffnet ist, nicht kennt, ist arm dran.

„Die Grenzen unserer Wahlmöglichkeit sind enger gesteckt, als wir wahrhaben wollen. Aber die Kenntnis unserer Grenzen gehört mit zu unserer Freiheit. Das Notwendige erkennen, die Bedingtheiten zugeben, dem Unausweichlichen sich nicht entziehen, das Gegebene als Chance erkennen und das Mögliche tun – das erst kann uns zu unserer Reife führen. Wir leben nicht in einer Welt, die durch ein paar Formeln erklärt werden könnte." *(Otto Betz.)*

Nachgeben: Auf seinem Recht zu bestehen, eigene Machtmittel einzusetzen, Böses mit Bösem zu vergelten – das entspricht unserer natürlichen Logik. Nachgeben ist gewöhnlich das Gegenteil von dem, was man als unmittelbare Reaktion tun möchte. Bei den vielen Fragen, wie wir mit dem Leben fertig werden sollen, stoßen wir immer wieder auf eine Grundfrage. Diese lautet: Bin ich da, um mich selbst durchzusetzen, oder bin ich da, um Leben – das eigene wie das des anderen – zu ermöglichen. Nachgeben hat es damit zu tun, dem anderen, auch wenn er schuldig ist, die Chance eines Neuanfangs einzuräumen; und die Bereitschaft, immer wieder neu anzufangen, zeichnet den gereiften Menschen aus. In diesem Sinn rückt Nachgeben in die Nähe von Vergeben, Versöhnen, Trösten. Wenn wir nicht lernen, dann und wann nachzugeben, auf eigenes Recht zu verzichten, um anderen Leben zu ermöglichen, werden wir nicht wachsen und reif werden.

Überwindung und Selbstverleugnung: Besteht Nachgeben mehr darin, auf ein Recht zu verzichten, so haben wir es hier mit der Bereitschaft zu tun, ein Opfer auf sich zu nehmen, um Menschen, einer Gemeinschaft oder auch einer Idee zu dienen. Echte Gemeinschaft lebt von Verzicht und Opfer, aber sie beglückt andererseits in

Geduldig und konzentriert gestaltet der Künstler aus dem Holzblock eine Gestalt – Sinnbild für das Reifwerden des Menschen.

Was wird ihnen die Zukunft bringen? Aufgaben und Pflichten warten auf sie, und wie sie diese anpacken, davon hängt ihr Schicksal ab.

Umgang mit Menschen bedeutet auch Enttäuschung. Bei allem gesunden Zweifel sollen wir jedoch nicht den Mut zum Leben verlieren.

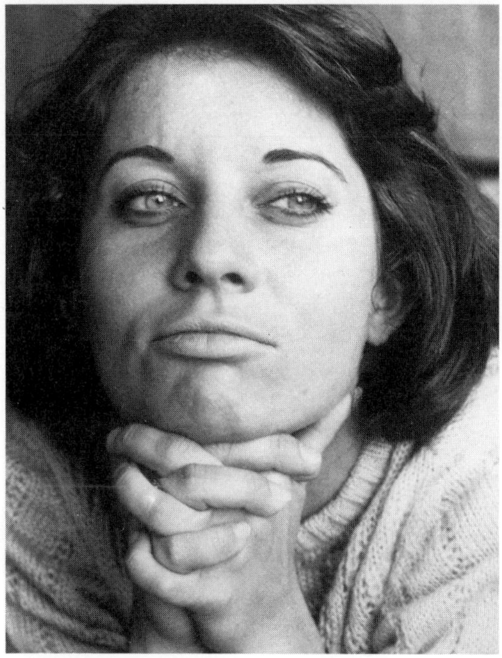

einem so hohen Maße, daß Verzicht und Opfer gar nicht mehr gespürt werden. Dem Zyniker muß zweifellos eine Ehe als ein schreckliches Gefängnis erscheinen, und zweifellos bedeutet eine Ehe auch Verzicht auf eigene Freiheit; aber dieser Verzicht wird durch den Gewinn weit höherer Werte abgedeckt und ausgeglichen. Wer ständig im Mittelpunkt stehen will und eigentlich nur sich selbst wichtig nimmt, ist zur Gemeinschaft und zur Kommunikation, der „Anfangsbedingung jedes Lernprozesses", nicht fähig. Der Alltag lehrt hinlänglich, daß jemand, der durch Verzicht, Überwindung und Selbstverleugnung gereift ist, in weit höherem Maße als Ansprechstelle des Menschlichen geeignet ist. Zahlreich sind die Beispiele von Menschen, die ein schweres Leben hinter sich hatten und dennoch Gelassenheit, Heiterkeit und Trost ausstrahlten. Menschen hingegen, bei denen sehr viele glückliche Umstände zusammentreffen, sind oft von einer nervösen Unruhe und Unzufriedenheit gekennzeichnet, als ob ihnen eine gewisse Reife fehlt, die offenbar nur dadurch erlangt wird, wenn man negative Erfahrungen geistig zu verarbeiten lernt.

Freiheit: Zum Wachsen und Reifwerden gehört auch die Einsicht, daß unsere persönliche Freiheit, etwas zu tun oder zu lassen, ein kostbares Gut ist. In unserer Sturm- und Drangzeit meinen wir oft, alles tun zu sollen, wozu wir imstande sind und was uns möglich ist. Erst allmählich begreifen wir, daß unsere Freiheit Grenzen hat. Einmal ist der Mitmensch diese Grenze, dessen Freiheit ebenfalls respektiert werden muß. Zum anderen gibt es für uns selbst innere Grenzen, über die hinaus wir unsere Freiheit gegen uns selbst mißbrauchen würden. Wir könnten gewiß vieles tun, wir hätten die Freiheit dazu, aber es wäre nicht gut, weder für uns noch für andere. Wir sind aber auch auf der anderen Seite in unserer Freiheit oft so phantasielos und erkennen nicht, was wir alles heute tun könnten. Wachsen und Reifwerden heißt also auch, in unserer Freiheit Neues wagen und sinnvoll handeln.

Wir verkümmern seelisch durch

Angst
Haß
Lieblosigkeit
Unversöhnlichkeit
Zwanghaftes Handeln
Geldgier
Vorurteile
Egoismus
Nicht eingestandene Schuld

Wir wachsen innerlich durch

Einsatz für andere
Angst- und haßfreie Liebe
Vergebung, die wir gewähren und die wir empfangen
Mut zum Neuen
Infragestellen der eigenen Person
Einsicht in das eigene Versagen
Bereitschaft zum Kompromiß
Mut zum Aussprechen seiner Gefühle
Vertrauen

Vollendet durch Versöhnung

Kierkegaard sagte einmal: „Das Höchste ist nicht, das Höchste zu verstehen, sondern es zu tun." Man kann philosophische Werke über das Wesen der Liebe schreiben und dabei unfähig zur Liebe sein. Man kann ein moralisches Problem theoretisch lösen und doch daran praktisch scheitern. Durchlittene „Grenzsituationen", wie Todesgefahr, Verzweiflung, Selbstaufgabe, lehren uns, daß alles, was nicht zur Tat wird, keinen Sinn hat. Wachsen und Reifwerden bedeutet deswegen auch die Überwindung eines bloß theoretischen, unverbindlichen Denkens in Richtung auf Wagnis und Einsatz. Mancher ist bis an sein Lebensende ein blasser Theoretiker geblieben und hat darüber jeden Kontakt mit der Wirklichkeit verloren.

Unser Leben findet keine ideale Vollendung in sich selbst. Es wird bis zum Schluß im Zeichen des Unzulänglichen und Bruchstückhaften stehen, aber es kann dennoch im Rahmen seiner Grenzen die ihm mögliche Erfüllung finden. Vielleicht sieht die praktische Seite dieser möglichen Vollendung so aus, daß wir für menschliche Not ansprechbar und hilfsbereit, daß wir gemeinschaftsfähiger geworden sind und eine Atmosphäre verbreiten, die anderen das Gefühl des Vertrauens und der Geborgenheit gibt. Distanzierte Würde, Abkapselung und Unberührtheit durch menschliche Not sind nicht Zeichen der hier gemeinten Vollendung, sondern Zeichen des Scheiterns. In einem anderen Sinn sein Leben vollenden heißt: daß wir mit uns selbst, mit unserer Umwelt und mit Gott versöhnt sind.

Durch nichts wird die Frage nach dem Sinn unseres Lebens so bedrängend gestellt wie durch den Tod. Wenn ich eines Tages nicht mehr bin – was war mein Leben? Wir wissen um die Einmaligkeit des einzelnen Lebens. Kein Mensch führt dasselbe Leben wie ich. Es ist mein Leben, und auch der Tod wird mein persönlicher Tod sein. Am Tod als unausweichlichem Schicksal wird die Grenze aller innerweltlichen Deutungen des menschlichen Lebens offenbar. Hier kann allein vom Glauben her eine überzeugende Antwort gefunden werden. Gott selbst wird dann zum Garanten dafür, daß unser Leben Sinn hatte. Der Gläubige kann auch angesichts des Todes getrost sein, weil er um die Unzerstörbarkeit seiner Gemeinschaft mit Gott weiß. Er besitzt nichts, was nach dem Tod weiterzuleben vermag, aber er lebt und stirbt unter der Verheißung, daß Gott ihn in einem schöpferischen Akt zum Leben zurückrufen wird. Dieser zukünftige schöpferische Akt Gottes wird in der Sprache der Bibel Auferstehung genannt.

Vom Sinn der Anfechtungen und der Heilsamkeit innerer Spannungen

Sinn der Anfechtungen, Heilsamkeit innerer Spannungen? Sind Anfechtungen, innere Spannungen, Stress nicht negative Erlebnisse in unserem Leben, etwas, das wir am liebsten ganz vermeiden würden? Können sie einen Sinn haben? Sind sie nicht schädliche Störfaktoren?

Gibt es heilsamen Stress?

Die Stressforschung unseres Jahrhunderts hat gezeigt, wie schädlich der Stress ist. Magengeschwüre, Asthma, Herztod, Konzentrationsschwäche, Angst, Nervenzusammenbruch, Unfälle: Alle diese und andere Krankheiten oder Gesundheitsstörungen können bei stressgeplagten Menschen auftreten. Das ist aber doch nicht sinnvoll! Stresshafte innere Spannungen und Anfechtungen erhöhen die Blutfette, den Blutzucker, sie vermindern die Abwehr gegen Infektionen, sogar gegen Krebs. Sie lassen schädliche Entzündungshormone im Körper ihr Werk tun. Sie stören das richtige Denken und Reagieren, sie verändern die gute Stimmung, das frohe Lebensgefühl.

Untersuchungen haben gezeigt, daß von Menschen, die während eines Jahres viele Anfechtungen, lang anhaltenden Stress, starke innere Anspannungen erleben und erleiden mußten, ein hoher Prozentsatz im nächsten und übernächsten Jahr ernsthaft krank wird. Man kann die Größe der Gefahr, auf diese Weise zu erkranken, sogar zahlenmäßig erfassen. Man füllt einen Fragebogen aus, auf dem die stressbaren Erlebnisse und Ereignisse des letzten Jahres mit Punktwerten versehen werden, je nachdem wie belastend sie durchschnittlich für einen Menschen sind. Man kreuzt die Ereignisse und Situationen an, die auf das eigene Erleben im letzten Jahr zutreffen, und zählt die Belastungspunkte zusammen. Wer auf 150 bis 300 Punkte kommt, hat eine 50prozentige Aussicht, in den nächsten beiden Jahren ernsthaft zu erkranken. Wer über 300 Punkte zählen muß, hat sogar ein Risiko von 80 Prozent. Wer nur auf 150 Punkte kommt, wird nur in

Die Beanspruchung durch Beruf und soziale Pflichten erfordert einen sinnvollen Ausgleich. Nur so kann seelisches Gleichgewicht bewahrt, können innere Spannungen heilsam verarbeitet und ertragen werden.

25 Prozent der Fälle Gesundheitsstörungen erleiden.

Mit diesen Ergebnissen stimmt auch folgende Beobachtung überein: Von allen Männern und Frauen, deren Ehepartner in einem gegebenen Jahr stirbt, werden am Ende des nächsten Jahres zehnmal mehr tot sein als von ihren Altersgenossen, die ihren Ehepartner nicht verloren haben. Unter Geschiedenen erkranken im Jahr nach der Scheidung zwölfmal so viele wie unter den anderen, deren Ehe bestehen blieb.

Warum Stress dem einen schadet und dem anderen hilft

Nur etwa 20 Prozent der Menschen können sehr viel Stress, Anfechtungen und innere Spannungen erleben, ohne jemals krank zu werden. Die meisten Menschen (80 Prozent) werden durch solche Belastungen in ihrer körperlichen und seelischen Stabilität empfindlich gestört.

Warum schadet Stress einigen Menschen anscheinend nicht oder nur geringfügig? Warum werden einige durch Anfechtungen und innere Spannungen in ihrer körperlichen und seelischen Stabilität nicht gestört; warum gehen sie sogar innerlich gestärkt aus manchen stresshaften Erfahrungen hervor? Haben sie eine angeborene, vererbte Widerstandskraft, die anderen Menschen einfach fehlt? Sind vielleicht Spannungen und Stress nicht unter allen Umständen und nicht immer schädlich, sondern nur unter bestimmten Bedingungen? Und welche Bedingungen wären das? Können Anfechtungen und Stress vielleicht sogar positive, fördernde Wirkungen auf das innere Wachstum und die Reifung des Menschen haben?

Nötig zur Entwicklung der Persönlichkeit

Die meisten Menschen hätten gern verläßliche Antworten auf solche und andere Fragen. Leider ist vieles ungeklärt. Auf der anderen Seite sind jedoch Stressforscher, Psychologen, Psychotherapeuten, Pädagogen und Seelsorger unserer Zeit auch vorangekommen und können gute Hinweise geben, die uns im praktischen Leben helfen. Hier sind einige Erkenntnisse:

1. Stresshafte Situationen und Zustände, innere Spannungen von langer oder kurzer Dauer führen zu Veränderungen im Körper, die alle einen gemeinsamen Zweck haben: Sie stellen Kraft, Energie zur Verfügung, die dazu dienen soll, durch Anstrengung der Bedrohung zu entgehen, das Problem zu lösen, die Aufgabe zu bewältigen, den Kampf innerer oder äußerer Art zu gewinnen.

2. Wenn die durch Stress oder innere Spannungen bereitgestellten Kräfte tatsächlich dazu verwandt werden, durch Anstrengung das Problem zu lösen, dann ist der Stress nicht schädlich, sondern nützlich. Er fördert die Entwicklung der Persönlichkeit, er stärkt.

3. Wenn die bereitgestellten Kräfte aber nicht oder nicht sinnvoll benutzt werden, um durch Anstrengung Gefahr zu überwinden und Probleme zu lösen, dann können diese Kräfte störend und schädigend auf den Körper und auf die gesamte Person zurückwirken.

4. Anders ausgedrückt: Ob Stressfaktoren, innere Anspannungen, Anfechtungen mir schaden oder mir nützen, hängt zu einem großen Teil davon ab, wie ich darauf reagiere, wie ich mich dazu einstelle.

5. Natürlich spielen auch meine Erbanlagen eine Rolle, aber daran kann ich nichts ändern. Deshalb ist es ein Zeichen von Klugheit und Reife, sich auf das zu konzentrieren, worauf ich wirklich Einfluß habe, nämlich auf die eigene, bewußte, überlegte Einstellung zu den Belastungen des Lebens.

Diese Leitsätze wollen wir anhand von praktischen Beispielen aus dem täglichen Leben veranschaulichen. Jeder sollte dabei an sein eigenes Leben denken und sich fragen, wie er selbst im allgemeinen auf Stressfaktoren, innere Spannungen, Anfechtungen reagiert und ob er daran vielleicht etwas ändern möchte.

Was geschieht in unserem Körper, wenn wir unter Stress stehen?

Was geschieht in unserem Körper, wenn wir unter Stress stehen? Am einfachsten ist dies vielleicht zu verstehen, wenn wir als Beispiel eine plötzlich auftretende Gefahr nehmen, die uns in erhebliche Angst versetzt. Nehmen Sie einmal an, Sie sind allein zu Hause. Es ist schon Nacht. Sie wohnen

R7
74LS27N
RAYC7901
C47
CR1
C55
R19
R8
SN74LS04N
7910 A
MADE IN UK
7410N 7905
R21
ODD
7 BIT
60 Hz
1 STOP
PARITY
1 2 3 4 5 6 7
CTS 206-7 7825
EVEN
8 BIT
60 Hz
2 STOP
PARITY
CR5
R12

Rationalisierungsmaßnahmen in den Betrieben, der Ersatz menschlicher Arbeit durch Computer und das dadurch ausgelöste Gefühl der Entbehrlichkeit versetzen den Menschen in innere Spannungen.

etwas abgelegen. Plötzlich klingelt es an der Tür. Sie regen sich nicht. Es klingelt wieder. Sie fühlen, wie Ihr Herz anfängt zu klopfen. Jetzt macht sich jemand am Türschloß zu schaffen. Sie haben Angst. Sie sind in einer Stress-Situation. In Ihrem Körper gehen jetzt Veränderungen vor; einige werden Ihnen bewußt, andere nicht: Ihr Herz schlägt immer schneller, die Muskeln spannen und verkrampfen sich, der Blutdruck steigt, die Atmung wird schneller, die Haut wird feucht, der Blutzucker steigt, die Blutfette nehmen zu, die Blutgerinnung verändert sich, mehrere Hormone werden ausgeschüttet, die das ganze Nervensystem in einen Alarmzustand versetzen. Mit anderen Worten: Es wird im Körper ohne Ihr Dazutun in kürzester Zeit eine erhebliche Energie bereitgestellt. Wozu? In diesem Falle dazu, daß Sie der drohenden Gefahr durch körperlichen Einsatz, nämlich durch Flucht oder Kampf, entgehen oder sie überwinden können. Das alles läuft automatisch ab. Wir haben es mit einem eingebauten Schutzmechanismus des Körpers zu tun.

Ist solch ein Stresszustand schädlich? Wenn die aufgestaute, bereitgestellte Spannung und Kraft tatsächlich verwendet wird, um der drohenden Gefahr durch körperliche Anstrengung Herr zu werden, dann kehren alle Veränderungen nach Abwendung der Bedrohung bald wieder in die Normallage zurück; das Gleichgewicht wird wiederhergestellt; es entsteht keinerlei Schaden durch den Stresszustand. Wenn ich aber durch irgendwelche inneren oder äußeren Umstände daran gehindert bin, der Gefahr durch sinnvolle Anstrengung zu begegnen, sondern statt dessen bewegungslos in panischer Angst für lange Zeit verharre, dann werden die durch den Stresszustand im Körper bereitgestellten Energien und chemischen Stoffe nicht verbraucht. Sie warten sozusagen vergeblich auf ihre Verwendung. Es sind die liegengebliebenen, nicht sinnentsprechend eingesetzten Kräfte, Spannungen und chemischen Stoffe, die nun körperlichen und seelischen Schaden anrichten können: nämlich die typischen Stress-Schäden und Stresskrankheiten, von denen wir eingangs einige erwähnten. Die gleichen Vorgänge spielen sich ab, wenn ich in innerer Daueranspannung hinter dem Steuer oder vor dem Fernseher sitze oder wenn ich mich vom Chef beschimpfen lassen muß, dabei in höchster Erregung bin, aber doch untätig dasitzen kann.

Mit anderen Worten: Nicht der Stressfaktor selbst macht mich krank, nicht die Anspannung oder die Anfechtung selbst schadet, sondern meine Reaktion darauf.

Entscheidend ist die eigene Reaktion

Wir haben vorhin einen Stresszustand beschrieben, der von einer äußeren Bedrohung ausging. Grundsätzlich das gleiche gilt aber auch für die vielen alltäglichen Belastungen, die auf den ersten Blick nicht so dramatisch sind, zum Beispiel Spannungen, die sich aus dem Umgang mit den Mitmenschen ergeben, aus unseren eigenen inneren Trieben und Gefühlen entstehen oder aus Anfechtungen anderer Art stammen. Dafür wieder ein paar Beispiele:

Stellen Sie sich vor, Sie haben den ganzen Tag gearbeitet und kommen müde nach Hause. Jetzt möchten Sie nur noch ausspannen, vielleicht mit der Zeitung im Sessel oder vor dem Fernseher, und Sie lassen sich dazu bequem nieder. Da kommt Ihr Junge mit seiner elektrischen Spielzeuglokomotive herein (oder Ihre Frau mit dem Henkel vom Kücheneimer in der Hand): „Guck mal, Papa, das ist abgegangen! Kannst du mir das heilmachen?" Augenblicklich entsteht in Ihnen Anspannung, vielleicht Abwehr oder Ärger. Sie denken oder sagen es gar: „Kann man denn nicht eine Minute in Ruhe gelassen werden? Warum müßt ihr denn alles kaputtmachen? Ich habe jetzt keine Zeit!" Sie sind im Stress. Wenn Sie nun wirklich sagen, was Sie gedacht oder empfunden haben, so wird auch Ihr Sohn oder Ihre Frau in Ärger geraten, denn sie fühlen sich ganz ungerecht behandelt. „Unfreundlicher Egoist", denken sie. Und wenn sie es sogar aussprechen, so ist der Krach da, der Abend verdorben: Spannung, Wut, das Gefühl, nicht geliebt, nicht verstanden zu werden usw. Die typischen Stressveränderungen im Körper, im Nervensystem stellen sich ein und beginnen Schaden anzurichten.

Hätte das verhindert werden können? Wer hätte es verhindern können? War es nicht in der Tat eine Zumutung von Ihrer Frau oder Ihrem Sohn, Ihre wohlverdiente und auch notwendige Entspannung einfach zu unterbrechen? Jawohl, das war eine erhebliche Belastung, und es wäre klug gewesen, wenn Ihre Frau gesagt hätte: „Nun entspann' dich erst mal. Nachher habe ich da noch ein Anliegen, aber das hat keine Eile." Und wenn sie dann erst einmal die Tür hinter sich zugemacht hätte.

Die Belastung ist für Sie im Augenblick unerträglich. Tatsache aber ist: Das Reparieren der Eisenbahn oder des Eimers würde Ihnen keinerlei körperlichen oder seelischen Schaden zufügen, obwohl Sie im Augenblick müde sind. Zerstörerisch dagegen wirken jetzt die negativen Gefühle, die Sie gegen die plötzliche Belastung entwickelt haben.

Nehmen wir an, Sie hätten anders reagiert. Stellen sie sich vor, Sie hätten gedacht: „Meine Frau und mein Sohn haben ihre Hoffnung darauf gesetzt, daß ich helfen kann. Ich bin jetzt müde, aber ich bin auch froh, daß meine Familie mir Vertrauen entgegenbringt. Ich bin erschöpft, aber an dieser kleinen Sache werde ich ja nicht zusammenbrechen." Nehmen wir an, Sie hätten den Eimer repariert. Alles wäre in Ordnung gewesen. Alle wären zufrieden gewesen. Höchstwahrscheinlich auch Sie selbst, ja, mehr noch, Sie hätten sich hinterher keineswegs noch erschöpfter gefühlt. Im Gegenteil, Sie hätten sich wohler gefühlt, weil Sie das Richtige, das Liebevolle, das Verständnisvolle getan haben. Vielleicht hätten Sie Ihre Müdigkeit gar vergessen und wären zu neuen Unternehmungen aufgelegt gewesen. Aber woher wäre solche neue Kraft plötzlich gekommen?

In der Anfechtung steckt Kraft

Hier stehen wir vor der wichtigsten Einsicht, die wir aus diesem Kapitel mitnehmen können: Im Stress, in der Anfechtung, in Spannungen steckt Kraft. Sie wandelt sich um, entweder in Negatives, Zerstörerisches (zum Beispiel Ärger, böse Worte, Leid) oder in sinnvolle Anstrengung, Überwindung und echte Liebe. Die Kraft im Stress muß nicht zerstörerisch sein. Sie kann umgewandelt und benutzt werden zum Wachsen und Reifen. Die Entscheidung darüber liegt sehr weitgehend in meiner Reaktion, in meiner Einstellung zu der Belastung.

Im Stress liegt also Kraft. Wir selbst lenken sie in zerstörerische oder in heilsame, aufbauende Bahnen. Inneres Wachsen und Reifwerden des Menschen erfordert sehr viel innere Kraft. Die Kraft kommt aus verschiedenen Quellen. Solche Quellen sind innere Spannungen, Anfechtungen, stresshafte Erlebnisse. Meine Einstellung zu diesen Anforderungen, die Art meiner Reaktion auf diese Belastung entscheiden darüber, ob mir die in ihnen verborgenen Kräfte zum Wachsen und Reifen zur Verfügung stehen oder nicht. Mehr noch: Wachstum und Reifung können sogar ausbleiben, wenn es nicht gelingen will, die in Spannungen und Anfechtungen vorhandenen Kräfte durch Anstrengung in positive, aufbauende Bahnen zu lenken.

Stress und Antistress

(nach F. Vester)

Moderne Stressoren (krankmachende Stressreize)

Räumliche Enge
Hetze
Optische Überreizung durch Massenmedien
Häßliche Umgebung (Industrieanlagen, heruntergekommene Stadtviertel, verunstaltete Landschaft)
Psychosoziale Konflikte (etwa zwischen individuellem Wollen und gesellschaftlichem Müssen)
Zwänge wie Leistungsdruck, Terminnot, Fließbandarbeit
Angst vor dem Vorgesetzten oder anderen Machtausübenden

Faktoren gegen krankmachenden Stress

Sinnvoll, individuell angepaßte Bewegung im Alltag
Erfolgserlebnis bei der Arbeit
Erfüllte Erotik („eine uns selbst wie den anderen stärkende Liebe und Zuneigung")

Der fröhliche Karl und die „gestresste" Gisela

Wenden wir uns einem anderen Beispiel zu: Karl sitzt zu Hause und pfeift zum Takt einer leichten Musik aus dem Radio fröhlich vor sich hin. Er ist froher und gelöster Stimmung. Mit dem Fuß schlägt er den Takt. Jetzt kommt Gisela, seine Frau, nach Hause. Sie war in der Stadt. Ihr ist heute wirklich alles schiefgegangen. Unendlich lange hat sie gesucht nach dem richtigen Hemd für den Sohn – vergeblich. Der Bäcker knurrte unfreundlich, weil sie kein Kleingeld hatte. Im Bus war ein schreckliches Gedränge. Einer hat ihr böse und vorwurfsvolle Blicke zugeworfen, obwohl sie sich schon ganz dünn gemacht hatte. Und auf dem Weg vom Bus nach Hause hatten die schweren Plastiktüten schmerzhaft in die Hand eingeschnitten. Dazu das nervenerschütternde Geknatter der vorbeirasenden Motorräder und Autos. Nur jetzt heraus aus dem Lärm und nach Hause, Ruhe, Entspannung!

Aber zu Hause sitzt Karl, das Radio spielt laut, und er pfeift mit. Er ist entspannt und fröhlich und weiß nichts davon, wie es Gisela in der Stadt erging, unter welcher inneren Spannung, in welchem Stresszustand sie jetzt gerade steht. Gisela versucht zu lächeln, aber die Musik, das Pfeifen, das Trommeln sind ihr jetzt zuviel. Sie merkt, wie die innere Spannung unerträglich wird. Sie möchte schreien oder davonlaufen. Schließlich platzt sie heraus: „Mach doch bloß dies Gedudel aus! Das ist ja hier wie auf dem Jahrmarkt. Warum mußt du immer so nervös mit den Füßen auf den Fußboden trommeln? Denkst du denn gar nicht an mich?!"

Karl fühlt sich wie vom Blitz getroffen: „Was ist denn mit dir los?" Und Gisela schreit: „Ich kann das nicht mehr ertragen." Nun ist Karl auch gereizt: „Ich verstehe dich nicht." Er springt auf, die Tür knallt, der Krach ist perfekt.

„Ich verstehe dich nicht!"

Wieviel Stress, innere Spannungen, Anfechtungen entstehen aus solchen oder ähnlichen Situationen: „Ich verstehe dich nicht!" Wieviel Einsamkeit, Leid, zwischenmenschliche Katastrophen, Wut, Haß, böse Worte, verletzte Gefühle, Ungerechtigkeiten und Kurzschlußhandlungen haben alle diese gemeinsame Wurzel: „Ich verstehe dich nicht!"

Freilich, meist ist die Situation nicht so leicht zu begreifen wie in dem beschriebenen Fall. Aber gerade weil die geschilderte Begebenheit so übersichtlich ist, kann man aus ihr lernen, was hilfreich ist. Was hätten Karl und Gisela denn tun können, um den Krach zu vermeiden? Gisela stand unter erheblichem inneren Druck, als sie nach Hause kam. Genau das hätte sie ihrem Karl sogleich verständlich mitteilen müssen: „Karl, es war schrecklich in der Stadt. Ich bin total erledigt. Ich muß jetzt erst fünf Minuten zur Ruhe kommen. Bitte versteh mich!" Und ob er verstanden hätte! Vielleicht hätte er sie in den Arm genommen oder das Radio ausgemacht und sie eine Viertelstunde ganz allein für sich gelassen oder irgend etwas anderes getan, wodurch er Gisela gezeigt hätte: „Ich verstehe dich, ich weiß, wie das ist, wenn man mit den Nerven fertig ist." Wie dankbar wäre Gisela gewesen! In ein paar Minuten hätte sie sich wieder ganz erholt gefühlt, und es wäre ein schöner Abend geworden.

In der stresshaften Situation, in der inneren Spannung steckt Kraft, die zur Entladung drängt. Sie kann sich entladen in Form von Vorwürfen, ungerechten Anklagen, Schreien, bösen Worten, negativen Gefühlen. Ich kann sie aber auch, wenn auch unter Anstrengung, umwandeln in eine bessere Reaktion. Gisela hätte den Gedanken haben können: „Karl weiß ja gar nicht, wie mir im Augenblick zumute ist. Ich muß es ihm also so mitteilen, daß er es versteht. Dann wird er mir helfen." Ähnlich hätte auch Karl verfahren können. Seine unschuldige Fröhlichkeit wurde jäh unterbrochen durch die ungerechten Vorwürfe von Gisela. Nun war er seinerseits in innerer Anspannung, im Stress. Die Kraft, die in dieser inneren Spannung steckte, hätte nicht unbedingt in Ärger und Türenknallen umgewandelt werden müssen.

Verstehen und Zuhören erleichtern das Leben

Wir verstehen uns nicht, weil wir uns nicht äußern über unsere augenblickliche seelische Verfassung, weil wir nicht nach den Erlebnissen, Empfindungen und Gedanken des Partners fragen, weil wir nur mit uns selbst beschäftigt sind und weil wir nicht zuhören können. Wir verstehen uns nicht, weil wir nicht wirklich lieben und weil wir nicht akzeptieren können, daß der Mitmensch anders ist, nicht nur in seiner augenblicklichen Verfassung, sondern auch von seiner grundsätzlichen Veranlagung und Prägung her. Wir verstehen uns nicht, weil wir Angst voreinander haben, Angst, ausgelacht, nicht verstanden, kritisiert oder mit guten Ratschlägen überhäuft zu werden. Und dann tun wir manchmal etwas ganz Unangebrachtes oder Unverständliches und Liebloses, und in Wirklichkeit steckt doch nur unsere unausgesprochene Sehnsucht dahinter: „Bitte verstehe, was ich nicht sage!"

Wieviel zwischenmenschlicher Stress und zwischenmenschliche Spannung könnten umgewandelt werden, wenn wir ernsthaft und mit Liebe versuchen würden, einander zu verstehen. „Um sich zu verstehen, muß man es wollen", sagt der christliche Psychiater *Paul Tournier.* Und wenn man sich sicher ist, daß man es wirklich will, kann man den ersten Schritt tun: zuhören. Das klingt beinah zu einfach, aber es ist sehr schwer, wirklich zuzuhören. Zuhören nämlich, ohne gleich an das zu denken, was man jetzt selbst so schnell wie möglich sagen will. Zuhören mit der inneren Frage an den Partner: Was denkst du wirklich, wie empfindest du jetzt in deinem Herzen? Welche Gefühle und Motive, Ängste, Schuldgefühle und Hoffnungen verbergen sich hinter dem, was du sagst und tust? „Zuhören" nicht nur den Worten, die gesagt werden, sondern auch auf den Gesichtsausdruck, die Gebärden und die Umstände achten, unter denen dies alles geschieht. Wer aber zuhören will, merkt bald, daß er es lernen muß, die Spannung zu ertragen, die im eigenen Inneren entsteht, wenn man die Äußerungen des anderen nicht sofort mit den eigenen Empfindungen und Gedanken erwidert, korrigiert oder gar verurteilt, sondern zunächst nur einfach hinhört und zu verstehen versucht. Aber wer diese Spannung erträgt, jedenfalls eine Zeitlang und zur richtigen Zeit, der erlebt, wie die Kraft, die in solcher Spannung steckt, sich in seinem Inneren verwandelt in Kraft zum Wachsen, Reifen und Lieben.

Wir wollen diese so überaus wichtige Gesetzmäßigkeit unseres Lebens noch an zwei weiteren Beispielen verfolgen. Das Erlebnis eines schweren Verlustes kann eine große Anfechtung sein, die bei manchen Menschen die innere seelische Stabilität zerstört, während andere daran reifen. Worin liegt der Unterschied?

Notwendige Trauerarbeit

Die Psychiatrie hat uns gelehrt, daß Trauer über einen schweren Verlust in Phasen verläuft, also einer Gesetzmäßigkeit folgt. Ein schwerer Verlust kann der Tod eines Kindes, der Mutter oder des Ehepartners sein, aber auch das nicht bestandene Examen, der Verlust einer idealen Stellung, einer Freundschaft, materieller Werte und manches andere. Wenn der Verlust wirklich schwerwiegend ist, so ist die erste Reaktion im allgemeinen die der Ratlosigkeit. Man ist wie betäubt, man weiß nicht aus noch ein. Man empfindet vielleicht nicht einmal Schmerz, man ist ratlos. Die zweite Phase ist die der Auflehnung. Man schreit, man weint, man klagt an: „Warum muß mir das passieren? Warum hat Gott das zugelassen?" Dann folgt die Phase der Resignation: Man gibt auf. „Es ist alles aus. Das Leben hat keinen Sinn mehr."

Manche Menschen bleiben in dieser Trauerphase stehen. Es gelingt ihnen für lange Jahre oder gar für den Rest des Lebens nicht mehr, der Anklage, der Verzweiflung, der Resignation zu entkommen. Die starken Kräfte, die bei der Anfechtung durch einen schweren Verlust mobilisiert werden, laufen zunächst in negativen, zerstörerischen Bahnen. Sie beginnen, die körperliche und seelische Gesundheit und Stabilität langsam zu zerstören. Aber wie kann ich diese Kräfte für eine positive Entwicklung nutzbar machen? Ein erster Schritt ist es, dieser inneren Spannung, die der Verlust mit allen seinen Folgen in mir erzeugt, nicht auszuweichen, sondern sie anzunehmen, sie zu ertragen, ja, sich ihr zuzuwenden: „Ja, ich habe es (sie, ihn) verloren. Von jetzt an lebe ich ohne das Verlorene." Dies ist die vierte Phase der Trauer: „Ich akzeptiere es, ich nehme es an, daß ich es (sie, ihn) verloren habe. Ich stelle mich dieser Anfechtung, ich ertrage die Anspannung."

Wer so reagiert, der erlebt, wie in seinem Inneren der Wille und die Kraft entstehen, das Leben neu zu gestalten. Er beginnt seine Gedanken und Kräfte auf das Leben ohne das Verlorene zu richten (fünfte Phase). Die in der Anfechtung enthaltenen Kräfte werden nach und nach umgelenkt von zerstörerischen in aufbauende Bahnen. Der Mensch wird innerlich reifer. „Er wächst über sich selbst hinaus", sagen wir und drücken damit aus: Er zeigt Kräfte und Fähigkeiten, die zuvor gar nicht erkennbar

Nicht alles, was anstrengt, ist schädlicher Stress, der gemieden werden sollte. Diese Bergsteiger nehmen Anstrengung und Mühe auf sich, aber sie erfüllt Vorfreude und Zufriedenheit – heilsamer Stress.

oder nicht vorhanden waren. Mit anderen Worten: Die im Stress verborgenen Kräfte, die auch zerstörerisch hätten wirken können, werden zu Kräften für das innere Wachstum und die Reifung der Persönlichkeit.

Die Anfechtung, sich für einen Versager zu halten

Ich möchte noch eine andere Gruppe von Anfechtungen nennen, unter denen viele Menschen über weite Strecken ihres Lebens leiden, ohne daß es die Mitmenschen jemals merken: das Gefühl, ein Versager zu sein; anhaltende, unbestimmte innere Ängste; das Empfinden, nicht verstanden und nicht geliebt zu werden, nichts wert, schuldig zu sein; nicht wissen, was eigentlich der Sinn des eigenen Lebens sein könnte. Diese Themen werden an anderer Stelle des Buches näher besprochen. Ich erwähne hier nur, daß auch solche Nöte im Zusammenhang mit dem Thema dieses Kapitels gesehen werden müssen.

Stressforscher haben gezeigt, daß innere Ängste, Schuld, Minderwertigkeitsgefühle und die Unfähigkeit, den Sinn des Lebens zu sehen, zu den sehr ernst zu nehmenden, schwerwiegenden Stressfaktoren im Leben eines Menschen gehören. Dieser aus dem eigenen Inneren kommende seelische Dauerstress führt nicht nur zu Störungen wie Reizbarkeit, Konzentrationsmangel, Lustlosigkeit, mangelnde allgemeine Belastbarkeit, Schlafstörungen und dergleichen mehr; seelischer Dauerstress in der beschriebenen Art kann sehr wohl auch zu körperlichen Krankheiten führen, wie Magengeschwüre, Darmentzündungen, Asthma, Hautentzündungen, Gelenkentzündungen und anderes mehr.

Kann man solche tiefsitzenden, aus dem eigenen Inneren kommenden Stressfaktoren auch unschädlich machen? Bin ich ihnen hilflos ausgeliefert, kann ich die im seelischen Dauerstress lauernden Kräfte auch in positive Bahnen lenken? Muß ich zum Psychotherapeuten gehen, um hier Hilfe zu bekommen? Muß ich Beruhigungsmittel nehmen oder mehr Kaffee trinken?

Viele junge Menschen greifen zu Drogen, ältere zum Alkohol, und allen bleibt es verborgen, daß sie sich betäuben, weil sie unter innerem, seelischem Dauerstress stehen: ein Leben ohne Sinn, ohne echte Liebe, ohne klares Ziel, ein Leben mit Schuld und innerer Angst.

Andere Menschen reagieren auf solch inneren Dauerstress mit der Flucht in laute Gesellschaft, betäubende Musik, Sex ohne Liebe, stundenlanges Fernsehen. Andere stürzen sich in Verpflichtungen, die sie zu rastloser Überstundentätigkeit zwingen. Sie peitschen sich auf mit Kaffee und beruhigen sich mit Tabletten. Noch andere reagieren mit übertriebener, lautstarker Selbstsicherheit. Aber was kann man tun?

In der Anfechtung still werden und Vertrauen lernen

Ein erster Schritt könnte sein: Öfter mal Pause machen. Das bedeutet, nicht einfach

> Ich habe mich immer gewundert: Bei glücklichen Menschen fehlt die verrückte Gier. Niemals fand ich bei glücklichen Menschen, daß sie ruhelos, gehetzt, getrieben waren, niemals den Hang zur Selbstherrlichkeit. Gewöhnlich besaßen sie eine gehörige Portion Humor." (Phil Bosmans)

nach Gefühl, Lust und Laune zu leben und zu handeln, sondern öfter einmal innezuhalten und zu überlegen: Was tue ich? Wohin will ich überhaupt mit meinem Leben? Gefühle und Empfindungen sind außerordentlich unzuverlässige Führer im Leben; sie leiten häufig in die Irre. Wir müssen oft innehalten, uns besinnen und nachdenken.

Aber wenn wir dies tun, entdecken wir bald, daß es entweder mühsam ist, weil Antworten und Lösungen nicht schnell und leicht zur Hand sind, oder daß wir uns entmutigt fühlen oder schuldig, weil wir schon manchmal versucht haben, einen besseren Weg zu gehen. So kann das Pausemachen, das Innehalten und Nachdenken zur Anfechtung werden. Aber wenn wir diese jetzt entstehende innere Spannung ertragen und den Mut haben, uns selbst zu sehen, wie wir wirklich sind, dann mag wohl der Wille und die Kraft keimen, das Leben anders zu gestalten. Diesen kleinen ersten Schritt muß ich sicher immer wieder tun. Ihm müssen weitere folgen. Ich werde anfangen zu fragen, mich selbst und andere Menschen: Was gibt es für Mittel und Wege, innere Probleme anzugehen? Mittel, die besser sind als Betäubung oder Überreizung, als lautstarke Selbstsicherheit oder entmutigendes Sich-Zurückziehen. Ich werde mich mit kundigen Menschen, denen ich vertraue, beraten. Ich werde lesen und lernen und auch Hilfe annehmen von anderen, vielleicht sogar von Fachleuten, die Zeit, Verständnis und Liebe dafür haben.

Mancher wird nun denken: „Es wäre schon gut zu lernen, so mit Anfechtungen und Spannungen umzugehen, daß man an ihnen reift. Aber zu oft fehlt mir die Kraft und manchmal auch der Wille dazu." Heißt das, daß wir unseren Schwachheiten und Unvollkommenheiten für alle Zeit hoffnungslos ausgeliefert sind?

Ein anderer mag sagen: „Das ist alles graue Theorie. Das Leben ist hart und rücksichtslos. Ich habe keine Zeit, mich mit solchen Fragen zu befassen. Ich muß vorwärts."

Wieder andere meinen: „Warum soll ich mich so anstrengen? Welchen Sinn hat das? Ich werde geboren, lebe und sterbe, und dann ist alles vorbei. Warum Gedanken machen über Anfechtungen und die Heilsamkeit innerer Spannungen? Lasset uns essen und trinken, denn morgen sind wir tot."

Noch andere weichen aus: „Wenn wirklich ein liebender Gott existiert, dürfte es soviel Anfechtung und innere Not gar nicht geben. Warum hilft er uns nicht?"

Gehören Sie zu einer dieser Gruppen oder vielleicht noch zu einer anderen? Was geht Ihnen durch den Sinn, wenn Sie an Anfechtungen und Spannungen, an Stress denken?

Kraft, um mit Anfechtung sinnvoll umzugehen

Abschließend möchte ich noch sagen, wie ich selbst als christlicher Arzt über diese Fragen denke: Wer es lernen will, mit Anfechtungen sinnvoll umzugehen, wer mehr innere Kraft braucht, auf Spannungen so zu reagieren, daß seine Persönlichkeit reift und wächst, für den ist es eine der sehr wichtigen Aufgaben, sich Klarheit über den Sinn seines Daseins zu verschaffen. Wir sind so „konstruiert", daß wir auf die Dauer nicht froh und gesund und in innerem Frieden leben können, wenn wir den Sinn unseres Daseins nicht sehen. Auch die Arbeit auf dem großen und neuen Gebiet der Gesundheitserziehung hat es vielen Wissenschaftlern und anderen klargemacht: Wir müssen die Frage nach dem Sinn des Lebens klären, ehe wir Menschen helfen können, ihr gesundheitsschädliches Verhalten zu ändern. Sogar einige Politiker der UNO haben dies erkannt: „Nach den Problemen der Ernährung, der Erziehung, der Menschenrechte muß nun die Frage nach dem Sinn des Lebens in den Vordergrund der UNO-Arbeit treten."

Wer den Sinn seines Lebens erkennen möchte, steht sehr bald vor der Frage: Ist das, was wir um uns herum sehen, von selbst aus primitiven Uranfängen entstanden, oder ist es geschaffen? Haben sich Pflanzen, Tiere, Menschen, Planeten, Sonnen, das gesamte Universum von selbst entwickelt? Dann bleibt die Frage nach dem Sinn und nach der Zukunft unbeantwortet. Sind alle Dinge erschaffen worden, dann heißt die nächste Frage: Was ist das für ein Wesen, was ist es für ein Gott, der alles geschaffen hat, und warum sind die Dinge jetzt so unvollkommen und so fehlerhaft?

Mir persönlich hat das biblisch-christliche Welt- und Menschenbild auf alle diese Fragen Antworten gegeben, die sowohl mein Nachdenken befriedigen, als auch inneren Frieden ermöglichen. Sogar die oft so quälende Frage nach dem Warum des Leides, der Anfechtungen und der inneren Spannungen findet eine Erklärung, die mich mit Ruhe und sicherer Hoffnung der Zukunft entgegengehen läßt.

Mit „biblisch-christlichem Welt- und Menschenbild" meine ich das, was der Schöpfer selbst über sich, über sein Wesen, über die Welt, über den Sinn und die Zukunft des Lebens und auch über Leid und Anfechtung offenbart hat. Am deutlichsten, so glaube ich, hat er dies getan im Leben Jesu Christi. Und über dieses Leben finde ich am meisten und zuverlässigsten berichtet im Neuen Testament.

HILFE UND RAT

1. Gehen Sie nicht allem aus dem Weg, was Sie für Stress halten! Es gibt auch einen heilsamen Stress. Ohne Stress im Sinne einer besonderen Herausforderung ist der Mensch nämlich tot.

2. Wir brauchen positiven Stress, weil wir durch ihn unsere körperlichen und seelischen Kräfte entfalten; weil wir durch ihn lernen, wachsen und reifen. Auch manches, was uns „nervt", muß daher durchgestanden werden.

3. Zum zerstörerischen Stress kommt es erst, wenn Ihre Reaktion nicht sinnvoll und zweckentsprechend ist; wenn also die Kraft, die im Stress steckt, nicht auf heilsame, aufbauende Bahnen gelenkt wird, sondern sich in zerstörerischer Weise entlädt.

4. Wenn Sie lernen wollen, mit Spannungen und Anfechtungen sinnvoll umzugehen, müssen Sie eine Antwort haben nach dem Sinn Ihres Daseins und bereit sein, immer wieder in Liebe auf die Menschen zuzugehen.

Vom Sinn der Krankheit

„Ich glaube, daß Krankheiten Schlüssel sind, die uns gewisse Tore öffnen können. Ich glaube, es gibt gewisse Tore, die einzig die Krankheit öffnen kann. Es gibt jedenfalls einen Gesundheitszustand, der es uns nicht erlaubt, alles zu verstehen. Vielleicht verschließt uns die Krankheit einige Wahrheiten, ebenso aber verschließt uns die Gesundheit andere oder führt uns davon weg, so daß wir uns nicht mehr darum kümmern." So äußerte sich der französische Schriftsteller und Nobelpreisträger *André Gide* 1951 in seinem Essay „Zwiesprache am Krankenbett". Er schrieb ihn kurz vor seinem Tode nach den Erfahrungen eines hartnäckigen Krankenlagers.

Menschen geht es nicht immer gut. Sie werden krank, fühlen sich nicht wohl und leiden unter Mißbefindlichkeiten. Diesen Begrenztheiten zu begegnen, menschliches Leid zu lindern – dazu entstand die Medizin. Sie hat es freilich zunehmend schwerer, dieser Aufgabe gerecht zu werden. Denn noch keiner Epoche ist es gelungen, eine wirklich verbindliche Definition dafür zu geben, was Gesundheit und Krankheit eigentlich sind.

Der gesunde und der kranke Mensch

Man könnte sagen, alles, was nicht gesund ist, ist krank. Sofort entsteht aber dann das Problem, zu bestimmen, was gesund ist. Es würde zu weit führen, die verschiedenen Vorstellungen von Gesundheit und Krankheit zu erörtern, auffallend ist immerhin, daß, wie der Psychiater *v. Gebsattel* schreibt, seinen ärztlichen Kollegen Ungewöhnliches zugemutet würde, versuchte man den Problembereich der Krankheit mit metaphysischen Deutungen aufzuhellen. *Karl Jaspers* hat einmal nicht ganz unzutreffend gesagt, daß sich die Mediziner über das, was gesund und was krank ist, am wenigsten den Kopf zerbrechen. Die naturwissenschaftliche Medizin ist infolge ihrer Zurückhaltung (genauer: Abschottung) gegen Philosophie und Theologie auch gar nicht in der Lage, begrifflich zu klären, was Krankheit und Gesundheit ist. Wahr ist, daß sich Gesundheit und Krankheit zueinander wie die berühmten zwei Seiten einer Medaille verhalten.

Was ist Gesundheit?

Es ist schwierig, diesen Begriff in eine präzise Definition zu zwingen. Die Weltgesundheitsorganisation (WHO) definierte Gesundheit als einen Zustand vollständigen körperlichen, seelisch-geistigen und sozialen Wohlbefindens. Doch diese euphorische Formulierung ist utopisch und entspricht nicht der Wirklichkeit. Eher schon könnte man Gesundheit als unerfüllte Möglichkeit bezeichnen. Es ist etwas, das man nie erreicht, sondern immer nur anstreben kann. Wir können uns ihrer immer nur vorübergehend erfreuen. Gesundheit ist keine ideale Verfassung von Dauer. Sie ist ein optimaler Zustand in einem bestimmten Augenblick. Und man darf nicht übersehen, daß selbst schwere Krankheiten noch einen Zustand teilweiser Gesundheit ermöglichen, der ein hohes Maß an Daseinsbefriedigung vermitteln kann. Die Krankengeschichten großer Männer und Frauen bestätigen, daß man manchmal krank sein muß, um in einem übertragenen Sinne gesund zu werden, zu seiner Aufgabe zu finden. Gerade Kranke haben oft erstaunliche Leistungen vollbracht.

Der Franzose *Lambourne* schrieb: „Die menschliche Natur ist so, daß es keine vollständige Gesundheit geben kann, ohne daß die Last der Krankheit miteinander getragen wird ... Und der ist gesund und ganz, der mit dem Leiden anderer verbunden ist."

„Gesundheit ist das geordnete Zusammenspiel normaler Funktionsabläufe und des normalen Stoffwechsels", heißt es im „Lehrbuch der allgemeinen Pathologie" von *Büchner*. Doch das reicht zweifellos nicht aus, um wirklich gesund zu sein. Eher schon ist Gesundheit die Harmonie zwischen dem, was der Mensch seiner Anlage entsprechend ist, und dem, was er lebt. Aber vielleicht erkennen wir Gesundheit auch erst an der „Kehrseite der Medaille", an der Krankheit.

Was ist Krankheit?

Diese Frage beantworten zu können hat die Menschen schon vorzeiten bewegt. Zwar gibt es bei allen Lebewesen Krankheiten, doch der Mensch scheint ihnen in besonderer Weise verhaftet zu sein, ja, häufig genug ist sogar sein Lebensschicksal so eng mit der Krankheit verknüpft, daß er durch sie „geprägt" wird – zum Guten wie zum Bösen.

Leid und Krankheit haben in unserem Leben ungezählte Spielarten, und niemand kann uns davon befreien, mit ihnen zu leben. Tausendfach sind die Versuche, dem Kranksein zu entrinnen und wirksame Vorkehrungen dagegen zu treffen. Immer wieder aber hat die Krankheit den Menschen eingeholt.

Ist Krankheit also Schicksal? Man könnte es meinen, denkt man an die Einflüsse, die täglich auf unser Leben einwirken. Im magischen Weltbild der Naturvölker war Krankheit die Strafe der Götter. Sie wurde in den meisten Kulturen mit den höheren Mächten in Verbindung gebracht, so daß es fast schon selbstverständlich war, daß sich in jenen frühen Kulturen das Amt des Priesters und das des Arztes in einer Hand befanden. Heilung bedeutete immer auch, den Kranken durch Opfer mit der Gottheit zu versöhnen. Noch im Mittelalter hatte das Krankenhaus an der Pforte den Beichtstuhl stehen, und die Betten waren um den Altar angeordnet. Der Priester war wichtiger als der Arzt.

Noch Prof. *Ringeis,* Leibarzt König Ludwigs von Bayern und Inhaber des Lehrstuhls für klinische Medizin in München, war in seinem „System der Medizin" von der Idee der ursprünglichen Einheit von Priester und Arzt ausgegangen, und seine Gedanken gipfelten darin, die Krankheit ausschließlich als unmittelbare Folge der Sünde zu sehen. Kranker und Arzt sollten sich vor dem Heilversuch „entsündigen" lassen.

Nicht zuletzt waren es solche zugegebenermaßen einseitigen, theologisch-romantischen Auffassungen, die in der Mitte des vorigen Jahrhunderts dazu geführt haben, daß die Medizin ins andere Extrem verfiel und jeden Zusammenhang zwischen Leib und Seele leugnete und sich unter dem Einfluß *Rudolf Virchows* (1821–1902) mit besonderem Nachdruck der leiblichen, körperhaften Seite der Krankheitserscheinungen zuwandte.

Krankheit wurde seither als mehr oder weniger zufällige Störung des körperlichen Seins angesehen. Nie wurde die Frage gestellt: Warum erkrankt dieser Mensch gerade heute und warum so? Der menschliche Körper wurde nur funktionell, anatomisch beurteilt, nach naturwissenschaftlichen Kriterien; als beseelte Wirklichkeit wurde er weitgehend ignoriert. Krankheit und körperhafte Störungen sah man nur in völliger Analogie zu denen des Tieres. Krankheiten wurden behandelt, als seien sie ohne jeden Sinn entstanden. Als Folge dieser Entwicklung ahnen die meisten Menschen überhaupt nichts davon, daß Krankheit einen Sinn haben könnte, und bei den Ärzten wird das selbst heute noch vorerst nur von wenigen akzeptiert.

Die Medizin hatte sich in einer Richtung entwickelt, die daran zweifeln läßt, ob immer der Kranke und seine Interessen im Mittelpunkt des ärztlichen Handelns stehen. Lehrbücher behandeln Krankheiten. Vom Menschen ist darin kaum die Rede. Deshalb wirkte es wie eine Sensation, als auf dem 100. Chirurgen-Kongreß im April 1983 in Berlin der Präsident des Kongresses, Prof. *Hans Wilhelm Schreiber,* Direktor der Abteilung für Allgemein-Chirurgie am Eppendorfer Universitätskrankenhaus in Hamburg, in seiner Eröffnungsrede seine Kollegen aufforderte, mehr den Menschen zu sehen und nicht nur den chirurgischen Eingriff. Die naturwissenschaftliche Medizin könne große Erfolge vorweisen, denke man an die Eindämmung der Infektionskrankheiten und an die Verdoppelung des Lebensalters. „Diese Medizin aber reicht

Vom Krankenbett sieht die Welt ganz anders aus, und man denkt über Dinge nach, zu denen man bisher meist nicht gekommen ist.

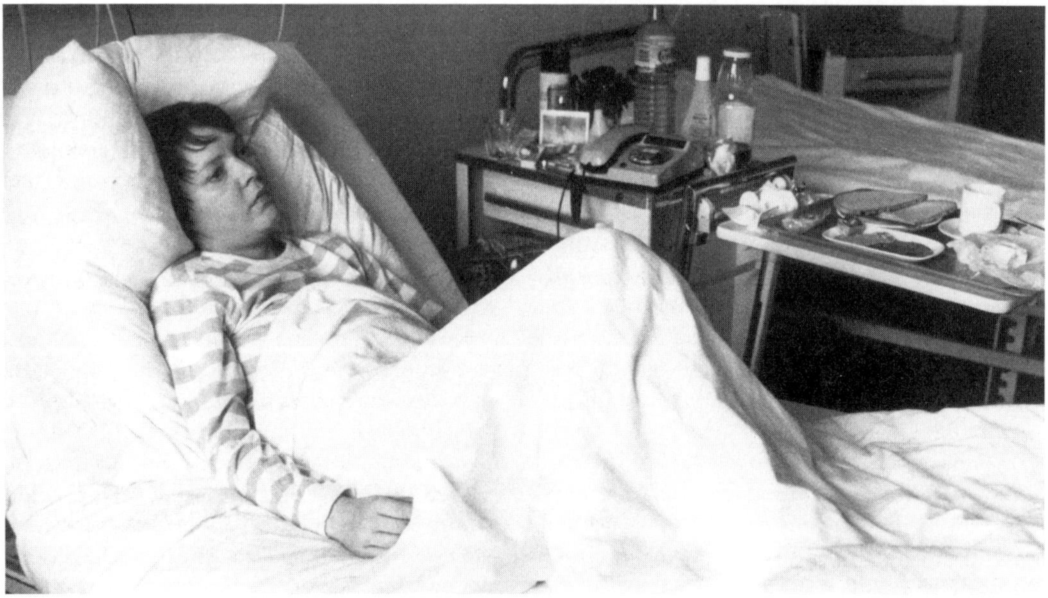

heute nicht mehr aus", bekennt Prof. *Schreiber,* „es müssen künftig auch die psycho-sozialen Faktoren einer Krankheit und eines Kranken erfaßt, kalkuliert und vor allem auch respektiert werden." Die Zukunft der Medizin liege in der Ganzheitsbetrachtung des Menschen. „Auch wenn es dem einen oder anderen Arzt nicht paßt, wir müssen begreifen, daß nicht nur Verletzungen, Bakterien, chemische und physikalische Gifte krank machen, sondern auch Verhalten, Psyche, Lebensführung, Ökologie und soziales Umfeld."

Der Mensch spricht durch seine Organe

Alexander Mitscherlich, Psychiater, Psychoanalytiker und einer der Vorkämpfer einer „menschlichen Medizin" *(Arthur Jores),* sah die Krankheiten als Folge von sogenannten Erlebniskatastrophen. Sie drücken etwas aus, formulieren seelische Konflikte. So gibt es eine ganze Reihe von Redewendungen, die treffend psychosomatische Zusammenhänge charakterisieren, zum Beispiel: Mir ist das Gespräch „auf den Magen geschlagen" – Mir ist eine Laus „über die Leber gelaufen" – Er wurde „gelb vor Neid" – Er wurde „rot vor Wut" – Sie litten unter einer „tödlichen Langeweile" – Er „kochte innerlich".

Was beeinflußt nun aber die Organe, daß sie sich ins Krankhafte verändern? Was ruft psychosomatische Krankheiten hervor? Krankheiten und Leiden sind in der Regel kein Zufall, kein blindes Schicksal, sondern eine Reaktionsmöglichkeit des Menschen auf eine hilflose Situation. Sie können neue Dimensionen eröffnen, können Wahrheiten freilegen, die in gesunden Tagen verborgen bleiben. Das Leid erschließt Bereiche, die der Gesunde meidet oder verdrängt.

Die Voraussetzung dafür ist freilich, die Krankheit erst einmal anzunehmen, sich zu ihr zu bekennen. Der Schweizer Prof. *Edgar Heim,* Direktor der Psychiatrischen Universitätsklinik Bern, macht in seinem Buch „Krankheit als Krise und Chance" darauf aufmerksam, daß viele Kranke ihre Krankheit unterschätzen oder gar verleugnen und sie auch vor sich selbst nicht wahrhaben wollen. Das kann so groteske Formen annehmen, wie sie ein Arzt schilderte:

Er und die Schwestern erschraken nicht wenig, als sie plötzlich einen wegen eines akuten Herzinfarkts eingelieferten Patienten in Richtung Ausgang laufen sahen. Als sie den erregten Kranken zurückholten und ihm klarzumachen suchten, daß er dringend der Bettruhe bedürfe, soll sich der kräftig gebaute Mann gebückt und mit voller Kraft das Bett hochgestemmt haben. Der Arzt schrie ihn entsetzt an, er sei dabei, sich umzubringen, wenn er solche unsinnigen Kraftproben mache. Worauf der Patient zurückschrie, er wolle ja nur beweisen, daß er kerngesund sei!

Auch von dem früheren französischen Präsidenten *Georges Pompidou* wird erzählt, daß er zu einem Zeitpunkt, da die internationale Presse schon über seinen Nachfolger spekulierte, seinen engsten Mitarbeitern sagte: „Ich muß nun vor Ihnen ein Thema anschneiden, von dem ich nie gesprochen habe. Ich mache sehr schwierige Augenblicke durch. Dies alles ist nicht angenehm. Aber es wird nur eine Zeit dauern. Ich brauche Ruhe . . . In drei Monaten dürfte es besser gehen, und das wird mehr als einen ärgern. Alles wird gut enden. Man wird ja sehen . . ."

Diese Worte waren die letzten *Pompidous* bei einer Ministerratssitzung. Fünf Tage danach war er tot. Was dieser Staatsmann nicht wahrhaben wollte, wußte bereits die ganze Welt.

Der Auftrag der Medizin heißt natürlich heilen um fast jeden Preis. Der gesunde, symptomfreie Mensch gilt als der heile Mensch. Dabei wird allerdings völlig verkannt, daß jeder körperlichen Krankheit eine Krise vorausgeht, selbstbereitetes Schicksal in Gestalt einer seelisch-geistigen Störung. Die moderne Medizin erkennt das freilich nicht oder nur zum Teil. Ihr Heilsbegriff deckt sich nicht mit dem des Menschen. Die Krankheitssymptome werden mit Tabletten oder Injektionen beseitigt; gegen die unterschwelligen seelischen Störungen gibt es keine Hilfe. Der kranke Mensch wird im Grunde am Kranksein gehindert und damit an der Verwirklichung seines Menschseins. Gesundheit und Krankheit sind ja nur verschiedene Weisen des Menschseins, und auch die Krankheit ist eine Chance zur Verinnerlichung.

Das Kranksein geschieht in den meisten Fällen nicht plötzlich, mag es auch oft so erscheinen. Auch ist der Beginn der Krankheit keineswegs identisch mit dem Ansteigen der Fieberkurve, dem Auftreten eines Hautausschlags oder eines Anfalls. Im Unbewußten wurden schon lange vorher die Weichen gestellt – und eines Tages ist dann die Krankheit da. Wenn sich die Seele bedroht fühlt, antwortet der Leib mit Störungen und Beschränkungen. Eine eingehende biographische Betrachtung jeder körperlichen Krankheit würde uns ihre tieferen Ursachen offenlegen. Was Krankheit ist, kann eigentlich erst eine Medizin beantworten, die nicht mehr experimentell den Leib isoliert vom Ganzen als Objekt betrachtet.

Was hinter der Krankheit steckt

Bei der Suche nach der Krankheitsursache wird der psychologische Anteil meist völlig ausgeblendet. Die Krankheit als Folge seelischer Vorgänge, gar als Folge der gestörten Beziehung zu sich selbst, zu Gott vielleicht oder weil man gegen seine eigene innere Ordnung gelebt hat? Die naturwissenschaftliche Medizin hat diese Auffassung oft allzu voreilig als Aberglauben abgetan. Was sollten auch Bakterien und Viren mit der inneren Ordnung des Menschen zu tun haben! Erst durch die Psychoanalyse und die Tiefenpsychologie lernten wir auch „wissenschaftlich" erkennen, daß ein Leben gegen die eigene innere Ordnung, daß Schuld und Sünde beim Menschen sehr wohl krankmachend in Erscheinung treten können.

McMillen schreibt am Ende seines Buches „Vermeidbare Krankheiten": „*Freud, Adler* und *Jung* waren sich darüber einig, daß die seelischen Störungen auf Konflikte zwischen guten und bösen Kräften in der Seele zurückzuführen sind. *Freud* legte den Nachdruck auf den Sexualtrieb, dem er auch böse Tendenzen zuschrieb. *Adler* betonte das Machtstreben der fleischlichen Natur nach Vorherrschaft, während *Jung* den bösen Zug des Menschen mit einem wilden, habgierigen Wolf verglich.

In den dreißiger Jahren haben Spezialisten der psychosomatischen Medizin festgestellt, daß viele körperliche Krankheiten durch Neid, Eifersucht, Ichsucht, Bitterkeit, Furcht und Haß ausgelöst werden. Es sind die gleichen Gefühlsregungen, die die Bibel als Ausflüsse unserer menschlichen Natur charakterisiert. Wir beobachten, daß die meisten geistigen und körperlichen Krankheiten durch Aktivität innewohnender negativer Kräfte ausgelöst werden. Jedem ist einsichtig, daß äußere Maßnahmen nicht in der Lage sind, die innewohnenden destruktiven Kräfte und Mächte zu vertreiben. Sie gehören einfach zum Menschen, sie sind aufs engste mit ihm verknüpft."

In unseren Tagen nun setzt sich langsam die Erkenntnis durch, daß bei der Entstehung und Überwindung von Krankheiten in erheblichem Maße seelische Faktoren eine entscheidende Rolle spielen.

Das Krankheitsgeschehen nur vom Körperlichen her zu sehen ist lediglich ein Teil der wirklichen Beziehungszusammenhänge und entwirft ein schiefes Bild der dahinterstehenden Wirklichkeit. Damit aber ist diese falsch oder, wie der Arzt und Anthropologe *Viktor v. Weizsäcker* das formulierte, „wahr, aber nicht richtig".

Die Psychosomatik, die die Bedeutung seelischer Vorgänge für die Entstehung und Fortdauer körperlicher Krankheiten untersucht, war es vor allem, die immer wieder darauf bestand, daß der Mensch eine Einheit ist aus Seele und Leib und daß zwischen dem Seelischen und dem Leiblichen ein unlösbarer Zusammenhang besteht. Es ist heute nicht mehr zweifelhaft, daß körperliche Schäden seelische Folgen nach sich ziehen können, aber ebenso unbezweifelbar ist es, daß als Folge seelischer Störungen Organveränderungen auftreten können. Solche Störungen stellen sich gewöhnlich dann ein, wenn ein Mensch gegen seine innere Wahrheit lebt oder sein Handeln, wie wir auch sagen können, gegen die Ordnung Gottes verstößt. Von daher gesehen hat *Viktor v. Weizsäcker* recht, wenn er sagt, daß der Mensch seine Krankheit selbst „mache".

Krankheit ist eben nicht nur eine Fehlleistung des Körpers, die auf Ursache und Wirkung zurückgeht, sondern fast immer ist ihr eine absichtsvolle, auf einen bestimmten Zweck gerichtete Bedeutung zugeordnet, und nicht zuletzt entsteht sie durch tiefgreifende Rückwirkungen aus dem seelischen Bereich. Krankheiten sind – wir wollen das mit allem Nachdruck festhalten – nicht nur Viren, Bakterien, Bazillen, Infektionen, Vergiftungen, sondern das können in außerordentlichem Maße auch Schuld und Fehlverhalten sein, mit denen wir nicht fertig geworden sind, das kann unsere zweideutige Stellung zu Gott sein, die wir als seelische Krankheit erfahren, oder die Unfähigkeit, den Sinn des Lebens zu verwirklichen. Der Psychiater *Carl Gustav Jung* definierte zum Beispiel Neurosen – eine spezifisch menschliche Krankheit – als „das Leiden der Seele, die nicht ihren Sinn gefunden hat".

Jede Krankheit hat uns etwas Wesentliches zu sagen. Aber wie schwer fällt es uns, diese Zeichen zu entziffern! Wer es jedoch mit dem Gesund-werden-Wollen ernst nimmt, wird „seine" Krankheit als einen Anruf verstehen, vor allem darüber nachzudenken, was an seinem Leben nicht „in Ordnung" ist. Auf dem Krankenlager, dessen Isolation und Ruhe diesem Geschehen nur förderlich sein können, muß dann die Analyse unseres Lebens einsetzen, eine schonungslose Offenlegung unseres Denkens und Handelns, die Frage an uns selbst: Was habe ich falsch gemacht in meiner Lebensführung? Es ist immer heilsam, während des Darniederliegens das eigene Leben gewissenhaft zu überprüfen. Erst nach dieser Selbsterforschung kann die Reinigung, die Umkehr, die Läuterung folgen, wenn wir nicht nur gesund, sondern in einem tieferen Sinne auch heil werden wollen.

Natürlich hat ein Christ genauso zu leiden wie ein Nichtchrist – in dieser Beziehung gibt es keinerlei Unterschied. Der Christ ist keineswegs besser als der Nichtgläubige, er ist nur besser dran, wenn er sich in Stunden der Not an den Herrn auch der Krankheit wendet, wie es einmal ein Theologe formulierte. Wir stehen oft bewundernd vor diesen Kranken, die ihre Krankheit aus der Hand Gottes nehmen – nicht als Strafe, wie man es früher oft empfunden haben mag, sondern als Teil ihres von Gott verordneten Lebens. Sie können den Grund für ihre Krankheit auch nicht beschreiben, wissen aber, daß Gott für sie einen Plan hat, der am Ende gut ausgehen wird. Aus dieser Haltung heraus sind sie in der Lage, selbst die schwersten Krankheiten und Schmerzen zu ertragen und klaglos zu leiden und für die Umgebung zu einem Vorbild zu werden, das immer wieder in Erstaunen versetzt.

Wolfgang Juhre erzählt in seinem Buch „Warum denn gleich zum Doktor gehen?" von solch einer Kranken: „Ich kenne eine

Frau, die fast 60 Jahre schwer krank war. Ihr Körper war nur ein Wrack. Zuerst ging man aus Pflichtgefühl zu ihr, um ihr etwas Trost zu geben, wußte aber eigentlich gar nicht, wie man es anstellen sollte. Jedesmal wenn ich dann bei ihr war, war ich erstaunt über ihre geistliche und geistige Haltung. Am Schluß war ich es, der ermuntert, froh und gestärkt von ihr ging; ich nahm etwas an Kraft und Liebe mit, die mir ein anderer, ein Gesunder oder auch ein Nichtchrist, wohl kaum hätte vermitteln können. Diese Frau war ein Vorbild für Hunderte, die sie kannten. Sie gab sich Mühe, anderen zu helfen; sie war bereit, für andere dazusein, und unterhielt einen großen Briefwechsel, durch den sie zum Segen vieler wurde. Wahrscheinlich hätte sich diese Frau, wäre sie gesund gewesen, allein schon aus Zeitmangel nie in dieser wunderbaren Weise um andere gekümmert, ihnen jahrzehntelang geholfen... Sie hat uns durch ihr Leben und Leiden bewiesen, daß Gott Liebe ist und daß sich der Glaube an ihn auch im Leid bewährt."

Ursachen spezifisch menschlicher Krankheiten

Schon seit *Descartes* (1596–1650) gibt es die Trennung von Leib und Seele – die sichtbare Welt wurde nur noch rein mechanistisch interpretiert. Den Leib sah man als Maschine, die man auseinandernehmen und wieder zusammensetzen kann. An dieser Einschätzung hat sich bis heute kaum etwas geändert. Die Ersatzteil-Chirurgie und Gen-Techniken lassen wenig Hoffnung, daß sich daran viel ändern wird.

Seelisch Leidende werden oft mit unvorstellbarer Härte alleingelassen. Da ihre Krankheit in der Regel nicht als solche erkannt und anerkannt wird, stehen sie unter starkem psychischen Druck. Ob wir nun selbst Betroffene sind oder uns mit der seelischen Not von Mitmenschen auseinanderzusetzen haben – die Fragen bleiben nicht aus: Welchen Sinn hat Leiden? Warum trifft es gerade mich? Warum trifft es Unschuldige, Kinder? Auf alle diese Fragen gibt es keine Antwort, die unserem Verstand einleuchten könnte.

Alt ist der Zweifel der Menschen an Gottes Gerechtigkeit. Viele haben aus den Erfahrungen der Grausamkeit in diesem Jahrhundert den Schluß gezogen, daß es keinen Gott geben könne. Angesichts der Brutalität unserer Zeit, die den Menschen in Angst, Not und Zweifel versetzt, ist die Gefahr groß, daß Menschen resignieren oder verbittern. Dennoch ist es sinnvoll, eigenes und fremdes Leiden auszuhalten und anzunehmen, zu tragen und mitzutragen, wie Pfarrer *Günther Eisele* schreibt – auch wenn wir es nicht begreifen oder es sinnlos erscheint. Daß Krankheit positive und wertvolle Gaben verborgen hält und nicht nur Nachteiliges, ist erst von wenigen erkannt.

Infolge der Behandlungstechnik der modernen Medizin, die lediglich Symptome beseitigt, erfährt der Kranke nie den Sinn noch die Ursache seines Krankseins. *Hans Müller-Eckhard* berichtet in seinem Buch „Die Krankheit, nicht krank sein zu können" den Fall eines Fabrikbesitzers, der, 46 Jahre alt, neben anderen Arbeitern in seinem Werk 250 junge Mädchen beschäftigte. Innerhalb von drei Jahren machte er glänzende Geschäfte, nicht zuletzt dank der Tatsache, daß die jungen Mädchen, Kinder fast, zwar tarifgerechte, aber eben doch sehr niedrige Löhne erhielten. Eines Tages entdeckte er, daß er Angst hatte, durch die Werksäle zu gehen. Tags zuvor hatte er nämlich bei Arbeitsschluß aus seinem Fenster gesehen und war betroffen gewesen über das schlechte, blasse, freudlose Aussehen dieser Mädchen. Vierzehn Tage später hatte er einen Angsttraum, der ihn sehr beunruhigte. Es war in der Nacht nach einem besonders guten Exportabschluß. Am nächsten Morgen erwachte er

Viele Menschen meinen heute noch, daß gesund oder krank sein gleichbedeutend sei mit gesunden oder kranken Organen. Wir wissen jedoch, daß man bei vollem Bauch und gesunden Organen seelisch krank sein kann. Entscheidend ist, unter welchen Bedingungen ein Mensch leben muß. Wird er anerkannt? Fühlt er sich wohl? Wird er geliebt? Kann er sich unbefangen bewegen? Erlebt er Freundschaft, Gemeinschaft, Hilfe, Ermutigung und Trost? Erst durch den Mitmenschen werden wir selber Mensch, erst durch die Nähe anderer geht uns selbst die Fülle des Lebens auf. Viele erliegen zeitweilig der Illusion, entscheidend für ihr Glücksgefühl seien der berufliche Erfolg und der Lebenskomfort. Bald aber müssen sie erkennen, daß es für befriedigende menschliche Beziehungen keinen Ersatz gibt. Geselligkeit, Freundschaft, Vertrauen, Gemeinschaft – das brauchen wir zur seelischen Gesundheit.

mit heftigen Herzbeschwerden. Drei Tage später kam er in die Universitätsklinik. Das EKG sprach für einen schweren Herzschaden. Nie vorher war er krank gewesen oder hatte Angst gehabt. Die unangenehmen Schmerzen und das bedrohende Schwindelgefühl zwangen ihn zu vier Wochen Bettruhe. Daran schlossen sich nochmals vierzehn Tage Bettruhe an. Am Ende dieser vierzehn Tage wachte er nachts auf, nahm sein Notizbuch und errechnete für sämtliche Arbeiterinnen eine wesentliche Lohnerhöhung. Der objektive Herzbefund besserte sich von Stund an. Nach weiteren sechs Wochen konnte der Fabrikbesitzer die Klinik verlassen. Da es für den Zustand des Patienten kein schnellwirkendes Heilmittel gab, erfuhr er den Sinn, die Mission seiner Krankheit.

Die Herzbeschwerden offenbarten dem Fabrikanten seine wirkliche Krankheit; sein Gesundsein hatte das nicht vermocht. Das Gewissen des Patienten hatte reagiert wie ein hochempfindlicher Seismograph. Hier war es wichtig, dem Patienten Zeit zu lassen, die Hieroglyphen der Seele zu entziffern.

Als spezifisch menschliche Krankheiten gelten die sogenannten Zivilisationskrankheiten wie Bluthochdruck, Magengeschwüre, Diabetes, Basedow, allergische Erscheinungen, Neurosen, Bronchialasthma, chronische Verstopfung, Fettsucht, Schilddrüsenüberfunktion und viele Formen chronischer Gelenkerkrankungen. Ihre Ursachen sind noch nicht aufgeklärt. Das ist in Anbetracht des großen Aufwandes an Forscherarbeit erstaunlich genug und führt zwangsläufig zu der Auffassung, daß die naturwissenschaftlichen Methoden offenbar unzureichend sind, diese Phänomene zu erforschen. Die medizinische Wissenschaft hat sich insofern auch einer groben Nachlässigkeit schuldig gemacht, als sie Ätiologie (Ursache) und Pathogenese (Entstehung) einer Krankheit gleichsetzte. Die Ätiologie einer Krankheit wird heute weitgehend außer acht gelassen. Dabei weiß man, daß zum Beispiel bei Infektionskrankheiten trotz gleicher Ansteckungsmöglichkeit immer nur eine kleine Gruppe erkrankt. Man kommt also nicht darum herum, auch die Disposition des einzelnen mit einzubeziehen.

Auch die Umweltfaktoren spielen natürlich eine Rolle. Bei den in den USA lebenden Farbigen ist zum Beispiel die Zuckerkrankheit 2,5mal häufiger als bei den Weißen, während sie bei den Farbigen Afrikas fast völlig fehlt. So könnten wir Krankheit für Krankheit betrachten und würden dabei feststellen, daß viele Menschen mitunter sehr differenzierte Überempfindlichkeiten gegen ganz bestimmte Stoffe entwickeln. Eine kausale (nur auf objektiven Ursachen beruhende) Therapie gibt es nicht.

Wir alle kennen Patienten, die das Sprechzimmer des Arztes als Kranke betreten und die dann enttäuscht sind, wenn nach der Untersuchung der Arzt erklärt, er könne nichts finden. Die Beschwerden seien „nervöser“ Art. Aber auch „nervöse“ Beschwerden haben ihre Ursachen und überfallen uns nicht aus heiterem Himmel.

Die Aufgabe der Krankheit

Warum werden Menschen krank? Pastor *Heinrich Giesen*, ehemaliger Leiter der Berliner Stadtmission, sagte dazu: „Krankheit ist einer der Wege, auf dem Menschen klug werden können. Denn zu erfahren, daß es nicht nur mit anderen, sondern auch mit uns ein Ende haben muß, macht klug... Gott ist Arzt solcher Krankheit. Er verlangt Fürsorge für Leib und Seele. Er erwartet, daß Menschen gesund sein sollen und wollen. Man kann nicht an Gott glauben und zugleich mit der Krankheit kokettieren oder auch Krankheit leugnen und Krankheit unbekämpft sein lassen... Wir bekommen nicht nur ein Geschenk der Gesundheit, sondern auch in der Krankheit mit Gott zu tun."

Der Wiener Psychiater *Viktor E. Frankl* vertritt die Auffassung, daß der Mensch in Leben und Krankheit einen Sinn erkennen muß. Leben sei Aufgabe, und der Auftraggeber sei Gott!

Schuld und Fehlverhalten als Krankheitsursache

Wer diese Auffassung *Frankls* anerkennt, wird nicht umhin können, auch Krankheit und Leiden als Fügungen Gottes zu sehen. Die Bibel, noch immer Richtschnur und Weisung für das tägliche Handeln von Millionen Menschen, sagt uns, daß es in der geschaffenen Welt nichts gibt, was nicht zu Gott in Beziehung stünde. Als Grundproblem des Menschen sieht sie seine Trennung von Gott, die unbewußt als Schuld erfahren wird. Folgerichtig werden Erlösung und Gesundheit als Wiederherstellung der Harmonie des Menschen mit Gott, mit den Nachbarn, mit sich selbst verstanden.

Der moderne Mensch aber sucht gewöhnlich nicht mehr die Schuld zu überwinden oder zu bewältigen (durch Reue, Buße, Sühne, Verzicht oder wie immer wir das nennen wollen), sondern er sucht jemanden, der ihm die Schuld ausredet. *Victor E. v. Gebsattel* spricht von der Abwanderung der abendländischen Menschheit vom Seelsorger zum Nervenarzt. Die Menschen heute gehen zum Psychotherapeuten oder wenden sich an die Lebensberater der Illustrierten und Magazine und meiden den Seelsorger, der hier doch eigentlich allein zuständig wäre.

Daß der Mensch überhaupt krank wird, ist in biblischer Sicht eine Folge der gefallenen Natur des Menschen, der von der Ordnung Gottes abwich und gegen seine innere Wahrheit lebte. Viele gefährliche krankmachende Stressoren wie Neid, Mißgunst, Leid, Ärger, Wut, Unzufriedenheit, Zorn, Eifersucht und andere unsoziale Verhaltensweisen trennen uns nicht nur von Gott, sondern auch von den Menschen. Krankheit ist ein Zeichen, das zu verstehen die Menschen jedoch verlernt haben.

Heute findet man nur noch selten die Einstellung, daß die Krankheit als zum Menschen gehörig erlebt wird. Krankheit ist eine Art „Betriebsunfall". Der Mensch der Gegenwart, ziellos und wurzellos, hat keine Zeit mehr, krank zu sein, eine Krankheit auf sich zu nehmen und durchzustehen. Da er diese „Betriebsstörung" nur als eine äußere Angelegenheit ansieht, versucht er sie auch nur mit äußerlichen Mitteln zu bekämpfen. Die Frage nach dem Sinn der Krankheit wird nicht mehr gestellt.

Man sollte über diese Einsicht nicht so ohne weiteres hinweggehen. Es gibt doch zu denken, daß Jesus einmal zu einem Gichtbrüchigen, den man zu ihm brachte, nicht von dessen Krankheit sprach, sondern allein von dessen Schuld. Erst nachdem er ihm die Last der Schuld von seinen Schultern genommen hatte („Sei getrost, mein Sohn, deine Sünden sind dir vergeben"), erst nachdem er die abgerissene Verbindung zu Gott wieder in Ordnung gebracht hatte, heilte er auch dessen Leib (Matthäus 9, 2).

Nachdem wir bisher so entschieden den Zusammenhang zwischen Krankheit und Schuld hergestellt haben, müssen wir nunmehr doch hinzufügen, daß sich nicht alle Krankheit auf Schuld und Sünde zurückführen läßt. Es gibt ganz gewiß Krankheitserscheinungen, deren Schwere und Dauer keinen Sinn zu haben scheint, in denen für den gläubigen Menschen aber dennoch das Handeln Gottes offenbar wird (Johannes 9, 1–3).

Ohne im einzelnen diese Gedanken weiter zu verfolgen, stellen wir fest, daß bei der Krankheit manchmal mehrere Sinnzusammenhänge möglich sind, die nicht immer scharf getrennt werden können. Die Aufgabe aber, an der Krankheit zu wachsen und zu reifen, bleibt. Das ist gewiß nicht leicht und auch schwer nachzuvollziehen, wie es überhaupt nur wenige Menschen gibt, die den Sinn ihrer Krankheit von Anfang an begreifen und sich willig dem Erneuerungsprozeß unterziehen.

Nicht nur am Sterben hindern

Wir dürfen nämlich eines nicht vergessen, was die Menschen unserer Tage im Gegensatz zu den Generationen früherer Jahrhunderte nicht mehr wahrhaben wollen: Alles, was der Mensch ist, ist er in seinem Verhältnis zu Gott! Die Heilige Schrift zum Beispiel läßt erkennen, daß in einer sehr verborgenen Tiefe ein geheimnisvoller, kaum wahrnehmbarer Zusammenhang besteht zwischen der Flucht des Menschen vor Gott und der allerorten sichtbaren Not der Krankheit. Krankheit aber ist Unnatur und Unordnung; sie ist das Eindringen des Chaotischen in den göttlichen Schöpfungsbereich. Der Theologe *Karl Barth* sieht in der Krankheit einen Vorboten des Todes, eine durch seine Sünde verdiente Preisgabe des Menschen an die Gewalt des Nichtigen, ein Element und Zeichen des göttlichen Gerichts und gleichermaßen ein Element und Zeichen des Verderbens, dem gegenüber es keine Rettung gibt außer in Gott. *Karl Barth* bezieht sich dabei unter anderem auf 2. Mose 15, 26: „Wirst du der Stimme des Herrn, deines Gottes, gehorchen und tun, was recht ist vor ihm und merken auf seine Gebote und halten alle seine Gesetze, so will ich dir keine der Krankheiten auferlegen, die ich den Ägyptern auferlegt habe; denn ich bin der Herr, dein Arzt."

Die tiefe Problematik des Krankseins und des Gesundwerdens erhellte auch der Hamburger Psychosomatiker *A. Jores* an dem Beispiel einer Patientin, die wegen neurotisch bedingter Herzbeschwerden schon durch viele Arztzimmer gegangen war, schließlich zu ihm kam und resignierend klagte: „Behandeln will mich jeder, aber helfen kann mir keiner."

Ein französischer Arzt begann einmal einen Vortrag mit dem Stoßseufzer seiner Patientin: „Man hindert uns am Sterben, aber man hilft uns nicht zum Leben." Dieses harte Wort trifft ziemlich genau die Situation jener Ärzte, die ein Magengeschwür herausschneiden oder eine Gallenblasenentzündung beseitigen, ohne die oft tiefe menschliche Problematik zu erkennen, die sich hinter diesen Erkrankungen verbirgt. Von den Ärzten der Zukunft wird man verlangen müssen, daß sie sich nach einem lebensrettenden Eingriff auch um diese Fragen des Patienten bemühen. Das ist gewiß eine sehr weitreichende Forderung angesichts überfüllter Wartezimmer, aber wenn wir eine „menschliche Medizin" schaffen wollen, darf es eben nicht mehr nur die Aufgabe des Arztes sein, den Menschen am Sterben zu hindern, sondern sie muß darin bestehen, ihm die Möglichkeit zu einem erfüllten Leben zu öffnen.

Die Sinnfrage am Krankenbett

Am Krankenbett tauchen gewöhnlich die ungezählten Warum-Fragen auf. In jenen Stunden, da wir zur Ruhe, zum Stilliegen, zur Besinnung gewissermaßen „verurteilt" sind, beginnt dann oft das Hadern mit Gott, der das Geschick, das uns traf, nicht zu verhindern wußte. Und nicht selten wird dann das Gefühl der Enttäuschung übermächtig, so daß wir uns von ihm lossagen, ihm unser Vertrauen aufkündigen und dadurch erst recht in einen Zustand der Isolation geraten.

Alle diese Fragen nach dem Warum sind

Nicht immer sind die Fröhlichen die Gesunden und die Traurigen die Kranken. Viele haben mit ihren Beschwerden und Krankheiten leben gelernt und sich dennoch ein heiteres Wesen erhalten.

sinnlos. Es gibt darauf keine zufriedenstellende Antwort. Wir können uns nur die Frage stellen nach dem Wozu. Wozu könnte die Krankheit gut sein? Kann ich etwas daraus lernen, das zu lernen ich bisher in meinem Leben versäumt habe? Nur in diesem Sinne können wir eine Antwort auf die Frage nach dem Sinn der Krankheit finden.

Martin Luther sagte einmal, als er sich erinnerte, daß die hebräische Bibel von hinten nach vorn gelesen wird, das tiefsinnige Wort: „Gottes Wege mit uns sind wie ein hebräisch Buch, man kann sie nur von rückwärts lesen." Das besagt nichts anderes, als daß wir oftmals erst später erkennen, was zu unserem Besten gedient hat. Es gibt Wege Gottes mit uns, die wir niemals zu begreifen vermögen, wo wir uns nur an das Wort des Herrn halten können, daß am Kranken die Werke Gottes offenbar werden sollen (Johannes 9, 2. 3).

Die Frage nach dem Sinn der Krankheit wird von den meisten gar nicht mehr gestellt. Wer aber nicht nur gesund werden will, sondern auch Heilung erwartet, kommt letztlich nicht darum herum, nach dem Sinn der Krankheit zu fragen. In den meisten Fällen ist die Krankheit Ausdruck einer tiefen Disharmonie im Innern des Menschen. Deshalb ruft sie auch häufig eine allerdings falsche Scham hervor, das angestrengte Bemühen mancher Betroffener, den Kranken oder die Krankheit zu verbergen. Nicht wenige empfinden bestimmte Krankheiten (Geisteskrankheiten vor allem) als einen persönlichen Makel. Uneingestanden steht hier hinter dem Verbergenwollen das Gefühl des Schuldiggewordenseins.

In der Krankheit warten wir oft auf das Wunder, das alle Schmerzen hinwegnimmt. Nicht, daß es keine wundersamen, geradezu erstaunlichen Heilungen auch in der modernen Medizin gäbe, aber Wunder, spektakuläre Wunder, sind selten, auch in der Welt des Glaubens. Wichtiger und nützlicher ist es, daß wir uns in unserer Krankheit dem Willen Gottes unterstellen. Gott will, daß wir leben. Er will, daß wir den Kampf gegen die zerstörende Macht der Krankheit aufnehmen, daß wir uns nicht in Resignation und Ergebenheit gefallen. So gesehen wird die Krankheit zum Kampfplatz, auf dem mehr noch als im gesunden Leben um den Glauben an Gottes Macht und Gegenwart gerungen wird.

Der Pietist *Johann Christoph Blumhardt* sagte einmal: „Lege die Hände zusammen und bete: Herr, hilf mir! Wir haben lange genug gesehen, was der Teufel tut; nun wollen wir auch sehen, was der Herr Jesus vermag.“ David sagte einst: „Herr, mein Gott, als ich schrie zu dir, da machtest du mich gesund.“ (Psalm 30, 3.) Ohne daß zu Gott „geschrien“ wird und ohne Eingreifen von Gottes Gnade kann es keine Hilfe geben. Und manchmal braucht der Mensch eine Krankheit, damit Einkehr, Stille und Besinnung in seinem Leben wieder ihren Platz erhalten.

Theodor Bovet sagt, daß es im Grunde gleichgültig sei, ob wir geheilt werden oder nicht, wenn wir nur Gott in der Krankheit erkennten. Das ist ein schweres Wort, das einem Kranken wohl die Hoffnung rauben kann, das ihn aber gleichzeitig zu trösten vermag in der Gewißheit, daß er über Zeit und Ewigkeit hinaus in den Händen Gottes geborgen ist. Denn es ist gewiß nicht leicht zu sagen: Ich will gesund werden, ich will alles tun, um das zu erreichen, und doch bei sich zu denken: besser krank sein als ohne Gott.

Gesundheit bedeutet viel, sehr viel, und wir alle wünschen uns Gesundheit, aber sie ist letztlich nicht alles, und sie ist nicht das höchste Gut auf Erden. Sie ist nicht der Höchstwert unseres Lebens. So gesehen kann auch eine Krankheit zum Tode sehr wohl zum Leben führen. Am Ende eines sinnerfüllten Lebens aber hat der Tod seine Schrecken verloren.

Krankheit als Chance zum Heil-werden

Welchen Sinn hat die Krankheit? Der indische Religionsphilosoph *Rabindranath Tagore* schreibt: „Laß mich nicht bitten, vor Gefahr bewahrt zu werden, sondern ihr furchtlos zu begegnen; laß mich nicht das Ende der Schmerzen erflehen, sondern das Herz, das sie besiegt; laß mich auf dem Kampffeld des Lebens nicht nach Verbündeten suchen, sondern nach meiner eigenen Stärke; laß mich nicht in Sorge und Furcht nach Rettung rufen, sondern hoffen, daß ich Geduld habe, bis meine Freiheit errungen ist; gewähre mir, daß ich kein Feigling sei, der seine Gnade nur im Erfolg erkennt; laß mich aber den Halt deiner Hand fühlen, wenn ich versage.“

Es ist wichtig, sich nicht hinter der Krankheit zu verstecken, nicht passiv zu reagieren und entmutigt zu sein. Heilung hängt nicht nur von der Güte der Medikamente oder der ärztlichen Kunst ab, sondern auch vom Patienten, der den Willen haben muß, gesund zu werden.

Dale Carnegie hat drei Rezepte gegen die Angst formuliert, die auch im Falle einer Krankheit angewendet werden können:

- Fragt euch: Was ist das Ärgste, das möglicherweise geschehen kann?
- Seht zu, daß ihr euch damit abfindet, wenn es sein muß.
- Trachtet dann in aller Ruhe danach, dem Schwersten die Spitze abzubrechen.

Bejahung ist der erste Schritt zur Überwindung des Schlimmsten und setzt Kräfte frei. Wer auf das Schlimmste gefaßt ist, kann nichts mehr verlieren. Es hat immer Sinn, an der Liebe Gottes festzuhalten, auch im Leid und angesichts des Todes. Das ist sicher keine Antwort für jeden, sondern in erster Linie für den, der die innere und äußere Ruhe hat, nach dem Sinn des Leidens zu fragen und darüber nachzudenken. Aber es öffnet jedem die Möglichkeit, diese Chance zu ergreifen. Wie aller Glaube ein Wagnis ist, so können wir nichts Besseres tun, als dieses Wagnis auch in der Krankheit einzugehen.

Optimismus am Krankenbett zu heucheln ist jedoch eines der schlimmsten Vergehen gegenüber dem Kranken. Der Patient ist begierig, die Wahrheit zu erfahren. Es stimmt einfach nicht, wenn Ärzte behaupten, daß die Kranken über die Ernsthaftigkeit ihrer Krankheit, vor allem wenn sie tödlich auszugehen droht, nichts wissen wollten. Die meisten Kranken wollen sehr wohl, wie zahlreiche Untersuchungen ergeben haben, über ihre Krankheit und die Prognose Bescheid wissen.

Ein Arzt erzählte den Fall einer 57jährigen Patientin mit Brustkrebs, die darüber klagte, daß sie zunehmend nervöser werde. Auf die Frage „Warum" antwortete sie: „Ich bin nervös, weil ich in einem Jahr vier Kilo abgenommen habe, der Priester mich zweimal wöchentlich besucht, was er zuvor nie tat, meine Schwiegermutter so nett zu mir ist, obwohl ich ihr gegenüber üblicherweise gereizt bin. Würde dies alles Sie nicht auch nervös machen?"

Der Arzt darauf: „Sie meinen, daß Sie sterben werden!"

„Genau das meine ich", erwiderte sie.

„Sie vermuten richtig", sagte der Arzt nach einer Pause. „Sie werden bald sterben."

Darauf lächelte die Patientin und meinte: „Nun endlich ist die Schallmauer durchbrochen; jemand hat mir die Wahrheit gesagt."

In der Regel wird über den Sinn einer Krankheit nicht mehr gesprochen oder nachgedacht, wenn sich nur eine direkte Ursache, eine Mikrobe oder Bakterie finden läßt. Herkunft und Zukunft des Menschen kann jedoch nicht außer acht bleiben, wenn es um den Sinn der Krankheit geht. Wenn wir uns selbst verfehlen, dann kommt es zu Störungen im Organismus.

Schmerz und Leid gehören zu den Aufgaben, die uns das Leben stellt, um an ihnen zu wachsen. So führen manche Krankheiten, richtig erlebt und durchgestanden, zu einem neuen Menschen, zu einer wirklichen Wandlung.

Prof. *Jores* sagte, daß die heutige Medizin den Menschen zwar gesund mache, aber nicht heil. Die somatische Medizin setzt Heilung gleich mit Symptombeseitigung, und die Psychotherapie weiß, daß das nicht stimmt. Nicht Konfliktfreiheit ist das Ziel, sondern der Mensch in seiner Ganzheit und Entfaltungsmöglichkeit.

In den Seligpreisungen der Bergpredigt heißt es: „Selig sind, die da Leid tragen; denn sie sollen getröstet werden." Leid haben ist Menschenlos. Leid tragen schließt, worauf Prof. *Köberle* hinweist, die Bereitschaft ein, sich von dem Traurigen und Bösen, das uns widerfährt, nicht überwältigen zu lassen in der Gewißheit: Gott kennt den Plan, den er mit uns verfolgt, und er weiß, warum er unser Lebensschicksal gerade so, durch die Krankheit, und nicht anders gestaltet.

Verlassenheit und Einsamkeit

Zwei auf den ersten Blick von völlig gegensätzlichen Inhalten geprägte Begriffe sind mit die meistgenannten Schlagworte unserer Zeit: Vermassung und Einsamkeit. Beide Erscheinungen sind wesentliche Teilaspekte unserer Gesellschaftsstruktur. Dabei wird die Einsamkeit zunehmend gleichgesetzt mit ihrem negativen Aspekt – der Vereinsamung.

Einsamkeit gehört zum Wesen menschlicher Existenz

Die Einsamkeit gehört zu den Grundbefindlichkeiten unseres Daseins. Jeder von uns hat sich von Zeit zu Zeit mit ihr auseinanderzusetzen, zumal wir ihr unter einem doppelten Aspekt begegnen – dem der Not, der Vereinsamung, des Alleingelassenseins, der Verlorenheit, der seelischen Isolation, des Mangels an Geborgenheit und Eingebettetsein in die menschliche Gemeinschaft, aber auch dem des beglükkenden Alleinseins, der schöpferischen Tat, des Bei-sich-Seins und des Offenhaltens für die Begegnung mit Mensch und Welt.

Dabei wollen wir von vornherein auseinanderhalten, daß einsam und allein nicht dasselbe sind. Man kann sich sehr einsam fühlen, wenn man in Gesellschaft ist, und manche Menschen scheinen durchaus in der Lage zu sein, sich selbst zu beschäftigen, ohne daß andere Menschen um sie

Verlust eines lieben Menschen und die Notwendigkeit, ohne den geliebten Menschen weiterleben zu müssen zählen zu den schweren Anfechtungen unseres Lebens, die heilsame Trauerarbeit erfordern.

herum sind. *Manès Sperber*, Schriftsteller und Psychologe, schreibt: „Einsam kann man sich unter vielen Menschen fühlen und sogar mit dem Ehepartner, mit dem man seit vielen Jahren tagaus, tagein Zeit und Raum teilt. Man kann Einsamkeit dramatisch erleben: so als ob die Nacht am hellen Mittag plötzlich hereinbräche; oder umgekehrt zuständlich: wie eine lange, unheilbare Krankheit, die in einem nistet wie ein Geschwür, das einen allmählich, jedoch unaufhaltsam vernichten wird."

Die bergende Großfamilie gibt es nicht mehr

Einsamkeit ist aber keine Erscheinung unserer Tage; sie gab es schon in der Vergangenheit, wenn auch nicht in dieser krassen Form, wie wir es gegenwärtig erleben. In früheren Zeiten waren alleinstehende Menschen in der Regel Glieder einer Großfamilie, oder sie lebten auch als einzelne in einem Familienverband, waren zudem oft noch Mitglieder kirchlicher oder ständischer Vereinigungen. Mit dem Zerfall der Großfamilie seit dem Heraufsteigen des Industriezeitalters und der Demokratisierung der Gesellschaft veränderte sich auch die Struktur der Familie. Die Kleinfamilie trat an die Stelle der Großfamilie. Diese war in der Regel eine Produktionsgemeinschaft gewesen. Daraus wurde nun eine Gemeinschaft von Konsumenten, und damit war auch das weitere Schicksal der Alten und Alleinstehenden vorgezeichnet.

Einsamkeit wird heute millionenfach erlitten, paradoxerweise am schrecklichsten in der Großstadt, in den Wohnsilos nicht weniger als im Häuschen im Grünen. Wenn Einsamkeit so zum Zeichen unserer Generation geworden ist, was wunder, daß alles nach Gemeinschaft und Gemeinsamkeit ruft. Statt der Einsamkeit standzuhalten, flüchten viele in das Getriebe der Welt, in Rummel, Drogen, Alkohol und Sex. Wir erleben eine Einsamkeit von Menschen, die, wenn sie ihr Haus verlassen, nicht allein sein können. Die Psychologen sprechen von Isolations- und Unterwerfungsängsten und von dem Wunsch, gestreichelt zu werden. Mehr als eine halbe Million Bundesbürger leidet an Depressionen, die sie auf die zunehmende Isolierung zurückführen.

Viele Einsame empfinden sich als heimatlos, und diese Heimatlosigkeit ist im Grunde eine Klage über den Mangel an menschlicher Wärme, über Kontakt- und Lieblosigkeit, über fehlende Vertrautheit mit dem Nachbarn, dem Nächsten. Diese Vereinsamung ist an keine Gehaltsstufe und an keine gesellschaftliche Klasse gebunden. Bereits die junge Generation krankt unübersehbar an diesem Einsamkeitsgefühl.

„Du kannst dir nicht selbst ‚Gute Nacht' sagen."

Heute beginnt der Konkurrenzkampf bereits in der Schule und setzt sich in den mittleren und oberen Etagen der Wirtschaft fort. Alte Freundschaften zerbrechen, und die Atmosphäre von Eifer, Ehrgeiz und aggressivem Ellenbogeneinsatz läßt neue kaum entstehen. Der Rhythmus der Arbeit wird nicht mehr vom Menschen bestimmt, sondern von Apparaten. Es droht die Verkümmerung des Menschlichen.

Gewiß, unsere schnellebige, nur auf Erfolg getrimmte Zeit ist der Liebe unter den Menschen, der Hinwendung zu und dem Vertrautwerden mit einem Mitmenschen nicht sehr förderlich. Einsamkeit – das ist dann wie strafverschärfende Einzelhaft. Der Mensch aber ist kein Einzelwesen; er ist auf ein Du eingestellt. „Du kannst dir nicht selbst ‚Gute Nacht' sagen!" heißt es bei *Max Frisch*. Das klingt nicht sehr geistvoll, aber es kann sich dahinter viel Kummer und Not verbergen. Der Mensch kann zu sich selbst kommen und sich selbst erkennen erst im Zusammenspiel mit anderen; denn Mensch sein heißt immer Mitmensch sein. Jeder ist in eine Gemeinschaft hineingestellt. Keiner kann als Insulaner leben. Wir brauchen den anderen, schon um unser eigenes Wesen entfalten zu können.

Was ist eigentlich das Bedrohliche und Bedrückende an der Einsamkeit? Es ist wohl vor allem das Gefühl völliger Ungeborgenheit, des ganz und gar Auf-uns-gestellt-Seins. Niemand spricht mit uns; wir können uns an niemanden wenden; wir empfinden Leere um uns, eine hoffnungslos erscheinende, schreckliche Leere, und uns erfaßt eine gegenstandslose, unbestimmte Angst, die wir oft so empfinden, als fiele uns die Decke auf den Kopf. Diese Angst kann so quälend werden, daß sie uns irgendwohin unter Menschen treibt oder daß wir zu Betäubungsmitteln greifen.

Einsamkeit wird um so quälender und aussichtsloser erlebt, je weniger wir es gelernt haben, mit ihr umzugehen. Wir sind immer nur darauf eingestellt, sie zu fliehen, und kommen nie dazu, die Segnungen der Einsamkeit an uns selbst zu erleben. Man kann aber etwas nicht erlernen, vor dem man immer auf der Flucht ist. Es käme darauf an, diese Angst einmal auszuhalten und durchzustehen. Durch Betriebsamkeit kann das freilich nicht geschehen.

Wenn man nirgends dazugehört und auch nicht gebraucht wird

Der Einsamkeit scheinen in erster Linie zwei treibende Kräfte zugrundezuliegen: erstens das Gefühl, man gehöre nirgends dazu, man werde nicht gebraucht. Wenn man von anderen nicht anerkannt oder in ihre Gruppe einbezogen wird, fühlt man sich ausgeschlossen und wertlos. Der Hauptgrund für die Entfremdung des Menschen ist das Gefühl, nicht dazuzugehören, abgelehnt zu werden. Zweitens ist es das Gefühl, niemand verstehe einen. Dem einsamen Menschen fehlen die Beziehungen oder Bindungen, bei denen er über persönliche Sorgen mit jemandem sprechen kann, der mit Interesse, ja, mit Einfühlungsvermögen reagiert. Er ist zeitweilig oder ständig unfähig, solche Beziehungen anzuknüpfen oder aufrechtzuerhalten.

Auch das Sich-sehen-Lassen und Gesehen-werden-Wollen ist letztlich eine Erscheinungsform der Einsamkeit. Kleidung, Autos, Konsumartikel überhaupt werden heute wie Rangabzeichen getragen, um auf sich aufmerksam zu machen. Selbst der Selbstmörder klettert noch in der Stunde seiner existentiellen Ausweglosigkeit auf den Kirchturm, den Wolkenkratzer oder die Brückenpylone, um noch einmal als Mensch, als einzelner gesehen zu werden, ehe er in die Tiefe springt.

Die Zahl jener Menschen, die den Freitod wählen, nimmt zu. Die meisten von ihnen haben ihrem Leben ein Ende gesetzt, weil sie mit der Einsamkeit nicht mehr fertiggeworden sind. Freilich ist diese Einsamkeit nicht nur dadurch gegeben, daß niemand von außen hereinkommt, sondern viele können und wollen auch nicht aus ihrer Isolierung heraus. Da bedarf es dann unsäglicher Mühen, den Panzer der Abwehr und Abgeschlossenheit aufzubrechen, und oftmals bleibt auch alles Mühen vergeblich.

Das Doppelantlitz der Einsamkeit

Es gibt natürlich eine Einsamkeit, die frei gewählt ist; sie wird immer positiv sein und ganz sicher nicht Gegenstand ärztlicher oder psychotherapeutischer Bemühungen werden. Es gibt ferner eine Einsamkeit, die erlitten werden muß – hervorgerufen durch äußere Umstände, die wir nicht beeinflussen können. Es gibt eine Einsamkeit, die einfach dadurch entsteht, daß jemand anders ist als die anderen – bewußt oder unbewußt. Wer sich auf diese Weise vom Durchschnitt abhebt und vielleicht noch bewußt gegensteuert, beunruhigt leicht die anderen, und allzuhäufig geschieht es dann, daß er von ihnen verfolgt wird. Und letztlich gibt es auch eine Vereinsamung und Verlassenheit als Folge von krankhaftem Anderssein.

Einsamkeit als Last

Heute wird die Einsamkeit immer stärker als Last und Bedrückung empfunden. Ihre positiven Aspekte werden nicht mehr erfahren, ja, sie werden von vielen gar nicht mehr als erfahrbar erkannt. Wichtig ist es jedoch, dieses Doppelantlitz der Einsamkeit zu sehen. Es gibt eine beglückende und eine quälende, eine befruchtende und eine zerstörende Einsamkeit, und wir müssen versuchen, beides auseinanderzuhalten. Sonst ergeben sich allzuleicht Mißdeutungen. Manche Psychologen und Verhaltensforscher sind der Auffassung, daß *Einsamkeit* immer positiv gesehen werden solle; der negative Aspekt müsse der *Vereinsamung* vorbehalten bleiben. Vereinsamung beinhaltet sowohl den Vorgang des immer tieferen Hineingleitens in die Vereinsamung als auch den Zustand nach Abschluß dieses Prozesses. Diese Vereinsamung ist eine Entartungserscheinung mit allen ihren Konsequenzen, die im Hintergrund drohen – Neurosen, Psychosen, letztlich sogar das Abgleiten in die Asozialität. Mit anderen Worten heißt das, daß wir über die Einsamkeit nachdenken müssen, wenn wir die Vereinsamung und ihren Entstehungsprozeß wirklich begreifen wollen.

Die Vereinsamung wirft den Menschen auf sich selbst zurück, indem sie seine lebendige Einheit mit dem anderen unterbricht; er wird gleichsam in einen luftleeren Raum gestoßen und muß darin verkümmern. Die Einsamkeit dagegen läßt den Menschen sich selbst finden, zu sich selbst kommen – und damit zum anderen. Da der Vereinsamte jedoch sich selbst nicht gefunden hat, kann er auch nicht den anderen finden.

Viele Vereinsamte vergehen vor Sehnsucht, sich an irgend jemanden anklammern zu können. Meist ist diese Absicht vergeblich, weil sie nicht die Fähigkeit haben, sich selbst geben zu können. Wer nicht aus sich heraus kann und trotz aller inneren Bemühungen die Hülle, den Panzer aus Schutzbedürfnis und Abwehr, aus Empfindsamkeit und Verletzlichkeit nicht durchbrechen kann, leidet unter diesen mißlungenen Versuchen, aus seiner Einsamkeit herauszukommen.

Einsamkeit als Chance

Nur wer für sich sein kann, kann letztlich auch für andere da sein. Nur wer sich selbst liebt, kann seinen Nächsten lieben. Nur wer in sich geht, kann aus sich herausgehen. Nur wer sich verinnerlicht, kann sich auch entäußern. Nur wer in der Lage ist, einsam zu leben, kann es auch gemeinsam. Wer mehr als sich selbst erfahren möchte, der muß lernen, die Ruhe und Stille der Einsamkeit auszuhalten. Und das muß man in guten Tagen lernen und einüben, um es in den weniger guten Tagen zu besitzen.

Die Einsamkeit gehört, wir sagten das schon, zu den Grundbefindlichkeiten des Lebens. Viele Menschen sind allein, die aber deshalb noch lange nicht einsam sind. Doch ob wir zu einer bejahten, positiv empfundenen Einsamkeit finden oder ob wir in die Vereinsamung geraten, hängt nicht zuletzt von uns selbst ab, von unserer Fähigkeit, aus uns herauszugehen und die Tore unseres Herzens weit zu öffnen, sowie von unserer Bereitschaft, uns finden zu lassen.

Es ist überhaupt gut, wenn wir darüber nachdenken, ob unsere Vereinsamung nicht auch damit zusammenhängen könnte, daß wir zu sehr bei uns selbst geblieben sind. Wer sich nicht verschenken kann, kann letztlich auch nichts empfangen. Man kann zu den Alleingelassenen gehören und dennoch eine Fülle beglückender Lebensbeziehungen haben, wenn, ja, wenn man die eigene Person, und das ist entscheidend, nicht ausschließlich als Nabel der Welt sieht.

Glücklich das Kind, das einen liebevollen Opa hat, und der alte Mensch selbst bleibt auf diese Weise am Leben interessiert.

Ein Mann, der 38 Jahre krank war und keinen Menschen hatte

Natürlich gibt es auch ähnliche Erfahrungen, wie sie die Bibel in Johannes 5 von jenem Kranken schildert, der 38 Jahre lang am Teich Bethesda lag und immer zu spät kam, wenn das heilwirkende Wasser aufwallte. Als der vorübergehende Jesus ihn fragte: „Willst du gesund werden?", hat er

Reichtum an Erfahrung ist ein Gut des älteren Menschen, das ihn für eine lebendige Gemeinschaft unentbehrlich macht.

nun endlich Gelegenheit, die Misere seines Lebens und Leidens auszusprechen. Natürlich wollte er gesund werden. Welche Frage! Daß er – nach 38 Jahren – immer noch am Teich lag und wartete und hoffte und bangte, zeigt, daß er seine Hoffnung, sein Zustand könne sich ändern, noch nicht ganz verloren hatte. Doch diese Änderung war unlösbar verknüpft mit einem anderen Menschen, wer immer es sei, mit jenem einen, dessen Barmherzigkeit groß genug wäre, ihn, den Kranken, ins Wasser zu bringen.

Der Kranke antwortete nicht einfach mit ja, sondern er sagte: „Herr, ich habe keinen Menschen, mich in den Teich zu bringen, wenn das Wasser in Wallung gerät." Keinen Menschen zu haben ist wahrlich eine der schrecklichsten Erfahrungen. Keinen Menschen, keinen Partner zu haben, ohne Echo leben zu müssen, ist eines der schwersten Schicksale, die einem Menschen auferlegt sein können.

Wir müssen lernen, uns einzufühlen in das Schicksal eines Vereinzelten, damit wir ihm jenes Mindestmaß an Zuwendung schenken können, das ihm hilft, zu überleben. Mit etwas gutem Willen ist eigentlich jeder in der Lage, sich um isolierte Nachbarn oder Verwandte zu kümmern. Regelmäßige Besuche oder Gespräche können für vereinsamte Menschen eine Brücke zur Welt und damit zum Leben werden.

Freunde muß man sich vertraut machen

Der Verlust an Zugehörigkeit, der Mangel an Aufeinanderangewiesensein, die Erfahrung, zu niemandem das Wörtchen „mein" sagen zu dürfen, beschleunigt den Weg in die Vereinsamung. Der französische Dichter *Antoine de Saint-Exupéry* schildert in seinem berühmten Büchlein „Der kleine Prinz" auf sehr einleuchtende Weise die Besonderheit dieses Wörtchens „mein".

Der Prinz, auf der Suche nach Menschen, trifft auf einen Rosengarten. Alle Rosen gleichen seiner Blume, die ihm erzählt hatte, daß sie einzig sei auf der Welt. Und hier sind fünftausend Rosen, die seiner Blume vollkommen gleichen. Welche Enttäuschung für den kleinen Prinzen! Er glaubte sich reich durch eine einzigartige Blume und muß nun feststellen, daß er nur eine ganz gewöhnliche Rose besitzt. Weinend wirft er sich ins Gras. Da erscheint ein Fuchs und grüßt ihn sehr freundlich. Der Prinz ist sofort hellwach und möchte mit ihm spielen, doch der Fuchs verweigert sich, da er noch nicht gezähmt sei. „Was bedeutet zähmen?" fragt der Prinz. „Es bedeutet", antwortet der Fuchs, „sich einander vertraut machen." Wenn du mich gezähmt hast, werde ich einzig sein für dich und du auch für mich. Und der kluge Fuchs fügt hinzu: Man kennt nur die Dinge, die man zähmt. Die Menschen haben dazu keine Zeit mehr; sie wollen alles gleich fertig kaufen, doch Freunde kann man nicht kaufen. Sie muß man sich vertraut machen.

An diesen Worten des Fuchses erkennt der Prinz, daß seine Rose einzig ist in der Welt, weil sie ihm vertraut ist, und daß die Zeit, die er für seine Rose aufgewandt hat, diese Rose so wichtig macht. Und der Fuchs sagt ihm noch, daß er für seine Rose verantwortlich ist.

Welch kluger Ratgeber, dieser Fuchs! Wenn wir uns doch alle seine Gedanken zu eigen machen könnten! Denn Menschen, die am Leben verzweifeln, die verbittert sind, glauben fast immer, daß sie von anderen nicht anerkannt und angenommen werden. Wie schrieb der Apostel Paulus einst an die Christen zu Rom? „Nehmet einander an, gleichwie uns Christus angenommen hat." (Römer 15, 7.) Jemand, der geachtet und geliebt wird, der Kontakt hat zu seinen Mitmenschen, wird nicht so leicht am Leben zerbrechen, mag ihm auch noch so Schweres widerfahren; denn er hat sich jemand vertraut gemacht.

Formen der Einsamkeit

Die Einsamkeitsproblematik des Menschen beginnt schon in seiner frühesten Jugend. Sie erfaßt bereits das Kleinkind durch die Rolle, die das Verhältnis zur Mutter spielt. Störungen in diesem Verhältnis können Vereinsamung bewirken. Es gibt Vereinsamung bei Kindern, denen sich die Eltern nicht genügend gewidmet haben. Es gibt sie bei Jugendlichen, die mit ihren Eltern nicht mehr ins Gespräch kommen und in immer früherem Alter beginnen, eigene Wege zu gehen, und das Elternhaus verlassen.

Man mag darüber streiten, warum Jugendliche sich zu Banden zusammenschließen, warum sie ziemlich eigentümliche Gewohnheiten entwickeln, einen Spezialjargon sprechen, den nur Eingeweihte oder Gleichaltrige verstehen, warum sie das bedürfnislose Gammeln dem wohlbehüteten Zuhause einer gesicherten Bürgerlichkeit vorziehen. Gewiß ist, daß diese absonderlichen Reaktionen *auch* ein Protest sind gegen die zunehmende Gemeinschaftslosigkeit unseres Lebens, das den jungen Menschen nicht mehr die Möglichkeit der Identifikation bietet.

Das schreckliche Erlebnis der Kindheit

William James, einer der Väter der Tiefenpsychologie, schrieb: „Die große Quelle des Schreckens in der Kindheit ist Einsamkeit." Das wird verständlich, wenn man bedenkt, daß die Hand, die die Wiege bewegt, beim Säugling die Welt bewegt. Bei den sogenannten primitiven Völkern wird das Kind selbst während der Arbeit nicht von der Mutter getrennt. Die Psychologen und Kinderärzte haben längst erkannt, daß Haut- und Blickkontakt für die Erziehung eines Kindes von größter Wichtigkeit sind. Seelischen Störungen wird auf diese Weise vorgebeugt, und es werden Vertrauen und Kontaktfähigkeit begründet.

Der Mangel an physischem Kontakt beim Säugling und Kleinkind wird als Frustration, als Entbehrung erlebt und kann zur Vereinsamung führen. Das Stillen zum Beispiel – Muttermilch ist trotz aller Schadstoffprobleme immer noch die gesündeste Nahrung für den Säugling – erfüllt nicht nur seine leiblichen, sondern auch seine seelischen Bedürfnisse in ihrer ganzen Breite.

Prof. *René A. Spitz* zeigte als erster, daß es

nicht ausreicht, die körperlichen Bedürfnisse der Kinder zu befriedigen, um eine richtige Entwicklung zu sichern. Über ein Drittel einer Gruppe von Anstaltskindern, die nicht auch ausreichend liebkost wurden, starb innerhalb von zwei Jahren. Die überlebenden Kinder waren geistig, körperlich und in ihrem sozialen Verhalten zurückgeblieben. Das Kind, das zurückgewiesen wird, glaubt, es sei nicht gut genug, um von irgend jemandem geliebt zu werden. Es wagt auch keine eigenen Annäherungsversuche aus Angst, wieder abgelehnt zu werden. Menschen mit geringem Selbstbewußtsein fühlen sich dann ausgeschlossen und nicht liebenswert. Sie reagieren anderen gegenüber verschlossen und sind leicht verletzlich.

Die Bildung von Gefühlsbindungen beginnt in den ersten Wochen nach der Geburt. Kinder wenden der Mutter schon mit einem Monat eher Aufmerksamkeit zu als einem Fremden, und wirkliche Zuneigung zeigen sie nur ihr. Einige Psychologen sind der Ansicht, daß ein wichtiger Grund für das Schreien der Kinder in den ersten drei Monaten Einsamkeit sei. Dieses Schreien höre nämlich sofort auf, wenn das Kind auf den Arm genommen und liebkost werde. Wenn es aus Hunger oder anderen körperlichen Bedürfnissen schreie, höre es damit nicht auf, wenn man es auf den Arm nehme.

Vielfach ist es heute noch üblich, daß man Säuglinge viel sich selbst überläßt, da sie möglichst nicht gestört werden sollen. Manchmal werden sie dann noch in ihrem Bettchen oder Korbwagen im Nebenzimmer alleingelassen. Selbstverständlich soll das Kind Ruhe haben, schlafen können, aber es gibt dazwischen doch Momente, wo es wach ist und ein Bedürfnis nach mitmenschlichem Kontakt hat. Wird dieses Bedürfnis nicht erfüllt, beginnt es zu schreien. Je befriedigter sich ein Säugling in den ersten Lebensmonaten fühlt und je individueller auf seine Bedürfnisse eingegangen wird, um so größer ist sein Ur-Vertrauen und seine Fähigkeit, auch einmal warten und verzichten zu können, weiß er doch, daß seine Umwelt gewillt ist, ihm zu helfen. Er hat es ja bereits erfahren.

Körperlicher und sprachlicher Kontakt mit dem Säugling ist wichtig, und er muß gezielt aufgebaut werden. Das Ausmaß frühkindlicher seelischer Störungen wäre weitaus geringer, würde man immer und überall danach verfahren. Geschieht das nicht, kommt es auch zu Störungen. Heute erkennt man die verhängnisvollen Auswirkungen, die die Zerstörung von Bindungen auf lange Sicht hat. Darum muß viel getan werden, um solche Bindungsverluste in der Kindheit, wie sie durch Tod, Scheidung, Heimerziehung, doppelte Berufstätigkeit auftreten, auszugleichen.

Wie ein einsamer Säugling reagiert

Prof. *Marie Meierhofer* sagte in einem Vortrag über „Verlassenheits-Syndrome im frühen Kindesalter": „Das akute Verlassenheitssyndrom, das bei ganz jungen Säuglingen in den Heimen zu beobachten ist, tritt auch beim Familienkind nach Milieuwechsel oder Trennungserlebnissen auf: Das Kind appelliert und protestiert durch verstärktes Schreien und starke psychomotorische Unruhe. Gleichzeitig oder auch erst nach einiger Zeit stellen sich Störungen der Nahrungsaufnahme, Appetitlosigkeit, Speien oder Erbrechen ein. Schlafstörungen, verstärktes Lutschen und Anfälligkeit für Infektionskrankheiten sind weitere Symptome der akuten Frustrationssituation. Wenn die Frustrationen andauern und das Kind in diesem akuten Stadium nicht die nötige Zuwendung und Befriedigung bekommt, dann bildet sich allmählich ein chronisches Verlassenheitssyndrom aus; das Kind schützt sich gegen den Stress und den Schmerz, welche auf die Länge unerträglich werden und mit dem Leben

Die heutige Ehenot und die Schwierigkeiten in den Familien bringen es mit sich, daß viele Kinder einsam aufwachsen und keine Bezugsperson haben, mit der sie beprechen können, was ihr Herz erfüllt oder auch quält. Dieses Einsamkeitserlebnis wird ihr Leben prägen.

nicht mehr vereinbar sind, durch Rückzug auf sich selbst. Es beginnt zu resignieren, seine Bedürfnisse auf ein Minimum herabzuschrauben und sich mit Ersatztätigkeiten zu befriedigen. So bleibt es ruhig und passiv, protestiert nur noch gelegentlich, lutscht verstärkt und entwickelt mannigfaltige stereotype Bewegungen: Kopfrollen, Vor- und Rückwärtsschaukeln im Sitzen oder Stehen, oft mit rhythmischem Anschlagen irgendeines Körperteiles."

Es gibt aber natürlich auch die stets ängstlichen, weinerlichen Kinder, die vor allem Neuen zurückschrecken, keine neuen Beziehungen anknüpfen und keine neuen Dinge annehmen wollen, die in jeder neuen Situation ängstlich, starr und bockbeinig dastehen – ohne jede weitere Reaktion.

Um ein ständiges Einsamkeitsgefühl zu vermeiden, muß das Kind von den Eltern angenommen werden. Daß ein Kind angenommen wird, zeigt sich darin, daß man

- seine Grundbedürfnisse ohne langes Zögern befriedigt,
- es auf den Arm nimmt, es streichelt und mit ihm spricht,
- es liebevoll erzieht,
- sich ihm spontan zuwendet und auf es eingeht, zum Beispiel beim Spielen, das immer ernst genommen werden sollte.

Einsamkeit in der Großstadt

Nichts kennzeichnet mehr die Einsamkeit in der Großstadt als die Erfahrung, daß immer häufiger alte Menschen, die allein und einsam in ihrer Wohnung gestorben sind, erst nach Tagen, Wochen, ja gar Monaten aufgefunden werden. Das zeigt wie nichts anderes sonst, wie gleichgültig, wie nebeneinander her sich das Leben der Menschen in der Großstadt vollzieht, und im Hochhaus ist es am schlimmsten. Da kennt man sich nicht und sieht sich kaum. Im Mietshaus kennt und grüßt man sich wenigstens noch, doch erst in den Reihenhaus- und Bungalow-Siedlungen der Vorstädte gibt es wieder jene Nachbarschaft, ohne die wir uns schwer tun, miteinander zu leben, Kontakte zu knüpfen und Hilfe zu leisten.

Wie kommt es, daß selbst seelisch gesunde Menschen Schwierigkeiten haben, eine innere Verbindung zur Großstadt, zur Umwelt zu finden und über Vereinsamung klagen? Die Verstädterung trägt ohne Zweifel zur Einsamkeit bei. Die Menschen leben enger zusammen als je zuvor, und doch scheinen sie isolierter und vereinsamter zu sein. Die städtische Umgebung läßt uns mißtrauisch werden, und wir zögern, bevor wir mit einem anderen Menschen Kontakt aufnehmen, weil dessen Absichten schwer zu erkennen sind. Man wendet sich nur an andere Menschen, wenn es unumgänglich ist. Mit der Verstädterung hängt es auch zusammen, daß Menschen sehr beweglich sein müssen. Diese Mobilität führt dazu, daß bestehende Freundschaften zerrissen werden und es zudem sehr schwerfällt, neue Beziehungen zu knüpfen. Viele Großstadtbewohner kennen nur wenige Menschen, mit denen sie wirklich persönlichen Kontakt haben.

So werden Sie mit der Einsamkeit an Feiertagen fertig

- **Das wichtigste ist: Planen Sie! Schreiben Sie sich in Ihrem Kalender für jeden Tag etwas auf, das Sie tun wollen – und wenn es auch nur eine Kleinigkeit ist wie der Kauf einer Zeitschrift.**
- **Besuchen Sie den Gottesdienst in einer Kirche. Gerade an hohen Feiertagen werden in den Kirchen oft hervorragende Konzerte und Oratorien zur Aufführung gebracht.**
- **Nehmen Sie sich rechtzeitig vor, die Feiertage mit anderen Menschen zu verbringen, und treffen Sie entsprechende Absprachen. Nehmen Sie auch unbefangen und dankbar eine Einladung an. Denken Sie nicht überempfindlich: „Eigentlich wollen sie mich gar nicht. Ich werde das fünfte Rad am Wagen sein."**
- **Aber warten Sie nicht darauf, eingeladen zu werden, sondern nehmen Sie die Sache selbst in die Hand. Laden Sie sich selbst jemanden zu einem schönen Essen ein.**
- **Kümmern Sie sich um jemanden, der einsamer ist als Sie. Machen Sie einen Besuch im Altenheim oder im Krankenhaus.**
- **Wenn Sie mit Angehörigen oder Freunden nicht zusammen sein können, dann fühlen Sie sich im Geist zusammengehörig. Schreiben Sie deren Namen auf einen Zettel und dahinter das Geschenk, das Sie ihnen machen würden, wenn Sie genügend Geld hätten. Beten Sie für Ihre Angehörigen, Freunde und Bekannten.**
- **Machen Sie sich selbst mit einem besonderen Mahl oder mit einer besonderen Gaumenfreude eine Freude. Versäumen Sie auch nicht, den Tisch hübsch zu decken. Seien Sie nett zu sich selber.**
- **Nehmen Sie sich vor, ein gutes Buch zu lesen. Lassen Sie sich von kundigen Leuten rechtzeitig ein gutes Buch empfehlen. Die Vorfreude auf die Lektüre wird Ihnen die Angst vor der Langeweile an den Feiertagen nehmen.**
- **Nehmen Sie sich Sport, eine Wanderung oder den Besuch eines Konzertes oder eines Museums vor. Machen Sie auf jeden Fall Pläne, so daß Sie rechtzeitig und gern aus dem Bett kommen.**
- **Machen Sie überhaupt Pläne für die Zukunft. Das ist das beste Mittel gegen Einsamkeit.**

Die Städte sind unser Schicksal

Die Städte scheinen unser Schicksal zu sein. Nicht ohne Grund beklagen immer mehr Mediziner und Psychologen die Unmenschlichkeit unserer Städte, in deren Architektur die Phantasielosigkeit Triumphe feiert. In ihrer tödlichen Einförmigkeit sind sie, wie *Alexander Mitscherlich* sagte, zu „Monumenten der Ideenlosigkeit" geworden, in denen alles Humane erstirbt. Und es ist nicht übertrieben, wenn wir feststellen, daß die Großstadt den Menschen krank macht.

Der Wohnhygieniker Prof. *D. Oeter* ermittelte zum Beispiel, daß die Bewohner von eingeschossigen Häusern, von Reihenhäusern und Parterrewohnungen nur halb so oft den Arzt brauchen wie Menschen, die im vierten Stock oder höher wohnen. Patienten in Mietwohnungen wieder sind häufiger krank als Eigenheimbesitzer.

Auf den Reißbrettern der Städteplaner werden riesige Stadtlandschaften entworfen, aber der Mensch mit seinen Bedürfnissen kommt darin kaum vor. Die Umwelt des Menschen wird heute in erster Linie nach technologischen und kommerziellen

Gesichtspunkten geplant. Dadurch entsteht eine Umgebung, mit der die biologische Verfassung des Menschen nicht mehr übereinstimmt.

Die Großstadt ist voller Einsamkeiten. Zahlreiche Menschen haben den Eindruck, ohne Echo zu leben, ins Leere zu fallen. Daß die Tierhandlungen in der Großstadt steigenden Umsatz haben, hängt gewiß damit zusammen, daß viele Käufer hoffen, ein Hund oder eine Katze könnte partnerschaftliche Funktionen erfüllen.

Einsamkeit ist Verlust an personalen Beziehungen, ist der Mangel an Zugehörigkeit. Diesen Verlust vermag die Stadt nicht zu ersetzen; sie bietet nur die Möglichkeit, ihn zu übertönen. Die Einsamkeit läßt sich nämlich leichter durch Ersatzlösungen zudecken, als durch einen Umbau der eigenen Persönlichkeit bewältigen.

Mit der Einsamkeit fertig werden

Alle Grunderlebnisse begegnen sich als Gegensätze – Liebe und Haß, Angst und Vertrauen, Hoffnung und Verzweiflung. Ohne diese Dynamik gibt es keine Lebendigkeit. Im Einsamsein öffnet sich der Weg zur eigenen Tiefe, zum überpersönlichen Unbewußten mit allen schöpferischen Möglichkeiten, in religiös-philosophischer Sicht zum Grunde des Seins, zur Aufgeschlossenheit auch für den Anruf Gottes. Verfehlt der Mensch diesen „Weg nach innen" *(Hesse)*, verschließt er sich diesem Quellgrund des Lebens, so verfällt er schließlich der Vereinzelung, der seelischen Verkrampfung und Erstarrung. Wer aber die Einsamkeit im positiven Sinne durchsteht, öffnet sich den Weg zum Mitmenschen. Einsamkeit und Gemeinschaft stehen in Wechselbeziehungen. Vereinsamung hingegen führt zur Bindungsunfähigkeit, zur Ich-Verkrampfung.

Nötig zur Bildung der Persönlichkeit

Bei einem großen Denker des Mittelalters, *Duns Scotus* (1265–1308), lesen wir den Satz: „Zur Person gehört letzte Einsamkeit." Person und Einsamkeit werden hier in eine Wesensbeziehung zueinander gebracht; Einsamkeit wird positiv gesehen. Ein Mensch kann im vollen Sinne des Wortes nur dann Person sein, wenn er den Mut hat, in die letzte Einsamkeit einzutreten. Das ist nicht nur eine Einsicht, die den mittelalterlichen Menschen kennzeichnet, sondern, so scheint mir, auch für uns gilt. Wir zögern oftmals, den Weg der Einsamkeit zu Ende zu gehen, und es gehört ganz sicher auch großer Mut dazu, das Gegenwärtige loszuwerden und sich dem verborgenen Sein zu überlassen.

Einsamkeit erwächst daraus, daß jemand im Gegenwärtigen nicht heimisch wird. Der Mensch ist nur wahrhaft Mensch, wenn er den „Weg nach innen" geht – mit ganzer Kraft und aller Fülle. Hier wird er sich selbst und dadurch auch alles andere finden. Einsamkeit ist demnach folgerichtig auch der Ursprung der Begegnung, und darum gehört diese Einsamkeit unmittelbar in unser Leben. Vereinsamung heißt dagegen, daß alle Brücken stürzen und alle Beziehungen abbrechen.

Vom Gewinn der Mitte

Der Mensch ist ein geselliges Wesen, und er ist auch auf das räumliche Beieinandersein angewiesen, wiewohl man zugeben muß, daß es Naturen gibt, die auf die räumliche Nähe verzichten können, ohne daß das dem Gefühl der beglückenden Zugehörigkeit abträglich ist. Doch nur in der Stille kann der Mensch sich selbst, kann er Gott innerlich lauschen. Heute wird der künstliche Betäubungsrausch geradezu gezüchtet. Flucht vor der Stille bedeutet Angst vor der inneren Leere.

Dabei ist das Alleinsein die Voraussetzung für innere Sammlung. Wir brauchen die Stille, das Alleinsein, um die eigene Tiefe ausloten zu können – und das ist schwer in einer Gesellschaft, der Alleinsein und Individualismus verdächtig sind. Wir brauchen die Stille, die Stunden der Ruhe, der Muße, der Meditation und der Andacht, um zu uns selbst zu finden. Um wirklich denken und nachdenken zu können, muß man eine Zeitlang herausgenommen sein aus der Inanspruchnahme durch den Alltag. Erst dann wird die Zeit der Muße auch eine Zeit des Reifens. Denn das Leben ist ja, wenn es richtig gelebt und erlebt wird, ein ständiger Wachstumsprozeß. Alles Wachsen aber braucht seine Zeit.

Es ist übrigens nicht von ungefähr, daß die Zahl der Neurosen und Depressionen ständig zunimmt. Der Verlust der religiösen Mitte und überhaupt der religiösen Erlebnisfähigkeit spielt dabei eine bedeutsame Rolle. Das Wachsen ist beileibe nicht als quantitativer Prozeß zu sehen, sondern es ist ein qualitativer Vorgang; es ist ein Wachsen in die Tiefe, nicht in die Breite. Es gibt auch in der Natur unumgänglich notwendige Wartezeiten, und Reife ist wichtig für die Qualität der Früchte.

Die Einsamkeit beschreibt eher eine innere Befindlichkeit, das Alleinsein mehr die äußere Situation. Diese können wir ändern, indem wir einfach unter Menschen gehen, uns Freunde einladen usw., aber die innere Befindlichkeit müssen wir mit uns selber abmachen. Wir können sie nur verschieden erleben. Der mehr nach außen gerichtete, extravertierte Mensch braucht mehr Austausch und Kontakt und hat ein größeres Mitteilungsbedürfnis als der mehr nach innen gewandte, introvertierte Mensch, der sich leicht durch zu viele Kontakte gestört und belästigt fühlt. Warum aber ertragen wir es heute immer schwerer, mit uns allein zu sein?

Romano Guardini, der große katholische Theologe und Religionsphilosoph, schreibt in „Welt und Person": „Die Liebe ist die Kraft, die den Menschen nicht in der Einsamkeit ersticken läßt. Aber das kann sie nur leisten, wenn sie die Einsamkeit achtet."

Der Weg aus der Einsamkeit: Dienst für andere

Es gibt viele, die das Alleinsein fliehen, indem sie Vereinen beitreten, zu Sportveranstaltungen laufen, von Party zu Party eilen, von Disco zu Disco, in Konzerte und Ausstellungen – doch alles ist umsonst: Sie bleiben einsam. Sich in Trubel und Betriebsamkeit zu stürzen nützt nichts. Dabei gibt es natürlich Wege, der Leere zu entrinnen: Einmal ist es wichtig, das *Wesen der Einsamkeit* zu erkennen, daß sie wie eine Krankheit ist, die uns seelisch vernichten kann. In diese „schlechte" Einsamkeit darf man sich nicht hineinsteigern, sie nicht hochstilisieren; denn es schmerzt am meisten, wenn man sich dieser Trübsal überläßt.

Billy Graham erzählte einmal von einem Vorhaben, das deutlich macht, wie schwer es manchen fällt, sich aus der Isolation zu lösen. Er suchte Frauen, die bereit waren, für Körperbehinderte zu nähen, und er glaubte, am ehesten wären solche Frauen in einem Sanatorium zu finden, wo für sie ohnehin nichts zu tun wäre und sie gewiß ein Herz für ihre Mitmenschen hätten. Doch zu seinem Erstaunen fand sich keine einzige Sanatoriumsinsassin dazu bereit. Eine von ihnen bemerkte: „Wir haben selber genug Sorgen ..." Genau das aber war der Standpunkt oder die Gesinnung, die sie sanatoriumsreif gemacht hatte. Die einseitige Beschäftigung mit sich selbst, mit ihrem eigenen Ich hatte sie seelisch vergiftet.

Man kann Einsamen nur empfehlen, die Zeit der Einsamkeit schöpferisch zu nutzen, und das gilt selbst für Kranke und Gehunfähige, die notgedrungen vielleicht allein sein müssen, aber deshalb noch lange nicht einsam zu sein brauchen.

Ich kenne einen solchen Kranken, der seit vielen Jahren bettlägerig ist. Er unterhält einen regen Briefwechsel mit Gleichgesinnten, gibt eine Art Pressedienst heraus und spricht seinen Leidensgenossen auf diesem Wege Trost, Zuversicht und Hoffnung zu, geht auf ihre Probleme ein, bietet Hilfe an und vermittelt sie auch – und hat selbst noch nie Zeit gehabt, sich einsam zu fühlen.

Ein weiterer Weg aus der Einsamkeit führt über den *Dienst am Nächsten.* Hier erkennt und erfährt man Tiefen des Verstehens, die ichbezogenen Naturen gewöhnlich verborgen bleiben. Es gibt viele Frauen, Mütter zumal, die ihre Einsamkeit beklagen, seit die Kinder aus dem Haus sind. Könnten diese Frauen ihre Mutterliebe nicht anderweitig einsetzen? In der Nachbarschaft gibt es überall Kinder, die betreut werden müssen. Leih-Omas sind gesucht und meist für Geld und gute Worte nicht zu haben. Man kann Blinden vorlesen, alten Menschen als Gesprächspartner zur Verfügung stehen oder einfach nur Zuhörerin sein, wie es in einem Inserat in einer Wiener Zeitung hieß.

Heilendes Gespräch

Natürlich sollte sich ein partnerschaftliches Gespräch nicht so abspielen wie bei jenem eitlen Schauspieler, der einer Dame zwei Stunden nur von sich erzählte. Dann sagte er zu ihr: „Gnädige Frau, jetzt habe ich die ganze Zeit nur von mir gesprochen. Jetzt sprechen wir einmal von Ihnen. Wie fanden Sie mich als Hamlet?"

„Was ist herrlicher als Gold?" fragt der König die Schlange in Goethes Erzählung „Märchen".

„Das Licht", antwortet die Schlange.

„Was ist erquickender als Licht?" fragt daraufhin der König.

„Das Gespräch", antwortet ihm die Schlange.

Das Miteinanderreden, die Kommunikation ist zweifellos die wichtigste und tiefste Form menschlicher Begegnung. Wer in seinem Leben, wie einmal jemand sagte, nicht nur Ansprache, sondern Aussprache erleben darf, dem bleiben viele seelische Krisen erspart.

Gunnar von Schlippe, Pastor und Psychologe in Hamburg, berichtet von einer Vierundachtzigjährigen, die seit 23 Jahren Witwe ist und in einem Interview erklärte, noch nie einsam gewesen zu sein. Wie hat die alte Dame das gemacht? Sie wohnt in einer Drei-Zimmer-Wohnung in einem größeren Mietshaus. An den Wochentagen geht sie nachmittags regelmäßig zum Seniorentreffpunkt in einem Gemeindehaus. Vormittags ist sie meistens zu Hause, häkelt oder strickt für einen Basar. Sie freut sich dann, wenn die Gemeinde viel Geld einnimmt und sie zu dem Erfolg ein bißchen beitragen konnte.

Sich zu beschäftigen – durch Lesen, Sprachen lernen *(Wilhelmine Lübke,* die Präsidentengattin der sechziger Jahre, lernte mit weit über achtzig noch Russisch an der Bonner Universität), eine sinnvolle Betätigung – das ist wichtig, um mit der Einsamkeit fertig zu werden.

Der einsame Mensch in biblischer Sicht

Daß Einsamkeit auch etwas mit unserem Verhältnis zu Gott zu tun haben könnte, wurde schon verschiedentlich angedeutet. *Wilhelm Röpke,* einst nach Genf emigrierter Soziologe, bekennt sich in seinem Werk zu religiösen Forderungen als einzigem Ausweg aus den durch Naturwissenschaft und Technik heraufbeschworenen Gefahren für die Menschheit. *Dieter Oberndörfer* schreibt in seinem Buch „Von der Einsamkeit des Menschen in der modernen amerikanischen Gesellschaft“: „In allem aber ist die Wiederherstellung des anthropologischen Wissens das Entscheidende. Denn darum geht es, daß der Mensch wieder gesehen wird als Sünder und als Bejahter, als Verlassener und Heimgesuchter, als Einsamer und trotzdem Aufgehobener in Gott.“

Einsam und doch geborgen in Gott

Der Mensch ist zugleich in die Nähe und in die Ferne Gottes gestellt. Unter dieser Distanz, dieser Spannung leidet er. Je mehr einer diese Einsamkeit aushält, um so weniger verfällt er der Vereinsamung.

Keine Frage ist es – das haben wir wiederholt festgestellt –, daß die Einsamkeit ein quälendes Problem des Menschen unserer Tage darstellt. In biblischer Sicht hat sie jedoch einen positiven Sinn. Damit ist vermutlich dem gegenwärtigen Menschen wenig geholfen, aber es ist die Frage aufgeworfen, ob ihm vielleicht eine positive Sicht der Einsamkeit helfen könnte, seine Not zu bewältigen. Eine besondere Art der Einsamkeit entspringt dem Gefühl, von Gott und dem Sinn des Lebens getrennt zu sein. Einsamkeit und geistliches Leben stehen in umgekehrtem Verhältnis zueinander. Je weniger geistliches Leben, desto einsamer der Mensch.

Verständnis für die existentielle Einsamkeit finden wir im Schöpfungsbericht. Doch von dem Augenblick an, da Adam und Eva beschlossen, ihre Verbindung zu Gott zu unterbrechen, wurden sie eigensüchtig. Daß Gott nicht mehr der Mittelpunkt ihres Lebens war, bildete den Beginn der heutigen Verweltlichung. Um ohne Reue mit der Sünde fertigzuwerden, hat die moderne Menschheit versucht, Gott loszuwerden, indem sie ihn für tot erklärte. Die Ironie der Sache liegt darin, daß der weltliche Mensch ohne Gott in die Abgründe von Einsamkeit und Verzweiflung stürzt, ohne etwas dagegen tun zu können. Statt sich nun aber wieder reuig Gott zuzuwenden und die grundlegende Beziehung des Lebens wiederherzustellen, sieht sich der weltliche Mensch nach Ersatz um. Drogen, Alkohol, Sex, ständig wechselnde Bekanntschaften werden Teil dieser Suche. Letztlich kann diese existentielle Einsamkeit nicht überwunden werden, bevor Gott und der Mensch versöhnt sind.

Ist Einsamkeit Sünde?

Einsamkeit ist nicht Sünde, weil sie zum Wesen des Menschen gehört, aber Vereinsamung kann sehr wohl Sünde sein, weil sie ein Versagen des Menschen ist an seiner Aufgabe. Umgekehrt bringt Sünde immer Vereinsamung mit sich.

Im Schicksal des Vereinsamten ist immer auch persönliche Schuld enthalten, und niemand kann ihm helfen, der ihm nicht hilft, diesen Anteil zu erkennen und sich zu ihm zu bekennen. Sünde ist kein moralischer Begriff, sondern ein religiöser; sie ist Entfremdung des Menschen von Gott. Das Gleichnis vom verlorenen Sohn zeigt den persönlichen Anteil von Schuld an der existentiellen Einsamkeit. Aber es zeigt auch den Weg von der totalen Einsamkeit zurück zum Vater, zur Wiederherstellung der verlorengegangenen Gemeinschaft.

Wir wissen, daß man die wirklich wesentlichen Dinge des Lebens mit sich allein und mit Gott ausmachen muß. Entscheidungen sind zu fällen, die uns niemand abnehmen kann. Wir wissen, daß wir von Gott bei unserem Namen gerufen sind. Ein alter jüdischer Weisheitsspruch sagt: „Ein Mensch, der nicht wenigstens eine Stunde am Tag für sich hat, ist kein Mensch.“ – Sind Menschen vielleicht deshalb oft so unmenschlich, weil sie sich diese Stunde am Tag nicht gönnen?

Es ist immer heilsam, mitten im Getriebe

einmal innezuhalten, damit wir wieder lernen, was es bedeuten kann, wenn vom Frieden der Seele gesprochen wird. Einsam in der Menge, Flucht aus der Stille? Die Antwort wird uns am ehesten deutlich, wenn wir einmal überlegen, was denn in der Stunde der Einsamkeit eigentlich geschieht und wessen Stunde das ist.

Die Bibel berichtet uns, daß Mose, Elia und Jesus, jeder für sich allein, jeweils vierzig Tage und Nächte in der Einsamkeit zugebracht haben und daß ihnen dort Gott begegnete. Die Stunde der Stille ist die Stunde des himmlischen Vaters, die Einsamkeit ist der Ort der Nähe Gottes. In dieser Stunde wird offenbar, daß es nichts zwischen Himmel und Erde gibt, was uns vor Gott verdienstvoll macht oder mit dem wir uns vor ihm rechtfertigen könnten. In dieser Stunde sind wir mit Gott und unserer Schuld allein. Das ist letzlich auch der tiefere Grund, warum Menschen die Einsamkeit fliehen.

Wir brauchen die Stunden der Ruhe, der Stille, des Schweigens, des Besinnens. „Sei stille dem Herrn und warte auf ihn." (Psalm 37, 7.) Diese Erfahrung des Psalmdichters ist den meisten Menschen unserer Tage jedoch längst abhanden gekommen. Sie hören nicht mehr Gottes Stimme. Dabei gibt es keine bessere Gelegenheit als die Zeiten der Ruhe, der Einsamkeit, der Stille, um einmal über sich selbst und sein Verhältnis zu Gott nachdenken zu können.

Vertrauenkönnen ist die stärkste therapeutische Kraft

Vertrauenkönnen wird auch heute noch als entscheidende therapeutische Kraft angesehen. Vertrauenslosigkeit ist die Quelle fast aller seelischen Störungen. Wo Menschen die Hinwendung zu einem anderen zuwenig erlernt haben, können sie nur schwer vertrauen. Vertrauen kann man nur lernen an einem, auf den man sich wirklich verlassen kann, den man nicht verärgert oder launisch vorfindet, vor dem man seine tiefste Schmach und seine Ängste und Aggressionen nicht verbergen muß. Vertrauen kann man nur dort, wo man weiß, daß hier einer ist, der einen nicht und niemals preisgibt.

Dort, wo Zuwendung und Vertrauen sich ereignen, geschieht Verstehen. Und wo sich jemand verstanden fühlt, ist er geborgen. Die Geborgenheit aber ist für den unbehausten und einsamen Menschen in seinem leeren oder konfliktreichen Alltag die Voraussetzung, seine Einsamkeit zu überwinden. Niemand braucht einsam zu sein, weil er Gott in seiner Nähe wissen darf. Ob Einsamkeit erträglich ist oder nicht, ist letztlich eine Frage unseres Vertrauens zu Gott. Und so kann das Lob der Einsamkeit zum Lob Gottes werden.

HILFE UND RAT

1 Alleinsein und Einsamkeit gehören zum Wesen des Menschen, müssen ausgehalten werden und sind für uns eine Herausforderung.

2 Beginnen Sie, sich für andere Menschen zu interessieren und sich um deren Wohlergehen zu kümmern!

3 Warten Sie nicht darauf, daß Menschen zu Ihnen kommen, sondern haben Sie den Mut zur Anrede und zum Kontakt!

Verdrängen und Vergessen

Wenn wir verstehen wollen, wie wir vergessen und verdrängen, müssen wir uns zunächst mit der Frage beschäftigen, warum wir überhaupt denken, fühlen und lernen können. Die alten Griechen verlegten den Sitz des seelischen Erlebens in die Thymusdrüse, die sich hinter dem Brustbein befindet. Das griechische Wort thymós bedeutete u. a. Gemüt, Gefühl, Herz, Mut, Leidenschaft, Gesinnung, Geist-Seele oder Inneres. Mittlerweile wissen wir, daß die Thymusdrüse zum Abwehrsystem unseres Körpers gegen Infektionskrankheiten gehört. Wenn man sie operativ entfernt, beeinflußt das weder unsere Verstandeskräfte noch unser seelisches Empfinden in irgendeiner Weise. Wichtigstes Organ für diese dem Menschen und nur dem Menschen eigenen Möglichkeiten ist unbestrittenermaßen das Gehirn, wenn wir auch nicht wissen, wo nun genau das Zentrum des Verstandes und des seelischen Lebens ist.

Denken, lernen, behalten

Unser Gehirn soll etwa 15 bis 16 Milliarden Ganglienzellen (Nervenzellen) enthalten. Jede dieser Nervenzellen soll bis zu 60 000 Verbindungen zu anderen Nervenzellen herstellen können. Nur langsam nähern sich die modernen Großcomputer der Leistungsfähigkeit unseres Gehirns. Mit unserem Gedächtnis können wir uns an vieles, was wir gelernt, geübt oder erlebt haben, erinnern. Wenn man so will, dann arbeitet unser Gedächtnis etwa so wie ein Speicher oder ein Computer. Es kann Sinneseindrücke, Erlebnisse und Erfahrungen speichern, aufbewahren und bei Bedarf wiedergeben. Aus praktischen Gründen unterscheidet man ein Kurzzeitgedächtnis und ein Langzeitgedächtnis, obwohl zwischen beiden fließende Übergänge bestehen.

Das Kurzzeitgedächtnis

Mit unserem Kurzzeitgedächtnis haben wir die Fähigkeit, uns für kurze Zeit wichtige Dinge zu merken, die wir dann wieder

Der Mensch ist ein Wunderwerk. Nur langsam nähern sich die modernen Großcomputer der Leistungsfähigkeit eines menschlichen Gehirns an, ohne je dessen Lebendigkeit zu erreichen.

vergessen können: zum Beispiel Adressen, Telefonnummern oder Nachrichten, die wir weitergeben sollen. Dabei nehmen wir nicht alles wahr bzw. behalten nicht alles, was um uns herum geschieht – wir haben die Fähigkeit zur Auswahl und zur Konzentration. Aus all dem, was um uns herum geschieht, wählen wir das Wichtigste aus und behalten es für kurze Zeit. Wenn wir im Wald spazierengehen, dann hören wir zwar das Vogelgezwitscher, werden uns aber wohl kaum die manchmal komplizierten Melodien merken, die die Vögel pfeifen; es sei denn, wir haben ein großes Interesse daran. Andererseits können wir uns bei diesem Spaziergang auf ein wichtiges Gespräch konzentrieren, auf Blumen und Moose achten oder uns eine Wandertafel einprägen. Nach wenigen Minuten oder Stunden kann das alles wieder vergessen sein, oder es bleibt eine angenehme, aber nur noch undeutliche Erinnerung zurück. Wenn während dieses Spaziergangs etwas Unvorhergesehenes passiert, zum Beispiel ein Verkehrsunfall auf einer nahe liegenden Straße, dann können wir unsere Aufmerksamkeit darauf richten und blitzschnell Ereignisse und Zusammenhänge sehen, ohne von der übrigen Umgebung abgelenkt zu werden. Dann hören wir weder das Vogelgezwitscher noch unseren Gesprächspartner mehr, die idyllische Umgebung wird unwichtig wegen der dramatischen Ereignisse auf der Straße.

Die Speicherfähigkeit unseres Gehirns und unseres Kurzzeitgedächtnisses ist nicht unbegrenzt. Es muß immer wieder ausgewählt werden, was vergessen werden darf oder was im Langzeitgedächtnis behalten werden muß. Diese Auswahl trifft unser Gehirn offenbar schon innerhalb von wenigen Sekunden oder Minuten. Bei eingehenden Untersuchungen hat man herausgefunden, daß sich Unfallopfer oder Unfallbeteiligte kurz nach einem Unfall an viele Ereignisse noch erinnnern können, die sie wenige Minuten später nicht mehr genau angeben konnten. Man spricht deshalb sogar von einem Ultrakurzzeitgedächtnis. Wenn derselbe Unfall nach Wochen oder Monaten während einer Gerichtsverhandlung geschildert werden soll, dann erinnern sich die Zeugen an noch weniger Einzelheiten und können manchmal nur noch die für sie wichtigen Dinge halbwegs genau angeben.

Häufig geschieht dieses schnelle Vergessen auch bei Träumen. Wenn wir nach einem lebhaften Traum aufgewacht sind, können wir uns meist in den ersten Minuten noch sehr gut an alle Einzelheiten des Traumes erinnern, kurze Zeit später haben wir ihn vergessen. Zurück bleibt vielleicht nur noch ein dumpfes Unbehagen. Manchmal gelingt es, sich an den Traum mit besonderen Techniken wieder zu erinnern. Wenn Träume zum Beispiel für eine psychotherapeutische Behandlung behalten werden sollen, wird den Patienten der Rat gegeben, sie sofort nach dem Erwachen zu notieren.

In aller Regel können wir uns dann etwas gut merken, wenn wir gefühlsmäßig sehr beteiligt sind. So erinnern sich Eheleute auch noch nach Jahren und Jahrzehnten an den ersten Kuß, den sie ausgetauscht haben. Sie wissen noch, wie und wo das damals war. An den 231. oder 368. Kuß können sie sich dafür aber nicht mehr so genau erinnern (wer zählt das schon!). Der erste Kuß ist eben doch etwas ganz Besonderes, Einmaliges und Eindrucksvolles.

Das Langzeitgedächtnis

Wenn wir etwas für längere Zeit behalten wollen, müssen wir es wiederholen oder üben. Bestimmte Bewegungsabläufe können wir so einüben, daß sie fast mechanisch ablaufen. So haben wir schon in früher Kindheit Laufen oder Treppensteigen gelernt und brauchen uns nicht mehr bei jedem Schritt daran zu erinnern, daß wir dazu die Füße heben müssen. Der Klavier- oder Geigenspieler braucht beim Spielen nicht mehr an jeden einzelnen Finger zu denken. Dem Bandarbeiter gehen die Bewegungen, die er tagtäglich tausendfach machen muß, „in Fleisch und Blut über", das heißt, er braucht nicht mehr daran zu denken und kann während der Arbeit seine Gedanken spazierenführen. Erst wenn etwas Unvorhergesehenes eintritt – wenn eine Treppenstufe höher ist als die andere, eine Saite des Instrumentes gerissen ist oder das Transportband plötzlich hält oder schneller läuft –, dann werden wir daran erinnert, was wir machen, und können uns dann wieder bewußt darauf konzentrieren.

Im Langzeitgedächtnis des Menschen sollen so viele Informationen gespeichert werden können, wie sich in einer Bibliothek mit einer Million Bänden befindet. Wenn wir uns diese Speicherfähigkeit auch kaum vorstellen können, so ist es doch unmöglich für uns, alle Sinneseindrücke, die wir von der Außenwelt oder von der Innenwelt angeboten bekommen, zu behalten. Wir würden uns sonst in unserer Welt überhaupt nicht mehr zurechtfinden, weil wir über kurz oder lang nichts mehr aufnehmen könnten. Deshalb ist die Fähigkeit, auszuwählen und zu vergessen, geradezu lebenswichtig.

Andererseits ist es auch lebenswichtig für uns, bestimmte Dinge dauerhaft zu behalten und uns immer wieder daran zu erinnern. Diese Fähigkeit bleibt offenbar bis ins hohe Alter erhalten. Wenn wegen Alterungsvorgängen oder wegen Durchblutungsstörungen des Gehirns die Merkfähigkeit und Lernfähigkeit im Alter stark nachlassen, können wir uns in aller Regel an Ereignisse in unserer Jugend und Kindheit noch mit großer Genauigkeit erinnern.

Erinnern und Vergessen

Eine wichtige Fähigkeit des Gehirns, die unser Gedächtnis erst zum Gedächtnis macht, ist das Erinnern, das Wiedergeben des Gelernten oder Erlebten. Diese Fähigkeit kann durch viele Einflüsse eingeschränkt werden: Müdigkeit, Wirkung von Medikamenten, heftige Erregung oder heftige Abwehr bei unangenehmen oder anstößigen Dingen. Auch Störungen der Gehirnfunktionen können die Erinnerungsfähigkeit beeinträchtigen, zum Beispiel Durchblutungsstörungen bei Hirngefäßverkalkung. *Heinrich von Kleist* hat in seinem Aufsatz „Über die allmähliche Verfertigung der Gedanken beim Reden" darauf hingewiesen, daß eine Prüfung eine ganz ungeeignete Situation ist, sich davon zu überzeugen, ob jemand etwas gelernt hat oder nicht. Was ihm während einer angeregten Abendunterhaltung mit Freunden nach und nach eingefallen wäre, hat er angesichts des strengen Prüfers vollständig vergessen. Das zeigt, wie sehr die äußeren Bedingungen und vor allem Enge und Angst unsere Erinnerungsfähigkeit beeinträchtigen können. Wenn wir uns mit aller Gewalt an irgendeine Sache erinnern wollen, dann mag sie uns „auf der Zunge liegen", sie fällt uns aber meist dann erst ein, wenn wir uns gar nicht mehr mit der vergessenen Sache befassen, wenn wir uns mit ganz anderen Dingen beschäftigen und uns nicht mehr zwingen und unter Druck setzen.

Wir sagten schon, daß die Fähigkeit zu vergessen, lebenswichtig sein kann, weil die Speicherfähigkeit unseres Gehirns nicht unbegrenzt ist. Alles das, was uns nicht wichtig erscheint, was wir nicht mehrmals lernen, was uns gleichgültig ist, und vieles, was uns unangenehm berührt, können wir vergessen. Dadurch geschieht dann häufig etwas recht Merkwürdiges: Weil wir so viele unangenehme Dinge vergessen und die angenehmen gern behalten, erscheint uns die Vergangenheit im Vergleich zur Gegenwart vergoldet. So kommt die „gute alte Zeit" zustande, in der alles besser und schöner war und in der wir wesentlich weniger Schwierigkeiten hatten. Wie wichtig die Fähigkeit zum Vergessen und Verdrängen für das eigene Selbstwertgefühl ist, hat der deutsche Philosoph *Friedrich Nietzsche* beschrieben: „‚Das habe ich getan', sagt mein Gedächtnis, ‚das kann ich nicht getan haben' – sagt mein Stolz und bleibt unerbittlich. Endlich – gibt das Gedächtnis nach." Für viele Menschen gilt tatsächlich, daß ihr gutes Gewissen nur auf ihr schlechtes Gedächtnis zurückzuführen ist.

Das Haus der Seele und die Verdrängung

Wenn das Vergessen sozusagen von selbst (unbewußt) geschieht, sogar ein natürlicher und notwendiger Vorgang ist, dann ist das Verdrängen ein aktiver Vorgang, der einen erheblichen seelischen Kraftaufwand erfordert.

Das Ich ist nicht Herr im eigenen Haus

Sigmund Freud, der das Unbewußte entdeckte und die Psychoanalyse entwickelte, hat sich sehr mit der Verdrängung und der Wiederkehr des Verdrängten beschäftigt. In verschiedenen Modellen hat er versucht, deutlich zu machen, wer wohin verdrängt und welche Folgen das haben kann. Am deutlichsten ist das wohl an dem Modell mit den verschiedenen seelischen Instanzen, den „verschiedenen Seelen" in unserer Brust zu suchen, die er Über-Ich, Ich und Es nannte.

Das *Ich* ist in diesem Beispiel der Teil unseres Bewußtseins, der die Beziehung zu dieser Welt aufrechterhält und für die Selbsterhaltung sorgt. Dem Ich stehen dazu verschiedene Möglichkeiten zur Verfügung: einmal unsere Sinnesorgane (Sehen, Hören, Riechen, Fühlen, Schmecken), dann die Fähigkeit, zu denken und sich zu erinnern, und schließlich auch die Fähigkeit der körperlichen Bewegung.

Im *Über-Ich* befinden sich dagegen all die Wünsche, Hoffnungen, Forderungen und moralischen Grundsätze, die wir im Verlauf unserer Erziehung und Entwicklung „einverseelt", das heißt von Eltern, Lehrern, Geschwistern, Freunden oder Vorgesetzten übernommen haben. Wenn man so will, dann ist das Über-Ich so etwas wie ein strafendes, verfolgendes und verbietendes, manchmal aber auch lobendes und bestätigendes Gewissen. Menschen mit einem starken Über-Ich neigen zu hohen moralischen und hohen Leistungsforderungen sich selbst und anderen gegenüber. Deshalb wirken sie oft pharisäer- und lehrerhaft, sind Moralapostel und haben eine Vorliebe für extreme Forderungen, die eigentlich niemand erfüllen kann.

Das *Es* enthält all die Antriebe und Wünsche, die wir aufgrund unserer Erziehung als primitiv, kindlich und unmoralisch verurteilen. Das Es drängt zur sofortigen Triebbefriedigung und kümmert sich wenig um die äußeren Verhältnisse. Wie wichtig die Zähmung und Steuerung der im Es enthaltenen Impulse, Triebe und Wünsche für das menschliche Zusammenleben ist, hat *Wilhelm Busch* in einem kurzen Gedicht beschrieben:

Wer würde diesen Erdenball
noch fernerhin betreten,
wenn wir Bewohner überall
die Wahrheit sagen täten!
Ihr hießet uns, wir hießen euch
Spitzbuben und Halunken,
wir sagten uns fatales Zeug,
noch eh wir uns betrunken.

Und überall im weiten Land
als langbewährtes Mittel
entsproßte aus der Menschenhand
der treue Knotenknüttel.
Da lob ich mir die Höflichkeit,
das zierliche Betrügen.
Ich weiß Bescheid, du weißt Bescheid,
und allen macht's Vergnügen.

Wilhelm Busch

Sigmund Freud sagte zu diesem Modell der verschiedenen seelischen Instanzen, das Ich sei nicht Herr im eigenen Haus. Bis dahin glaubte man das, glaubte, der Mensch könne sich im Lichte der klaren reinen Vernunft frei entscheiden, wenn er nur wolle. Es war für die Zeitgenossen *Freuds* nur schwer annehmbar, daß unsere angeblich so vernünftigen und sinnvollen Entscheidungen und Handlungen von unbewußten Motiven, Forderungen oder Grundsätzen wesentlich beeinflußt werden.

Wenn man in dem Bild vom Haus der Seele bleibt, dann bewohnt das Ich das Erdgeschoß seines Hauses, hat zwar Zugang zur Wirklichkeit, kann Fenster und Türen benutzen, wird aber mißtrauisch (selten freundlich) vom Über-Ich im oberen Stockwerk beäugt und muß die andrängenden, zum Teil gewalttätigen Triebe im Keller der Seele zurückhalten. Und je mehr in diesen Keller der Seele verdrängt worden ist, desto mehr Kraft muß aufgewendet werden, das Verdrängte nicht wiederkehren zu lassen. Aber so sehr das Ich sich auch darum müht, die Verdrängung ins Unbewußte (das Es und große Teile des Über-Ichs sind in diesem Modell unbewußt) ist nie ganz vollständig.

Der Kampf an der Kellertür

Einmal kann sich das Verdrängte in leicht veränderter Form im Traum wieder melden. Diese Träume sind für den Träumenden wegen der Veränderung des Verdrängten zunächst unverständlich, können aber in einer psychotherapeutischen oder psychoanalytischen Behandlung verstanden werden. Wie wichtig es für uns ist, daß wir im Traum in veränderter Form das ausleben können, was uns sonst nicht erlaubt ist, wissen wir aus der modernen Schlafforschung. Der Traum ist tatsächlich so etwas wie der Hüter des Schlafes. Wenn Menschen daran gehindert werden zu träumen, können sie innerhalb weniger Tage sehr unangenehme und schwere Verstimmungen entwickeln. Wenn sich aber die abgewehrten Wünsche und Triebe fast unverändert in einem Traumbild zeigen, dann kann das sehr beunruhigend und ängstigend sein; wir sprechen dann, wenn wir aufgewacht sind, von einem Angsttraum oder einem Alptraum.

Eine andere Möglichkeit der Wiederkehr des Verdrängten sind die „Freudschen Fehlleistungen". Das sind angebliche Versehen oder Mißgeschicke, ungeschickte Bemerkungen oder Handlungen, hinter denen blitzartig die eigentliche, aber eben verdrängte Absicht deutlich wird: Wenn zum Beispiel die Gastgeberin einen ihr unangenehmen Gast bei seinem Eintreffen mit „Auf Wiedersehen" begrüßt oder wenn bei einer kirchlichen Trauung von der Kanzel herab statt von einer Traufeier von einer „Trauerfeier" gesprochen wird oder wenn jemand während einer Versammlung, in der unangenehme Dinge geklärt werden, sich entrüstet, es sei unerhört, was da alles „zum Vorschwein kommt". Seiner Meinung nach war offenbar die Sache, die zum Vorschein kam, nicht nur unerhört, sondern auch unmoralisch, was sich in seinem Versprecher äußerte. Solche Mitteilungen von Unbewußt zu Unbewußt können durchaus vom anderen verstanden werden. Wenn ein junger Mann ein Rendezvous mit seiner Freundin „aus Versehen" vergißt, wird sie ihm das vermutlich genauso übelnehmen, als ob er es mit Absicht getan hätte, denn dieses Versehen kann ja ein Hinweis darauf sein, daß er es mit seiner Beziehung zu ihr nicht so ganz ernst nimmt.

An dieser Wiederkehr des Verdrängten, die sozusagen hintenherum geschieht, sehen wir, daß das Verdrängte beileibe nicht vergessen, sondern immer noch am Werke ist. Da wir uns andererseits vor diesem „Wissen" schützen wollen oder müssen, hat jeder seine Technik, seine Methode, mit unangenehmen Ereignissen, Eigenschaften oder Einsichten fertig zu werden, Widerstand zu leisten oder sie abzuwehren. Wir wollen uns mit den wichtigsten Abwehrmechanismen der Psychoanalyse beschäftigen.

Staudamm und Überschwemmung

Harald Schultz-Henke, ein Berliner Neo-Analytiker, der die Freudsche Psychoanalyse weiterentwickelte, hat in einem Bild deutlich zu machen versucht, welche Wirkungen und Nebenwirkungen die Verdrängung, die bevorzugte Art der Abwehr, hat: Wenn ein Strom durch einen Staudamm aufgestaut wird, dann hört hinter dem Staudamm zunächst das Wasser auf zu fließen. Andererseits stauen sich die Wassermassen hinter dem Staudamm, üben einen enormen Druck aus und überschwemmen schließlich das umgebende Land. Das heißt: Unsere verdrängten Wünsche oder Gefühle sind immer noch da, wir müssen einem zunehmenden inneren Druck standhalten, möglicherweise den Staudamm unserer Abwehr immer höher bauen und werden doch immer wieder von dem überschwemmt, was wir verdrängen wollten. Das kann dann zu merkwürdigen und unverständlichen Verstimmungen oder Handlungen führen, die ihrerseits wieder Angst machen und die Abwehr verstärken können.

Hinter dem Staudamm fließt zunächst kein Wasser mehr, das bedeutet, daß bestimmte Wünsche, Bedürfnisse oder Gefühle einfach nicht da sind und wir sie auch bei anderen in unserer Umgebung nicht wahrnehmen können („weil nicht sein kann, was nicht sein darf"). Trotzdem meldet sich das Verdrängte immer wieder an, will gelebt und befriedigt werden und stört unser Selbstverständnis und unser Selbstgefühl.

Vorbild und Vorurteil

Jedes Kind wächst mit den teilweise sehr bestimmten Wertvorstellungen und Wünschen seiner Eltern auf. Wenn es einen ständigen und aufreibenden Kleinkrieg gegen die Forderungen und Erwartungen

Nicht alles, was mutig aussieht, ist auch wirklich Mut. Angst und der verzweifelte Versuch, auf sich aufmerksam zu machen, kann in plötzliche Tollkühnheit umschlagen. So können sich Gefühle verwandeln.

seiner Eltern vermeiden will, ist es am einfachsten, die ganze Wertwelt der Eltern komplett zu übernehmen, das heißt zu handeln wie die Eltern. Das geschieht manchmal so genau, daß man den Eindruck hat, bestimmte Haltungen, Normen und religiöse Vorstellungen werden vererbt. Dabei sind sie in früher Kindheit erlernt worden. So kam es, daß der Grundsatz: „Ruhe ist die erste Bürgerpflicht!" das Verhalten ganzer Generationen bestimmte, obwohl sicher mancher unserer untertänigen Vorfahren manchmal Lust hatte, seiner Wut und seinem Ärger freien Lauf zu lassen. Eltern können einem Kind bestimmte Vorurteile und Wertordnungen mitgeben, ohne daß darüber ausdrücklich gesprochen wird (Du bist etwas Besseres! Spiel nicht mit den Schmuddelkindern! Die Männer sind alle Verbrecher! Frauen sind dumm und putzsüchtig! Ausländer sind faul und schmutzig!). Derartige Vorurteile können sogar noch im Erwachsenenalter Partnerwahl und Berufsweg beeinflussen. Ein großer Vorteil dieses Abwehrmanövers ist, daß es keine offensichtlichen Schwierigkeiten mit den eigenen Bedürfnissen gibt, weil sie hinter den Wünschen und Vorstellungen der Eltern verschwunden sind, andererseits werden diese Bedürfnisse nicht wahrgenommen, es gibt keine freie Entscheidung, keine persönliche und eigenständige Entwicklung.

Je mehr wir uns in bestimmten Bereichen selbst idealisieren und überschätzen, desto weniger können wir uns in anderen, verborgenen Bezirken so annehmen, wie wir tatsächlich sind. (Tobias Brocher)

Die Suche nach dem Sündenbock

Wenn der einzelne oder wenn eine Gruppe mit unvereinbaren Bestrebungen in Schwierigkeiten gerät, dann ist die Suche nach dem Sündenbock ein beliebtes Abwehrmanöver. Der Sündenbock stammt aus dem Alten Testament, genauer aus dem jüdischen Opferdienst: Einmal im Jahr, jeweils am Versöhnungstag, dem Yom Kippur, wurde das Heiligtum der Juden von ihrem Hohenpriester gereinigt. Alle Sünden, die während des ganzen Jahres im Tempel durch Opfer vergeben worden waren, wurden durch Handauflegung symbolisch auf einen Bock übertragen. Dieser Bock – der Sündenbock – wurde dann von einem Mann aus dem Lager weit in die Wüste hinausgeführt, so daß er nicht mehr zurückfinden konnte und in der Wüste sterben mußte.

In der Psychoanalyse wird dieser Abwehrmechanismus Projektion genannt. Meine Schwierigkeiten werden wie in einem Diabild auf den anderen geworfen und dort wahrgenommen. Wenn ich mit meiner eigenen Aggressivität große Schwierigkeiten habe, ist es natürlich fabelhaft, diese den anderen oder dem anderen in die Schuhe zu schieben. Ich habe dann zwar immer das Gefühl, die anderen wollen mir ans Leder, sie sind aggressiv und gefährlich. Dafür aber muß ich mich mit meiner eigenen Aggressivität nicht auseinandersetzen. Wenn ein ältliches Fräulein mit der eigenen nicht gelebten und verdrängten Sexualität Not hat, wird es sie erleichtern, wenn sie ihre freundlichen Arbeitskollegen als zudringlich empfindet.

Die Verwandlung der Gefühle

Jedes Kind lernt im Verlauf seiner Entwicklung, daß die Eltern bestimmte Gefühle und Verhaltensweisen nicht wollen. Wenn zum Beispiel ein jüngeres Geschwisterchen geboren wird, das viel mütterliche Pflege, Sorgfalt und Liebe braucht, dann darf der oder die „Große" seinem Ärger über den kleinen Nebenbuhler nicht einfach die Zügel schießen lassen. Die Eltern erwarten, daß das Geschwisterchen von Herzen geliebt wird. Da das so ohne weiteres nicht möglich ist, kann die Ablehnung oder der Haß gegenüber dem neuen Erdenbürger in übergroße Fürsorge umschlagen (die für das kleine Wesen fast genauso gefährlich und unangenehm sein kann wie deutlich gezeigter Ärger oder Ablehnung). Ähnliches kann bei den jungen Müttern geschehen, die im Grunde ihres Herzens ihre Kinder ablehnen, sich aber aus inneren oder äußeren Gründen zu Mutterliebe und Fürsorge zwingen müssen. Ebenso kann aus Angst plötzlich Tollkühnheit werden, aus Wut übergroße Selbstbeherrschung, aus Geiz erzwungene Verschwendung. Unerfüllte Wünsche können so zum ständigen Verzicht führen. Einerseits werden die Forderungen der Eltern oder der Umwelt erfüllt, andererseits wird ein unechtes Gefühl, eine unechte Handlungsweise erzwungen, die erhebliche seelische Kräfte erfordert.

Die Wut über die Fliege an der Wand

Wenn es, aus welchen Gründen auch immer, nicht möglich ist, ein Gefühl deutlich und direkt zu äußern, dann kann es auf eine Nebensächlichkeit verschoben und dort entladen werden: Der verdrängte Ärger über den Chef oder den Ehepartner entlädt sich so an der Fliege an der Wand oder gegenüber anderen Kleinigkeiten. Und in den damit verbundenen Auseinandersetzungen geht der eigentliche Anlaß völlig unter. Auch für unser moralisches Empfinden unannehmbare Wünsche oder Forderungen können auf andere Gegenstände oder Körperteile verschoben werden. Das führt dann manchmal zu unverständlichen, manchmal sogar beschämenden Wiederholungszwängen, die nicht zu einem Ende kommen, weil die Ursache dieser Handlungen unbewußt bleibt. Auch hinter manchen Schuldgefühlen, die für den anderen nicht so recht verständlich sind, weil sie sich auf Kleinigkeiten beziehen, verbirgt sich manchmal unbewußte größere Schuld, die nicht geäußert werden kann oder darf.

Der kühle, klare Kopf

Wir lernen in unserer Erziehung schon relativ früh, daß wir uns und anderen unangenehme Wünsche und Ereignisse vom Halse schaffen können, wenn wir sie vom kühlen, klaren Kopf her ablehnen oder wenn wir unsere Gefühle erklären bzw. wegerklären. Wenn bestimmte Dinge für uns nicht erreichbar sind, dann hat es sich noch immer bewährt, kühl und sachlich wie der Fuchs in der Fabel zu vermerken, die Trauben (die für ihn zu hoch hängen) seien sauer und gar nicht begehrenswert. Wenn der Vater seinen Sohn in einem Wutanfall verprügelt hat, ist dieser Wutanfall für ihn leichter annehmbar, wenn er diese Erziehungsmaßnahme als notwendig

Ein gewisses Maß von Zurückhaltung ist im Umgang mit Menschen und auch mit dem andern Geschlecht nötig und ratsam, aber es gibt eine ängstliche Abweisung aller Annäherung durch andere Menschen, die ihre Ursache in seelischen Schädigungen hat.

und sinnvoll erklären kann (vielleicht sogar noch mit einem Bibelzitat: „Wer seine Rute schont, der haßt seinen Sohn! Wer ihn aber lieb hat, der züchtigt ihn bald!", Sprüche 13, 24). Viele Über-Ich-Menschen können wie die Pharisäer und Moralisten ihr Verhalten erklären und dabei unangenehme Gefühle und Einsichten zum Verschwinden bringen.

Der Rückzug in die Kindheit

Dieses Abwehrmanöver kann am besten an folgendem Beispiel verdeutlicht werden: Wenn der Kronprinz der Familie nach ein oder zwei Jahren ein neues Geschwisterchen bekommt und nun nicht mehr im Mittelpunkt des Interesses steht, kann er all die Eigenschaften verlieren, die er zum Stolz seiner Eltern schon so früh entwickelt hatte: Er fängt wieder an, in die Windeln, später in die Hosen zu machen (obwohl es die Mutter doch so mit Stolz erfüllte, daß er schon trocken war!), wird wieder unselbständig (und damit pflegebedürftig) und verlernt das Sprechen bis hin zum Babystammeln. Er ist also in frühere Stadien der Kindheitsentwicklung zurückgekehrt. Diese Fähigkeit und Möglichkeit zur Regres-

Wenn jemand mit dem Leben nicht fertig wird, zieht er sich leicht in seine Kindheit zurück wie diese mit einer Puppe spielende alte Frau.

sion, das heißt zur Rückkehr in früheres oder frühkindliches Verhalten haben wir auch noch im Erwachsenenalter. In der depressiven Verstimmung können wir tatsächlich alle Fähigkeiten und Möglichkeiten verlernen und verlieren, die wir auf der Erwachsenenebene hatten. Tief depressive Patienten sind häufig nicht mehr fähig, zu lesen oder Briefe zu schreiben. Sie klagen über Denkstörungen, den Verlust ihrer Selbständigkeit und ziehen sich häufig hilflos und wie gelähmt ins Bett zurück. Ein sehr depressiver Patient berichtete nach mehreren fehlgeschlagenen Behandlungsversuchen, es sei ihm nicht mehr möglich, gesund zu werden. Wenn er auf dem Weg der Gesundung sei, dann werde er aggressiv und schlage Frau und Kinder. Jedesmal wenn das passierte, habe er sich wieder in die depressive Erstarrung zurückgezogen. Diese Haltung war für alle Beteiligten noch am erträglichsten. Durch den Rückzug in die depressive Verstimmung schützte er sich und andere vor seiner Aggressivität.

Das Gefühl wird zur Handlung

Wenn Gefühle, Wünsche und Bedürfnisse unannehmbar sind oder anders nicht geäußert werden können, dann können sie auch zur Handlung werden: Der unaussprechliche Ärger oder Ekel kann zu heftigem Erbrechen, zu Koliken oder zum Durchfall führen; die Angst kann zum Schreikrampf, zur Lähmung oder zur Ohnmacht werden. Der Wunsch, sich zu befreien, kann Ursache für plötzliche und unverstehbare Reisen sein. Bei diesen Abwehrmanövern sind die Symptome immer sehr dramatisch, laut und bunt – aber mißverständlich. Der dahinterstehende Wunsch, das abgewehrte Gefühl, ist für den anderen kaum noch zu erkennen.

Die Veredelung der Gefühle

Wenn die direkte Befriedigung von Bedürfnissen und Wünschen nicht möglich ist, dann läßt sich diese Befriedigung manchmal indirekt und in sozusagen veredelter Form erreichen. Der Hunger der Seele kann so zum Beispiel zum Erlebnishunger werden, der durch Reisen oder durch den Genuß von Kunstwerken und künstlerischen Veranstaltungen gestillt wird. Das Besitzstreben kann zur Sammelleidenschaft werden oder zur Neigung, große Geldtransaktionen zu tätigen. Nicht ausgelebte Aggressivität kann sich im sportlichen Bereich äußern. Auffällig ist ja, wie viele militärische Ausdrücke von den Sportreportern und Sportlern gebraucht werden (Angriff, Abwehr, Schuß, Wettkampf, Sieg, Niederlage). Verdrängte, abgelehnte und verpönte Sexualität kann zu schwärmerischer, aber nicht-sexueller Liebe führen („Seid umschlungen Millionen!"), zur platonischen Liebe, zur bewußt gewünschten „Nur-Freundschaft" oder sogar zur „Liebe zum Beruf". Gefühle und Bedürfnisse, das zeigen diese Beispiele, werden, wenn man sie leugnet, nicht überwunden, sondern wirken weiter.

Unglück hinter der Abwehrmauer

Alle Abwehrformen oder Abwehrmanöver, die oben beschrieben wurden, stehen uns in unserem täglichen Leben mehr oder weniger zur Verfügung und sind manchmal sicherlich für kurze Zeit notwendig. Aber wenn Gefühle nicht gelebt und zugelassen werden, wenn Probleme nicht gelöst werden, wenn sich das Leben nur noch hinter einer Abwehrmauer, hinter einer Fassade, hinter einer Maske, nur noch in Vorurteilen und Vorwürfen und starren Haltungen ereignet, dann kann uns das auf Dauer krank und unglücklich machen. Sicherlich werden wir durch unsere Abwehr zunächst der Notwendigkeit enthoben, uns mit schwierigen, kränkenden oder angstmachenden Wünschen oder Schwierigkeiten auseinanderzusetzen, andererseits werden wir durch diese Abwehr gezwungen, Dinge zu tun, die wir ebenfalls als sinnlos, kränkend und ängstigend erleben. Unsere Beziehungen zu anderen Menschen können verfälscht und verzerrt werden.

Ein Student meinte dazu: „Ich habe immer wieder die gleichen Freundinnen – und bekomme immer wieder die gleichen Abschiedsbriefe!" Wenn er auch nicht durchschauen konnte, warum das so war, meinte er doch, daß das mit seinem eigenen Verhalten zu tun haben müsse.

Außerdem – hinter der Abwehrmauer gibt es kein Wachstum an Schwierigkeiten, keine innere Weiterentwicklung, keine Möglichkeit, neue Wege zu gehen. Deshalb ist es außerordentlich wichtig, daß – wie *Sigmund Freud* es forderte –, wo Es war, Ich wird, das heißt, daß Unbewußtes bewußt werden soll und damit der bewußten Auseinandersetzung zugänglich. Diese Wanderung zu sich selbst ist sicherlich nicht ohne Schwierigkeiten, und sie kann zu einem der stärksten Gefühle führen, das wir schon sehr früh im Verlauf unserer Entwicklung lernen und das wir durch unsere Abwehr verhindern wollen und dennoch nicht verhindern können – zu unserer Angst. Aber es gibt Möglichkeiten, diese Angst zu verstehen, daran zu wachsen und ich selbst zu werden.

HILFE UND RAT

1 Seelische Gesundheit besteht auch darin, daß man sich zu den eigenen Gefühlen, Wünschen und Bedürfnissen bekennt und sich ihrer nicht schämt. Auf diese Weise werden unnötige Behinderungen zum seelischen Gleichgewicht abgebaut.

2 Gewöhnen Sie sich nicht an, Gefühle, die für Sie unannehmbar sind, aus Ihrem Bewußtsein auszuschalten. Fragen Sie sich, ob es nicht die eigene Eigenschaft ist, die am andern so stört. (Das trifft oft auf das Verhältnis Eltern : Kinder zu.)

3 Ziehen Sie sich nicht in Gefühle Ihrer Kindheit zurück und flüchten Sie nicht in Illusionen, sondern stellen Sie sich den gegenwärtigen Aufgaben. Behalten Sie einen klaren Kopf!

Grundproblem Angst

Angst ist ein Grundgefühl menschlichen Erlebens. Sie hat im seelischen Bereich die Bedeutung, die der Schmerz im körperlichen Bereich hat. Sie ist so etwas wie ein Hüter der seelischen Gesundheit, ein vorgeschobenes Alarmsystem, das uns auf drohende Gefahren hinweisen kann. Wenn wir keine Angst empfinden könnten, würden wir uns blind jeder Gefahr aussetzen – und wer sich in Gefahr begibt, kommt darin um, so sagen wir. Angst kann uns unsere Grenzen zeigen, sie kann uns warnen, kann uns daran hindern, etwas Unbedachtes zu tun.

Die Angst und ihre Symptome

Der dänische Theologe und Philosoph *Sören Kierkegaard* hat als erster darauf hingewiesen, daß wir sprachlich zwischen Angst und Furcht unterscheiden: Wir haben Angst vor etwas, aber wir fürchten uns vor jemandem. Die Furcht richtet sich auf einen Gegenstand oder eine Person, auf etwas, das wir kennen, das wir sehen oder fühlen können. Die Angst dagegen ist unbestimmt, hat kein Gegenüber, ist ohne Gesicht, oft sogar grundlos und grenzenlos. Deshalb kann sie so quälend und unerträglich sein, oft schlimmer noch als körperliche Schmerzen.

Wenn die Welt nicht mehr in Ordnung ist

Angst hat es offenbar zu allen Zeiten und in allen Kulturen gegeben mit einer uns bekannten Ausnahme: Im antiken Griechenland fehlte das Wort für Angst und damit vielleicht auch das Gefühl. Man kannte die Furcht (phobos), die Furcht vor Feinden, vor äußerer Bedrohung, vor Krankheit und Alter. Dieses griechische Wort phobos lebt fort in Krankheitsbezeichnungen wie Agoraphobie (Furcht vor freien Plätzen), Klaustrophobie (Furcht vor engen Räumen), Novophobie (Angst vor allem Neuen). Das Fehlen der gegenstandslosen, gesichtslosen und unbestimmten Angst im antiken Griechenland hängt vielleicht damit zusammen, daß die

Griechen sich aufgrund ihrer religiösen Überzeugung eingebettet fühlten in einen sinnvollen „Kosmos". Kosmos bedeutet bei ihnen gleichzeitig auch die Ordnung, die Einrichtung, der Schmuck, die Zierde. Ihre religiöse Überzeugung gab ihnen offenbar soviel Halt und Sicherheit, daß sie in dieser geordneten Welt keine Angst zu haben brauchten.

Viele Menschen, die unter Angstanfällen leiden, versuchen in einer Art Selbsthilfe etwas Ähnliches zu erreichen: Sie versuchen ihre Welt zu ordnen, sind tüchtig und fleißig und sehr genau, manchmal geradezu pedantisch in der Hoffnung, daß dann nichts Unvorhergesehenes und Ängstigendes geschieht. Aber unvorhersehbare ängstigende Situationen lassen sich nicht vermeiden, und außerdem engen diese Menschen ihren Lebenskreis und ihre Handlungsfähigkeit derart ein, daß sie kaum noch Luft zum Atmen haben und schon deshalb wieder Angst bekommen. Angst hat es sprachlich mit Enge zu tun. So bedeutet Angina pectoris eigentlich „Enge der Brust". Jeder Herzanfall bedeutet nicht nur Herzschmerzen, sondern auch Herzangst, Todesangst.

Die Symptome der Angst, wie wir sie auch heute noch kennen, werden schon in den Psalmen des Alten Testamentes beschrieben (die Psalmen 22 und 31): Der Mund wird trocken, der Hals wird eng („der Bissen bleibt im Halse stecken"). Der kalte Schweiß bricht aus, das Herz schlägt schneller oder setzt für einen Moment aus. Die Angst kann lähmen, kann aber auch „zum Fortlaufen" sein.

Eine Hypothek aus der frühen Kindheit

Das Gefühl der Angst ist vielleicht deshalb ein so starkes und intensives Gefühl, weil wir es sehr früh kennenlernen. Aus Beobachtungen an Kleinkindern wissen wir, daß Angst schon in den ersten Lebensmonaten bei Trennung von der Mutter oder von der geliebten Bezugsperson auftreten kann. Niemand kann sich an das Ausmaß der Hilflosigkeit und Abhängigkeit in der frühen Kindheit erinnern, aber im Angstanfall kann auch der erwachsene Mensch in diese Abhängigkeit, Hilflosigkeit und Ausweglosigkeit zurückkehren. Später lernen wir zu der Angst vor Trennung auch die Angst vor Strafen, die Angst vor allem Neuen und die Angst vor der Endgültigkeit. Diese Ängste können sich immer dann wiederholen, wenn wir uns allein, hilflos oder bedroht fühlen, wenn unser Gewissen sich meldet, weil wir schuldig geworden sind, oder wenn wir den Sinn und die Mitte unseres Lebens verloren haben und uns in dieser Welt nicht mehr wohl fühlen. Häufig wird die Angst durch eine harmlos erscheinende Situation ausgelöst, die zu unseren früheren Ängsten paßt und uns daran erinnert. Dann kann uns die bisher verdrängte Angst wieder einholen.

Ein junger Mann bekam kurz nach dem Tod seiner Mutter einen heftigen Herzanfall. Obwohl man im Krankenhaus trotz eingehender Untersuchung keine organische Schädigung feststellen konnte, entwickelte er die Befürchtung, er habe einen Herzinfarkt oder einen schweren Herzfehler. Er lief von Arzt zu Arzt und brach immer wieder die Behandlung ab, wenn ihn der behandelnde Arzt von der Harmlosigkeit seiner Befürchtungen überzeugen wollte. Bei einer nochmaligen gründlichen Untersuchung in einer Hochschulklinik fielen erhöhte Leberwerte auf, die eindeutig mit seinem Alkoholmißbrauch zusammenhingen. Auf den Rat der Ärzte hin hörte er sofort mit dem Alkoholtrinken auf, glaubte aber nun, er habe eine schwere Lebererkrankung oder leide an Leberzersetzung. Wieder ließ er sich von mehreren Ärzten und in verschiedenen Kliniken untersuchen, ohne daß sich Hinweise für die von ihm vermutete schwere Erkrankung fanden. Im Gegenteil, seine Leberwerte hatten sich inzwischen normalisiert. Bei einer der sehr umfangreichen Untersuchungen glaubte er, ein Darmgeschwür wäre durchgebrochen. Wochenlang war er fest davon überzeugt, daß er in der kommenden Nacht sterben werde. Darauf wurde er in eine Psychiatrische Klinik eingewiesen. Kurze Zeit danach bekam er Kopfschmerzen und glaubte, er habe einen Gehirntumor oder eine schwere Gehirnentzündung. Während einer längeren psychotherapeutischen Behandlung erinnerte er sich daran, daß seine Mutter schon immer über Herzbeschwerden geklagt habe, ohne daß man eine Ursache dafür finden konnte. Kurze Zeit vor ihrem Tod war bei der Mutter eine Lebererkrankung festgestellt worden sowie ein Herzfehler, der möglicherweise bei früheren Untersuchungen übersehen worden war.

Dieser junge Mann hatte offenbar an seiner Mutter die Angst vor einer schweren Herzerkrankung gelernt. Sein Herzanfall nach ihrem Tod paßte genau in diese Befürchtungen. So wie er es an seiner Mutter gelernt hatte, lebte er ihre Ängste nach. Die Beschwerden wanderten von Organ zu Organ, die von der Mutter erlernte Todesangst blieb trotz aller gründlichen Untersuchungen bestehen.

Wenn wir jetzt versuchen wollen, die Entstehung der frühen Ängste zu verstehen, sollten wir daran denken, daß jeder Mensch im Verlauf seiner Entwicklung und Erziehung Störungen erleidet und damit Hemmungen und Ängste entwickelt. Diese Hemmungen und Ängste sind uns nicht so fern, sind nicht so abnorm, daß sie nicht jeder in sich selbst wiederfinden könnte.

Die Angst vor Welt und Menschen

Der Mensch als Krone der Schöpfung wird merkwürdigerweise als das hilfloseste Geschöpf geboren. Tierbabys sind meist schon wenige Minuten nach der Geburt fähig, aufzustehen und – wenn zuerst auch unsicher – sofort auf Nahrungssuche zu gehen. Das Menschenbaby kann das erst nach ein bis zwei Jahren. Bis dahin ist es völlig hilflos und auf die ständige Fürsorge anderer angewiesen. Es scheint nicht so wichtig zu sein, daß sich nur die Mutter intensiv um das Baby kümmert. Diese Aufgabe einer „Dauerpflegeperson" können auch der Vater, ältere Geschwister oder die Großeltern übernehmen. In den ersten drei Lebensmonaten kann das Baby offenbar ohnehin nicht zwischen sich und der Mutter oder der Person, die es versorgt, unterscheiden. Es verhält sich immer noch so, als ob es sich im Mutterleib, in der Gebärmutter befindet. Die Mutter, die Nahrung und der eigene hilflose Körper sind noch zu einer Einheit verschmolzen, weil das Baby noch kein Bewußtsein seiner selbst hat. Die Unterscheidung zwischen Ich und Du wird erst jenseits des dritten Lebensmonats gelernt. Dann nimmt das Kind die Mutter bewußt wahr und lächelt nur sie an. Vorher lächelt es jeden an, der sich über das Körbchen oder den Wagen beugt, woraufhin sich die Verwandtschaft über das freundliche Kind freut. Im achten Monat ist die Beziehung zur Mutter so deutlich und so fest, daß fremde Menschen jetzt auch als fremd wahrgenommen werden – es kommt zum sogenannten Acht-Monats-Fremdeln.

Wenn das Baby in dieser Phase außerordentlicher Hilflosigkeit auf eine einfühlsame und liebevolle Mutter (oder Dauerpflegeperson) verzichten muß, weil es zum Beispiel in einem Kinderheim aufwächst oder weil die Mutter sehr ängstlich, sehr aktiv oder schwer gestört ist, dann hat es keine Möglichkeit, das sogenannte „Urvertrauen" zu entwickeln, einen vorbehaltlosen Vertrauensvorschuß dieser Welt gegenüber, in der zwar schlimme Dinge passieren, in der es sich aber trotzdem in der Beziehung zu einem Du ganz gut leben

Eine fröhliche Rangelei – wie bei diesen jungen Leuten – ist Zeichen für Offenheit, Vertrauen und Freude am Spiel. Sind wir zu solchem harmlosen, angstfreien körperlichen Kontakt fähig?

Das ist auch eine Art körperlicher Kontakt, aber er drückt etwas ganz anderes aus, nämlich Angst, Zorn, Aggressivität, Haß. Ein solcher „Kontakt" versöhnt und verbindet nicht, sondern trennt.

läßt. Aufgrund seiner sehr frühen Erfahrungen erlebt es diese Welt und die Menschen in dieser Welt als gefährlich und bedrohlich. Im späteren Leben vermeiden solche Menschen enge Beziehungen zu anderen. Sie wirken kaltherzig, sind wachsam und immer auf dem Sprung, Beziehungen zu anderen abzubrechen oder sich zu verteidigen. Weil sie selber sehr verletzbar, manchmal aber auch so rundherum gepanzert und wie unempfindlich sind, können sie andere sehr schnell verletzen. *Sören Kierkegaard* beschreibt diese Abwehrhaltung mit dem Satz: „Mein Standpunkt ist die bewaffnete Neutralität!" Weil sie sich in ihrer Haut nicht wohl fühlen, neigen sie zu Hauterkrankungen und zu asthmatischen Beschwerden. Denn die Haut ist unser „Schicksalsleder" *(Peter Bamm)*, mit dem wir mit dieser Welt verbunden sind und an ihr leiden – und atmen heißt ebenfalls Teilnahme, Teilhabe an dieser Welt mit all ihren Gefährdungen.

Lernunfähig aus Angst

Ein junges Mädchen wurde immer wieder wegen unklarer Schwächezustände in die Klinik eingewiesen. Sie wirkte auf seltsame Weise blaß und angestrengt und klagte über schwere Lernstörungen. Obwohl sie sehr gute Zensuren hatte, behauptete sie, das alles sei nur Zufall. In

Wirklichkeit sei sie unbegabt und lernunfähig. Sie berichtete zu ihrer Kindheit, daß sie mit ihrer sehr mißtrauischen und kontaktgestörten Mutter aufwuchs, die sie daran hinderte, mit anderen Kindern zu spielen. Der Vater war nur ein ungenügendes Gegengewicht. Immerhin sorgte er noch dafür, daß sie die Schule besuchen konnte, denn auch das wollte die Mutter mit aller Gewalt und unverständlicherweise verhindern. Nach dem frühen Tod des Vaters war sie darauf angewiesen, sich auf die schwerkranke und unberechenbare Mutter einzustellen. Trotzdem war sie eine sehr gute Schülerin in der Schule. Das war ja auch die einzige Möglichkeit für sie, mit anderen zusammen zu sein und von diesen anerkannt zu werden. Weil die Mutter immer wieder behauptete, sie sei zu dumm für eine Berufsausbildung, und weil das junge Mädchen nie eine Bestätigung von ihr erfahren hatte, glaubte sie trotz ihrer guten Schulleistungen schließlich selbst daran, daß sie dumm und unfähig sei. Nur langsam konnte sie während einer langen psychotherapeutischen Behandlung die neue Erfahrung machen, daß diese Welt nicht so gefährlich, unberechenbar und unheimlich ist wie ihr Elternhaus.

Ein anderes junges Mädchen wuchs als Einzelkind in einem Geschäftshaushalt auf, in dem sich niemand so recht um das Kind kümmern konnte. Alles was sie tat, um ein wenig Aufmerksamkeit der Eltern zu bekommen, wurde von diesen abgelehnt. Stehende Redewendung zu Hause war: „Du kannst aber auch gar nichts!" Außerdem neigte der Vater dazu, in betrunkenem Zustand seine Frau und seine kleine Tochter zu schlagen. Schon während der Pubertät entwickelte die Tochter einen unbändigen Haß gegen ihren Vater, der aber immer wieder in panische Angst vor ihm umschlug. Später neigte sie dazu, sich bei Schwierigkeiten am Arbeitsplatz oder in ihrem Bekanntenkreis tagelang zurückzuziehen. Sie stellte dann die Wohnungsklingel und das Telefon ab und verkroch sich tagelang in ihrem Bett, ohne auf das Klopfen und Rufen ihrer Freunde und Bekannten zu reagieren. So wie sie es beschrieb, war sie dann ganz überschwemmt von der frühen Angst vor der kalten, unberechenbaren und gefährlichen Außenwelt. Sie fühlte sich dann so, als ob sie in einer Eiswüste lebe.

Die Angst, allein und hilflos zu sein

Vom sechsten Lebensmonat bis zum zweiten Lebensjahr ist die Beziehung zur Mutter (oder zur Dauerpflegeperson) zwar nicht die einzige, aber die wichtigste des Babys zur Außenwelt. Wie wichtig diese Beziehung ist, haben sehr eindrucksvoll die Untersuchungen des amerikanischen Psychiaters *René Spitz* gezeigt: Er untersuchte und filmte Kinder in amerikanischen Säuglingsheimen, die mehrere Monate oder für immer von ihrer Mutter getrennt worden waren. Nach wenigen Wochen machten die Kinder keine Entwicklungsfortschritte mehr, lagen nur noch ihn ihrem Bettchen und schrien. Nach etwa drei Monaten wurden sie schließlich ruhiger, aßen und tranken nicht mehr regelmäßig, saßen mit offenen, ausdruckslosen Augen und unbeweglichem Gesicht in ihrem Bett und reagierten kaum noch auf die Außenwelt, magerten ab und starben schließlich, wenn die Mutter nicht zurückkehrte, wegen ihrer körperlichen Schwäche an irgendeiner Infektionserkrankung. *René Spitz* nannte diese Erkrankung im Säuglingsalter bzw. frühen Kleinkindalter „anaklitische Depression", das heißt anlehnende oder anlehnungsbedürftige Traurigkeit. Schon *Sigmund Freud* beschrieb, daß sich in dieser Entwicklungsphase bei Verwöhnung oder Mangelzuständen die Neigung zu depressiven Verstimmungen und zu Abhängigkeiten entwickelt. Weil die lustvolle und befriedigende Zuwendung der Mutter in dieser Phase vorwiegend über den Mund geschieht, nannte er sie orale Phase. Vielen Menschen ist auch im Erwachsenenalter Essen und Trinken eine Möglicheit, sich (Ersatz-)Befriedigung zu beschaffen. Das kann zur Fettsucht wie zur Magersucht führen.

„Wer Sorgen hat, hat auch Likör“

Alkohol ist wohl die am häufigsten benutzte Droge gegen Angst, Unlust, Spannung und Traurigkeit. „Wer Sorgen hat, hat auch Likör“, schrieb *Wilhelm Busch*. Wenn der Mißbrauch lange genug dauert, kommt es zu schwerwiegenden körperlichen, seelischen und sozialen Schäden. Arbeitslosigkeit, Krankheit und Ehescheidung sind die Folgen und können für sich wieder den Alkoholmißbrauch verstärken.

Eine junge Künstlerin, die schon immer gern etwas Alkohol getrunken hatte, lebte in den Monaten nach der Trennung von ihrem Ehemann fast ausschließlich von Alkohol. Während einer freiwilligen Entziehungskur wurde hinter dem Alkoholismus eine tiefe depressive Verstimmung mit vielfältigen Ängsten sichtbar. Während der langen psychotherapeutischen Behandlung wurde deutlich, daß sich in der Trennung von ihrem Ehemann, der sie wegen einer anderen Frau verlassen hatte, für sie die Trennung von der Mutter wiederholte, die sie in der frühen Kindheit durch einen Unfall verloren hatte. Die alten Ängste, allein und hilflos zu sein, waren so übermächtig, daß sie sie mit Alkohol betäuben mußte.

Andererseits sind Menschen mit der Neigung zu depressiven Verstimmungen gern bereit, anderen die Liebe zu geben, die sie selbst entbehren mußten. Hinter dieser Bescheidenheit verbirgt sich der Wunsch, dann selbst geliebt, anerkannt und geschätzt zu werden. Ihre Haltung – so hoffen sie – schützt sie davor, vom anderen verlassen zu werden.

Depressive Verstimmungen

Ein junges Mädchen entdeckte während der Nachkriegszeit, daß ihr Vater, den sie trotz seiner Strenge liebte und verehrte, eine außereheliche Beziehung zu einer anderen Frau unterhielt. Sie konnte mit niemandem darüber reden, zumal ihre Mutter völlig ahnungslos war. In ihrer Not entwickelte sie eine schwere depressive Verstimmung, die sie völlig hilflos und sprachlos wochenlang im Bett liegen ließ. In den späteren Jahren und Jahrzehnten arbeitete sie hingebungsvoll und erfolgreich in einem Pflegeberuf. Dabei hatte sie die Neigung, viel mehr zu tun, als eigentlich von ihr verlangt worden war. Angeblich wegen dieser Überforderung entwickelte sie immer wieder langdauernde depressive Verstimmungen. Während der psychotherapeutischen Behandlung ergab sich, daß sie von ihren Eltern in früher Kindheit sehr vernachlässigt worden war. Sie war damals häufig krank und erinnerte sich noch daran, daß sie stundenlang nach den Eltern rufen mußte, ehe jemand kam und ihr half. Später versuchte sie durch Tüchtigkeit, Fleiß und Bescheidenheit die Zustimmung der Eltern zu erreichen, ohne sie jedoch zu bekommen. Diese Haltung behielt sie auch während ihrer Berufstätigkeit bei, und jedes Mal, wenn sie auf eine strenge, fordernde Vaterfigur stieß, kehrte sie angstvoll und traurig in ihre frühe Hilflosigkeit zurück.

Zur schweren depressiven Verstimmung gehören neben körperlichen Symptomen (Appetitlosigkeit, Schlafstörungen, Magen-Darm-Störungen) regelmäßig das Gefühl, nichts mehr wert zu sein, und die Angst, nie wieder gesund zu werden. Dabei bestehen hinter diesen Ängsten, hinter der übergroßen Bescheidenheit und der lähmenden Traurigkeit übergroße Wünsche nach Nähe, Wärme und Zuwendung. Weil sie übergroß und unbescheiden sind und gar nicht mehr zu den Möglichkeiten des Erwachsenendaseins passen wollen, dürfen sie nicht geäußert werden, müssen verdrängt bleiben. Gleichzeitig werden aber auch berechtigte Wünsche und Forderungen bis zur völligen Bedürfnislosigkeit zum Verschwinden gebracht in der stillen Hoffnung, der andere könne sie trotzdem erkennen und erfüllen. Aber weil darüber nicht geredet wird, reiht sich Enttäuschung an Enttäuschung. Es braucht manchmal lange Zeit, bis diese Menschen fähig sind, ihre Wünsche zu sehen, zu äußern und sich selbst dafür einzusetzen.

Die Angst vor Veränderungen und vor der eigenen Hemmungslosigkeit

Zwischen dem zweiten und dritten Lebensjahr erwirbt das Kind wichtige neue Fähigkeiten: Zum einen lernt es laufen, erobert in zunehmendem Maße seine kleine Welt. Es lernt, mit Spielzeugen etwas zu bauen, lernt aber auch, daß Zerstören und Herumtoben lustvoll sein kann. Dabei macht es unvermeidlich auch schmerzhafte Erfahrungen: Es stößt sich, verletzt sich und wird ärgerlich gegenüber dem „bösen Tisch" oder dem „bösen Stuhl", an dessen Kanten es sich wehgetan hat. Außerdem soll es nach dem Willen der Eltern Reinlichkeit und Sauberkeit lernen. Es darf nicht mehr so einfach die Windeln voll machen, sondern soll auf dem „Thron" sein „Geschäft" verrichten. Schon an der Wortwahl merken wir, daß in dieser Phase das Verhältnis zum Besitz gelernt wird und das kleine Kind zum ersten Male auch lernt, sich den Eltern zu widersetzen – es kommt zur ersten Trotzphase.

Wer einmal beobachtet hat, was Mutter und Kind miteinander machen, wenn der Kleine auf dem Thron sitzt und sein Geschäft eben nicht erledigen will, der weiß, wieviel Macht von diesem Thron herab ausgeübt werden kann. Zum ersten Mal darf das Kind etwas geben oder verweigern, es kann sich gehen lassen oder sich beherrschen, es soll plötzlich elterlichen Geboten und Verboten gehorchen. Wenn hier zu früh von den Eltern Ordnung, Sauberkeit und Bravheit durchgesetzt werden, dann kann sich daraus eine schwere Persönlichkeitsstörung entwickeln. Im späteren Leben sind diese Menschen dann sehr kontrolliert und gesetzlich, manchmal pedantisch, rechthaberisch und außerordentlich sparsam bis hin zum Geiz. Es können sich sinnlose Zwangshandlungen einstellen, die sehr quälend sind, Selbstzweifel und schwere Arbeitsstörungen. Dazu gehört auch die Angst vor allem Neuen, das Festhalten an alten Wahrheiten, die manchmal ungefragt von Eltern und Vorgesetzten übernommen werden.

Ein junger Mann, der ohne Eltern bei sehr strengen Großeltern aufwuchs, war schon während der Schulzeit sehr genau und pedantisch. Auf Druck der Großeltern hin erlernte er einen ungeliebten Beruf, in dem er sich trotzdem hocharbeitete. Wegen seiner hohen Leistungsanforderungen war er gezwungen, mehr und länger als andere zu arbeiten. Als er schließlich nach Einführung der Computertechnik in seinem Betrieb die Aufgabe hatte, am Bildschirm die Arbeit anderer zu kontrollieren, entwickelte er zunehmende Konzentrationsstörungen, die ihn dazu zwangen, sinnloserweise Daten zehn- bis zwanzigmal immer wieder abzufragen und zu kontrollieren. Mit einer schweren depressiven Verstimmung mußte er schließlich in eine Klinik eingeliefert werden.

Ein anderer Patient hatte an seiner sehr strengen und ordentlichen Mutter schon früh Reinlichkeit und Sauberkeit gelernt. Während der Kindheit neigte er zu Zwangshandlungen: Er zählte die Blätter der Straßenbäume, räumte Steine und Äste aus dem Weg und kam wegen dieser Zwangshandlungen häufig zu spät in die Schule, was sich mit seinem Wunsch nach Pünktlichkeit nicht vereinbaren ließ. Später versuchte er bei seiner Ehefrau ebenfalls Ordnung, Sauberkeit und Pünktlichkeit durchzusetzen. Als er während eines Ehestreites einen Wutanfall bekam, klagte er über heftige Kopfschmerzen und Zwangsgedanken, die ihn an seine Zwangshandlungen und Zwangsgedanken in der Kindheit erinnerten. Während der Behandlung wurde deutlich, daß sich dahinter die Angst verbarg, anderen oder sich selbst zu schaden, wenn er seiner „Mordswut" einfach so die Zügel schießen läßt. Sein Wutausbruch wurde von ihm wie ein Dammbruch erlebt, der sich nie mehr wiederholen durfte. Es war zu spüren, wie sehr er sich zusammennehmen mußte, um dem inneren Druck nicht nachzugeben. Dabei fühlte er sich anderen gegenüber wie ein wandelndes Gesetzbuch.

Die Angst, ich selbst zu sein, zu lieben und geliebt zu werden

Etwa vom dritten bis vierten Lebensjahr an entdeckt das Kind zunächst unbefangen und spielerisch bei sich und anderen die Geschlechtsorgane („Was hast du denn da?"). Das ist manchmal für die Eltern peinlich; die elterlichen Verbote beschleunigen dann die Entwicklung von Schamgefühlen. Außerdem entwickelt in diesem Alter der kleine Junge das Gefühl, er ist ein „kleiner Mann", das kleine Mädchen wird zu Papas Liebling. Der kleine Junge will seine Mama heiraten und setzt sich als ihr Beschützer und Ritter in Szene, das kleine Mädchen kokettiert mit dem Vater und versucht sich gegen die Mutter durchzusetzen. Dieses Spiel mit der ersten Liebe zum anderen Geschlecht ist nicht ohne Gefahren, denn Eltern können auch eifersüchtig werden und manchmal sehr heftig reagieren. Jedenfalls wird das von dem kleinen Mann oder der kleinen Kokotte so befürchtet. Wenn die Eltern – aus welchen Gründen auch immer – auf dieses erste Spiel mit dem Feuer nicht verständnisvoll eingehen, dann kann es später zu schweren Störungen in der sexuellen Entwicklung kommen: Weil das Kind zu Haus nicht das Gefühl entwickeln durfte, ich bin ein Mann, ich bin eine Frau, muß diese Frage immer wieder an vielen Partnern überprüft werden, ohne daß sich eine Antwort findet. Zum anderen kann die Angst bestehen, sich endgültig und unausweichlich zu binden und den Forderungen des Partners nicht genügen zu können. Ein typisches Beispiel für diese Haltung ist das Lied von *Marlene Dietrich* in dem Film „Der blaue Engel". Sie behauptet zwar, sie sei „von Kopf bis Fuß auf Liebe eingestellt, denn das ist meine Welt und sonst gar nichts". Sie kann aber mit den angelockten Männern, die sie wie Motten das Licht umschwirren, nichts anderes anfangen, als ihnen die Flügel zu verbrennen. Entschuldigend meint sie dazu: „Doch dafür kann ich nicht!" Wer es in früher Kindheit nicht gelernt hat, ohne Angst Beziehungen zum anderen Geschlecht aufzunehmen, der kann dafür wohl auch nichts, wenn er immer wieder an dieser Beziehung scheitert.

Eine junge Frau wurde wegen heftiger krampfartiger Unterleibsbeschwerden jahrelang von verschiedenen Ärzten behandelt. Obwohl sich eine organische Ursache nicht finden ließ, wurde sie zweimal am Unterleib operiert, schließlich ein drittes Mal, weil sich inzwischen narbige Verwachsungen gebildet hatten. Als sie sich in psychotherapeutische Behandlung begab, war ihre zweite Ehe gerade geschieden worden. Sie berichtete, daß sie von ihrem sehr strengen und unzugänglichen Vater einerseits immer abgelehnt worden sei, andererseits sei er während der Pubertät mehrmals ihr gegenüber zudringlich geworden. Obwohl sie sich betont weiblich kleidete und sehr pflegte, war sie sich ihrer Rolle als Frau nie so ganz sicher, was ihre Beziehungen zu ihren Ehemännern sehr belastete, zu häufigen Angstanfällen und zu Medikamentenabhängigkeit führte. Weil vieles, was sie sagte und tat, theatralisch und unecht wirkte, glaubte niemand in ihrer Familie so recht an eine behandlungsbedürftige Erkrankung, und niemand spürte, wie sehr sie hinter ihrer tadellosen Fassade litt.

Ein junger, gut aussehender Geschäftsmann wurde in die Klinik eingeliefert, nachdem er unter Alkoholeinfluß einen Selbstmordversuch unternommen hatte. Er war ganz verzweifelt, daß er mehrfach beruflich gescheitert war. In seiner Kindheit konnte er seine strenge und ablehnende Mutter nur durch ganz besondere Leistungen erreichen. Daraus entwickelte sich später der Zwang, anderen gegenüber immer ein ganz toller Kerl zu sein, der sich mit seinen Eroberungen brüstete und immer außergewöhnliche geschäftliche Erfolge vorweisen mußte. Hinter dieser schillernden und bunten Fassade blieb er unglücklich und unbefriedigt. Die Angst zu versagen, krank oder älter zu werden, ließ ihn nicht los.

Die Überwindung der Angst

Es gibt viele Versuche, mit der eigenen Angst fertig zu werden. Einige dieser Wege haben wir schon besprochen: Viele Menschen flüchten vor ihrer Angst in den Rausch des Alkohols oder der Drogen. In der Bundesrepublik Deutschland gibt es annähernd zwei Millionen chronische Alkoholiker. Da sich der chronische Alkoholismus erst im Laufe mehrerer Jahre entwickelt, stehen hinter jedem Alkoholiker zwei bis drei Angehörige (Ehefrau, Kinder, Eltern), die in den Strudel des gesundheitlichen und sozialen Abstiegs mit hineingerissen werden, das heißt etwa zehn Prozent der Bundesbürger leiden unter den Folgen des chronischen Alkoholismus. Inzwischen betreffen etwa 50 Prozent der Neuaufnahmen in psychiatrischen Kliniken den chronischen Alkoholismus. Ähnliche Folgen ziehen die eher stiller verlaufenden Medikamentenabhängigkeiten nach sich. Vor allem die Beruhigungsmittel und verschiedenen Schlafmittel werden gegen Ängste, Spannungen und Schlafstörungen eingenommen. Viele Menschen scheinen gar nicht mehr zu einem gesunden Schlaf ohne Schlafmittel zu finden.

Helfen Beruhigungspillen?

Es ist gar nicht so selten, daß die Medikamentenabhängigkeit im Krankenhaus oder in der Praxis mit einem in guter Absicht verordneten Beruhigungsmittel oder Schlafmittel beginnt. Auch hier kann es zu körperlichem und seelischem Verfall und zu schweren Folgeschäden kommen. Ähnlich ist es mit dem Drogenmißbrauch vieler Jugendlicher, der sie zunächst der trostlosen Wirklichkeit enthebt, aber schließlich geradezu selbstzerstörerische Züge annehmen kann. Man schätzt, daß es in der Bundesrepublik Deutschland etwa 60000 Fixer gibt, das heißt Drogenabhängige, die „harte Drogen" spritzen. Durch die Veränderung des Angebotes in der Drogenszene geht es inzwischen fast nur noch um Heroinabhängigkeit. 1979 hatte die Zahl der Drogentoten mit über 600 ihren Höchststand erreicht. Bei der voll ausgebildeten Abhängigkeit geht es nur noch um das Vermeiden von Entzugserscheinungen. Das anfängliche High, das rauschhafte Hochgefühl, wird nicht mehr erreicht. Wenn es mit einer Überdosis noch einmal erzwungen werden soll, kann das der „goldene Schuß", die tödliche letzte Spritze sein. Das seelische und soziale Elend der Drogenabhängigen ist für den Normalbürger kaum vorstellbar.

Durch Meditation und moderne Heilslehren?

Ein anderer Weg der Angstbekämpfung ist der Weg nach innen über die verschiedenen meditativen Techniken. Besonders erfolgreich war in letzter Zeit die transzendentale Meditation des *Maharishi Mahesch Yogi*, der den mühsamen Weg des Yoga auf nur einen meditativen Schritt verkürzt hat und – den Konsumgewohnheiten der modernen Industriegesellschaft folgend – in einzelnen Kursen teuer verkauft („Was nichts kostet – ist nichts wert!"). Er verspricht vollkommene Gesundheit bis hin zur Unsterblichkeit, gesteigerte Leistungsfähigkeit und schöpferisches Bewußtsein. In einem tempelartigen Gebäude in Seelisberg in der Schweiz befindet sich die „Weltregierung des Zeitalters der Erleuchtung" des *Maharishi Mahesch Yogi*. In dieser Weltregierung gibt es sogar ein Ministerium für Gesundheit und Unsterblichkeit! Inzwischen mehren sich die Berichte, daß es besonders bei Jugendlichen unter TM zu schweren seelischen Störungen und Krankheiten kommen kann.

In den Jugendsekten wird den Jugendlichen, die heute weniger denn je auf dem Weg der Selbstfindung und Selbstwerdung Richtung und Vorbilder finden, das verheißen, was sie sich erhoffen: Nähe, Wärme, ein messianischer Führer, an den zu glauben sich lohnt. Für viele Jugendliche hat sich dieser Weg in eine Scheinwelt als Irrweg erwiesen, der sie ausgebrannt und in ihrer Persönlichkeit verändert zurückläßt.

Wer einen guten Vater über sich weiß, verliert die Angst

Vielleicht liegt es auch an unserer angeblich unreligiösen Zeit, daß so viele Menschen unter unbestimmten Ängsten zu leiden haben. Nicht nur die modernen Religionen und Sekten unserer Zeit, auch der Glaube an Wissenschaft, Technik und Fortschritt zeigen, daß es ein tiefes religiöses Bedürfnis des Menschen gibt, vielleicht ein Grundbedürfnis, sich wieder zu binden, sich neu zu binden, wie es in dem Wort religio angedeutet wird. An irgend etwas muß der Mensch offenbar glauben, irgendeine Mitte muß sein Leben haben, weil es ständig bedroht und gefährdet ist. Jesus Christus sagt: „In der Welt habt ihr Angst; aber seid getrost, ich habe die Welt überwunden." (Johannes 6, 33.) Er weist damit den Weg heraus aus Drangsal, Enge und Angst: „Ich bin der Weg und die Wahrheit und das Leben." (Johannes 14, 6.) Er sagt: „Kommt alle her zu mir, die ihr euch abmüht und von Last gedrückt seid! Ich will euch Ruhe schenken... dann werdet ihr Ruhe finden für eure Seelen." (Matthäus 11, 28.) Er sagt uns, daß Gott uns nahe sein will wie ein guter Vater seinem Kind. Im „Vaterunser" lehrt er uns beten: „Unser Vater in dem Himmel." Wir dürfen ganz sicher sein, daß er uns hält und trägt und uns ganz nahe ist.

Der Kirchenvater *Augustinus* sagte: „Du, Herr, hast uns zu dir hin geschaffen, und unruhig ist unser Herz, bis es ruht in dir." Vielleicht hilft uns unsere Angst, diesen Weg zu suchen und zu finden.

Die Hilfe eines Facharztes

Viele Ängste bedürfen sicherlich sachkundiger ärztlicher Behandlung. Besonders im Bereich der Psychotherapie und der Psychoanalyse gibt es Möglichkeiten, Ängste zu verstehen und zu behandeln. Dabei erweist es sich immer wieder, daß unsere Angst ein wichtiges wegweisendes Symptom für uns sein kann, wenn sie angenommen wird und uns neue Erfahrungen möglich macht. Denn auch in den verschiedenen Ängsten geht es um die Wiederkehr des Verdrängten, des Nichtgelebten, des Unbewältigten und des die Entwicklung Hemmenden.

Was ich einem neurotisch gefährdeten Menschen raten würde

„Die Trauben sind mir viel zu sauer", sprach der Fuchs in der Fabel, nachdem er sich vergeblich nach ihnen gestreckt hatte, und ging mit ungebrochenem Selbstbewußtsein weiter.

Das ungebrochene und das „angeknackste" Selbstbewußtsein

In der Familie stellt „man" seit Generationen etwas dar. Die gesellschaftliche Position der Eltern – des Vaters – garantierte früher immer wieder die Beibehaltung des sozialen Ranges für die nächste Generation. Inzwischen ist im sozialen Gefüge einiges in Fluß gekommen.

> Das ungebrochene und das „angeknackste" Selbstbewußtsein
> - **Die Sorge um die Karriere**
> - **Neurotisches Verhalten ist menschlich**
> - **Sich zur eigenen Schwäche bekennen**
>
> Hilfe gegen neurotisches Verhalten
> - **Selbstprüfung und Selbsterkenntnis**
> - **Der verdrängte Egoismus ist der schlimmste**
> - **Die Fähigkeit, sich selbst in Frage zu stellen**

Die Sorge um die Karriere

K. F., in vielen persönlichen Eigenschaften bestenfalls mittelmäßig, bleibt in seiner beruflichen Karriere hinter Großonkel, Cousins, Vater und Schwiegervater deutlich zurück. Er schreibt dies den Verhältnissen zu, die nur Leute mit ganz bestimmtem politischen Hintergrund vorwärtskommen lassen, und zieht sich in der Familie hinter die Fassade eines realitätsfernen Konservativismus zurück. Er hält sich für den aufrechten Rest ethisch hochstehender Menschen und fühlt sich in mißmutiger Haltung um das ihm eigentlich Zustehende betrogen.

R. L. stammt aus einer armen Familie. Er ist ein aufgewecktes, redegewandtes Kind, das Eltern und Lehrer fasziniert. Er wird, er muß den Sprung aus dem „Milieu" schaffen. Mit lockerer Hand (in Wirklichkeit unter ungeheurer Anspannung, wie er später selbst sagt) hält er den Spitzenplatz auch in der Mittelschule. Die Situation des akademischen Studiums überfordert seine persönlichen Fähigkeiten endgültig, und er weicht bald in eine massive neurotische Erkrankung aus: Zwanghaft kreisen seine angsterfüllten Gedanken andauernd um die Frage: „Was wäre, wenn ich die Buchstaben nicht mehr erkennen kann?" Dies raubt ihm den Schlaf und macht jede Konzentration auf das Studium unmöglich. Welch eine brillante Karriere – so er und seine Familie – wird hier durch eine geheimnisvolle, ihn plötzlich in der Invalidität festhaltende Krankheit verhindert!

G. W. ist überdurchschnittlich begabt.

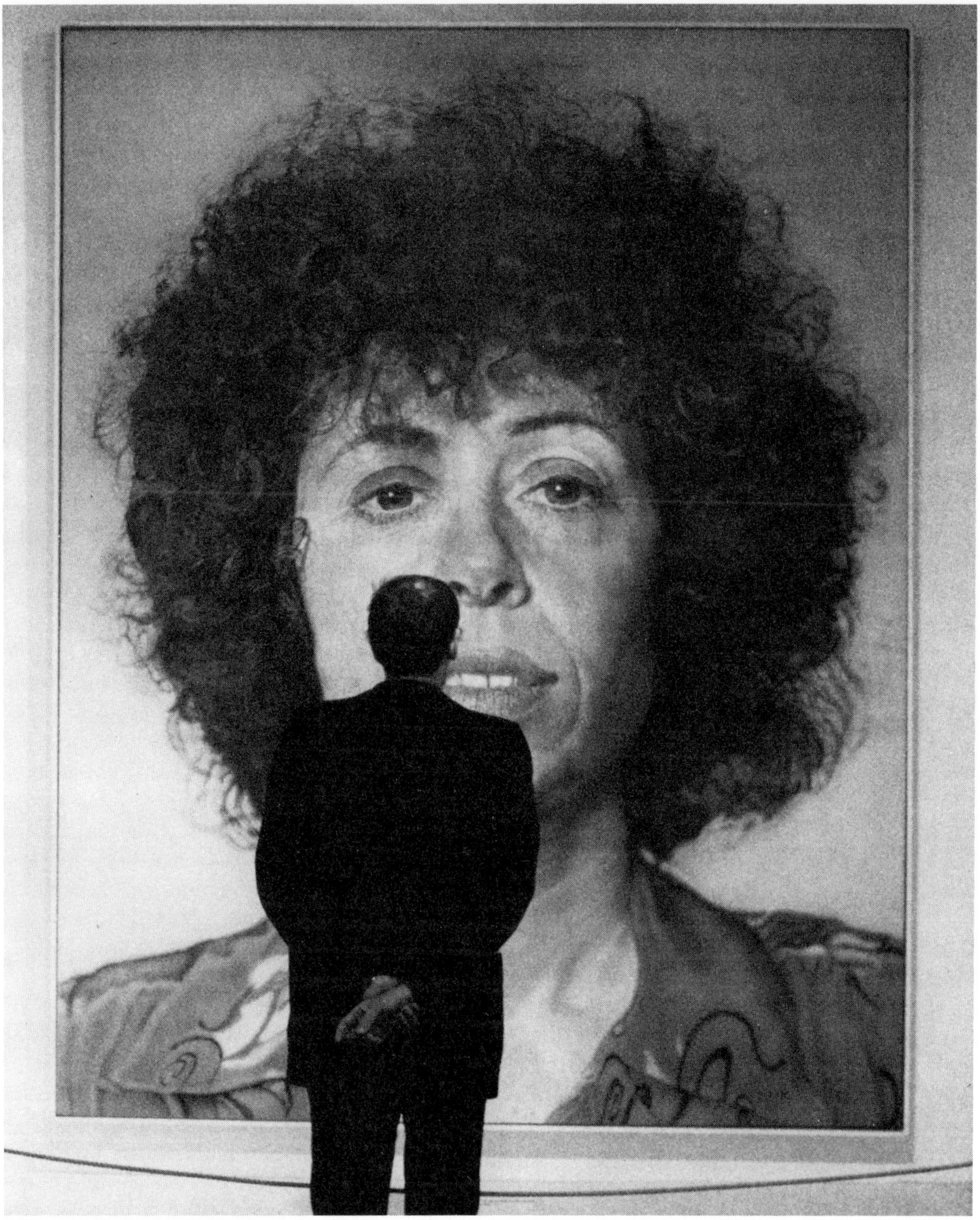

Dem neurotischen Menschen fällt es schwer, seine Vorstellung von der Welt mit der Realität der Welt einschließlich der Realität der eigenen Person in Übereinstimmung zu bringen. Daraus entsteht ein tiefes Leiden an sich selbst und an der Gesellschaft. Der Heilungsprozeß erfordert daher die Wiedergewinnung eines realistischen Bildes von sich selbst.

Die Familie hat in der Vergangenheit eine Reihe erfolgreicher Menschen hervorgebracht. In seiner Berufsvorbereitung und im Beruf selbst entsprach er zunächst – mit sich und der Umwelt in Einklang – den Erwartungen aller. Dann trat eine gereizte Unruhe und ein persönliches, den realen Anforderungen mit Rücksicht auf seine Leistungsfähigkeit keineswegs entsprechendes Gefühl der Überlastung auf. In der Folge kam es dann zu einem beträchtlichen Konsum von Beruhigungsmitteln. Die eine Leitlinie, nämlich etwas im Leben zu werden, kam ab einem ganz bestimmten beruflichen Niveau mit einer anderen offen in Konflikt: nämlich bescheiden zu sein und anderen den Vortritt zu lassen. Bis dahin war er von Vorgesetzten anderen Konkurrenten gegenüber gerade wegen dieser Bescheidenheit immer wieder vorgezogen worden (!), jetzt forderte seine Position ein aktives Bekenntnis zu seinem Ehrgeiz.

Neurotisches Verhalten ist menschlich

Eine Psychologin begann einmal einen Vortrag mit den Worten: „Wir Normalneurotiker ..." Neurotisches Verhalten – nach welcher (tiefenpsychologischen) Schule man es auch immer definieren will – gehört unabdingbar zu der Eigenschaft des Menschen, Idealbildern nachstreben zu können. Neurotisches Verhalten wird es geben, solange wir unser Bedürfnis nach Abhängigkeit mit dem Erleben einengender Ohnmächtigkeit verbinden; solange wir uns und andere mit unseren Aggressionen verletzen können; solange für jeden einzelnen von uns das persönliche Erleben von Sexualität und Tod den Schritt in ein unbekanntes, ängstigendes Dunkel bedeutet. (Der kritische Leser möge in diesem Rahmen über die hier beibehaltene begriffliche Unschärfe der Bezeichnung „Neurose" hinwegsehen.)

Daß wir mit unseren persönlichen Fähigkeiten, Haltungen und Bedürfnissen unserem Idealbild oft nicht entsprechen können, kommt uns manchmal recht schmerzlich zu Bewußtsein. Der Weg des Kompromisses ist von *Sigmund Freud* erstmals präzise beschrieben worden: Nicht „bewußtseinsfähiges" Wissen über mich kann ich recht geschickt hinter einer Fassade in das Unbewußte verdrängen. Dies erspart zunächst die schmerzliche Erkenntnis der Unvollkommenheit, es erleichtert, es stellt zweifellos einen zeitweilig sehr brauchbaren Schutzmechanismus für uns alle dar. Seit *Freud* wird nun immer wieder die Gegenforderung aufgestellt, dieses ganze belastende Material doch im Unbewußten ruhen zu lassen und nur nicht „aufdekkend" vorzugehen.

Zunächst einmal bleibt es weiter vorhanden und ruht keineswegs. Es im Dunkel des Unbewußten zurückzuhalten bedeutet für uns einen beträchtlichen Aufwand an „Falschspiel", die Gefahr des unkontrollierten Durchbruches und somit eine dauernde Ängstigung, und schließlich kann das Fundament sich irgendwann einmal als nicht mehr tragfähig erweisen, wie in den beiden letzten Fällen.

Wir haben zum leichteren Vergleich drei Beispiele von neurotischen Antworten auf Konflikte aus dem gleichen Lebensbereich an den Anfang unserer Ausführungen gestellt. Wer sie – selber auf diesem Gebiet konfliktarm – ruhig betrachten kann, wird eine beträchtliche persönliche Verfälschung und Fehleinschätzung der Realität im „neurotischen" Bereich feststellen: K. F. und R. L. filtern alle Vergleichsmöglichkeiten zwischen ihrer eigenen Leistungsfähigkeit und der anderer aus ihrer täglichen Erfahrung aus. Der hierin Konfliktfreie kann im allgemeinen sehr wohl abschätzen, welche (berufliche) Leistung seinen Fähigkeiten entspricht, und seine Möglichkeiten gezielt und verantwortlich nutzen. Seine Umwelt kann das übrigens auch, Selbsteinschätzung und Fremdeinschätzung durch andere decken sich im Idealfall und entsprechen dem Gegebenen. G. W. setzt sich mit seiner „Bescheidenheit" lange Zeit recht zielstrebig und erfolgreich gegenüber Konkurrenten durch – aber so bescheiden ist er in Wirklichkeit gar nicht.

Sich zur eigenen Schwäche bekennen

Es ist sicher weniger aufwendig, die eigene Schwäche (oder die eigene Stärke!) im Umgang mit unseren Mitmenschen zu beachten und ins Kalkül zu ziehen, als sich selbst und anderen etwas vorzuspielen. Außerdem ist es ehrlicher. Eine Auseinandersetzung und damit die Möglichkeit einer Änderung dieser oder jener negativen Eigenschaften erfordert, daß wir uns ihrer zunächst bewußt werden. Das geht allerdings nicht ohne die bis jetzt mehr oder minder erfolgreich vermiedene schmerzhafte Erfahrung, nicht ganz so gut zu sein, wie wir es von uns gerne glauben möchten.

Vom Erscheinungsbild her sind unsere drei Fälle grundverschieden. K. F. konnte sein Fundament bis jetzt stabil halten, er fühlt sich sicher nicht „krank". Im Fall R. L. reichte die Leistungsfähigkeit trotz hundertprozentigem Einsatz nicht mehr aus, eine Illusion weiter nähren zu können. G. W. stand vor der Entscheidung, sich im Zug seiner Karriere aufzugeben. Das Gleichgewicht war nicht mehr zu halten, so daß es zum Abgleiten in die Neurose kam. „Versuchung" und „Versagung" hat schon *Freud* als die Auslöser für eine solche Störung eines Gleichgewichts verantwortlich gemacht.

Dies führt uns weiter zu der Frage nach der oft behaupteten Zunahme von „Neurosen" in unserem Kulturkreis. Ich möchte dies aus eigener Erfahrung und Beobachtung bejahen. Die uns in unserer Gesellschaft heute gegebenen persönlichen Freiheiten der Wahl in sehr verschiedenen Lebensbereichen bedeuten sicher ein Mehr an Möglichkeiten zu einer besseren Gestaltung des eigenen Lebens. Einem Mann ordnet man nicht mehr selbstverständlich Stärke und Mut zu, und der Frau fällt nicht mehr nur die Rolle der in Abhängigkeit Dienenden zu. Ehepartner können sich nach eigener Wahl zusammenfinden und tragen mit der gesellschaftlich heute akzeptierten Möglichkeit einer Trennung täglich die persönliche Verantwortung für ihr weiteres Zusammensein. Die berufliche und damit soziale Position wird nicht mehr durch ein starres ständiges Gefüge vorgegeben, sondern in einem verschieden großen Ausmaß von den Fähigkeiten des einzelnen mitbestimmt.

Hilfe gegen neurotisches Verhalten

Gerade unsere ersten beiden Fälle zeigen, wie weit Versuchung und Versagung einerseits von unseren persönlichen Eigenschaften, andererseits von den sozialen und politischen Umständen mitbestimmt sind. Die uns immer wieder begegnende Freiheit der Wahl in verschiedenen Lebensbereichen belastet uns mit der Verantwortung, eine persönliche Entscheidung treffen zu müssen, die sich auch als falsch erweisen kann. Wir wollen uns daher vor Augen halten, daß die uns geschenkte Freiheit eine ernste Herausforderung zum reifen Handeln darstellt.

Selbstprüfung und Selbsterkenntnis

„Erkenne dich selbst" stand schon über dem Eingang des altgriechischen Heiligtums in Delphi. Es scheint zunächst widersprüchlich zu sein, wenn wir eingangs die erleichternde Wirkung der Verdrängung beschrieben haben und jetzt die Möglichkeit besprechen, das Verdrängte selbst in

den Blick zu bekommen. Wir können aber annehmen, daß wir in uns die eine oder andere negative Eigenschaft unterschiedlich stark verdrängen oder daß deren Bewußtsein mehr oder weniger Beunruhigung macht. Für das weniger Beunruhigende scheint uns der Rat zur *Selbstprüfung* durchaus vertretbar.

Man frage sich einmal, wieweit verschiedene Haltungen zu sich selbst und zu anderen der Realität entsprechen: (Echte) verkannte Genies sind ebenso selten wie „wertlose" Menschen. Kein Mensch wird von allen geliebt, keiner wird von niemandem gemocht, keiner kann alle gleich lieben. Keiner hat immer nur Glück oder immer nur Pech. Niemandem begegnen lauter böse oder nur lauter gute Menschen. Nur sehr seltene Heilige ärgern sich nie über andere. Das Leben ist nicht nur... (hier möge der Leser selbst einsetzen, was ihm gerade einfällt). Wer bei sich eine solche einseitige oder gar radikale Haltung feststellt, verfälscht die Realität.

Man überprüfe einmal die eigene Reaktion auf verschiedene Erlebnisse und vergleiche damit die anderer Leute. Wegen diesem oder jenem geht die Welt nicht gleich unter, kommt es nicht gleich zur Katastrophe. Die anderen scheinen dies zu wissen und bleiben dabei ruhiger. Unangemessene Gefühlsreaktionen, wie eine unrealistische Angst oder heftige unsachliche Ablehnung oder Verteidigung einer Haltung, sollten uns wenigstens im nachhinein und in Ruhe zur Selbstprüfung mahnen. Entrüstet ist man in der Regel bei anderen über das, was in einem selbst ungeklärt ist.

Der verdrängte Egoismus ist der schlimmste

Wer sich selbstlos voll und ganz für andere einsetzt, vermeidet vordergründig die Auseinandersetzung mit seinen eige-

Die Fähigkeit, sich selbst in Frage zu stellen, gehört zu den unerläßlichen Voraussetzungen seelischer Gesundheit. Dazu müssen Unternehmungsgeist, Lebensmut und Offenheit für Neues kommen.

nen Bedürfnissen. Die soziale Anerkennung ist ihm sicher. Man soll aber seinen Nächsten lieben wie sich selbst: Die Vernachlässigung dieses Gleichgewichtes läßt den verdrängten Egoismus trotzdem schmerzhaft wirksam werden, gibt es doch keine bedrückendere Abhängigkeit als die des Hilfsbedürftigen vom „selbstlosen Helfer".

Die genaue Kenntnis und detailreiche Schilderung schlechter Charaktereigenschaften und Verfehlungen von Menschen, die man selbst kaum kennt, führt zu der

HILFE UND RAT

Jeder Erwachsene ist neurosegefährdet,
- der Probleme ungelöst läßt und sie ins Unbewußte abzuschieben versucht, das heißt sie verdrängt;
- der seine persönlichen natürlichen Bedürfnisse unbefriedigt läßt, anstatt sich mit ihnen auseinanderzusetzen;
- der einer Selbsterkenntnis und Persönlichkeitsentwicklung aus dem Wege geht, weil das schmerzhaft sein und Belastungen mit sich bringen kann.

Alle diese Gefährdungen führen zu einer Dauerspannung, die eines Tages das neurotische Fehlverhalten auslöst.
Ein Patentrezept dafür gibt es nicht. Die Lösung muß sich am Einzelfall orientieren.

- Wer sich einem anderen Menschen gegenüber in irgendeiner Weise schuldig fühlt, muß zu diesem Menschen gehen und ihn um Verzeihung bitten.
- Wer glaubt, von seinem Ehepartner oder einem anderen Menschen seelisch verletzt oder getäuscht worden zu sein, soll den ersten Schritt tun, zu ihm gehen und ihm vergeben. Er wird es dem anderen dadurch erleichtern, Verständnis und Frieden wiederherzustellen.
- Wer erkannt hat, daß er eine von ihm geforderte Leistung nicht oder nur unter ständiger Selbstüberforderung erbringen kann, muß mit seinem Vorgesetzten oder Auftraggeber offen darüber sprechen. Oft läßt sich die Aufgabe so gestalten, daß sie frohen Herzens erfüllt werden kann.
- Wer körperliche Leiden hat, ohne daß die Ärzte eine wesentliche organische Krankheit festzustellen vermögen, muß einmal sein Leben durchleuchten, muß sein Schicksal, seine Ehe, sein Liebesleben und seine Berufsprobleme durchdenken, weil hier so oft die tieferen Gründe für die krankhaften Störungen liegen, die keine Lebensfreude, keinen Erfolg, keine Energie, keine Ausstrahlung auf andere Menschen und keine Liebe aufkommen lassen.
- Wenn dir ein Mensch etwas schuldet und du weißt, daß er nicht böswillig ist und daß er es sicher nicht zurückzahlen kann, dann erlaß ihm seine Schuld, wenn du es verkraften kannst. Du machst einen Menschen wieder froh und frei, bewahrst ihn vielleicht vor einer Neurose oder einer Depression.

Kinder und Jugendliche sind besonders neurosegefährdet. Große Empfindsamkeit, falsche Erziehung oder ein seelisch bedrückendes Milieu lassen Kinder neurotisch werden. Schlafstörungen, krankhafte Ängstlichkeit, übertriebene Schüchternheit, Stottern, Bettnässen, übermäßige Onanie, Phantasielügen und Stehlen sind Ausdruck dafür.

- Seelisches Fehlverhalten der Mutter dem Säugling gegenüber liegt schon vor, wenn der Säugling nicht oder nicht lange genug gestillt wird. Es geht nicht nur um die Idealnahrung, sondern auch um die Erfahrung der Geborgenheit.
- Eine Ungleichbehandlung im Geschwisterkreis durch die Eltern kann große Probleme mit sich bringen. Kinder erfühlen sehr bald ungleiche Behandlung und leiden bitter darunter. Der Vater zieht die hübsche schelmische Tochter vor, oder der Sohn wird zum Kronprinzen erhoben, gegen den das Schwesterchen „nur ein Mädchen" ist. Neurotisierung, Minderwertigkeitskomplexe und körperliche Unterentwicklung des Mädchens sind die Folgen.

Jede Lebensstufe hat ihre besonderen seelischen Anfechtungen, Versuchungen oder Fragestellungen, die man alleine oft nicht bewältigen kann. Man muß dann seinen Eltern, seinem Partner, seinem Arzt oder Seelsorger das nötige Vertrauen schenken, um auch selbst unter Verzichten und Schwierigkeiten das seelische Gleichgewicht und den Frieden des Herzens zu finden und damit einer Neurosebildung den Boden zu entziehen.

Überlegung, woher denn dieses Wissen stammt und wozu es in den Mittelpunkt des eigenen Interesses gerückt wird. Nicht nur in Politik und Geschichte, sondern auch im persönlichen Leben ist die Ausgestaltung eines „Feindbildes“ Anlaß zur Frage nach Woher und Wozu. Für die Produkte der eigenen Phantasie sollte man selbst die Verantwortung übernehmen.

In unserem westlich-städtischen Kulturkreis nimmt die Unzufriedenheit mit den eigenen unangepaßten und mißverständlichen Reaktionen zu. Dies ist keineswegs ein Zeichen des Verfalls, sondern des Abbaus starrer Rollenklischees und Standesbarrieren; wir sollten es keineswegs negativ bewerten. Daraus ergab sich die Entwicklung einer Reihe von Methoden, die im Wechselspiel des gegenseitigen Erlebens in einem ganz bestimmten Rahmen die *Selbsterkenntnis* der Teilnehmer fördern, sofern sie nicht durch eine allzu massive Verdrängung blockiert ist. Zutreffend wählte man dafür auch die Bezeichnung einer „Therapie für Gesunde“. Gerade diese Bestrebungen stellen einen positiven Aspekt der oben aufgezeigten Auflösungstendenzen dar, zeigen sie doch, daß immer mehr Leute die Bereitschaft haben, unter eigenem Einsatz für ihre Persönlichkeitsentwicklung etwas zu tun.

Die Fähigkeit, sich selbst in Frage zu stellen

Heute sucht man neurotisch bedrängten Menschen durch Gruppentherapie zu helfen. Von einem fähigen und verantwortungsbewußten Leiter geführt, kann eine solche Gruppe in einem keineswegs belastungsfreien Prozeß hilfreiche Selbsterkenntnisse auslösen. Solange daraus der einzelne für sich keine Änderung seiner Haltung und seines Verhaltens im Alltag ableitet, ist die Selbsterfahrung in der Gruppe allerdings ein spielerischer, zum Teil auch gefährlicher Selbstzweck. Wir dürfen aber annehmen, daß ein ausreichender Prozentsatz der Teilnehmer tatsächlich eine Hilfe für sein alltägliches Leben mitnehmen kann.

> Jedermann hält die Vergebung für eine schöne Sache, so lange, bis er selbst einem andern etwas vergeben soll.
> (C. S. Lewis)

Wird ein schwer neurotisch Gefährdeter vom Leiter überhaupt zur Gruppe zugelassen, so wird dieser ihn rechtzeitig zu schützen wissen. Damit betonen wir, daß nur unter einem ernsthaften, gut ausgebildeten Leiter die Methoden der Selbsterfahrung vertretbar sind und der Persönlichkeitsreifung dienen, eine positive Entwicklung ermöglichen und Schäden vermeiden. Manches, was, einem wachgewordenen Bedürfnis entgegenkommend, heute als Selbsterfahrungsgruppe angeboten wird, ist gefährliche Scharlatanerie.

Als vor Jahrzehnten eine wilde Polemik gegen die damals heftig umstrittene Psychoanalyse im Gange war, sagte ein erfahrener Analytiker sehr zutreffend, daß jene, welche die Psychoanalyse so besonders heftig ablehnen, sie für sich selbst am notwendigsten hätten. Wir können dies getrost für uns alle und für jede Methode der Selbsterfahrung übernehmen: nämlich sich selbst in Frage zu stellen, sich selbst zu prüfen, sich einer Konfrontation in der Gruppe auszusetzen oder auch Rat und Wegweisung eines Kundigen aufzusuchen.

Was uns seelisch schadet und krank macht

„Wer nicht Frieden mit seinem Nachbar halten kann,
wer durch bösartiges Verhalten dem andern das Leben schwermacht,
wer im Verborgenen ihm Unheil wünscht,
wer verleumdet, wer lügt, wer die Ehe bricht, seine Eltern nicht ehrt,
die Verantwortung für seine Kinder in der Erziehung nicht
übernimmt, wer die Gesetze bricht – der verhindert
durch sein Tun, das selbst in der abgeschlossenen Kammer
nie nur privat ist, den Frieden der Welt.“ (Karl Jaspers)

Beim Baby fängt es schon an

Nicht immer sind die ersten Anzeichen, daß ein Baby unterwegs sei, für die Eltern Anlaß zur Freude. Eigentlich hat man sich ja einen kleinen Familienzuwachs gewünscht, aber nicht jetzt schon. Viele junge Eltern haben heute ganz klar umrissene Vorstellungen von der Zukunft. Oft wird zu einem Zeitpunkt geheiratet, an dem beide Eheleute noch in der Ausbildung stehen. Ist der Zeitpunkt der Examina erreicht, sind auch die weiteren Zukunftspläne fertig. Der Gedanke an ein Kind ist zwar auch vorhanden, aber zunächst sind andere Überlegungen maßgebend. Vielleicht haben beide Eheleute eine Vorliebe für weite Reisen. Sie wollen andere Länder und Völker kennenlernen und ihren Gesichtskreis erweitern oder auch im Rahmen der Entwicklungshilfe in den Ländern der dritten Welt tätig sein. Ein kleines Kind würde da nur stören. Oder die junge Frau möchte erst noch einige Jahre in ihrem Beruf arbeiten, Erfahrungen sammeln. Auch hier wäre ein Kind zu einem so frühen Zeitpunkt unerwünscht. Manchmal meinen junge Eheleute auch, sie müßten erst eine bestimmte Einkommenshöhe erreicht haben, ehe sie daran denken könnten, daß aus einer Ehe eine Familie wird. So ließen sich viele Beispiele aufzeigen für die Tatsache, daß junge Ehepaare sich oft noch lange einen großen Bewegungsspielraum erhalten wollen und den Zeitpunkt des ersten Kindes möglichst weit hinausschieben.

Die seelische Entfaltung beginnt beim Baby

Sobald sich ein Kind ankündigt, beginnen die Probleme. Soll die werdende Mutter ihr Studium abbrechen, ihren Beruf zeitweilig ganz aufgeben? Reisepläne lassen sich am ehesten aufschieben; aber was ist zu tun, wenn der Verdienst der Ehefrau dringend gebraucht wird, weil man eben zu viele finanzielle Verpflichtungen eingegangen ist? Die Eigentumswohnung muß abbezahlt werden, die Raten sind aber für das Gehalt nur des Ehemannes zu hoch. An dieser oder an ähnlicher Stelle beginnen bei vielen Eheleuten Diskussionen, die ohne den eigentlichen Betroffenen geführt werden. Entweder ist das Baby noch gar nicht geboren, oder es ist noch nicht in der Lage, seinen Anspruch geltend zu machen. Es kann sich noch nicht verständlich zu Wort melden – aber wenn es das könnte, was würde es sagen?

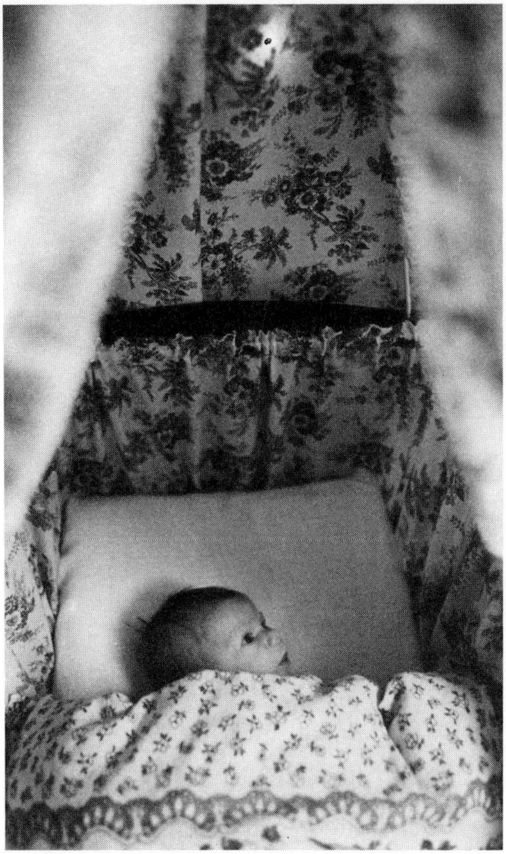

Hilflos und fragend schaut der Säugling aus seiner behüteten Welt des Kinderbettes. Bereits in diesem zarten Alter beginnt die seelische Prägung des späteren Erwachsenen.

Essen, Trinken und Schlafen sind nicht genug

Zunächst soll auch an dieser Stelle festgehalten werden, daß es für viele Probleme keine Patentrezepte gibt. Fast jeder Fall ist ein Einzelfall. Aber es gibt doch allgemeine Überlegungen, die bei gleich oder ähnlich gelagerten Situationen hilfreich sein können. Es ist ein gefährlicher Irrtum zu glauben, ein Neugeborenes sei nur mit Essen, Trinken und Schlafen beschäftigt. Es könnte auf den ersten Blick zwar den Anschein haben, aber doch wohl nur für den oberflächlichen Betrachter. Jede Mutter, jeder Vater, der die ersten Lebenswochen eines Babys aufmerksam beobachtet, wird feststellen, daß schon ein Säugling deutliche Äußerungen unterschiedlicher Stimmungen von sich gibt. Und diese Stimmungen hängen eben nicht nur mit der Nahrungsaufnahme oder der Befriedigung ähnlicher Grundbedürfnisse zusammen; denn: beim Baby fängt es an – nämlich die seelische Entfaltung des Kindes.

Unser Säugling wünscht eben nicht nur satt zu sein oder trocken zu liegen, er braucht mehr, um glücklich zu sein. Müssen kranke Kinder zum Beispiel für längere Zeit in ein Krankenhaus, kann es zum Krankheitsbild des „Hospitalismus“ kommen. Diese Kinder haben alles, was zur körperlichen Entwicklung notwendig ist. Ist damit vielleicht nicht schon zu viel gesagt? Dieser Sachverhalt sollte, weil er in jeder Hinsicht grundlegend ist, etwas ausführlicher dargestellt werden. Man hat durch viele Versuche mit Tieren und durch intensive Beobachtungen in Geburtskliniken sehr viele Einsichten gewonnen, die manches in neuem Licht erscheinen lassen. Es soll mit dem folgenden nicht Kritik geübt werden an manchem, was heute noch in vielen Krankenhäusern üblich ist, sondern es soll vielmehr das Bewußtsein der Eltern, hier vor allem der Mutter, geprägt werden.

So haben neuere Untersuchungen ergeben, daß es eine sensible Phase unmittelbar nach dem Geburtsvorgang gibt, in der die Mutter sich in einer außerordentlichen Stimmung befindet. Verhaltensforscher empfehlen deshalb dringend, wenn irgend möglich, die ersten Minuten und Stunden für den ausgiebigen Mutter-Kind-Kontakt zu nutzen; für beide ist das sehr wichtig. In der Mutter werden Gefühle aktiviert, die als Grundlage dienen für alle späteren Sehnsüchte, Empfindungen und die Fähigkeit, Belastungen durch das Kind zu ertragen. Besonders scheint hier der Augenkontakt wichtig zu sein. Man sollte einer Mutter unbedingt so oft wie möglich Gele-

Liebe und das Gefühl von Geborgenheit schaffen für das Baby den Raum für eine gesunde seelische Entwicklung. Wer die Liebe einer Mutter vermissen mußte, ist dadurch für sein ganzes Leben beeinträchtigt.

genheit geben, in die offenen Augen ihres Säuglings zu blicken.

Für einen intensiven körperlichen Kontakt sprechen auch die Argumente der Bakteriologen. Wir wissen, daß es für ein Neugeborenes sehr günstig ist, wenn seine Haut und seine Verdauungsorgane mit Bakterienstämmen besiedelt werden, die von der Mutter stammen; denn gegen diese Bakterien ist das Kind immun durch Abwehrkörper, die es vor der Geburt durch die Plazenta und später durch die Muttermilch erhalten hat. So ist es eine angeborene Verhaltensweise, daß jedes gesunde Neugeborene schon wenige Minuten nach der Geburt in der Lage ist, sehr intensiv und langandauernd die Brustwarze der Mutter zu belecken. Man sollte das ermöglichen; denn dadurch übernimmt der Säugling die mütterlichen Bakterien. Die Natur schützt sich offensichtlich viel besser, als wir das je fertigbrächten.

Der Zeitplan des Babys

Was in diesen ersten Stunden sich vollzieht, dient der Grundlegung für einen Vorgang, der die ganze menschliche Persönlichkeit prägen kann: das Bindungsverhalten. Wir werden darauf noch ausführlich zurückkommen; jetzt soll erst noch das andere große Thema der ersten Tage und Wochen angeschnitten werden: der Zeitplan der Säuglingsmahlzeiten. Hier hat sich vieles als Brauch festgesetzt, was nicht alles durch die Verhaltensbiologen bestätigt worden ist. Was kann heute in diesem Zusammenhang als gesichert empfohlen werden?

1. Säuglinge haben im Nahrungsverlangen einen eigenen Rhythmus. Er liegt etwa im Bereich einer Vier-Stunden-Periodik. Aber hier schon zeigt sich eine sehr menschliche Eigenart. Es gibt keine allgemein gültige Stoppuhr-Periodik für alle Säuglinge. Diese Periodik ist von Säugling zu Säugling verschieden und kann zwischen dreieinhalb und fünf Stunden liegen. Das herauszufinden ist Aufgabe aufmerksamer Eltern.

2. Diese Periodik entsteht nicht durch die Abfolge von Hunger, Sättigung, Aufbrauchen der aufgenommenen Nahrung und wieder Hunger usw. So hat man sich das

wohl früher vorgestellt und damit die Vier-Stunden-Periodik erklärt. Daß es anders ist, können alle Eltern durch einen kleinen Versuch selbst feststellen. Wenn sie ihren Säugling schon zwei Stunden nach einer normalen Nahrungsaufnahme wecken und ihm etwas zu trinken anbieten, wird er etwas zu sich nehmen. Natürlich nicht so viel, als wenn er vier Stunden nichts bekommen hätte. Die Frage ist nur: Wird er nach zwei oder nach vier Stunden aufwachen? Der Versuch wird eindeutig zeigen, daß der Säugling nach zwei Stunden aufwacht und nach Nahrung verlangt. Der Vier-Stunden-Rhythmus ist also eine durchlaufende Periodik, unabhängig vom Stillen des Hungers oder einer eventuellen Zwischenmahlzeit. Wir haben es mit einem zentralnervengesteuerten Rhythmus zu tun, der nicht durch Lernen oder „Erziehungsmaßnahmen" verändert werden kann. Ein Säugling wird sich um so wohler fühlen, je deutlicher sich die Eltern an diesen natürlichen Rhythmus halten.

3. Die Vier-Stunden-Periodik läuft im ersten Lebensmonat rund um die Uhr. Ein Säugling hat also auch in der Nacht Hunger. Der Stoffwechselverbrauch ist nachts nicht reduziert. Es ist kein Zeichen besonders geschickter Pädagogik, dem Kind eine solche Nachtpause aufzuzwingen. Ein Mensch lernt vieles zu ertragen, und so muß ein Säugling keinen Dauerschaden davontragen, wenn unwissende Eltern hier Fehler begehen. Aber wenn wir uns in diesem Kapitel die Frage stellen, was uns seelisch schadet, dann gilt es, auf solche Einzelheiten schon beim Säugling zu achten. Natürlich ist es für die Mutter unbequem, nachts dem Kind eine Mahlzeit zu geben. (Den geringsten Aufwand erfordert das Stillen – und nicht nur deshalb sei auch an dieser Stelle betont, daß die Muttermilch eigentlich durch nichts zu ersetzen ist. Sie ist nach allem, was wir heute wissen, die gesündeste Nahrung für ein Kind.) Aber lange quält uns der kleine Erdenbürger ja nicht mit seinem nächtlichen Nahrungsbegehren. Denn

4. ungefähr am Ende des ersten Lebensmonats überspringt die Vier-Stunden-Periodik ein Nachtintervall. Es ist nicht so, daß eine allmähliche Verlängerung auf fünf oder sechs oder acht Stunden eintritt, sondern der Wechsel erfolgt schlagartig. Die Nachtpause springt einfach von vier auf acht Stunden. Es ist auch nicht so, daß die Eltern hier etwa einen pädagogischen Erfolg zu verbuchen hätten, weil sie vielleicht durch Vorenthalten einer Mahlzeit diese Veränderung bewirkt haben. Man sollte auch nicht versuchen, den Säugling hier zu täuschen, etwa durch das Anbieten von Tee an Stelle einer Nachtmahlzeit. Das Sinnes- und Nervensystem des Säuglings wird durch diese falschen Signale nur gestört, und Störungen wirken sich bestimmt nachteilig aus. Das freiwillige Einlegen einer Nachtpause, ungefähr nach dem ersten Lebensmonat, ist ein eigengesetzlicher, natürlicher Reifungsvorgang.

Säuglinge können „sprechen"

Worauf sollte man ferner achten, um das Neugeborene vor seelischem Schaden zu bewahren? Und hier taucht nun ein Problem auf, das Eltern immer wieder bedrückt: Säuglinge können sich nicht äußern. Wir wissen eben so wenig davon, wie es ihnen eigentlich geht. Wir können uns davon überzeugen, ob die Windeln trocken sind, und wir können ungefähr abschätzen, ob das Baby satt ist, aber sonst?

Seit einigen Jahren ist man auch hier einen Schritt weitergekommen. Man hat festgestellt, daß ein Säugling über mindestens fünf unterschiedliche Lautäußerungen verfügt, die als angeboren gelten müssen, also nicht durch Lernen entstanden sind. Es sind stimmliche Äußerungen, die an ganz bestimmte Situationen gebunden sind und Signalwirkungen haben sollen.

Sind sie der Mutter bewußt, kann sie gezielt darauf reagieren. Die meisten Mütter werden sich instinktiv richtig verhalten.

Die Verhaltensforscher unterscheiden:

a) *Kontaktlaut.* Es ist ein einzelner, kurzer, geräuschartiger Laut (Dauer etwa 0,1 Sekunden, bis 8 kHz). Die Situation ist unverwechselbar: der Laut wird ausgestoßen kurz nach dem Aufwachen. Wenn der Säugling nach dem Schlaf erwacht und keine andere Person sieht oder hört, stellt er mit diesem Laut eine deutliche Frage: Ist jemand hier, oder bin ich allein gelassen worden? Erfolgt jetzt kein Anwesenheitszeichen irgendeiner Person, bleibt also die Frage ohne Antwort, setzt der Alarmruf ein: der Säugling beginnt zu weinen.

b) *Unmutslaut.* Dieser setzt sich aus einer Serie kurzer Einzellaute zusammen (mit einer Wiederholungsfrequenz von etwa 14 pro Sekunde). Das Unbehagen wird signalisiert. Entweder hat man dem Säugling die Nase oder die Ohren geputzt, und das hat Unbehagen hervorgerufen. Manchmal liegt er auch nur unbequem, weil ein Arm oder Bein eingeklemmt ist. Der Unmutslaut beinhaltet also die Aufforderung, die Ursache des augenblicklichen Unbehagens zu beseitigen.

c) *Schlaflaut.* Dieser Laut ist aus zwei verschiedenen Tönen zusammengesetzt (Dauer etwa 0,3 Sekunden) und wird im Schlaf etwa alle 15 Minuten geäußert. Meist ist er dann zu hören, wenn der Säugling seine Schlaflage ändert. Es ist ein wohlig klingender Laut und wohl als Mitteilung an die Mutter zu verstehen, daß alles in Ordnung ist.

d) *Trinklaut* (Dauer etwa 0,2 Sekunden, bis 5 kHz). Dieser Ton wird geäußert im Saugrhythmus des Trinkens. Er ist also eine echte Lautäußerung und nicht mit dem Saug- oder Schluckgeräusch zu verwechseln. Er ist fast nur an der Mutterbrust zu hören, kaum beim Trinken aus der Flasche. Gedacht ist dieser Laut wohl als Mitteilung an die Mutter in Form eines

Die innere Beziehung zwischen Mutter und Kind kommt aus geheimnisvollen Tiefen herauf: aus dem Urgrund hingebender, schenkender Liebe. Eine solche Grunderfahrung der Liebe und des Vertrauens schafft eine Lebensgrundlage, die durch die hellen und dunklen Tage zu tragen vermag. Daher hängt die seelische Gesundheit der Gesellschaft nach wie vor von den Müttern ab, hängt an ihnen das Wohl des Staates.

Appells. Ein Forscher hat das so formuliert: „Milch fließt gut, bitte Position beibehalten!"

e) *Wohligkeitslaut.* Das ist der Laut, den die Mutter wohl am liebsten hört. Ein fast reiner Ton (bis ca. 8 kHz, Dauer rund 0,3 Sekunden). Zwei Bedingungen müssen erfüllt sein, wenn dieser Laut zu hören sein soll. Der Säugling muß satt sein und sich geborgen fühlen. Darum ist es nicht nur aus körperlichen Gründen (leichtes Aufstoßen) richtig, den Säugling nach der Mahlzeit eine Zeitlang auf dem Schoß zu halten. Es ist auch wichtig für sein seelisches Wohlbefinden.

Schon das Baby will wissen, wer zu ihm gehört

Damit sind wir wieder bei der entscheidenden Frage angelangt: Worauf sollten Eltern achten, wenn sie das Wohl ihrer Kinder im Auge haben? Wir könnten diese Frage auch negativ formulieren: Worauf haben Eltern vielleicht nicht geachtet, wenn ein seelischer Schaden entsteht? Ein solcher seelischer (psychischer) Schaden kann unter Umständen erst sehr viel später sichtbar werden – aber beim Baby fängt es schon an.

Der Begriff „Kindeswohl" ist auch ein juristischer Begriff. Er kommt mehrfach in den heute gültigen Gesetzen vor. Der Begriffsinhalt ist bisher allerdings nirgendwo eindeutig festgeschrieben. Es sind aber gerade in den letzten Jahren sehr wichtige Erkenntnisse so eindeutig belegt worden, daß über ganz bestimmte Problemkreise kein Vormundschaftsgericht, das über das Wohl eines Kindes zu befinden hat, routinemäßig hinweggehen kann. An zentraler Stelle steht hier die Bindung des Säuglings, des Kindes an diejenigen, die als Eltern auftreten.

> Bei glücklichen Menschen fand ich immer als Grund tiefe Geborgenheit, spontane Freude an den kleinen Dingen und eine große Einfachheit.
> (Phil Bosmans)

Die Wichtigkeit von Bezugspersonen

Das Bestehen oder Nichtbestehen einer solchen Bindung kann überhaupt nicht hoch genug eingeschätzt werden. Das seelische, geistige und körperliche Wohlbefinden eines Kindes hängt von dieser Bindung ab. Häufig spricht man an dieser Stelle von Bezugspersonen. Wir wollen es hier deutlicher formulieren. Gemeint sind Dauerbezugspersonen. Der Abbruch einer solchen Bindung oder der häufige Wechsel bewirkt fast immer eine seelische Katastrophe.

Die Wissenschaft (vor allem die Verhaltensbiologie) hat uns heute gelehrt, daß hier ein gesetzmäßiges Geschehen vorliegt. Säuglinge, Kleinkinder sind auf schützende Partner angewiesen. Für sie bedeuten die elterlichen Betreuer viel mehr, als das ein Erwachsener je nachfühlen kann. Verlust einer Bindung kann auch für einen Erwachsenen sehr schmerzlich sein, für ein Kleinkind aber bedeutet es Verlust der seelischen Existenzgrundlage. Die gewachsene Bindung zwischen Säugling und Mutter vermittelt dem Kind das Gefühl der Geborgenheit, das durch nichts zu ersetzen ist. Geht diese innere Sicherheit verloren, eben durch Verlust einer Dauerbezugsperson, gerät das Kind in eine tiefe Krise. Es wird Angst empfinden, eine elementare Verlassenheitsangst, die bis zur Verzweiflung führen kann.

Ein einmaliger Verlust, etwa der Tod der Mutter, kann durch eine neue feste Bin-

Soziales Verhalten lernt das Kind am besten in der Familie – falls die Ehe der Eltern intakt ist und Vater und Mutter Vorbilder im sozialen Verhalten sind. So lernt es, wie man mit anderen Menschen lebt.

dung an eine andere Bezugsperson ausgeglichen werden. Erlitte das Kind aber einen mehrfachen Betreuungsabbruch, vielleicht infolge einer Ehescheidung und Aufenthalt in verschiedenen Kinderheimen, dürfte es zwangsläufig zu schweren Persönlichkeitsschäden kommen. Es werden sich beim Kind Konzentrationsmängel einstellen. Es wird nur eine gedämpfte Fröhlichkeit entwickeln, weil es sich ja zutiefst innerlich unsicher fühlt. Die Entwicklung des Sprechens kann langsamer als sonst üblich vonstatten gehen. Später können in der Schule bestimmte Schwierigkeiten auftreten, zum Beispiel eine übertriebene Aggressivität. Als Erwachsener wird der Betreffende vielleicht geplagt von einem unerklärbaren Mißtrauen, als Partner leidet er unter einer offensichtlichen Bindungsunfähigkeit. Alle hier aufgeführten Spätfolgen können auch auf andere Ursachen zurückgehen, aber Betreuungsabbrüche haben sich als die gefährlichste Ursache herausgestellt.

Die Bedeutung der Mutter

Wir wollen an dieser Stelle doch noch einmal unseren Blick der wichtigsten Betreuungsperson, der Mutter, zuwenden. Vielleicht lesen es manche jungen Mütter nicht gern, besonders wenn sie bestimmte moderne Ideologien sich zu eigen gemacht haben, die ein sehr weitreichendes Gleichgewichtsprinzip zwischen Mann und Frau und eben auch zwischen Vater und Mutter propagieren. Es ist nun aber einmal ein in der Natur des Menschen liegendes Prinzip, daß es keine innigere Bindung gibt als die zwischen Säugling und Mutter. Der Vater kann hier von Natur aus nicht mithalten, eben weil die Frauen die Kinder gebären. Es ist eine längst bekannte Erfahrung, daß Mütter selbst im Schlaf die leisesten Lebensregungen ihres Säuglings wahrnehmen. Was aber noch nicht lange bekannt ist, ist die Tatsache, daß diese enge Bindung biologisch gebahnt wird. Was meint das?

Eltern können ihr Kind auch pflegen ohne diese Bindung. Aber es wird für beide eine immer stärker empfundene Belastung werden. Wenn aber, wie wir am Anfang dieses Kapitels empfahlen, die Mutter in den ersten Stunden nach der Geburt innigen Körperkontakt mit dem Säugling hat, ergibt sich eine seelisch-körperliche Gestimmtheit, die als entscheidende Voraussetzung für alle weiteren Wechselwirkungen anzusehen ist. In diesen ersten Stunden geschieht etwas mit der Mutter, auf das sie selbst keinen Einfluß hat. Hier bahnt die Natur etwas an, das für Mutter und Kind schicksalhafte Bedeutung gewinnt. Es wird zu einem selbstverständlichen Mitempfinden von Freuden und Leid kommen. Das wird für Mutter und Kind ein elementares Gefühl sein und nicht das Ergebnis einer bewußten Willensanstrengung oder einer vernunftgesteuerten Überlegung. Es ist manchmal überwältigend zu sehen, zu welchen Opfern Mütter bereit sind und das überhaupt nicht als Opfer empfinden. Eine zu erwartende lange Trennung vom Kind wird nicht das Gefühl der Befreiung vom Druck der Betreuung, sondern im Gegenteil tiefe Traurigkeit hervorrufen.

All das und vieles andere wird aber nur erfahren, wenn „es schon beim Baby anfängt". Der Signalaustausch zwischen Mutter und Kind erstreckt sich auf alle Sinnesorgane. Mutter und Kind sollten sich deshalb so oft wie möglich hören und sehen, sie sollten sich riechen und berühren. Natürlich sollte der kleine Erdenbürger seinen eigenen Schlafplatz haben, aber es ist nicht nur ein Zeichen von Verliebtheit in das süße Baby, wenn die Mutter es gern bei sich im Bett hat. Beide, besonders der Säugling, profitieren davon. Er wird so einen seelischen und körperlich gesunden Start haben. Aber ein guter Start ist noch nicht alles.

Schlechte Erziehung durch die Eltern

Können durch Erziehungsfehler Krankheiten verursacht werden? Eine gefährliche Frage; denn welcher Vater, welche Mutter möchte verantwortlich gemacht werden für bestimmte Krankheiten ihrer Kinder! Und doch zeigen uns heute wissenschaftliche Untersuchungen gewisse Zusammenhänge zwischen Erziehungsfehlern, Entwicklungsstörungen und bestimmten Krankheitsbildern.

Um einem Mißverständnis vorzubeugen: Nicht alle Krankheiten lassen sich auf Entwicklungsstörungen zurückführen, und nicht allen Entwicklungsstörungen liegen Erziehungsfehler zugrunde. Für die meisten Krankheiten gibt es andere Ursachen, und für viele Verhaltensstörungen ist nicht die Erziehung seitens der Eltern zuständig. Und doch gibt es Zusammenhänge, die Eltern nicht übersehen dürfen, wenn ihnen auch die seelische Gesundheit ihrer Kinder am Herzen liegt. Konzentrieren wir uns zunächst auf die frühkindliche Phase, und machen wir uns klar, welche Entwicklungsprozesse hier ablaufen, um uns dann zu fragen, worauf Eltern und Betreuer achten sollten, um Fehlentwicklungen oder Schädigungen zu vermeiden.

Die frühkindlichen Phasen

- **Kleinkinder „forschen" und erfahren**
- **Vater und Mutter werden „getestet"**
- **Spielen erfordert Körper, Seele und Geist**
- **Wiederholungsdrang sichert Erfahrung**
- **Nachahmung führt zum Können**
- **Natürliche Lernvorgänge nicht stören**

Die Angst des Kindes

- **Angst durch fehlende Geborgenheit**
- **Angstmachen als Erziehungsmittel**
- **Amtsautorität und Leistungsautorität**
- **Antiautoritäre Erziehung verunsichert das Kind**

Soll ein Kind gehorchen lernen?

- **Gehorsam erfordert Begründung**
- **Freiwilliger Gehorsam**
- **Elterliche Autorität und religiöse Erziehung des Kindes**

Die frühkindlichen Phasen

In der Phase bis etwa zum fünften Lebensjahr erfolgt die entscheidende Grundlegung in fast allen Bereichen.

Die folgende Aufzählung vermittelt nur einen lückenhaften Überblick dessen, was in dieser Zeit erworben wird. Gelernt werden der aufrechte Gang und die Muttersprache. Das Kind beginnt, sich als eigene Existenz zu begreifen. Das bedeutet in manchen Fällen, daß es sehr ausgiebig das Neinsagen probiert, um herauszufinden, wie weit die eigene Macht geht. Das Kind beginnt gedanklich die Umwelt zu „begreifen". Häufig äußert sich das zunächst darin, daß es versucht, alles anzufassen, eben zu „begreifen". Manches wird sogar in den Mund gesteckt, um die Beschaffenheit des Dinges mit allen Sinnesorganen zu erkunden.

So entstehen allmählich die „Begriffe".

Es beginnt das Bestreben, sich nicht mehr bei allem helfen zu lassen. Die Kinder wollen bestimmte Dinge plötzlich ganz allein machen; unter Umständen auch solche, die ihre Fähigkeiten übersteigen. Wenn sie dann trotzdem darauf bestehen, ist das kein Anzeichen von Bösartigkeit, sondern der Ausdruck dafür, daß die Persönlichkeitsentfaltung gerade einen großen, vielleicht zu großen Schritt vorankommen will.

Eltern dürfen hier behutsam bremsen, aber nicht kategorisch abwürgen. Kinder lernen in diesem Alter auch schon das Zurückstellen eigener Wünsche zugunsten anderer. Wenn Eltern diese Ansätze übersehen und nicht fördern, kann die spätere Basis der mitmenschlichen Partnerschaft sehr schmal sein. Aus dem Gesagten wird deutlich: Wir haben es in dieser Lebensphase nicht nur mit einem sehr turbulenten Abschnitt zu tun, er ist nicht nur sehr faszinierend, sondern auch extrem störanfällig. Und der größte Störfaktor für eine gesunde Entwicklung ist nicht die allgemeine Umwelt, und zur Schule geht das Kind ja auch noch nicht. Die größte Gefahrenquelle ist tatsächlich in der Erziehung zu sehen.

Um grobe Fehler vermeiden zu können, ist es erforderlich, mit den allgemeinen Prinzipien vertraut zu sein, die ein Kleinkind beim Aneignen der notwendigen Erfahrungen anwendet. Man hat durch viele Beobachtungen und Versuche eine klar bestimmbare Strategie herausgefunden, mit Hilfe derer ein Kind seine Erfahrungen erwirkt. Es sind dies vor allem: Erkunden, Spielen und Nachahmen.

Kleinkinder „forschen" und erfahren

Für Erkunden würden wir Erwachsenen vielleicht das Wort „erforschen" einsetzen. Ein Kind ist nicht nur aktiv, wenn es Hunger oder Durst hat oder einer Gefahr ausweichen will. Ein Kind ist eigentlich immer aktiv. Besonders etwas Neues übt einen unwiderstehlichen Reiz aus. Das Kind wird versuchen, dieses Neue, ob Gegenstand oder Mensch, anzufassen, mit allen Sinnesorganen zu erfassen, eben zu begreifen. So werden die Eigenschaften der Dinge gelernt, ob etwas hart oder weich, trocken oder naß, heiß oder kalt ist. Die Eigenschaft einer Kerzenflamme wird am schnellsten gelernt durch Berühren. Die Mutter kann zehnmal warnen: „Faß da nicht rein, es ist heiß!" Solange das Kind noch keinen Begriff vom Wort „heiß" hat, wird es eben versuchen, diese Eigenschaft zu begreifen. Nur sollte die Mutter in der Nähe sein, um das Kind nach der schmerzhaften Lektion aus seiner Entdeckungsreise zu trösten oder Schlimmeres zu verhüten.

Sind die Kinder etwas älter, werden sie Fragen stellen, viele Fragen. Auch das Ohr spielt beim Sammeln von Erfahrungen eine große Rolle. Manchmal werfen die Kinder etwas auf den Boden und horchen gespannt auf das dabei entstehende Geräusch. Ist es ein ungewöhnlicher Ton, haben sie zum Beispiel eine Porzellantasse erwischt und auf den Steinfußboden geworfen, wird der Reiz sehr stark, dieses Geräusch zu wiederholen. Sind die Eltern nicht in der Nähe und weitere Tassen greifbar, steht diesem Erkundungsvorgang ja auch nichts im Weg. Ich empfehle hier nicht den regelmäßigen, frühkindlichen Polterabend, um bei der Umwelterfassung behilflich zu sein. Ich will nur aufzeigen, was im Kind eigentlich vorgeht, wenn ein solcher Vorfall eintritt. Die Eltern müssen dafür sorgen, daß solche Reizgegenstände nicht in greifbarer Nähe stehen, und wenn das Kind doch einmal eine günstige Gelegenheit erwischt hat, ist das eben kein Anzeichen einer abartigen Veranlagung, für die das Kind gar noch bestraft werden sollte, sondern der ganz normale Vorgang der Erfahrungserweiterung.

Vater und Mutter werden „getestet"

Manchmal bezieht sich das Erfahrungsziel bei einem solchen Vorfall auf uns Erwachsene. Vater oder Mutter werden praktisch getestet auf ihre Reaktionsweise. Das Kind wirft zum Beispiel einen Ball aus dem Kinderwagen. Die Mutter steht auf, holt den Ball und legt ihn wieder in den Wagen. Sie hat sich noch gar nicht wieder auf die Parkbank gesetzt, da fliegt der Ball schon wieder im hohen Bogen aus dem Wagen. Jetzt ist nicht mehr der fliegende Ball das Studienobjekt des Kindes, sondern die Mutter. Bei jeder neuen Runde dieses Duells wird die Mutter ja anders reagieren. Die Skala wird vom freundlichen Ermahnen bis zum strengen Verbieten reichen. Sie wird lächeln oder auch ärgerlich auf das Kind blicken. Und jede neue Reaktionsvariante wird das Kind reizen, einen weiteren Versuch mit dem Ball zu starten. Dieses „Spiel" wird erst dann zu Ende sein, wenn die Mutter nicht mehr reagiert, wenn also kein neuer Reiz erfolgt. Am schlimmsten wäre es nun, wenn man diesen Testvorgang mit Gewalt beenden würde, etwa indem man das Kind schlägt, weil es nun wieder den Ball hinausgeworfen hat. Das Kind wollte ja nicht seine Mutter ärgern, sondern nur etwas mehr vom Charakter der Mutter kennenlernen. Und damit fällt dieser ganze Vorfall in den Bereich des Erkundens. Die Welt der Erwachsenen wird erforscht.

Eine andere Variante dieses Erkundens beginnt, wenn die Kinder sprechen gelernt haben. Hier brauchen die Eltern oft sehr gute Nerven. Bohrend fragen die Kinder nach Erklärungen. Manchmal können, manchmal wollen die Eltern keine Antwort geben. Ein solches Verhalten ist für Kinder völlig unverständlich. Damit bei ihnen keine Fehlhaltung entsteht, sollten die Eltern versuchen, ihr Nicht-mehr-Antworten zu erklären. Pädagogisch ganz falsch wäre es, den Kindern einfach das Fragen zu verbieten. Wenn das hin und wieder geschieht,

Die Kunst des Fragens

Eine seiner „Geschichten vom Herrn Keuner" lautet bei Bertolt Brecht:

Herr Keuner sah sich die Zeichnung seiner kleinen Nichte an. Sie stellte ein Huhn dar, das über einen Hof flog. „Warum hat dein Huhn eigentlich drei Beine?" fragte Herr Keuner. „Hühner können doch nicht fliegen", sagte die kleine Künstlerin, „und darum brauchte ich ein drittes Bein zum Abstoßen."
„Ich bin froh, daß ich gefragt habe", sagte Herr Keuner.

Eine ordentliche Mutter hätte ihr Kind vielleicht liebevoll ermahnt: „Aber, aber, ein Huhn hat doch nur zwei Beine!" Vielleicht hätte sie lachend gesagt: „Du Dummerchen, hat denn ein Huhn drei Beine?" Und sie hätte so nie erfahren, welch sinnvolle Gedanken sich ihr Kind gemacht hatte und welches lebendige Gefühl der Anteilnahme ihr Kind erfüllte.
Wir erfahren vieles nicht, weil wir zu ungestüm, zu besserwisserisch, zu überlegen, zu lauernd und zu eingebildet fragen. Zur Kunst des Fragens gehören Geduld, sorgfältige Wahrnehmung, Bescheidenheit gegenüber der eigenen Meinung, die Bereitschaft, Neues anzunehmen. Alles vorschnelle Urteilen und Bewerten schneidet dem andern nicht nur die Worte ab, sondern auch die Gedanken. Das Kommenlassen und Sich-Entfalten-Lassen von Gedanken aber ist der Inhalt echten Gesprächs und unerläßlich für jede seelische Hilfe.

wird das keine Folgen haben. Kommt das aber zu häufig vor, verlernen die Kinder das Fragen. Das wird sich verhängnisvoll für die gesamte weitere Persönlichkeitsentwicklung auswirken. Das gleiche wird eintreten, wenn sehr häufig gar kein Ansprechpartner da ist. Kinder können Fragen nicht lagern und dann am Abend, wenn die Eltern wieder da sind, abrufen. Bei manchen Fragen wird das so sein, aber viele Fragen werden spontan gestellt und müßten dann auch sofort beantwortet werden. In diesen Zusammenhang gehört die Frage nach der berufsausübenden Mutter. Es kann Sachzwänge geben, die ein Mitverdienen der Ehefrau notwendig erscheinen lassen. Aber es gibt sicherlich auch viele Situationen, in denen die Mutter als ständig zur Verfügung stehender Ansprechpartner für das Kleinkind eindeutig Vorrang besitzt. Die Mutter als Dauerbezugsperson ist eben auch der wichtigste Partner, die beste Hilfe beim Erkunden der Umwelt.

Spielen erfordert Körper, Seele und Geist

Die zweite Strategie des Erfahrungserwerbs ist das Spielen. Diese Tätigkeit wird von vielen Erwachsenen häufig zu gering geschätzt. „Es ist ja bloß ein Spiel!" Für das Kind aber erfordert spielen den Einsatz der ganzen Persönlichkeit. Hier sind Körper, Seele und Geist gefordert und werden gefördert. Bewegungsspiele dienen dem körperlichen Training. Ausdauer und körperliches Können werden geschult. In Spielen mit Erwachsenen – diese Spiele sollen natürlich immer eine kindgemäße Komponente haben – werden wieder andere Fähigkeiten trainiert: man lernt, den „Gegner" zu beobachten, bestimmte Handlungsweisen vorauszusehen, eigene Aktionen bewußt vorauszuplanen – kurz, sich auf einen Partner einzustellen. Im Spiel kann und wird ein großer Teil der Wirklichkeit vorweggenommen. Im Spiel wird echtes Leben simuliert. Kinder sollten aber auch angehalten werden, einmal ruhig allein zu spielen. Besonders in diesen Fällen wird dann die Phantasie angeregt. Banale Gegenstände verwandeln sich in geheimnisvolle Gebilde. Der kleine, krumme Holzstock ist dann wirklich eine Eidechse, und Erwachsene sollten sich hüten, solche Aussagen nicht ernst zu nehmen. Daß beim Allein-Spielen die Fähigkeit, sich konzentrieren zu können, besonders gefördert wird, sei nur am Rande erwähnt.

Wollen wir seelischen Schäden unserer Kinder vorbeugen, müssen wir ihren Spieltrieb fördern und lenken. Lenken aber heißt auch, nicht nur vor gefährlichen Spielen zu warnen, sondern vor allem versuchen, eine gewisse Ausgewogenheit zu erreichen. Nur Fußball zu spielen ist ein ebenso einseitiges Training wie sich nur in eigene Phantasiegespinste einzuhüllen. Der ganze Mensch sollte durchs Spielen gefördert werden, also Körper, Seele und Geist. Dazu gehören Sportplatz, Abenteuerspielplatz, die Spiele mit Erwachsenen (unbedingt Zeit dafür reservieren!) und das Allein-Spielen.

Wiederholungsdrang sichert Erfahrung

Noch ein letztes Wort zum Spielen. Eltern werden beobachten können, daß eine typische Spielstruktur das Wiederholen ist. Man kann manchmal gar nicht begreifen, woher Kinder die Kraft und die Nerven nehmen, einen Vorgang ständig zu wiederholen. Manchmal greifen die Erwachsenen ein und beenden befehlend solche nervenstrapazierenden Wiederholungsvorgänge. Was geht hier eigentlich vor sich? Durch diesen unübersehbaren Wiederholungsdrang lernt ein Kind das Reagieren auf ein Umweltecho. Es ist ungefähr das gleiche Prinzip, das ein Forscher im Experiment anwendet. Soll ein Experiment als erfolgreich bezeichnet werden können, dann muß es eben beliebig oft wiederholbar sein und dabei die gleichen Ergebnisse erbringen. Die Psyche eines kleinen Kindes ist ständig auf Empfang eingestellt. Bei allem, was kleine Kinder tun, erwarten sie ein wie auch immer geartetes Umweltecho, eine Antwort von Menschen und Gegenständen. Ob das empfangene Signal aber richtig angekommen ist, kann nur durch mehrmaliges Wiederholen geprüft werden – eben fast wie im Experiment der Wissenschaftler.

Ein kleines Kind haut mit einem Stock in eine Wasserlache. Das Wasser spritzt nach allen Seiten. Das Kind wird diesen Vorgang sofort wiederholen, um zu sehen, ob das Wasser auch wirklich in einem solchen Fall immer hochspritzt. Der herbeieilende Erwachsene wird vielleicht nur sehen, daß das Kind sich absichtlich die Kleidung beschmutzt hat. Hätte es nur einmal mit dem Stock dreingeschlagen, hätte es ein Versehen sein können, aber so war es Absicht. Natürlich ist diese Schlußfolgerung richtig, es war Absicht. Aber wie schlußfolgern wir Erwachsenen dann weiter? Liegt hier nicht etwa Böswilligkeit vor, vielleicht um die Mutter zu ärgern; denn sie muß ja schließlich die Kleidung wieder säubern?

Wer so schlußfolgert, denkt zu oberflächlich. Der Wiederholungsdrang ist naturgegeben und verhilft dem Kind zu einer lebensnotwendigen Erfahrung: Wo liegen gesetzmäßige Ursache-Wirkung-Zusammenhänge vor, und wo handelt es sich nur um reine Zufälligkeit? Daß bei diesem Lernprozeß leider zwischen Kind und Eltern Mißverständnisse auftreten können, ist bedauerlich (siehe „absichtlich" verschmutzte Kleidung). Die größere Einsichtsfähigkeit in die tatsächlich vorliegenden Zusammenhänge sollten aber doch wohl wir Erwachsenen aufbringen.

Nachahmung führt zum Können

Die dritte natürliche Strategie der Umwelteroberung ist die des Nachahmens. Mit diesem Begriff betreten wir ein weites Feld konfliktgeladener Pädagogik. Beginnen wir mit zwei einfachen, aber weitreichenden Feststellungen.

Erstens: Jedes Kind versucht durch Nachahmung das eigene Können zu vervollkommnen. Zweitens: Jeder Mensch muß damit rechnen, von einem Kind nachgeahmt zu werden.

Verdeutlichen wir zunächst die erste Feststellung. Eine sehr erfolgreiche Methode, das eigene Können weiterzuentwikkeln, besteht darin, die Eltern, die Geschwister, die Nachbarn oder auch interessante fremde Personen nachzuahmen. Spielend werden auf diese Weise Fertigkeiten erworben und von Generation zu Generation weitergereicht. Das gilt nicht nur für Nachahmenswertes. So kann man beobachten, daß sogar bestimmte Sprachgewohnheiten innerhalb eines Familienzweiges erhalten bleiben. Häufig merkt man das an ungewöhnlichen, sonst nicht gebräuchlichen Vokabeln oder Satzkonstruktionen. Aber auch wie man einen bestimmten Kuchen backt oder ein besonderes Gericht zubereitet, kann innerhalb eines geographisch umgrenzten Bezirks von der Mutter auf das Kind usw. überliefert werden. Wie man sich die Zähne putzt, wie oft man sich wäscht, wie man sich kleidet – kleine Kinder lernen es durch Nachahmung. Wir sind auch mit dem Gesagten innerlich einverstanden, wenn nicht die zweite Seite der Medaille wäre.

Die zweite Feststellung betrifft die Tatsache, daß jeder von uns, ob er das will oder nicht, ein Objekt des Nachahmens werden kann. Will und kann jeder von uns in jeder Hinsicht und zu jeder Zeit ein Vorbild sein? Schon die Frage so zu stellen heißt, sie zu verneinen. Wir fühlen uns überfordert. Aber das ändert nichts an der Tatsache, daß es so ist. Väter und Mütter werden ständig beobachtet, leben dauernd in der Rolle des Vorbildes. Das ist zwar eine schwere Verantwortung, aber zugleich eine große Gelegenheit. Werte, die wir für wichtig halten, können am leichtesten durch unser Vorbild weitergegeben werden. Verhaltensweisen, sittliche Normen, Prinzipien zwischenmenschlicher Partnerschaft, all das wird am leichtesten an unsere Kinder weitergegeben durch unser Vorbild.

Aber gerade mit diesem Strategie-Element der frühkindlichen Lernweise sind erhebliche Gefahrenquellen verbunden. Nicht nur dadurch, daß wir vielleicht Normen und Prinzipien weitergeben, die den allgemein anerkannten Mustern widersprechen. Wir würden unsere Kinder dadurch vielleicht nur zu späteren Außenseitern der Gesellschaft machen. Viel schwerwiegender wäre es doch, würden wir durch unser Vorbild eine moralische oder gar religiöse Fehlhaltung verursachen.

Um es einmal ganz einfach zu sagen: Für fast jedes Kind ist die erste Gottesvorstellung identisch mit der vom eigenen Vater. Ob das den Vätern paßt oder nicht – wenn ihre Kinder religiöse Vorstellungen entwickeln, dann ist das Gottesbild gleich dem Vaterbild. Ist der leibliche Vater ungerecht oder oft jähzornig oder übler Laune, wird das Kind es später einmal sehr schwer haben, einen konfliktfreien Zugang zu Gott zu finden. Wie soll der Mensch später glauben können, daß Gott gütig, verständnisvoll, verzeihend und liebevoll ist, wenn die ersten Eindrücke eben durch einen so andersgearteten leiblichen Vater eine ganz andere Prägung bewirkt haben? Natürlich wandelt sich die Gottesvorstellung im Laufe eines Menschenlebens, aber wir machen es unseren Kindern unnötig schwer, wenn wir unsere Vorbildfunktion in dieser Beziehung übersehen. Können auf diese Weise nicht seelische Schäden verursacht worden sein, die nie oder kaum zu heilen sind?

Natürliche Lernvorgänge nicht stören

Hier noch ein ergänzendes Wort der Kritik zum Thema Lernstrategie der Kinder. Wir haben gesehen, daß es natürliche Strategien des Lernens gibt. Diese werden nicht durch Umwelt oder Belehrung beigebracht, sondern sie liegen in der Natur des Kindes, sie sind angeboren. Nun sollte man eigentlich alles vermeiden, was dieses natürliche Funktionieren stören könnte. Keine noch so ausgefeilten pädagogischen Pläne können, eben weil sie von außen herangetragen werden, das natürliche Lernverhalten des Kindes verbessern. Genau aber da versuchen sich die amerikanisch orientierten Lerntheoretiker. Ich meine den Versuch, lernzielorientiertes – also schulmäßiges – Lehren und Lernen in die Vorschulphase einzuführen. Auch in Europa gibt es eine Reihe von Versuchen, in denen schon im Kindergarten mit den noch nicht schulpflichtigen Kindern systematisch gelernt wird nach sicherlich gut durchdachten Plänen. Mein Haupteinwand gegen diese Versuche richtet sich gegen die Überlagerung zweier unterschiedlicher Systeme. Es erscheint mir wenig sinnvoll, die im Kind angelegten, genial funktionierenden Lernstrategien durch von außen gesteuerte Zielsetzungen verbessern zu wollen. Die von außen aufgeprägten Impulse können die natürlich vorhandenen eigentlich nur stören. Wer sein Kind vor solchen inneren Konflikten, die natürlich im Unbewußten ausgetragen werden, bewahren will, sollte sein Kind vor noch so gutgemeintem vorschulischen Lerntraining schützen.

Die Angst des Kindes

Ich möchte jetzt auf einen Begriff zu sprechen kommen, der für viele Forscher an erster Stelle steht, wenn es um seelische

Ein Kind will erforschen und untersuchen. Daß dabei auch manches geschieht, was ärgerlich ist, muß in Kauf genommen werden; denn anders kann sich ein Kind nicht geistig und seelisch entfalten. Unsere Kinder brauchen Freiräume zum Spielen und Forschen.

Fehlhaltungen geht: die Angst. Wir wollen uns nicht in die tiefgründigen Überlegungen stürzen, worin der Unterschied zwischen Angst und Furcht bestehe. Wir halten den einfachen Beobachtungswert fest, daß Kinder manchmal Angst haben. Gehen wir die Reihe der möglichen Situationen durch, in denen die Kinder Angst empfinden, fällt uns sofort eine grobe Zweiteilung auf. Einmal sind es Situationen, in denen die Kinder etwas Unbekanntem begegnen. Dieses Unbekannte wird dann als gefährlich empfunden. Zum anderen können Kinder auch Angst bekommen in völlig vertrauter Umgebung. Nur ein Umstand ist dann eingetreten, das Kind fühlt sich allein.

Angst durch fehlende Geborgenheit

Wenn ein Kind sich verlassen, einsam vorkommt, wird es ängstlich und unsicher. Hier müssen wir an das anknüpfen, was wir bei der Säuglings- und Kleinkindphase gesagt haben in bezug auf die Bindung an die Betreuungsperson. Ist diese Bindung nicht stark genug, ist ein Verlust oder ein häufiger Wechsel der Bezugsperson eingetreten, wird das Kind von innerer Unsicherheit ergriffen werden. Bei einem ängstlichen Kind aber funktionieren die oben ausgeführten Lernstrategien kaum. Die Angst dämpft den natürlichen Spieltrieb, unterdrückt den Erkundungsdrang und hemmt den schöpferischen Nachahmungstrieb. Es ist nicht entscheidend, ob die Eltern ständig körperlich anwesend sind. Entscheidend ist das Gefühl der Geborgenheit. Selbst vorbildliches Verhalten der Eltern in vieler Hinsicht wird kaum eine erzieherische Wirkung zeigen, wenn das Kind innerlich ängstlich ist. Diese Angst blockiert alle Lernstrategien, auch die Übernahme des Vorbildes durch Nachahmung. Erziehung durch Vorbild ist eben nur dann zu erreichen, wenn die gewachsenen Bindungen erhalten bleiben und gefördert werden.

Angstmachen als Erziehungsmittel

Wenn wir eingesehen haben, wie entscheidend das Bewahren vor der Angst für unsere Kinder ist, müssen wir uns jetzt den Möglichkeiten ihrer Entstehung zuwenden. Eine Möglichkeit haben wir schon verdeutlicht: die fehlende oder unterbrochene Bindung zwischen Kind und Bezugsperson. Wenden wir uns nun einem anderen großen Problemkreis zu. Es gibt Erziehungsstile, die Angst als Erziehungsmittel einsetzen. Grob eingeteilt, unterscheidet man heute die beiden großen Lager: die autoritäre Erziehungsmethode und den antiautoritären Erziehungsstil. Worum geht es? Welche seelischen Folgen können eintreten?

Amtsautorität und Leistungsautorität

Für beide Erziehungsstile hat man zur Bezeichnung den Begriff autoritär verwandt. Das Wort selbst ist in unserem

Sprachgebrauch vieldeutig geworden. Um uns etwas Klarheit zu verschaffen, bedienen wir uns wieder einer groben Einteilung. Wir unterscheiden die Amtsautorität von der Leistungsautorität. Ein Polizist ist mit Amtsautorität ausgestattet. Seine Stellung bewirkt seine Autorität. Seine menschlichen Qualitäten sind dabei völlig ohne Belang. Wenn er den Fahrzeugverkehr an einer Straßenkreuzung regelt, bin ich verpflichtet, seinen Anweisungen zu folgen, ob mir ihre augenblickliche Berechtigung einleuchtet oder nicht. Vielleicht würde ich persönlich ein anderes System oder ein anderes Tempo für wirkungsvoller halten, um den Straßenverkehr an dieser Kreuzung besser zu regeln. Der Polizist aber hat kraft seines Amtes hier die unbedingte Befehlsgewalt.

Er ist auch nicht verpflichtet und wird es in der Regel auch nicht tun, eine Begründung für seine Anweisungen zu geben. Von seinem Amt her leitet er alle Vollmachten, eben seine Autorität, ab. Ein Künstler dagegen kann nur dann als Autorität gelten, wenn er schon überzeugende Leistungen erbracht hat. Und dieser Leistungsnachweis wird immer wieder erwartet. Werden diese Leistungen allgemein anerkannt, so ist er eine allgemein anerkannte Autorität. Sein Wort wird Gewicht haben, seine Anweisung befolgt werden.

Beide Formen von Autorität kommen nun auch in der Erziehung vor. So gibt es Väter, die ihre Rolle als Amtsautorität mißverstehen. Das ist der Erziehungsstil, der auch als autoritär bezeichnet werden kann. Der Vater befiehlt kraft seines Amtes. Wie früher der Kaiser über sein Volk, so regieren diese Familienpatriarchen über Frau und Kinder. Die häufigste Begründung für eine Anordnung, wenn überhaupt ein Kind es sich erlaubt, danach zu fragen, heißt: weil ich es gesagt habe! Der Vater versteht sich als Amtsinhaber, leitet von daher seine Vollmacht ab und praktiziert so den autoritären Erziehungsstil.

Antiautoritäre Erziehung verunsichert das Kind

Die antiautoritäre Erziehungsmethode ist genau das Gegenteil. Hier wird nicht mehr befohlen, sondern allenfalls eine Bitte geäußert. Kinder sollen angstfrei aufwachsen, daher sollten sie alles tun dürfen, was sie nicht direkt schädigt. Alles, was im Kind vorhanden ist, soll sich frei entfalten können. Erziehen heißt hier wachsen lassen und nicht prägend eingreifen. Hier kommt weder Amts- noch Leistungsautorität zum Tragen. Hier wird lediglich der autoritäre Erziehungsstil abgelehnt.

Wenn wir das Problem sehr vereinfachend darstellen, könnten die beiden Positionen wie folgt formuliert werden: Im autoritären Erziehungsstil wird angeordnet, ohne zu begründen. In der antiautoritären Methode wird weder angeordnet noch begründet. In beiden Erziehungsstilen machen es sich die Eltern eigentlich recht leicht. Entweder ordnen sie einfach nur an, oder sie verzichten darauf. Der Leidtragende aber ist in jedem Fall das Kind, und deshalb mußten wir an dieser Stelle so deutlich darauf eingehen.

Wenn wir uns in diesem Kapitel Gedanken darüber machen, wie wir seelische Schäden bei unseren Kindern vermeiden können, die durch eine falsche Erziehung verursacht worden sind, dann gehört die Auseinandersetzung mit dem Begriff Autorität dazu. Deshalb wenden wir uns jetzt der Leistungsautorität zu. Im Berufsbild des Lehrers kann man sehr deutlich den Wandel von der Amts- zur Leistungsautorität verfolgen. Früher überwog eindeutig der Lehrertyp, der Amtsautorität ausübte. Wenn der Lehrer etwas befahl, stand als Begründung seine Amtsfunktion dahinter. Heute dagegen fragen die Kinder und Jugendlichen ständig nach einleuchtenden Begründungen. Werden sie nicht geliefert, kommt es zu Gehorsamsverweigerungen. Viele Lehrer empfinden diese Situation als innere Not. Kann der Lehrer aber durch Leistungsautorität überzeugen – und das kann sein: ein überragendes Sachwissen, hervorstechende pädagogische Fähigkeiten oder bemerkenswerte menschliche Qualitäten –, dann werden ihm die Schüler kaum echte Schwierigkeiten bereiten.

Soll ein Kind gehorchen lernen?

An dieser Stelle soll ein offenes Wort zum Begriff Gehorsam gesagt werden. Schon das Wort ist für viele ein Reizwort. Wie es dazu kam, kann man sehr gut geschichtlich erklären. Es gab in Deutschland eine Zeit, in der Gehorchen ohne Widerrede erwartet wurde. Die sogenannte wilhelminische Ära diente in dieser Hinsicht als geeigneter Vorläufer zur Hitlerdiktatur. Hier wurde diese Haltung bis in Extremsituationen gefordert. Die eigene Entscheidungsfreiheit wurde aufgegeben, von einleuchtenden Begründungen war keine Rede mehr. Und später stellte sich dann heraus, daß viele Handlungen, die in gutgemeinter Gehorsamspflicht begangen worden waren, als verbrecherisch eingestuft wurden. Die Gerichte hatten zu prüfen, ob ein schuldhaftes Versagen vorlag. Als Folge davon setzte eine deutliche Anti-Gehorsamshaltung ein. Von den Lehrerausbildungsstätten über die so ausgebildeten Lehrer und über die so informierten Schüler wurde die Frage gestellt, ob nicht doch für jede Anordnung eine einleuchtende Begründung vorliegen müsse. Ist das nicht der Fall, sei Gehorsamsverweigerung geboten. Man hat diese Haltung mit vielen Formulierungen umschrieben. Da war die Rede vom mündigen Staatsbürger oder von der Erziehung zur Freiheit. Dieses Freiheitsstreben wurde deutlich gefördert, die eigenständige Persönlichkeit betont.

Gehorsam erfordert Begründung

So richtig diese Bestrebungen im Grundansatz sind, haben sie doch einige Folgerungen bewirkt, die nicht beabsichtigt waren. Niemand wünscht sich die Zeiten der wilhelminischen Gehorsamsverherrlichung zurück, und man sollte auch keine ermunternden Worte finden für die autoritäre Erziehungsmethode. Aber das Gegenteil ist ebenso gefährlich, nämlich die Verneinung einer vernünftigen Gehorsamshaltung, eben die antiautoritäre Einstellung. Es hat sich nämlich gezeigt, daß viele Jugendliche heute unter deutlichen Anzeichen von Unsicherheit und Orientierungslosigkeit leiden. Der Anteil der Jugendlichen an der Gesamtzahl der Selbstmörder ist erschreckend hoch. 15 Prozent aller Bürger der Bundesrepublik Deutschland werden von Fachleuten als Neurotiker eingestuft, als Menschen also, die seelisch krank sind. Nun wollen wir das nicht einlinig auf Erziehungsfehler zurückführen. Aber die richtige oder falsche Erziehung spielt zweifellos eine große Rolle. Man hat eben übersehen, daß sowohl das Kind als auch der Jugendliche eine richtungweisende, führende Prägung brauchen. Sie erwarten im Grunde vom Erwachsenen, daß er sie führt. Sie sind durchaus bereit, auch einmal ohne einleuchtende Begründung zu gehorchen, wenn der, der es von ihnen verlangt, als Leistungsautorität anerkannt ist. Wenn Eltern sich große Mühe geben, ihre Anordnungen immer überzeugend zu begründen, wird das Kind auch dann nicht den Gehorsam verweigern, wenn eine Begründung einmal nicht einleuchtet.

Freiwilliger Gehorsam

Aber hinter dieser Anordnung steht eben eine echte Leistungsautorität, und der fügt sich jedes Kind, jeder Jugendliche. Sie

Früh übt sich, was ein Meister werden will! Auch ein Kind lernt an Aufgaben.

wollen die Richtung wissen, sie erwarten ein deutliches Wort auch in Fragen der Moral, der Sittlichkeit. Schrankenlose Freiheit verunsichert. Das spüren Kinder sehr genau. Sie fühlen sich in *der* Familie geborgen, in der Grenzen als solche deutlich gemacht werden, und von *dem* Lehrer angezogen, der ihnen Wegweisung als Lebenshilfe anbietet.

Viele seelische Schäden, die auf Erziehungsfehler zurückzuführen sind, haben ihre Ursache in einem falschen Verständnis von Freiheit und Autorität. Eine natürliche Autorität, die weder antiautoritär noch autoritär auftritt, wird dem Kind helfen; sie entspricht seiner Erwartung. Und genau diese Form der Autorität, die auf Leistung beruht, wird sich in der richtigen Atmosphäre abspielen. Ein Teil dieser elterlichen Leistung zeigt sich eben im Schaffen eines erziehungsfreundlichen Klimas. Wo Geborgenheit ist, da ist Liebe und Zuneigung. Kinder, die in einem solchen Familienklima aufwachsen, in dem sie Tag und Nacht spüren, daß die Eltern für sie da sind, für sie sorgen, diese Kinder werden die natürliche Autorität der Eltern respektieren. Sie werden lernen, willig zu gehorchen. Und hier ist jetzt nicht der willenlose Gehorsam gemeint, der sogar zu verbrecherischem Tun mißbraucht werden kann, sondern der begründete Gehorsam als Ergebnis einer freiwilligen Zustimmung zu den Begründungen der Eltern. Das Kind wird lernen, daß diese Eltern nichts Unbilliges verlangen, und es wächst eine kaum zu erschütternde Basis des Vertrauens. Wenn diese Elemente der Erziehung – Vertrauen, Zuneigung, Liebe – vorhanden sind, wird es kaum Probleme in bezug auf den Gehorsam geben.

Elterliche Autorität und religiöse Entwicklung des Kindes

Die elterliche Autorität wird auf diese Weise zum Vorbild auch für die religiöse Entwicklung des Kindes. Wir sollten diesen Aspekt der Überlegung nicht gering einschätzen. Wenn wir unsere Kinder zu seelisch gesunden Menschen erziehen wollen, müssen wir auch die Voraussetzungen für ein möglichst konfliktfreies religiöses Weltbild schaffen. Dann aber muß das Kind gelernt haben, Autoritäten anzuerkennen, und zwar solche, die sich durch Leistung legitimiert haben. Als eine solche Autorität, die eben auch Gehorsam erwartet, kann Gott dann in das Gedankengefüge eines Jugendlichen eingeordnet werden. Hat er aber einen verzerrten Begriff von Autorität, kann es dazu kommen, daß Gott ganz abgelehnt oder zumindest ihm der Gehorsam verweigert wird. Hier wird die theologische Dimension einer richtigen oder falschen Erziehungsmethode sichtbar. Die seelische Gesundheit unserer Kinder hängt auch von dieser Entscheidung ab.

Seelische Gefahren des täglichen Lebens

Bei diesem Thema fällt es schwer, Modewörter oder Schlagworte zu vermeiden. Es ist auch nicht möglich, das gesamte tägliche Leben auf eventuelle Gefahrenquellen hin zu analysieren. Aber doch wollen wir versuchen, einige Schwerpunkte zu setzen und hier dann etwas genauer hinzusehen. Zwar gibt es allgemeine Gefahren für unser seelisches Leben im Alltag, doch die Anfälligkeit für diese Gefahren ist von Mensch zu Mensch individuell verschieden, denn jeder reagiert ein wenig anders auf äußerliche Reize.

Macht die Schule unsere Kinder krank?

Der erste große Einschnitt im Leben eines Menschen, der ihn die Öffentlichkeit erfahren läßt, der erste offizielle Kontakt mit der Gesellschaft ist der Schuleintritt. „Die Schule macht unsere Kinder krank!" kann man lesen und hören. Sicher wird hier und da übertrieben, aber einiges dürfte richtig sein. Es ist für jedes Kind ein überwältigendes Ereignis, zum erstenmal auf sich allein gestellt zu sein, und das dazu noch in einer meist völlig fremden Umgebung. Bislang spielte sich das Leben des Kindes in geordneten Bahnen ab. Das waren das Elternhaus, die Verwandtschaft, die Nachbarn, die Spielfreunde und der Kindergarten. In dieser Umgebung hatte das Kind gelernt, sich zurechtzufinden.

Viele Kinder schaffen den Übergang in den neuen Lebensabschnitt ohne größere Schwierigkeiten. Aber es lauern hier doch Gefahren, die wir nicht übersehen sollten. Auf einige neuralgische Punkte soll hingewiesen werden. Da ist zunächst die häufig zu beobachtende hohe Klassenstärke. Ist der Eintritt in die Schule schon an sich ein Vorgang, der die ganze Kraft des Kindes erfordert, verschärft sich die Situation noch durch die große Anzahl der Mitschüler. Warum? Das Kind lebte bisher in einer für es selbst überschaubaren Ordnung. Jedes hatte seinen bestimmten Platz, Erwartungshaltungen wurden befriedigt, der Tagesrhythmus war eingeprägt. Nun gerät

Neben dem Elternhaus ist es die Schule, die den Menschen prägt. Gerade weil sich ein Kind oft mit dem Schulbesuch von seinen Eltern zu lösen beginnt und dem Lehrer mehr vertraut als den Eltern, ist den Lehrern damit eine besondere Aufgabe gestellt.

diese bisherige Ordnung in Gefahr, und diese Gefahr ist um so größer, je heilloser das Durcheinander des Anfangs ist. Verstärkt wird diese Gefahr in den modernen Mammutschulen. Hier geht die Übersicht zunächst einmal völlig verloren. Es soll das intensive Bemühen vieler Lehrer nicht geleugnet werden, diese Anfangsschwierigkeiten in erträglichem Rahmen zu halten. Aber doch kann es zu seelischen Störungen, zu inneren Spannungen kommen.

Wenn Kinder bockig werden . . .

Wie äußert sich dann ein so gestörtes Verhalten? Zum Beispiel dadurch, daß sonst friedliche Kinder sich nicht fügen wollen. Sie werden einfach bockig. Sie verweigern den Gehorsam, und das nicht nur in der Schule, sondern auch zu Hause. Das ist nun nicht etwa das Zeichen eines plötzlichen Zutagetretens negativer Erbanlagen, sondern vielmehr ein deutliches Zeichen dieser inneren Unsicherheit, in die das Kind geraten ist. Es hat den gewohnten äußeren Halt verloren, findet sich in seiner neuen Umwelt eben noch nicht zurecht und reagiert dann für die Eltern ungewohnt. Was geht in dem Kind vor? Es baut sich unbewußt seinen eigenen Schutzring. Dahinter zieht es sich zurück. Dieser Schutzring kann in Aggressivität bestehen; das Kind wird angriffslustig, obwohl es

sonst eher friedfertig war. Und Gehorsamsverweigerung kann auch eine Art Angriffshandlung sein. Eigentlich sind diese Kinder innerlich todunglücklich. Sie spielen nur den starken Helden, weil sie fühlen, daß sie sich in dieser neuen Umgebung durchsetzen müssen. Viel lieber würden sie sich weiter so führen lassen wie bisher, aber die bisherige Struktur unseres Schulwesens erschwert einen reibungslosen Übergang.

Deshalb die Frage: Was können die Eltern tun, diesen Übergang zu erleichtern? Als erstes ist darauf zu achten, daß Eltern und Lehrer nicht etwa gegensätzliche Konzepte verfolgen. Sie beide müssen Hand in Hand arbeiten. Dazu wird es erforderlich sein, daß sich die Eltern möglichst frühzeitig mit den zukünftigen Lehrern zusammensetzen, um deren Arbeitsweisen, Lernmethoden und pädagogische Maßstäbe kennenzulernen. Diese Kontaktaufnahme sollte deutlich vor dem Schulbeginn liegen. Dann können die Eltern nämlich schon zielgerichtet ihr Kind auf die neue Erlebniswelt vorbereiten.

Das Kind zwischen Eltern und Lehrer

Sollten die pädagogischen Zielsetzungen des neuen Lehrers nicht mit den Auffassungen der Eltern übereinstimmen, liegt es bei den Eltern, eine vermittelnde Haltung einzunehmen. Nichts wäre für das Kind gefährlicher, als wenn die Eltern jetzt anfingen, eine Gegenposition zum Lehrer aufzubauen. Der Lehrer wird eine der wichtigsten Bezugspersonen für das Kind werden. Es kommt sogar häufig vor, daß der Lehrer zunächst die Stelle der Eltern einnimmt. Auf eine Bitte der Eltern kommt als Reaktion des Kindes oft die Antwort: „Aber der Lehrer hat das anders gesagt!" Und das Wort des Lehrers hat für eine gewisse Zeit das größere Gewicht. Eltern sollten diese Möglichkeit kennen, um nicht falsch zu reagieren. Die vernünftigste Haltung der Eltern in einer solchen Situation ist, sich in die Gegebenheiten zu schicken und nicht etwa dagegen anzukämpfen, weder durch gewaltsames Sich-durchsetzen-Wollen noch durch mitleidheischendes Bitten.

Je weniger Notiz die Eltern von diesem neuen Sachverhalt nehmen, um so schneller ist er vorüber. Die Eltern werden dann wieder sehr rasch ihren angestammten Platz in der Welt des Kindes einnehmen und der Lehrer die Position, die ihm angemessen ist. Und noch etwas sollten die Eltern im Auge behalten. Sie sollten nicht nur ein Gespräch mit dem Lehrer suchen, um dessen Auffassungen kennenzulernen und die Kinder dann entsprechend vorzubereiten, sondern auch gelegentlich miterleben, was den Kindern in der Schule begegnet. Sie sollten also die Schule auch hin und wieder während der „Betriebszeit" besichtigen. Nicht um den Unterricht zu stören, etwa durch eigenmächtiges In-die-Klasse-Kommen, sondern vielleicht einmal während der großen Pause am Rande miterleben, was sich da alles in diesem quecksilbrigen Haufen abspielen kann. Die Erzählungen der Kinder am Mittagstisch klingen dann viel glaubwürdiger. Auch hier soll kein Mißverständnis aufkommen, als ob die Eltern in der Rolle eines Spions wären, sondern sie sollen vom Rande her sich einen Eindruck verschaffen von der neuen Erlebniswelt ihres Kindes. Nicht um eingreifen zu können, sondern um besser verstehen zu können.

„Vati, bin ich keine Kapitalanlage?"

Was aber, wenn das Kind mittags nach Hause kommt, voll von Erlebnissen, die noch verarbeitet werden müssen, und es ist niemand da, bei dem es abladen kann? Hier stellt sich wieder einmal die Frage, ob es verantwortbar ist, wenn beide Elternteile berufstätig sind. Es gilt abzuwägen zwischen der beruflichen Selbstverwirklichung des Erwachsenen und der seelischen Gesundheit des Kindes. Das muß keine Entweder-oder-Entscheidung sein, aber es kann dahin kommen. Verständnisvolle Eltern werden hier dem Wohlbefinden ihres Kindes den Vorrang einräumen. Zeit für das Kind zu haben ist wichtiger, als die Mittel zu verdienen, um den prächtigsten Schulranzen kaufen zu können.

Vor kurzem las ich das Gespräch eines fünfjährigen Sohnes mit seinem Vater. Der Vater war gerade dabei, seinen Wagen zu waschen und zu polieren. „Warum läßt du das nicht den Chauffeur machen?" – „Weißt du, das mach' ich lieber selber. Die Zeit ist mir das wert; denn so ein Auto ist eine wichtige Kapitalanlage." Nach einer längeren Pause: „Vati, ich bin wohl keine wichtige Kapitalanlage?" – „Wie kommst du denn darauf?" – „Na, weil du für mich nie Zeit hast!" Es wird berichtet, daß der Vater an diesem Abend das Buch, eines, von denen man sagt, man müsse sie gelesen haben, im Regal stehen ließ und sich ausschließlich mit seinem Kind beschäftigte.

Zeit haben für das Kind ist nicht nur generell wichtig, sondern gerade auch dann, wenn es kritische Entwicklungsphasen durchläuft wie den Schulbeginn.

Sehr hilfreich kann es auch sein, wenn Kinder diese erste Belastungsprobe zu zweit bestehen. Eltern sollten darauf achten, daß ihr Kind möglichst frühzeitig einen guten Spielfreund findet, der zum gleichen Zeitpunkt eingeschult wird. Auch wir Erwachsenen wissen, daß sich das Leben zu zweit besser meistern läßt. Genauso geht es dem Kind. Ein guter Schulfreund läßt alles leichter ertragen. Natürlich taucht dieser auch womöglich am Nachmittag zu Hause auf, bringt Schmutz in die Wohnung oder stiftet sonst irgendwie Unordnung. Das aber sollte keine Mutter abschrecken, für die Schulfreunde ihres Kindes ein allezeit offenes Heim zu haben. Nur so können Eltern einigermaßen abschätzen, ob es wirklich der richtige Schulfreund für das eigene Kind ist. Den gleichen Rat sollte man auch für spätere Lebensabschnitte des Kindes beherzigen. Auch die Freunde des Jugendlichen sollten im eigenen Elternhaus stets willkommen sein. Eine vielleicht warnende Einflußnahme der Eltern wird nur dann überhaupt eine Erfolgschance haben, wenn sie die Freunde und deren Einfluß selbst kennengelernt haben und deshalb bewerten können.

Sehr viel nachgedacht hat man auch über die hohe Zahl der sogenannten Schulversager. Es steht außer Frage, daß die schulischen Anforderungen heute teilweise höher sind als vor einigen Jahrzehnten. Das aber ist mit Sicherheit nicht die Hauptursache. Die Ursache für schlechte schulische Leistungen, und das gilt nicht nur für Schulanfänger, liegen hauptsächlich im seelischen Bereich.

Überforderung in Schule und Beruf

Einen Sachverhalt haben wir schon angedeutet. Es geht um die modernen Mammutschulen. Es gibt zum Teil überzeugende Gründe für die Errichtung dieser Schulen, aber sie bergen auch unübersehbare Gefahren. Diese Schulen sind schon wegen ihrer Größe sehr viel unübersichtlicher als Schulen herkömmlichen Typs. Man kann immer wieder erleben, daß schlechte Schüler nach einem Schulwechsel auf eine kleinere Schule plötzlich viel bessere Leistungen zeigen. Die besseren Leistungen ergeben sich einfach aus der Tatsache, daß die Kinder in kleineren Klassen sitzen, ein anderes Verhältnis zum Lehrer besteht, weil dieser sich den Kindern besser zuwenden kann und die Kinder einfach mehr Energie zum Lernen zur Verfügung haben.

Viele Jugendliche, fast alle Erwachsenen spüren etwas von dem, das mit dem Modewort „Stress" umschrieben wird. Da über dieses Problem auch an anderer Stelle dieses Buches geschrieben wird, kann ich mich kurz fassen. In der Schule, in der Berufsausbildung, im Arbeitsalltag und häufig auch in der Freizeit fühlen wir uns überfordert. Wir fühlen uns ständig irgendwie belastet. Die Arbeit, gleich in welcher Form sie auftritt, wird vielfach nicht mehr als Sinnerfüllung unseres Lebens, sondern als Fluch empfunden. Kaum jemand sagt heute von sich, daß er gern arbeite, und wenn, dann nur für kurze Zeit. Dabei ist die Arbeit, dank der fortschreitenden Technik, körperlich immer leichter geworden. Aber hier müssen wir schon innehalten, um den Begriff Stress nicht zu verwischen.

Stress ist nicht zu verwechseln mit Anstrengung. Eine starke körperliche Anstrengung ist von Zeit zu Zeit sehr gesund. Sie hilft sogar vielfach, den Stress abzubauen. Die Dauerbelastung ist das, was dem Menschen schadet. Und das ist heute selten eine Sache der körperlichen Arbeit. Wir wollen immer mehr in immer kürzerer Zeit. Wir setzen uns Termine und hetzen von Verabredung zu Verabredung. Wir treiben uns immer schneller an und erreichen dabei immer weniger. Blicken wir an einem Jahresende zurück, so stellen wir vielleicht fest, daß wir zwar mehr gearbeitet haben als im Vorjahr, aber wir haben weniger geschafft. Diese Einsicht aber verführt viele Menschen dazu, sich neue Ziele zu setzen, die noch höher liegen und in noch kürzerer Zeit erreicht werden sollen. So befinden wir uns in einem Teufelskreis, der uns immer gehetzter werden läßt, den wir immer weniger durchschauen und der uns immer schneller in das Krankheitsbild eines Stressgeschädigten treibt. Es gibt nicht nur gestresste Manager, sondern stressgeschädigte Kinder, Schüler, Studenten, Hausfrauen und Rentner.

Das falsche Menschenbild

Wenn wir den seelischen Gefahren des täglichen Lebens nachspüren wollen, müssen wir an dieser Stelle die Lebensauffassung untersuchen, die hinter dem eben geschilderten Verhalten steckt. Hier müssen wir uns auf einen Begriff besinnen, der zur Ideologie geworden ist: der Fortschrittsglaube, das Fortschrittsdenken. Das sind keine Begriffe, die erst nach dem zweiten Weltkrieg entstanden sind, sondern ihre Wurzeln lassen sich bis weit ins 19. Jahrhundert zurückverfolgen.

Die erste große Erschütterung dieses Fortschrittsglaubens erlebten die Menschen in Europa durch den ersten Weltkrieg. Zwei Jahre vorher hatte sich als unheilvoller Vorbote der Untergang der „Titanic“ ereignet. Das war für viele Menschen nicht nur deshalb ein tiefer Schock, weil bei dieser bisher größten Schiffskatastrophe rund 1500 Menschen ums Leben kamen, sondern auch, weil mit diesem Schiff ein Symbol des Fortschritts gesunken war. Dieser ungehemmte Zukunftsoptimismus hatte zumindest in Mitteleuropa einen jähen Rückschlag erlitten. In der Zeit zwischen den beiden Weltkriegen konnte sich dieser Fortschrittsglaube ungehemmt nur in zwei großen Staaten weiterentwikkeln: in den USA und der Sowjetunion. Von daher kehrte er dann nach dem zweiten Weltkrieg zurück nach Deutschland und feierte neue Triumphe. Der Fortschrittsglaube wandelte sich zur Wachstumsideologie.

Die Ideologie des nur wirtschaftlich denkenden Menschen

So wurden Jahr für Jahr höhere Wachstumsraten erwartet, verlangt und erzielt. Heute aber sind für alle die Grenzen dieses Wachstums sichtbar geworden. Die Menschheit ist jäh aus einem schönen Traum erwacht. Das Wort von der Krise geht durchs Land, und die verschiedenen Probleme machen uns immer mehr zu schaffen: das Umweltproblem, das Verteilungsproblem, das Beschäftigungsproblem.

Um die wirklichen Gefahren aber zu erkennen, genügt nicht ein kurzer Blick auf die vorherrschende Ideologie unseres Zeitalters, wir müssen auch das zugrunde liegende Menschenbild beschreiben. Man hat den Haupttyp des gegenwärtigen Menschen bezeichnet als „Homo oeconomicus“, als einen Menschen, der vor allem wirtschaftlich denkt und handelt. Sein Hauptlebensziel besteht im Erwerb und Konsum materieller Güter. Der Besitz oder Verbrauch dieser Güter bringt ihm Lebenserfüllung, sichert ihm den angestrebten Sozialstatus und befriedigt seine Prestigeerwartungen. Er denkt also in erster Linie quantitativ, das heißt es geht ihm um zahlenmäßige Zunahme (z. B. der Einkommenshöhe, des Bankkontos, des Wohnkomforts). Der Mensch wird reduziert auf seine Rolle als Konsument. Die Beziehungen der Menschen untereinander beschränken sich auf materielle Aspekte. Der andere ist jemand, der für mich etwas produziert, oder ich produziere etwas für ihn. Es geht also um materiellen Gewinn, und das gleiche Verhältnis findet sich zwischen Mensch und Natur. Der technische Fortschritt erfordert die totale Aneignung der Natur zur wirtschaftlichen Verarbeitung. Diese rücksichtslose Ausbeutung wird mit dem Hinweis auf die von allen erwartete Steigerung des Wohlstandes zu rechtfertigen gesucht. Es geht also um die größtmögliche Herstellung und Aneignung von Gütern und Dienstleistungen.

Der Fortschritt hat nicht glücklich gemacht

Ein so geprägtes Menschenbild ist aber nur eine Karikatur des ursprünglichen und birgt so viele Gefahren, daß Nachdenken hierüber sogleich Umdenken bedeutet. Eine norwegische Untersuchung hat einen klaren Zusammenhang zwischen der wirtschaftlichen Wachstumsrate und der Wachstumsrate anderer Erscheinungen aufgedeckt. So entspreche ein bestimmtes Wirtschaftswachstum der zahlenmäßig gleichen Zunahme des Alkoholismus, der Drogensucht, der Selbstmordrate, der seelischen Krankheiten (Psychosen und Neurosen) und der Kriminalität. Das immer weiter ausschweifende Leben hat sich nicht immer als das schönere Leben erwiesen. Wir sind zwar immer höher hinaus gekommen, uns ist der Vorstoß ins All gelungen, aber sind wir glücklicher geworden?

Bezeichnend für die fortgeschrittene Automatisierung der Arbeit ist ein Blick in eine Werkhalle des Volkswagenwerks. Auf einen Knopfdruck des Menschen machen Handhabungsautomaten die Arbeit.

Daher wird die Wachstumsideologie immer stärker in Frage gestellt. Die Gefahren treten immer deutlicher zutage. So hat zum Beispiel die Industrialisierung zu Ballungsräumen geführt, in denen das Leben immer gefährlicher wird. Es entstehen riesige Stadtlandschaften, die von Dortmund bis Rotterdam, von Los Angeles bis Diego reichen. In einer Studie aus dem Jahre 1977 hat die Krebsforschung nachgewiesen, daß in Ballungsgebieten wie im Ruhrgebiet die Zahl der Krebskranken pro 100 000 Einwohner um ein Vielfaches höher liegt als in ländlichen Wohngebieten.

Leben in der anonymen Masse

Gefahren begegnen können wir nur, wenn wir ihre Ursachen erkannt haben. So sagen uns zum Beispiel die Ärzte, daß die Ursachen vieler Verhaltensstörungen in der Trennung zwischen Arbeiten und Leben liegt. Beides gehört eigentlich zusammen, aber viele empfinden es getrennt; Arbeit dient nur dem Erwerb der notwendigen Mittel, um angemessen leben zu können. Nicht nur, aber vor allem bei dieser Einschätzung der Arbeit fühlen sich viele Menschen nur als ein kleines Rad im großen Getriebe. Es fehlt die Übersicht, der Zusammenhang. Der Mensch ist seiner Arbeit entfremdet, fühlt sich außerhalb, sieht sich eher isoliert, als einbezogen. Diese Isolierung aber kann sehr rasch zu einem allgemeinen Lebensgefühl werden. Es wächst der Drang in die Anonymität. Hierzu gehört die Flucht vieler Menschen in die Anonymität unserer Großstädte. Man kann sie fast ein Zeichen unseres Jahrhunderts nennen.

Sicherlich gibt es viele Gründe für diese Tendenz, und sie sind sicherlich auch von Kontinent zu Kontinent verschieden. Wenn es im Fernen Osten vielleicht die Hoffnung auf Arbeit ist, so könnte es im westlichen Abendland die Verlockung der Anonymität sein. Untertauchen können in der Masse ist das Ziel vieler Menschen. Warum eigentlich?

Wir wollen zwei Antworten versuchen, die einen Ausweg aus den seelischen Gefährdungen dieser Zeit anbieten können. Zum ersten müssen wir lernen, und das sicherlich sehr rasch, umzudenken von der Quantität zur Qualität. 1972 sagte *Erhard Eppler:* „Wir sprechen heute von Qualität des Lebens, obwohl wir nicht genau wissen, worin sie besteht, noch weniger, wie sie zu verwirklichen sei. Wir sprechen von Qualität, weil wir an der Quantität irre geworden sind." Der Begriff Lebensqualität ist zwar zu einem Schlagwort, zu einem Modewort geworden, aber wir wollen uns ihm doch zuwenden, um einen möglichen Ausweg aufzuzeigen.

Wie kann ich mich am besten verwirklichen?

Kann man Lebensqualität überhaupt definieren? Das Wort selbst hat sicherlich eine lange Tradition, aber erst in jüngster Zeit ist man darangegangen, seinen Inhalt zu umschreiben. Eine Unterorganisation der UNO hat eine lange Liste erstellt, was sich die Menschen unter Lebensqualität vorstellen. Der Reihe nach werden aufgeführt: Gesundheit, individuelle Entwicklung durch Bildung und Erziehung, Beschäftigung und Qualität des Arbeitslebens, Zeitverwendung und Freizeit, wirtschaftliche Situation, physische Umwelt, soziale Umwelt, soziale Chancen, persönliche Sicherheit und Rechtswesen, politisches Leben. Ohne auf die einzelnen Begriffe näher einzugehen, scheint einiges an dieser Liste doch bemerkenswert. An erster Stelle stehen die Fragen um die Gesundheit und an letzter die nach dem politischen System. Bildung und Arbeitsleben haben ebenfalls hohen Stellenwert. Bei allen Erläuterungen zu den einzelnen Begriffen wird eines deutlich: Die Menschen achten heute weniger auf eine quantitative Verbesserung ihres Lebens, sondern es geht um ganz andere Werte. Wie sieht die Gesundheitsvorsorge und Gesundheitssicherung aus? Wie kann ich am besten die eigene Persönlichkeit entfalten durch Bildung und Erziehung? Wie sieht die Arbeitswelt aus – der Arbeitsplatz, die Arbeitsbedingungen, das Arbeitsklima? Kann ich selbst meine Zeit einteilen und meine Freizeit gestalten? Das alles sind Fragen und Forderungen, die eigentlich recht jungen Datums sind. Die Menschen haben begriffen, daß das einfache Fortschritts- oder Wachstumsdenken eine Sackgasse ist. Es hat nicht dahin geführt, wohin man eigentlich wollte. Die Menschen sind nicht glücklicher geworden, nicht gesünder, nicht ausgeglichener. Das Gegenteil trat ein. Eine deutliche Erhöhung der Krankheitsrisiken, immer weniger Zeit, um wirklich leben zu können. Die Hetze des Alltags wird von jedem fast wie ein unvermeidliches Naturgesetz empfunden. Gibt es einen Ausweg?

Die Alternative: ein neuer Lebensstil

Es gilt, zum gegenwärtigen Menschenbild und zur Ideologie des quantitativen Wachstums eine echte Alternative zu entwickeln. Dieses alternative Denken muß kreativ, also schöpferisch sein. Das erfordert einerseits unsere ganze Phantasie und andererseits unser klares Verantwortungsbewußtsein. Phantasie, um neue Möglichkeiten eines glücklichen Lebens zu entwikkeln. Verantwortung, um die Schöpfung vor dem Schlimmsten zu bewahren.

Von der Wegwerfgesellschaft zur Teilhabegesellschaft

Viele bemühen sich darum, einen neuen Lebensstil zu entwickeln, aber manches auf diesem Gebiet bietet Anlaß zu echter Sorge. So dürfte es eine Fehlentwicklung sein, wenn junge Leute sich auf einen einsamen Bauernhof zurückziehen, um in einer selbstentwickelten Idylle ihren Protest gegen die Konsumgesellschaft auszudrükken. Selbst wenn es hier und da gelingt, das gesteckte Ziel zu erreichen, ist das kein Weg für alle. Aber alle könnten als Alternative zur Konsum- und Leistungsgesellschaft Begriffe wie Verzicht und Bescheidenheit neu entdecken. Dann heißt es nicht: Wie können wir mehr erreichen?, sondern: Wie können wir das Erreichte besser nützen? Wir kämen von der Wegwerfgesellschaft zu einer Teilhabegesellschaft. Wir stellen nicht mehr her, nur um zu verbrauchen, ob Auto oder Kleidung, sondern wir teilen mit dem anderen, wir lassen ihn teilhaben, wir helfen direkt ohne Einschalten einer Behörde, kurz: Wir entwickeln ein System von „kleinen Netzen". Man kann es auch einfach Nachbarschaftshilfe verbunden mit Eigenleistung nennen.

Je stärker wieder mitmenschliche Bezüge hergestellt würden (freiwillige Krankenpflege in der Nachbarschaft, reihum Beaufsichtigen kleiner Kinder, gegenseitige Nachbarschaftshilfe beim Renovieren der Wohnung usw.), um so intensiver empfänden die Menschen wieder ihr eigenes Leben. Es wäre eine echte Alternative zur reinen Konsumhaltung und zudem ein Beitrag zum verantwortungsvollen Umgang mit den Kräften der Natur. Die Menschen könnten ausgeglichener werden, sie würden auf Überstunden verzichten, mit deren Hilfe sie einen teuren Urlaub in der Südsee finanzieren könnten, und dafür in der dazugewonnenen Freizeit einen produktiven Beitrag in der Selbst- oder Nachbarschaftshilfe leisten.

17 Kennzeichen eines seelisch gesunden Menschen

- **Persönlicher Mut (Zivilcourage)**
- **Selbstvertrauen**
- **Beherrschung der eigenen Gefühle**
- **Entscheidungsfähigkeit**
- **Achtung vor echter Autorität**
- **Treue**
- **Bereitschaft zur Zusammenarbeit**
- **Die Fähigkeit, Verantwortung zu tragen**
- **Eine sachliche Lebenseinstellung**
- **Akzeptierung der eigenen Rolle im Leben**
- **Achtung anderer Menschen und ihrer Meinungen**
- **Respektierung eines Menschen in seiner Individualität**
- **Hingabe an die Familie**
- **Die Fähigkeit, durch Fehler zu lernen**
- **Ausdauer bei der Erreichung langfristiger Ziele**
- **Ein gesundes Wertbewußtsein**
- **Respekt vor heiligen Werten**

Mut zur Bindung

Als Hilfe gegen die seelische Gefährdung des Menschen in der modernen Gesellschaft bietet das alternative Denken, verbunden mit Phantasie und Verantwortungsbewußtsein, nur eine erste Teilantwort. Wir müssen uns noch einem zweiten

Problemkreis zuwenden, der zwar in diesem Buch an anderer Stelle ausführlich dargestellt wird, auf den wir aber hier nicht ganz verzichten können. Es geht um die Kernzelle der Gesellschaft, und die ist offensichtlich schwer erkrankt. Der Zustand von Ehe und Familie, so konnte man früher lesen, ist entscheidend für den Zustand der Gesellschaft. Heute wird diese Gleichsetzung vielfach geleugnet, aber die Argumente überzeugen nicht. Familie und Ehe befinden sich vielerorts im Zustand der Auflösung. Die Statistiken vieler Länder berichten übereinstimmend von der ständig größer werdenden Zahl von Ehescheidungen und der Neigung vieler junger Frauen, ihr Leben allein zu verbringen. In den USA dürfte in absehbarer Zeit die Zahl der Haushalte Alleinstehender größer sein als die Zahl der Haushalte mit mindestens zwei Personen. Warum wenden sich viele Menschen von der Ehe ab und scheuen sich, eine Familie zu gründen?

Aus vielen Gesprächen mit Jugendlichen habe ich den Eindruck gewonnen, daß sie häufig deshalb keinen Mut zu einer festen Bindung haben, weil sie zu Hause oder in der nächsten Verwandtschaft nur eine verzerrte Form der Ehe und Familie kennengelernt haben. Entartete Formen aber reizen nicht zur Nachahmung. So ist in unserer Gesellschaft zum Beispiel seit langem ein Streit entbrannt über das richtige Rollenverständnis von Mann und Frau. Viele Frauen kämpfen um ihre Gleichberechtigung in der Familie, am Arbeitsplatz, in der Öffentlichkeit. Wogegen die Frauen kämpfen, ist aber ein Zerrbild dessen, was nach der Schöpfungsordnung sein sollte, und wofür die Frauen kämpfen, ist genau das, was auf den ersten Blättern der Bibel steht. Da heißt es zum Beispiel: „Gott der Herr sprach: Es ist nicht gut, daß der Mensch allein sei, ich will ihm eine Gehilfin machen, die um ihn sei." (1. Mose 2, 18.) Wörtlich steht da: Ich will ihm eine Hilfe schaffen als sein Gegenüber, das heißt, die zu ihm paßt. Die Frau als Gegenüber des Mannes – da ist kein Platz mehr für Über- oder Unterordnung. Die Bibel ist hier moderner als viele Männer, vielleicht auch moderner, als mancher Frau lieb ist. Von der Schöpfungsordung her ist das Rollenverständnis ganz anders gedacht gewesen, als es sich später entwickelt hat.

Wenn heute die Zweierbindung einer Ehe in Verruf geraten und in Auflösung begriffen ist, dann nicht deshalb, weil die Ehe zum Problem wurde, sondern weil wir Menschen die Ehe zu einem Zerrbild ihrer selbst gemacht haben. Wenn die Gesellschaft heute in einer Krise steckt, wenn viele Menschen an dieser Gesellschaft krank werden, dann doch wohl auch deshalb, weil die Keimzelle dieser Gesellschaft, die Ehe, krank geworden ist. Von daher erklären sich viele seelische Gefährdungen, vor allem bei Jugendlichen. Zu Hause, wo die Rollen falsch verteilt waren, hatte vielleicht niemand Zeit für sie. Seelisch verkümmert, wurden sie als Erwachsene entweder kontaktarm, oder sie hatten nicht die Fähigkeit entwickelt, eine feste Bindung einzugehen. Deshalb kamen sie

Der gesunde und ungezwungene Mensch, mag er auch in Luxus aufgewachsen und in den guten Küchen vieler Länder erfahren sein, kann eine sehr bescheidene Mahlzeit loben: der Magenkranke und der Snob finden an allem etwas auszusetzen. Wo nicht unerträglich widrige Umstände stören, scheint Lob nichts anderes zu sein als hörbare innere Gesundheit. (C. S. Lewis) über das Stadium ständig wechselnder Kurzzeitverhältnisse nicht hinaus.

Wollen wir hier etwas ändern, müssen wir uns zurückbesinnen auf die Schöpfungsordnung Gottes. Vom Anfang her war es anders gewollt. Dahin müssen wir zurückfinden, soll die Keimzelle der Gesellschaft genesen. Und in einer intakten Familie werden Kinder und Jugendliche die Geborgenheit finden, die sie befähigt, den vielfältigen Belastungen des modernen Lebens gegenüber weniger anfällig zu sein.

Rückkehr zur Natur

Wenn wir in diesem Kapitel festgestellt haben, daß das tägliche Leben auf vielfältige Weise zu einer seelischen Gefährdung des Menschen führen kann, angefangen bei den Mammutschulen über Stress im Alltag und der Flucht in die Anonymität der Großstädte bis hin zu den Auflösungserscheinungen von Ehe und Familie, so reicht als Hilfe keinesfalls, wenn wir uns nur über alternatives Denken und über die Ehe Gedanken machen. Es gibt noch andere Kraftquellen, um den seelischen Gefahren des Alltags begegnen zu können.

Man könnte an dieser Stelle von der heilsamen Wirkung der Natur sprechen. Viele unserer großen Denker haben sie gepriesen als Ort der Regeneration, der Erneuerung von Körper, Seele und Geist. Es erscheint angebracht, an dieser Stelle mit allem Nachdruck auf diese Möglichkeit hinzuweisen. Natur wird hier nicht verstanden als Gottesersatz. Wir sehen nicht in jedem Baum, Berg, Meer oder Moor einen freundlichen oder gefährlichen Geist. Diese Formen der Naturreligion gehören einer vergangenen Epoche der Menschheitsgeschichte an. Man sollte sie nicht zu neuem Leben erwecken wollen.

Wir sollten uns dieser Natur öffnen. Man kann durch einen Wald gehen unter ganz verschiedenen Blickwinkeln. Es kann jemand Jahresringe zählen, um das Alter der Bäume festzustellen. Man kann diese schon gefällt vor sich sehen und dabei an den Verkaufspreis pro Festmeter Holz denken. Man kann den Wald voller Kaminholzscheite oder unter dem Blickwinkel verschiedener Fotomotive sehen. All das ist möglich. Aber Kraftreserven für den Alltag schaffen wir uns damit nicht. Wenn ich eine Hochgebirgswanderung mache oder einen Strandgang an einsamer Meeresküste, dann sollte ich mich nicht ablenken lassen durch all diese Nützlichkeitsüberlegungen. Das Rauschen der Brandung sollte ich nicht innerlich auf eine Phonskala übertragen wollen, sondern ganz direkt auf mich einwirken lassen. Wenn ich mich diesem Naturerlebnis direkt öffne, logische Überlegungen beiseite lasse, werde ich sehr bald eine heilsame Wirkung verspüren. Ob in den Bergen, im Wald oder am Meer: Ich selbst werde immer unbedeutender. Meine Sorgen und meine Probleme verblassen, ich fühle mich als Teil eines großen Ganzen. Ich verspüre Geborgenheit; Hast und Unruhe verschwinden.

Dazu gehört natürlich, daß ich die Gegenwart vieler Menschen meide und mir Zeit nehme. Drei Runden Trimm-Trab im Wald per Stoppuhr können der Gesundheit unter Umständen sehr dienlich sein, aber sie vermitteln kein Naturerlebnis. Um die heilende Wirkung der Natur zu erfahren, bedarf es der Einsamkeit, der Stille. Ich muß nicht unbedingt allein sein, ein vertrauter Weggefährte, vielleicht der Lebenspartner, kann durch seine Gegenwart das Erlebnis durchaus vertiefen. Vielleicht sollten wir stärker als bisher unsere Urlaubsziele unter diesem Gesichtspunkt planen. Eine Abenteuer-Reise hat zweifellos ihre Reize und kann ebenfalls Kraft für den Alltag vermitteln. Aber sehr problematisch erscheint ein Urlaub unter vielen Menschen mit dem typischen Vergnügungsrummel des modernen Massentourismus. Hier kann kein Mensch – was das Haupt-

Wir spüren alle, daß durch die Umweltverschmutzung und Umweltvergiftung unsere Lebensgrundlage immer schmaler wird. Daher brauchen wir grüne Oasen, um uns zu entspannen und zu erholen, auch wenn idyllische Einsamkeit nicht mehr allzuhäufig anzutreffen ist.

ziel einer echten Naturbegegnung ist – zu sich selbst finden. Viele Menschen scheuen die Stille. Sie empfinden Unruhe und Angst in unberührter Naturlandschaft. Deshalb flüchten sie auch im Urlaub in die Massengesellschaft, in die lärmende Hektik der Vergnügungsindustrie.

Wer aber einmal den Mut aufbringt, sich der Natur zu stellen, und damit sich selbst, wird eine weitere Kraftquelle entdecken. Wer mit sich selbst ins reine kommen will, wer Bilanz zieht, wird spüren, daß seine Kräfte für den Lebenskampf nicht ausreichen. In der Natur lernen wir Bescheidenheit, nehmen unsere eigene Ohnmacht zur Kenntnis und werden dadurch zwangsläufig auch Ausschau halten nach einem stärkeren Arm.

Eine wichtige Entscheidung

Die lateinische Wortbedeutung des Begriffes Religion verweist auf die Stammgruppe „binden". In der Religion bindet sich der Mensch an einen Stärkeren. Könnte das nicht die Lösung aller Probleme sein? Viele beklagen die Bindungslosigkeit mitmenschlicher Beziehungen. Sie scheuen, eine echte Bindung überhaupt einzugehen. Und weil die Menschen das weitgehend verlernt haben, hat die innere Unsicherheit immer mehr zugenommen. Diese innere Unsicherheit und Leere aber haben wir erkannt als eine Hauptursache für viele seelische Gefährdungen. Hier herauszufinden geht eigentlich nur über die bewußte Hinwendung zu einem stärkeren Partner. Sich klar für eine feste Bindung zu entscheiden bietet die Voraussetzung für ein angstfreies Leben. Damit haben wir die Grundfrage des modernen Menschen erreicht. Religion ist nicht irgendein künstlicher Aufsatz, eine traditionsreiche Verzierung unseres Leben. Religion als Frage nach der entscheidenden Bindung hat existentielle Bedeutung.

Dem entspricht die heute deutlich zunehmende Nachfrage nach religiösen und pseudoreligiösen Heilslehren. Auch und vor allem junge Leute halten Ausschau nach einer belastbaren religiösen Partnerschaft, und manchmal geht ihr suchender Blick weit in die Ferne bis in den Fernen Osten, wo sie Hilfe von indischen Gurus oder asiatischen Geheimkulten erwarten. Die gegenwärtige Bereitschaft vieler Menschen zu einem religiösen Wagnis entspricht genau unserer Zeitanalyse. Aber wir wollen nun nicht nur auf die anderen sehen. Jeder von uns ist betroffen. Wir alle unterliegen den Gefahren des täglichen Lebens und müssen versuchen, uns davor zu schützen. Und hier gilt es, eine richtige Reihenfolge zu beachten. Eine alternative Lebenseinstellung wird uns nur vordergründig helfen, wenn die Basisfrage nicht geklärt ist. Oder anders formuliert: Ist die Grundfrage geklärt, lassen sich alle anderen Hilfsangebote viel besser nutzen. Alternatives Denken oder die eindrucksvolle Stille eines Naturerlebnisses werden als Kraftquellen empfunden werden, wenn die entscheidende Voraussetzung gegeben ist. Die Voraussetzung aber ist die persönliche religiöse Entscheidung.

Manipulierte Maßlosigkeit

Es gibt heute einen ausgedehnten und immer schneller wachsenden Wissenschaftszweig, der sich einen freundlichen, harmlos klingenden Titel zugelegt hat: die Kunst der Beeinflussung. Andere sprechen hier deutlicher von Verführung oder Manipulation. Dieser Begriff wurde zuerst am Ende des 18. Jahrhunderts gebraucht als Bezeichnung für das magnetische Heilverfahren. Heute bedeutet er soviel wie geschickte Handhabung oder Kunstgriff und ist eindeutig negativ gefärbt. Aber wir sollten vielleicht nicht gleich so voreilig urteilen und die Schuld einseitig verteilen. Wenn ich zum Beispiel das Wort Bruder benutze, setzt das beim Hörer die Existenz eines zweiten Menschen voraus, dem ich verbunden bin. Wenn ich das Wort Lehrer gebrauche, denkt jeder automatisch das Wort Schüler mit. Und bei dem Wort Verführung sollte es uns ähnlich gehen. Hier sollten wir sogar drei Begriffe in Beziehung setzen: den Verführer, den Verführten und das Ziel der Verführung. Es würde uns nämlich nicht viel nützen, würden wir in diesem Kapitel nur die Praktiken der Manipulation anprangern. Wir könnten auf diese Weise leicht das eigentliche Problem verfehlen.

Manipulation – ein ethisches Problem

- **Ohne Beeinflussung geht es nicht**
- **Gefahren der unbewußten Beeinflussung**
- **Ziel der modernen Manipulationen**
- **Maßlosigkeit und Maßhalten**
- **Die Folge: Innere Unsicherheit und seelische Krankheit**

Ausweg aus der Gefahr

- **Neue Maßstäbe und Wertordnungen finden**
- **Verantwortung allein für die Umwelt genügt nicht**
- **Eine neue Lebensordnung ist notwendig**
- **Die Reihenfolge der Zielsetzungen ist entscheidend**
- **Neuorientierung führt zu besserer Lebensqualität**

Manipulation – ein ethisches Problem

Bei den Überlegungen zum Problem der Manipulation geht es nicht in erster Linie um die Analyse bestimmter Techniken, mit deren Hilfe ein Teil unseres Innenlebens, zum Beispiel die Kauflust, gesteuert werden soll. Es handelt sich vielmehr um ein ethisches Problem, das eingebettet ist in die Normen unseres Weltbildes. Wie in diesem Weltbild Kultur, Wirtschaft, Recht geprägt sind, so werde ich auch mit dem Begriff Manipulation umgehen. War früher und in anderen Kulturzonen Kannibalismus eine durchaus übliche Verhaltensart der Menschen und haben diese Menschen sich aber streng gehütet, einen anderen seiner Freiheit zu berauben oder ihn einzusperren, so werden bei uns zwar keine Menschen mehr

Obwohl der Gesetzgeber vorgeschrieben hat, daß die Zigarettenwerbung mit dem Hinweis verbunden sein muß, Rauchen gefährde die Gesundheit, wird dieser Hinweis meist übersehen, weil der positive Eindruck überwiegt. Auch ein Beispiel von Manipulation.

gegessen, aber niemand hat etwas dagegen, wenn Personen unter bestimmten Voraussetzungen für einige Zeit ins Gefängnis müssen. Wir sind also bei unseren Urteilen abhängig vom jeweiligen Weltbild.

Ohne Beeinflussung geht es nicht

Und wir müssen ein weiteres zunächst festhalten: Nirgendwo kann ein Mensch ganz ohne Beeinflussung leben. Eltern, Freunde und die Schule beeinflussen. Es bleibt nicht ohne Einfluß, in welcher Landschaft, in welchem Klima ich lebe. Das politische System, unter dem ich lebe, wird ebenso Wirkungen zeigen wie die Tatsache, ob ich in einem wirtschaftlich hochstehenden oder in einem unterentwickelten Land lebe. Aber mit dieser Einsicht haben wir eine grundsätzliche Fragestellung erreicht. Wenn wir einerseits feststellen, daß wir ständig irgendwelchen Beeinflussungen ausgesetzt sind, müssen wir doch einen wichtigen Unterschied beachten. Daß Eltern einen nachhaltigen Einfluß auf ihre Kinder ausüben, ist offenkundiger Sachverhalt. Zu dieser Art Beeinflussung gehören auch das Klima des Landes, das politische System und die Schulstruktur.

Diese Einflüsse liegen offen zutage und sind nachprüfbar. Aber es gibt noch eine andere Art, und diese ist grundlegend anderer Natur. Sie arbeitet nicht offen, sondern geheim, und benutzt die verborgenen Wege der menschlichen Seele. Und das ist mit dem Wort Manipulation in unserem Sprachgebrauch gemeint. Da werden bestimmte Erkenntnisse der Tiefenpsychologie und der Verhaltensforschung ausgewertet. Die geheimen Ängste oder Sehnsüchte des Menschen werden ausgebeutet. Und das Entscheidende dabei ist: Der Vorgang vollzieht sich für den Betroffenen selbst völlig unbewußt. Damit entfällt auch die Kontrollmöglichkeit. Der Mensch kann sich nicht dagegen wehren.

Es ist gut, wenn der Mensch immer wieder plant und Entwürfe macht. Nur muß er wissen, was er wirklich braucht. Er soll sich seiner echten Bedürfnisse bewußt werden und auch die Freiheit haben, etwas abzulehnen, weil er es nicht braucht.

Gefahren der unbewußten Beeinflussung

Es gibt nicht wenige Menschen, die diese Art der unbewußten Beeinflussung, eben der Manipulation, als menschenunwürdig verurteilen. Es zeuge von einer tiefen Menschenverachtung, wenn man die Möglichkeit einer echten Entscheidung vorenthalte. Ist es nicht auch unmoralisch, wenn man nicht Seife, sondern Schönheit, nicht ein Auto, sondern Ansehen in der Gesellschaft verkauft? Ist es nicht unmoralisch, wenn man den Menstruationszyklus der Frau untersucht auf die Frage hin, welche Konsumgüter sie an bestimmten Tagen bevorzugt kaufen würde? Wie bewerten wir die Tatsache, daß die Werbung unsere geheimsten sexuellen Empfindungen und Sehnsüchte umzusetzen versucht in vorprogrammierte Kaufentscheidungen? Ist es verwerflich, bei Appellen an unsere Nächstenliebe das persönliche Geltungsbedürfnis zu befriedigen?

Bedenklich scheint zu sein, daß in unserer Gesellschaft immer weniger Menschen diese Frage überhaupt stellen. Ob das auch ein Ergebnis der „geheimen Verführer" ist, läßt sich schwer feststellen, aber wenn wir diesen gefährlichen, unterschwelligen Beeinflussungen nicht energisch entgegentreten, wird ein Zeitpunkt erreicht sein, an dem es uns gar nicht mehr möglich sein wird. Haben wir überhaupt noch eine Chance? Immer neue Techniken zeigen sich, die in der Öffentlichkeit kaum diskutiert werden. So haben die Biochemiker Verfahren entwickelt, die die Persönlichkeitsstruktur zeitweise oder ganz verändern können. Es existieren chemische Produkte, deren Anwendung noch gesetzlich verboten ist; aber sie sind vorhanden und erprobt. So gibt es die sicher wirkende Pille gegen die Angst (z. B. bei Prüfungen) oder den Anti-Aggressions-Spray. Konfrontationen zwischen Polizei und Demonstranten könnten mit Hilfe dieser Sprays in eine allgemeine Verbrüderung münden. Schlagstöcke und Wasserwerfer gehörten dann der Vergangenheit an. Sind das nicht wünschenswerte Zukunftsvorstellungen? Die Beherrschung des sexuellen Triebes ist dann nicht mehr eine Frage der Moral oder Ethik, sondern der rechtzeitigen Einnahme der richtigen Tablette. Hätten wir dann nicht aber schon Grenzen überschritten, die das Menschliche vom Unmenschlichen trennen?

Ziel der modernen Manipulationen

Und hier haben wir das erste eigentliche Problem erreicht. Natürlich müssen wir uns Gedanken machen, wie wir manipuliert werden. Aber viel entscheidender ist die Grundfrage: Welches Menschenbild, welches Weltbild liegt den Strukturen der Gesellschaft und den menschlichen Verhaltensmustern zugrunde? Und hier zeigt sich ein elementarer Gegensatz. Das christliche Weltbild hat seine Wirkungskraft offensichtlich verloren. Der Mensch fühlt sich herausgefallen aus den früher gültigen Ordnungen. Diese alten Ordnungen gelten nicht mehr. Man spricht heute vom nachchristlichen Zeitalter. Die einzelnen Strukturen sind noch nicht genau beschrieben worden, aber die Grundentscheidung ist gefallen: An die Stelle des Christentums ist als vorherrschende Ideologie der Materialismus getreten. Die Materie dient als Erklärung für alle Erscheinungen und Entwicklungen in der belebten und unbelebten Natur, einschließlich des Menschen. Sah man in Gott früher die letzte Erklärung, so ist es heute die Materie in einer ihrer Erscheinungsformen. Diese Weltanschauung hat viele Formen hervorgebracht: den Marxismus, die Evolutionstheorie und nicht zuletzt auch den Kapitalismus, um nur einige zu nennen.

Bei all ihrem scheinbaren Leben ist die Marionette nichts anderes als eine Gliederpuppe. Sie bewegt sich, wie es der unsichtbare Drahtzieher will. Kennen wir die heimlichen Drahtzieher für unser Leben? Oder merken wir gar nicht mehr, daß wir manipuliert werden?

Man könnte hier vielleicht einwenden, daß diese Gedankengänge wenig mit der „manipulierten Maßlosigkeit", also mit dem Thema dieses Kapitels, zu tun haben. Um dem zu entgegnen, will ich einige Bezüge verdeutlichen. Wenn wir übereinstimmen mit der Grundaussage, daß nämlich alle Erklärungsversuche für Erscheinungen und Entwicklungen in der Natur, in der Pflanzenwelt, im Tierreich und beim Menschen auf zwei gegensätzliche Grundmuster zurückzuführen sind, ist es notwendig, einige Folge-Ideologien dieser Zweiteilung etwas zu erhellen. Daß der Marxismus und die Evolutionstheorie auf der Grundannahme des Materialismus beruhen, ist jedem ohne weiteres einleuchtend. Ein überzeugter Marxist ist deshalb auch konsequenterweise Atheist. Wie aber steht es mit dem Kapitalismus? Wir haben ihn oben auch eingeordnet unter dem Oberbegriff des Materialismus.

Wir wollen hier nicht in eine grundsätzliche Auseinandersetzung eintreten mit dem Kapitalismus. Aber einige allgemeine Einsichten dürften für alle annehmbar sein. So dürfte es wohl unwidersprochen bleiben, daß ein Grundzug des Kapitalismus das profitorientierte Denken ist. Zum unternehmerischen Denken gehört grundsätzlich das Streben nach Profit. Die Nationalökonomen haben eine Fülle von Verfahrensweisen entwickelt, wie dieser Profit erreicht werden kann. Eines aber scheint allen Vorschlägen gemeinsam zu sein: Der Mensch mit seiner Arbeitskraft und die Natur werden gezielt ausgenutzt.

Wir beobachten nun seit Jahrzehnten, wie der Mensch sich gegen eine übermäßige Ausnutzung zur Wehr setzt, und seit Jahren, wie die Natur sich zur Wehr setzt. Beide mit offensichtlich steigendem Erfolg. Die immer stärker sichtbar werdenden Störungen des ökologischen Gleichgewichts, also des natürlichen Gleichgewichts unserer Umwelt, signalisieren die Antwort der ausgebeuteten Natur.

Maßlosigkeit und Maßhalten

Wohl ist in unserer Gesellschaft ständig von den „Grenzen des Wachstums" die Rede, aber es fehlt allenthalben die praktische Konsequenz. Wir werden weiterhin verführt, in einer Wegwerfgesellchaft zu leben. Das uns aufgenötigte Konsumverhalten verleitet uns zu ständig neuen Kaufentschlüssen. Wir hören zwar in diesem Zusammenhang nicht gern das Wort „Maßlosigkeit", aber es gehört doch wohl hierher. Viele von uns haben eben doch durch die ständig wirkende Manipulation das rechte Maß verloren. Maßlosigkeit soll hier nicht verstanden werden als übertriebene Verschwendungssucht. Das Wort selbst ist viel genauer: maß-los. Losgelöst von Maßstäben, die man früher einmal beachtet hat. Verantwortliche Politiker haben es schwer, sich Gehör zu verschaffen, wenn sie vom Maßhalten reden. Viele Menschen wittern dahinter einen unredlichen Eingriff in ihre Privatsphäre. Aber das rechte Maß zu besitzen ist heute das Gebot der Stunde. Nur wie und wo finden wir dieses Maß?

Unser Wirtschafts- und Gesellschaftssystem bietet hier noch keine Hilfe an. Eher ist das Gegenteil der Fall. Die Energievorräte gehen durch unser verschwenderisches Ausbeuten der Natur schnell zur Neige. Viele sehen in der Ausnutzung der Sonnenenergie die Lösung unserer Energieprobleme. Man will uns in Sicherheit wiegen in bezug auf die Zukunft. Es sei eigentlich kein Grund zur Besorgnis vorhanden. Irgendwie würden wir schon die Probleme lösen. Deshalb sei es auch nicht nötig, sich irgendwelchen Sparzwängen zu unterwerfen. Denn gerade das wäre ja tödlich für das System, in dem wir leben. Unser Wirtschaftssystem ist auf Wachstum angelegt. Man manipuliert uns deshalb ständig zur Maß-losigkeit.

Gibt es nun aber Maßstäbe, die uns vor dieser Gefahr schützen können? Bevor wir uns dieser Frage zuwenden, müssen wir uns auf eine Antwort einigen, ob denn hier überhaupt eine Gefahr vorliegt. Bei der Beschreibung des Gesamtzustandes der heute lebenden Menschen, bezogen vor allem auf die in den hochentwickelten Industriestaaten, stoßen die Wissenschaftler der unterschiedlichsten Fachrichtungen auf ein gemeinsam erkanntes Phänomen: Die meisten Menschen scheinen von einer inneren Unruhe gepackt zu sein. Sie befinden sich unaufhaltsam in äußerer oder innerer Bewegung. Sie können ihre Zeit nicht mehr richtig einteilen und haben deshalb oft das Gefühl, überhaupt keine freie Zeit mehr zu haben. Sie reagieren hektisch und oft unberechenbar. Zwischenmenschliche Beziehungen sind deshalb oft starken Belastungen ausgesetzt. Und woher kommt das alles? Die Antworten fallen unterschiedlich aus; in der Sache aber überwiegt eine Grundursache: Die Menschen sind zutiefst verunsichert.

Die Folge: Innere Unsicherheit und seelische Krankheit

Woher aber kommt diese innere Unsicherheit? Könnte es nicht sein, daß wir alle irgendwie das Gefühl haben, über unsere Verhältnisse zu leben? Das ist hier nicht finanziell gemeint und bezieht sich nicht unbedingt auf eine konkrete Verhaltensweise. Viele Menschen hat ein Gefühl der Ratlosigkeit ergriffen. Sie sehen es fast täglich, die Wissenschaftler berichten es in Zeitungen, Zeitschriften und Büchern, im Fernsehen wird es als Thema häufig dargestellt: Wir treiben einem Abgrund zu, die Umweltkatastrophe ist vorprogrammiert, das Chaos ist nur noch eine Frage der Zeit. Der Regen ist vergiftet, die Erde verdorrt, das Wasser wird knapp, die Luft ist verseucht. Das lesen und hören wir auf der einen Seite, und auf der anderen Seite zwingt uns das System, fast genauso weiterzuleben wie bisher. Und dieser Zwiespalt, den Menschen bewußt oder unbewußt, macht viele seelisch krank. Sie fühlen sich einem unabänderlichen Geschick ausgeliefert, das offensichtlich Menschen entwickelt haben, das Menschen aber nicht mehr bremsen können. Man wird unwillkürlich an einen deutschen Dichter erinnert, der die Reisenden in einem schnell fahrenden Eisenbahnzug beschreibt. Sie fahren in einem rasenden Tempo durch einen finsteren Tunnel. Die Geschwindigkeit wird immer höher, die Reisenden werden immer ängstlicher. Da gelingt es einem Mitfahrer, bis zum Führerstand der Lokomotive vorzudringen, und was stellt er dort fest? Es gibt gar keinen Lokomotivführer, das Führerhaus ist leer. Der Zug donnert führerlos einem fernen Abgrund zu.

Könnte das nicht ein dichterisches Bild sein für den inneren Zustand vieler Menschen heute? Sie wissen es zwar nicht genau, aber sie ahnen es: Es geht immer schneller bergab, und es ist niemand da, der helfen könnte. Daher bei vielen die innere Unruhe, die sich häufig in echten Krankheitsbildern zeigt. In der Bibel steht für diese Situation ein sehr bezeichnendes Wort: „Vor Furcht und banger Erwartung all dessen, was da über die Welt kommt, werden die Menschen vergehen." (Lukas 21, 26, Ulrich Wilckens.)

Ausweg aus der Gefahr

Mit der Beschreibung des Sachverhalts kann sich aber niemand zufriedengeben. Wenn wir uns einig sind, daß die gegenwärtige Situation des Menschen einigermaßen richtig beschrieben ist, daß er tatsächlich seelisch gefährdet ist, weil er in einen fast unlösbar scheinenden Konflikt gestellt ist, muß nun die Frage erörtert werden, wie man dieser Gefährdung begegnen könnte. Der Konflikt, von dem wir hier sprechen, könnte auch als Zwei-Fronten-Krieg bezeichnet werden. Von der einen Seite wird uns eingeredet, daß wir nicht mehr lange so weiterleben können wie bisher, sonst drohe eine globale Katastrophe. Auf der anderen Seite wird uns nach wie vor eingehämmert, unsere bisherigen Konsumgewohnheiten beizubehalten, sonst funktioniere das heutige System nicht mehr, und dann käme es auch zu einer Katastrophe. Wenn einem das so klar wird, könnte man sich fast wie der Held einer griechischen Tragödie fühlen: Wie immer er sich auch entscheidet, es kommt zur Katastrophe. Nur – wir alle wollen keine Helden sein, sondern Menschen, die mit etwas Hoffnung in die Zukunft blicken können.

Der Ausweg ist eigentlich nur darin zu sehen, daß wir uns auf eine Konfliktseite konzentrieren. Wir werden das System nicht verändern können. Alle Versuche in dieser Richtung hatten bisher keinen Erfolg. Die gesamte Menschheit ist offensichtlich so tief vom Materialismus geprägt, daß es zwecklos erscheint, dagegen vorzugehen. Die Grundelemente des Kapitalismus sind längst von einer Wirtschaftsideologie zu einer Lebenshaltung geworden. Und wir alle sind mehr oder weniger deutlich ein Teil dieses Systems. Selbst gewaltsamen Veränderungsversuchen dürfte kaum echter Erfolg beschieden sein. Die Lösung liegt auf einer anderen Seite des Konflikts.

Neue Maßstäbe und Wertordnungen finden

Was uns krank macht, ist ja gerade das Gefühl, einer nicht beeinflußbaren Entwicklung ausgeliefert zu sein. Und diese Entwicklung hat eben etwas mit Maßlosigkeit zu tun. Unsere Konsumfreude wird immer schamloser angestachelt, und das mit der fast moralischen Begründung, sonst funktioniere das System nicht. Würde das aber eintreten, wäre es für uns alle das Ende. Hier sollten wir innehalten und die Frage nach neuen Maßstäben stellen. Gibt es Normen, die uns aus diesen Konflikten herausführen? Eine Lebenshaltung, die uns von der Hektik befreit?

Immer mehr Menschen finden zu solchen Maßstäben zurück, erproben eine neue Lebenshaltung, die eigentlich schon uralt ist. Gemeint ist die christliche Wertordnung. Wir haben vorhin die generelle Einteilung in zwei grundsätzliche Erklärungsmuster unterschieden. Neben dem Materialismus war dies die Einstellung, die Gott als Schöpfer annimmt und von daher die Welt, die Menschen, die Natur, ihre Entstehung und Entwicklung erklärt. In der Feststellung, daß Gott der Schöpfer ist, liegt zugleich beschlossen, daß alles, was mit dieser Schöpfung geschieht, seiner Verantwortung unterliegt. Darin eingebettet ist sowohl das Einzelschicksal jedes Menschen als auch das Schicksal ganzer Völker. Die Verantwortung für seine Schöpfung aber teilt Gott mit den Menschen, und hier liegt der Ansatz, den vorhin beschriebenen Konflikt doch noch lösen zu können.

Verantwortung allein für die Umwelt genügt nicht

Es wird heute sehr viel und von den unterschiedlichsten Gruppen über Verantwortung für unsere Umwelt gesprochen und geschrieben. Das verhängnisvolle daran ist aber, daß diese Sorge um die Zukunft der Umwelt eingebettet ist in die Sorge um das Fortbestehen unseres Gesamtsystems, das heißt, es geht letztlich doch wieder um das materialistische Grundmuster. Und genau an dieser Stelle setzt die Unterscheidung ein. Bei der biblisch begründeten Mitverantwortung für die Natur geht es nicht um die Frage, wie man etwa die Ausbeutungszeit in einem bestimmten Be-

Was man unbedingt braucht – und doch nicht braucht?

Bedürfnis	War es für unser seelisches Gleichgewicht notwendig?	Hat es letztlich mehr Opfer und Ärger als Gewinn gebracht?	War es nur ein eingebildetes Bedürfnis?
Die große, teure Urlaubsreise			
Das Videogerät			
Die teure Party			
(Ausfüllen nach eigenem Ermessen)			

Bitte, kreuzen Sie jeweils ehrlich an!
Schema übernommen aus Frederic Vester: „Phänomen Stress", Stuttgart 1976, S. 260.

reich verlängern könnte, sondern es geht um die Natur selbst. Wer diese biblische Verantwortung bejaht, setzt sich auch für die Erhaltung von Tier- und Pflanzenarten ein, die überhaupt keinen Nutzwert haben. Es geht um die Geschöpfe, nicht um ihren Verkaufs- oder Verwendungswert.

Wir wollen aber einem Mißverständnis vorbeugen. Es geht hier nicht um die versteckte Aufforderung, zum Beispiel Tierschutzvereine zu gründen oder zu fördern. Das mögen ehrenwerte Aufgaben sein, aber unser Problem greift tiefer. Es geht um die Normen unseres täglichen Handelns. Es geht um die Frage, woher wir die Maßstäbe für die Gestaltung unseres persönlichen Lebens nehmen. Es geht letztlich um unsere Grundhaltung, um unsere Lebenseinstellung. Wenn wir sie nicht ändern, werden wir weiterhin in der Gefahr stehen, seelisch so belastet zu werden, daß eine entsprechende Erkrankung nur eine Frage der Zeit ist.

Eine neue Lebensordnung ist notwendig

Wie könnte eine solche Lebenseinstellung aussehen? Die Bibel bietet uns hier konkrete Hilfen an. So lesen wir zum Beispiel beim Apostel Paulus: „Die Liebe tut dem Nächsten nichts Böses." (Römer 13, 10.) Es ist nun die Frage, wie wir eine solche Empfehlung auffassen. Man kann darin eine allgemeine Aufforderung zur Nächstenliebe sehen und sich dann hinter einer Geldspende für Hungernde in aller Welt verstecken. Brandaktuell aber wäre dieser Bibeltext, wenn man unter dem Begriff des Nächsten auch die nachfolgenden Generationen verstünde. Dann erhielte diese Aussage eine ganz andere Dimension. Dann könnten wir einfach nicht so weiter verschwenden wie bisher, denn wir hätten jetzt auch die uns nachfolgenden Generationen im Auge.

Was für eine Welt hinterlassen wir ihnen? Vor unseren Kindern und Enkeln haben wir uns zu verantworten. Hier ist die Bibel deutlicher, als manch einem lieb ist. Aber wir könnten auf diese Weise eine neue Haltung gewinnen, die eine ganz andere Gewichtung in unserer Lebensauffassung bedeutet. Die materialistische Weltsicht ist zutiefst egoistisch. Die Bibel aber lehrt uns, den Blick von uns weg auf den Nächsten, auf die nachfolgenden Generationen zu lenken.

Wer aber den persönlichen Egoismus überwunden hat, beginnt neu zu leben. Viele Verhaltensweisen werden sich verändern. Die Beweggründe für unser Handeln werden neu durchdacht. Vieles erhält plötzlich eine andere Zuordnung. Die Reihenfolge unserer Werte wird sich verschieben. Was im materialistischen System einen sehr hohen Stellenwert hatte, wird vielleicht völlig bedeutungslos. Wir wollen hier nicht in eine idealistische Schwärmerei verfallen, das wäre ein verhängnisvolles Mißverständnis. Gemeint ist vielmehr eine klare Neubesinnung auf uralte, mitmenschliche Wertvorstellungen. Man hat den Egoismus seit jeher als eine gefährliche, den Menschen eigene Naturveranlagung erkannt, aber erst im Zeitalter des Materialismus ist er in aller Form anerkannt worden. Es gibt viele Umschreibungen für diese Haltung, und sie beziehen sich durchaus nicht nur auf wirtschaftliche Interessen. Viele Menschen aber sehen in einer egoistischen Grundhaltung nicht einmal etwas, das überwunden werden sollte.

Die Reihenfolge der Zielsetzungen ist entscheidend

Wie frei und unbeschwert könnten doch viele von uns leben, gelänge es, eine andere Reihenfolge in den wichtigen Zielsetzungen des Lebens zu finden! Wer nur auf sich, seinen Vorteil, seine Ziele sieht, wer also noch ganz vom materialistischen Denken erfüllt ist, wird verkrampft und voller Sorge leben. Die Heiterkeit des Gemüts ist verlorengegangen. Fast unrealistisch klingt in diesem Zusammenhang ein Rat aus der Bibel. Jesus sagt: „Trachtet am ersten nach dem Reich Gottes und nach seiner Gerechtigkeit, so wird euch solches alles zufallen." (Matthäus 6, 33.) Auf zwei Aussagen wollen wir hier achten. Mit „solches alles" ist nach dem Textzusammenhang vor allem der Bereich der natürlichen Bedürfnisbefriedigung gemeint. Da ist von Kleidung und Nahrung die Rede. Die Sorge dafür entfällt, wenn ein Mensch nach der Gerechtigkeit Gottes trachtet. Worin unterscheidet sich diese Gerechtigkeit von der menschlichen? Hier stoßen wir wieder auf die anderen Maßstäbe. So wertet Gott nicht nur die Taten eines Menschen, sondern er fragt nach den Beweggründen. Er sieht den ganzen Menschen und urteilt nicht nur nach Einzelheiten.

Die neue Reihenfolge bringt eine neue Gewichtung. Persönliches Wohlergehen, berufliches Vorankommen, geschäftlicher Erfolg, all das sind wichtige Ziele, aber sie dürfen nicht an erster Stelle stehen. Solange das der Fall ist, sind wir dem materialistischen System verhaftet, bleiben wir Egoisten. Wenn wir aber gelernt haben, daß unser ganz persönliches Glück nicht vom beruflichen Erfolg abhängt, daß wir solche Ziele nur mit der „linken Hand" betreiben, werden wir spüren, welche Lasten von unserer Seele weichen. Die Hektik wird nachlassen, wir werden wieder Zeit finden für uns, weil wir Zeit gefunden haben für den anderen.

Aber auch bei diesem Gedankengang sollte nichts verwechselt werden. Es ist durchaus richtig, wenn sich vor allem junge Menschen Ziele setzen. Sie sollten ihre Berufsausbildung so gut es irgend geht gestalten. Sie sollten sich Ziele setzen. Bei diesen Planungen ist nichts Verfängliches – wenn die Reihenfolge stimmt. Wer von unbändigem Ehrgeiz besessen, womöglich

Die Lebendigkeit eines Menschen zeigt sich auch darin, daß er immer wieder imstande ist, neu anzufangen. Vielleicht müssen wir eines Tages mit unserem ganzen Leben neu anfangen – das wäre alternativer Lebensstil.

in verkrampfter Einstellung und dazu noch mit dem Mut des Ellbogenkämpfers, diese Ziele ansteuert, ist sicherlich ein bedauernswerter Mensch. In bestimmten Situationen spürt er das auch. Aber die Gesellschaft und das in ihr vorherrschende System überlagern dieses Gefühl. Es wird der Eindruck erweckt, weil es ja alle so halten, sei diese Einstellung völlig normal. Die Menschen leiden zwar unter dieser belastenden Lebenseinstellung, aber sie ertragen sie wie eine Naturkatastrophe, ohne sich dagegen zu wehren.

Viele Menschen geben zwar zu, daß die moderne Lebensgestaltung sie zeitweilig wie ein Alptraum ängstigt. Aber die meisten Menschen glauben nicht, daß hier etwas geändert werden könnte. Genau an dieser Stelle aber wird die Gegensätzlichkeit der biblischen Sicht deutlich. Wer Gott als erste und letzte Erklärung für Natur- und Menschenschicksal annimmt, kann ganz anders leben. Wird der Mensch im materialistischen Weltbild zur Maßlosigkeit manipuliert, so wird ein bibelorientierter Christ dieser Verführung kaum erliegen. Und das nicht nur, weil seine Wertvorstellungen anders sind, sondern auch, weil er Verantwortung für andere, sogar für die nächsten Generationen spürt. Die Hilfen dieses anderen Weltbildes liegen aber nicht nur auf dem Gebiet des persönlichen Verantwortungsbewußtseins.

Neuorientierung führt zu besserer Lebensqualität

Es ist unser menschliches Problem, daß jeder der Größte auf irgendeinem Gebiet sein möchte. Diese Erwartungshaltung wird vom materialistischen Weltbild gefördert. Wir fühlen uns unter Druck gesetzt. Die Anforderungen übersteigen oft bei weitem unsere Kräfte. Und dann treiben wir Raubbau an Seele und Körper. Eine Zeitlang können wir diese Erschöpfungszustände mit Hilfe verschiedener Aufputschmittel überdecken. Aber irgendwann rebelliert der Körper. Wir sagen dann, der Mensch sei krank geworden. Wir erkennen meist nicht, daß wir uns überfordert haben und daß wir uns vom System haben verleiten lassen, zu hohe Ziele zu stecken. Wir waren nicht zufrieden mit dem, was uns zur Verfügung stand. Wir haben uns manipulieren lassen. Man hatte uns eingeredet, daß unser augenblicklicher Standard nicht mehr angemessen sei, daß es höchste Zeit sei, eine höhere Stufe zu erklimmen. Wenn das jeder von einem zu erwarten scheint, dann fühlt man sich plötzlich auch zu Höherem berufen. Unter falscher Selbsteinschätzung beginnt der Kampf nach oben.

Kinder haben durchaus ein Gespür für natürliche Rangordnungen. In jeder Spielgruppe gibt es Positionen, die von bestimmten Kindern eingenommen werden. In jeder Gruppe gibt es immer so etwas wie einen Führer. Nur wenn jemand da ist, der eine letzte Entscheidung trifft, kommt ein richtiges Spiel überhaupt in Gang. Dies ist natürlich. Aber in einem unterscheiden sich die Kinder in diesem Zusammenhang sehr deutlich von den Erwachsenen. Ein Kind wird von sich aus niemals einen Platz in der Gruppe beanspruchen, der ihm eigentlich nicht zukommt. Häufig entscheiden ja Kinder solche Rangfragen durch den Vergleich ihrer körperlichen Kräfte. Ist die Entscheidung aber gefallen, fügt sich jeder. Erwachsene versuchen ständig, ihre Positionen zu verbessern. Mancher fühlt sich fast ständig getrieben, eine Stufe höher klettern zu müssen. Dieser dauernde Druck kann krank machen. Wer sich ständig zu etwas Höherem berufen fühlt, wird kaum das genießen können, was er erreicht hat. Es ist auch in der Sache falsch und nicht nur psychologisch ungeschickt, wenn Schulabgängern gesagt wird, jeder trage den Marschallstab im Tornister. Es muß auch Indianer geben und nicht nur Häuptlinge.

Seelische Gefahren können also dadurch entstehen, daß wir uns ständig auf der beruflichen Erfolgsleiter nach oben bewegen müssen, ständig höhere Positionen einnehmen wollen. Die Hauptgefahr der materialistischen Lebenshaltung liegt eben in diesem egoistischen Zwang, ständig etwas Neues, etwas Besseres, etwas Höheres erreichen zu müssen. Wenn wir das lange genug geübt haben, wenn das zur zweiten Natur geworden ist, dann haben wir Maß und Norm verloren, sind der Maßlosigkeit verfallen. Hier gibt es aber eigentlich nur einen Ausweg: die andere mögliche Grundhaltung wählen, eben den bibelorientierten Lebensstil. Man kann versuchen, sich noch so geschickt gegen die heute übliche Manipulation zu wehren, gegen die Verführung zur Maßlosigkeit, gegen die Unersättlichkeit der Konsumgesellschaft, gegen die Unmoral der Wegwerfgesellschaft. Hier hilft kein teilweise auferlegter Selbstverzicht, keine noch so gut gemeinte Einzelaktion. Um sich vor den seelischen Schäden durch die manipulierte Maßlosigkeit zu schützen, ist nur ein Mittel erfolgversprechend. Wir müssen das ganze System als solches in seiner Gefährlichkeit erkannt haben und dann konsequent den nächsten Schritt gehen. Dieser Schritt heißt: Aufgeben der materialistischen Denkstruktur, damit Abwenden vom persönlichen Egoismus unter gleichzeitiger Annahme der biblischen Lebensnormen. Diese Normen und Maßstäbe werden uns von manchem befreien, zum Beispiel von der unaufhörlichen Jagd nach höherem Lebensstandard. Wir werden die Natur, die Menschen mit anderen Augen sehen lernen. Der Mitmensch ist dann nicht nur ein möglicher Konsument oder Produzent oder ein Hindernis auf dem Weg nach oben. Ich sehe in ihm ein Mitgeschöpf, für das ich Mitverantwortung trage; denn Gott als Schöpfer – die Gegenposition zum Materialismus – versorgt mit allem und sorgt für alles und erwartet, daß ich ihm dabei helfe. Da ist für Hast und nagende Sorge kein Platz mehr. Die Welt wird heller, weil wir entkrampfter sehen lernen. Wir werden ausgeglichener und damit belastbarer. Die seelischen Gefahren des täglichen Daseinskampfes werden uns kaum noch erreichen.

Leistung – die Peitsche unserer Gesellschaft

„Es ist eben der Stress" – so höre ich es fast täglich von dem Manager, der über Herzschmerzen klagt, von dem Bauingenieur, der mit dem Rauchen nicht aufhören kann, von dem Schüler, der vor der Prüfung unter Schlaflosigkeit leidet, von der überlasteten Hausfrau, die ständig Kopfschmerzen quälen, vom Akkordarbeiter, dessen Magen rebelliert. Alle meinen wohl dasselbe: „Stünde ich nicht unter dem ständigen Leistungs- und Arbeitsdruck, wäre ich gesund."

Bei diesem Gedanken erinnere ich mich oft an einen Ausspruch meines Lehrers Prof. *H. E. Bock*: „Auch noch so viel Arbeit kann nie schaden." Und gibt ihm unsere Erfahrung nicht recht, wenn wir abends todmüde nach Hause kommen, über den Stress des Tages stöhnen und dabei uns doch restlos befriedigt in den Sessel fallen lassen?

Stress ist die Grundvoraussetzung für Leistung. Stress führt auf dem Nerven- und Blutweg zur Ausschüttung des Hormons Adrenalin, das als Nervenüberträgersubstanz gewissermaßen alle unsere Aktivitäten zündet. Ein erhöhter Adrenalinspiegel im Blut bedeutet gleichzeitig eine gesteigerte Alarmbereitschaft unseres Körpers, die sich in körperlicher und geistiger Leistung, in Angriff oder Flucht entladen kann. Adrenalin ist gleichsam das Streichholz an der Zündschnur, durch das die Energien des Körpers freigesetzt werden, Kräfte, die in jedem von uns schlummern.

So besehen ist Stress etwas außerordentlich Positives. Wer möchte nicht etwas leisten, sich selbst verwirklichen? Warum also hat dieses Wort im normalen Sprachgebrauch einen negativen Beiklang?

Dis-Stress und Eu-Stress

A-Typ und B-Typ

Heilsamer Ausgleich

Dis-Stress und Eu-Stress

Wissenschaftler wissen schon lange um die gegensätzlichen Auswirkungen desselben körperlichen Prinzips. Sie reden von dem nützlichen und notwendigen Eu-Stress und von dem gefährlichen Dis-Stress. Und Eu-Stress kann sehr leicht in Dis-Stress übergehen, wenn ein Mißverhältnis besteht zwischen unseren Erwartungen und der erlebten Wirklichkeit, wenn wir Mängel in der von uns eingenommenen gesellschaftlichen oder beruflichen Rolle entdecken, sei es, daß wir sie wegen mangelnder Ausbildung oder Fähigkeit nicht auszufüllen vermögen oder wegen zu schneller Veränderung uns nicht mehr anpassen können.

Leider orientieren wir unsere Erwartungen nicht am Lebensnotwendigen – also an der ausreichenden Nahrung, Kleidung, am Dach über dem Kopf und der Wärme in der Familie –, sondern an den Forderungen, die uns unseren Platz in der Gesellschaft

Ein gutes Mittel gegen Stress ist, wenn man Dinge tut, die nichts mit Geldverdienen und beruflichen Zwängen zu tun haben. Ob es sich dabei um einen Ausflug mit Familie und Freunden, um Musizieren oder um ein Spiel handelt – jeder weiß am besten, auf welchen Bereichen er Ausgleich findet.

sichern sollen. Nicht „unser täglich Brot" ist Gegenstand unserer Erwartungen. Dies nehmen wir in unserem Wohlfahrtsstaat als selbstverständlich hin. Nein, unsere Wünsche entzünden sich an dem neuen und größeren Auto des Nachbarn, an dem tollen Kleid der Kollegin, an den ausgefallenen Ferien der Freunde, an dem Haus des Vorgesetzten. Denn das Neue, Größere, Bessere und Schönere verschafft dem Besitzer normalerweise auch einen Vorteil in der gesellschaftlichen Ordnung. Und wer darf hier zurückstehen? Werden wir nicht als dumm, faul oder unfähig angesehen, wenn wir uns nicht in diesem Teufelskreis des gegenseitigen Überbietens, Ausstechens und Übertrumpfens mitdrehen? Leistung ist die Forderung unserer Gesellschaft, und wir brauchen diese Leistung, um uns immer wieder selbst in unserer Rolle zu bestätigen – und um Erfolg zu haben.

Schwierig ist, daß sich der Erfolgreiche nie ausruhen kann. Jedes passive Verharren in einer Position bedeutet eine Verschlechterung gegenüber dem strebsamen Nachbarn oder dem dynamischen Kollegen. Unsere ständig sich verändernde und fortschreitende Umwelt nötigt uns, entweder die Waffen zu strecken und auf Selbstbestätigung zu verzichten – und wer kann ohne diese existieren – oder den Kampf mit seinen Siegen und Niederlagen, mit Eu-Stress und Dis-Stress auf uns zu nehmen.

Dann muß eben die Mutter zur Arbeit gehen, damit es zum Haus, zum Auto, zu den großen Ferien reicht! Dann macht eben der Vater Überstunden, um seine Unersetzbarkeit in der Firma und die Unantastbarkeit seiner Stellung zu beweisen. Dann wird eben der siebte Tag der Woche, der von Gott gesetzte Ruhetag, in den Arbeitsprozeß mit einbezogen.

A-Typ und B-Typ

Genau hier beginnt sich der Teufelskreis zu runden: Wir werden trotz aller Anstrengungen nie eine völlig unangefochtene Position in der Gesellschaft, im Beruf, in der Familie erreichen, wir werden beides, Siege und Niederlagen, hinnehmen müssen. Die Reaktion des einzelnen auf die Leistungsforderung der Gesellschaft, auf den Stress, ist ganz unterschiedlich. Zwei typische Verhaltensmuster wurden von den Forschern *Rosenman* und *Friedman* aufgezeigt:

Der A-Typ, charakterisiert durch exzessive Leistungs- und Berufsbezogenheit, durch Ehrgeiz und Wettbewerbsbereitschaft, durch Aggressivität und Termingehetztheit, und der B-Typ, der Langschläfer, der möglichst seinen Frieden haben will. Beide Typen sind dem Stress ausgesetzt, aber der A-Typ, der den Kampf aufnimmt, ist erheblich gefährdeter. Er bekommt sechsmal so häufig einen Herzinfarkt wie der B-Typ, da Stress durch ständige Alarmaufladung des Körpers ohne die Möglichkeit der körperlichen Entladung die Herzkranzgefäße schädigt. Seine Familie leidet unter seiner häufigen Abwesenheit und – wenn er dann einmal zu Hause ist – unter seinem Umtrieb und seiner Unruhe. Er stürzt sich in seiner Freizeit in tausend Aktivitäten, entfaltet sportlichen Ehrgeiz und vermeidet immer mehr die Ruhe und Entspannung, weil sie ihm immer nur die innere Leere aufzeigt, die sein Ehrgeiz im zwischenmenschlichen Bereich, der persönlichen Zuneigung, hervorgebracht hat. Der A-Typ wird deshalb Bewunderer finden, aber kaum echte Liebe und persönliche Zuneigung. Und er wird deshalb auch nie in der Familie ein Heim, eine Zuflucht und Entlastung haben, eine Möglichkeit, den Stress abzuladen, sondern wird auch hier unter dem Druck stehen, sich produzieren zu müssen. Und er wird sich schließlich mangels menschlicher Bindungen in die Arbeit flüchten.

Wir haben nun den A-Typ sehr schwarz

Gestalten und Formen ist ein menschliches Grundbedürfnis, auch wenn es im Laufe des Lebens oft verlernt wird, weil keine Gelegenheit mehr dazu besteht. Darum sollten wir uns einen Freiraum erhalten, in dem wir unsere gestalterische Kreativität üben können.

Fröhliche Fahrt mit dem Produkt eines künstlerischen Hobbys!

gemalt, aber jeder von uns kennt solche Typen. Nur wir, wir sind viel besser! Aber Hand aufs Herz: Wer von uns nicht Züge des A-Typs in sich findet, der ist scheinheilig! Wir alle sind gefährdet, durch Stress krank zu werden, durch Stress die Familie zu zerstören, durch Stress persönliche Beziehungen zu zerschlagen, durch Stress uns in reiner Aktivität zu verlieren, durch Stress an einem erfüllten Leben vorbeizugehen.

Heilsamer Ausgleich

Wenn wir uns dieser Gefahr wirklich bewußt werden, haben wir schon viel gewonnen. Das Geheimnis zur Entlastung des stressgefährdeten Menschen liegt im Ausgleich. Stress im Sinne der dauernden Alarmspannung fordert Entladung.

- Wenn wir Hektik und Betriebsamkeit während des Tages hatten, brauchen wir Ruhe und Frieden abends. Gönnen wir uns doch den erholsamen Feierabend, und vermeiden wir den Stress des Fernsehens.
- Wenn wir unter Spannung und Leistungsdruck standen, müssen wir uns in liebevoller Atmosphäre entspannen und entlasten können. Laden wir doch in der Familie unsere Erlebnisse, unsere Probleme und unsere Schwierigkeiten ab. Und täuschen wir uns nicht: Nicht immer die andern, wir selbst haben unseren Beitrag zur Atmosphäre des Verstehens zu leisten!
- Wo jeder nur an sich selbst denkt, jeder sich selbst der Nächste ist, sollten wir ein Ohr, ein Herz und etwas Zeit für den andern haben. Die eigenen Probleme werden dann unwichtiger!
- Wenn die Arbeit uns anödet und keine Freude mehr macht, sollten wir um so mehr abends den geistigen Ausgleich suchen. Beschäftigen wir uns mit ganz anderen Dingen, und unsere Arbeit wird wieder attraktiver!
- Wenn Körper und Geist durch Stress erschöpft sind, schafft körperlicher Aus-

gleich, Bewegung und Sport, eine wesentliche Entlastung.

- Wenn wir uns die Woche über verausgabt haben, gönnen wir uns doch einen Tag, an dem wir wieder richtig auftanken, körperlich, geistig, geistlich. Menschen, die den Ruhetag halten, leben nach der Statistik länger – und besser!

Wir sollten es gleich gar nicht versuchen, dem Leistungsdruck der Gesellschaft zu entfliehen. Abgesehen davon, daß es uns kaum gelingen wird, müßten wir gleichzeitig auf die positiven Auswirkungen des Stress, auf das Erbringen persönlicher Leistungen, verzichten. Und das wäre ein echter Verlust!

Achten wir doch lieber darauf, daß wir durch ein bewußtes und überlegtes Ja zu einer sinnvoll ausgleichenden Zeiteinteilung die Entwicklung unserer Persönlichkeit fördern.

Selbstentfremdung bedroht die Existenz

Selbstentfremdung ist wie die Selbstentfaltung des Menschen ein Prozeß, der die Gesamtpersönlichkeit in allen ihren Lebensäußerungen und Lebensvollzügen betrifft.

Um Selbstentfremdung zu beschreiben, setze ich den Begriff der Selbstwerdung dagegen; er ist eng mit dem der Selbstentfaltung verwandt. Ein Mensch, der nicht er selbst oder nur zum Teil er selbst geworden ist, ist sich selbst fremd. Damit ist er in seiner Existenz bedroht, das heißt in seinem Sein gefährdet. Er ist in sich nicht zu Hause: Er erkennt sich selbst nicht; er begreift sich selbst nicht; er spürt sich selbst nicht und ist somit auch nicht in der Lage, sein Sein anzunehmen, in sich selbst zu sein. Er bleibt also zu großen Teilen ein Mensch, der außer sich ist.

So betrachtet, lebt der Mensch, der sich auf dem Wege der Selbstentfremdung befindet, in einem zunehmenden Spannungsverhältnis (fortdauernde Stress-Situation), weil Teile seines Selbst fremdgesteuert sind, nicht seiner persönlichen Kontrolle unterliegen und ihm selbst damit immer fremder werden.

Ursachen der Selbstentfremdung

Welche Ursachen führen zu diesem so bedrohlichen Prozeß? Versuchen wir einige aufzuspüren, die uns im Alltag offen oder auch maskiert bedrängen.

Erich Fromm konfrontiert in seinem Buch „Haben oder Sein“ den Leser mit zwei grundlegenden Lebensformen als Arten der Orientierung sich selbst und der Welt gegenüber, die als obersten Wert die Gesamtentwicklung des Menschen bestimmen:

- die *Lebensform des Habens* als Beziehung des Besitzergreifens und Besitzens, eine Beziehung, in der der Mensch jedermann und alles, sein Selbst eingeschlossen, zu seinem Besitz machen will,
- die *Lebensform des Seins,* die Lebendigkeit bedeutet und authentische Bezogenheit zur Welt, zum Hier, Heute und Jetzt, also nicht Erstarrung durch Festhalten an Besitzgewordenem meint. Die Lebensform des Seins steht im Gegensatz zum Schein und existiert aus der wahren Natur und Wirklichkeit einer Person und nicht aus dem trügerischen Schein der Oberfläche (oberflächlich), der Fassade.

So erheben zum Beispiel Personen Anspruch auf Autorität, ohne als Persönlichkeit Autorität zu sein. Die Überlegung bietet sich an, ob hier auch eine Ursache für den Entfremdungsprozeß zwischen Generationen zu suchen und zu finden ist. Auch die Behauptung, daß die Hauptorientierung unseres Zusammenlebens nach dem

Konzept des Habens erfolgt, bleibt in dem angesprochenen Generationenkonflikt von Gewicht.

Die Diktatur des Habens

Vergegenwärtigen wir uns, welche Lebensform in unserer Zeit im Umgang miteinander die bevorzugte und am stärksten gelebte ist, so kann ohne Einschränkung und für alle Bereiche gültig von einer *Diktatur des Habens* gesprochen werden. In der Vielfalt unseres Habens drückt sich für andere und damit für uns unser Selbstwert aus. Nehmen wir, um das Problem zu verdeutlichen, eine Redensart aus unserer Umgangssprache: „Hast du was, dann bist du was!" Der Sinn dieses Sprichwortes gilt nicht nur für materielle Güter, er läßt sich auch auf den Besitz von Ansprüchen, Positionen, Titeln sowie auf den Besitz von Wissen und Macht ohne große Schwierigkeit übertragen.

Sehen wir also genau hin und versuchen wir, unsere Form zu leben sowie uns ein- und abzugrenzen, so sind wir vermutlich betroffen, von wie vielen Seiten die Gefahr der Entfremdung uns umgibt, und ahnen, wieviel Energie wir benötigen, um unser Selbst-Sein zu stärken. Die Umorientierung auf die eigentlichen Werte menschlichen Lebens, also auf das Wesentliche, und das Bemühen, es mit Inhalt und Leben zu füllen, bedarf daher einer bewußten Entscheidung für einen der beiden genannten obersten Werte.

Oft ist die Form unseres Alltags stark geprägt von der Lebensanschauung des Habens, die Strukturen und Mechanismen entwickelt hat, welche eine Eigendynamik erzeugen, und uns oft nur noch Raum zum Funktionieren (als kleines Rädchen im Getriebe) und kaum noch zum Wachsen und Entwickeln läßt. Dies sind Erfahrungen, die jeder nur allzuoft in seiner Arbeitswelt macht.

Erfahren wir uns noch selbst?

Wie sieht es nun mit der Zeit aus, die wir nicht an Fremde verkaufen, um unseren Lebensunterhalt zu erwerben? Nützen wir sie, um dem Prozeß der Selbstentfremdung entgegenzuwirken? Gönnen wir uns zum Beispiel Gelegenheit zu aktivem Tun, indem wir unserem Inneren Ausdruck verleihen? Nehmen wir uns Zeit, in der wir bei uns selbst zu Hause sind, unseren eigenen Puls spüren, uns erfahren, uns als Selbst fühlen? Es ist nicht möglich, ohne die Erfahrung des eigenen Selbst ein sinnvolles Leben aufzubauen.

Leben wir vielleicht in verschiedenen Rollen (Vater, Mutter, Partner, Helfer, Untergebener, Vorgesetzter, Gewinner, Verlierer u. a.), besser gesagt, lassen wir uns von ihnen und den mit ihnen verbundenen Erwartungen bestimmen, oder gestalten wir sie durch und mit unserem Selbst zum Sein? Überlassen wir vielleicht die Gestaltung einem Leitbild, das wir dem Film, dem Fernsehen, einem Roman, einer Zeitschrift oder der Werbung entlehnen? Die Medien, wenn wir sie passiv konsumieren, übernehmen es, auch unsere Gefühle zu gestalten. Die Helden auf der Leinwand lieben, leiden, hassen für uns, sie sind für uns stark und schwach. Ich kann also auch als ein mir selbst Entfremdeter Gefühle konsumieren. Es ist mir nicht möglich, mit den Personen, die stellvertretend hier für mich handeln, in ein Gespräch einzutreten oder mit ihnen als Ich in die Beziehung des Du zu kommen. Die Entfremdung hält mich in einer Einbahnstraße des Gefühls gefangen.

Nur wenn ich zu einer aktiven Auseinandersetzung mit mir als Persönlichkeit, als Selbst komme, zu einer Auseinandersetzung mit meinen Wünschen, meiner Selbstverwirklichung, meinem Versagen und meinem Widerstandswillen, kann ich die Angebote meiner Umwelt nutzen, um mich besser in meiner Wirklichkeit zu erkennen, mir also weniger fremd zu sein.

Wie oft lassen wir uns jedoch durch die Fremdsteuerung dazu verführen, Haltungen, Einstellungen, Maßstäbe, ja sogar Kleidung und Frisur ungeprüft zu übernehmen, ohne darauf zu achten, ob sie unserem Wesen gemäß sind.

Die Wünsche uns nahestehender Personen (Bezugspersonen) oder Grundsätze geschätzter Vorbilder können den *Prozeß der Selbstentfremdung* vertiefen, wenn sie ohne kritische Betrachtung – nur um Zuneigung zu haben, Bestätigung zu erhalten – die äußere Form unseres Selbst prägen, ohne daß diese unserem Inneren entsprechen. Entfremdung geschieht auch dann, wenn wir Verhalten oder auch Haltung imitieren, das heißt etwas darstellen, ohne mit den eigenen Gefühlen, dem eigenen Wesen beteiligt zu sein. Auch wenn wir uns an anderen messen, uns mit ihnen vergleichen, bleibt unser Maßstab das oder der Fremde. Wir fordern dabei von unserem Selbst unter Leistungsdruck zuviel oder setzen beim Vergleich zu tief an und gehen damit einer Auseinandersetzung mit unserem Selbst aus dem Wege, weil wir dies und das ja schon erreicht haben und meinen, bereits einen besseren Charakter zu besitzen. Schon wird hier wieder mit den Worten der Lebensanschauung des Habens gesprochen.

Die Kompaßnadel des eigenen Selbst

Es ist oft schwer, auf die Kompaßnadel des eigenen Selbst zu achten, um so die Wegweiser, die zum eigenen Lebendigsein führen, von denen zu unterscheiden, die in die Entfremdung münden. Dabei ist es wohl kaum realistisch zu meinen, immer und ganz nur in sich selbst zu sein. Wir alle unterliegen Zwängen und Lebensbedingungen, die uns auch zu der Lebensform des Habens in Beziehung setzen. Unser Entscheidungsraum liegt bei den Anstrengungen, die wir unternehmen, uns nicht der Diktatur des Habens zu unterwerfen, sondern der Lebensqualität unseres Seins Gewicht zu verleihen. Dies geschieht, wenn wir das, was in uns und um uns ist, wahrnehmen, es erfahren und unsere Freude, unsere Erfahrung und auch unsere Trauer mit anderen teilen und so, wenn möglich, Sein erhalten, begründen und nicht zerstören, um es zu besitzen.

Beim Wunsch zu besitzen müssen es gar nicht vordergründig materielle Dinge sein; es kann sich auch um den Wunsch nach Besitz von Erkenntnissen handeln, um den Besitz der Macht, um der Vergänglichkeit zu entgehen. Das Streben nach diesem Besitz führte zur Vertreibung aus dem Menschheitsparadies in die Fremde, in die Entfremdung. Immer mehr tauschte der Mensch die ihm geschenkte Fähigkeit, Existenz seiner Verantwortung gemäß zu bewahren und zu stiften, gegen den Besitz von Macht, von Wissen und von Möglichkeiten zum Herrschen ein. Mehr und mehr vermeidet er, sich zu zeigen, wie er ist. Er versteckt sich hinter Dingen, mit denen er sich behängt. Sich selbst fremd geworden, erlebt er Mitmenschen und Umwelt meist verfremdet.

Wir müssen uns die Frage stellen lassen: „Mensch, wo bist du mit deinem Selbst? Was tust du, und wohin gehst du?" Weil wir Verantwortung tragen, haben wir zu antworten nicht nur für unser Selbstsein, sondern auch für das Sein, das uns anvertraut ist. Bleiben wir die Antwort schuldig, erkennen wir uns nicht selbst in unserem Sein, bleiben wir uns also selbst entfremdet, dann ist es nur konsequent, wenn wir auch den anderen, also auch zum Beispiel unseren Kindern, fremd bleiben und sie uns. Es ist deshalb lebensnotwendig, sich selbst zu erkennen, bei sich zu sein, damit ich mich, den anderen und die Gesetze des Lebens erfahre, verstehe und achte.

Die Wiederkehr des Verdrängten

Unser Schöpfer hat uns so geschaffen, daß sich unser Leben zwischen Spannung und Entspannung vollzieht: Das Herz spannt und entspannt sich während seiner Arbeit, wir atmen ein und aus, spannen und entspannen dabei die Brustmuskulatur, laufen und ruhen, schlafen und wachen. Wenn dieses Gleichgewicht von Spannung und Entspannung gestört wird, kann es zur Daueranspannung, zur Verkrampfung, zum Gefühl der Enge und der Angst kommen. Die Angst kann wieder vielfältige körperliche Symptome verursachen. Diese psychovegetativen Beschwerden, das heißt diese seelisch bedingten körperlichen Beschwerden sind inzwischen vielleicht zur häufigsten Erkrankungsgruppe in den westlichen Industrienationen geworden: Etwa 30 bis 50 Prozent aller Patienten, manche Untersucher meinen sogar 80 Prozent, die ärztlich behandelt werden, leiden unter diesen Beschwerden.

Kein Befund, aber seelisch krank

Es geht in diesem Kapitel nicht um die sogenannten psychosomatischen Erkrankungen, das heißt seelisch bedingte Erkrankungen, die schwere körperliche Schäden hinterlassen. Es geht hier um seelisch bedingte körperliche Symptome, für die sich keine Organveränderungen finden lassen.

Üblicherweise sieht bei diesen Beschwerden der Gang der Dinge so aus, wie es *Michael Balint,* ein ungarisch-englischer Analytiker, beschrieben hat: Nach seiner Meinung entwickelt jeder Mensch im Verlaufe seiner Kindheitsentwicklung eine mehr oder weniger ausgeprägte Grundstörung. Wenn zu dieser Grundstörung im Verlaufe des Lebens ein Konflikt, eine Krise kommt, die wir nicht bewältigen können, entwickeln wir zunächst unklare Beschwerden, eine unorganisierte Krankheit. Der Patient geht mit diesem Beschwerdeangebot zu seinem Arzt, wobei er eine

„arztgerechte Beschwerde" vorträgt: dem Internisten berichtet er Herz- oder Magen-Darm-Beschwerden, dem Neurologen Kopfschmerzen oder anfallsartige Zustände, dem Hals-Nasen-Ohren-Arzt Schwindel und Ohrensausen, dem Gynäkologen unklare Unterbauchbeschwerden. Der Arzt untersucht die entsprechenden Organe, findet nichts und teilt dies dem Patienten mit (zum Beispiel, daß sich trotz der Magenschmerzen keine Veränderungen am Magen finden ließen).

Damit ist das erste Beschwerdeangebot des Patienten vom Arzt zurückgewiesen worden. Beim nächsten Besuch berichtet der Patient vermutlich andere Beschwerden, in unserem Beispiel etwa Beschwerden im Bereich der Leber und der Galle. Der Arzt untersucht erneut. Und siehe da – es zeigen sich leichte Abweichungen bei den Leberwerten. Der Arzt teilt nun dem Patienten mit, vermutlich habe er einen leichten Leberschaden, und verschreibt ihm ein Leberpräparat. Arzt und Patient haben sich also auf die Diagnose „Leichter Leberschaden" geeinigt.

Verlegenheitsdiagnose „chronisch krank"?

Der Patient stellt sich nun auf diese chronische Erkrankung ein. Er hält Diät, nimmt regelmäßig seine Medikamente, er schont sich und trinkt keinen Alkohol mehr, immer mit dem Hinweis: „Sie wissen ja, meine Leber . . .!" Er und seine Familie versuchen, mit dieser chronischen Erkrankung zu leben. Da die körperlichen Beschwerden aber einen seelischen Ursprung haben, können sie sich durch all diese Maßnahmen nicht bessern. Das führt dann häufig dazu, daß Fachärzte hinzugezogen werden, Kuren werden verschrieben, Krankenhausaufenthalte für notwendig erachtet. Schließlich kann es dahin kommen, daß mehrere Ärzte den Patienten

> Es ist falsche Rücksichtnahme, wenn Lebenspartner nicht ehrlich miteinander sind und nie offen darüber sprechen, was sie am andern stört, und sei es auch zunächst noch so peinlich. (Tobias Brocher)

behandeln, wobei dann niemand so recht weiß, wer was behandelt und wer für die Behandlung eigentlich verantwortlich ist.

Da diese Erkrankungen keine körperlichen Schäden verursachen, andererseits aber den Patienten dazu zwingen, vorsichtiger und gesünder zu leben, werden die Patienten mit psychovegetativen Beschwerden – das haben ausführliche Untersuchungen inzwischen erwiesen – sogar älter als die Gesamtbevölkerung. Sie leben zwar länger, leiden aber Jahre und Jahrzehnte ihres Lebens unter chronischen Beschwerden, die sich manchmal erst im hohen Alter bessern. Ein Beispiel mag dies verdeutlichen:

Ein junges Mädchen entwickelte kurz vor Kriegsende nach dem plötzlichen Tod ihres Vaters und ihres Großvaters Herzanfälle, die in mehreren Kliniken gründlich untersucht wurden. Man fand eine leichte Überfunktion der Schilddrüse. Der behandelnde Arzt meinte damals, sie werde vermutlich nicht alt werden. Es sei ganz ausgeschlossen für sie, zu heiraten und Kinder zu bekommen. Trotz der medikamentösen Behandlung kam es immer wieder zu Herzanfällen, in denen die Patientin glaubte, sterben zu müssen. Zunächst half es, wenn ein Familienangehöriger, später ihr Ehemann bei ihr war und ihr Mut zusprach. Einige Jahre später half dies nichts mehr, ein Arzt mußte benachrichtigt werden. Bei dessen Eintreffen fühlte die Patientin sich besser, ohne daß sie Medikamente bekommen mußte. Einige Jahre später war es dann doch notwendig, daß der Arzt eine Spritze gab, seine bloße Anwesenheit half nicht mehr.

Als die Patientin endlich in psychotherapeutische Behandlung kam, litt sie unter ihren Herzanfällen seit mehr als vierzig Jahren. Inzwischen hatte sie geheiratet, mehrere Kinder großgezogen und war zweimal Großmutter geworden. Die Voraussagen der Ärzte, sie werde weder heiraten noch Kinder bekommen können, hatten sich glücklicherweise nicht bewahrheitet – aber sie hatte vierzig Jahre lang gefürchtet, ihr Herz bleibe plötzlich stehen, es gehe mit ihr gleich zu Ende. Sie hatte inzwischen ihre Halbtagstätigkeit aufgegeben, hielt sich fast nur noch zu Hause auf, war nicht mehr fähig, in Begleitung spazieren zu gehen, und hatte Mühe, zu den Behandlungsstunden zu kommen. Sie berichtete, daß ihre Mutter jahrzehntelang unter ähnlichen Beschwerden gelitten hatte. Mit 74 Jahren war die Mutter beschwerdefrei, jetzt war sie 84, erledigte alle Hausarbeiten und hatte keinerlei Verständnis für die Beschwerden ihrer Tochter!

Die Patientin selbst mußte nicht so lange auf die Besserung ihrer Beschwerden warten. Während der Therapie konnte sie die Ursache ihrer Herzanfälle verstehen, konnte sich damit auseinandersetzen und neue Erfahrungen machen. Langsam erweiterte sie wieder ihren Lebenskreis, wurde selbständiger und gelassener und konnte sich auch im Familienkreis besser behaupten.

Merkwürdig ist, daß viele Redewendungen in unseren Sprachen darauf hindeuten, daß es seelisch bedingte körperliche Beschwerden gibt. Die Sprache hat um diese Zusammenhänge offenbar schon immer gewußt. Beim Verständnis der psychovegetativen oder funktionellen Beschwerden geht es tatsächlich darum, die Sprache wieder beim Wort zu nehmen oder – so wie es *Michael Balint* beschrieben hat – mit einem dritten Ohr, auf einer anderen Ebene zuzuhören, was neben und hinter den Worten gesagt werden will. Dann kann langsam verstanden werden, welcher Konflikt hinter der Erkrankung steht, welche persönlichen Schwierigkeiten sich im körperlichen Bereich abbilden. Erst dann ist ein Neubeginn möglich.

Wenn die Luft wegbleibt

Unsere Atmung können wir einerseits bewußt und willkürlich verändern, andererseits wird sie vom vegetativen oder autonomen Nervensystem gesteuert. Wenn wir sprechen, singen oder ein Blasinstrument spielen, wenn wir die Luft anhalten oder pfeifen, dann machen wir das bewußt. Die meiste Zeit unseres Lebens aber werden die Atmung und der Atemrhythmus von einem Atemzentrum gesteuert, das tief im Zwischenhirn verborgen ist. Diese Steuerung funktioniert auch dann noch ausgezeichnet, wenn wir schlafen oder bewußtlos sind. In der Atmung, das heißt im Ein- und Ausatmen, spiegeln sich Spannung und Entspannung. *Goethe* hat dies sehr schön beschrieben:

> Im Atemholen sind zweierlei Gnaden:
> die Luft einziehen, sich ihrer entladen.
> Jenes bedrängt, dieses erfrischt;
> so wunderbar ist das Leben gemischt.
> Du danke Gott, wenn er dich preßt,
> und dank ihm, wenn er dich wieder
> entläßt!

Es gibt viele Redensarten, die sich auf seelisch bedingte Atemstörungen beziehen: Wenn wir „in einer atemberaubenden Situation" sind, dann „verschlägt es uns den Atem", es bleibt uns „die Luft weg". In ganz spannenden oder angstmachenden Situationen „wagen wir kaum zu atmen". Wenn wir wütend sind, müssen wir „Dampf ablassen", müssen uns „Luft machen". Wenn wir es nicht wagen, jemandem „etwas zu husten", dann hüsteln wir

Wie stark der Mensch von seinen Gefühlen abhängt, erfährt er in der Zeit des Verliebtseins. Er sieht die Welt mit anderen Augen, entdeckt neue Werte und macht die beglückende Erfahrung, daß ein anderer ihm tief vertraut.

vielleicht vorsichtig, um auf unsere Gegenwart aufmerksam zu machen. Die verdrängte Aggression äußert sich darin vorsichtig und unter hohem Druck.

Wie eng seelisches Erleben mit körperlichen Beschwerden verknüpft ist, kann man sehr schön an der sogenannten Hyperventilations-Tetanie sehen, krampfartigen Zuständen, die durch Überatmung, das heißt durch zu tiefes und schnelles Atmen, entstehen. Bei vielen Menschen löst Angst so etwas wie einen Fluchtreflex aus und den Zwang, wegen des vermehrten Sauerstoffbedarfs schneller zu atmen. Wenn dieser Sauerstoff nicht verbraucht wird, wenn es also zu keiner Flucht kommt, kann sich durch die Abatmung der Kohlensäure der Säurewert des Blutes verschieben. Dadurch vermindert sich die Durchblutung in Händen und Füßen, Kribbeln und andere Mißempfindungen treten auf bis hin zu auffälligen Verkrampfungen der Arme und Beine. Die Symptome können für sich wieder die Angst verstärken und die ohnehin schnelle Atmung noch mehr beschleunigen. Ein einfaches Hilfsmittel gegen diese anfallsartigen Zustände ist eine Plastiktüte, die vor Mund und Nase gehalten wird (sie darf auf gar keinen Fall über den Kopf gestülpt werden – das würde noch mehr Angst machen). Diese Plastiktüte bewirkt, daß die ausgeatmete Kohlensäure wieder eingeatmet wird. Der Säurewert des Blutes normalisiert sich, und nach wenigen Minuten ist der Patient völlig beschwerdefrei – eine der wenigen Wunderheilungen in der Medizin, die zudem mit ganz einfachen Mitteln zu bewerkstelligen ist.

Atemstörungen haben es oft mit Angst, Spannung oder Abwehr zu tun. Ein junger Mann litt seit seinem zehnten Lebensjahr unter Asthma-Anfällen, die medikamentös kaum zu beeinflussen waren. Während der Behandlung ergab sich, daß er sehr unter seinem jähzornigen und gewalttätigen Vater gelitten hatte. Als er neun Jahre alt war, wurde die Ehe der Eltern geschieden. Obwohl der Vater sich vorher nie für seinen Sohn interessiert hatte, bestand er auf seinem Recht der Besuchserlaubnis und zwang seinen kleinen Sohn, ihn regelmäßig zu besuchen. Vor jedem Besuch bekam der Junge einen Asthma-Anfall. Später verselbständigte sich die Erkrankung, und die Asthma-Anfälle häuften sich auch ohne erkennbare äußere Ursache. Während der Behandlung fiel auf, daß der Patient seine Angst überhaupt nicht wahrnehmen konnte, obwohl er offensichtlich immer in Panik war („Wieso Angst? Ich bin immer so!"). Nur langsam konnte er verstehen, daß er durch seine draufgängerische Lebensart über seine Angst hinweggelebt hatte, die sich nur noch im körperlichen Bereich, das heißt in den Asthma-Anfällen, äußern konnte.

„Ich hab mein Herz in Heidelberg verloren ..."

Obwohl unser Herz ausschließlich vom vegetativen, vom autonomen Nervensystem gesteuert wird (wir können sein Schlagen nicht willkürlich beeinflussen), haben wir doch alle mehr oder weniger „ein fühlend Herz" in unserer Brust. Viele Redensarten beziehen sich auf seelisch bedingte Herzbeschwerden: Wir „nehmen uns etwas zu Herzen", eine traurige Geschichte „drückt uns das Herz ab", mancher ist warmherzig, hochherzig, unbarmherzig, kaltherzig. Wir können unser Herz in Heidelberg verlieren. Das heißt, da hat sich jemand in Heidelberg verliebt („in einer lauen Sommernacht"), jetzt ist er in seiner Heimatstadt und hat nur noch ein dumpfes Gefühl in der Herzgegend, so als ob das Herz in Heidelberg geblieben wäre. Das ist sicher nicht der Fall, wäre mit dem Weiterleben auch nicht vereinbar! Trotzdem meldet sich das Herz, wenn es um Liebeslust und Liebesleid geht. Oft zeigt uns unser Herz eine Schwierigkeit, die wir in unserem Leben noch nicht überwunden haben.

Ein kräftiger, gut trainierter Mann bekam an seinem Arbeitsplatz immer wieder Herzanfälle, die so stark waren, daß er teilweise mit Blaulicht ins Krankenhaus transportiert werden mußte. Manchmal kam er dort sogar fast bewußtlos an. Im Krankenhaus wurde ihm jedoch nach wenigen Stunden oder wenigen Tagen immer wieder mitgeteilt, sein Herz sei ganz gesund.

Er selbst konnte sich diese Herzanfälle nicht erklären. Während einer längeren Behandlung ergab sich, daß diese Herzanfälle eng an das Schicksal seiner älteren Tochter gebunden waren und an die Art, wie seine Ehefrau ihm davon berichtete. Sie hatte die Eigenart, aus tatsächlichen Ereignissen und übertriebenen Befürchtungen eine schreckliche Geschichte zusammenzurühren, die sie ihm lächelnd und unbewegt erzählte. Er nahm sich das alles buchstäblich zu Herzen, bewegte diese Worte immer wieder grüblerisch in seinem Herzen, bis es ihm das Herz abdrückte. Ursache seiner Herzbeschwerden war aber im Grunde die überaus enge, nicht gelöste Bindung zu seiner Tochter (die mittlerweile schon längst erwachsen und selbständig war), in der sich die Beziehung zu seiner kleinen Schwester widerspiegelte, die im Kindesalter tödlich verunglückt war. Diese Trennung hatte er offenbar bis jetzt nicht verwunden.

Eine kräftige junge Frau mußte während eines Autounfalles hilflos zusehen, wie ihr

Durch Streit, zwischenmenschliche Konflikte und seelische Belastungen wird unser ganzer Körper in Mitleidenschaft gezogen. Die negativen Gefühle beeinträchtigen die Organe und werfen den Menschen aus seinem Lebensrhythmus.

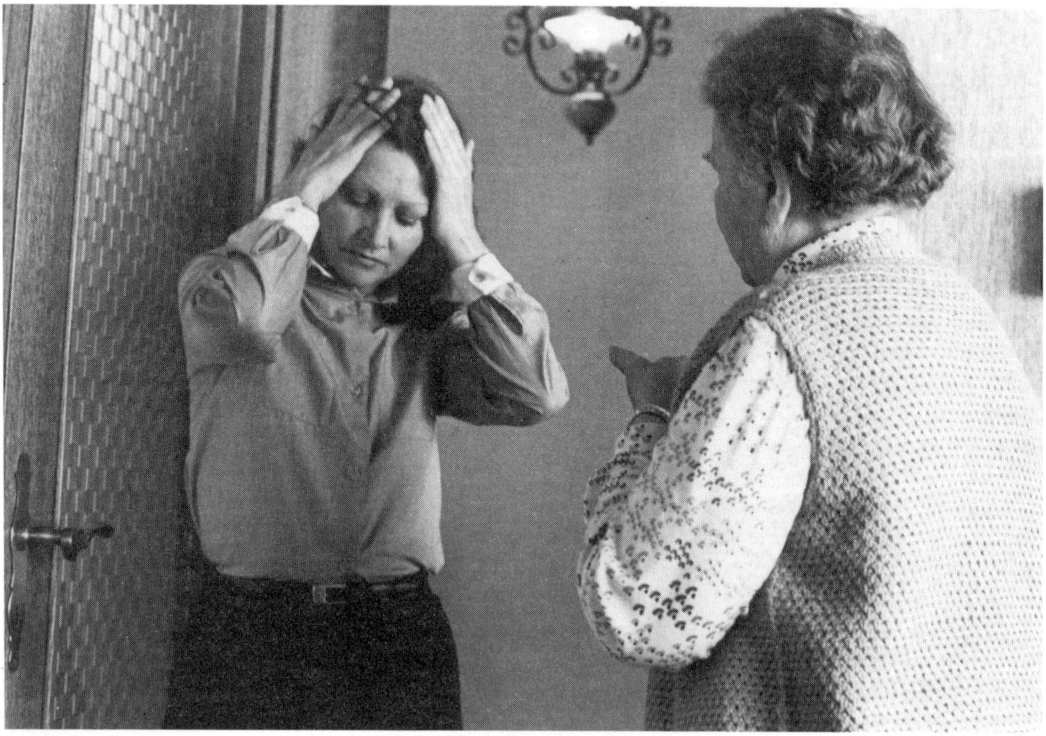

Mann in den Trümmern des Wagens starb. Sie selbst wurde mit schweren Verletzungen ins Krankenhaus gebracht. Hier bekam sie zunächst anfallsartige Angstzustände, später Herzanfälle, die einem Herzinfarkt außerordentlich ähnlich sahen. Trotz häufiger Untersuchungen konnte nie ein Herzschaden festgestellt werden. Während einer psychotherapeutischen Behandlung wurde deutlich, daß sich in dem Unfalltod ihres Mannes die schmerzliche Trennung von ihrem Vater wiederholte, der plötzlich und unerwartet in ihrem zwölften Lebensjahr gestorben war. Langsam lernte sie die Angst verstehen, die hinter diesen Herzanfällen stand. Schließlich konnte sie sogar tiefe Traurigkeit zulassen, die sie durch ihre Angst immer wieder verhindert hatte und die so etwas wie eine nachgeholte Trauer war.

Alarm im Nervensystem

Im Bauchraum, das heißt zwischen Magen und Wirbelsäule, befindet sich das Zentrum des vegetativen Nervensystems: das sogenannte Sonnengeflecht, der Plexus solaris. Dort finden sich etwa soviel Ganglienzellen wie im Gehirn, so daß man mit Fug und Recht von einem „Bauchgehirn" reden kann. Diese Steuerungszentrale ist dafür verantwortlich, daß zum Beispiel nach dem Essen die Bauchorgane vermehrt durchblutet werden. Weil dann weniger Blut für das Gehirn zur Verfügung steht, werden wir dann müde, neigen dazu, Siesta zu halten, ein Mittagsschläfchen zu machen. Bei Angst oder Schreck hört die Verdauungsarbeit im Magen und Darm schlagartig auf. Das kann man sehr gut am Röntgenschirm verfolgen, wenn der Patient etwas Röntgenkontrastbrei getrunken hat. Das gesamte Blut steht dann in dieser Stress-Situation für Kampf oder Flucht zur Verfügung.

Eine Cholerikerin versetzt ihren Körper immer wieder in Alarmbereitschaft und ihre Umwelt in Spannung. (Zeichnung von Wattier)

Der Bauch als Sinnesorgan

Auch andere Empfindungen können sich im Magen-Darm-Bereich abspielen und zu Beschwerden werden. Eine unverdauliche Sache „liegt uns schwer im Magen", wir können sie dann nur „schwer verdauen". Mancher frißt derart viel Ärger in sich hinein, daß er sich „ein Loch in den Bauch ärgert". Das kann bedeuten, daß er wegen seines Ärgers häufig Magenschleimhautentzündungen und schließlich ein Magengeschwür entwickelt hat, das durchgebrochen ist – eine schwere, manchmal tödlich verlaufende Erkrankung. Ganz anders als Magenärger, der still und gekränkt heruntergeschluckt wird, ist der

Gallenärger. Wenn uns die Galle überläuft, dann tut sie das unter hohem Druck! Wir laufen rot an, fangen fürchterlich an zu schimpfen. Selbst Ereignisse, die schon zehn oder zwanzig Jahre zurückliegen, kochen ebenso hoch und über. Wir ärgern uns dann „grün und blau“, spucken „Gift und Galle“ und stehen schließlich manchmal vor einem rauchenden Trümmerfeld, ohne das gewollt zu haben.

Im Bereich des Darmes gibt es ebenfalls viele deutliche, drastische, aber leider nicht druckfähige Ausdrücke, die etwas mit unserem Ekel, mit unserem Abscheu, unserer Angst, unseren Befürchtungen oder unserem Ärger zu tun haben.

Eine ältere Patientin wurde wegen erheblicher Gewichtsabnahme in einem Krankenhaus mehrfach gründlich untersucht, weil man eine Krebserkrankung vermutete. Der Hausarzt meldete sie schließlich in einer psychotherapeutischen Klinik an und meinte dazu, die Patientin habe sicherlich keinen Krebs, sie habe Liebeskummer! Und so war es dann auch: Nach dem Tod ihres Mannes hatte sie wieder in ihrem alten Beruf gearbeitet und sich in vorgerückten Jahren noch einmal verliebt. Schwierig war in dieser Beziehung der inzwischen erwachsene Sohn, der mit dem Freund seiner Mutter nichts zu tun haben wollte. Plötzlich und unerwartet trennte sich ihr Freund von ihr. Als er ihr dies telefonisch mitteilte, war ihr die Kehle wie zugeschnürt. Sie brachte fortan kaum einen Bissen hinunter, mußte sich dauernd erbrechen, litt unter Durchfall und entwickelte eine schnelle Gewichtsabnahme mit schweren Kreislaufstörungen.

Es war ihr schließlich kaum noch möglich, ohne fremde Hilfe von einem Zimmer ins andere zu gelangen. Erst nachdem sie ihren Ärger, ihren Liebeskummer und ihren Trennungsschmerz durchleben konnte, wurde sie wieder so kontaktfreudig, aufgeschlossen und lebenslustig, wie ihre Bekannten sie von früher kannten.

Der zerbrochene Kopf

Kopfschmerzen sind ein häufig beklagtes Symptom. Dabei sind seelisch bedingte Kopfschmerzen häufig schwerer zu behandeln als organisch bedingte, weil die üblichen Schmerzmittel hier versagen. Viele Schwierigkeiten und Konflikte können uns Kopfschmerzen machen, wenn wir uns darüber „den Kopf zerbrechen“. Nun bekommt man vom Denken keinen Schädelbruch. Aber wenn wir ein schwieriges Problem in unserem Kopf hin und her gewälzt haben und zu keinem Ergebnis gekommen sind, kann er so weh tun, als wäre er gebrochen. Mancher will „mit dem Kopf durch die Wand“ (der arme Kopf!), ist ein Wirrkopf oder Hitzkopf, manch einer hat andererseits ein Brett vor dem Kopf.

Ein typisches Beispiel für seelisch bedingte Kopfschmerzen ist die sogenannte Wochenendmigräne. Sie tritt häufig bei ehrgeizigen und leistungsbezogenen Menschen auf, die beruflich sehr erfolgreich sind. Aber am Wochenende, wenn sie zu sich kommen, sich erholen könnten, bekommen sie heftige Kopfschmerzen, Übelkeit und Erbrechen. Wegen ihrer Empfindlichkeit gegenüber Licht, Geräuschen und Gerüchen müssen sie sich in ein abgedunkeltes Zimmer zurückziehen. Am Montagmorgen schleppen sie sich mit Mühe zur Arbeit. Wenige Stunden später sind sie völlig beschwerdefrei. Offensichtlich können sie sich nicht einfach wohl fühlen.

Ein stiller und zurückhaltender Patient kam wegen heftiger Kopfschmerzen, die schon zu Medikamentenabhängigkeit und Alkoholmißbrauch geführt hatten, in die Klinik. Er berichtete aus seiner Kindheit, daß seine Mutter ihn immer abgelehnt und tyrannisiert habe. Sie habe es verhindert, daß er einen Beruf erlernte, habe jede seiner Freundschaften durch ihr Verhalten beendet. Er habe damals eine „Mordswut“ auf sie gehabt. Schließlich habe er doch gegen ihren Willen geheiratet und einen

Beruf erlernt. Als er sich ein Eigenheim baute, zog seine Mutter in das neue Haus, weigerte sich aber, ihre finanziellen Verpflichtungen zu erfüllen. Seine Ehefrau und seine Mutter vertrugen sich überhaupt nicht, es gab jeden Tag Zank und Streit. Wenn er von der Arbeit nach Hause kam, war dort „dicke Luft". In dieser Situation stieg die alte Mordswut auf die Mutter wieder in ihm auf, ohne daß er sie äußern konnte oder durfte – dafür aber entwickelte er unerträgliche Kopfschmerzen.

Wenn mir der Schlaf geraubt wird

Immer mehr Menschen klagen über Schlafstörungen. Das hängt einmal damit zusammen, daß wir den Schlaf wie viele andere vegetative Reaktionen nicht erzwingen können. Wenn wir uns in Hab-Acht-Stellung ins Bett legten und uns zum sofortigen Einschlafen zwingen wollten, wäre das die sicherste Methode, die ganze Nacht wach zu bleiben. Zum anderen zeigt sich in der Schlaflosigkeit die Unfähigkeit, sich einfach fallen zu lassen, sich hinzugeben, einen Zustand der Schwäche und Hilflosigkeit zuzulassen.

Zum anderen gibt es viele äußere Einflüsse, die unseren Schlaf stören können. Bei schweren körperlichen Erkrankungen und bei starken Schmerzen ist Schlaf oft auch mit den stärksten Schlafmitteln nicht möglich. Andererseits können uns noch Dinge des Tages beschäftigen, die uns den Schlaf rauben oder derentwegen wir uns schlaflose Nächte machen. Oder eigene Schuld, eigenes Versagen quält uns. Nicht umsonst sagt der Volksmund: „Ein ruhiges Gewissen ist ein sanftes Ruhekissen!"

Wenn wir einen Schläfer beobachten, der ruhig und entspannt schlafen kann, dann ist deutlich zu sehen, daß wir uns im Schlaf in ganz frühe Stadien der Hilflosigkeit und Unschuld zurückbegeben, vielleicht sogar zurückziehen. Viele seelische Erkrankungen können ein Zurückweichen vor Schwierigkeiten und Konflikten bedeuten, die (noch) unüberwindlich sind. Am Schlaf sehen wir deutlich, daß Rückzug auf frühere Erfahrungen und frühere Verhaltensweisen manchmal bitter notwendig ist: Jede Nacht kehren wir in ein frühes Stadium der Hilflosigkeit zurück, um neue Kraft für einen neuen Tag zu schöpfen.

Wenn wir nicht schlafen können, kann das – entsprechend unseren früheren Erfahrungen – verschiedene Bedeutungen haben. Wenn wir nicht gelernt haben, uns in dieser Welt wohl zu fühlen, wenn wir sie als kalt, bedrohlich und unheimlich empfinden, dann dürfen wir uns nicht einfach in den Schlaf „fallen" lassen, dann müssen wir wach sein, wachsam sein. Wenn wir gelernt haben, daß wir immer wieder verlassen werden können und dann einsam und allein sind, kann das Wachsein wachsames Warten bedeuten.

Eine junge Frau litt seit Jahren unter schwersten Schlafstörungen. Sie berichtete dazu, daß sich in ihrer Familie nachts mehrere Unglücks- und Krankheitsfälle ereignet hatten. Seitdem schlief sie in der Sorge um ihre Lieben wie ein Indianer, wie sie sagte, das heißt, sie lag immer auf dem Sprung, war immer auf der Lauer, um Gefahren abzuwenden.

Wenn wir gelernt haben, wie aggressiv wir selbst und andere sein können und wie sehr wir uns deshalb zusammennehmen und auf der Hut sein müssen, dann dürfen wir uns nicht so einfach einschlafen lassen. Denn schlafen bedeutet ja in diesem Fall: die Kontrolle über sich verlieren, die Zügel schleifen lassen, sich nicht mehr in der Hand haben und damit hilflos und schutzlos allem Gefährlichen ausgeliefert sein.

Angst läßt schlecht schlafen

Wenn wir gelernt haben, vor anderen eine Rolle zu spielen, wenn wir nicht wir

Sehr anschaulich hat Wilhelm Busch in seiner Bildgeschichte von Balduin Bählamm den Zahnschmerz dargestellt, der wie jede akute körperliche Not alle Gedanken auf sich zieht, den Blick für andere Dinge verstellt und die ganze Freude am Leben verdirbt. Das zeigt, wie sehr der Mensch eine Einheit ist. Immer leidet der ganze Mensch und nicht nur ein Teil von ihm.

selbst sein dürfen, wenn wir unser selbst nicht sicher sind, dann dürfen wir uns nicht so einfach einschlafen lassen. Dann könnte ja die Fassade, die wir mit so viel Mühe aufgebaut haben, verschwinden; die Maske, die uns die Beziehungen zum anderen ermöglicht, würde fallen. Wir wären dann vielleicht so, wie wir wirklich sind, und der andere sähe unsere ungeschminkte Wirklichkeit.

Gegen Schlafstörungen gibt es eine Fülle von teils bewährten, teils unnötigen, teils gefährlichen Medikamenten. Viele dieser Schlafmittel können zwar für wenige Nächte den Schlaf erzwingen, können aber auch einerseits abhängig machen und andererseits den Schlaf so verändern, daß er nicht mehr erfrischend und erholsam ist. In Schlaflabors hat man herausgefunden, daß wir keinesfalls so tief und traumlos schlafen, wie wir es manchmal meinen. In den ersten zwei Stunden erreichen wir schnell einen sehr tiefen Schlaf, dann treten aber immer länger werdende Phasen eines äußerlich unruhig wirkenden Schlafes auf: Der Schläfer wälzt sich hin und her, die Augen bewegen sich schnell, als ob er gleich aufwachen wollte, und er ist durch Geräusche leichter störbar. Wegen der schnellen Augenbewegungen nennen die Schlafforscher diese Phase die Rem-Phase (englisch: rapid eye movement – schnelle Augenbewegungen).

Diese unruhige Schlafphase scheint außerordentlich wichtig für unser seelisches Gleichgewicht zu sein. In dieser Phase träumen wir lebhaft. *Sigmund Freud* hat in seinem Buch über die Traumdeutung ausführlich beschrieben, daß der Traum der Hüter des Schlafes ist. Im Traum können wir Tagesreste bearbeiten, das heißt Schwierigkeiten des Tages neu durchspielen und lösen. Im Traum können wir uns

unsere geheimsten Wünsche erfüllen und Traurigkeit, Ärger und Enttäuschungen auf manchmal erstaunliche Weise überwinden.

Viele Schlafmittel verkürzen oder unterdrücken die Rem-Phasen. Die Folge ist, daß der Schlaf einerseits nicht so erholsam und erfrischend ist, wie er sein könnte. Wir wachen mit einem schweren Kopf auf und mit dem Gefühl, unausgeschlafen zu sein. Zum anderen konnte die wichtige Traumarbeit nicht geleistet werden; wir sind dann manchmal auf unerklärliche Weise bedrückt, traurig, ärgerlich oder gereizt. Außerdem weiß man von den Barbitursäurepräparaten, daß sie den Schlaf nur für wenige Tage erzwingen. Dieser Zwang rächt sich dann, die Dosis muß erhöht werden, die Nebenwirkungen werden stärker. Zudem können viele Schlafmittel und Beruhigungsmittel abhängig machen. Dabei kann es außerordentlich wichtig sein, zu erkennen und zu erfahren, was mir mein seelisches Erleben durch meine Schlafstörungen sagen will, was es bedeutet, daß ich wach, wachsam sein muß.

Der Schmerz als Notruf

Körperliche Schmerzen sind einerseits ein ganz wichtiges Warnsignal, andererseits können sie außerordentlich quälend sein. Der Schmerz ist im körperlichen Bereich so etwas wie der bellende Wachhund der Gesundheit. Wenn wir aus Versehen an eine heiße Herdplatte fassen, ziehen wir – durch die Schmerzempfindung gewarnt – die Hand blitzschnell zurück, ehe es zu schweren Gewebsschädigungen kommen kann. Wenn wir uns ein Bein gebrochen haben, werden wir durch den Schmerz daran gehindert, auf dem gebrochenen Bein herumzulaufen. Zahnschmerzen erinnern uns daran, daß wir wieder einmal zum Zahnarzt müssen, auch wenn wir das nur sehr ungern tun. Das Ausbleiben körperlicher Schmerzen kann manchmal sogar lebensgefährlich sein. Bei manchen Diabetikern verläuft der Herzinfarkt stumm, das heißt ohne körperliche Schmerzen. Dadurch wird die zunächst notwendige Schonung und Entlastung des

Herzens verhindert. Das kann schwerwiegende Folgen haben bis hin zum plötzlichen und unerklärlichen Herztod.

Man kann Schmerzen auch vergessen

Schmerzen können wir nur empfinden, wenn sie uns bewußt sind. Unbewußte Schmerzen gibt es nicht. Zum anderen kann die Stärke des Schmerzes von unserer Haltung beeinflußt werden. Bei Unfallopfern oder von Kriegsverletzten wissen wir, daß sie trotz schwerer Verletzungen aufgrund des Schocks oder im Schlachtgetümmel zunächst keine Schmerzen empfinden. Erst wenn sie – wie auch immer – zur Ruhe gekommen sind, werden ihnen durch ihre Schmerzen ihre Verletzungen bewußt.

Andererseits können durch Erwartung und Angst Schmerzen immer schmerzhafter werden. *Wilhelm Busch* beschreibt dies in „Balduin Bählamm" sehr eindrucksvoll am Beispiel der Zahnschmerzen:

Das Zahnweh, subjektiv genommen,
ist ohne Zweifel unwillkommen;
doch hat's die gute Eigenschaft,
daß sich dabei die Lebenskraft,
die man nach außen oft verschwendet,
auf einen Punkt nach innen wendet
und hier energisch konzentriert.
Kaum wird der erste Stich verspürt,
kaum fühlt man das bekannte Bohren,
das Rucken, Zucken und Rumoren –
und aus ist's mit der Weltgeschichte,
vergessen sind die Kursberichte,
die Steuern und das Einmaleins,
kurz, jede Form gewohnten Seins,
die sonst real erscheint und wichtig,
wird plötzlich wesenlos und nichtig.
Ja, selbst die alte Liebe rostet –
man weiß nicht, was die Butter kostet –
denn einzig in der engen Höhle
des Backenzahnes weilt die Seele,
und unter Toben und Gesaus
reift der Entschluß: Er muß heraus!

Wie die junge Dame hingegeben auf die Musik aus dem Kopfhörer lauscht, so sollten wir auch die Signale unseres Körpers in Form von Schmerzen beachten.

Rückenschmerzen durch seelische Belastung

Es gibt viele seelisch bedingte Schmerzzustände, die dadurch besonders unerträglich sind, weil die üblichen Schmerzmittel keine Linderung bringen. Wir sprachen schon über Kopfschmerzen, Halsschmerzen und Schmerzen im Bauchraum. Sehr häufig sind auch seelisch bedingte Wirbelsäulenbeschwerden. Wenn jemand gelernt hat, er muß den Kopf oben behalten, muß „sich senkrecht halten", weil ihm „das Wasser bis zum Halse" steht oder weil er halsstarrig und hartnäckig ist, dann kann diese verkrampfte Kopfhaltung über kurz oder lang zu heftigen Beschwerden und

Schmerzen führen. Andere „laden sich viel auf den Hals“, können „den Hals nicht voll genug bekommen“, haben – so meinen oft die anderen – „einen breiten Buckel“ und können viel (er)tragen. Diese Lebenshaltung kann schwere Wirbelsäulenbeschwerden machen, ohne daß sich im Röntgenbild entsprechend schwere Veränderungen nachweisen lassen. Durch schweres Unrecht oder schweres Leid kann uns im übertragenen Sinne „das Rückgrat gebrochen“ werden, andererseits können chronische Rückenschmerzen ein immerwährender Protest gegen unerträgliche Belastungen sein, denen wir ausgesetzt sind.

Eine junge Frau klagte seit Jahren über heftige Rückenschmerzen, ohne daß schwere Veränderungen der Lendenwirbelsäule nachweisbar waren und ohne daß die üblichen Behandlungsmethoden ihr irgendeine Linderung brachten. Zur Entstehungsgeschichte der Rückenschmerzen war von ihr folgendes zu erfahren: Nach ihrer Heirat war sie mit ihrem Ehemann ins Ausland gegangen. Nachdem sich viele Pläne zerschlagen hatten, kehrte sie mit ihrem Mann in das Haus der Schwiegereltern zurück. Dort war sie wegen ihrer finanziellen Schwierigkeiten gezwungen, in einem kleinen Zimmer zu wohnen, in dem täglich ein schweres Klappbett zu handhaben war. Kurze Zeit später bekam sie heftige Rückenschmerzen, die es ihr unmöglich machten, im Haushalt der Schwiegermutter mitzuhelfen. Diese war gezwungen, die ungeliebte Hausarbeit selbst zu übernehmen. In den Rückenschmerzen drückte sich offensichtlich heimlicher Protest aus, der offen nicht geäußert werden durfte.

Was will mir meine Seele durch körperliche Beschwerden sagen?

Bei der Behandlung der psychovegetativen Beschwerden ist immer daran zu denken, daß hier der Körper offenbar zum Sprachrohr der Seele wird. Es geht darum zu verstehen, was unser seelisches Erleben uns durch diese körperlichen Beschwerden sagen will. Der Weg dieses Verstehens ist manchmal ein Weg mit Hindernissen und Schwierigkeiten. Denn wohin komme ich, wenn ich zu mir komme? Was erfahre ich, wenn ich mich selbst erfahre?

Wie schwierig es ist, zur Ruhe zu kommen, zu sich selbst zu finden, ist vielleicht schon an dem Umstand zu sehen, daß in den Zehn Geboten Ruhe und Selbstbesinnung geradezu verordnet werden mußten. Das vierte Gebot in 2. Mose 20 lautet: „Gedenke des Sabbattages, daß du ihn heiligest. Sechs Tage sollst du arbeiten und alle deine Werke tun. Aber am siebenten Tage ist der Sabbat des Herrn, deines Gottes!“ Auffallenderweise ist das vierte Gebot das längste aller zehn Gebote. Auffällig ist dabei auch, daß es nicht wie die anderen Gebote mit einem „Du sollst...“ beginnt (im hebräischen Grundtext steht hier eigentlich sogar das erwartungsvolle: „Du wirst...“), sondern mit einem „Gedenke...“. Ruhe, Besinnung und Selbstbesinnung lassen sich nicht erzwingen.

An den psychovegetativen, den leib-seelischen Erkrankungen ist zum einen deutlich zu sehen, daß Krankheit eine Form der Lebensbewältigung sein kann. Manchmal erscheint ein Konflikt, eine Schwierigkeit so unlösbar, daß die Erkrankung ein halbwegs erträglicher Kompromiß ist.

Eine junge Frau kam wegen heftiger Kopfschmerzen in psychotherapeutische Behandlung. Man sah ihr an, wie sehr sie unter diesen Kopfschmerzen litt. Eine körperliche Ursache dafür konnte bei mehreren Krankenhausaufenthalten nicht gefunden werden. Zur Entstehungsgeschichte ihrer Kopfschmerzen berichtete sie: Ihr sehr eifersüchtiger Ehemann erlebte sie bei einer Feier mit alten Freunden sehr ausgelassen und gelöst. Es kam, wie es kommen mußte: Er machte ihr vor allen Gästen eine

Szene, bekam einen Tobsuchtsanfall und wollte auf der Stelle abreisen. In derselben Nacht entwickelte sie heftige Herzschmerzen, ein Notarzt mußte wegen ihres Herzanfalles gerufen werden. Sie nahm sich die Auseinandersetzung mit ihrem Ehemann buchstäblich zu Herzen.

In den Wochen danach bekam sie zunehmende Kopfschmerzen, die sie dazu zwangen, vorwiegend im Bett zu liegen. Sie konnte nur noch mit Mühe die nötigsten Hausarbeiten erledigen. Sie berichtete, daß sich in den sechs Jahren ihrer Erkrankung das Verhalten ihres Mannes grundlegend geändert habe. Früher sei er jähzornig und eifersüchtig gewesen, jetzt pflege er sie hingebungsvoll, sei geduldig und verständnisvoll. Als sich während der Behandlung ihre Kopfschmerzen besserten, sie tageweise sogar fast völlig beschwerdefrei war, kam ihre ursprüngliche Lebenslust und Lebensfreude wieder zum Vorschein. Sie nahm Kontakt zu anderen auf, wollte wieder mit ihrem Mann ausgehen, was sie seit sechs Jahren nicht mehr getan hatte. Das aber hätte nicht geschehen dürfen! Die alte Eifersucht und Heftigkeit des Mannes erwachte wieder. Es kam zu zunehmenden Auseinandersetzungen zwischen den Eheleuten. Ihre Kopfschmerzen nahmen wieder zu, schließlich brach sie die Behandlung ab. Es war überdeutlich, daß beide Eheleute ihre Kopfschmerzen brauchten, um die Ehe halbwegs erträglich zu gestalten.

Es liegt in der Natur der Sache, daß die Ursache für seelisch bedingte Beschwerden uns unbewußt ist. Der unlösbare Konflikt, die unbewältigten Schwierigkeiten sind ja ins Unbewußte verdrängt worden. Damit bleibt die Ursache unserer Beschwerden für uns unsichtbar und nicht erkennbar. Wir können die Wiederkehr des Verdrängten zwar sehr genau am anderen sehen, uns selbst aber stehen wir offenbar viel zu nahe, um eben den gleichen Konflikt an uns wahrnehmen zu können.

Schon Jesus Christus hat auf diesen Umstand hingewiesen: In der Bergpredigt fragt er (Matthäus 7,3): „Warum siehst du den Splitter in deines Bruders Auge, während du den Balken [den großen Splitter] in deinem Auge nicht bemerkst? Oder wie kannst du dir herausnehmen, zu deinem Bruder zu sagen: ‚Laß mich den Splitter aus deinem Auge entfernen', während in deinem Auge der Balken steckt?"

In die Sprache der Psychotherapie übersetzt hieße das etwa: „Warum siehst du den kleinen Konflikt des anderen, und deinen eigenen großen Konflikt übersiehst du?" Diese Erfahrung kann in der Psychotherapie und im Alltagsleben immer wieder gemacht werden. Dort, wo unser Konflikt, wo unsere Schwierigkeiten sind, haben wir einen ganz besonders großen blinden Fleck. Deshalb brauchen wir die Hilfe des anderen, des Therapeuten, des Gruppenmitgliedes oder eines verständnisvollen Freundes, der uns auf das uns unbewußte Fehlverhalten hinweist. Erst dann können wir aufhören, immer wieder das gleiche zu tun, immer wieder die gleichen Ängste zu entwickeln und uns immer wieder selbst die gleichen Schwierigkeiten zu schaffen – erst dann können wir neue Erfahrungen machen, innerlich wachsen und wir selbst werden.

Der Schlüssel der Beschwerden

Häufig ist es wichtig, die auslösende Situation, die „Schlüsselsituation" zu verstehen, die wie ein Schlüssel in das Schloß meiner Befürchtungen, Ängste und Erfahrungen paßte und die Tür zu meiner Erkrankung aufschloß. Dieser Schlüssel kann mir den Weg weisen zu Schwierigkeiten, Konflikten und Problemen, die ich noch nicht bewältigt und gelöst habe. Manchmal können seelisch bedingte körperliche Beschwerden wie eine Kompaßnadel auf diesen Konflikt weisen.

Eine junge Patientin kam wegen merkwürdiger Kopfschmerzen in die Klinik. Seit etwa zwei Jahren hatte sie in einem eng umschriebenen Bezirk drückende Kopfschmerzen, die manchmal in den Körper ausstrahlten und dort kribbelnde Mißempfindungen verursachten. Eine organische Ursache ihrer Beschwerden war durch gründliche Untersuchungen ausgeschlossen worden, eine Behandlung in einer speziellen Neurose-Klinik war erfolglos geblieben. Die sehr tatkräftige und energische junge Patientin konnte sich die Ursachen ihrer Beschwerden nicht erklären.

Eine auslösende Situation konnte mit ihr zunächst nicht erarbeitet werden. Erst später fiel ihr ein, daß ihr vor etwa zwei Jahren von ihrem Hausarzt unter dramatischen Umständen mitgeteilt worden war, daß sie an einer seltenen entzündlichen Erkrankung leide. Mehrere Kontrolluntersuchungen ergaben dann doch einen negativen Befund, das heißt der erste positive Befund war eine Fehlbestimmung gewesen – sie war in Wirklichkeit völlig gesund. Obwohl die Patientin den komplizierten Namen der Erkrankung sehr gut behalten hatte, konnte sie sich nicht erinnern, daß sie über Verlauf und Folgen der Erkrankung von irgend jemand aufgeklärt worden war. Nach längerem Nachdenken fiel ihr schließlich ein, daß sie damals in einem alten Lexikon unter dieser Diagnose nachgelesen hatte. Sie brachte das Lexikon mit in die Klinik, und dort fand sich unter dem Stichwort der entzündlichen Erkrankung, unter der sie angeblich gelitten haben sollte, daß es bei dieser Erkrankung zu Hirntumoren kommen kann, die sich in Kopfschmerzen, kribbelnden Mißempfindungen in den Gliedmaßen und Lähmungen äußern könne. Die Patientin selbst hatte diesen Text völlig vergessen, konnte sich an diese Einzelheiten überhaupt nicht mehr erinnern. Aber – die Seele vergißt offenbar nichts. Sie entwickelte genau die Beschwerden, die im Lexikon beschrieben worden waren und die sie seit zwei Jahren quälten, obwohl sie körperlich völlig gesund war. Jetzt erst konnte ihre Neigung bearbeitet werden, immer gleich das Schlimmste zu befürchten (diese Neigung hatte sie offenbar von ihrer Mutter erlernt) und sich durch ihre Aktivität und Energie gegen die von ihr befürchteten Katastrophen abzusichern.

Üblicherweise werden bei seelisch bedingten körperlichen Beschwerden manchmal über lange Zeit hin Beruhigungs- oder Schlafmittel verschrieben und eingenommen. Diese Medikamente können zunächst durchaus sinnvoll sein, weil sie dämpfen, lindern und entspannen. Zur endgültigen Heilung führen sie nicht, weil sie die seelisch bedingten Ursachen der körperlichen Beschwerden nicht beseitigen. Weil der Konflikt, der die Beschwerden verursacht hat, nicht gelöst wird, können sogar die ursprünglichen Beschwerden verschwinden und neuen Symptomen Platz machen. Die Beschwerden können so von Organ zu Organ wandern, bis endlich ihre „Botschaft" verstanden wird und zu einer Änderung führt.

„Werde, der du bist!"

Wir sagten schon, daß ungelöste Konflikte, unüberwindliche Schwierigkeiten, Verdrängtes und Nichtgelebtes uns daran hindern können, zu wachsen und zu reifen. Das zeigt sich ganz besonders deutlich, wenn wir immer wieder auf die gleichen Schwierigkeiten stoßen, immer wieder in die gleichen Situationen kommen und so wie unter einem Zwang das wiederholen müssen, was uns in der Entwicklung hemmt. Da hilft es wenig zu glauben, man könne „nach Australien auswandern und ein neues Leben anfangen" oder mit einem neuen Partner oder in einer neuen Situation alles ganz anders und besser machen.

Schließlich nehmen wir uns selbst mit unseren Problemen und Gehemmtheiten mit nach Australien, in die neue Partnerschaft oder in die neue Situation.

In der Psychotherapie wird im Grunde genommen das nachgeholt, was in einer natürlichen Entwicklung von allein geschieht, bei den Patienten aber, aus welchen Gründen auch immer, nicht möglich war: seelisches Wachstum und seelische Reifung. Beides gab es vor Entwicklung der Psychoanalyse und gibt es außerhalb der Psychotherapie und Psychoanalyse, wenn nicht schwerwiegende Widerstände es verhindern. Immer wieder beobachten wir, wie sehr einen Menschen eine neue Partnerschaft, eine feste Überzeugung oder eine persönliche Bindung an Gott verwandeln können. Viele Menschen haben außerordentlich schwere seelische Belastungen ohne ärztliche oder psychotherapeutische Hilfe überstanden, weil starke seelische Selbstheilungskräfte immer wieder auf Heilung und Wachstum drängten. Letztlich sind die Wirkungen der Psychotherapie und Psychoanalyse auch nur dadurch zu erklären, daß diese starken Selbstheilungskräfte und nicht nur gesunde Persönlichkeitsanteile mit dem Therapeuten in die gleiche Richtung arbeiten. Der Psychotherapeut kann dem Patienten – wie es *Franz Alexander*, ein amerikanischer Analytiker einmal genannt hat – nur eine „korrigierende emotionale Neu-Erfahrung" bieten, kann ihm zeigen, daß die früh erlernten Ängste und Befürchtungen so nicht richtig sind und daß ihm ganz andere Möglichkeiten der Konfliktbewältigung zur Verfügung stehen, die er bisher nicht genutzt hat, weil er sie nicht sehen konnte. Der Psychotherapeut kann dem Patienten nicht die Lösung seiner Probleme abnehmen, er kann für ihn nicht die für ihn wichtigen neuen Wege suchen und gehen.

Erich Fromm, ein amerikanischer Philosoph und Psychoanalytiker, hat darauf hingewiesen, daß Psychotherapie niemals Anpassungsberatung sein darf. Jeder Patient hat ein Recht auf seinen eigenen Weg und eigene Lösungsmöglichkeiten.

C. G. Jung, ein ehemaliger Schüler *Sigmund Freuds*, begründete eine eigene Psychotherapierichtung und hat immer wieder dazu aufgerufen, den Weg der Selbstwerdung, der Individuation zu beschreiten: „Werde, der du bist!" Auf diesem Weg gilt es zunächst, sich von der Maske, der Fassade zu befreien, die uns zwar zunächst etwas schützt, dann aber doch unsere Möglichkeiten außerordentlich einengt und beschneidet. Selbstwerdung bedeutet aber auch, die dunklen, unangenehmen, verdrängten und abgewehrten Teile unserer Persönlichkeit anzunehmen. Sonst geraten wir in die Gefahr, diesen „Schatten" unserer selbst nur beim anderen wahrzunehmen und dort heftig zu bekämpfen.

Andererseits gibt es Persönlichkeitseigenarten, die so gar nicht zu uns passen wollen. Der energische „starke Mann" kann sich die ihm unerklärliche Schwäche nicht verzeihen, die ihn manchmal befällt und Selbstzweifel in ihm aufsteigen läßt. Der beruflich sehr erfolgreichen „Karrierefrau" kann es ebenso ergehen. Andererseits kann manche von ihrem Selbstverständnis her „schwache Frau" nicht verstehend hinnehmen, daß sie manchmal auf eine unerhörte Weise energisch und durchsetzungsfähig ist. Ebenso kann es bei einem weichen, überwiegend gefühlsbetonten Mann sein. Wenn wir diese Persönlichkeitsanteile nicht als unsere eigenen erkennen, dann suchen oder bekämpfen wir sie vielleicht im anderen und scheitern deshalb in der Beziehung zu ihm.

Dieser Weg der Selbsterfahrung, der Selbstentdeckung, der Selbstwerdung und der Auseinandersetzung mit dem Verdrängten und Nichtgelebten kann dazu führen, daß ich mich und andere deutlicher wahrnehme, den Mut gewinne, neue Wege zu gehen, bewußter lebe und liebe und daß ich mein Schicksal mutig auf mich nehme.

Der Mensch und die dunklen, rätselhaften Mächte

Zwei Freundinnen, so erzählt eine Geschichte, zwei junge Mädchen, ließen sich aus Neugierde und Jux von einer Zigeunerin ihr Schicksal aus der Hand lesen. Die eine erhielt eine gute Zukunft versprochen. Über den Handlinien der anderen aber fuhr die Zigeunerin entsetzt auf und sagte ihr dann voraus – nachdem sie inständig darum gebeten worden war –, daß sie innerhalb eines Jahres tot sein werde. Und noch vor Ablauf eines Jahres war jenes zweite junge Mädchen gestorben. Gibt es also doch echte Voraussagen? Kann man wirklich aus der Hand das Schicksal lesen?

Selbst wenn die Geschichte wahr wäre, könnte man sie ganz natürlich erklären. Wollen wir einmal die Möglichkeit, daß jenes Mädchen von schwerer Krankheit gezeichnet war und für einen geübten Blick keine große Lebenserwartung hatte, außer acht lassen. Nun stirbt jemand ja nicht nur wegen einer organischen Krankheit, sondern auch an einem gebrochenen Lebenswillen. Und um so etwas könnte es sich bei dem zweiten Mädchen gehandelt haben. Sie hatte bei der Voraussage der Zigeunerin einen inneren Schock erlitten und vermochte die Tatsache eines frühen Todes nicht mehr aus ihrem Denken zu bannen. So zerbrach ihr Lebenswille, sie welkte dahin und starb. (Auch die bezeugten Geschichten von Naturvölkern, wonach ein von einem Zauberer Verfluchter auch tatsächlich an dem bestimmten Tag gestorben sei, lassen sich in ähnlicher Weise erklären.)

Und die Geschichte von den zwei Freundinnen zeigt noch ein zweites: Man sollte sich auf Dinge, die unsere Seele – zumal in Stunden der Not, der Angst und des Zweifels – belasten können, einfach nicht einlassen.

Gefährliche Wege, die Zukunft zu bewältigen

- Der Aberglaube macht unfrei und versklavt
- Die Wahrheit der Welt wird in Lüge verwandelt
- Aberglaube verhindert vernünftiges Verhalten

Hilfen gegen ein abergläubisches Gewissen

- Dem Aberglauben begegnen mit einem gesunden Gottvertrauen
- Als die Zauberbücher brannten . . .
- Viele okkulte Praktiken leben von der Annahme einer unsterblichen Seele

Gefährliche Wege, die Zukunft zu bewältigen

Wenn wir in diesem Beitrag von dem Dunklen, Rätselhaften, von den Mächten des Bösen sprechen, dann wenden wir uns einer Seite des Daseins zu, die eher Beklemmung auslöst als befreiende Erhellung. Alles wird zu einer realen Macht, sobald man daran glaubt. Es geht darum, wie der einzelne die Wirklichkeit seines Lebens und der Welt erklärt, und nicht um Naturgesetze. Der Aberglaube schafft in der Seele starke Bindungen an Zufälligkeiten, Bildsymbole und Sprachformeln. In der Bilderwelt des Aberglaubens sollen Geheimnisse enträtselt, andererseits aber der normale Lebensablauf auf geheimnisvolle Weise erklärt werden. Dabei wird die Grenze zwischen Schein und Sein ständig nach beiden Richtungen überschritten.

Auch die harmlosen Horoskope, auf die heute kaum noch eine Zeitschrift glaubt verzichten zu können, können unsichere und labile Menschen derart programmieren, daß sie tatsächlich das Vorausgesagte erleben, wodurch sich für sie die Glaubwürdigkeit der Horoskope erhöht, und das wiederum bindet sie innerlich noch fester an diese. Den moralischen Zuspruch, den das Horoskop auch bietet, könnten sie natürlich sehr viel leichter aus anderen Quellen beziehen.

Es ist gewiß ein allgemeines Verlangen des Menschen, zu wissen, was die Zukunft bringt, Krankheiten zu meiden und Unglück abzuwehren. Und tatsächlich lassen sich gewisse Trends von der Gegenwart in die Zukunft verlängern, lassen sich Krankheiten meiden und läßt sich manchem Mißgeschick vorbeugen. Aber es gibt dennoch vieles zwischen Himmel und Erde, von denen sich unsere Schulweisheit nichts träumen läßt. Bei der Vielfalt des Lebens ist manches Schicksal rätselhaft, scheinen geheimnisvolle Kräfte und Mächte im Spiel zu sein.

Das abergläubische Gewissen geht nun davon aus, daß es solche Kräfte und Mächte tatsächlich gibt und daß man sich ihrer Hilfe bedienen bzw. sie beschwichtigen muß, um mit dem Leben fertig werden zu können. Weil Lebensangst so weit verbreitet ist, darum sind Aberglaube und Okkultismus zur größten Religion geworden. Immer scheint der Mensch auf der Suche nach den tausend dunklen Kräften zu sein, die sich hinter den ihn bedrängenden Übeln verbergen, und will ihnen ein persönliches Antlitz abgewinnen.

Machtverlangen und Sicherungsstreben sind entscheidende Motive für das weite Gebiet des Aberglaubens. Kein Opfer scheint zu hoch, wo man erwarten kann, die Zukunft und die Mächte des Lebens in den Griff zu bekommen. Dingen und Menschen werden Heilkräfte zugeschrieben, die fern aller Realität sind – und doch werden sie zur Realität, weil man daran glaubt!

Die Macht des Aberglaubens zeigt sich schon in dem Erschrecken vor der Zahl 13. Wer einen Unglückstag vor sich zu haben meint, wird schließlich durch seine ängstliche Art zum Erfüller seiner eigenen Prophetie.

Der geheimnisvolle Rahmen und die priesterliche Gestik der Wahrsager und Zukunftsdeuter täuschen nicht darüber hinweg, daß auf diese Weise an einem sachlichen, vernünftigen und angstfreien Handeln gehindert und der Mensch manipuliert wird.

Der Aberglaube macht unfrei und versklavt

Was ist Aberglaube? „Unter ‚Aberglaube' versteht man im allgemeinen eine Bemühung des Menschen, sich durch bestimmte Handlungen gegen böse Schicksalsmächte zu wappnen, dem Schicksal seine Geheimnisse abzuzwingen und es dem persönlichen Glücksverlangen dienstbar zu machen. Der Aberglaube zielt darauf ab, die Grenzen der erfahrbaren Umwelt zu erweitern, zu überspringen, um dadurch den großen Bereich der Lebens- und Todesangst, die unberechenbare Willkür des Schicksalsablaufes zu bewältigen." (*Wilhelm Horkel*, Christsein heute, Stichwort „Aberglaube", Wuppertal, 1964.) Es geht um die Annahme und Nutzung geheimnisvoller, übernatürlicher Kräfte, und die Bandbreite erstreckt sich von abergläubischen Anschauungen und Bräuchen über Zaubersprüche, Orakelwesen, Wahrsagen bis hin zum Geister- und Dämonenglauben sowie zur Totenbefragung. Entsprechend reichen seine Wirkungen auf den Menschen von kleinen „Macken" bis hin zur dämonischen Bindung, bei der der Mensch die Kontrolle über sich selbst verliert.

Auf diese Weise kann der Mensch in ein System von Vorstellungen, Handlungen und abergläubischen Bräuchen verflochten werden, das sein seelisches Leben und mitunter auch seine körperliche Gesundheit in Mitleidenschaft zieht. Auch wenn das abergläubische Gewissen sich an religiösen Symbolen und Werten orientiert, entspricht es keineswegs dem, wozu ein lebendiger Glaube und ein gesundes Gottvertrauen führen sollen. Der abergläubisch-religiöse Untergrund gleicht einem undurchdringbaren Dschungel von Ideen und Praktiken. Aus Unterwürfigkeit und Hörigkeit gegenüber Menschen entstehen wahre Tragikomödien. Oft werden phantastische Weltentwürfe zurechtgezimmert und phantastische Zusammenhänge geglaubt. Einesteils findet sich bei den Bewohnern dieser abergläubisch-phantastischen Welt eine ungeheure Angst, andererseits ein beeindruckendes Elitebewußtsein. Seltsame Opferhandlungen und Riten scheinen den Teilnehmern ein Selbstwertgefühl zu vermitteln, das ihnen das tägliche Leben offenbar nicht mehr schenkt. Im Aberglauben scheinen sich neue Wege des Wissens, des Verstehens, des Heilens und der Problemlösung anzubieten, und er erweist sich auch hierbei als ein falscher Glaube, der nicht hält, was er verspricht.

Die Wahrheit der Welt wird in Lüge verwandelt

Der Aberglaube in seiner tiefsten Dimension verwandelt die Wahrheit der Welt und des Lebens zur Unwahrheit, zur Lüge, und der Mensch, der die Welt mit einem abergläubischen Gewissen sieht, gleicht jemandem, der auf dem Kopf steht und alles verkehrt sieht: oben als unten, rechts als links. „Eben mit diesem durch seine Lüge provozierten, ihr entsprechenden verkehrten Bild muß der Mensch nun aber leben. Wie er die Dinge sieht, so sind sie; gewiß nicht an sich, wohl aber für ihn, so muß er sie haben und erfahren, so wirken sie auf ihn. Das verkehrte Bild hat als solches Realität und Gewalt über den, der es durch seine Lüge provoziert. Es beherrscht, es bestimmt, es begrenzt, es charakterisiert sein Dasein . . . ein verzauberter Mensch in einer verzauberten Welt." (*Karl Barth*, Dogmatik IV, 3, Seite 540.)

Das abergläubische Gewissen bedeutet einmal die Zerrüttung des natürlichen Lebensablaufs. Das Normale wäre, daß sich jemand, der gesund ist und arbeiten kann, am Morgen zufrieden auf den Weg macht und dankbar dafür ist, daß er gesund ist und arbeiten kann. Der Abergläubische aber bei seinem gespannten Sinn für alles Ungewöhnliche und Zeichenhafte braucht bloß eine schwarze Katze die Straße in einer bestimmten Richtung überqueren zu sehen, und schon ist sein Leben gestört. Vielleicht geht er noch einmal nach Hause, um das Geschehene „ungeschehen" zu machen, oder er wird bei seiner Vorahnung von Unglück durch seine linkische und verkrampfte Art tatsächlich Unglück auslösen. Er wird gewissermaßen zum Erfüller seiner eigenen Voraussage und ist dann vom Aberglauben um so mehr überzeugt.

Der Mensch kann sich erheblich selbst manipulieren; er kann sich durch seine Vorstellungen krank machen. In der Erwartung von Unglück sieht er Unglück, verursacht er gar selbst das Unglück. Wenn ihm seine „Zeichen" andeuten, daß er heute von Menschen Unheil zu erwarten habe, benimmt er sich so seltsam, daß sich seine Umwelt entsprechend verhält, was ihm wiederum als Beweis dient, daß die „Zeichen" eben doch nicht trügen.

Aberglaube verhindert vernünftiges Verhalten

Der Aberglaube lehrt aber auch, Unsinniges zu tun. Manche wollen gleich Geister beschwören, bloß weil es zieht, da ein Fenster offensteht. Das vernünftige, sachliche Verhalten bestünde darin, das Fenster zu schließen. Das sachliche Verhalten wird jedoch verhindert durch abergläubische Praktiken. Um der Not Herr zu werden, greift man zu okkultem Unsinn.

Im Grunde aber stellt man sich der Not nicht, sondern verbirgt die eigene Feigheit. Das Notwendige – das heißt das, was wirklich die Not wendet – wird unterlassen. Feindschaft zwischen Menschen wird nicht durch Kartenlegen oder astrologische Auskünfte beseitigt, sondern durch den Mut, miteinander offen und ehrlich zu sprechen, sich in die Lage des anderen zu versetzen und dessen Recht und Würde anzuerkennen.

Das Spektrum der Mächte und Kräfte, denen sich der Mensch durch einen irregeleiteten Glauben ausliefert und dadurch die Einheit seines Lebens gefährdet, ist groß. Es reicht von harmlosen Spielereien bis zum dämonischen Bereich, wo es um die Anbetung und Verehrung böser Mächte geht. Erst beim letzteren zeigt sich, daß es sich schließlich um die Kräfte des Chaos, der Zerstörung, des Dunklen, des zu Meidenden handelt.

Hilfen gegen ein abergläubisches Gewissen

Die erste Hilfe für ein abergläubisches Gewissen ist der Rat, von jener beunruhigenden, alles wissen wollenden Neugierde zu lassen, die hinter die Welt des Sichtbaren kommen möchte. Wir haben nicht die Pflicht, alles zu prüfen, was Menschen je erfahren haben wollen, und wir haben auch nicht die Pflicht, uns in die Verstrikkungen anderer Leute einzulassen, um ihnen helfen zu können. Wo übermenschliches Wissen und Heilen unter dem Siegel der Verschworenheit angeboten werden, da sollten wir Zurückhaltung üben. Wir sollten uns die Menschen ansehen, die uns ein verborgenes Heil offerieren, und uns fragen, ob sie selbst jene echte Freiheit und jenen echten Frieden verkörpern, nach denen wir letztlich suchen.

Dem Aberglauben begegnen mit einem gesunden Gottvertrauen

Wir sollten zweitens den inneren Entschluß fassen, Menschen, dem Leben und vor allem Gott zu vertrauen und von ihm allein das Heil erwarten. Dem Aberglauben wird am besten begegnet in der geistigen Zucht eines gesunden Gottvertrauens. Eine entscheidende Stelle hierfür ist 5. Mose 18, 9–12 (Einheitsübersetzung). Ehe das Volk Israel in Kanaan – ein Land voller Aberglauben, Okkultismus und Götzendienst – einzog, gab Gott folgenden Rat: „Wenn du in das Land hineinziehst, das der Herr, dein Gott, dir gibt, sollst du nicht lernen, die Greuel dieser Völker nachzuahmen. Es soll bei dir keinen geben, der seinen Sohn oder seine Tochter durchs Feuer gehen läßt, keinen, der Losorakel befragt, Wolken deutet, aus dem Becher weissagt, zaubert, Gebetsbeschwörungen hersagt oder Totengeister befragt, keinen Hellseher, keinen, der Verstorbene um Rat fragt. Denn jeder, der so etwas tut, ist dem Herrn ein Greuel."

Dieses Wort sagt uns zweierlei. Erstens: Gott verbietet – weil sie dem Glauben an seine Allmacht widersprechen – die genannten Dinge, ohne das näher zu begründen. Er fordert Gehorsam, Vertrauen. Ehe wir uns erst mit Zweifeln herumschlagen, wird eine klare Linie gezogen: Gott will es nicht! Der Text beantwortet nicht die Frage, ob das, was da in Kanaan praktiziert wurde, auf Tatsachen oder auf Taschenspielerei, Betrug oder dämonischer Bindung beruht. Man denke nur an die Totenbefragung (wir werden uns gegen Schluß dieses Beitrags mit dieser Frage kurz beschäftigen). Es wird hier nicht diskutiert, ob das überhaupt möglich ist. Es war eine übliche Praxis, die aber gemieden werden sollte.

Der Text lehrt noch ein zweites: Die Teilnahme an solchen von Gott verbotenen Praktiken verändert die Persönlichkeit. Es heißt nicht, daß der Betreffende etwas

Lebensfreude, ein angst- und haßfreies Leben – das wünschen wir uns alle. Der Weg dazu führt über Vertrauen, Liebe und Offenheit für Welt und Menschen. Dazu sind ein gesundes Vertrauen zu sich selbst, zu den Menschen, zum Leben und zu Gott nötig.

Übles tut, sondern daß er selbst zum Greuel geworden, der Gott aufs höchste mißfällt. Auf diesem Gebiet darf es also kein neugieriges Mitmachen geben, bei dem man sich nichts denkt. Der Mensch soll sich von allem fernhalten, was ihn unfrei macht.

Als die Zauberbücher brannten...

Der christliche Glaube ruft zu einem Leben der Angstfreiheit, der Selbstverantwortung und des Mutes, sich mit all seinen Problemen auf Gott einzulassen. So ist es bezeichnend, daß zur Zeit des Apostels Paulus die Leute in der kleinasiatischen Stadt Ephesus, die Christen wurden, ihre Zauberbücher herbeischleppten und verbrannten. Wer sich auf Gott verläßt, braucht keine Zauberbücher mehr. Er weiß, daß Gott sein Leben führt, und will ihm nicht zuvorkommen. Wir können uns selbst, dem Leben und den Menschen besser dienen, wenn wir uns von den abergläubischen Dingen und von dem Gebiet des Dunklen grundsätzlich fernhalten. Wenn ein Mensch Ordnung in sein seelisches Leben bekommen will, muß er es lernen, ein klares Nein zu sagen zu Dingen, die nicht gut für ihn sind, die ihn beunruhigen und bedrohen, die ihm schaden und die im Gegensatz zu einem kindlichen Vertrauen zu Gott stehen. Die Angst, die uns oft umtreibt und nach allen möglichen Lösungen Ausschau halten läßt, muß überwunden werden durch eine neue Lebenseinstellung, einen neuen Lebenssinn, ein neues Vertrauen. Auch durch ein neues sachliches Verhalten. Ebbe und Flut haben es mit Wirkungen des Mondes zu tun. Diese Tatsache rechtfertigt aber nicht die irrige Annahme, daß „in den Sternen mein Schicksal" steht. Mein Schicksal hat es zu einem erheblichen Teil auch mit meinem eigenen Verhalten zu tun; die Grundvoraussetzungen meines Lebens aber – mein sozialer Stand, mein Geschlecht, meine Fähigkeiten – kann ich getrost aus Gottes Hand nehmen. Er allein vermag mein Leben zur Entfaltung und Erfüllung zu führen.

Nicht umsonst wird im zweiten der biblischen Zehn Gebote die Anfertigung und Anbetung von Bildern verboten. Gott ist für uns nicht verfügbar. Das Gebot will uns vor dem Wahn bewahren, als ob sich Gott mit Hilfe von Bildern zum Helfen bewegen ließe. Lassen wir unseren Weg nicht vernebeln von Leuten, die sich geheimen Wissens brüsten, von Zwangsneurotikern, die darauf schwören, daß ein Gut, sobald man es erwähnt, durch ein dreifaches „toi, toi, toi" vor Verlust geschützt werden müsse. Aber es war immer schon so: Wo dem Glauben die Tür versagt wird, steigt der Aberglaube als Gespenst durchs Fenster. Aberglaube und Okkultismus sind nicht Lebenshilfen und Vorstufen zur heilen Welt des Glaubens, der Zuversicht und der Freude, sondern deren Gegenwelt.

Ein Kind wächst normalerweise in einem tiefen Vertrauen zu seinen Eltern auf. Es macht sich keine Sorge um die Zukunft. Es weiß: Meine Eltern sind für mich da! Das unsichere, vielleicht auch verhaltensgestörte Kind sorgt sich darum, wie es von seinen Eltern etwas erlangen könne, was es sonst nicht bekäme. So meint auch der Aberglaube, etwas von Gott erfahren zu können, was er sonst nicht erführe.

Viele okkulte Praktiken leben von der Annahme einer unsterblichen Seele

Hilfe gegen das abergläubische Gewissen ist das Vertrauen in ein Leben, das im Vertrauen zu Gott geführt wird. Zur Freiheit, zu der uns ein gesundes Gottvertrauen führt, gehört auch der ungehinderte Blick für Sachzusammenhänge. Es ist wie bei der sexuellen Aufklärung: ein aufgeklärtes Kind wächst unbeschwerter auf, ein nicht aufgeklärtes Kind wähnt Geheimnisse, wo keine sind, steckt voller Befürchtungen und Ängste und deutet vieles falsch. Hier ist vielleicht der Punkt, um noch einmal auf die Totenbefragung zurückzukommen. Die Bibel lehrt deutlich, daß der Mensch eine Einheit ist, bei der kein Teil losgelöst vom Körper existieren kann. Es war keine individuelle Seele da, ehe ein Mensch wurde, noch gibt es einen geistigen Doppelgänger im Menschen, der ihn überlebt. Es ist aber gerade die Annahme einer unsterblichen Seele, von der viele okkulte Praktiken leben.

Wer sein Leben in Gottes Hand weiß, will nicht die Zukunft von Kartenlegern und Handlesern wissen. Er sagt nein dazu und hat seinen Frieden. Hier kann, wie unsere Geschichte am Anfang zeigt, Jux und Neugierde zu Unheil führen. Der Mensch überschätzt oft seine seelischen Kräfte, und er kann oft nicht gegen die Ängste angehen, die ihm andere in den Kopf gesetzt haben.

Der gesunde Menschenverstand ist ein gutes Mittel gegen das abergläubische Gewissen, dessen Argumente gewöhnlich das Wähnen, Fühlen und Empfinden oder die Erfahrungen anderer Leute sind. Jene Lebensangst aber, die immer wieder nach übermenschlichen Hilfen und Kräften Ausschau hält und sich in das Scheinreich des Dunklen, Rätselhaften und der Mächte des Bösen verstricken läßt, kann letztlich nur durch ein gesundes Gottvertrauen überwunden werden.

Einer der großen christlichen Liederdichter war *Paul Gerhardt* (1607–1676), der selbst in seinem Leben viel Schweres durchmachte. Mit sieben Jahren verlor er seinen Vater, seine Mutter zog ihn unter den Schrecken des Dreißigjährigen Krieges auf; er selbst wurde verschleppt. Einige seiner Kinder starben im frühen Kindesalter. Als seine Frau starb, hinterließ sie ihm einen sechsjährigen Sohn. Die Welt schlichten Glaubens kommt in seinem Lied zum Ausdruck, mit dem wir die Welt des Aberglaubens verlassen und überwinden wollen:

Befiehl du deine Wege
und was dein Herze kränkt
der allertreusten Pflege
des, der den Himmel lenkt.
Der Wolken, Luft und Winden
gibt Wege, Luft und Bahn,
der wird auch Wege finden,
da dein Fuß gehen kann. (Vers 1)

Dem Herren mußt du trauen,
wenn dir's soll wohlergehn;
auf sein Werk mußt du schauen,
wenn dein Werk soll bestehn.
Mit Sorgen und mit Grämen
und mit selbsteigner Pein
läßt Gott sich gar nichts nehmen,
es muß erbeten sein. (Vers 2)

Auf, auf, gib deinem Schmerze
und Sorgen gute Nacht,
laß fahren, was das Herze
betrübt und traurig macht;
bist du doch nicht Regente,
der alles führen soll,
Gott sitzt im Regimente
und führet alles wohl. (Vers 7)

Die Folgen seelischer Schädigungen und ihre Überwindung

„Der tiefste Grund unserer eigenen Seele
ist nicht nur dunkel, ist nicht nur böse. Er ist auch der
geheimnisvolle Born der Lebenskraft, des Lebenswillens und der
immergrünen Hoffnung.“ (Heinrich Satter)

Verhaltensstörungen

Fred hält peinlich Ordnung. Alles in seinem Zimmer steht akkurat auf seinem Platz. Wenn er unterwegs ist, hat er ständig Angst, jemand könne in seinem Zimmer Unordnung anrichten. Solche Verhaltensstörungen, wie etwa Freds Ordnungszwang, sind nicht zufällig. Es gibt viele Verhaltensstörungen, die zudem von unterschiedlichster Herkunft sind. Ich möchte drei Hauptgruppen besprechen.

Entwicklungsbedingte Verhaltensstörungen
- Urvertrauen gegen Mißtrauen
- Selbständigkeit gegen Zweifel
- Unternehmungslust gegen Schuldgefühle
- Leistung gegen Minderwertigkeitsgefühl
- Identität gegen Rollenverwirrung
- Intimität gegen Isolierung
- Schöpferisches Handeln gegen Erstarrung
- Einheit gegen Verzweiflung

Zeitbedingte Verhaltensstörungen
- Nicht lieben, sondern geliebt werden wollen
- Unsicherheit und Zweifel an sich selbst
- Gehemmt sein
- „Alle sind gegen mich"
- Sexuelle Störungen

Neurotische Verhaltensstörungen

Zwölf Wege zum seelischen Gleichgewicht

Entwicklungsbedingte Verhaltensstörungen

In unserem Leben machen wir Entwicklungsabschnitte durch, die alle ihre Krise und – hoffentlich – Reife besitzen. Das ist der Grund, warum wir alle, ohne seelisch krank zu sein, während der Krise Verhaltensstörungen zeigen können. Wir wollen acht Phasen der Entwicklung des Menschen mit ihren typischen Verhaltensschwierigkeiten aufzeigen.

Urvertrauen gegen Mißtrauen

Wenn das Baby zur Welt kommt, ist es völlig hilflos und auf seine Umgebung, besonders auf die Mutter, angewiesen. Die Mutter schenkt dem Kind alles: Nahrung, Zärtlichkeit, Wärme, Hautkontakt; sie lächelt es an, spricht mit ihm, wiegt es im Arm usw. Das alles braucht das Kind, und es braucht dies regelmäßig, damit es Vertrauen lernen kann. Jetzt erwirbt das Baby sein erstes soziales Verhalten: Es kann auf die Mutter warten, bis sie es versorgt, ohne mit Wut- und Schreianfällen zu reagieren.

Aber oft vernachlässigen Mütter ihre Babys. Manche lehnen es unbewußt ab, weil es kein Wunschkind war, und vielen fehlt die nötige Zeit, weil sie berufstätig sind. So entziehen sie dem Kind ihre Fürsorge. Dann lernt das Baby nicht das Urvertrauen, sondern das Urmißtrauen. Jetzt lockert es seine Beziehungen zur Umwelt oder – je nach dem Grad des Mißtrauens – bricht sie sogar ab. Die Folge davon sind schwere Verhaltensstörungen.

Gunters Mutter arbeitet und kümmert sich nicht viel um ihn. Gunter interessiert sich für nichts, was um ihn vorgeht, und reagiert auch auf nichts. Gegenüber fremden Personen ist er ängstlich. Sein Gesicht ist ausdrucksarm. Gunter entwickelt sich nur langsam, und seine Unternehmungslust ist gering. Bald machen sich die ersten Ticks bemerkbar, wie Kopfwackeln, übermäßiges Daumenlutschen, den Körper hin und her wiegen, Kopfstoßen usw. Er kann sich auch nur schwer neuen Situationen anpassen, und deshalb meidet er sie. Noch lange wird Gunter nicht sprechen lernen.

Das alles bedeutet nun nicht, daß wir unsere Babys maßlos verwöhnen müßten. Im Gegenteil ist es wichtig, daß sie Verzichten lernen, daß sie zum Beispiel warten können, bis die Mutter kommt, ohne zu schreien. Aber das Baby braucht Wärme, Zuwendung und Regelmäßigkeit, um zu sich selbst und zu seiner Umwelt ein Gefühl des Vertrauens entwickeln zu können.

Unbefangene Lebensfreude ist ein Bollwerk gegen seelische Störungen. Es gehört auch Mut dazu, sich selbst zu bejahen.

Selbständigkeit gegen Zweifel

Das Baby ist jetzt älter als ein Jahr. Es lernt sprechen, laufen, mit etwas spielen; alles in allem beginnt es also, seine Muskeln zu trainieren. Vor allem tritt, wenn es zwei Jahre alt wird, eine neue Forderung an das Kind heran: Es soll sauber werden. Das Muskelspiel festhalten–loslassen wird zum Erlebnis behalten–hergeben. Lernt das Kind nur eines von beiden, kommt es wieder zu Verhaltensstörungen.

Wer nur festhält, wird geizig. Er rafft, hortet und gibt nichts her. Er kann auch Ordnungsfanatiker werden oder einen Reinlichkeitszwang entwickeln. Vielleicht kennen wir solche Menschen aus eigener Erfahrung, wenn sie älter geworden sind. Beispiele sind ein Steuerberater, dem seine Akten mehr gelten als der einzelne Mensch, oder eine Hausfrau, die ihre Wohnung so peinlich sauber und ordentlich hält, daß man sie kaum zu betreten wagt und sich niemand wohl fühlt.

Wer dagegen nur losläßt, wird bald verwahrlosen. Ihm zerrinnt alles unter den Händen, und niemand findet sich noch im Chaos, das er stiftet, zurecht.

Es ist also wichtig, daß das Kleinkind lernt, das harmonische Wechselspiel von Festhalten und Loslassen einzuüben. Dann lernt es zugleich, sein Muskelsystem zu

Geiz, eine Verhaltensstörung von großer Tragweite, die isoliert und einsam macht. (Holzschnitt von Honoré Daumier.)

beherrschen, woraus es das Erleben der Selbständigkeit zieht. Gelingt dies nicht, tritt an die Stelle der Selbständigkeit (Autonomie) der Zweifel.

Vielfältig sind die Verhaltensstörungen, die aus Mißtrauen und Zweifel fließen. Erich (4) strebt unermüdlich danach, in ungebührlicher Weise die Aufmerksamkeit der Erwachsenen zu gewinnen. Er entwikkelt übertriebene Ansprüche auf Kontakt, Beachtung und Besitz. Mißlingt ihm das, reagiert er trotzig, wütend und aggressiv. Besonders gegen Gleichaltrige und Jüngere richtet sich seine offene Wut. Dabei kann er regelrecht grausam werden. Arbeiten und spielen kann er nicht, es sei denn kurzfristig, um das Lob eines Erwachsenen zu ernten. Vor allem ist er unfähig, mit anderen Kindern zusammen zu spielen. Äußerlich bemerkt man sein gestörtes Verhalten an der Süßigkeitssucht, am Daumenlutschen, Bettnässen und dem Spielen am Genital. Behält Erich solche Verhaltensweisen ein Leben lang bei, wird er noch als Erwachsener die gleichen Verhaltensstörungen zeigen.

Vermeiden können wir solche Verhaltensstörungen, wenn wir den Kindern das bieten, was sie in dieser Phase zu ihrer Entwicklung brauchen: Knetmasse, Fingerfarben, große Tafel zum Malen, Lehmkasten, Sandkasten, Bauklötze, Bewegung, Tollen, Umgang mit Gleichaltrigen, Bilderbücher, Märchen, biblische Geschichten, Singen, Gebet usw. In solchen Spielen und Erlebnissen finden die Kinder Ersatz für ihre Aggressionen, und ihre schöpferischen Fähigkeiten sowie ihre Selbständigkeit werden eingeübt.

Unternehmungslust gegen Schuldgefühle

Das Kind ist vier Jahre alt geworden. Es beginnt, aktiv und unternehmend zu werden (Initiative). Aber das ist nicht gefahrlos. Bernd (5) streift durch die Parks und Straßen, er rauft mit Gleichaltrigen und legt sich mit den Erwachsenen an. Doch bald merkt er, daß es Stärkere gibt, die seinen Unternehmungen Grenzen setzen. Vor allem sein Vater ist ihm in allen Dingen überlegen. Bernd beginnt zu resignieren. Ein Held ist er nur noch in seinen Träumen. Da erweist er sich als Beschützer seiner Mutter und kann den Vater bei ihr verdrängen. Aber in Wirklichkeit sieht er, daß er noch ein kleiner Junge ist, der nichts kann. Schuldgefühle und Entmutigung ergreifen von ihm Besitz. Gelingt es den Eltern nicht, sein Selbstwertgefühl zu stärken und ihn zu ermutigen, dann werden seelische Fehlentwicklungen und Verhaltensstörungen nicht ausbleiben.

Grundlegend für Verhaltensstörungen ist die Verhaltensunsicherheit, die aus Mißtrauen, Zweifel und Schuldgefühlen kommt. Trotz, Dickköpfigkeit, starres Verhalten, aber auch Schmollen und ein rascher Wechsel der Gefühle sind charakteristisch. Hinzu kommen übermäßige Ansprüche an die mütterliche Aufmerksamkeit, Ängste, Einschlaf- und Eßstörungen. Das alles kann vorübergehend sein. Aber behält das Kind diese Verhaltensweisen bei, werden sie beim Erwachsenen sehr störend sichtbar.

Weil sich das Kind in den Jahren zwischen drei und sechs schon mit seiner Geschlechtlichkeit beschäftigt, ist nun auch die Zeit reif, die Kinder, Jungen wie Mädchen, sexuell aufzuklären, und zwar sachlich und liebevoll, ohne falsche Scham, aber auch ohne zu weit zu gehen. Wenn Knaben ihren Penis stolz vorzeigen oder Junge wie Mädchen am Genital spielen, werden wir das nicht ermutigen, aber wir werden auch nicht viel Aufhebens davon machen.

Im übrigen sollten sich die Eltern hinsichtlich ihrer eigenen Sexualität vor den Kindern zurückhalten. Verhaltensstörungen sind sonst im späteren Alter nicht ausgeschlossen, wie Exhibitionismus, Haß auf das andere Geschlecht, Impotenz und Orgasmusschwierigkeiten, geschlechtliche Minderwertigkeitsgefühle, sexuelle Ängste und Schuldgefühle. Die meisten sexuell bedingten Neurosen entstehen in diesem Alter. Insgesamt also sollten die Eltern in dieser Phase nicht zu bestimmend auftreten, sondern dafür sorgen, daß Urvertrauen, Selbständigkeit und Unternehmungsgeist erhalten bleiben.

Leistung gegen Minderwertigkeitsgefühl

Mit sechs Jahren gehen unsere Kinder in die Schule und treten sozusagen ins Leben ein. Das normal entwickelte Kind ist dazu auch in der Lage: Es setzt sein Vertrauen in sich und seine Fähigkeiten, es kann auf eigenen Füßen stehen, besitzt Unternehmungslust und will nun auch gern nicht nur etwas anpacken, sondern es auch zu Ende führen.

Die Gefahr und Krise der Jahre zwischen sechs und 14 ist offenkundig. Die Kinder sind gezwungen, miteinander zu konkurrieren. Es entsteht eine Rangordnung unter den Gleichaltrigen, wobei jedem seine Stellung auch bewußt ist. Wer stark oder (bei Mädchen) hübsch ist, verläßlich, hilfsbereit, leistungsfähig und unternehmend, steht oben in der Rangordnung. Wer dagegen schwach (bzw. häßlich oder ungepflegt), weichlich, ängstlich, leistungsschwach und einzelgängerisch ist, steht unten. Wer es nicht schafft, sich eine gute Position zu erkämpfen, wird notwendig Minderwertigkeitsgefühle entwickeln. Diese müssen sich noch verstärken und vertiefen, wenn auch zu Hause die Eltern und ältere Geschwister bestimmend und beherrschend auftreten.

Minderwertigkeitsgefühle sind die Quelle vieler Verhaltensstörungen. Fritz ist entmutigt. Um auf sich aufmerksam zu machen, ist er „böse". Er lernt schlecht, ist vergeßlich, kaut an den Fingernägeln, lügt, stiehlt und verschenkt das Gestohlene; er ist eigensinnig, trotzig, mißtrauisch und spielt nicht mit anderen Kindern. Sonja dagegen ist „lieb". Sie hilft der Mutter, ist stets gehorsam, fleißig, ordentlich, sauber; aber sie kann nicht mit anderen Mädchen spielen. Sie hat keine eigene Persönlichkeit entwickelt. Werden ihre Minderwertigkeitsgefühle noch mehr vertieft, dann können sie so beherrschend werden, daß Fritz und Sonja ihre Geschlechterrolle ablehnen. Fritz wird nie ein echter Mann und Sonja nie eine wirkliche Frau.

Es ist offenkundig, daß es in diesen Jahren darauf ankommt, die Kinder zu ermutigen, sie möglichst genau nach ihren Kräften zu belasten und ihnen Erfolgserlebnisse zu schenken, die aus ihren Leistungen fließen.

Identität gegen Rollenverwirrung

Mit 14 Jahren ungefähr tritt der junge Mensch in die Phase der Pubertät ein. Die Kindheit ist zu Ende, die Jugendzeit beginnt. Die Zeit, in der der Jugendliche

(10–12jährige) sich harmonisch und ausgeglichen erlebte, ist vorbei. Die Triebe verwirren seine Gefühlswelt. Dazu schießt er auch körperlich in die Höhe und weiß nicht wohin mit seinen langen Gliedmaßen. Er merkt, daß er nicht bloß die Verlängerung und Fortsetzung der Eltern ist, sondern ein eigenes, selbständiges Wesen. Aber wer ist er? Wir merken, daß er zwei Probleme bewältigen muß: die Ablösung von der Elterngeneration und die Selbstfindung. Beides ist krisenhaft.

Sich von den Eltern zu lösen, was heißt das denn? Es bedeutet doch: eigene Wege gehen, eigene Pläne entwickeln, eigene Ideen haben (die von Vaters verschieden sind), eine eigene Zeit- und Arbeitseinteilung vornehmen usw. Dabei wendet sich der Jugendliche oftmals bewußt und herausfordernd von den Eltern ab.

Diese Haltung wird von vielen Menschen beibehalten. Was vorübergehende und notwendige Krise sein sollte, wird zur Lebenseinstellung. Wir kennen die Verhaltensstörungen, die hieraus entstehen: Mißtrauen, Nörgelei, gegen alles und jedes sein, eine pessimistische Beurteilung aller Dinge, kurz: der pessimistische negative Neinsager.

Aber auch die Selbstfindung ist krisenhaft. Denn wie kann ich erfahren, wer ich bin? Ich muß mich umtun. Ich muß Bücher lesen, mich mit Freunden unterhalten, in Clubs gehen, Ideale suchen, einen religiösen Glauben finden; alles in allem also: die Wirklichkeit kennenlernen, um mich zu orientieren und mich finden zu können. Die Krise, die hieraus folgt, ist unschwer zu erraten. Manche Jugendliche legen sich zu früh fest, identifizieren sich zu früh mit einem Ideal, einer Gruppe, einer Ideologie usw., und statt sich selbst zu finden, verlieren sie sich und werden ausgebeutet. Wer aber sich selbst nie findet, kann sich auch nie wirklich hingeben. Er entwickelt nicht die Reife der nächsten Phase, die Fähigkeit, sich hinzugeben. Idealistischer Fanatismus, ideologische Egozentrik, das sind die häufigsten Verhaltensstörungen dieser Phase.

Wir sollten den jungen Menschen in dieser schwierigen Phase beistehen, statt sie zu schulmeistern; wir sollten ihnen zuhören und ihnen vorsichtig raten, indem wir ihnen viele Möglichkeiten zur Wahl vorlegen. Das schließt natürlich ein, daß wir unsere eigene Weltanschauung bekennen.

Intimität gegen Isolierung

Wenn der junge Erwachsene (etwa mit 22 Jahren) weiß, wer er ist (Identität), dann ist er bereit, seine Identität aufs Spiel zu setzen. Er ist willens, sich hinzugeben an einen anderen Menschen (Intimität), ihm treu zu bleiben und für ihn Opfer zu bringen. Allerdings kann er sich vielfältig hingeben: an Freunde, an die Arbeit, an eine Aufgabe, an ein Lebensziel, an Gott.

Die Gefahr dieser Phase liegt in der Angst davor, sich hinzugeben. Man ist bereit, den Preis des Abstandes und der Einsamkeit (Distanzierung, Isolierung) zu bezahlen.

Die Verhaltensstörungen, die daraus entspringen, sind doppelter Art. Aus der Distanzierung kommt folgende falsche Lebenstaktik. Hermann K. (30) ist erfolgreich im Beruf. Er hat es zum Abteilungsleiter gebracht. Aber zu allen hält er kühlen Abstand. Von anderen Abteilungen grenzt er sich ab. Mitarbeiter behandelt er mit sachlicher Freundlichkeit, und mögliche Konkurrenten schaltet er aus. Seine Freundin Eva hat ihn verlassen. Ja, Hermann K. ist erfolgreich, aber unglücklich, unsozial und menschlich unreif.

Irene F. (26) hat sich durch eisernen Fleiß zur Chefsekretärin hochgearbeitet. Sie ist in ihrer Arbeit genau, pünktlich und fehlerfrei. Aber wenn sich ihr ein junger Mann nähert, ist sie unsicher; sie schreckt zurück, geht auf Abstand und reagiert kühl. Sie wird vermutlich den Mann heiraten, um den auch andere Mädchen werben. In dieser Konkurrenz wird sie mit den Mitteln des Sexes siegen. Aber zur Hingabe ist sie nicht fähig. Ihre Ehe wird kein Paradies werden, sondern eine Eiswüste, und sie ist bereit, diesen Preis für ihre Isolation zu zahlen.

Ältere, reife Menschen sollten solchen jungen Erwachsenen helfen. Die beste Hilfe bietet hier die Religion. Sie lehrt uns, daß wir uns an Gott hingeben. Wer lernt, in einen innigen Austausch mit Gott zu treten, ist auch reif, eine tiefe Gemeinschaft mit einem anderen Menschen des anderen Geschlechts einzugehen.

Die Fähigkeit zu lieben entwickelt sich niemals ohne Einsicht in eigenes Fehlverhalten.
(Tobias Brocher)

Die Schwierigkeit, lieben zu lernen, wird um so größer sein, je mehr jeder von der Bedeutung seiner Ansprüche überzeugt ist. (Tobias Brocher)

Schöpferisches Handeln gegen Erstarrung

Mit diesem Abschnitt betreten wir die längste Phase im menschlichen Leben. Sie beginnt etwa mit 30 und reicht bis 60 und weit darüber hinaus. Aus den Kräften der Hingabe zieht der reife Mensch die Fähigkeit, schöpferisch tätig zu werden. Das wollen wir sehr umfassend verstehen. Es meint genauso, Kinder zu zeugen und aufzuziehen, wie einen Verein zu gründen, Schüler zu erziehen, einen Schrank zu fertigen, ein Buch zu schreiben, eine Erfindung zu machen, den Garten zu bebauen, Jugendliche zu beraten, eine Rede zu halten, anderen Menschen Freude zu bereiten, sie zu trösten, ihnen zu helfen, ein eigenes Weltbild zu entwickeln usw. Dahinter steckt also der Drang, etwas zu zeugen und zu lieben, sich selbst und andere zu bereichern und im Wert zu steigern.

Die Gefahr dieser Phase ist die Erstarrung (Stagnation). Heute ist viel die Rede von der „midlife crisis", der Krise der Lebensmitte. Das ist ein gefährliches Gerede. Denn die Lebensmitte als solche stellt keine Krise dar, und Neurosen, die man beschwört, werden von genug Menschen auch entwickelt. Andererseits gibt es diese Krise in der Lebensmitte, wenn an die Stelle des schöpferischen Handelns die Erstarrung tritt. Konrad Z. (47) arbeitet als Angestellter im Büro eines Industrieunternehmens. Wenn er abends nach Hause kommt, setzt er sich in den Sessel, öffnet eine Flasche Bier, holt sich die Zeitung heran und ist „verschwunden". Wortlos ißt er sein Abendbrot. Bier und Fernsehen füllen den Abend aus. Um elf Uhr geht er zu Bett. Wird er angesprochen, brummt er bloß. Wollen die Frau oder seine 18jährige Tochter etwas von ihm, reagiert er gereizt. Krise der Lebensmitte? Nein! Stagnation. Konrad sollte ein Hobby anfangen, am Wochenende mit der Familie etwas unternehmen, Freunde einladen, sich für Menschen engagieren, einen Lebenssinn finden, und schon schmilzt die ganze „midlife crisis" wie Schnee in der Sonne dahin.

Einheit gegen Verzweiflung

Nähert sich das Leben des Menschen seinem Ende, dann tritt die letzte Realität an ihn heran: der Tod. Pensionierung, Untätigkeit, Langeweile, Warten auf den

Tod, Verzweiflung – ist das das Schicksal des Alters? Keineswegs. Jedes Alter hat seine Reife, allerdings auch seine Krise. Die Reife des Alters ist die Einheitlichkeit des Lebens (Integrität). Der reife alte Mensch blickt auf sein Leben zurück und sieht es als ein einheitliches Ganzes, Einmaliges und Sinnvolles. Und er weiß es getragen von Gott, der ihm jetzt näher ist als je zuvor. In dieser Reife zeigt der alte Mensch Entsagung und Weisheit. Darum aber kann sich in einer neuen, noch viel tieferen Weise die zeugende Fähigkeit fortsetzen.

Elisabeth M. (72) ist eine liebevolle, gütige Frau. Nachbarn kommen zu ihr und schütten ihr das Herz aus. Sie blickt ruhig, still und wissend den anderen an und hört zu. Eigentümlicherweise ist ihre Wohnung stets voll gerade auch von jungen Leuten, die Kummer haben oder von ihrem Glück erzählen wollen. Aber Elisabeth M. will nichts mehr für sich. Sie blickt auf ein erfülltes Leben zurück und will den Ertrag der Reife auch anderen Menschen zukommen lassen.

Wer aber sein Leben nicht als sinnvolles Ganzes betrachten kann, dem bleibt nicht viel mehr als die Verzweiflung, denn es ist zu spät, einen neuen Lebensplan zu entwerfen. Deshalb fliehen so viele Alte aus der Verzweiflung in die frühe Kindheit zurück, werden trotzig, zänkisch, raffgierig, verwöhnen sich selbst und fordern, daß andere sie verwöhnen. Solch ein Alter ist nicht schön. Und doch: Wer auch im Alter glücklich sein, das heißt reif sein will, sollte beizeiten beginnen, die Reife des jeweiligen Alters zu erwerben, damit ein reifer Baum des Lebens erwächst.

Wir haben die verschiedenen Lebensalter betrachtet mit ihrer Reife, ihrer Krise, ihren Verhaltensstörungen, aber auch mit ihren Heilungsmöglichkeiten. Neben solchen entwicklungsbedingten Krisen und Störungen gibt es jedoch auch zeitbedingte, solche, die durch unsere Kultur hervorgebracht werden.

Zeitbedingte Verhaltensstörungen

Wir reden heute geradezu von dem neurotischen Menschen unserer Zeit, womit wir sagen wollen, daß diese Störungen nicht einfach aus unserer Kindheit stammen, sondern aus den Bedingungen der Zeit, in der wir leben. Fünf der verbreitetsten möchten wir nennen.

Nicht lieben, sondern geliebt werden wollen

Hermann F. (32) ist verheiratet. Er hat einen akademischen Beruf. Seine Frau, hübsch, jung (25), soll nur für ihn da sein. Geht sie einmal eigene Wege, versucht sie zum Beispiel mit Freunden zusammenzusein, dann zieht sich Hermann zurück und redet lange Zeit nicht mehr mit ihr.

Die erste Fehlhaltung, die wir heute beobachten, ist die übermäßige Abhängigkeit von der Zustimmung und Liebe anderer Menschen. Natürlich wollen wir alle geliebt werden, und wir suchen auch zu Recht Anerkennung. Was sich unseren Augen darbietet, ist ein Heißhunger nach Billigung und Liebe, der unstillbar scheint. Aber der Mensch ist nicht bereit, Liebe zu geben, er empfindet sie nicht einmal, sondern er fordert sie nur für sich. Wird sie ihm verweigert, rächt er sich oder reagiert zumindest beleidigt.

Unsicherheit und Zweifel an sich selbst

Heidi K. (22) ist eine ausnehmend schöne Frau. Trotzdem glaubt sie fest, keine Anziehungskraft auf Männer zu besitzen. Schließlich entscheidet sie sich für einen unansehnlichen Mann, der noch dazu im Leben versagt. Ihren Nachbarn jedoch liegt sie mit Klagen aller Art in den Ohren. Besonders schöne Frauen und intelligente Menschen haben oft Gefühle der Unzulänglichkeit und Minderwertigkeit. Vor diesen negativen Gefühlen ist niemand sicher. Die heutige Massengesellschaft vermittelt uns kein Gefühl mehr, daß wir etwas wert sind. Die Folge ist, daß viele Menschen ihre Minderwertigkeitsgefühle darstellen, indem sie klagen, leiden, sich selbst herabsetzen usw. Andere dagegen gleichen es übermäßig aus (Überkompensation); in diesem Fall verherrlichen sie sich selbst, imponieren mit tollem Wagen, Haus mit Swimming-pool, Reisen, Karriere usw.

Gehemmt sein

Es klingelt. Frau M. (45) öffnet die Tür. Ein Vertreter für Staubsauger bietet sein neuestes Modell an. Ihr alter Staubsauger ist zwar noch ausgezeichnet. Aber Frau M. läßt sich überzeugen, daß sie den neuen Staubsauger kaufen muß. Sie kann nicht nein sagen.

Wie Frau M. können heute viele Menschen nicht mehr einen klaren Standpunkt vertreten und ihre berechtigten und notwendigen Interessen durchsetzen. Statt dessen sind sie gehemmt. Sie haben Hemmungen, ihre Wünsche zu äußern, um etwas zu bitten, etwas im eigenen Interesse zu tun, jemandem etwas zu befehlen, sich Menschen auszusuchen, mit denen sie Freundschaft pflegen wollen, Kontakt zu suchen. Sie können ihren eigenen Standpunkt nicht sachlich und ruhig verteidigen. Sie können nicht nein sagen und lassen sich alles aufdrängen. Es fällt ihnen auch schwer, Entschlüsse zu fassen. Und natürlich sind auch bei solch einem gehemmten Charakter die sexuellen Beziehungen gestört. Frau M. läßt sich, wie viele Menschen heute, ganz einfach treiben und von außen her bestimmen. Zugleich leidet sie darunter.

„Alle sind gegen mich“

Friedrich A. (53) ist Abteilungsleiter in einem Kaufhaus. Er schimpft, befiehlt, kommandiert herum, setzt seine Mitarbeiter herab und läßt niemanden neben sich gelten. Wenn er nach Hause kommt, ist er derselbe Tyrann. Seine Frau reagiert darauf mit Krankheit, die Kinder fliehen aus dem Haus und suchen Geborgenheit in einer Clique. Gerd (17) hat sich einer radikalen politischen Gruppe angeschlossen, Tamara (15) ist in einer Hasch-Gruppe. Als ein psychologischer Berater hinzugezogen wird, leugnet Friedrich A. alles ab. Er sei tolerant und großzügig und sage nur ehrlich und offen seine Meinung. Er wehre sich bloß, weil er angegriffen werde.

Wie Friedrich A. glauben heute viele Menschen, die ganze Welt dringe auf sie ein und stelle Anforderungen an sie. Man müsse sich eben im Konkurrenzkampf behaupten. Und so lernen sie, daß das Leben ein Kampf aller gegen alle ist, während sie nur oberflächlich das Gefühl für Toleranz, Großzügigkeit und Ehrlichkeit entwickeln.

Sexuelle Störungen

Dorothea G. (23), Studentin, hübsch, sexuell anziehend, wechselt häufig ihre Partner. Sie hält sich für emanzipiert und merkt gar nicht, daß hinter der Fassade ihrer Freizügigkeit ein zwangsmäßiges Bedürfnis nach sexueller Betätigung steht.

Ernst R. (54) sucht den Arzt auf, weil er Potenzstörungen hat. Seine Frau ist zehn Jahre jünger und steht noch auf der Höhe ihrer sexuellen Empfindungsfähigkeit. Es erweist sich, daß der Arzt nicht helfen kann. Kein Wunder. Hinter Ernst R.'s Potenzstörungen stehen seelische Hemmungen, bedingt durch Dauerstress, Unterlegenheitsgefühle, Angst usw.

Unsere Zeit ist ja geradezu ein sexuelles Zeitalter. Die Tabus der Vergangenheit

sind gesprengt worden, und sexuelle Freizügigkeit gilt oftmals als fortschrittlich. Wer sexuell leistungsfähig ist, gilt etwas. Auf die sexuelle Überforderung eines solchen Leistungsdenkens kann der Mensch eigentlich nur mit zwangsmäßigem Bedürfnis nach Sexualität oder mit Hemmung reagieren – es sei denn, er entzieht sich den Ansprüchen der Sex-Gesellschaft.

Neurotische Verhaltensstörungen

Die wichtigsten neurotischen Verhaltensstörungen sind Manien, Depressionen, Süchte, Krankheitswahn, Ticks, Stottern, Masochismus, Zwangsneurosen, Sadismus, Hysterie, Perversionen. Alle Neurosen und neurotischen Verhaltensstörungen weisen einige gemeinsame Merkmale auf: Starrheit der Reaktion (Charakterpanzer), Auseinanderklaffen von Möglichkeit und Leistung, Ich-Haftigkeit, Arbeits- und Liebesunfähigkeit, Handeln, als ob ich es nicht selbst wäre, der es tut (ich-fremde Handlungen) usw.

Länger dauernde und schwere neurotische Störungen gehören zunächst in fachärztliche Behandlung. Wer weniger schwer neurotisch erkrankt ist, sollte seine Störungen als ein Warnsignal der Seele erkennen. Seine seelischen und körperlichen Beschwerden signalisieren ihm, daß seine Lebenssituation unecht ist und er sein Leben wandeln muß.

Hierbei kann ihm ein Seelsorger helfen, der die psychologischen Hintergründe durchschaut. Oftmals kann er mehr vermitteln als nur fachliche Hilfe. Ihm mag es

Weil sie nicht die Geborgenheit eines Zuhauses erleben und mit ihren Eltern in Spannungen leben, stehen viele ratlos vor dem Leben, werden radikal oder flüchten in die private Idylle. Gerade junge Menschen sind in ihrem Hunger nach Zukunft radikal in ihren Forderungen und suchen nach Werten, die ihr Leben lebenswert machen. Daß bei diesen radikalen Forderungen, die der Betreffende meist selbst nicht zu erfüllen imstande ist, Einseitigkeiten entstehen, liegt auf der Hand.

gelingen, den Kranken an einen Wendepunkt seines Lebens, zu Wandlung und Neuwerdung zu führen, wo er den erkennt, der ihn führt und leitet und der ihn lieben will.

Vielen ist geholfen worden, als sie erkannten, wer Gott wirklich ist: kein unpersönliches Schicksal, kein strafendes, richtendes Wesen, das wir fürchten müßten, kein Gott, der unsere Opfer fordert, sondern der Gott, der sich uns hingibt und uns liebt und nur wünscht, daß wir ihn wiederlieben. Auf die Erfahrung des Heils mag dann auch die Heilung folgen.

Viel kann der neurotisch gestörte Mensch selbst für sich tun. Es gibt die Möglichkeit der Nacherziehung und Selbsterziehung. Darum will ich im folgenden erprobte Ratschläge geben, wie wir unser seelisches Gleichgewicht erhalten oder – wenn nötig – wiederherstellen können.

Zwölf Wege zum seelischen Gleichgewicht

In vielen Psychologiebüchern finden wir komplizierte Analysen und kaum Ratschläge zur Selbsthilfe. Wir wollen hier einige praktische und einfache Ratschläge geben. Sie können in vielen Fällen von Verhaltensstörungen wirksam und nützlich sein.

1. *Lebe nicht zu anspruchsvoll!* Das Leben birgt so viel Schönheit in sich, daß wir nur unsere Augen öffnen müssen, um all das Schöne zu sehen und zu genießen. Nicht der Heißhunger nach Konsum befriedigt unsere Sehnsucht nach Glück, sondern nur das Leben selbst kann es tun.

2. *Suche nicht in dir nach Krankheiten und Konflikten!* Wir sollten uns einmal im Jahr unserem Arzt vorstellen und, wenn er uns für gesund erklärt, nicht auf die kleinen Wehwehchen achten, die auch den gesunden Menschen plagen. Seelische Konflikte hingegen lösen sich oft auf, wenn wir uns um andere Menschen kümmern. Bohre ich dagegen in mir herum, dann wird mein Unbewußtes die Krankheiten produzieren, die ich mir einbilde, und die Konflikte hervorbringen, in die ich mich hineinsteigere.

3. *Liebe deine Arbeit!* Sicher ist es nicht leicht, seine Arbeit immer zu lieben. Aber wer seine Arbeit nicht mag, bei dem stellen sich Unlustgefühle ein, die den Weg bereiten für seelische Störungen und eine seelisch bedingte Krankheit.

Es gibt ein altes Volksideal, das in Märchen und Wunschvorstellungen herumgeistert, als sei der fröhliche Faulpelz zu beneiden. Das ist ein Irrtum. Süß ist das Nichtstun nur nach schwerer Arbeit, sonst ist es nichts als tödliche Langeweile. Wem die Arbeit Freude macht, wird weniger von seelischen Krankheiten befallen.

4. *Wähle ein Hobby!* Es ist wahr: Die Arbeit schmeckt nicht immer, ja, die moderne Industriearbeit kann uns „auffressen" und uns jede Freude nehmen. Deshalb ist es wichtig, daß wir in unserer Freizeit das richtige Hobby wählen, in dem wir unsere schöpferischen Fähigkeiten entfalten können.

5. *Lerne die Kunst, zufrieden zu sein!* „Je mehr er hat, je mehr er will. Nie schweigen seine Klagen still." Das Leben in steter Unzufriedenheit ist eine Hölle. Und sinnlos ist es überdies, unzufrieden zu sein, wenn wir die Lage sowieso nicht ändern können. Natürlich gibt es eine gewisse heilsame Unzufriedenheit, die uns antreibt, etwas Positives zu leisten und Mängel zu überwinden. Aber wer zufrieden ist, der sieht die Welt und die Menschen mit freundlichen Augen an, und die Menschen werden freundlicher reagieren.

6. *Liebe deine Mitmenschen!* Siegfried T. (36) arbeitet als leitender Angestellter in der Industrie. Er leidet an Schlaflosigkeit und Herzbeschwerden. „Alle Menschen sind gegen mich, alle wollen mich reinlegen; gegen alle muß ich kämpfen", bekennt er seinem Arzt.

Im Grunde sind es nichts als Hemmungen, nichts als typisch kindliche, selbstsüchtige und ichbezogene Einstellungen, die uns veranlassen, unsere Mitmenschen abzulehnen. *Sartre* hat in seinen Dichtungen dargestellt, daß die Hölle nicht im Jenseits ist, sondern daß wir uns selbst die Hölle bereiten, wenn wir uns gegenseitig ablehnen, mit Mißtrauen verfolgen und uns voneinander isolieren.

Wenn wir dagegen Gemeinschaftsgefühl entwickeln, uns also für unsere Mitmenschen einsetzen und für die Gemeinschaft etwas tun, dann sind wir auf dem sicheren Weg zur seelischen Gesundheit.

7. *Sprich freundlich mit deinen Mitmenschen!* Viele Menschen meinen, sie müßten in derselben Weise reagieren, wie sie attakkiert werden. Sie bilden sich ein, daß alle sie angreifen, und darum attackieren sie ihrerseits alle: die Ehefrau, die Kinder, den Hund, die Untergebenen, die Nachbarn, den Staat, die Gesellschaft usw. Sie sind gegen alle und meinen, alle seien gegen sie.

Tönt es aus dem Wald anders heraus, als hineingerufen wurde, dann bewirkt das Wunder. Mache deiner Frau Komplimente;

finde anerkennende Worte für deinen Mann; sage den Nachbarn Freundlichkeiten; zeige den Mitarbeitern, daß du sie schätzt. Freundlichkeit öffnet Türen.

8. Zügle deinen Egoismus! Im Mittelpunkt menschlicher Unreife und fast aller seelischen Störungen stehen Selbstsucht, Ichbezogenheit und Selbstliebe. Es scheint so zu sein, als wäre der Egoist erfolgreich und an die Wirklichkeit angepaßt. Aber das stimmt nicht. Der Mensch ist ein Gemeinschaftswesen. Und wir erfüllen unseren Lebenssinn nur insoweit, wie es uns gelingt, unseren Egoismus zu zügeln und Gemeinsinn zu entwickeln.

9. Triff Entscheidungen! Es ist bekannt, daß Lebewesen, die vor Entscheidungen gestellt werden, die sie nicht treffen können, zusammenbrechen. Das kann man schon bei Tieren beobachten. Entscheiden wir uns, dann weicht der Entscheidungsdruck von uns, und wir fühlen uns wieder frei und froh.

Große, lebenswichtige Entscheidungen sollten wir sorgfältig treffen: Berufswahl, Wahl des Ehepartners, Wahl der Religion. Aber wir müssen uns jeden Tag immer wieder entscheiden. Und deshalb sollten wir ohne viel Umständlichkeiten und ohne viel Hin und Her verantwortungsvoll Entscheidungen treffen und von vornherein einkalkulieren, daß wir Fehler machen können. Unfehlbarkeit erreichen wir nicht. Wer nie Fehler machen will, kann nicht mehr handeln.

10. Nutze den Augenblick! Frau P. (63) denkt immer an das vergangene Glück zurück. Peter G. (22) träumt davon, wie er einmal glücklich werden wird. Nun, Frau P. ist es nicht mehr und Peter G. noch nicht. Beide übersehen sie, daß es der Augenblick ist, der uns zur Verfügung steht. Das Jetzt ist die Zeit, die uns gegeben ist, in der wir glücklich sein können.

Natürlich müssen wir Pläne für die Zukunft machen. Gerade wenn wir verantwortlich handeln wollen, werden wir die Folgen bedenken, die ja in die Zukunft reichen. Aber wir sollten nicht jeden Augenblick über die Zukunft nachgrübeln, sondern das Heute nutzen.

11. Suche neue Erlebnisse! Nichts ist bedrückender als das ewige Einerlei, die monotone Routine, die gähnende Langeweile, der graue Alltag. Viele fliehen aus dieser Trostlosigkeit in die Vergnügungssucht. Sie brauchen neue, immer stärkere Erlebnisse. Das meine ich aber nicht mit dem Rat, neue Erlebnisse zu suchen. Wir sollen nicht dem Alltag entfliehen, sondern wir sollen ihn verklären, menschlich machen, mit kleinen Erlebnissen füllen. Und wir sollten ihn auch öfter einmal durchbrechen und Feiertage einlegen, die wir richtig feiern.

12. Habe Vertrauen zu Gott! Hinter all diesen Ratschlägen steckt letztlich die Aufforderung zu vertrauen: der Wirklichkeit, dem Mitmenschen und auch mir selbst gegenüber. Viele jedoch haben das Vertrauen zum Mitmenschen verloren, sie mißtrauen sich selbst und fliehen die Realität.

Ich selbst habe die Erfahrung gemacht, daß es grundlegend für alle Verhältnisse ist, ob ich Gott vertraue oder nicht. Weil ich mein Zutrauen in Gott setze, fühle ich mich angenommen und bejaht, und ich weiß mich geborgen. Daraus ziehe ich meinen Optimismus. Ich bin mit mir selbst einig. Zwar weiß ich, daß es Menschen gibt, die mir nicht wohlwollen, aber ich habe gute Freunde, denen ich vertrauen kann. Auch glaube ich, daß diese Welt noch vieles enthält, das der Schöpfer an Schönem und Vollkommenem in sie hineingelegt hat und das wir noch nicht zerstört haben. Das genieße ich mit dankbarem Herzen.

Wenn wir diese zwölf Ratschläge befolgen, können wir ziemlich sicher Verhaltensstörungen und seelisch bedingten Krankheiten vorbeugen. Und wer schon unter Störungen leidet, kann sich gut selbst helfen.

Ehen in der Zerreißprobe

Gerd (21) ist befreundet mit Karin (18). Sie ist ein hübsches Mädchen; dunkelblondes, langes Haar fällt über ihre Schultern, und ihre dunklen Augen blicken etwas melancholisch. Ihr Gang ist weich, ihre Figur reizt ihn. Sie verspricht alle Vorstellungen zu erfüllen, die er von einer Frau hat. Sie heiraten. Schon bald kriselt es. Karin ist ganz anders, als Gerd dachte. Wie hatte er sich so irren können!

Angela (20) hat sich in Klaus (24) verliebt. Er ist sportlich, dynamisch, sieht blendend aus; er hat auch Erfolg im Beruf, und die Mädchen umschwärmen ihn. Angela sieht in ihm den Inbegriff alles Männlichen und ist glücklich, als Klaus um sie wirbt. Doch bald nach der Heirat stellt sich heraus, daß sie nicht zusammenpassen. Leider erwartet sie schon ein Baby, und so beschließt Angela, bei Klaus zu bleiben.

Wir Menschen sind Geschlechtswesen, und Sex ist ein ganz wesentlicher Bestandteil unseres Glücks. Tatsächlich bietet die eheliche Liebe die Chance einer tiefen Erfüllung.

Ehen zerbrechen

- Der Mann
- Die Frau
- Die Kinder

Ehen heilen

- Statt sich aufzuspielen: Wirklichkeitssinn
- Statt Geltungsstreben: Partnerschaft
- Statt Wiedervergeltung und Rache: Hingabe
- Statt zu fliehen: Verantwortung übernehmen

Die ideale Partnerwahl

- Zerreiße den Schleier der Illusion!
- Hüte dich vor deinem Gegenpartner!
- Wähle auf drei Ebenen!
- Die Einheit der Ebenen

Ehen zerbrechen

Aber leider sind viele Ehen nicht das Paradies, sondern die Hölle. Woher kommt das? Warum wandelt sich das, was als höchstes Glück lockte, zur Qual und zum Ruin unseres Lebens? Aus meiner Erfahrung möchte ich an einem Beispiel zeigen, woran viele Ehen zerbrechen.

Der Mann

... spielt sich auf. Paul (45) ist autoritär erzogen worden. Er hat gelernt, daß der Mann das Haupt der Familie ist. Dementsprechend verhält er sich. Er verdient das Geld, und er verteilt es; die Frau und die Kinder sollen sich deshalb ihm unterordnen. Aber die Zeit hat sich gewandelt. Sie ist freiheitlich und demokratisch geworden. Auf allen Gebieten erlangen die Menschen Mitbestimmung. Auch die Frau und die Kinder lassen sich nicht mehr unterdrücken. Sie rebellieren. Paul wird unsicher.

... kämpft um die Macht. Aber so schnell gibt Paul nicht auf. Er kämpft um Geltung

**Kaum merklich, in vielen kleinen Schritten zerbricht eine Ehe.
Eine Ehe wird aber auch über viele kleine Schritte gebaut und gefestigt.
Zu diesen kleinen Schritten gehören jene Gefälligkeiten,
die nicht unbedingt notwendig sind, die aber Liebe und Freude signalisieren –
wie ein Blumenstrauß.**

und Macht in der Familie. Natürlich vergiftet er damit die ganze Familienatmosphäre: Er schimpft, tobt, schlägt Türen zu, gibt Befehle und besteht darauf, daß sie ausgeführt werden; er weiß alles genau, kurz: er wird ein Familientyrann, wie er im Buche steht.

... *rächt sich.* Wenn man ihn nicht mehr als Haupt der Familie anerkennt, gut, sollen sie sehen, was sie davon haben, denkt Paul. Er beginnt, sich zurückzuziehen. In diesem Stadium kritisiert er alle Familienmitglieder. Er setzt seine Frau herab und nörgelt an den Kindern herum. Nichts kann ihm recht gemacht werden. Vor allem seine Frau muß darunter leiden. Er spielt sich ihr gegenüber auf, wo er nur kann.

... *flieht.* Weil Paul Anerkennung und Geltung in der Familie nicht mehr findet, sucht er sie außerhalb. Er stürzt sich in die Arbeit, wird Vorstand im Klub und führt das große Wort am Stammtisch. Aber natürlich macht ihn das nicht glücklich. Es ist ein ärmlicher Ersatz für die Liebe.

Die Frau

... *trumpft auf.* Unsere Gesellschaft hat sich gewandelt. Die Frau ist nicht mehr die Dienstmagd (und das Sexualobjekt) des Mannes, sondern, so hat Margit (38) gelernt, die gleichwertige Partnerin des Mannes. Und hat sie nicht auch den Hauptschulabschluß und das Abschlußzeugnis der mittleren Handelsschule und eine gute Berufsausbildung? Nein, um versorgt zu werden, brauchte sie wirklich nicht zu heiraten. Margit ist eine selbstbewußte, moderne Frau ohne Emanzipationsallüren. Aber sie merkt, daß sie – auch im Vergleich zu Paul – nicht dumm ist. Im Gegenteil, manches – oder sogar vieles? – kann sie besser als er.

... *übernimmt die Macht.* In der Konkurrenz mit Paul gewinnt Margit. Immer mehr Verantwortung nimmt sie Paul ab und verdrängt ihn (ohne es natürlich bewußt zu wollen) aus der Stellung als Familienoberhaupt. Er kann ja ausweichen auf den Beruf, sie nicht. Ihr Feld des Kampfes ist das Familienterrain. Hier behauptet sie sich. Hier siegt sie. Und hier vergiftet sie die Familienatmosphäre.

... *rächt sich.* Nun gut, Margit hat gesiegt. Aber sie leidet. Denn sie hat zwar alle Verantwortungen auf sich vereinigt, aber sie ist darum auch überlastet. Niemand hilft ihr. Sie ist allein. Jetzt übt sie Wiedervergeltung und Rache. Pauls Zärtlichkeiten weist sie zurück; sexuell versagt sie sich ihm. Sie wirft ihm alle seine Fehler und Unzulänglichkeiten an den Kopf, und jeden Krach nimmt sie zum Anlaß, sich Paul zu verweigern und sich zurückzuziehen.

... *flieht.* Ja, auch Margit sucht Anerkennung und sexuelle Erfüllung. Findet sie beides nicht zu Hause, so sucht sie es außerhalb. Vielleicht wendet sie sich ihren Kindern zu, doch diese entziehen sich ihrer Überbemutterung. Sie stürzt sich in Klub-Aktivitäten oder geht wieder in den Beruf (was durchaus wünschenswert ist, wenn der Beruf kein Liebesersatz ist). Schließlich findet sich auch ein anderer Mann, der sie bewundert, mit Zärtlichkeit überschüttet und ihr sexuelle Befriedigung gibt. Margit wird eine der vielen Frauen, die heute ihren Männern weglaufen.

Die Kinder

Leider sind Paul und Margit nicht allein im Haus. Sie haben Kinder, Theo (14) und Jutta (12). Es ist unmöglich, von zerbrochenen Ehen zu reden und über die zerstörten Familien zu schweigen.

... *suchen ungebührliche Aufmerksamkeit.* Theo und Jutta hätten eigentlich schon einige tiefgreifende Erfahrungen besitzen sollen. Da ist das Urvertrauen. Es ist ein grundlegendes Vertrauen in sich selbst, in

In der Ehe kommt es zu dem intimsten Umgang, den wir mit einem Menschen haben können. Quälend ist es dann, wenn bei äußerer Intimität die inneren Beziehungen immer schwächer werden.

die eigenen Fähigkeiten, aber auch in die Menschen, die um das Kind sind. Dann hätten sie die Fähigkeit erwerben müssen, auf eigenen Füßen zu stehen (Autonomie). Wer sich selbst vertraut, kann auch seinen Handlungen vertrauen. Und so hätten Theo und Jutta fähig sein sollen, selbständig etwas anzupacken und zu Ende zu führen (Initiative). Und daraus hätten sie die Freude gewonnen, etwas zu leisten. Aber wie sollen sich solche gesunden Verhaltensweisen herausbilden in einer Atmosphäre des Streites, des Wettkampfes und der Konkurrenz zwischen Vater und Mutter! Und so sind Theo und Jutta ohne Zutrauen zu sich selbst, zu ihren Fähigkeiten und zu Vater und Mutter. In der Schule zeigen sie wenig Selbständigkeit und Leistungsbereitschaft. Da sie kein Geltungsgefühl aus ihrer Leistung heraus entwikkeln können, bleibt ihnen nichts anderes übrig, als ihr Selbstwertgefühl daraus zu ziehen, daß die Eltern ihnen ihre Aufmerksamkeit schenken. Doch weil die Eltern mit ihrem Konkurrenzkampf genug zu tun haben, müssen die Kinder die Aufmerksamkeit der Eltern erzwingen: Theo schlägt über die Stränge und macht den Eltern Kummer, Jutta stottert, lispelt und hat Kontaktschwierigkeiten.

... kämpfen um Überlegenheit. Theo beherrscht seine Eltern, indem sie sich dauernd mit seinen Schandtaten beschäftigen müssen, und Jutta übt Herrschaft aus, indem sie leidet und das Mitleid besonders

der Mutter erregt. Aber die Eltern schenken nicht genug Aufmerksamkeit, und vor allem keine liebevolle. Darum üben Theo und Jutta Wiedervergeltung.

... üben Wiedervergeltung und Rache. Weil die Eltern den beiden Kindern nicht gegeben haben, was sie wirklich ersehnt hatten – nämlich Annahme durch Eltern, die sie lieben –, rächen sie sich. Sie lösen sich von den Eltern und gehen eigene Wege. Aber damit verlassen sie auch die einzigen Quellen ihrer Sicherheit. Sie beginnen die Eltern zu hassen und rebellieren. Die Eltern antworten darauf mit Härte. Sie errichten ein ganzes System von Geboten und Verboten, um dem Familienleben noch einen formalen Halt zu geben. Aber natürlich funktioniert das nicht.

... fliehen. Weil die Familie die tiefen Gefühlsbedürfnisse nicht befriedigt, fliehen auch die Kinder aus dem Heim nach draußen. Das hat nichts damit zu tun, daß Theo und bald auch Jutta selbständig werden, sich von zu Hause lösen und eine eigene Persönlichkeit entwickeln. Nein, sie fliehen. Wie Vater und Mutter suchen sie draußen Ersatz. Theo findet Unterschlupf bei einer politischen Gruppe, die ihm Geborgenheit verspricht und gleichzeitig erlaubt, seinen Haß und seine Rache gegen Vater und Mutter auf die ganze Gesellschaft zu übertragen. Jutta wird in eine Clique aufgenommen, wo sie Zärtlichkeit und Geborgenheit zu finden meint, wo aber in Wirklichkeit ihre passive Hingabefähigkeit mißbraucht wird.

Eine Ehe zerbricht. Eine Familie zerfällt. Wir haben ihren Weg zum Untergang mitverfolgt. Es ist nicht eine Ehe, die zerbrochen, und eine Familie, die zerfallen ist; es sind vier Menschen. Sie hatten von der Liebe alles Glück dieser Erde erwartet und die Hölle geerntet. Theo und Jutta werden in Liebesbeziehungen fliehen, Ehen gründen – und die Hölle fortsetzen. Was tun?

(Es gibt auch Ehen, die an der Neurose eines Partners zerbrechen. In diesem Fall kann unser Buch zwar helfende Hinweise geben. Aber der beste Weg ist dann doch, einen Eheberater oder geschulten Seelsorger aufzusuchen und fachmännische Hilfe in Anspruch zu nehmen.)

Ehen heilen

Zum Glück kennen wir Heilmittel für zerbrochene Ehen und Familien. Überlegen wir noch einmal: Vater, Mutter und Kinder verfolgten falsche Ziele: ungebührliche Aufmerksamkeit zu fordern, Macht- und Geltungsstreben, Wiedervergeltung und Rache und schließlich Flucht sowie Herrschen durch Schwäche und Inanspruchnahme anderer. Können wir ihnen die entsprechenden gesunden Ziele gegenüberstellen, dann haben wir die Antwort gefunden. Das wollen wir jetzt tun.

Statt sich aufzuspielen: Wirklichkeitssinn

Im Auftrumpfen, in dem Streben, ungebührliche Aufmerksamkeit zu gewinnen, steckt schon die Wurzel des ganzen Übels: die Ichhaftigkeit. Paul kämpfte um seine Patriarchenstellung, Margit strebte nach Emanzipation, Theo und Jutta wollten, daß sich alles um sie drehte. Allen ging es nur um die eigene Person.

Gegen die Ichhaftigkeit stellen wir die Sachlichkeit. Wir lernen, daß es nicht immer nur um uns selbst gehen kann, sondern daß wir Verantwortung tragen und Aufgaben zu erfüllen haben. Paul muß einsehen: Haupt der Familie zu sein bedeutet, einen Teil der Familienlasten mitzutragen, und zwar nicht nur die äußeren Pflichten wie Staubsaugen, Abwaschen, Aufräumen, sondern gerade auch die inneren, wie mit der Familie zu singen, vorzulesen, Ausflüge zu machen, mit den Kindern zu spielen, mit ihnen zu sprechen, sich Zeit zu nehmen. Margit sollte lernen, daß sie genausoviel wert ist wie Paul, aber daß ihr Aufgabenbereich das Heim ist. Allerdings nicht nur das Heim! Margit hat ein Recht darauf, Anerkennung und Befriedigung auch außerhalb des Hauses zu finden, zum Beispiel in einem Frauenklub, in ihrer Kirche oder in einer sozialen Tätigkeit. Die Kinder werden ihre Eltern nachahmen und von ihnen Sachbezogenheit lernen.

Statt Geltungsstreben: Partnerschaft

Ichhaftigkeit und Geltungsstreben tragen das Gift in alle Beziehungen zwischen Mann und Frau sowie zwischen Eltern und Kinder. Gegen sie stellen wir die Partnerschaft. Diese entsteht nur, wenn vier Bedingungen erfüllt werden:

1. Gefühlsmäßige Zuwendung und Wärme. Wem ich mit Kälte begegne, der ist mein Objekt; wem ich mich aber warmherzig zuwende, der wird mein Partner. Wenn Paul und Margit eine Atmosphäre der Zuwendung, der Wärme, der Zärtlichkeit und Rücksichtnahme schaffen, dann werden sie sich gut verstehen, und auch die Kinder werden zufrieden heranwachsen.

2. Ich verhalte mich dem Partner gegenüber genauso, wie ich wünsche, daß er sich mir gegenüber verhalten soll. Partnerschaft ist ein doppeltes Verhältnis: du und ich, ich und du. Wie man in den Wald hineinruft, so schallt es zurück. Das gilt für Eltern genauso wie für Kinder.

3. Mittlere Lenkung. Offenkundig bedeutet Haupt der Familie zu sein, sie auch zu lenken. Aber Paul muß lernen, wie er diese Lenkung gut dosiert, damit sie nicht zu stark (autoritär) und auch nicht zu weich (permissiv) ist. Auch Margit wird diese mittlere Lenkung einüben. Und die Kinder? Tatsächlich müssen wir auch ihnen zugestehen, daß sie – je nach Alter – in der Familie mitbestimmen, und zwar genau in dem Maße, wie sie Verantwortung übernehmen.

4. Partnerschaft ist Kommunikation. Paul und Margit können nur gute Partner sein, wenn sie sich unterhalten, ihre Gefühle und Gedanken austauschen, zusammen vieles erleben und ein gemeinsames Lebensziel finden. Partnerschaft bedeutet also, daß sich Paul und Margit als Individuen voll entfalten können und doch eine harmonische Einheit bilden, in der die Kinder Geborgenheit und Sicherheit finden.

Sätze, die in einer Ehe schlecht klingen

„Ich habe keine Zeit“

„Ich will meine Ruhe“

„Das kann auch bloß dir passieren“

„Du bist so komisch wie deine Mutter“

„Bei meiner Mutter hat es besser geschmeckt“

„Das begreifst du ja doch nicht“

„Hörst du mir überhaupt zu?“

„Warum machst du immer alles allein?“

„Du kannst mit Geld überhaupt nicht umgehen“

„Deine Gefühlskälte!“

„Dir fällt auch nie etwas auf!“

„Das habe ich schon hundertmal gesagt“

„Bevormunde mich nicht andauernd!“

„Kannst du dir das nicht endlich mal merken!?“

„Kinder – das ist deine Sache!“

Statt Wiedervergeltung und Rache: Hingabe

Wenn Ichhaftigkeit und Geltungsstreben scheitern, übt der Mensch Wiedervergeltung und Rache. Dagegen wollen wir die Hingabe stellen. Hingabe heißt, den anderen zu verstehen, auf ihn einzugehen, für ihn dazusein, für ihn etwas zu tun, was ihm gefällt, was ihm wohltut. Hingabe bedeutet weiterhin, den anderen in seinem Wert zu steigern und ihn zu ermutigen. Könnten wir doch an die Stelle der Überlegenheit und Rache die gegenseitige Ermutigung setzen, wie glücklich würden unsere Ehen!

Für Paul bedeutet das, sich zu überlegen, womit er Margit eine Freude bereiten kann. Margit fragt sich, wonach Paul sich sehnt. Und die Kinder lernen mehr und mehr, auch den Eltern Freude zu machen. Hingabe allerdings erhält erst einen tieferen Sinn und Dauer, wenn in sie die Hingabe an Gott eingeschlossen ist. Denn dann geschieht alles Handeln der Eltern und Kinder im Angesicht Gottes, und er ist auf diese Weise in der Familie gegenwärtig.

Statt zu fliehen: Verantwortung übernehmen

Oft besteht die Rache darin, einfach den Ort zu verlassen und wegzugehen. Flucht also ist oftmals Rache. Hier bedeutet zu fliehen, Verantwortung zu meiden oder abzuweisen. Deshalb setzen wir gegen die Flucht die Verantwortung. Wenn wir verantwortlich handeln, dann schauen wir voraus; wir fragen nach den Folgen unserer Handlungen, und je nach den zu erwartenden Folgen tun wir etwas oder lassen es. Paul und Margit hätten nicht ihre Ehe zu zerstören brauchen, wenn sie sich einmal Rechenschaft abgelegt hätten darüber, wohin ihr ganzes Verhalten führt.

Verantwortung zu tragen heißt aber noch etwas anderes, nämlich Verantwortungen zu übernehmen. Das kann tatsächlich so aussehen, daß jedes Familienmitglied einen Aufgabenbereich erhält, für den es zuständig ist. Aber oft wird es nötig sein, daß Paul das tut, was Margit gerade jetzt nicht tun kann, weil sie eben überlastet ist, sich krank fühlt oder seelisch unter Druck steht. Oft ist es jetzt auch wichtig, reinen Tisch zu machen und eine klare Planung aufzustellen, wodurch die Verantwortungen auf alle Familienmitglieder verteilt werden. Wenn Paul und die Kinder Margit entlasten, hat sie auch abends Zeit, Feste zu feiern.

Hinter allem, was wir gesagt haben, steckt eines: Liebe nicht dich selbst, sondern deinen Ehepartner und deine Kinder. Und was heißt lieben? In der Bibel heißt es im „Hohen Lied der Liebe“:

„Wer liebt, ist geduldig und gütig.
Wer liebt, der ereifert sich nicht,
er prahlt nicht und spielt sich nicht auf.
Wer liebt, der verhält sich nicht taktlos,
er sucht nicht den eigenen Vorteil
und läßt sich nicht zum Zorn erregen.
Wer liebt, der trägt keinem etwas nach;
es freut ihn nicht, wenn einer Fehler macht,
sondern wenn er das Rechte tut.
Wer liebt, der gibt niemals jemand auf,
in allem vertraut er und hofft er für ihn;
alles erträgt er mit großer Geduld.
Niemals wird die Liebe vergehen.“
(1. Korinther 13, 4–8,
Die Gute Nachricht.)

Die ideale Partnerwahl

Besser, als eine Ehe zu heilen, ist es, sie so einzugehen, daß sie eigentlich gar nicht scheitern kann. Natürlich ist das nicht möglich. Und doch werden viele Probleme von vornherein vermieden, wenn wir den richtigen Partner wählen.

Zerreiße den Schleier der Illusion!

Erinnern wir uns noch an Gerd und Angela? Sie hatten geglaubt, den idealen

Partner gefunden zu haben, und doch erwies er sich dann als völlig anders. Wie konnte das geschehen?

Wir Menschen werden geboren, um Mann oder Frau zu werden. Irgendwie spüren wir alle, daß wir allein unvollständig sind. Und deshalb suchen wir, uns durch einen Menschen des anderen Geschlechts zu ergänzen. Dies ist der Grund, warum Gerd das ideale Urbild einer Frau in sich trägt und Angela das eines Mannes. Wir verstehen jetzt, wie ihr verhängnisvoller Irrtum zustande kam.

Gerd hatte das Idealbild einer Frau, wie er es in seinem Inneren sah, in Karin hineinprojiziert. Nicht die lebendige Karin sah er, sondern sein Urbild des Weiblichen. Als der Alltag kam, zerriß der Schleier der Täuschung, und Gerd erkannte, wie Karin wirklich war: ein Mensch aus Fleisch und Blut, mit Fehlern und Schwächen wie er selbst und kein Idealbild. Genauso erging es Angela, die ihr Idealbild des Männlichen in Klaus projiziert hatte.

Allerdings zeigen uns Gerd und Angela noch etwas. Diese Projektion wird erleichtert, wenn der andere Mensch bestimmte Züge trägt. Karin war zurückhaltend, still, abweisend, sagte kein Wort, war aber dunkel, melancholisch und sexy. Gerade weil sie keine sehr ausgeprägte Individualität besaß, konnte Gerd alles in sie hineinprojizieren. Und Angela liebte Klaus, weil er ein „Held" war, strahlend, kräftig, umschwärmt. Karin trägt deutlich neurotische Züge, und Klaus ist offenkundig egozentrisch. Gerade depressiv-neurotische und egozentrische Menschen eignen sich besonders zur Projektion. Daß solch eine Ehe böse endet, wundert uns nicht mehr.

Gerd und Angela hätten die Täuschung zerreißen und die Projektion beenden müssen, dann hätten sie Karin und Klaus durchschaut, und sie hätten Partner gewählt, die zwar weniger „toll" (d. h. projektionstauglich) gewesen wären, die sie dafür aber glücklich gemacht hätten.

Hüte dich vor deinem Gegenpartner!

Ausgehend von vier Grundstrukturen der Neurosen können wir vier krankhafte Charaktere unterscheiden: den scheuen Einsiedlertyp, den labilen Hingabetyp, den starren Ordnungstyp und den ichhaften Darstellungstyp. Sicherlich sind wir normalerweise nicht solch ein neurotischer Typ, aber sehr oft haben Menschen eine gewisse Neigung in eine derartige Richtung.

Der *Einsiedlertyp* hat das Urvertrauen in seiner Kindheit nicht gelernt und scheut darum die Wirklichkeit und die Mitmenschen. Er zieht sich gern in sein Schneckenhaus zurück, ist kühl, kontaktscheu und ein wenig hilflos. Den Ausgleich sucht er gern darin, daß er sich selbst verwöhnt (und sich verwöhnen lassen will) und in die geistige Welt der großen (auch eigenwilligen) Ideen flieht. Oft hält er diese geistige Welt für wirklicher als die reale Welt außer ihm. Positiv betrachtet, ist er naturliebend; er schätzt Kunst und Literatur und ist oft selbst künstlerisch tätig. Mit seinen schöpferischen Ideen kann er seine Mitwelt bereichern.

Kontaktscheu, isoliert, arm an Gefühlen, wird er vor allem von einem gefühlsstarken, nach außen gewandten Partner angezogen, durch den er seinen Mangel ergänzen und ausgleichen will. Aber die frühe Faszination erlischt rasch, und Eheprobleme beginnen den Alltag zu beherrschen.

Der *Hingabetyp* ist in der frühen Kindheit vernachlässigt worden und will bei jedem Mißerfolg diesen Mangel nachholen. Er verwöhnt sich durch Essen, Trinken, Rauchen, Naschen usw. Um die Bezugsquellen für seine Verwöhnung nicht zu verlieren, ist er oft gefügig, hingabe- und opferbereit, passiv. Allerdings gelingt es ihm nicht, Ordnung zu halten und zu sparen. Positiv betrachtet, ist er freundlich, gesellig, mitteilsam, gemüthaft warm, großzügig, anschmiegsam und von gutem Willen.

Oft sucht sich der Hingabetyp zu ergänzen durch Menschen, die ordentlich sind und das Geld zusammenhalten und zu ihrer Schwärmerei ein nüchternes Gegengewicht bilden. Aber diese gegensätzlichen Charaktere werden schnell aneinandergeraten. Sie passen nicht zusammen und machen sich das Leben zur Hölle.

Der *Ordnungstyp* wird vom Dreigespann Ordentlichkeit, Sparsamkeit und Eigensinn beherrscht. Er ist also nicht nur sehr ordentlich und sparsam, sondern auch rechthaberisch, pedantisch und herrschsüchtig. Positiv gesehen, erweist sich dieser Mensch als gewissenhaft, zuverlässig, gründlich, stetig und beherrscht. Nur wird diese Beherrschtheit gelegentlich durchbrochen von Jähzornsanfällen, die zeigen, wie im Untergrund aggressive und quälerische Impulse rumoren. Das Sexuelle wird oft nicht frei und offen betrachtet, sondern als etwas Schmutziges angesehen. Und hinter dem scharfen Verstand verbergen sich magische Vorstellungen, man könne mit Gedanken die Umwelt verändern.

Es ist nicht schwer einzusehen, daß der Ordnungstyp zu seiner Ergänzung gern einen Partner sucht, der schöpferisch und gewandt ist, der seine Starrheit löst und seinen Charakterpanzer sprengt und der die bunte bewegte Weite der Welt für ihn erschließt. Tatsächlich aber tun sich hier die größten Gegensätze zusammen, und selten hat die Verbindung Ordnungstyp-Darstellungstyp Bestand.

Der *Darstellungstyp* ist unsicher in seiner Geschlechterrolle. In seiner Kindheit hat er kein festes Selbstgefühl als Mann oder Frau entwickelt. Darum ist er anpassungsfähig, schlüpft in jede Rolle und spielt sie überzeugend. Natürlich ist damit ein gewisser Grad von Treulosigkeit, Unzuverlässigkeit und Unstetigkeit verbunden. Im positiven Sinne aber sind solche Menschen zuvorkommend, höflich, freundlich und gesellig, wobei sie allerdings gern im Mittelpunkt stehen.

Dieser Charaktertyp sucht seinen Mangel gern dadurch zu beheben, daß er sich mit einem Partner verbindet, der Sicherheit und Stetigkeit gibt und Ordnung ins Leben bringt. Aber es ist klar, daß diese Gegensatzbildung zu stark ist und eine dauerhafte Bindung nicht begünstigt.

Wir bemerken also, daß sich Einsiedler- und Darstellungstyp (fast so stark auch Hingabetyp) sowie Ordnungs- und Darstellungstyp besonders gern verbinden, obgleich sie am wenigsten zusammenpassen. Viel besser ist es, wenn sich Einsiedler- und Ordnungstyp sowie Ordnungs- und Hingabetyp oder gar Hingabe- und Darstellungstyp zusammentun.

Die eigentliche Lösung wäre es allerdings, wenn beide Partner am anderen wirklich lernen, sich zu ergänzen, um so zu reifen. Nur erkennen leider zu wenige Menschen die Ehe als eine der großen Möglichkeiten, zur Reife zu gelangen.

Wähle auf drei Ebenen!

Wir Menschen bilden eine Einheit aus Leib, Seele und Geist. Zwar können wir sie deutlich unterscheiden, aber nie voneinander trennen; denn sie bilden, wie gesagt, eine Einheit. Trotzdem, unsere Partnerwahl sollten wir auf allen drei Ebenen treffen.

Ebene 1. Der Partner, den ich wähle, muß mir körperlich angenehm sein. Dabei spielen Hormone, Gerüche, Aussehen, körperliche Merkmale, angenehme Berührung usw. eine große Rolle. Wenn es auf der körperlichen Ebene nicht zu einem überspringenden Funken kommt, ist die erste grundlegende Voraussetzung der Partnerwahl versäumt worden. Man möchte meinen, die körperliche Ebene stimme immer. Aber die Praxis der Eheberatung zeigt, daß Partner sich oft körperlich gar nicht mögen oder keine besondere gegenseitige Anziehung verspüren und doch geheiratet haben. Die körperliche Harmonie kann jedoch gelernt werden. Und körperliche Anziehungskraft kann durch ein Parfüm, etwas Make-up und die Kleidung erhöht werden. Auch ist es für die körperliche Ebene günstig, wenn die Frau, weil sie früher reift, einige Jahre jünger ist als der Mann.

Ebene 2. Wer ausschließlich auf der körperlichen Ebene den Partner wählt, folgt nur der biologischen Faszination, wie es auch Tiere tun. Und doch haben Untersuchungen gezeigt, daß bei der Wahl des Ehepartners oft nur die sexuelle Attraktivität eine Rolle spielte, während bei der Wahl eines Freundes Treue, Solidarität, Offenheit und Vertrauen gefordert wurden. „Nur Liebe, keine Freundschaft" – kann das die Formel für eine glückliche Ehe sein?

Zur seelischen Ebene gehört, daß beide Partner derselben Kultur angehören, ungefähr gleich intelligent sind, ähnliche Bildung besitzen, den gleichen Geschmack haben, aus etwa der gleichen sozialen Schicht stammen, von gleichen Interessen und Lebenszielen beseelt sind usw.

Ebene 1 und 2 gehen offenkundig leicht ineinander über. Ist die Schönheit des Partners nur körperlich oder nicht auch seelisch? Und umgekehrt, bedeutet ein schöner Körper auch schon eine schöne Seele? Ist die Anziehung, die ein Partner des anderen Geschlechts auf mich ausübt, körperlicher oder seelischer Art? Ein Mädchen kann sich durch Kleidung und Schminke anziehend machen, und dem jungen Mann bleibt verborgen, daß sich alles nur auf Ebene 1 abspielt. Es gilt also, beide Ebenen zu bedenken, um klug und doch voller Leidenschaft zu wählen.

Ebene 3. Die wenigsten Menschen wissen heute, daß es die Ebene 3 gibt, oder sie halten sie zumindest nicht für entscheidend. Tatsächlich jedoch bildet sie das, was wir Intimität, Ganzheit (Integrität) oder auch Religion nennen. Natürlich können Partner, die beide nur in zwei Ebenen leben, eine glückliche Ehe führen. Aber doch befinden sich Menschen, die an Gott glauben und ihre Bindung zu ihm ernst nehmen, in einer besonderen, glücklicheren Lage. Sie können zu einer noch höheren Einheit gelangen, indem sie drei Ebenen in Harmonie bringen, und das bedeutet Übereinstimmung im Intimsten. Dann aber ist es notwendig, daß sie auch im Religiösen wirklich harmonisieren.

Auch Ebene 2 und 3 können leicht vertauscht werden. Oft scheint es, als würden christliche Partner gut miteinander harmonisieren; aber dann stellt sich heraus, daß für den einen die Religion nur auf Ebene 2 liegt (sie ist theoretisch, kulturell) und der Partner auf Ebene 3 einsam bleibt. Auf Ebene 3 ist Religion Lebenspraxis und nimmt die erste Stelle im Leben ein.

Aber auch Ebene 3 und Ebene 1 liegen eng beieinander, so unwahrscheinlich es auch klingen mag. Denn was hat körperlicher Sex mit Religion zu tun? In Wirklichkeit jedoch sind Sexualität und Religion in unserem Gehirn nächste Nachbarn, so daß beide Gebiete leicht aufeinander überspringen. Und deshalb wird die Ehe zwischen einem gläubigen und einem ungläubigen Partner in der Regel auch von sexuellen Störungen belastet sein.

Die Einheit der Ebenen

Es ist also offenkundig, daß wir alle drei Ebenen gleichmäßig beachten sollten, wenn wir unseren Lebenspartner wählen. Das ist aber gar nicht so einfach, weil wir von Traditionen und Zeitströmungen beeinflußt werden. Die griechisch-abendländische Tradition überbewertete das Geistige und schätzte das Körperliche gering ein. Bestimmte christliche Traditionen beharrten gegenüber allem Sexuellen auf einer pessimistischen, ablehnenden Haltung. Heute dagegen gilt oftmals das Körperliche alles. Solange der Sex seine Faszination

Immer noch bildet die Familie eine kleine Welt, die den Menschen vorbereitet, in der großen Welt seinen Platz ausfüllen zu können. Das Gefühl von Zusammengehörigkeit stellt einen höheren Wert dar als hoher Verdienst.

besitzt, bleiben die Partner zusammen; wenn die Gewöhnung diese Faszination erlahmen läßt, trennen sie sich.

Tatsächlich sind für eine glückliche Ehe alle drei Ebenen gleich wichtig. Die körperliche Faszination bindet unsere Körper biologisch aneinander. Die seelisch-sozial-geistige Ebene verknüpft uns als Menschen. Die geistliche dagegen führt zwei Menschen zu einer Einheit, die sich zum Ewigen und Unendlichen hin öffnet und nicht am Tode zerbricht. Darum ist es so wichtig, alle drei Ebenen zu einer Harmonie und Einheit zu bringen.

Ausdruck dieser Einheit ist die Partnerschaft. Sie bedeutet, daß die traditionelle Rollenverteilung zwischen Mann und Frau nicht mehr gilt. Es stimmt nicht, daß der Mann überlegen, die Frau dagegen minderwertig ist. Partnerschaft beinhaltet die Gleichwertigkeit von Mann und Frau. Wie können sinnliche, personale und ewige Liebe gleichzeitig bestehen? Folgendes sollten wir dazu bedenken:

- Eheliche Einheit heißt: Selbstannahme und Partnerliebe sind unteilbar. Es ist wichtig, daß jeder Partner ein gesundes Selbstwertgefühl besitzt und daß er sich selbst annimmt. Nur so kann er auf die Machtkampfehe verzichten und sich ohne Angst vor Unterlegenheit dem Partner hingeben. „Liebe deinen Nächsten wie dich selbst" wird hier praktiziert. Geben und nehmen, bejahen und bejaht werden, schenken und beschenkt werden, Annahme und Angenommensein, befriedigen und befriedigt werden, ernst nehmen und ernst genommen werden, bestätigen und bestätigt werden, beglücken und beglückt werden, achten und geachtet werden, gelten und gelten lassen, lieben und geliebt werden stehen ausgeglichen nebeneinander. Beides gehört jeweils zusammen.

- Eheliche Einheit beinhaltet tiefe Beziehungen. Solange wir in der Ehe nur sexuelle und wirtschaftliche Bedürfnisse befriedigen, bleibt sie ein Zweckverband. Erst wenn wir Tiefengefühle entwickeln und einander schenken, verbinden wir uns zur Ehe. Oberflächengefühle erlauben einen sozialen, unverbindlichen Austausch zwischen den Menschen. Erst in den Tiefengefühlen schließen wir uns voreinander auf und geben uns dem anderen hin. Angst vor dieser Preisgabe an den Partner macht so viele Ehen heute kalt und läßt sie erstarren. Zu diesen Tiefengefühlen gehören auch die religiösen Überzeugungen. Wenn ein Partner an Gott glaubt und mit ihm in einer liebenden Gemeinschaft lebt, der Partner aber nicht, dann ist der gläubige Teil immer mit dieser intimsten Beziehung allein und einsam. Denn welche Beziehung könnte intimer, tiefer, umgestaltender sein als die Liebe zu Gott? Höchstens noch die Liebesbeziehung zwischen zwei Menschen. Und das ist kein Zufall. Gott selbst wählt das eheliche Beisammensein zwischen zwei Menschen als Symbol der Vereinigung von Gott und Mensch, und er will, daß zwei Menschen so miteinander leben, wie er sich mit uns verbindet.
- Eheliche Einheit lebt nicht von Vermutungen. Wie oft werden Ängste und Befürchtungen gehegt, Mißverständnisse schleichen sich ein, und Mißtrauen zerfrißt die Harmonie! Wir sollten uns nicht Bilder und Vorstellungen von unserem Partner in unserer Phantasie zurechtbauen, sondern mit ihm sprechen, ihm unsere Wünsche, Befürchtungen und Ängste mitteilen und uns ihm öffnen.
- Eheliche Einheit muß gepflegt werden. Der größte Feind unserer ehelichen Einheit ist der Alltag mit seinem Trott, die Routine des Zusammenlebens, das abwechslungslose Dahintreiben. Auf allen drei Ebenen sollten wir uns immer wieder neu begegnen. Es ist ebenso wichtig, Feste zu feiern wie zur gegenseitigen Quelle des Geistes zu werden sowie gemeinsam vor Gott zu treten.
- Eheliche Einheit beinhaltet Wandlung. Ehe bedeutet, daß zwei Menschen ein gemeinsames Leben führen. Aber jeder von ihnen reift und entwickelt sich weiter. Darum ist auch die Ehe nichts Statisches, sondern ein Prozeß ständiger Wandlung. Wo wir die Verhaltensweisen und Erwartungen des ersten Ehejahres einfrieren, da stirbt die Ehe. „Meine Frau war aber früher ganz anders", klagt der Mann. „Als ich ihn heiratete, was war er da für ein Mann, und heute?" sagt voller Bitterkeit die Frau. Ehe ist aber nicht Stillstand, sondern Wandlung. Darum müssen wir uns immer neu aneinander anpassen, aufeinander eingehen und mit dem Partner gemeinsam in gleicher Richtung gehen. Wer sich weigert, die Wandlung anzunehmen, hat schon die Ehe zerstört. Aufgabe des einzelnen ist Reife und Wandlung. Aufgabe der Ehe ist es, dies gemeinsam zu tun. Und am leichtesten ist dies möglich, wenn diese Wandlung auf ein gemeinsames Ziel hin geschieht und wenn dieses Ziel sinnvoll ist.

Flucht vor sich selbst

Wer innerlich unsicher ist, wer keinen Lebenssinn findet, wer keine Harmonie zwischen sich und der Welt herstellen kann, der wird auf irgendeine Weise aus der Wirklichkeit fliehen. Wir wollen vier Fluchtrichtungen darstellen, die am weitesten verbreitet sind.

Vierfache Flucht

Ich fliehe in die Welt der Illusionen

Günter W. (37) ist verheiratet und hat zwei Kinder. Er war Drucker und hatte die Familie gut versorgt. Marga, seine Frau, hatte noch dazuverdient, so daß sie ein materiell gesichertes Leben führen konnten und noch einiges für Ferien und Anschaffungen übrig blieb. Aber heute arbeitet nur noch Marga. Günter sitzt zu Hause, brütet vor sich hin, schmiedet Pläne – und trinkt. Drei Entziehungskuren hat er schon hinter sich, doch nichts hat sich gebessert. Marga leidet, und die Kinder verachten ihren Vater, ganz zu schweigen davon, daß ihnen ein Vorbild fehlt. Norbert (16) fängt auch schon an zu trinken.

> **Vierfache Flucht**
> - **Ich fliehe in die Welt der Illusionen**
> - **Ich verwöhne mich selbst**
> - **Ich suche Halt in starren Prinzipien**
> - **Ich fliehe in Ideologien**
>
> **Sechs Wege zu einem sinnerfüllten Leben**
> - **Der Wunsch nach Liebe**
> - **Der Wunsch nach Sicherheit**
> - **Das Bedürfnis nach schöpferischer Arbeit**
> - **Das Bedürfnis nach Anerkennung und Gemeinschaft**
> - **Das Bedürfnis nach neuen Erlebnissen**
> - **Das Bedürfnis nach Selbstachtung**
>
> **Erfüllen Sie Ihre Lebensnotwendigkeiten?**

Günter ist einer von etwa zwei Millionen Menschen in der Bundesrepublik, die aus der Wirklichkeit in die chemischen Träume geflohen sind. Wenn wir fragen, was ihn dazu gebracht hat, Trinker zu werden, müssen wir in seine Kindheit zurückblikken. Er war von seinen Eltern hart erzogen und schon während der Säuglingszeit vernachlässigt worden. Es herrschte damals Krieg. Der Vater war Soldat, und die Mutter kämpfte an der „Heimatfront". Günter floh schon als Kind gern in Träume, in denen er davon phantasierte, wie er große Heldentaten vollbrachte und hohe Orden erwarb. Nach dem Krieg machte er eine Lehre als Drucker. Doch die Phantasien seiner Kindheit von Ansehen und Größe erfüllten sich nicht. Anfangs freilich galt es, die Wohnung einzurichten; die Ehe mit Marga brachte einen neuen Inhalt in sein Leben. Aber bald machte sich die Öde des Alltags breit, und Günter floh vor jeder größeren Anstrengung und bei jeder Enttäuschung in die Träume der Kindheit zurück. Und das Gefährt in dieses Traumparadies war der Alkohol.

Viele haben von der Ehe Selbstfindung erhofft, sind an den Aufgaben gescheitert und befinden sich auf der Flucht vor sich selbst. Die Flucht vor sich selbst ist eine Lebenskrise, die nur durch ein inneres Heilwerden überwunden werden kann.

Warum aber beginnt auch Norbert, sein Sohn, bereits zu trinken? Er hat doch nichts entbehrt! Im Gegenteil, Günter und Marga haben ihn, den Erstgeborenen, verwöhnt. Er hat stets seine Wünsche erfüllt bekommen. Gerade das ist es! Verwöhnung wirkt genauso verheerend wie Härte und Vernachlässigung. Das Leben ist kein Paradies. Es verwöhnt uns nicht, sondern fordert unsere Kräfte heraus. Es hält Erfolge und Fehlschläge für uns bereit. Wer verwöhnt ist, erweist sich als wenig geeignet für das Leben. Leicht flieht er aus der rauhen Wirklichkeit in die Welt der chemischen Träume. Es würde uns nicht wundern, wenn Norbert eines Tages zu noch härteren Drogen greift, zu Haschisch bzw. Marihuana, LSD, Opiaten usw., um ganz dieser Welt entrinnen zu können und heimisch zu werden in einer paradiesischen Welt der Träume, in der er wie ein glückliches Kind leben kann.

Bei harter vernachlässigender und bei weicher verwöhnender Erziehung wird eine Neigung ins Kind eingepflanzt, zwischen sich und der Wirklichkeit einen Trennungsstrich zu ziehen, so daß es die Wirklichkeit mehr oder weniger verwirft und in der eigenen Welt der Phantasien, Träume und Illusionen lebt. Später sind Rauschgifte verlockende Mittel, eine Traumwelt zu schaffen.

Ich verwöhne mich selbst

Karin (17), Schülerin der elften Klasse eines Gymnasiums, ist ein „Schleckermäulchen". Dauernd muß sie etwas lutschen oder schlecken. Nachmittagelang sitzt sie mit Freunden im Café, trinkt ein Kännchen Kaffee nach dem anderen und ißt leidenschaftlich gern Kuchen. Karin ist ein hübsches Mädchen, aber eigentlich etwas zu dick. Wenn sie essen und schleckern kann, ist sie fröhlich. Bei jeder Schwierigkeit und jedem Mißerfolg ist sie rasch entmutigt und niedergeschlagen. Dann kann sie oft tagelang in ihrem Zimmer sitzen, lustlos und depressiv. Wie Karin geht es vielen Menschen. In den Industriestaaten leiden wir keinen Hunger, sondern leben im Wohlstand. Auch unsere Kinder verwöhnen wir. Sie sollen es gut haben, wir lieben sie ja, nichts soll ihnen fehlen. Aber wenn wir unsere Kinder verwöhnen, bereiten wir sie schlecht auf das Leben vor. Sie glauben, das ganze Leben bestehe aus Verwöhnung; doch das Gegenteil ist der Fall. Viele Menschen, enttäuscht und zurückgestoßen von der Härte des Lebens, geraten in depressive Zustände. Sie grollen mit allem und mit sich selbst.

Karin allerdings ist gerade im Alter von sechs bis zehn Monaten nicht verwöhnt, sondern vernachlässigt worden. Karins Mutter hatte seit Karins Geburt aufgehört zu arbeiten und sich ganz dem Baby gewidmet. Als die kleine Karin ein halbes Jahr alt war, fing ihre Mutter wieder an zu arbeiten. Die Großmutter oder eine Nachbarin oder eine Freundin versorgten die halbjährige Karin, die gerade jetzt die Mutter gebraucht hätte. Etwa mit sechs Monaten beginnt nämlich das Baby die Mutter zu erkennen und einen ersten bewußten Bezug zu ihr herzustellen und zu festigen. In dieser Zeit, in der also das Baby die Gegenwart der Mutter besonders brauchte, wurde Karin wie so viele Halbjährige seelisch vernachlässigt. „Was die Welt nicht gibt, das verschaffe ich mir selbst", ist die Neigung, die jetzt im Kind entsteht. Abkehr von der Welt und Selbstverwöhnung sind die Folgen. Im Extremfall treten Depressionen oder manisch-depressive Zustände auf.

Ich suche Halt in starren Prinzipien

Die Müllers sind eine angesehene Familie. Sie halten ihr Geld sorgfältig zusammen, ihr Auto blitzt und glänzt, die Wohnung ist piekfein aufgeräumt. Und doch, beim genauen Hinsehen stimmt da etwas nicht. Müllers haben eigentlich nie Besuch. Mit Müllers Kindern spielt niemand gern; sie sind eigensinnige Spielverderber und werfen mit Schimpfwörtern um sich. Herr und Frau Müller äußerten sich auf der letzten Mieterversammlung so rechthaberisch, daß niemand mehr Lust hat, mit ihnen zu sprechen.

Es wäre interessant, die Müllers noch ein bißchen genauer zu betrachten. Herr Müller sympathisiert mit radikalen Parteien, die Recht und Ordnung vertreten. Frau Müller ist aktives Mitglied in einer Kirche, wo sie sogar im Vorstand sitzt. Sie gilt als fromm, denn sie hält auf Anstand und Sitten, und die Lehren ihrer Kirche nimmt sie sehr wörtlich und tritt entschieden für sie ein.

Herr und Frau Müller heirateten, weil sie gleiche Anschauungen hatten. Aber bald wurde ihre Ehe dürr wie die Wüste Gobi. Sexuell verweigerte sich Frau Müller ihrem Mann immer mehr (Sex sei schmutzig und

> Freude gewinnen wir nicht, wenn wir an der Oberfläche leben. Sondern wir erreichen sie, wenn wir hindurchbrechen durch die Oberfläche und eindringen in die tiefen Schichten unseres Selbst, unserer Welt und Gottes. Der Augenblick, in dem wir die letzte Tiefe unseres Lebens erreichen, ist der Augenblick, in dem wir die Freude erfahren, die Ewigkeit in sich hat, die Hoffnung, die nicht zerstört werden kann, und die Wahrheit, auf die Leben und Tod gebaut sind. (Paul Tillich)

vertrage sich nicht mit der Frömmigkeit), und so verwundert es uns nicht, daß Herr Müller, sexuell enttäuscht, pornographische Neigungen entwickelt und am Stammtisch schlechte Witze erzählt.

Felix (9), das ältere der beiden Kinder, ist gewissenhaft und fleißig und bringt gute Noten aus der Schule mit nach Hause. Doch die Lehrer beklagen sich über seinen mangelnden Gemeinschaftsgeist. Er ist eigensinnig, schnell jähzornig, setzt andere Schüler herab, und Schwächere haben unter seinen Sticheleien und Quälereien zu leiden.

Vera (7), die Jüngere, dagegen ist ausgesprochen unordentlich, läuft gern schmutzig herum, lügt, nascht und verwahrlost mehr und mehr. So stolz Müllers auf ihren Sohn sind, so großen Kummer bereitet ihnen Vera.

Wenn wir in die Kindheit der Müllers blicken, können wir feststellen, daß sowohl Herr als auch Frau Müller streng und autoritär erzogen worden sind. Schon früh waren sie sauber, und sie wurden zu Ordnung und Gehorsam angehalten. So verfuhren sie auch mit ihren Kindern. Felix ahmte genau die Eltern nach. Aber Vera war ein etwas schwächliches Mädchen, das den harten Forderungen der Eltern einfach auswich und sich tief entmutigt gehen ließ.

Wir beobachten, daß eine harte und strenge Erziehung sowie eine frühe Reinlichkeitsdressur Kinder in eine bestimmte Charakterrichtung drängen: Ordnung, Sparsamkeit, ja Geiz, Eigensinn, Pedanterie, Herrschsucht, Prinzipientreue, Gewissenhaftigkeit, Fleiß, Gründlichkeit, Jähzorn, Quälsucht und Verteufelung des Sexuellen. Dahinter steckt eine schwache Persönlichkeitsstruktur, stehen Minderwertigkeitsgefühle, die wettgemacht werden sollen durch einen Charakterpanzer. Der wirkt, bildlich gesprochen, wie ein seelisches Stützkorsett. Im Extremfall entstehen Zwangsneurosen.

Ist dagegen die Erziehung zu lax und zu verwöhnend oder wird ein Kind zu stark entmutigt, dann kann es die entgegengesetzte Entwicklung nehmen: Es verwahrlost (dissozialisiert).

Ich fliehe in Ideologien

Rainer (24) hat sich einer extremen Partei angeschlossen. Voll von glühendem Fanatismus vertritt er ihre Ziele und setzt sich für sie ein. Er hat so gut wie kein Privatleben mehr. Er geht geradezu auf in der Partei.

Karin (28) hat vor vier Jahren eine Bekehrung erlebt und gehört nun einem Kreis junger, aktiver Christen an. Sie will fromm sein und „verleugnet sich selbst". Sie kennt nur noch ihren Glauben und opfert jede freie Minute ihren Mitgläubigen. In ihrer karg bemessenen Freizeit beschäftigt sie sich nur mit der religiösen Literatur ihrer Glaubensrichtung.

Verfolgen wir die Lebensgeschichte die-

Hinter der ekstatischen Fröhlichkeit der Anhänger östlicher Weisheitslehren steht oft nicht Lebensbewältigung, sondern Flucht vor den realen Aufgaben des Daseins und Unfähigkeit, sich für Menschen einzusetzen.

ser beiden Menschen bis in die Kindheit zurück, dann können wir bemerken, daß sie im Alter von drei bis sieben Jahren besonders stark den gegengeschlechtlichen Elternteil liebten. Rainer schloß sich eng an seine Mutter an und fand nie ein rechtes Verhältnis zu seinem Vater. Karin dagegen himmelte ihren Vater an und gab die Bindung an ihn nie auf. Die Mutter spielte für sie eine geringe Rolle.

In solchen Fällen lernen Kinder nur schwer und unvollständig ihre Geschlechterrolle. Sie üben nicht die soziale Rolle ein, Frau oder Mann zu sein. So bleiben sie innerlich unsicher und sind erfüllt von Minderwertigkeitsgefühlen in bezug auf ihre Rolle als Mann und Frau.

Deshalb neigen Rainer und Karin dazu, sich mit der Ideologie bzw. Religion, der Partei bzw. dem Glaubenskreis zu identifizieren. Unsicher wie sie sind, suchen sie eine Übermutter oder einen Übervater, an die sie sich binden können und denen sie ihr ganzes Leben weihen. Solche Identifikationen führen im extremen Fall zur Hysterie.

Natürlich müssen wir gerade in diesem Punkt sehr sorgfältig sein. Denn eine Religion und eine Weltanschauung sind für uns notwendig, wenn wir einen Lebenssinn finden und uns in der Welt orientieren wollen. Aber den Glauben und die Weltsicht müssen wir erwerben, indem wir uns mit ihnen geistig auseinandersetzen und uns für sie bewußt und mit Verantwortung entscheiden. Bloße Identifikationen dagegen führen lediglich zu hysterischen Formen der Religion und Weltanschauung.

Sechs Wege zu einem sinnerfüllten Leben

Orientierungs- und Bindungslosigkeit, Flucht in Wunschbilder, Selbstverwöhnung, Zwänge und Ideologien haben zum Grund immer wieder ein Leben ohne Sinnerfüllung. Alle, die unter seelischen Störungen leiden, werden Hilfe erfahren, wenn sie folgende sechs Wege beschreiten und die sechs Lebensnotwendigkeiten erfüllen, die wir im folgenden darstellen.

Der Wunsch nach Liebe

Jeder Mensch braucht Zuneigung und Wertschätzung durch einen anderen. Denn diese unmittelbare Zuwendung gibt uns das Gefühl, etwas wert zu sein und einen festen Platz in der Ordnung der Dinge und Menschen zu besitzen. Liebe macht unser Leben reich und voll und erwärmt es. Ohne Liebe entstehen in uns Leere und Einsamkeit, Verzweiflung und, daraus folgend, aggressiver Haß. Darum ist das beste, das wir schon unseren Kindern mitgeben können, gefühlsmäßige Wärme und Zuwendung, das Gefühl, daß wir sie gewollt haben und über alles schätzen.

Der Ort, wo wir Liebe am stärksten erleben sollten, ist die Ehe. Und eigentlich heiraten wir ja, um dieses erste Grundbedürfnis nach Liebe zu stillen. Aber wie entscheidend ist da die Partnerwahl! Dieter A. lernte Varna F. kennen und war fasziniert von ihrer Schönheit. Gegen den Willen der Mutter heiratete er sie. Aber Varna war in einem Kinderheim aufgewachsen und hatte nur wenig Liebe erfahren. Und Dieter war als einziges Kind von einer eifersüchtigen Mutter zu Selbstsucht, Ichbezogenheit und Mutterabhängigkeit erzogen worden. Beide waren unfähig, Liebe zu geben. Wundert es uns, wenn Varna mit funktionellen Krankheiten reagierte? Glücklicherweise fand sie einen Arzt, der psychologisch geschult war. Er bezog die Mutter und Dieter in die Therapie mit ein. Varna suchte sich zusätzlich eine ehrenamtliche soziale Tätigkeit, wo sie Anerkennung fand. Die Mutter gab Dieter endlich frei. Dieter lernte, auf eigenen Füßen zu stehen und Varna wirklich zu lieben. Und so wurde die Ehe doch noch glücklich.

Natürlich gehört in die eheliche Liebe die Geschlechtsliebe mit hinein. Wenn die sexuelle Liebe zwischen zwei Eheleuten schwächer wird oder gar aufhört, werden die Ehepartner unbefriedigt, ruhelos, gereizt und depressiv. Funktionelle Krankheiten werden dann auf die Dauer nicht ausbleiben.

Menschliche Liebe ist immer unvollkommen. Der ichhafte Mensch wird in seinem Heißhunger nach Liebe nie gesättigt werden. Darum brauchen wir Heilung von der ichzentrierten Liebe, und gleichzeitig benötigen wir eine Liebe, die unerschöpflich ist. Beides will uns Gott schenken. Er will uns von den Fesseln der Ich-Liebe befreien und uns seine unendliche Liebe schenken.

Der Wunsch nach Sicherheit

Wie groß der Wunsch des Menschen nach Sicherheit ist, zeigen die Paläste der Versicherungsanstalten. Ja, wir fühlen uns sicher, wenn wir genug verdienen, gesund sind, eine gesicherte Arbeitsstelle haben und unser Ehepartner zu uns hält.

Unsicherheit dagegen läßt uns zu einem eifersüchtigen Konkurrenten werden, der alle Freunde wegekelt, oder sie entmutigt uns so sehr, daß wir keine Lebensfreude mehr empfinden und vor jeder Leistung ausweichen. Leider gibt es tausende Arten von Unsicherheit, so daß wir ihnen kaum entrinnen werden. Und vollkommene Sicherheit gibt es nicht. Oder doch? Die Erfahrung vieler Menschen beweist, daß wir Sicherheit in Gott finden können.

Das Bedürfnis nach schöpferischer Arbeit

Das Schlaraffenland ist alles andere als ein Paradies. Nur Essen, Trinken und Langeweile – das könnte eher die Hölle sein. Gott schenkte dem Menschen die Arbeit, damit er schöpferisch tätig sein kann, um sich selbst zu verwirklichen.

Marianne E. (25) zeigte seelisch bedingte Gesundheitsstörungen; sie war nervös und depressiv, als ich sie kennenlernte. Bald merkte ich, daß sie entmutigt war. Die ganze Verwandtschaft machte ihr immer wieder klar, daß sie nichts könne und nichts sei. Als sie das Abitur auf dem Zweiten Bildungsweg nachmachte, blühte sie geradezu auf.

Leider ist ein beträchtlicher Teil der Arbeit heute nicht schöpferisch, sondern eintönig, einseitig, kräfteraubend und geistlos; denn die moderne Arbeit verschlingt uns zwar, aber sie erfordert in den seltensten Fällen unsere schöpferischen Fähigkeiten. Sie zwingt uns eine spezialisierte, einseitige Tätigkeit ab. Um so wichtiger ist es, in der Freizeit ein Hobby zu wählen, in dem wir unsere Kreativität, das heißt unsere schöpferischen Kräfte, entfalten können.

Testen Sie Ihre Kreativität!

(Vorschläge)

Handwerkliches:

Töpfern, Schnitzen, Batiken, Basteln (Spielzeug, Puppen), Handarbeiten (Schneidern, Sticken, Häkeln), Blumenstecken, Tischlern

Bildnerisches:

Malen, Zeichnen, Seidenmalerei, Anfertigung von Collagen, Linolschnitte, Kartoffeldrucke

Gestalterisches:

Kochen und Backen, darstellendes Spiel (Laienspiel, Pantomime), Fotografieren, Musizieren, tänzerische Gymnastik, Blumenzucht

Formulieren:

Tagebuchschreiben, Gedichte verfassen, an Gesprächs- und Diskussionskreisen teilnehmen.

(Volkshochschulen und andere Einrichtungen bieten vielfach unterschiedliche Kurse an. Je nach Geschmack wird man normalerweise in einer Stadt Anregungen bekommen. Auch entsprechende Bücher helfen weiter.)

Das Bedürfnis nach Anerkennung und Gemeinschaft

Margarethe Q. (45) ist Hausfrau. Wie ergeht es ihr den Tag über? Sie putzt die Wohnung, aber schneller noch macht die Familie Unordnung. Sie wäscht, und sofort wirft jeder seine Sachen wieder zur Schmutzwäsche. Sie kocht, aber alle essen sie ganz selbstverständlich, ohne Dankeschön zu sagen. Der Hausfrauenberuf ist wohl einer der härtesten Berufe, die es gibt, und doch wird er nicht anerkannt.

Wie Millionen von Frauen kämpft Margarethe Q. den vergeblichen Kampf gegen die zahllosen unsichtbaren Pflichten, die keinen Dank finden. Entmutigt, enttäuscht und voll innerer Müdigkeit entwickelt sich bei ihr ein nervöses Leiden.

Wir Menschen brauchen Anerkennung. Schon unsere Kinder sollten wir erziehen, indem wir sie ermutigen. Aber wie oft entmutigen wir sie, indem wir unsere

Überlegenheit als Erwachsene gegen sie ausspielen! Umgekehrt sind wir gern bereit, unsere Kinder mit Anerkennung zu überschütten, wenn sie intelligent und erfolgreich sind, denn das schmeichelt unserer elterlichen Eitelkeit. Was die Kinder brauchen, ist eine ruhige, gleichbleibende Ermutigung.

Auch wir Erwachsenen wünschen, anerkannt zu werden. Viele wechseln ihre Arbeitsstelle, weil sie hoffen, an einem neuen Arbeitsplatz besser anerkannt zu werden. Und das ist wirklich oftmals der Fall.

Allerdings werden wir nur wirklich anerkannt, wenn wir Gemeinsinn zeigen. Viele suchen Anerkennung, indem sie nach Geltung, Macht und Überlegenheit streben in der Meinung, man werde sie dann achten und anerkennen. Aber darin werden sie enttäuscht. Man wird uns nur schätzen, wenn wir uns sozial verhalten, Gemeinschaftsgefühl und Mitmenschlichkeit zeigen. Einerseits nämlich wünschen wir selbst, in einer Gemeinschaft geborgen und anerkannt zu sein, und andererseits ist das der Wunsch auch der anderen Menschen unserer Umgebung. Wenn wir also anderen Menschen zeigen, daß wir sie achten und hochschätzen, wenn wir für ihre Interessen eintreten und Gemeinschaftsaufgaben übernehmen, dann werden wir auch ihre Achtung gewinnen.

Das Bedürfnis nach neuen Erlebnissen

Katharina W. (35) ist die Frau eines Vertreters. Die ganze Woche über lebt sie allein mit ihren beiden Kindern in einem grauen Haus und einer tristen Wohnung weit draußen vor der Stadt. Kam ihr Mann am Wochenende nach Hause, wollte er sich ausruhen. So konnte Katharina nie aus ihren trüben vier Wänden und aus dem grauen Einerlei herauskommen. Die Folge war, daß sie bettlägerig wurde. Immer wenn sie aufstehen wollte, wurde ihr schwindlig, und sie mußte sich wieder zu Bett legen. Zum Glück fand sie einen psychologisch geschulten Arzt, und glücklicherweise war Katharina an sich seelisch gesund. So ließ sich ihr Mann überzeugen, in eine kleine Stadt umzuziehen, wo sie eine preiswerte, hübsche Wohnung fanden mit Hof, Garten, Bäumen, Sandkasten für die Kinder und vor allem – Nachbarn. Katharina wurde sehr schnell gesund.

Ja, wir brauchen Abwechslung. Das heißt natürlich nicht, daß wir uns kopfüber in den Rummel der Vergnügungsindustrie stürzen sollen. Aber es ist wichtig, Nachbarschaft zu pflegen, die Natur genießen zu können und von Zeit zu Zeit einmal auszugehen. Auch die Wohnung könnten wir gelegentlich neu tapezieren, umräumen und mit kleinen „Kunstwerken" verschönern.

Das Bedürfnis nach Selbstachtung

Rolf E. (17) hat bereits seine dritte Arbeitsstelle verloren. Schon immer war er davon überzeugt, nicht viel zu können und nichts zu taugen. Jetzt hat er es ja bestätigt bekommen. Er gammelt nur noch herum, stiehlt Kleinigkeiten, um sich ein bescheidenes schönes Leben zu machen, und denkt gar nicht daran, etwas zu leisten.

Ganz anders Michael (28). Er hielt sehr viel von sich und seinen Fähigkeiten. Darum ließ er sich auch nichts bieten, weder von seinen Arbeitskameraden, die ihn deshalb wenig schätzten, noch von seinem Chef – der ihn prompt entließ. So versuchte er bei immer neuen Arbeitsstellen den Posten zu bekommen, der ihm seiner Meinung nach zustand. Aber er wurde überall rasch entlassen. Michael sah ein, daß seine Selbsteinschätzung falsch war. Sein Leben erwies sich als eine einzige Täuschung. Er wandte sich von seiner Umwelt ab, brütete dumpf vor sich hin und grollte mit sich

selbst und aller Welt. Er mußte in eine Heilanstalt eingewiesen werden.

Es stimmt: Wir können nur leben und uns in eine Gemeinschaft einfügen, wenn wir uns selbst achten können und in unserer Selbsteinschätzung von unserer Umwelt bestätigt werden. Einsehen zu müssen, daß wir Versager sind, wird uns dagegen so sehr entmutigen, daß wir entweder wie Rolf gemeinschaftsschädlich werden oder wie Michael in die Depression flüchten und krank werden. Wir dürfen eben unsere Selbsteinschätzung weder zu hoch ansetzen noch zu tief. In beiden Fällen, sowohl bei Minderwertigkeitskomplexen als auch bei übersteigertem Selbstvertrauen, entsteht eine Depression.

Oft allerdings wird unsere Selbstachtung auch durch Schuldgefühle zerstört. Wenn wir schuldig geworden sind, wird die Stimme des Gewissens laut und verdammt uns. Wir verlieren unsere moralische Selbstachtung und verstricken uns noch tiefer in die Schuld. Befreiung von Schuld ist nach der Bibel letztlich nur durch Gott möglich.

Erfüllen Sie Ihre Lebensnotwendigkeiten?

Seelisches Gleichgewicht und Heilung für unser seelisches Leben hängen in hohem Maße davon ab, wie weit wir unsere

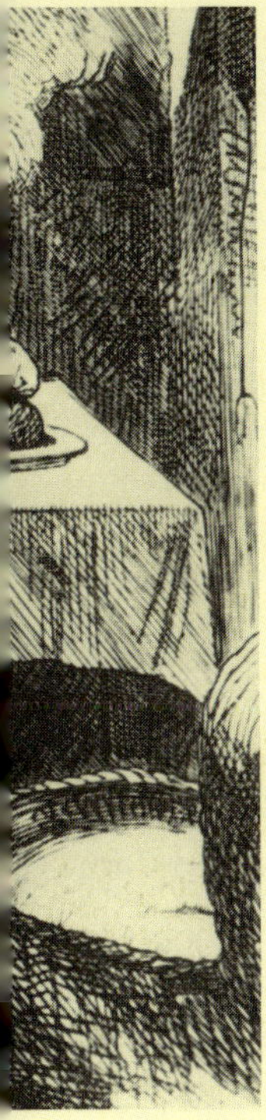

Im vergangenen Jahrhundert gab es ein weitverbreitetes Buch mit dem Titel „Das häusliche Glück“, in dem Arbeiterfrauen unterrichtet werden, wie man kocht und einen Haushalt führt. In einseitiger Weise wird der Frau die Rolle der selbstlos Dienenden zugeschrieben, während dem Mann die Rolle des Bedienten zufällt: „Ertrage die Fehler deines Mannes mit Geduld! ... Wie kannst du da gleich so unwirsch, so schnell verletzt, so bitter gekränkt sein, wenn er einmal in der Übereilung ein liebloses Wort gebraucht hat! ... Warum willst du nun gleich grollen, wenn er in solcher Stimmung sich auch einmal gegen dich vergißt? Es ist ja nicht bös gemeint, und er macht es gewiß auch schnell wieder gut, wenn du das kränkende Wort geduldig hinnimmst ... Trage dies Leid ganz allein und still für dich, klag es nur Gott und such nur bei ihm deinen Trost. Auch größere und schlimme Fehler des Mannes sollst du mit Geduld ertragen und in Liebe zu bessern suchen. Bleibt dein Mann des Abends länger aus, als dir lieb ist, länger im Wirtshaus, als es sich schickt, dann bezähme doch ja deine Ungeduld und beherrsche deinen Unwillen ...

Damit du aber deinem Manne stets so lieb und wert bleibest, sei immer aufrichtig und offen gegen ihn! Vor deinem Manne darfst du kein Geheimnis haben, er muß immer in deinem Herzen bis auf den Grund schauen können ... Dein Mann muß wissen, daß er auf das Wort seiner Frau unbedingt bauen kann ... Vor allem sei aufrichtig in Geldangelegenheiten ... Gib ihm aufrichtig Rechenschaft, wenn er es wünscht, sogar über den Pfennig ... Wenn nun aber trotz all meiner Willfährigkeit, Bescheidenheit und Nachgiebigkeit, so denkst du vielleicht, der Mann doch bei jeder Kleinigkeit aufbraust, ihm nie etwas recht geschieht – wie kann man denn da noch den Frieden bewahren? Sehr gut, antworte ich, und zwar durch Sanftmut und Geduld ...

So befiehlt dir dein Gott und bietet dir als Lohn dafür: Friede für dein Haus und ewige Freude im Himmel.“

Grundbedürfnisse befriedigen können. Darum wollen wir uns ehrlich prüfen, ob das der Fall ist.

1. Werden Sie von anderen Menschen geliebt? Wenn nicht, dann beginnen Sie damit, andere Menschen Ihrer Umgebung zu lieben. Wer gibt, ist glücklicher als jener, der immer nur nimmt.

2. Sind Sie schöpferisch tätig? Wenn Ihre Arbeit nicht schöpferisch ist, beginnen Sie sofort ein kreatives Hobby, und bilden Sie sich weiter.

3. Werden Sie von Ihren Mitmenschen anerkannt? Wenn nicht, streben Sie gar nicht erst danach. Setzen Sie sich lieber für andere ein, und übernehmen Sie Gemeinschaftsaufgaben, dann bleibt die gebührende Anerkennung nicht aus.

4. Versauern Sie im Alltagstrott? Dann planen Sie etwas Neues. Verschönern Sie Ihren Alltag!

5. Besitzen Sie eine gesunde Selbstachtung? Gleichen Sie Ihre Selbsteinschätzung Ihren Fähigkeiten und den Gegebenheiten des Lebens an, und halten Sie sich weder für besser noch für schlechter als andere. Sie sind weder der liebe Gott persönlich noch der Dorftrottel. Setzen Sie gegen Enttäuschungen die Heiterkeit des Herzens.

6. Haben Sie Ihrem Leben schon einen bleibenden Sinn gegeben? Lesen Sie die Bibel. Suchen Sie die Begegnung mit Gott. Er will unser Leben schon jetzt mit Sinn erfüllen und es darüber hinaus zur Ewigkeit hin erweitern.

Wechsel von Passivität und Zerstörungslust bis hin zur Kriminalität

Der junge Mensch insbesondere ist gekennzeichnet durch Aktivität, Kreativität, Experimentieren, Konstruieren und Verändern. Alle diese Antriebe helfen ihm, seine Umwelt, sein eigenes Leben sinnvoll zu gestalten.

Der Mensch als vernunftbegabtes Wesen ist angelegt und wohl auch dazu berufen, brauchbare Werte und Dinge zu bewahren und neue zu schaffen, die der Situation und den Bedürfnissen entsprechen. Dies zu tun bedeutet Mühe und Ausdauer, das Gelingen aber schenkt Freude, Zufriedenheit und Lust, das heißt, es motiviert und regt an, den schöpferischen Kreislauf fortzusetzen und zu bereichern.

Dieses hier geschilderte Bild stellt sich sehr ideal, ja, fast utopisch dar, und doch beschreibt es geheime und offengelegte Wünsche und Sehnsüchte, die unserem Leben Sinn und Zielrichtung verleihen.

Der hier skizzierte Einsatz von menschlicher Energie wird sich für den einzelnen nur als lohnend erweisen, wenn er sich nicht als isoliertes Einzelwesen erfährt, sondern sich eingewoben weiß in ein Geflecht zwischenmenschlicher Beziehungen. Wenn er erfährt, daß sich andere über seine Existenz freuen, ihn annehmen, wie er ist, ihm Aufgaben und Verantwortung übertragen oder, mit anderen Worten, ihm unter ihnen Platz und Raum geben.

Wenn die eigenen Gefühle miteinander im Streit liegen

- **Der Schwächere unterliegt**
- **Es ist wichtig, auf die eigenen Bedürfnisse zu achten**
- **Desinteresse treibt den anderen in die Isolation**

Sie wurden zuvor selbst geprügelt . . .

- **„Druckreservoire“ durch wiederholte Kränkungen**
- **Markus, der unter einem tyrannischen Vater litt**
- **Inge ging einem „väterlichen Berater“ auf den Leim**

Wenn die eigenen Gefühle miteinander im Streit liegen

Selten verläuft unsere Lebenslinie geradlinig und ungebrochen. So reiben wir uns oft an Konflikten, die in uns selbst entstehen. Wir nehmen in uns zur gleichen Zeit unterschiedliche Bedürfnisse wahr, die miteinander im Streit liegen. Manchmal zum Beispiel ist eine Entscheidung erforderlich, die von uns ein klares Nein oder ein deutliches Ja fordert. Wie oft unterlassen wir zu sagen, was wir wirklich möchten! Was für Gründe mögen uns an einer klaren inneren Entscheidung hindern? Wir fühlen uns gereizt oder brüten vor uns hin, schieben Arbeit und Aufgaben fort; nichts geht mehr von der Hand.

Unsere Energien sind blockiert, weil unsere eigenen Gefühle in uns miteinander im Streit liegen, vielleicht zwischen Dingen, die wir wollen, und solchen, die wir sollen. Wie oft verhalten wir uns in einer bestimmten Weise, nur weil wir meinen oder wissen, daß der andere uns nur so mag oder akzeptieren kann. Meist sind wir von solchen Personen in besonderer Weise abhängig. Diese für unser Leben so wichtigen Menschen nennt man Bezugspersonen.

Die ersten und für unseren Lernprozeß wichtigsten Menschen sind die Eltern oder Personen, die deren Aufgabe übernehmen. Sie bilden ein Modell für das Verhalten des Kindes. Es lernt von ihnen, mit sich und anderen umzugehen. Oft übernimmt es Lebensregeln völlig ungeprüft.

Sind die Eltern oder Erzieher in der Lage, Differenzen (Konflikte) so auszutragen, daß beide Partner die Lösung akzeptieren können, es also keinen Verlierer oder Gewinner gibt, so können sie mit ihrem Verhalten dem Kind oder Jugendlichen eine wichtige Lebenshilfe sein.

Der Schwächere unterliegt

In der Regel jedoch unterliegt in solchen Auseinandersetzungen der Schwächere: die Frau, die Kinder, der in der niedrigeren Position, also der sozial Schwächere. Dieses Verhältnis treffen wir auch im beruflichen Bereich an. So haben nicht selten die Eltern oder andere Personen bestimmt, was wir lernen, welche Ausbildung wir erhalten, was wir tun und lassen sollen, wie wir uns kleiden und auch wie wir lieben sollen.

Viele der aufgezeigten Situationen können nur dann für den eigenen Lernprozeß hilfreich sein, wenn sie Angebote, Impulse, Vorgaben bleiben, die es ermöglichen, eigene Bedürfnisse, Vorstellungen und Wünsche einzubeziehen.

Fassen wir zusammen: Zu viel Bestimmung in unserem Leben durch andere führt zu einer Einengung unserer Persönlichkeit. Viele gewöhnen sich an diesen Zustand, sie entwickeln kaum noch Initiativen und lassen sich in der Regel sagen, was sie tun sollen. Wieweit solche Menschen in unserer Gesellschaft als unauffällige Zeitgenossen leben, wird sehr von ihrer Lebenssituation abhängen, von ihrer Rolle und Position und von den Bezugspersonen, die für sie weitgehend bestimmend waren und sind. Ihre Kritikfähigkeit beruht selten auf eigenen differenzierten Problemanalysen und Schlußfolgerungen, sondern auf übernommenen Meinungen, Wertmaßstäben und Vorurteilen. Sie haben erfahren, daß sie sich am besten fühlen, wenn sie als Mitläufer die Meinung der anderen bestätigen; denn nur dann wird ihnen signalisiert, daß sie angenommen sind. Sie richten ihre inneren Entscheidungen also vorwiegend nach dem aus, was andere von ihnen erwarten, um von diesen anerkannt und geliebt zu werden. Das heißt, sie wollen in keinen Konflikt mit diesen einflußreichen Personen geraten.

Um dies zu erreichen, müssen wir das eigene Konfliktpotential weitgehend „vergessen" (abwehren). Es kommt zu einer inneren Anpassung, um die innere Spannung zwischen eigenem Antrieb und den Verhaltenserwartungen, die von für mich wichtigen Personen an mich gerichtet werden, zu verringern. Sollte dieser Prozeß nicht gelingen, sind „schlechtes Gewissen" und mit ihm Unsicherheit und Angst vor Ablehnung die Folgen. Dieser Reduktions- bzw. Vermeidungsprozeß innerer Spannungen bewirkt sehr oft, daß Verhaltensweisen dann nicht mehr ziel-, sondern zweckgerichtet erfahren werden.

Es ist wichtig, auf die eigenen Bedürfnisse zu achten

Wehrt sich das Kind, der Jugendliche, der Abhängige gegen diese Ansprüche seiner Bezugspersonen, versucht der Jugendliche eigenen Wünschen und Bedürfnissen zu folgen, so kommt es zu Spannungen zwischen ihm und den Menschen, von denen er abhängig ist. Je umfassender und absoluter diese Abhängigkeit ist, um so existenzbedrohender wird dieser Konflikt erlebt. Für die Konfliktlösung kann es als entscheidend angesehen werden, wie die beherrschende Seite auf die Bedürfnisse des Kindes oder des Jugendlichen eingeht. Versucht sie ihr Handeln und Fordern einsichtig zu machen und auch die Absichten des Jugendlichen zu verstehen, so kann sich eine Lösung des Konfliktes anbieten, die beiden Teilen das Gefühl einer Niederlage erspart. Dieses als befriedigend erlebte Ergebnis wird dazu ermutigen, diesen Weg der Problembearbeitung auch bei neuen sich ergebenden Konflikten zu gehen, ja sogar aktive Selbstkritik zu üben. Diese Selbstkritik ermöglicht es, die eigenen Bedürfnisse und die Forderungen der Gesellschaft so aufeinander abzustimmen, daß konstruktive Lösungen möglich werden, durch die der Selbstwert der Person erhöht und stabilisiert wird. Der Mensch erlebt es als lohnend, sich und seine Fähigkeiten und Fertigkeiten einzusetzen.

Gelingt dieser Prozeß nicht, weil vielleicht die Eltern und andere Bezugspersonen selbst verlernt haben, auf ihre eigenen Wünsche und Bedürfnisse zu hören, weil sie mit Bitterkeit erfüllt sind und sich in ihren Lebenserwartungen getäuscht fühlen, ihnen vielleicht auch ihre „Spinnereien" ausgetrieben wurden und dies mit den unterschiedlichsten Methoden, dann gibt es Probleme.

In der Regel werden sich Eltern und andere Bezugspersonen in ihren Erziehungspraktiken an ihre eigene Lerngeschichte halten. Das bedeutet, daß sie mit ihren Kindern wie ihre Eltern verfahren oder in ablehnender Verkettung sich genau gegensätzlich verhalten. Damit werden sie selten der tatsächlichen Situation gerecht.

Wie wirkt sich dieses Verhalten auf Kinder und Jugendliche aus, vor allem dann, wenn sie in Krisensituationen kommen? Krisen können sich einmal aus Situationen akut ergeben, aber auch aus den Entwicklungsstadien, die im Zuge der Persönlichkeitswerdung phasenmäßig erfolgen.

Desinteresse treibt den anderen in die Isolation

In meiner mehr als fünfzehnjährigen Arbeit mit straffällig gewordenen jungen Menschen fallen mir viele Schicksale ein, die aufzeigen, wie Fehlentwicklungen entstehen. Bevor der Versuch unternommen werden soll, anhand einiger Beispiele das hier Geschriebene zu verdeutlichen, möchte ich noch einmal auf zwei äußerst schädliche Verhaltensformen von Eltern und Erziehern hinweisen, die mindestens ebenso bzw. fast mit Sicherheit zu Fehlverhalten, also auch zu kriminellem Verhalten führen.

Desinteresse der Eltern und Bezugspersonen an den Bedürfnissen der Kinder oder gar die stille Weigerung, sich mit ihren Problemen zu befassen, signalisiert den jungen Menschen ihren geringen Wert und läßt sie in die Isolation geraten oder treibt sie Personen zu, die Ersatz anbieten.

Noch schwerer finden sich Jugendliche zurecht, wenn Zuwendung und Ablehnung in für sie uneinsichtiger Weise abwechseln. Wenn also heute möglich ist, was morgen, ohne daß sich die allgemeine Situation geändert hätte, verboten wird.

Sie wurden zuvor selbst geprügelt ...

Es gibt im Leben Abläufe, die Naturgesetzen gleichen. Ich möchte dies an der

Ein Kind braucht Menschen, zu denen es immer mit seinen Fragen kommen kann und die es das Leben lehren.

Formel „*input* (das Eingegebene) gleich *output* (das, was herauskommt)" aufzeigen. So kann ich mich an keinen Jugendlichen (dies gilt auch für weibliche Delinquenten) erinnern, der Gewalt anwendete und selbst nicht zuvor unter ihr gelitten hat. Viele Jugendliche, die ich befragte, fanden ihre körperliche Züchtigung als nicht angemessen (d. h. ungerecht); viele wurden mit Gegenständen geschlagen. Diesen auf sie ausgeübten Druck geben sie oft weiter an andere, in der Regel Schwächere, an Tiere und Gegenstände. Wir alle kennen Situationen, in denen wir uns „Luft machen", wenn es irgend geht. Nicht selten richtet sich unsere Wut gegen das starke Objekt. Wir wagen jedoch nicht, den Ball direkt zurückzuspielen, sondern werfen ihn nach einem anderen. Dieses Verhalten wird von uns allen mehr oder weniger häufig praktiziert und auch als „normal" erlebt und eingeordnet. Es gibt allerdings auch Menschen, die es nicht gelernt oder durch Beispiel oder starken körperlichen oder moralisch-ethischen Druck verlernt haben, Druck an andere weiterzugeben. Bei ihnen gelingt die Abfuhr der Affekte (Wut, Ärger) nicht; sie verarbeiten nach innen, sie treffen also sich selbst (z. B. durch Bildung eines Magengeschwürs).

Selten zeigt sich dieser „Druckausgleich" in so deutlicher, direkt ablesbarer Form und wird auch in der Regel nicht nur vom Verhalten unserer Umgebung bestimmt. Auch innere, anlagemäßige Dispositionen bieten uns ein System zur Kanalisierung für die Abfuhr unserer Affekte an. So begegnen wir Menschen, die sich Luft schaffen, indem sie „an die Luft" gehen oder körperliche Arbeit verrichten. Andere Personen gehen „in die Luft"; sie tun dies mit Stimmaufwand oder deftigen Ausdrücken, bei einigen geht etwas „zu Bruch". In der Regel hält uns jedoch unsere Erziehung oder unsere Vernunft zurück, etwas zu tun, von dem wir wissen, daß dies nicht gesellschaftsfähig ist.

„Druckreservoire" durch wiederholte Kränkungen

Nun gibt es Situationen, in denen die anerzogene oder auch selbst aufgebaute Kontrolle entweder nicht mehr ausreicht, weggespült oder durch Abhängigkeiten ausgeschaltet wird. Es sei an dieser Stelle noch vermerkt, daß sich solche „Druckreservoire" in der Regel nicht durch einmalige Erlebnisse bilden. Sie entstehen meist aus sich immer wiederholenden Kränkungen, aus Frustrationen als einem Erleben von fortwährend vergeblichem Bemühen um Zuwendung und Anerkennung. Neben existentiellen Krisensituationen spielt gerade hier der Alkohol eine nicht zu übersehende Rolle. Er beeinflußt unser Kontroll- und Reaktionssystem in starkem Maße (dies wird bereits deutlich durch die „Promillegesetze" im Straßenverkehr). Bei einem hohen Prozentsatz von straffälligem

Verhalten kann der Alkohol als tatfördernder Faktor nachgewiesen werden. Mit seiner Hilfe wird die Hemmschwelle gesenkt, der Aggressionspegel steigt, die Schwachen bzw. Unterdrückten beginnen sich stark zu fühlen, die „abgewehrten" eigenen Wünsche können aufsteigen. Sie sind meist mit gefühlsmäßig negativ besetzten Erfahrungen gekoppelt. Es zeigt sich auch immer wieder, daß gerade die in unserem Leben unterdrückten, vergessenen Gefühle und Impulse später um so mehr aktiviert werden und nach Verwirklichung drängen. Das kann aber dazu führen, daß der Geprügelte Lust empfindet, nun selbst zu prügeln.

Verallgemeinernd läßt sich sagen, daß lustbetonte Gefühle, die dauernd abgewiesen (frustriert) werden, sich schließlich in zerstörende Impulse und Affekte verkehren. Sie werden dann in pervertierter Form subjektiv als Lust erfahren.

Ein weiterer Aspekt für die Entstehung kriminellen Verhaltens muß noch genannt werden. Wie bereits angedeutet, wagen wir es oft nicht, den „Ball" direkt zurückzuspielen, weil unsere Abhängigkeit, unser Wunsch nach Zuwendung und unsere Angst vor Vereinsamung zu stark sind. Um diesem Dilemma zu entkommen, heften wir unsere Wünsche und positiven Gefühlserwartungen weiter auf die Zielperson. Die Gefühle der Demütigung, der Enttäuschung, der Rache, des Hasses, die durch deren Verweigerung entstehen, wenden wir anderen Objekten zu. Die Situation wird noch dadurch verschärft, daß andere Personen, mit denen wir zusammen sind, bewußt und mit Vorsatz, aber auch unbewußt unsere „wunden Stellen" erspüren und ansprechen, mitunter sogar damit spekulieren.

Es läßt sich also erkennen, daß sehr oft mehrere Faktoren zusammentreffen müssen, um den Tatbestand zu schaffen, den wir als kriminelles Verhalten bezeichnen. Wir sollten uns jedoch hüten, Straftäter voreilig als „Kriminelle" abzustempeln, denn sie haben noch eine Chance, andere Wege zu ihrem Selbst zu finden. Neue Bezugspersonen, die ihnen die Möglichkeit geben, neue positive Erfahrungen zu machen, und ihnen helfen, den Teufelskreis ihrer Verhaltensmuster zu erkennen und zu durchbrechen, sollten ein Beziehungsangebot wagen. Sie sollten sich eingestehen, daß ihr eigener Anteil an ihrer „Normalität" relativ gering ist und daß sie sich des Lichtes nur auf Dauer erfreuen können, wenn sie ihre Seite, die im Dunkeln liegt, kultivieren und nicht verdrängen und auch den Menschen, der „im Dunkeln steht", in ihre Gemeinschaft aufnehmen und ihm dadurch ermöglichen, Mensch zu sein. Anhand einiger Beispiele möchte ich die zuvor beschriebenen Prozesse und ihre Dynamik aufzeigen.

Markus, der unter einem tyrannischen Vater litt

Markus war wegen Körperverletzung mit Todesfolge zu einer Jugendstrafe verurteilt worden. Er hatte seine Gerichtsverhandlung bereits hinter sich, als ich ihm in der Justizvollzugsanstalt begegnete.

Der junge Mann war der einzige Sohn seiner Eltern. Die Mutter, eine gut gebaute, füllige Person, wirkte kontaktfreudig, auf gute Umgangsformen bedacht. Sie stellte hohe Leistungserwartungen an sich und andere. Dabei versuchte sie, sich und ihre Familie in streng religiösen Bezügen zu halten. Der Vater, klein und zierlich, wirkte zurückhaltend. Er war Frühinvalide und offensichtlich nicht in der Lage, dem Anspruchsniveau seiner Ehefrau zu entsprechen. Er trank reichlich Alkohol und versetzte sich so in einen Zustand, in dem er sich stark genug fühlte, um seine Frau und seinen Sohn zu tyrannisieren. So gelang es ihm auch, wenigstens zeitweise, zu „vergessen", daß er trotz seines relativ jungen

Alters auf dem Arbeitsmarkt nichts mehr wert war. Sein Status, und damit auch der seiner Familie, war gesunken. Mit dieser Situation konnte und wollte sich die Ehefrau nicht abfinden. Sie sparte nicht mit Vorwürfen und setzte alle ihre Hoffnungen auf den Sohn. Er sollte den Status ihrer Familie, vor allem aber den ihrer Stammfamilie, wieder aufpolieren.

Zunächst schien alles gutzugehen. Markus durchlief die Schule ohne Schwierigkeiten, absolvierte eine Lehre und schloß sie erfolgreich ab. Es schien so, als sei er schulisch und beruflich eingeordnet. Im privaten, das heißt im häuslichen Bereich verlief die Entwicklung des Jugendlichen weniger reibungslos. Unstimmigkeiten zwischen den Eltern und zwischen ihm und ihnen, zum Teil verursacht durch die Trunksucht des Vaters, veranlaßten den Sohn, sein Zuhause zu meiden. Er traf sich mit Freunden in Kneipen und verhielt sich wie sein Vater, obwohl er dessen Verhalten strikt ablehnte. Ein anderes Verhaltensmuster oder Modell des Hineinwachsens in die Familie (als Gruppe) oder in die Gesellschaft (eventuell durch eine andere Vaterfigur) wurde ihm nicht angeboten.

Andererseits hatte Markus auch Mitleid mit seinem Vater, wenn die Mutter an ihm herumnörgelte; denn das tat sie auch an ihm (hier fand also eine Identifikation mit dem Vater statt), allerdings aus Angst, er könnte so werden wie sein Vater. Sie schrieb also dem Sohn die Möglichkeit zu, wie sein Vater zu werden, und drängte ihn dadurch mit ihrer Angst in diese Rolle (Erfüllungszwang).

Eines Nachts war Markus mit seinem Freund auf dem Heimweg. Die beiden jungen Leute hatten zuvor einige Flaschen Bier getrunken und fühlten sich stark genug, um ihren angestauten Mißmut an anderen abzureagieren. Sie trafen einen alten Mann (Rentner), forderten ihn heraus und schlugen ihn, als er sie beschimpfte, mit einem eisernen Gegenstand nieder. Der alte Mann raffte sich auf und wankte weiter; die beiden jungen Männer setzten ihren Heimweg fort. Zwei Tage später erlag der Rentner seinen durch Schlag und Sturz erlittenen Verletzungen. Markus, der den Schlag ausgeführt hatte, wurde festgenommen und zu einer mehrjährigen Jugendstrafe verurteilt.

Aus der Schilderung der Situation lassen sich ohne Schwierigkeiten Bezüge zu den zuvor gemachten Ausführungen herstellen. Deutlich wird auch, daß viele Faktoren wirksam sind, die sich dann durch Absinken der Kontrollmechanismen (durch Alkohol) in einer Straftat ausdrücken können. Stellvertretend werden Aggressionen gegen den Vater und die fordernde Mutter abreagiert.

Inge ging einem „väterlichen Berater" auf den Leim

Inge war mit ihrem Bruder in einer nach außen geschützten, finanziell gesicherten und mit hohem Status versehenen Familie aufgewachsen. Als Älteste und einzige Tochter wurde sie von ihrem Vater abgöttisch geliebt und verwöhnt. Die Schulzeit verlief unkompliziert; Inge besuchte die Realschule und war 18 Jahre alt, als ihr Vater tödlich verunglückte. Für Inge, die ihren Vater über alles liebte und eine grenzenlos hohe Meinung von ihm hatte (hoher Grad emotionaler Abhängigkeit), drohte die Welt zusammenzubrechen. Ein Freund des Vaters beriet die Familie, insbesondere aber Inge. Sie übertrug ihr unkritisches Bild vom Vater auf ihn, das heißt, sie lieferte sich ihm emotional aus. Dieser „väterliche Berater" zerstörte zunächst das überhöhte Vaterbild des Mädchens durch üble Nachrede und nützte dann dessen emotionale (gefühlsmäßige) Erschütterung aus, indem er es mißbrauchte unter dem Vorwand, ihr neuen Kummer ersparen zu wollen, da junge Leute von der Liebe, die ein junges Mädchen sich erträume, nichts verstünden. In ihrer gefühlsmäßigen Verwirrung wurde Inge auch noch von ihrem Fahrlehrer mißbraucht. Beide Männer hatten sich über das positiv erlebte Vaterbild das Vertrauen des Mädchens erschlichen und es vor allen Dingen auch emotional mißbraucht.

Inge versuchte ihre psychischen Kränkungen zu „vergessen". Zu einer Verarbeitung fand sie keine Hilfe, denn mit ihrer Mutter und ihrem Bruder konnte sie darüber nicht sprechen. Sie fand Anschluß an junge Menschen. In einer geschützten Umgebung aufgewachsen, blieb sie auch weiterhin leichtgläubig und sicherem Auftreten gegenüber relativ hilflos. Zu gerne spielte sie ihre Rolle des verwöhnten und bewunderten Prinzeßchens und hoffte auf entsprechende Würdigung. Diese Bedürfnisse Inges nützte ein junger Mann aus, der sich ihr gegenüber als ausländischer Student ausgab. In Wirklichkeit war er bereits in verschiedene Straftaten verwickelt und wollte Inge als Lockvogel bei seinen „Unternehmungen" benutzen.

Er hatte Erfolg. Inge wurde ihm hörig, hatten doch die „Alten" sie verraten. Bei einem Raubmord, der bis ins Detail geplant war, wurde sie seine Komplizin. Das Opfer war ein wohlhabender älterer Mann.

Als ich das damals 19 Jahre alte Mädchen in der Justizvollzugsanstalt traf, konnte ich nicht glauben, daß die hier geschilderten Ereignisse allein den Ausschlag für das Abgleiten des Mädchens in die Kriminalität gegeben haben. Was war mit der noch existierenden Bezugsperson des Mädchens? Wie war ihr Verhältnis zur Mutter? Hier zeigte sich eine nicht zu verkennende Zwiespältigkeit. Einmal Rivalität gegenüber dem Vater mit vermutlich tabuisierten erotischen Tendenzen. Diese Tabus waren bei den beiden älteren „Herren" nicht wirksam. Zum anderen legte Inge der Mutter gegenüber eine zähneknirschende Gefügigkeit an den Tag. Sie spielte das „liebe Kind", verhielt sich im Hintergrund intrigierend und stiftete andere an, „die Kohlen für sie aus dem Feuer zu holen".

Als ich mit Inge in einem unserer zahllosen Gespräche dieses doppelbödige Verhalten besprach und sie bat, mir zu helfen, sie zu verstehen, berichtete sie folgendes: Sie habe eigentlich früher nie das tun können, was sie gewollt habe. Beim Vater habe sie versucht, seine Wünsche von den Augen abzulesen. Von ihm war sie in unrealistisch hohem Maße gefühlsmäßig abhängig. Die Mutter aber habe sie als Kind so lange mit dem Kopf unter den eiskalten Wasserstrahl gehalten, bis sie „lieb" war. Dieses Grunderlebnis versperrte Inge den Weg zur Mutter, wenn sie „etwas ausgefressen" hatte. So blieb sie auch allein, als sie in höchste psychische Not geraten war. In der Kombination mit den Geschehnissen nach dem Tode des Vaters und den mit Gewalt unterdrückten frühkindlichen Impulsen war das Verhalten des Mädchens verstehbar geworden.

Es wäre ein leichtes, die Reihe der Beispiele fortzusetzen, die uns helfen können, menschliches Versagen und Verschulden zu verstehen und zu erklären. Dabei geht es nicht darum, die moralische Seite zu bagatellisieren, sondern uns hellhörig und sensibel zu machen, um nicht mitschuldig zu werden.

Diese beiden Lebensgeschichten junger Menschen wurden ausgewählt, weil ihre Straftat vor dem Gesetz schwer wiegt. Beiden ist es gelungen, sich mit ihrer Tat und ihrer Schuld auseinanderzusetzen und einen neuen Anfang zu finden. Ich habe sie hierbei über Jahre begleitet. Sie haben beide Partner gefunden, die sie lieben und die ihnen mit ihrem Vertrauen den Weg zu einem Leben in Verantwortung möglich gemacht haben. Sie leben wieder mitten unter uns. Doch nicht immer gelingt es, Menschen bei der Eingliederung oder Wiedereingliederung in ihre Umwelt Hilfe zu leisten.

Lebensverneinung bis zur Lebensvernichtung

Manchmal werden die Leser einer Zeitung aufgeschreckt durch die neueste Statistik über Selbstmorde und Selbstmordversuche. In letzter Zeit sind solche Veröffentlichungen allerdings selten geworden. Der Grund ist nicht schwer herauszufinden: Die Zahlen sind so niederdrückend, daß sie besser geheim bleiben. Auch soll mit der Nichtbekanntgabe den labilen Menschen gedient werden. Solche Zahlen können nämlich gerade bei Selbstmordwilligen einen plötzlichen Entschluß auslösen. Die bisherigen Veröffentlichungen zeichnen ein deutliches Bild. So wissen wir, daß die Zahl der Selbstmordtoten heute etwa so groß ist wie die Zahl der Verkehrstoten. Wir wissen, daß Menschen zwischen 55 und 60 Jahren die höchste Selbstmordrate aufweisen. Wir wissen, daß die meisten Selbstmordversuche zwischen dem 19. und dem 24. Lebensjahr gemacht werden. Wir wissen, daß Alleinstehende deutlich häufiger Selbstmord begehen als Verheiratete. Wir wissen, daß nur halb so viele Frauen wie Männer sich das Leben nehmen. So könnten wir die Reihe der uns bekannten Fakten fortsetzen und hätten immer noch nicht die Antwort auf die eigentlich zugrunde liegende Frage: Wie kommt es dazu, daß Menschen ihr Leben selbst beenden?

Wenn Menschen ihr Leben zur Last wird
- **Der Einfluß der Wohnsituation**
- **Geldsorgen rauben Lebensfreude**
- **Familienkonflikte**
- **Unerfüllbare Ansprüche**
- **Deprimierende Einsamkeit**

Auswege und Überwindung
- **Neue Kontakte suchen**
- **Nicht die Wunschvorstellung, die Wirklichkeit entscheidet**
- **Heilsames Wegsehen von sich selbst**

Wenn Menschen ihr Leben zur Last wird

Viele Menschen gehen nicht ganz so weit, daß sie ihr Leben vernichten, aber sie verneinen es. Ihr eigenes Leben ist ihnen zur Last geworden. Es gibt Fälle, in denen es jeder von uns verstehen würde. Vielleicht haben den einzelnen so harte Schicksalsschläge getroffen, daß er verzweifelt. Es können Probleme der persönlichen Gesundheit sein, oder die Ursachen liegen in Ehe oder Familie. So können Kinder ihren Eltern das Leben sehr schwermachen. Mancher Ehepartner macht dem anderen das Leben zur Hölle. Ständige berufliche Mißerfolge können zur persönlichen Katastrophe werden. Und wenn der Arzt eine Diagnose gestellt hat, die keine Hoffnung mehr läßt? Sehr viele Menschen finden in solchen oder ähnlichen Situationen keinen Ausweg mehr. Die wenigsten machen zwar dann ihrem Leben gleich ein Ende, aber sie geben sich und das Leben einfach auf.

Ein tätiges, erfülltes Dasein ist jedem Menschen möglich. Entscheidend dabei ist, daß jemand lernt, nicht nur an sich selbst und die eigenen Interessen zu denken, sondern ja zu sagen zu Aufgaben, Zielen und Menschen, und das durch Einsatz beweist.

Lebensverneinung kann sich zeitweise einstellen, oder sie bestimmt überhaupt die ganze Existenz des Menschen. Wenn jemand nur hin und wieder merkt, daß er die Probleme des Lebens nicht mehr meistern kann, dann gibt es doch dazwischen immer wieder Zeitabschnitte, in denen sich das Leben von einer besseren Seite zeigt. Kritisch wird es aber dann, wenn sich diese zeitweiligen Tiefpunkte verfestigen, wenn daraus eine Haltung wird. Wir kennen vielleicht solche Menschen, die grundsätzlich alles schwarz sehen, ob es regnet oder ob die Sonne scheint, ob sie allein sind oder ob sie oft Besuch haben, ob sie arbeiten oder ob sie gerade Ferien machen, an allem finden sie etwas auszusetzen, alles finden sie negativ. Diese negative oder verneinende Haltung hat natürlich Gründe, und einige davon wollen wir hier kurz ansprechen.

Der Einfluß der Wohnsituation

Fangen wir mit einem zunächst harmlos klingenden Stichwort an: die Wohnsituation. Kann denn die Wohnung einen so starken Einfluß ausüben, daß sogar meine Lebenshaltung dadurch geprägt wird? Diese Frage ist zweifellos zu bejahen. Häufig wird der Wohnsituation viel zu wenig Beachtung geschenkt. So kann es zum Beispiel zu unerträglichen Spannungen kommen, wenn die Wohnung zu klein ist, wenn zu viele Menschen auf wenig Raum zusammenleben müssen. Es gibt manchmal Sachzwänge, die ein solches Wohnen notwendig machen. Dauert dieser Zustand aber über längere Zeit an, kann es zu starken nervlichen Belastungen kommen. Können diese Spannungen nicht irgendwie friedlich abgebaut werden, dann werden sie sich verfestigen und eine generelle Unluststimmung erzeugen. Diese kann dann dahin führen, daß man alles negativ sieht und entsprechend reagiert.

Geldsorgen rauben Lebensfreude

Eine ähnliche Folge kann eintreten, wenn es mit dem Geld nicht mehr stimmt. Die Erwartungshaltung der Gesellschaft führt viele Menschen dazu, über ihre Verhältnisse zu leben. Das kann bei der Kleidung und der Wohnungseinrichtung anfangen und bis zur Automarke und dem Urlaubsziel gehen. Liegen die monatlichen Abzahlungsraten aber in einer solchen Größenordnung, daß sie schmerzlich empfunden werden, dann beginnen die finanziellen Sorgen zu drücken. Sehr häufig leidet die Familienatmosphäre darunter. Über das leidige Geld wird dann sehr schnell auch zwischen den Ehepartnern gestritten. Fällt dann vielleicht ein Verdiener wegen Krankheit oder gar Arbeitslosigkeit aus, können die Raten nicht mehr bezahlt oder müssen sie zumindest gestundet werden, dann kann sich diese bedrückende Finanzsituation so negativ auswirken, daß alle Empfindungen und Entscheidungen dadurch geprägt sind. Man sieht dann alles schwarz und kann sich kaum zu einer positiven Einstellung aufraffen.

Familienkonflikte

Bleiben wir noch kurz bei der Familie. Manchmal kommen Väter oder Mütter zu einer negativen Lebenseinstellung, weil sie von ihren Kindern enttäuscht worden sind. Das mag verschiedene Ursachen haben, und wir wollen hier auch gar nicht die Frage der Schuld aufwerfen. Häufig sind es die Eltern selbst, die zu hohe Erwartungen in ihre Kinder gesetzt haben. Man wollte sich vielleicht selbst wiederfinden in der angesehenen Laufbahn des Sohnes oder der glänzenden Partie der Tochter. Viele Jugendliche haben heute ganz andere Vorstellungen von der Gestaltung der eigenen Zukunft als die Eltern. Das ist meist auf beiden Seiten kein böser Wille, sondern häufig nur ein zugespitztes Generationsproblem. Aber beide Seiten können sehr darunter leiden. Treten diese Spannungen nur kurzzeitig auf, wird nichts Entscheidendes zerstört.

Entwickelt sich aber daraus ein lange schwelender Konflikt, vielleicht weil der einen oder der anderen Seite die notwendige Einsicht mangelt, kann das durchaus die Lebenshaltung prägen. Hat der Vater, selbst irgendwo als Angestellter in einer Anwaltskanzlei tätig, den Sohn als berühmten Strafverteidiger gesehen, ihm vielleicht unter großen Opfern alle schulischen Voraussetzungen ermöglicht, und dieser Sohn beschließt dann gegen alle Ratschläge der Familie, den Beruf eines Gärtners zu erlernen, weil ihm die Arbeit in frischer Luft mehr zusagt als die am Schreibtisch, kann das für den Vater eine so große Enttäuschung sein, daß seine Lebenseinstellung sich generell wandelt.

Aber viel häufiger sind es nicht die Kinder, die durch nicht erfüllte Erwartungen Enttäuschungen hervorrufen, sondern es ist der eigene Ehepartner. Auch hier haben viele Menschen klar umrissene Vorstellungen. Hier sind jetzt nicht die Übertreibungen gemeint, in denen man nicht einen Partner aus Fleisch und Blut, sondern das Idealbild davon geheiratet hat. Das muß dann früher oder später zur Ernüchterung oder zur Katastrophe führen. Gemeint sind hier die ganz normalen Fälle. Einer hegt in bezug auf den anderen ganz bestimmte Erwartungen, und es gab auch Anzeichen, daß diese nicht ganz unrealistisch waren. So erhoffte man sich vielleicht Anerkennung der eigenen Leistung durch den anderen, oder man wollte überhaupt vom Partner als eigene Persönlichkeit anerkannt werden. Und dann trat vielleicht das Gegenteil ein. Aus erhoffter Anerkennung wurde Unterdrückung. Der Ehemann entwickelte sich nach einiger Zeit zum Gehorsam heischenden Haustyrannen, oder die Ehefrau entpuppte sich als ständig nörgelnde Nervensäge. Durch diese Extrembeispiele soll nur die Tendenz verdeutlicht werden: Normale und nüchterne Erwartungen schlagen ins Gegenteil um. Die Folgen sind nicht schwer zu erkennen: Der tief enttäuschte, vielleicht verletzte Ehepartner gerät in eine tiefe Krise. Hat er keine Möglichkeit, seine aussichtslos erscheinende Lage zu verändern, dann wird er zwangsläufig zu einer lebensverneinenden Grundhaltung kommen. Der als trostlos empfundene häusliche Bereich überträgt sich auf alle anderen Lebensbereiche.

Unerfüllbare Ansprüche

Aber es gibt noch andere Gründe, wie es zu einer lebensverneinenden Grundeinstellung kommen kann. So muß es durchaus nicht an einer enttäuschenden Partnerbeziehung liegen, sondern die Ursache kann ausschließlich in mir selbst zu suchen sein. Gerade junge Leute entwickeln manchmal so hochgesteckte Ziele, daß die spätere Wirklichkeit zu einer Enttäuschung führen muß. Hier soll nichts gegen ein zeitweiliges Schwärmen gesagt werden. Zur Entwicklung eines innerlich gesunden

Menschen gehört auch, daß er in seiner Jugend eine Zeitlang einer gewissen Schwärmerei erliegt. Hier soll auch nichts gegen jugendliche Idealvorstellungen gesagt werden. Auch das gehört zu einer normalen Entwicklung. Es wäre schlimm, würde diese Entwicklungsphase übersprungen oder unterdrückt. Schwierig aber wird es, wenn die Lebensziele zu hoch gesteckt bleiben, wenn sich jugendlicher Idealismus oder jugendliches Schwärmertum verfestigen. Dann ist der Lebenskonflikt unausweichlich. Die Enttäuschung wird ein ständiger Begleiter. Die Grundeinstellung zum Leben schlägt um ins Gegenteil. Sie wird negativ. Aus einem hoffnungsvollen Träumer wird dann über verschiedene Gradstufen der Enttäuschung ein griesgrämiger, nörgelnder Lebensverächter.

Deprimierende Einsamkeit

Eine der häufigsten Ursachen für eine lebensverneinende Grundeinstellung ist allerdings die Einsamkeit (siehe Kapitel „Verlassenheit und Einsamkeit"). Deshalb sollen hier nur einige Andeutungen genügen. Wenn gute Freunde plötzlich treulos werden oder, wie es im Volksmund heißt, einen im Stich lassen, kann das auch in eine Lebenskrise führen, aber sie wird doch meist nur vorübergehender Natur sein. Über den Verlust der Freunde kann man hinwegkommen, und sei es dadurch, daß man sich neue Freunde sucht. Sehr viel schwerwiegender ist aber die Einsamkeit, die aus der Tatsache des Alters entspringt. Viele Menschen leiden sehr unter dieser Einsamkeit. Nach und nach sind die Verwandten und vielleicht auch die guten Freunde gestorben. Die eigenen Kinder wohnen weit entfernt, und so wird es immer stiller um den alten Menschen. Wer darauf nicht vorbereitet ist, wer kein Gegengewicht zur Verfügung hat, beginnt immer stärker darunter zu leiden. Das Gefühl, von niemandem gebraucht zu werden, vielleicht sogar von den anderen absichtlich und mit unnötiger Härte an die Seite gedrängt zu sein, wird von vielen älteren Menschen nicht mehr verkraftet.

Alt sein ist in unserer Gesellschaft fast ein persönlicher Makel. Erfahrung und Weisheit sind weniger gefragt als jugendlicher Schwung und neue Ideen. Selbst das Schönheitsideal ist ganz auf die Jugend abgestellt. Für viele liegen die Begriffe alt und häßlich dicht beieinander. Unter all diesen falschen Einstellungen leidet der alte Mensch. Hat man früher gern seinen Rat eingeholt, argwöhnt er im Alter, daß man seine Meinungsäußerung hinter seinem Rücken schon belächelt. Das macht manche ältere Menschen nur unsicher, andere reagieren aggressiver, sie werden unter Umständen sogar unverträglich. Die meisten aber flüchten in die selbstgewählte Einsamkeit; sie ziehen sich zurück. Und aus dieser Isolierung finden sie nicht mehr heraus. Das Leben beginnt für sie eine Last zu werden. Sie werden dieses Lebens überdrüssig, sie verneinen es. Diese Verneinung kann bis zur Vernichtung gehen. Für manche alten Menschen war das der Weg in den Freitod.

Wenn junge Leute heute mit ihrem Leben nicht fertig werden, flüchten sie häufig in den Drogenkonsum. Andere verfallen dem Alkohol. Die Wirkungen sind an anderer Stelle beschrieben worden. Aber alle wissen eigentlich, daß diese Auswege keine Lösungen bringen. Die Probleme werden nur verlagert und fast immer verschlimmert. Wirkliche Hilfe ist eigentlich nur dann zu erhoffen, wenn man nicht bei der oberflächlichen Symptombeschreibung bleibt, sondern versucht, die zugrundeliegenden Probleme zu lösen. Einem Menschen, der einsam ist, kann ich zwar ein Programm gegen die Langeweile anbieten, werde ihn aber nicht darüber hinwegtäuschen können, daß das alte Problem geblieben ist. Ich kann ihm einen Farbfernseher schenken, aber er bleibt allein davor sitzen und fühlt sich genauso einsam wie ohne Fernsehgerät. Wer einsam ist, braucht nicht Zerstreuung, sondern einen Bezugspunkt.

Auswege und Überwindung

Es ist nicht die Aufgabe dieses Buches, nur die Wege der Lebensverneinung bis hin zur Selbstvernichtung zu beschreiben. Viel wichtiger sind die Auswege. Es ist zwar schon viel gewonnen, wenn jemand seinen eigenen Zustand richtig erkannt hat. Wenn ein ständiger Neinsager begriffen hat, warum er so wenig lebensbejahend wirkt, könnte ihm geholfen werden. Einsicht ist zwar nicht der einzige, aber ein guter Weg zur Besserung. Sehr wichtig ist nämlich auch der Wille, den bestehenden Zustand zu verändern. Daran mangelt es häufig, und da hilft auch die beste Einsicht nichts. Viele Menschen aber leiden unter ihrer negativen Einstellung. Sie würden gern diesen Zustand verändern und eine neue Lebenshaltung gewinnen.

Neue Kontakte suchen

Damit sind wir bei der Aufzählung der Lösungsmöglichkeiten angelangt, um eine lebensverneinende Grundhaltung zu überwinden. Greifen wir als ersten den Begriff des Bezugspunktes auf. Es ist in diesem Buch schon mehrfach von festen Bindungen die Rede gewesen, und hier in diesem Zusammenhang wäre eine solche Bindung eine Hilfe, um das Alleinsein zu überwinden. Ein belangloser Schwatz mit einem freudlichen Nachbarn hilft einem alten Menschen nicht aus seiner Einsamkeit heraus. So gut eine solche unverbindliche Anteilnahme auch sein mag, das Problem wird nicht gelöst. Etwas anderes wäre es schon, wenn zum Beispiel eine Nachbarin ihren drei Kindern erlauben würde, die alte Frau oder den alten Mann von nebenan zu besuchen, wann immer sie wollen. Früher blieben die Großeltern ja fast immer in der Familie. In dieser Hinsicht hat sich heute vieles grundlegend verändert. Wir wollen diese Veränderungen nicht etwa nur nega-

Kontakt zwischen jung und alt bereichert beide Seiten. Die älteren Menschen bleiben mit dem Leben verbunden, und die jungen Leute erhalten manchen Rat, der aus einer langen Erfahrung stammt.

tiv werten, aber die Leidtragenden sind eigentlich die Kinder und die alten Menschen.

Wer erzählt heute den kleinen Kindern die alten oder auch neue Märchen, die ihre Phantasie beflügeln? Wieviel Gutes könnte da ein stellvertretender Opa oder eine Ersatz-Omi leisten! Beiden, den Kindern und den alten Menschen, wäre geholfen. Für unser Thema interessieren uns zunächst die Alten. Die Oma von nebenan hätte wieder eine Aufgabe. Sie würde wieder das Gefühl haben, doch noch gebraucht zu werden. Ihr Leben bekäme vielleicht, wenn auch in bescheidenem Rahmen, wieder einen Sinn. Um ein solches Verhältnis natürlich aufzubauen, gehört vor allem auf Seiten der Eltern der Kinder viel Fingerspitzengefühl dazu. Die alten Leute dürfen auf keinen Fall den Eindruck gewinnen, als wollte man sie ausnutzen oder, was vielleicht noch verhängnisvoller wäre, man schicke die Kinder nur aus Mitleid zu ihnen hinüber. Beides würde kränken, aber nicht helfen. Es muß sich um eine Beziehung handeln, die von allen Beteiligten als echt empfunden wird. Dann könnte der Ring der Einsamkeit durchbrochen werden, und der alte Mensch fände wieder zu einer lebensbejahenden Einstellung.

Bei der eben beschriebenen Lösungsmöglichkeit geht es vor allem um die Einsamkeit und die daraus resultierende negative Lebenseinstellung. Diese kann aber, wie wir eben gesehen haben, auch andere Ursachen haben. Wie begegnen wir den Enttäuschungen des Lebens? Wir haben sie festgestellt im Verhältnis der Ehepartner untereinander, im Verhältnis von Eltern und Kindern, und sogar der einzelne kann von sich selbst enttäuscht sein, wenn er seine hochgesteckten Lebensideale nicht verwirklichen konnte. Wie sähe hier ein möglicher Ausweg aus? Fast allen Fällen von Enttäuschungen ist eines gemeinsam: Vorstellung und Wirklichkeit stimmen nicht überein. In der Ehe können die Partner Vorstellungen vom anderen haben, die von der Wirklichkeit weit entfernt sind oder sich immer weiter entfernen. Und so kann es auch den Eltern mit ihren Kindern gehen und umgekehrt.

Nicht die Wunschvorstellung, die Wirklichkeit entscheidet

Was müßte dann geändert werden – die Vorstellung oder die Wirklichkeit? Das ist keine leichte Frage. Man könnte versucht sein zu fragen, was leichter sei, die eigenen Vorstellungen oder die tatsächliche Wirklichkeit zu verändern. Überlegen wir zunächst die erste Möglichkeit. Wir haben uns vom Freund, vom Ehepartner, von den Kindern eine Wunschvorstellung gebildet. Entscheidend für den Versuch, diese Vorstellung zu verändern, ist die Frage nach den benutzten Maßstäben. Nach irgend etwas messen wir ja unsere Idealbilder. Das sind bei den wenigsten von uns unwirkliche Phantasiebilder.

Wenn sich ein junger Mann das Bild seiner zukünftigen Lebensgefährtin aus der Traumfabrik der Filmindustrie holt, wird er entweder sein Leben lang warten, bis zu seinem Ende mit einer Illusion leben oder sehr bald aus seinem schönen Traum erwachen müssen. Und das ist dann oft der Beginn einer großen Enttäuschung. Eine tragfähige Vorstellung würde also schon dadurch entstehen, wenn ich es meiner Phantasie verbieten würde, Ausflüge in unerlaubte Scheinwelten zu machen. Auch die Wirklichkeit kann doch sehr schön sein, und man sollte sich schon eine Vorstellung vom Ehepartner machen. Aber hier ist Nüchternheit neben richtiger Selbsteinschätzung ein guter Ratgeber. Ausnahmen, und davon leben Filme und Romane, bestätigen auch hier wieder nur die Regel. Das eben Gesagte gilt nicht nur für Ehepartner, auch die Vorstellungen, die Eltern von ihren Kindern entwickeln, müssen so gesehen werden. Häufig werden Kinder eben doch „nur“ so etwas, was den Eltern sehr ähnlich ist. Und das ist auch sicherlich gut so, wenn beide Teile sich mit dieser Tatsache anfreunden und sich nicht nur mit ihr abfinden.

Wenn Vorstellung und Wirklichkeit nicht übereinstimmen, könnte man ja auch versucht sein, die Wirklichkeit zu verändern. Diese Möglichkeit dürfte aber wohl von vornherein ausscheiden, wenn man sie auf allgemeine Verhältnisse anwenden wollte. Etwas anderes wäre es, bezögen wir diesen Versuch auf einen bestimmten Menschen, nämlich auf uns selbst. Wenn ich den Eindruck habe, daß ganz deutlich bestimmbare Eigenschaften, die ich an mir habe, meinem Ehepartner überhaupt nicht gefallen und mit der Vorstellung, die er von mir hat, überhaupt nicht in Einklang zu bringen sind, dann sollte ich versuchen, diese Eigenschaften abzulegen, also die Wirklichkeit zu verändern. Warum sollte ich nicht versuchen, meine reale Existenz den Wunschvorstellungen des Partners anzugleichen?

Natürlich gibt es da Grenzen, aber häufig sind Menschen kaum bereit, kleine oder große Schritte auf den anderen hin zu tun, also etwas von sich selbst zugunsten des anderen aufzugeben. Eher sind wir geneigt, die Wirklichkeit des anderen zu verändern, sie also auf diese Weise den eigenen Wunschvorstellungen anzupassen. Das geht selten gut und bringt ständige Reibereien mit sich. Die andere Methode führt viel schneller zum Erfolg, nämlich wenn ich anfange, an mir zu arbeiten, die Eigenarten bekämpfe, die den anderen stören, die nicht mit seiner erhofften Vorstellung von mir übereinstimmen.

Beide Versuche, meine Vorstellungen oder die Wirklichkeit zu verändern, gründen sich allerdings auf meine Meinung, auf meinen Einsatz, auf meine eigene Leistung. Und an dieser Stelle zeigt sich oft ein sehr ernstes Problem. Viele Menschen sehen zwar oft sehr deutlich, daß sich etwas ändern müßte und auch, was sich ändern

Von Ängsten befreit

**Den Herrn will ich preisen zu jeder Zeit,
nie will ich aufhören, ihm zu danken.
Was er getan hat, will ich rühmen.
Hört es, ihr Unterdrückten,
und freut euch!
Preist mit mir die Taten des Herrn;
laßt uns gemeinsam seinen Namen ehren!**

**Ich wandte mich an den Herrn,
und er antwortete mir;
er befreite mich
von allen meinen Ängsten!
Wenn einer zum Herrn blickt,
dann leuchtet sein Gesicht,
sein Vertrauen wird nicht enttäuscht.
Hier steht einer, der um Hilfe rief.
Der Herr hat ihn gehört
und ihn aus jeder Bedrängnis gerettet.
Alle, die dem Herrn gehorchen,
umgibt sein Engel mit mächtigem Schutz
und bringt sie in Sicherheit.**

**Erprobt es doch selbst und erlebt es:
Der Herr ist gütig!
Wie glücklich sind alle,
die bei ihm Zuflucht suchen!
Ihr, die ihr dem Herrn gehört,
unterstellt euch ihm!
Wer ihm gehorcht, kennt keine Not.
Selbst starke Löwen
leiden oftmals Hunger;
doch wer zum Herrn kommt, findet alles,
was er zum Leben nötig hat.**

Aus dem 34. Psalm (Die Gute Nachricht)

sollte. Aber es fehlt ihnen die Kraft, das Erkannte zu verwirklichen. Was nützt richtige Einsicht, wenn es beim Vorsatz bleibt? Die zunehmende Enttäuschung im Einzelfall führt dann doch nach und nach zu einer lebensverneinenden Haltung, die im schlimmsten Fall zum Lebensüberdruß werden kann. Woher aber die Kraft nehmen, die notwendig ist, dieser gefährlichen Entwicklung zu entgehen?

Heilsames Wegsehen von sich selbst

Es wäre eigentlich hier nur das zu wiederholen, was an vielen Stellen dieses Buches anklingt und als Hilfe empfohlen wird. Die sich in letzter Konsequenz nicht auf sich selbst, ihre Fähigkeiten, ihr Wissen, ihre Erfahrung, sondern die sich auf Gott verlassen, werden mit dem Leben fertig. Wenn das praktischer Lebensalltag ist, nämlich daß Gott nicht nur eine fromme Verzierung für bestimmte gesellschaftliche Anlässe ist, sondern in alles Planen und Handeln mit einbezogen wird und dann jeweils das letzte Wort hat, dann wird in uns eine neue, nie versiegende Kraftquelle aufbrechen. Nicht, daß es keine Schwierigkeiten mehr geben wird. Die Probleme bleiben, aber sie können gelöst, die Schwierigkeiten überwunden werden.

Sollte es uns nicht auf diese Weise möglich werden, mit jeder lebensverneinenden Haltung fertig zu werden? Wir werden unseren Lebensweg gehen, wir werden laufen können, ohne zu ermüden, ohne zu resignieren, ohne in Enttäuschung zu verharren. Jeder Mensch kann zu einer lebensbejahenden Einstellung kommen, wenn er die Grundvoraussetzung beachtet: Auf Gott vertrauen. Das heißt eigentlich: Wegsehen von sich selbst. Sich auf Gott verlassen ist dann keine fromme Redensart mehr, sondern das offene Geheimnis für ein Leben, das ich so bejahen kann, wie Gott es für mich vorgesehen hat.

Wenn jemand Hand an sich legt ...

In der Welt nehmen sich täglich etwa 10 000 Menschen das Leben. Allein in der Bundesrepublik Deutschland sterben durch Selbsttötung pro Jahr rund 13 000 Menschen. Das sind etwa 20 Menschen pro 100 000 Einwohner. Diese Zahl entspricht der Zahl der Verkehrstoten. Etwa 2 Prozent aller Sterbefälle sind durch Selbsttötung bedingt. Die Selbsttötungsziffer (d. h. die Zahl der Selbsttötungen, bezogen auf 100 000 Einwohner pro Jahr) ist seit dem Jahr 1900 mit 18 bis 20 ziemlich konstant geblieben. Deutliche Schwankungen nach unten gab es nur während der beiden Weltkriege.

Zum Vergleich seien die gegenwärtigen Selbsttötungsziffern einiger Länder nebeneinandergestellt:

Ungarn: 29,8	Frankreich: 15
DDR: 27,7	Japan: 14,7
Österreich: 22,8	USA: 11,3
Bundesrepublik Deutschland: 20	Portugal: 9,1
Schweden: 19,9	Israel: 6,6
Finnland: 19,8	Spanien: 4,8
	Ägypten: 0,2

Diese Zahlen weisen darauf hin, daß gewisse Umweltbedingungen die Selbsttötungshäufigkeit beeinflussen. In den überwiegend katholischen Ländern Italien, Spanien und Portugal ist die Selbsttötungsziffer relativ niedrig. In den katholischen Ländern Österreich und Ungarn dagegen recht hoch. Man kann nicht allgemein sagen, daß Katholiken weniger anfällig für Selbsttötung seien als Protestanten. Nachgewiesen ist allerdings eine niedrige Selbsttötungsrate bei Katholiken in überwiegend protestantischen Ländern. Der entscheidende Faktor dürfte die religiöse Bindung und nicht die Zugehörigkeit zu einer bestimmten Religion sein. Sehr niedrig ist die Selbsttötungsrate bei den Juden. Unter den Moslems kommen Selbsttötungshandlungen kaum vor.

Warum nehmen sich Menschen das Leben?

- **Statistik über Selbsttötungsversuche**
- **Seelisch Kranke sind gefährdet**
- **Falsche Seelsorge bei Schuldgefühlen**
- **Selbsttötung bei seelisch Gesunden**
- **Selbsttötungshandlungen mit Hoffnung auf Rettung?**

„Ich bin froh, noch am Leben zu sein"

- **Ein Appell an die Umwelt**
- **Wirkung auf die Umwelt**
- **Vorbeugung und Verhütung**

Warum nehmen sich Menschen das Leben?

Die meisten Menschen, die sich das Leben nehmen, sind im vorgerückten Alter. Der Gipfel liegt zwischen dem 55. und 60. Lebensjahr. Doppelt so viele Männer wie Frauen sterben durch Selbsttötung. Die meisten Selbsttötungen erfolgen im Juni und nicht im Winter, wie so häufig vermutet wird.

In Situationen extremer seelischer Belastung kann der Mensch die Kontrolle über sich selbst verlieren. Dann kommt es leicht zu nicht mehr umkehrbaren Kurzschlußreaktionen.

Bei Studenten ist die Selbsttötungsrate höher als bei ihren nicht studierenden Altersgenossen. Ursächlich stehen bei den Studenten an erster Stelle Depressionen und Konflikte mit dem anderen Geschlecht, an dritter Stelle erst Schwierigkeiten beim Studium. Die Selbsttötungshäufigkeit ist am höchsten bei Akademikern und leitenden Angestellten. Die niedrigsten Raten finden wir bei ungelernten Arbeitern. Ärzte und Zahnärzte stehen an der Spitze der Selbsttötungsfälle.

Der Familienstand wirkt sich bei Männern und Frauen unterschiedlich aus. Die Selbsttötungstendenz steigt bei älteren verheirateten Männern und bei allen Verwitweten, hier vornehmlich bei den Frauen, und ist am stärksten bei ledigen Männern. Die Ehe wirkt sich im ganzen hemmend auf Selbsttötungsneigungen aus, bei Männern aber stärker als bei Frauen. Viele Alleinstehende enden durch Selbsttötung.

An Umständen, die die Selbsttötung begünstigen, sind zu nennen: zunehmendes Alter, Verwitwetsein, Unverheiratet- oder Geschiedensein, Kinderlosigkeit, Bevölkerungsdichte, Wohnsitz in großen Städten, hoher Lebensstandard, Wirtschaftskrisen, Alkoholkonsum, Kindheit in zerbrochenen Familien, seelische Störungen und seelische Erkrankungen. Umweltfaktoren spielen somit eine große Rolle.

Selbsttötungen kommen etwas weniger vor im jugendlichen Alter bei niedriger Bevölkerungsdichte, Tätigkeit in ländlichen Berufen, bei starker religiöser Bindung, bei Verheiratetsein, großer Kinderzahl, Zugehörigkeit zu den unteren sozialen Schichten und im Krieg.

Statistik über Selbsttötungsversuche

Über Selbsttötungsversuche sind so exakte statistische Daten wie bei der Selbsttötung nicht zu bekommen. In der Bundesrepublik schätzt man die Zahl der Selbsttötungsversuche pro Jahr auf etwa 50 000. Da es keine Registrierungsmöglichkeiten gibt, ist mit einer erheblichen Dunkelziffer zu rechnen. Jugendliche sind besonders selbsttötungsgefährdet. Die Zahl der Selbsttötungsversuche hat in den letzten Jahren im Gegensatz zu den erfolgten Selbsttötungen, deren Zahl konstant geblieben ist, erheblich zugenommen. Das Maximum liegt zwischen dem 19. und 24. Lebensjahr (bei den Selbsttötungen zwischen dem 55. und 60. Lebensjahr).

Die Zunahme der Selbsttötungsversuche ist nicht allein mit der besseren ärztlichen Versorgung in den Krankenhäusern, auf den Intensivstationen zu erklären, durch die mehr Selbsttötungspatienten gerettet werden als früher. Maßgeblich dürften Umweltbelastungen und soziologische Faktoren sein. Bei den Selbsttötungsversuchen überwiegen die Frauen erheblich. Das Verhältnis von Männern zu Frauen beträgt 1:3. Frauen wählen häufiger die sogenannten weicheren Methoden wie Vergiftung mit Schlafmitteln und Medikamenten, Männer mehr die harten wie Erhängen und Erschießen.

Es sind die kleinen Freuden und Aufmerksamkeiten, die das Leben lebenswert machen und die uns das notwendige Gefühl geben, geliebt und angenommen zu sein.

Seelisch Kranke sind gefährdet

Bei einem Drittel der Selbsttötungen ist die Ursache in psychischen Krankheiten, besonders Psychosen, zu suchen. Bei den Selbsttötungsversuchen liegt die Zahl der Geisteskrankheiten bzw. der krankhaften Gemütsverstimmungen weit niedriger, nämlich zwischen 8 bis 15 Prozent. Besonders selbsttötungsgefährdet sind Kranke, die unter der schweren Gemütsverstimmung einer sogenannten *endogenen Depression* leiden. Sie werden von einer grundlosen Traurigkeit und Schwermut überfallen, die so unerträglich wird, daß sie sich den Tod wünschen. Ihr Selbstbehauptungswille ist geschwunden. Sie trauen sich nichts mehr zu, haben keine Initiative und leiden unter Schuld- und Versündigungsideen. Sie bilden sich unheilbare körperliche Krankheiten ein, leiden unter Appetits- und Schlafstörungen. Logischen Erwägungen sind sie nicht zugänglich. Das bedrükkende Gefühl, alles sei verloren und niemand könne helfen, sowie die den ganzen Organismus beherrschende Trauer können den Kranken zur, wie er meint, „einzig möglichen Lösung" führen.

Viele Kranke äußern, daß sie schlecht und unfähig seien und daher keine Daseinsberechtigung mehr hätten. Andere meinen, wenn sie tot seien, könnten ihre Angehörigen endlich wieder glücklich werden. Auffallend ist bei diesen Kranken das Stimmungstief in den frühen Morgenstunden, während sie sich am Abend meist wohler fühlen.

Besonders selbsttötungsgefährdet sind Kranke mit Depressionen zu Beginn der

TIEFE

Selbstbejahung und Mut zum Leben gewinnen wir nur, wenn wir unser Dasein mit sinnvollen Aufgaben verbinden können, wenn wir helfen, bewahren, pflegen und schützen.

Erkrankung, wenn die Traurigkeit, die Mutlosigkeit und die Hoffnungslosigkeit ihr Leben verändert und die Hemmung noch nicht so stark ist, daß sie ein aktives Handeln verhindert. Das gleiche gilt für das Abklingen der Krankheitserscheinungen, wenn die Kranken sich wieder zur Aktivität aufraffen können. Auf dem Höhepunkt der Erkrankung ist die Selbsttötungsgefahr nicht so groß.

Depressive Verstimmungen werden auch heute noch leicht verkannt, besonders dann, wenn sich die Symptomatik hinter vielseitigen Organstörungen (z. B. Kopfschmerzen, Schwindelerscheinungen, Rückenschmerzen, Magenbeschwerden und Hormonstörungen) verbirgt.

Falsche Seelsorge bei Schuldgefühlen

Ein wichtiges Symptom der krankhaften Depression sind die Schuldgefühle. Entscheidend (oft über Leben und Tod entscheidend) ist, in welche Hände der Mensch kommt, der von seinen Schuldgefühlen gequält wird. Bedenklich wird es, wenn krankhafte Schuldgefühle mit den Methoden der normalen Seelsorge oder psychischen Führung oder mit dem üblichen mitmenschlichen Zuspruch angegangen werden. Unter Verkennung der in Wirklichkeit vorliegenden Krankheit wird der Kranke durch immer häufigere Aussprachen, durch Beichten, durch Zusprüche und Ermahnungen gequält, aber ohne Erfolg. Es gibt nicht wenige Beispiele von Kranken, die auf solche Weise buchstäblich in den Tod getrieben wurden.

Stoffwechselstörungen im Gehirn werden für die krankhaften Depressionen verantwortlich gemacht. Die gestörten Gehirnfunktionen können mit sogenannten Antidepressiva, d. h. mit Medikamenten, die in den Gehirnstoffwechsel eingreifen, behandelt werden. Eine psychische Führung ist aber ebenfalls nötig.

Bei *schizophrenen Kranken* ist die Selbsttötungsquote nicht so hoch wie bei den Depressiven. Besonders im Anfangsstadium der Krankheit, wenn den Patienten eine düstere Ahnung der drohenden Katastrophe überfällt, legen Schizophrene Hand an sich. Bei unerwarteten und mysteriösen Selbsttötungen von jungen Menschen oder Selbsttötungstendenzen, über deren Motivierung man von dem Patienten keine oder nur ganz verwaschene Auskünfte erhält, muß man an diese Krankheit denken. Abnorme Persönlichkeiten haben eine hohe Selbsttötungsanfälligkeit. Sie wird mit etwa 20 Prozent angegeben (d. h. 20 Prozent der Selbsttötungen gehen auf ihr Konto).

Hier handelt es sich oft um geltungsbedürftige Persönlichkeiten, die dazu neigen, auf Versagungen mit seelischen Ausnahmezuständen zu reagieren. Im Drang nach Liebe und Aufmerksamkeit nützen sie manchmal bewußt die aufrüttelnde Wirkung der Selbsttötungsanfälligkeit. Bei ihnen stehen die Neigung zu Gewaltakten gegen andere und gewaltsame Selbstverletzungen mit Selbsttötungsabsichten oft nebeneinander. Dies erklärt die Häufigkeit von Selbsttötungshandlungen bei Gefängnisinsassen, besonders zu Beginn der Haft.

Selbsttötungsgefährdet sind Menschen, die unter sogenannten *neurotischen Störungen* leiden. Hier ist die Selbsttötung oft der tragische Schlußpunkt einer weit in die Kindheit zurückreichenden Vorgeschichte, die gekennzeichnet ist durch kindliche Hemmung, Entmutigung und mangelnde Ich-Entfaltung. Wir sprechen dann von der Lebensverunstaltung mit Einengung des Lebensraumes, von Enttäuschungen, Mißerfolgen, gehemmten Aggressionen und schließlich von der Flucht in Selbsttötungsphantasien. Diese Entwicklungen haben häufig ihre Wurzeln in einer zu engen, gesetzlichen und leibfeindlichen Erziehung und im Tabuisieren (Verschweigen, Verbieten, Bedrohen) in Fragen der Geschlechtlichkeit. Selbst in unserer Zeit, die geprägt ist durch sexuelle Freizügigkeit, finden wir noch diese leibfeindliche Erziehung.

Niemals ist die Gegenwart Ziel, Vergangenheit und Gegenwart sind Mittel, die Zukunft allein ist unser Ziel. So leben wir nie, sondern hoffen zu leben, und so ist es unvermeidlich, daß wir in der Bereitschaft, glücklich zu sein, es niemals sind. (Blaise Pascal)

Selbsttötung bei seelisch Gesunden

Es gibt auch den sogenannten *Bilanzselbstmord.* Darunter versteht man die Selbsttötung eines geistig normalen Menschen, der auf sein Leben zurückblickt, die Bilanz von Gewinn und Verlust zieht, feststellt, daß er bankrott ist, und sich selbst tötet. Diese Selbsttötungsform ist nicht sehr häufig. Man findet sie meist bei Politikern, Diplomaten, Offizieren, Agenten und Geschäftsleuten.

Selbsttötungen werden sehr oft im Rahmen einer depressiven Reaktion begangen. Sie werden ausgelöst durch Liebeskummer, Ehekonflikte und Vereinsamungen. Weitere Ursachen sind Familienkonflikte, Angst vor Strafe und Schande, aber auch der Tod nahestehender Personen kommt als Ursache in Frage.

Entscheidend für die Selbsttötungsanfälligkeit bei geistig sonst normalen Menschen ist die *Struktur der mitmenschlichen Beziehungen.* Besonders gefährdet sind Menschen, die in zerrütteten Familienverhältnissen leben oder in solchen aufwuchsen. Aber auch der Verlust oder das Fehlen mitmenschlicher Kontakte, Verlust der Arbeit, das Fehlen eines Aufgabenkreises und das Nichtvorhandensein religiöser Bindungen sind Momente, die am Leben verzweifeln lassen und für Selbsttötungshandlungen anfällig machen.

Bei einer Befragung von Kranken nach einem Selbsttötungsversuch darüber, was sie vom Leben erwarteten, kam zutage, daß kirchliche Bindungen auffallend selten waren. So wurde geäußert: „Ach, die Pfarrer, mit denen kann man doch nicht über so etwas reden." Oder: „Da ich nichts von der Religion halte, habe ich immer gerne einen Akademiker oder intelligenten Menschen um mich gehabt, der einem den Weg weisen konnte."

Praktisch alle äußerten, daß sie keinen vertrauten Menschen kannten, mit dem sie über ihre Nöte und Sorgen hätten sprechen können. Alle hatten nur Kollegen, einen Arbeitsplatz oder Familienangehörige, aber niemanden, dem sie ihr Herz hätten öffnen und von dem sie sich einen Rat hätten holen können. Es handelt sich also in der überwiegenden Mehrzahl der Fälle nicht um äußerlich, sondern um *innerlich Vereinsamte.* Auffallend selten berichten Menschen, die sich umbringen wollten, über besondere Interessen oder ein Hobby. Die Freizeit wurde in der Regel mit Besuchen auf dem Fußballplatz, im Kino, beim Fernsehen, Kartenspiel und Alkohol zugebracht. Nur wenige hatten eine feste Bindung an ihren Beruf, viele betrachteten ihn lediglich als Mittel zum Gelderwerb.

Eine andere Gruppe neigte dazu, in der Arbeit aufzugehen. Auf geringe Störungen in diesem Bereich reagierten sie außerordentlich empfindlich. Sie konzentrierten ihre ganze Kraft auf die Erfüllung eines übergroßen Arbeitspensums. Für andere Lebensbereiche standen kaum Kräfte zur Verfügung.

Selbsttötungshandlungen mit Hoffnung auf Rettung?

Mit zunehmendem Alter nimmt die Ernsthaftigkeit der Selbsttötungshandlungen zu. Man kann überspitzt sagen, daß Jugendliche Selbsttötungsversuche begehen, um einen Appell, einen Notschrei, einen Hilferuf an die Umwelt zu richten, während alte, vereinsamte Menschen, die kein Echo mehr erwarten, ihrem Leben zielbewußt ein Ende setzen.

In diesem Zusammenhang müssen der Alkoholismus und die Drogenabhängigkeit erwähnt werden, die indirekte Ursachen von Selbsttötungen sind. Die Selbsttötungsbereitschaft wird unter Alkohol und Drogeneinfluß wesentlich verstärkt.

„Ich bin froh, noch am Leben zu sein"

Bei oberflächlicher Betrachtung erscheint als logisches Ziel einer Selbsttötungshandlung die Selbstvernichtung, also der Tod. Sicherlich gibt es todernst gemeinte Selbsttötungsversuche, die nur durch Zufall verhindert werden. Keineswegs ist aber jeder Selbsttötungsversuch eine mißglückte Selbsttötung. Die meisten Menschen, die Hand an sich legten, sind nach ihrer Rettung froh, noch am Leben zu sein. Überlegungen zur Todesproblematik stellen die wenigsten an. Auf entsprechende Fragen antworteten sie folgendermaßen:

- „Ich bin der christlichen Auffassung, daß es nach dem Tode weitergeht. Im Moment des Todes habe ich aber nur die Vorstellung unendlicher Ruhe gehabt, daß ich nicht mehr attackiert und gedemütigt werde."
- „An Sterben und Tod habe ich nicht gedacht, ich habe nur den Zustand nicht mehr ertragen können."
- „Ich habe nicht ans Sterben gedacht, ich wollte nur Ruhe haben."

Diese Äußerungen zeigen, daß der abstrakte Todesbegriff nur eine unwesentliche Rolle bei den Lebensmüden spielt.

Ein Appell an die Umwelt

Hinterbliebene haben das Bedürfnis, die Selbsttötung als sinnvoll zu deuten. Die Lebensmüden sprechen davon, daß sie nicht mehr sein wollten. Sie denken an einen traumlosen Schlaf oder an eine dauernde Betäubung. Sie wollen nichts mehr hören und sehen, nichts mehr leiden, keinen Kummer mehr haben.

Etwa ein Sechstel strebt die Bestrafung anderer an. Jeder zehnte beabsichtigt, sich selbst zu bestrafen. Manche wollen ihren Wert demonstrieren oder sich an anderen rächen. Ein wesentlicher Teil der Rache ist manchmal der Abschiedsbrief. In einer Sammlung von solchen Briefen fanden sich bei einem Viertel massive Anschuldigungen gegen die Angehörigen. Etwa die Hälfte waren verzeihender Natur. Diese Tatsache unterstreicht den Appellcharakter der Selbsttötungsversuche. Der Appell ist an die Umwelt gerichtet. Einer Selbsttötungshandlung wird häufig Gottesurteilcharakter zugeschrieben. Man meint damit, daß der Kranke bei seinem Appell an die Gesellschaft durchaus das Risiko zu sterben eingeht. Die Entscheidung über Leben und Tod, die er selbst nicht zu fällen vermag, überläßt er dem Schicksal quasi als Gottesurteil. Der in einer schweren Krise stehende Kranke schwankt also zwischen der Hoffnung, daß ihm doch noch Hilfe oder Zuwendung durch einen Mitmenschen widerfährt, und der Verzweiflung mit der Tendenz zum Aufgeben.

Der größte Teil der Selbsttötungsversuche wird in der Nähe anderer Menschen ausgeführt. Der Kranke hofft also, doch noch gerettet zu werden.

Wirkung auf die Umwelt

Für die Umwelt, nicht nur für die Angehörigen, sondern auch für Freunde und Nachbarn, bedeutet die Selbsttötung eine schwere seelische Belastung. Nicht selten erzeugen Selbsttötungshandlungen in der Umgebung Schuldgefühle. Viele psychisch Kranke werden erst nach einem Selbsttötungsversuch der notwendigen psychiatrischen Behandlung zugeführt.

Durch die Aufnahme ins Krankenhaus kommt es zur Entfernung vom Schauplatz des Konfliktes und zum Verweilen in einer anteilnehmenden Umgebung. Hilfsquellen der Gesellschaft werden mobilisiert. Häufig wird die soziale Isolierung, die vorher bestanden hat, danach aufgehoben und gemildert.

Vorbeugung und Verhütung

Nach der Statistik ist jeder zehnte Mensch selbstmordgefährdet. Es ist nötig, *über dieses Thema zu sprechen* und auf die Einstellung der Gesellschaft zu Selbsttötungshandlungen und zum seelisch Abnormen im allgemeinen einzugehen.

Die *Wiedereingliederung des Lebensmüden* ist eine sehr wichtige Aufgabe. Hier sollten Ärzte, Seelsorger, Juristen, Fürsorgeinstitutionen und Angehörige zusammenarbeiten. Wichtiger als die Wiedereingliederung ist aber die Verhütung von Selbsttötungshandlungen. Manche Selbsttötung könnte durch die Früherkennung von seelischen Krankheiten vermieden werden.

70 Prozent aller Lebensmüden haben ihre Absicht vorher kundgetan. Es ist ein Trugschluß zu glauben, daß derjenige, der von einer Selbsttötungshandlung spricht, sie nicht ausführt.

In der Selbstmordverhütung kann die Arbeit der *Telefonseelsorge* nicht hoch genug eingeschätzt werden. Sie leistet in vielen Städten hervorragende Arbeit. Wichtig ist es, die Stellung der alleinstehenden Frau zu verbessern und alten Menschen, die vereinsamungs- und damit selbsttötungsgefährdet sind, besondere Aufmerksamkeit zu schenken. Auch im Alter müssen soziale Kontakte aufrechterhalten und neu aufgebaut werden.

Die wirksamste Verhütungsmöglichkeit der Selbsttötung liegt also im *menschlichen Kontakt,* in der liebevollen *Begegnung mit dem Du,* letztlich mit dem Du des Schöpfers und Erlösers. Sobald ein Mensch fühlt, daß er offen und natürlich über seine Todeswünsche sprechen kann, ist er erleichtert und von seinem Druck befreit. Schon die Aussprache schwächt nicht selten die affektive Spannung ab. Das Wissen, von einem Menschen während schwerer Zeiten begleitet zu werden, und das Wissen um die Geborgenheit in der Hand Gottes sind der beste Schutz gegen die Selbsttötung.

Rauchen schadet dem ganzen Menschen

Die Motive für das Rauchen sind vielfach gebündelt und schwer zu durchschauen. Die wahren Gründe werden oft absichtlich vor sich selbst, mehr noch vor anderen verleugnet und hinter einer Kulisse von vorgetäuschten „Gründen“ versteckt. Eine wichtige Rolle spielen: Massensuggestion (besonders in der Werbung), Geltungsbedürfnis, Nachahmungstrieb, Langeweile (freiwillig oder erzwungen), Renommiergehabe (man möchte Eindruck machen, mehr Schein als Sein), Jungen demonstrieren „Erwachsensein“, Mädchen und Frauen demonstrieren damit „Gleichberechtigung“. Das Rauchzeremoniell überbrückt „Verlegenheitspausen“. Rauchen bietet einen Anknüpfungspunkt für die Unterhaltung. Man kann die Reihe der guten oder schlechten Gründe mühelos vermehren. Fragt man die Psychologen, ob man die vielen Beweggründe auf einen Nenner bringen kann, so sagen sie uns: Vom Standpunkt der medizinischen Psychologie verbirgt sich häufig eine Psychoneurose, also ein seelisches Fehlverhalten, dahinter. Allerdings ist darüber das letzte Wort noch nicht gesprochen.

Rauchen – Zeichen psychischer Verfassung

Seelische Mangelzustände, Entwicklungsrückstände und Hemmungen, seelische Verletzungen verschiedenster Art innerhalb der Ehe oder Familie, im Berufsleben oder im gesellschaftlichen Leben mögen Anlaß zum Rauchen geworden sein, das sich dann über kurz oder lang von der Gewohnheit zur Sucht entwickelt.

In bezug auf die psychologische Seite des Rauchens ist folgende Aussage von *Joachim Bodamer* wichtig: „Im süchtigen Zwang zum Tabak erscheint aber eine der seelischen Fehlhaltungen, mit denen der moderne Mensch auf die Unnatur seiner Arbeits- und Lebensform antwortet. Das Rauchen ist ihm das souveräne Mittel geworden, seine Übermüdung, seine Zerrissenheit, seine Leere, sein inneres Unbefriedigtsein und vielleicht auch seine tief verborgene Angst vor sich selbst zu verschleiern, sich von sich selbst abzulenken. Eine Psychologie des Rauchens würde über die Seelenverfassung des modernen Menschen mehr Aufschlüsse geben als alle experimentellen Tests und Demoskopien."

Soziale und persönliche Folgen des Rauchens

Die Folgen des Rauchens sind nicht nur persönlicher, sondern auch sozialer Art. In Deutschland scheiden 70 Prozent der Frauen und 40 Prozent der Männer als Frühinvaliden (d. h. vielfach bereits vor dem 55. Lebensjahr oder vor dem Erreichen der Altersgrenze von 65 Jahren) aus dem Arbeitsprozeß aus.

Der Grund für die Frühinvalidität ist nur selten die vielverschriene berufliche Überlastung, sondern die völlig widersinnige, gesundheitsschädliche Lebensweise. Eine (von *A. Vogl* übernommene) tabellarische Aufgliederung zeigt das überzeugend (siehe Kasten).

Aus der Tabelle ist leicht der hohe Prozentsatz der Raucherschäden vor allem bei den Männern zu ersehen, obwohl er jetzt auch bei den Frauen ansteigt.

Der Tabak enthält nicht nur das *schwere Gefäßgift Nikotin.* Es entstehen beim Vorgang des Rauchens (es stellt eine trockene Destillation dar) auch Kohlenwasserstoffe (wie Benzpyren), die sich als *gefährliche Krebserreger* (Kanzerogene) erwiesen haben.

Tausende von Menschen müssen die Folgen auf sich nehmen, was an den erschreckenden Zahlen der Herz-, Gefäß- und Krebserkrankungen ablesbar ist. (Erinnerung: Jeder fünfte stirbt heute an Krebs, jeder tausendste Raucher frühzeitig an Bronchial- oder Lungenkrebs.)

Man mag sagen, daß die Raucher mit ihrem frühen und oft qualvollen Tod nur bezahlen, was sie selbst verschuldet haben. Das ist richtig. Es muß aber bedacht werden, daß das zweifellos selbstverschuldete Schicksal des einzelnen in einem engen Zusammenhang mit der Allgemeinheit und unserem sehr aufwendigen, kaum mehr tragbaren sozialen Krankenversicherungssystem steht. Dieses kann nur existieren, wenn das soziale Verhalten „normal", das heißt verantwortungsbewußt funktioniert. Gerade das ist aber seit vielen Jahren nicht mehr der Fall, wie aus folgenden wenigen Zahlen deutlich und überzeugend hervorgeht:

Die Ausgaben für Tabakwaren und Alkohol betrugen 1981 in der Bundesrepublik Deutschland:

41,7 Milliarden DM für Alkohol
20,6 Milliarden DM für Tabak

Einen weit höheren Anteil der Summe,

Frühinvalide wurden:

16 Prozent der Männer	infolge Raucherschäden
2 Prozent der Frauen	infolge Raucherschäden
10 Prozent der Männer	infolge Alkoholschäden
2 Prozent der Frauen	infolge Alkoholschäden
5 Prozent der Männer	infolge Überernährung und Fettsucht
15 Prozent der Frauen	infolge Überernährung und Fettsucht
3 Prozent der Männer }	infolge psychosomatischer Störungen
14 Prozent der Frauen }	und mangelhafter Konfliktbewältigung

die der Staat davon an Steuern einnimmt, muß er für die Folgen des Alkohol- und Tabakkonsums wieder ausgeben.

A. Vogl teilte mit, daß der steuerliche Ertragswert der Tabakindustrie in den USA im Jahr rund 8 Milliarden Dollar ausmacht, der Verlust der Volkswirtschaft infolge Raucherschäden (Arbeitsunfähigkeit, Krankheit und vorzeitiger Tod) aber rund 19 Milliarden beträgt. Das gleiche Verhältnis 1 : 2,4 sei auch für die Bundesrepublik errechnet worden. *Vogl,* und darin kann man ihm nur recht geben, hält den Staat für mitschuldig an den Gesundheitsschäden seiner Bürger. Zu fordern wären strengere Vorschriften und Verbote und eine Ablehnung der Kostenübernahme für selbstverschuldete Krankheiten. Außerdem sollte bei einer selbstverschuldeten Invalidität keine vorzeitige Rente mehr gewährt werden. Das wird aber alles wenig nützen, solange sich der einzelne nicht für seine Gesundheit und Leistungsfähigkeit verantwortlich fühlt und entsprechend handelt.

Rauchen verkürzt das Leben

Der Einfluß des Rauchens auf den menschlichen Organismus ist außerordentlich vielgestaltig. Auf zahlreiche Fragen können wir noch gar keine Antwort geben. Auf einigen Gebieten haben wir gesicherte Kenntnisse. Von diesen soll hier die Rede sein. Die Gefahren des Rauchens drohen heute sowohl denen, die es *aktiv betreiben,* als auch jenen, die es *passiv erdulden* müssen (z. B. in Gaststätten, Verkehrsmitteln, Versammlungen). Aktives und passives Rauchen ist mit all seinen Konsequenzen zu einem *echten medizinischen Problem* geworden, das bereits Thema großer Kongresse war. Ihre Ergebnisse sind beachtlich, und das Engagement der Teilnehmer ist meist beeindruckend.

Aus vielen Tagungen, Berichten und Erfahrungen zum Thema „Rauchen und Lebenserwartung" geht zur Frage der Erkrankungs- und Sterbehäufigkeit bei Rauchern folgendes hervor:

- Die Erhöhung der Erkrankungs- und Sterberate von Rauchern gegenüber Nichtrauchern ist nicht mehr anzuzweifeln.
- Das Anwachsen der Übersterblichkeit durch Rauchen läßt sich heute zahlenmäßig ausdrücken, wobei auch weitere Risikofaktoren einbezogen werden.
- Je früher das Rauchen begonnen wurde und je stärker geraucht wird, desto größer ist das Sterberisiko.
- Die Übersterblichkeit ist in 24 Prozent durch Krebs und in 63 Prozent durch Herz- und Kreislauferkrankungen bedingt. (Diese Zahlen wurden bei einer Untersuchung der American Cancer Society [Amerikanischen Krebsgesellschaft] an über einer Million Erwachsener von über 30 Jahren ermittelt.)

Wenn hier und da in Zeitungen oder Zeitschriften die Ergebnisse echt wissenschaftlicher Untersuchungen oder Berichte darüber entweder hochgespielt oder verniedlicht werden, so geschieht das meist aus irgendwelchen, vorwiegend geschäftlichen Interessen. Die heute schon zahlreichen, nicht mehr wegzudiskutierenden Tatsachen sind erschreckend, ja, grausam genug, so daß sich ein Manipulieren nach der einen oder anderen Seite erübrigt und sogar verbietet.

Entscheidender Faktor bei Herzinfarkt

Folgende Fakten sind bis heute durch zahlreiche wissenschaftliche Untersuchungen festgestellt:

- Nach Nikotineinfluß können zahlreiche *Veränderungen im EKG* (Herzstromkurve) auftreten, die Anzeichen von Durchblutungsstörungen, Herzmuskelschädigungen, Reizleitungsstörungen oder Herzblockbildungen sind.

Nikotin =
starkes Nervengift

Kohlenmonoxid =
Giftgas, z. B. im
Autoabgas, Blutgift

Blausäure =
schweres (Körper)-
Zellatmungsgift

Arsen u.
Teerstoffe =
krebserzeugende
Substanzen

Tabakrauch – eine bunte Mischung

Der Tabakrauch setzt sich aus einer Mischung von über 700 festen oder gasförmigen Bestandteilen zusammen, die beim Inhalieren des Rauches in die Lunge aufgenommen und hier festgehalten werden. Die bekanntesten davon sind: Nikotin, Kohlenmonoxid, Blausäure, Teer, Arsen, Phenole, Ammoniak und Polonium.

- Aufgrund der Arbeiten von Prof. *Gsell* (Basel) ist geklärt, daß das Zigarettenrauchen der wichtigste Faktor für das häufige Auftreten des *Herzinfarkts* bei Männern zwischen 40 und 50 Jahren ist.
- Dr. *Friedman* (Mitglied der Framingham-Untersuchungen) sagte aus, daß bei Zigarettenrauchern in Framingham, die zwei Päckchen und mehr täglich rauchten, die Todesfälle nach Herzanfällen fünfmal höher lagen als bei Nichtrauchern und Raucher doppelt so häufig Herzanfälle erlitten wie Nichtraucher.

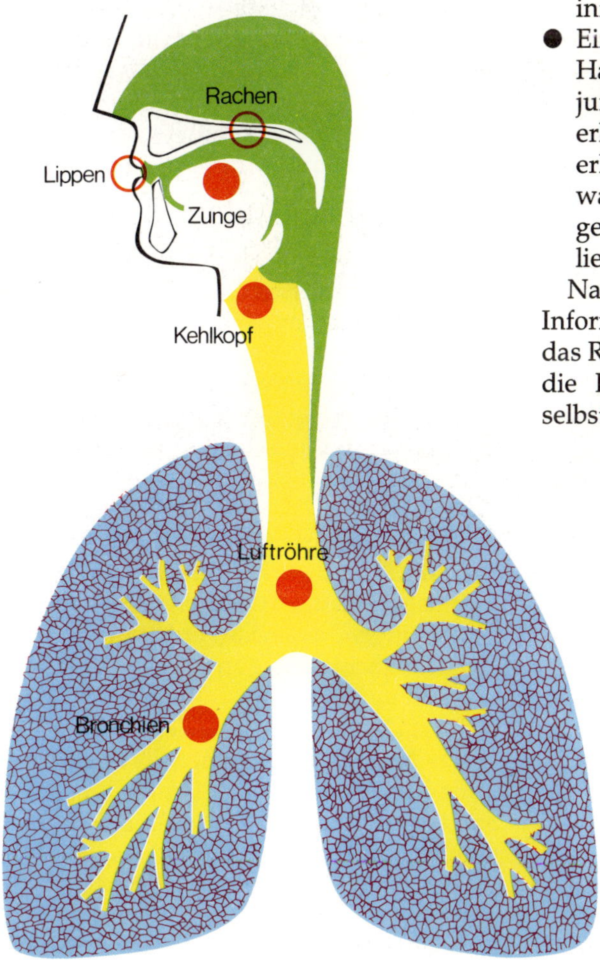

- Ein *Expertengremium in den USA* stellte zum Thema „Rauchen und Gesundheit" nach Durchsicht von 2000 wissenschaftlichen Untersuchungen (die nach dem bekannten Terry-Report 1964 erschienen sind) fest, daß das Ergebnis noch bestürzender sei als der Terry-Report und stichhaltige Beweise vorliegen, daß die Wahrscheinlichkeit des Herztodes bei Rauchern um das Doppelte bis Dreifache gegenüber Nichtrauchern ansteigt.
- Prof. *Hegglin* rechnete bereits im Jahre 1963 aus, daß ein schwerer Raucher unter 50 Jahren eine zwölfmal größere Wahrscheinlichkeit hat, einen Herzinfarkt zu erleiden, als ein Nichtraucher.
- Eine Studie an der Universitätsklinik Hamburg-Eppendorf ergab, daß von 205 jungen Männern, die einen Herzinfarkt erlitten oder einem plötzlichen Herztod erlagen, bis auf zwei Fälle alle Raucher waren, die bis zu 26 Zigaretten täglich geraucht und dabei vorwiegend inhaliert haben.

Nach diesen leicht zu vermehrenden Informationen kann sich jeder die Frage, ob das Rauchen ein entscheidender Faktor für die Entstehung eines Herzinfarktes ist, selbst beantworten.

Die Zigarette verbrennt bei einer Temperatur von ungefähr 750° Celsius. Dabei atmen wir über die Rauchstraße ein buntes Gemisch von Giften ein. Mehr als die Hälfte der im Tabakrauch festgestellten Stoffe gehört zu den krebserzeugenden Kohlenwasserstoffen (Tabakteer). Die meisten dieser Bestandteile werden in der Rauchstraße festgehalten.

Die Zunahme des Krebses im Bereich der Rauchstraße und die Zunahme des Tabakkonsums gehen parallel.

Die Hauptursache des Lungenkrebses

In unserem Land sterben jährlich etwa 26000 Menschen an Lungenkrebs. Fast alle sind oder waren Raucher. Das ist eine Zahl, an der nicht mehr zu rütteln ist.

Prof. *Forbes* (University of Waterloo, Ontario) berichtete auf der 2. Weltkonferenz über „Rauchen und Gesundheit", daß die Sterberate bei Lungenkrebs für Raucher 3,5- bis 30mal höher ist als für Nichtraucher.

Anders ausgedrückt: Ein Raucher, der 1 bis 9 Zigaretten pro Tag raucht, ist bereits mit 40 Jahren im selben Maße bedroht, an Lungenkrebs zu sterben, wie ein Nichtraucher mit 90 Jahren.

Prof. *Schmähl* (vom Deutschen Krebsforschungszentrum in Heidelberg) berichtete auf der 2. Weltkonferenz über „Rauchen und Gesundheit" über ausgedehnte Versuche mit Tabakrauchkondensaten an Ratten. Er fand, daß die Tumorerzeugung (in diesen Versuchen Sarkome!) abhängig war von der Gesamtdosis und der Einwirkungsdauer, das heißt, daß um so mehr Tumoren erzeugt werden konnten, je höher die Gesamtdosis und je länger die Dauer der Einwirkung war.

Dr. *Happert*, Direktor eines Krankenhauses in Mesux (Frankreich), berichtete auf dem 1. Europäischen Kongreß „Rauchen und Gesundheit" über Tierversuche mit dem Teeranteil des Zigarettenrauches.

Er injizierte den Teergehalt einer halben Zigarette in über 50 Einzelinjektionen. Danach entwickelten über 50 Prozent der Versuchstiere einen Tumor der Bronchien und der Lunge, und zwar innerhalb von fünf Monaten.

Nach Aussetzen dieser Injektionen mit Zigarettenteer erhöhte sich die Tumorrate weiter bis auf 76 Prozent der Tiere nach 12 Monaten. Das entspricht den Befunden beim Menschen. Die Häufigkeit eines Lungentumors ist bei Menschen, die weniger als zehn Jahre nicht mehr geraucht haben, immer noch 5- bis 9mal höher als bei Nichtrauchern.

Großstadtluft schlimmer als Raucherqualm?

Untersuchungen und Statistiken aus vielen Ländern haben mittlerweile übereinstimmend ergeben, daß sich für die ständige Zunahme des Lungenkrebses zwei Hauptursachen erkennen lassen: Tabakrauch, besonders Zigarettenrauch, und Luftverschmutzung, besonders in der Großstadt. Der jahrelange Streit, was schlimmer ist – Großstadtluft oder Tabakrauch –, ist entschieden: Zigarettenrauch ist zehnmal schlimmer als Luftverschmutzung.

Wie sehen bis heute die absoluten Zahlen für das Auftreten von Lungenkrebs in der Gesamtbevölkerung aus (auf je 100000 Einwohner)?

Nichtraucher	3,4 Todesfälle
Gelegenheitsraucher	10,9 Todesfälle
Zigarrenraucher	11,4 Todesfälle
Pfeifenraucher	28,9 Todesfälle
Zigarettenraucher	78,6 Todesfälle

Natürlich verschieben sich die Zahlen, wenn man nicht nur nach Nichtraucher und Raucher unterscheidet, sondern auch noch den Stadt- oder Landaufenthalt berücksichtigt.

Das Bild sieht dann so aus: Ein Nichtraucher hat natürlich beim Aufenthalt bzw. Wohnsitz auf dem Lande die günstigsten Bedingungen, das heißt, er hat die geringsten Möglichkeiten, an Lungenkrebs zu erkranken.

Setzen wir diese geringe Sterblichkeit gleich Null, dann kommen in der Kleinstadt 4,7 Todesfälle an Lungenkrebs, in Städten zwischen 10000 und 50000 Einwohnern 9,3 Todesfälle an Lungenkrebs und in Städten mit mehr als 50000 Einwohnern 14,7 Todesfälle an Lungenkrebs bei *Nichtrauchern* vor.

Hierbei sieht man also den zunehmenden Einfluß der Luftverschmutzung.

Bei Zigarettenrauchern sehen die Zahlen wie folgt aus: auf dem Lande 65,2 Todesfälle, in Städten zwischen 10000 und 50000 Einwohnern 71,0 Todesfälle und in Städten über 50000 Einwohner 85,2 Todesfälle.

Wenn man die Zahlen vergleicht, so muß man feststellen, daß ein Zigarettenraucher in der Großstadt etwa 20mal häufiger an Lungenkrebs erkrankt als ein Nichtraucher in der Kleinstadt.

Es ist eine alte Erfahrung, daß die Darstellung und nüchterne Mitteilung noch so schwerwiegender Fakten nicht in der Lage ist, Menschen zu überzeugen, daß sie das Rauchen aufgeben müssen, wenn sie selbst gesund werden und für ihre Kinder ein Beispiel sein wollen.

Ich glaube, daß Raucher erst hundertmal das qualvolle Sterben von Lungenkrebskranken erlebt haben müssen, um die ganze Tragödie des Rauchens, dieser Pest unseres Jahrhunderts, zu begreifen und die nötigen Folgerungen daraus zu ziehen.

Rauchen in der Schwangerschaft: Gefahr für das Kind

Vorweg möchte ich mitteilen, was uns britische Frauenärzte – ganz unabhängig von der Schwangerschaft – über das Frauenrauchen zu sagen haben. Sie stellten auf einer Jahrestagung in London fest:

- Flachrauchen (ohne zu inhalieren) schadet der Frau nicht, wenn es auf 5 bis 7 Zigaretten pro Woche beschränkt bleibt.
- Die Auffassung von der beruhigenden Wirkung des Rauchens wurde abgelehnt.
- Frauenrauchen sei der Ausgangspunkt für eine ganze Serie von Frauenkrankheiten. Vor allem seien Drüsen und Stoffwechsel gefährdet. Die Anfälligkeit für Schilddrüsenerkrankungen lag bei Raucherinnen etwa 700 Prozent höher als bei Nichtraucherinnen. Die Frauen büßten auch ihre nervliche Stabilität, die manuelle Leistungsfähigkeit und die Ausgewogenheit ihres Hormonhaushaltes ein.

Insgesamt kam man zu dem Ergebnis, daß der weibliche Organismus durch das Rauchen weit mehr geschädigt wird als der männliche.

Die Einflüsse des Rauchens auf den Verlauf der Schwangerschaft sind erst teilweise geklärt.

Da das *vegetative Nervensystem* der schwangeren Frau wesentlich empfänglicher und reaktionsbereiter ist, wird es durch die Tabakgifte stark beeinflußt. Nikotin erhöht den *Spannungszustand der Gebärmutter* und erzeugt eine *vorzeitige Wehenbereitschaft*.

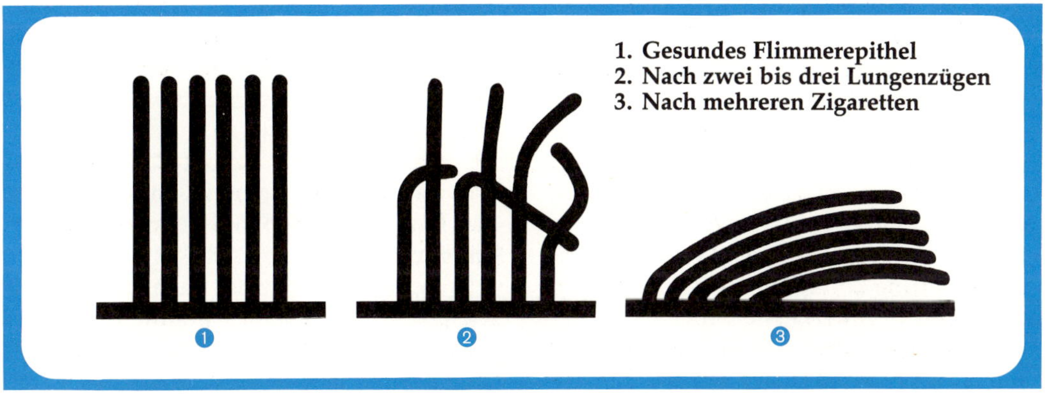

Untersuchungen in der Freiburger Universitätsklinik an mehr als 2000 Frauen, die zur Entbindung kamen, ergaben:

- *Übelkeit und Erbrechen* treten bei Raucherinnen in den ersten Monaten der Schwangerschaft bedeutend häufiger auf als bei Nichtraucherinnen.
- *Fehlgeburten* waren unter den Zweit- und Mehrgebärenden bei jeder dritten Raucherin, aber nur bei jeder zehnten Nichtraucherin aufgetreten.
- Bei Raucherinnen bestand häufig eine *Entwicklungshemmung* des werdenden Kindes.

Weitere Tatsachen:

- An drei großen Kliniken in Kalifornien wurde an 7500 Frauen festgestellt, daß die *Frühgeburtenhäufigkeit* abhängig ist vom Ausmaß des Zigarettenkonsums:

Täglicher Zigarettenkonsum	Frühgeburtenrate
6–10 Stück	11,2 Prozent
11–15 Stück	11,4 Prozent
16–20 Stück	13,6 Prozent
21–30 Stück	25,0 Prozent
30 und mehr	33,3 Prozent

- Eine in Budapest veröffentlichte Arbeit kam zu ganz ähnlichen Zahlen in bezug auf die *Frühgeburten:* Der Durchschnitt der Frühgeburten bei *Nichtraucherinnen* lag bei 10,3 Prozent, bei *Raucherinnen* betrug er bei einem Zigarettenkonsum von 5 bis über 20 Zigaretten täglich zwischen 16,1 und 22,4 Prozent. Hierbei wurde aber auch die *Sterblichkeitsziffer* innerhalb der ersten sechs Tage nach der Geburt untersucht (= perinatale Sterblichkeit). Sie betrug bei Nichtraucherinnen 29,1 Prozent, bei Raucherinnen je nach Zigarettenkonsum von 5 bis über 20 Zigaretten 37,1 bis 49,4 Prozent.
- Das *Geburtsgewicht* der Kinder ist bei Raucherinnen erheblich verringert. Die Minderung beträgt durchschnittlich 170 Gramm. Untergewichtige Säuglinge weisen eine erhöhte Sterbeziffer auf. Die meisten Statistiken weisen bei Raucherinnen eine bis zu 40 Prozent höhere Sterblichkeit aus als bei Nichtraucherinnen. Raucherinnen setzen ihre Kinder einem großen, vermeidbaren Risiko aus!

Bekannt, aber nicht beachtet, ist die Tatsache, daß *Tabakrauch auch Blei enthält.* Es stammt aus der Verwendung von Bleiacetat im amerikanischen Tabakanbau. Die Anwendung von Bleiacetat ist inzwischen verboten. Das im Boden angesammelte Blei wird sich allerdings noch lange Jahre bemerkbar machen. Insbesondere die Großstadtjugend wird nicht nur durch die Auto- und Industrieabgase, sondern auch noch durch das Rauchen mit Blei belastet.

Das im Organismus angesammelte *Blei* wird in einer Schwangerschaft mobilisiert und erreicht über die Plazenta das werdende Kind, wo es Gehirnschäden auslösen, während das mobilisierte Blei bei der Mutter Keimdrüsenschäden hervorrufen kann.

Hierzu sei weiterhin bemerkt, daß beim Mann durch das Rauchen die Zeugungsfähigkeit erheblich gehemmt wird. Rauchen ist bei Vätern und Müttern der größte Feind des Kindes, insbesondere des noch ungeborenen!

Unsere Kinder rauchen schon

Aus der Bilanz des internationalen Kongresses „Rauchen und Gesundheit" im Wissenschaftszentrum Bonn im Jahre 1980 ist folgende Feststellung zu entnehmen: „Das Rauchen unserer Kinder und Jugendlichen verlagert sich nach den auf dem Kongreß vorgelegten Ergebnissen auf immer jüngere Jahrgänge und zeigt eine weiterhin steigende Tendenz. Das beweist klar, daß die bisherigen Maßnahmen gegen das Rauchen von Schülern und Jugendlichen unzureichend sind."

Es braucht gar nicht mehr betont zu werden, daß die Gesundheitsschäden durch das Rauchen um so größer sind, je früher damit begonnen wird.

Radfahren ist ein hervorragender körperlicher Ausgleich, bringt in Berührung mit der Natur, kräftigt unsere Lungen und erhöht das Lebensgefühl. Dazu ist es ein preiswertes Vergnügen, das sich jeder leisten kann.

Bereits im Jahre 1974 beantwortete unsere Bundesregierung eine Anfrage im Bundestag damit, daß 70 (siebzig!) Prozent unserer 8- bis 12jährigen schon einmal geraucht haben. Wo bleibt da die Gesundheitserziehung? Ist nicht zu befürchten, daß in absehbarer Zeit Hunderttausende chronisch erkranken, der Sozialversicherung zur Last fallen und schließlich sterben, weil sie – unbedacht und ungehemmt – mit 8 bis 10 Jahren zu rauchen anfingen?

Was wird heute gegen den hohen Tabakkonsum getan?

Der Exekutivrat der Weltgesundheitsorganisation hat einstimmig den Beschluß gefaßt, daß auf allen seinen Sitzungen Rauchen verboten ist. Allen anderen Körperschaften der Organisation wurde ebenfalls das Rauchverbot empfohlen.

Die Weltgesundheitsorganisation will beim Kampf gegen das Rauchen mit eigenem Beispiel vorangehen. In der Debatte, die dem Beschluß des Exekutivrates voranging, wurde das Rauchen als „die hauptsächlichste, aber vermeidbare Ursache für einen vorzeitigen Tod", die Zigarette sogar als „bedauerlicherweise weit verbreitetes Todesinstrument" bezeichnet.

Auf dem europäischen Kongreß „Rauchen und Gesundheit" in Bonn im Mai 1980 wurde in der Abschlußresolution festgestellt: „Das Rauchen ist die derzeit wichtigste verhütbare Krankheits- und Todesursache. Um diese alarmierende Situation zu ändern, sind energische Gegenmaßnahmen auf zahlreichen Ebenen unerläßlich, insbesondere auf politischer Ebene." Es wurden dringende Appelle an die Kultusminister der Länder und alle wichtigen Institutionen und Organisationen gerichtet.

Forderungen an die Regierung

Drastische Erhöhungen der Tabaksteuer (etwa 50 Prozent), damit das Rauchen insbesondere für ganz junge Menschen erschwert wird. Gleichzeitig müßten alle Zigarettenautomaten verschwinden. Verwendung eines angemessenen Teils des Tabaksteueraufkommens (1982 etwa 12 Milliarden Mark!) zur Aufklärung der Bevölkerung, insbesondere der Jugend, über die Gefahren des Tabaks und anderer Genußmittel. Man denke an die Leitbildfunktion der Eltern und Lehrer.

Verbot der Tabakwerbung nicht nur in Rundfunk und Fernsehen. (Amerika und Italien haben jugendwirksame Zigarettenwerbung eingestellt.) Rauchverbot in öffentlichen Gebäuden und Nahverkehrsmitteln. Rauchverzicht in allen Schulen für Lehrer und Schüler. Besserer Schutz der Nichtraucher in Zügen, Flugzeugen und am Arbeitsplatz. Unterstützung von Anti-Raucher-Aktionen und Erforschung der volkswirtschaftlichen Auswirkungen des Tabakkonsums.

In der Zeitschrift „Leben und Umwelt" wird mit Recht darauf hingewiesen, daß eine Maschine, die in Innenräumen so viele krebserzeugende Stoffe freisetzen würde wie die „offenen Feuerstellen" von Millionen Rauchern in Form von Zigaretten, die am Arbeitsplatz und andernorts ständig geraucht werden, sofort stillgelegt würde.

Maßnahmen der Tabakindustrie

Die Tabakindustrie empfindet sich vielleicht heute schon als staatlicher Steuereintreiber, da zwei Drittel des Preises an den Fiskus gehen.

Die Industrie bemüht sich neuerdings, die Zigaretten zu „entschärfen", das heißt den Nikotin- und Teergehalt herabzusetzen. Das gilt nicht für England und Frankreich.

Leisten Raucher mehr?

Die landläufige Meinung, daß Raucher mehr leisten, stimmt nicht. Tatsache ist:

- **Rauchen verursacht Sauerstoffmangel in Geweben und Organen.**
- **Rauchen führt zu einer verstärkten Herztätigkeit.**
- **Rauchen fördert eine frühzeitige Verkalkung der Herzkranzgefäße.**
- **Rauchen verengt die Blutgefäße und vermindert die normale Durchblutung.**
- **Rauchen ist neben dem Stress die Hauptursache für den Herzinfarkt.**
- **Rauchen fördert die Krebsanfälligkeit der Zellen.**

Dieses Ziel versucht man durch Filter und durch Herstellung von Folienzigaretten zu erreichen.

Kompromißlose Zigarettengegner glauben nicht an eine Wirkung der Filter, weil der Raucher den geringeren Nikotin- und Teergehalt durch höheren Zigarettenverbrauch und möglicherweise auch tieferes Inhalieren ausgleiche.

Was können Ärzte und Lehrer tun?

Ärzte und Lehrer sollten zuallererst das Rauchen aufgeben, schon um ihren Patienten bzw. ihren Schülern ein Beispiel zu sein. Sie sind am besten informiert.

Auf der 2. Weltkonferenz über „Rauchen und Gesundheit" berichtete Dr. *David Yarom* vom Gesundheitsministerium in Jerusalem, daß 30 Prozent der befragten Ärzte das Rauchen völlig aufgegeben haben und daß sich 62 Prozent der Nichtraucher unter den Ärzten bereitfanden, sich an Aktionen gegen das Rauchen zu beteiligen.

Der Arbeitskreis „Rauchen und Gesundheit" unter dessen Vorsitzenden Prof. *F. Schmidt* (Mannheim) schlägt immer wieder Alarm, weil die Mitglieder dieses Kreises tief enttäuscht darüber sind, daß das neue Lebensmittelgesetz keine weitergehende Einschränkung der Tabakwerbung vorsieht.

Die eigene Initiative entscheidet

Man soll nicht nach Staat und Regierung rufen und den „Schwarzen Peter" immer nur weiterreichen. Die beste Hilfe ist die Selbsthilfe, solange es noch nicht zur ausgeprägten Sucht gekommen ist.

Die praktische Erfahrung zeigt immer wieder: Einzelne geben das Rauchen nach Einsicht in die Zusammenhänge von heute auf morgen auf. Sie werden auch selten rückfällig. Die feste Überzeugung wirkt. Die meisten entwöhnungswilligen Raucher können das Rauchen nicht oder nicht mehr aus eigener Kraft einstellen. Sie brauchen die Hilfe anderer, Gleichgesinnter.

Seit 1960 werden in vielen Ländern Raucher-Entwöhnungskurse nach einem Fünf-Tage-Plan in Gruppentherapie durchgeführt, an denen bis jetzt sechs Millionen Raucher teilnahmen. Nach einem Bericht des Initiators dieser Kurse, Prof. *Wayne McFarland* (Philadelphia und London), betrug der Prozentsatz der nach einem Jahr nicht mehr rauchenden Teilnehmer dieser Kurse 16 bis 33 Prozent.

Für alle Raucher ermutigend ist die Tatsache, daß sich die durch Nikotineinwirkung bedingten Bronchialschleimhautveränderungen in Richtung auf Krebs schon nach zweijähriger Nikotinenthaltung so weit zurückbilden, daß sich die Schleimhaut kaum noch von der eines Nichtrauchers unterscheidet. Aber erst nach zehnjähriger vollständiger Nikotinenthaltung hat ein ehemaliger Raucher wieder kein größeres Bronchialkrebsrisiko als ein Nichtraucher. Es ist also nie zu spät, mit dem Rauchen endgültig Schluß zu machen!

Ärztliche Bekämpfung und Heilung der Raucherkrankheit

Die folgenden Ausführungen an Hand meiner praktischen Erfahrungen an vielen Tausenden von Rauchern während der letzten 15 Jahre, in denen wir vom wissenschaftlichen Nullstand bis zum gegenwärtigen Maß der Erkenntnis gelangt sind, sollen zeigen, welche Möglichkeiten im Rahmen der ärztlichen Tätigkeit in der Praxis zur Bekämpfung der Raucherkrankheit gegeben sind. Dabei soll nicht versäumt werden, auch diejenigen „Fälle“ aufzuzeigen, die im allgemeinen die Grenzen einer praxisbezogenen ärztlichen Tätigkeit überschreiten. Aber auch dann bestehen noch Möglichkeiten, solchen Patienten in einem umfassenden Maße zu helfen.

Raucher ist nicht gleich Raucher

- **Therapie-Erfolg hängt von Nachbetreuung ab**
- **Diagnostik des Rauchers**
- **Therapie des (entwöhnungswilligen) Rauchers**

Die Behandlung der verschiedenen Rauchertypen

- **Rauchertyp I**
- **Rauchertyp II**
- **Rauchertyp III und IV**
- **Einfluß von Medikamenten**
- **Akupunkturbehandlung**

Eine bewährte Behandlungsmethode

- **Die Rolle von Verstärkern und Auslösern**
- **Zusätzliche ärztliche Beratungen, Verordnungen und Empfehlungen**
- **Diätempfehlungen**
- **Nebenwirkungen während der Entziehungszeit**
- **Nachbetreuung**

Raucher ist nicht gleich Raucher

Es hat geraume Zeit gebraucht, bis man die Erkenntnis „Raucher ist nicht gleich Raucher“, die man eigentlich seit jeher vermutete, auch wissenschaftlich beweisen und definieren lernte. Diese Erkenntnis läßt unabwendbar folgern, daß vor jeglicher Therapie eines Rauchers eine *Diagnostik* des betreffenden *Rauchertyps* stattfinden muß. Es ist eine ärztliche Aufgabe, diese Diagnostik und die darauf folgende Therapie durchzuführen.

Therapie-Erfolg hängt von Nachbetreuung ab

Jede Therapie des Rauchers kann nur so gut sein, wie seine fortlaufende Nachbetreuung ist. Es hat sich gezeigt, daß speziell bei nicht abhängigen Rauchern mehrere Behandlungsmethoden zum Ziel führen, einem Patienten das Rauchen abzugewöhnen. Einen solchen soeben des Rauchens entwöhnten Patienten nennen wir einen nicht rauchenden Raucher oder Exraucher.

Mit großer Wahrscheinlichkeit wird jedoch ein solcher Patient früher oder später wieder mit dem Rauchen beginnen, wenn er nicht durch einen Menschen, der sein Vertrauen genießt, sinnvoll betreut, unterstützt und behandelt, kurzum, dazu bewegt wird, seinen Entschluß, das Rauchen aufzugeben, beizubehalten.

Diagnostik des Rauchers

Beobachtungen und Untersuchungen an mehreren tausend Rauchern, die sich zu einer Entwöhnung bereitfanden, ergaben, daß man im wesentlichen vier bis fünf verschiedene Rauchertypen diagnostizieren kann. Diese verschiedenen Rauchertypen unterscheiden sich in ihrem Rauchverhalten, in ihrer Rauchmotivation, *nicht* aber in dem unterschiedlichen Konsum von Rauchwaren. Dies heißt mit anderen Worten, daß man unter keinen Umständen die Anzahl der gerauchten Zigaretten als Maßstab für den einzelnen Typ des Rauchers ansetzen darf.

In Tabelle 1 sind die genannten Rauchertypen aufgeführt. Um im Einzelfall einen Raucher dem zuständigen Typ zuzuordnen, haben sich in der Praxis drei Fragebögen bewährt, die hier kurz vorgestellt werden sollen.

Der erste Fragebogen soll den wesentlichen Unterschied zwischen einem Gewohnheits-(Stress)raucher und einem abhängigen Suchtraucher darlegen. Der zweite Fragebogen gibt Aufschluß über die verschiedenen Motivationsfaktoren, die zum Rauchen führen. Der dritte Fragebogen schließlich zeigt den für den jeweiligen Raucher typischen Rauchwarenkonsum in zeitlicher Abhängigkeit vom Tagesablauf.*

Somit ist es verständlich, daß der Arzt seinen rauchenden Patienten, den er wegen einer Raucher-Folgekrankheit vom Rauchen wegführen will, bittet, die drei abgedruckten Fragebögen auszufüllen und bei der nächsten Beratung vorzulegen.

Die dann folgende Auswertung braucht einige Zeit, so daß dann erst ein weiterer Besuch des Patienten zu einer Aussprache über das Ergebnis dieser Typendiagnostik führen wird. In der Folgezeit aber erreicht der behandelnde Arzt eine immer größere Fertigkeit, so daß er auch durchaus in der Lage sein wird, in Anwesenheit des Patienten dessen Rauchertyp festzustellen und ein erstes diesbezügliches Gespräch mit ihm zu führen.

Hierbei sollte dem Patienten sein Rauchertyp dargelegt und die verschiedenen Beweggründe, die ihn zum Rauchen zu führen pflegen, im einzelnen durchgesprochen und von ihm bestätigt werden. Es sei hierbei noch kurz darauf hingewiesen, daß in der Motivationsanalyse (Fragebogen 2) immer sechs Fragen, also a bis f, g bis l und m bis r wechselseitig sich aufeinander beziehen und somit auch eine gewisse Kontrolle über die Verläßlichkeit einer Aussage erreicht wird.

Es sei hier ganz deutlich darauf hingewiesen, daß in der ärztlichen Sprechstunde mit den üblicherweise vorhandenen zeitlichen und personellen Möglichkeiten nur Raucher der Typen I und II, also Genuß- und Gewohnheitsraucher, sinnvoll und erfolgversprechend behandelt werden können, während die Gruppe der *abhängigen* Raucher im allgemeinen einen zu großen Einsatz des Arztes verlangt, da er hier nur in einer Gruppentherapie mit einem abgestimmten Trainingsprogramm unter

* Verständlicherweise können hier nur generelle Hinweise gegeben werden, während die nach psychologischen Gesichtspunkten auszuwertenden Fragen – und damit die Zuordnung zu einem bestimmten Rauchertyp – in eigens für die ärztliche Praxis ausgearbeiteten, karteimäßig aufgelisteten Vordrukken festgehalten sind. Diese können wie auch die in der Folge noch für die Therapie angeführten Unterlagen gegen Erstattung der Selbstkosten über den Saatkorn-Verlag angefordert werden.

Mitarbeit einiger Fachkräfte während der Zeit der Entzugsphase und bei ständiger Kontrolle des Rauchers einen erfolgversprechenden Ansatz finden wird.

Da aber die Zahl der hier zur Diskussion stehenden Raucher insgesamt eine prozentuale Verteilung aufweist, wie sie in der Tabelle 2 wiedergegeben ist, verbleiben dem Arzt in der Praxis immerhin noch mehr als zwei Drittel seiner rauchenden Patienten für eine erfolgversprechende Entwöhnungstherapie.

Aber auch die Raucher des Typs III – Raucher des Typs IV sollten nur in Fachkliniken behandelt werden – können heute glücklicherweise durch ein stationäres Nichtraucher-Trainingsprogramm von fünf Tagen erfolgreich behandelt werden, wobei dann dem einweisenden Arzt wiederum die oben als wesentlich bezeichnete Nachbetreuung und Nachbehandlung zufällt. (Termine für die periodisch stattfindenden Nichtraucher-Trainingslehrgänge können über den Deutschen Verein für Gesundheitspflege, Am Elfengrund 50, 6100 Darmstadt, erfragt werden.)

Es ist wenig sinnvoll für den behandelnden Arzt und kann für den Patienten sogar

TABELLE 1

Raucher ist nicht gleich Raucher

Dies wissen Sie vielleicht schon aus eigenen Erfahrungen und Beobachtungen in Ihrem Bekanntenkreis.

Tatsächlich gibt es verschiedene Rauchertypen, die sich – unter Berücksichtigung aller Individualitäten des einzelnen Rauchers – etwa in folgende Gruppen einteilen lassen:

I. Gelegenheits- (oder Erholungs-) Raucher

II. Gewohnheits- (oder Stress-) Raucher

III. a) Psychisch abhängiger Raucher
b) Körperlich abhängiger Raucher

IV. Mehrfach (Alkohol, Drogen, Medikamente) abhängiger Raucher

Raucher, die zu verschiedenen Typen gehören, müssen verständlicherweise auch verschieden behandelt werden. Deshalb ist es wichtig, daß Sie die Fragen auf den folgenden Seiten so genau wie möglich beantworten. Denn nur so können Ihnen Ihr Arzt bzw. die Leiter von Raucherentwöhnungskuren einen sinnvollen Rat geben, was Sie persönlich am besten unternehmen sollen, um vom Rauchen loszukommen.

Eine Methode, die für alle Raucher gleich gut hilft, gibt es nicht!

enttäuschend sein, eine irgendwie geartete Behandlung zu beginnen, ohne zuvor eine einwandfreie Diagnose des Rauchertyps des jeweiligen Rauchers durchgeführt zu haben und diese Diagnostik durch ein entsprechendes Gespräch mit dem Patienten bestätigt zu finden.

Therapie des (entwöhnungswilligen) Rauchers

Als fester Grundsatz allen ärztlichen Handelns möge bestehen bleiben, daß nur ein Raucher, der den festen Willen hat, das Rauchen aufzugeben, vom Arzt behandelt und betreut werden soll. Im anderen Fall sind ihm die Folgen seines Rauchens in bezug auf seine Krankheit klar und unmißverständlich darzustellen und seine Verantwortung gegenüber sich selbst, seinen Angehörigen und der gesamten Versichertengemeinschaft vor Augen zu führen.

Dies kann im Einzelfall so weit gehen, daß der behandelnde Arzt einem uneinsichtigen Patienten klar darlegt, daß er mit keiner sinnvollen und erfolgversprechenden Behandlung weiter rechnen kann, wenn er sein Problem, nämlich mit dem Rauchen aufzuhören, nicht positiv anzupacken bereit ist.

Wenn auch die Worte eines Arztes zu einem Patienten, der an fortschreitender arterieller Durchblutungsstörung litt: „Sie können nur eines von beiden, entweder ihre Beine oder ihre Zigaretten behalten!" etwas makaber klingen, so sind diese und ähnliche Worte im Einzelfall notwendig und manchmal auch hilfreich, dem Patienten das ihn persönlich betreffende Problem bewußt zu machen.

Eindeutig zu unterscheiden hiervon sind jedoch solche Patienten, die klar angeben, vorläufig mit dem Rauchen noch nicht aufhören zu wollen, da sie Gefallen daran finden, im eigentlichen Sinne aber noch keine genügenden Beweggründe für das Nichtrauchen gefunden haben oder aber, was auch nicht selten ist, bislang an einigen Entwöhnungsversuchen mehr oder weniger intensiv teilgenommen haben, jedoch durch nur kurzfristige Erfolge enttäuscht sind. Um ihre eigene Unzulänglichkeit nicht einzugestehen, geben diese Patienten dann oft an, das Rauchen vorläufig noch nicht einstellen zu wollen.

Hier ist nun wieder ein entscheidender Punkt für den behandelnden Arzt, diese Situation zu erkennen und durch eine sinnvolle Beeinflussung (wozu auch das eigene Vorbild gehört) und eine ebensolche Behandlung dem Raucher zu helfen.

Die Behandlung der verschiedenen Rauchertypen

Kehren wir nunmehr zu den erwähnten verschiedenen Rauchertypen zurück, und führen wir die hierzu geeigneten Behandlungsmethoden zusammenfassend in einer Übersicht auf. (Siehe Tabelle 2.)

Wie früher ausgeführt, sind nur die Rauchertypen I (Genußraucher) und II (Gewohnheits- oder Stressraucher) geeignet, in der ärztlichen Praxis behandelt zu werden. Im allgemeinen scheint es leichter zu sein, einen Raucher des Typs I erfolgreich zu behandeln.

Rauchertyp I

Hat man die Diagnose eines *Genußrauchers* (Typ I) gestellt, also eines Rauchers, der sich durch das Rauchen selbst belohnt, so sollte man diesen Umstand für die Therapie nutzen.

Im allgemeinen sind diese Raucher Menschen, die während einer anstrengenden beruflichen, gesellschaftlichen, sportlichen oder sonstigen Tätigkeit kaum in Gefahr sind, durch das Rauchen Entspannung oder Antrieb zu suchen. Sie warten deshalb, bis nach erfolgreicher täglicher Arbeit am Abend vor dem Fernsehschirm im trauten Kreis der Familie, im Beisein von Freunden, in der Gaststätte oder auch bei der Lektüre eines entspannenden und interessanten Buches die „Belohnung" für die strapaziöse Tätigkeit in Form von Zigaretten gefordert und gewährt werden kann. Es ist dann manchmal überraschend, daß diese „Hobby-Raucher" nach Feierabend noch dasselbe Quantum an Rauchwaren aufbrauchen, das der Typ II (Stressraucher) während des ganzen Tages benötigt. Dies möge wiederum ein Hinweis dafür sein, daß die Anzahl der täglich gerauchten Zigaretten für die Beurteilung des Rauchertyps unzulänglich ist.

Nach Auswertung der Fragebögen 1 bis 3 (besonders des dritten) ist jedoch der Rauchertyp I durchaus klar zu erkennen und kann somit sinnvoll behandelt werden.

Die praktische Durchführung der Therapie sollte nunmehr darin bestehen, den Betreffenden dahingehend zu beeinflussen, daß die Belohnung für die tägliche Arbeit nicht in der „Belohnung" durch Zigaretten zu suchen und zu finden ist, sondern daß andere Werte sinnvoller und für das eigene Interesse wertvoller sind.

Hier hat sich die positive Partnerrolle sehr bewährt. Ist dieser Partner in der Lage, sich als ein wertvolleres Hobby als die Zigarette darzustellen, *und* gibt er seinem tiefgehenden Wunsch Ausdruck, daß sein Gegenüber etwa als Erfüllung eines besonderen Geburtstagswunsches nicht mehr rauchen möge, so dürfte dies in der Regel ausreichen, dem rauchenden Partner genügend Anreiz zu sein, sein „Hobbyrauchen" einzustellen. Daß hier eine richtige und anhaltende „Nachbehandlung" in Form von Anerkennung, Belobigung und Selbstdarstellung des Partners als eine Art „Ersatzbefriedigung" angebracht ist, sollte nicht unerwähnt bleiben.

Auch andere Möglichkeiten sind hier gegeben. So kann eine gemeinsame Ferienreise, ein geliebtes Kleidungs- oder Einrichtungsstück als Belohnung für das Nichtrauchen dann gewählt werden, wenn dieses Ziel dem bisherigen Gewohnheitsdenken gegenüber höherwertig ist.

Der Arzt selbst kann hier im Gespräch mit seinem Patienten und dessen nächster Bezugsperson helfend, lenkend und zielsetzend eingreifen sowie durch weitere Gespräche mit beiden die Beeinflussung intensivieren und unbemerkt die Einhaltung des Entschlusses überwachen.

In der Praxis bedeutet dies, daß hier der Arzt als „Initialmedikation" auftritt, durch sein einfühlendes Situationserkennen diejenige Hilfe gibt, die notwendig ist, um – meist in einer Zweiergruppe – das Ziel schließlich zu erreichen und zu festigen.

Zusammenfassend kann man feststellen, daß bei den Rauchern des Typs I prinzipiell jede Methode hilft, sofern der Raucher dazu bewegt worden ist, sein Rauchen einzustellen, um ein höheres Ziel zu erreichen. Ob dieses Ziel im Einzelfall auf familiärer, zwischenmenschlicher, ethischer oder gesundheitsbildender Ebene liegt, bleibt der subjektiven Einstellung und Wertschätzung des einzelnen vorbehalten. Der Arzt hat im Einzelfall entsprechende Beweggründe zu finden und zu verstärken sowie dem Patienten bei seinen Zielvorstellungen behilflich zu sein.

Rauchertyp II

Der Gewohnheits- oder Stressraucher (Rauchertyp II) bedarf eines eingehenderen und differenzierteren Vorgehens des Arztes, um hier zum Erfolg zu kommen.

Bevor jedoch die von uns seit etwa 15 Jahren geübte Methode vorgestellt wird, sollen die bislang schon diskutierten und

FRAGEBOGEN 1

Entdecken Sie Ihren Rauchertyp!

		ja	nein
1	Ist für Sie der Gedanke, eine Besprechung, eine Reise oder nur einen normalen Arbeitstag ohne Zigaretten (Zigarren usw.) zu verbringen, geradezu unvorstellbar?	○	○
2	Ist für Sie jede körperliche oder nervliche Belastung bzw. jede entsprechende Entlastung (z. B. Freude) ein willkommener Anlaß zu rauchen?	○	○
3	Bemerken Sie manchmal (oder häufig), daß Sie eine zweite Zigarette anzünden, während die vorige noch nicht zu Ende geraucht ist?	○	○
4	Rauchen Sie auch in denjenigen Situationen, in denen es der „gute Ton" eigentlich gebietet, nicht zu rauchen bzw. zuvor um Raucherlaubnis anzufragen?	○	○
5	Würden Sie eine Sitzung (Besprechung, Tagung, Ihre Arbeit), in der Rauchen nicht gewünscht wird, als nahezu unerträgliche Belastung ansehen?	○	○
6	Würden Sie die im vorigen Fall von Zeit zu Zeit zu erwartenden Pausen als „letzte Chance zum Überleben" sehnsüchtig erwarten, so wie etwa der Taucher die Wasseroberfläche ersehnt, um neue Luft zu schöpfen?	○	○
7	Würden Sie im Notfalle, d. h. wenn eine Ihrer eigenen Marken nicht greifbar ist, auch andere Marken, die Sie sonst prinzipiell ablehnen, rauchen?	○	○
8	Würden Sie notfalls – d. h. für Sie ist keine Zigarette legal zu besorgen – einen Ihnen fremden Menschen ansprechen, um von ihm irgendeine Zigarette zu erhalten?	○	○
9	Würden Sie nach Ihrer Vorstellung oder Beobachtung für Ihre Umwelt ohne „Ihr Quantum" an Rauchwaren schwierig, d. h. unleidlich, nervös, ungerecht und reizbar werden?	○	○
10	Würden Sie im Falle eines ärztlichen Verbotes weiterzurauchen, weil eine schwere Raucherkrankheit droht, dieses Verbot trotz „guten Willens" nicht einhalten können, da Sie nicht Herr über Ihre Rauchgewohnheiten sind, sondern Ihre Rauchgewohnheiten Ihnen Ihr Rauchverhalten diktieren?	○	○

nachvollziehbaren Methoden, soweit sie als ärztliche Leistungen anzusprechen sind, nach der Besprechung der Rauchertypen III und IV kurz vorgestellt werden.

Rauchertypen III und IV

Unter dem Rauchertyp III wollen wir den abhängigen Raucher verstehen. Diese Abhängigkeit kann psychisch oder körperlich bedingt sein. Trotz zugegebener körperlicher Beschwerden „verlangt" der Körper nach dem Nikotin. Bei der seelischen Abhängigkeit spielt die seelische Labilität des Kranken eine große Rolle und muß in Betracht gezogen werden.

Zu einem Zusammenspiel mehrfacher Abhängigkeit kommt es beim Rauchertyp IV. Hier ist der Betreffende auch von

FRAGEBOGEN 2

MOTIVATIONSTEST „Warum rauche ich?“ Kreisen Sie bitte bei allen aufgeführten Antworten den für Sie zutreffenden Zahlenwert ein.		immer	häufig	gelegentlich	selten	nie
A	Ich rauche, damit ich in Gang komme und die Trägheit überwinde.	5	4	3	2	1
B	Die Vorbereitung der Zigarette zum Rauchen ist für mich ein Teil des Rauchgenusses	5	4	3	2	1
C	Rauchen ist angenehm und entspannt mich.	5	4	3	2	1
D	Ich rauche, wenn ich mich über etwas ärgere.	5	4	3	2	1
E	Wenn ich nichts mehr zu rauchen habe, gebe ich keine Ruhe, bis ich wieder Rauchwaren habe.	5	4	3	2	1
F	Ich rauche automatisch, ich merke es schon nicht mehr.	5	4	3	2	1
G	Ich rauche, um mich zu stimulieren, um mich aufzuladen.	5	4	3	2	1
H	Ein Teil des Rauchgenusses besteht für mich in der Vorbereitung zum Rauchen: Pfeife stopfen, Zigarren zuschneiden, Zigaretten klopfen oder anzünden.	5	4	3	2	1
I	Rauchen, finde ich, verschafft Genuß.	5	4	3	2	1
J	Wenn ich mich unbefangen fühle oder in Erregung bin, rauche ich.	5	4	3	2	1
K	Es fällt mir auf und beunruhigt mich, wenn ich einmal gerade nicht rauche.	5	4	3	2	1
L	Ich zünde mir eine Zigarette an, ohne zu merken, daß schon eine andere angezündet im Aschenbecher liegt.	5	4	3	2	1
M	Ich rauche, um mir einen Ruck geben zu können.	5	4	3	2	1
N	Das Beobachten des Rauches, den ich ausblase, ist für mich ein Teil des Rauchgenusses.	5	4	3	2	1
O	Sehr gerne rauche ich, wenn ich mich wohl und entspannt fühle.	5	4	3	2	1
P	Wenn ich deprimiert bin oder mich von Ärger und Sorgen ablenken möchte, rauche ich.	5	4	3	2	1
Q	Ich bekomme einen richtigen nagenden Hunger nach einer Zigarette, wenn ich eine Zeitlang nicht geraucht habe.	5	4	3	2	1
R	Ich merke plötzlich, daß ich eine Zigarette im Mund habe, und erinnere mich nicht, sie angezündet zu haben.	5	4	3	2	1

Alkohol, Drogen und Medikamenten abhängig, wobei mitunter eins das andere nach sich zu ziehen scheint. Hilfe gibt es auch für diese Rauchertypen. Allerdings ist in der Regel der Rauchertyp IV bei seiner schweren Abhängigkeit auf die Hilfe einer Fachklinik angewiesen.

Einfluß von Medikamenten

Eine vor einigen Jahren von Prof. *F. Schmidt* (Mannheim) erschienene Arbeit über die Wirkung verschiedener im Handel befindlicher Präparate auf die Raucher zeigte, daß im allgemeinen (mit Ausnahme eines Präparates) keine überzeugenden Wirkungen nachzuweisen waren. Dies belegt meines Erachtens jedoch nicht die Vermutung, daß mit Medikamenten auf dem Gebiet der Raucherentwöhnung prinzipiell nur geringe Erfolge zu erzielen seien. Je nach Präparat werden teilweise Ekelgefühle gegen einzelne Bestandteile des Zigarettenrauchs hervorgerufen, teilweise sind kreislaufbelastende Effekte während des Rauchens, teilweise geschmacksverändernde Effekte und noch andere Nebenwirkungen festzustellen, die dem Raucher jedesmal begegnen, wenn er sich des betreffenden Medikamentes vor, während oder nach dem Rauchen bedient. Es bleibt hierbei jedoch stets die Frage offen, ob der Raucher dieses Präparat genügend lange Zeit einnimmt, um über die gewünschten Effekte zu einer andauernden Verhaltensänderung zu gelangen. Dies ist möglich, wenn er zum Typ I gehört und in der Änderung seines Verhaltens nunmehr das höhere Ziel sieht. Erkennt er dieses aus irgendeinem Grunde aber nicht, so wird er viel eher das Medikament nach bestimmter Zeit beiseite legen – was ohnehin eines Tages sein muß – und

FRAGEBOGEN 3

Mein Rauchtag

		Ja	Manchmal	Nein	Anzahl
	Zwischen Waschen und Frühstück				
1	a. vor dem Waschen				
	b. nach dem Zähneputzen				
	c. nach der Morgentoilette				
	Während des Frühstücks				
2	a. unmittelbar zu Beginn				
	b. während des Frühstücks				
	c. unmittelbar zum Ende				
	Zwischen Frühstück und Arbeitsplatz				
3	a. Weg zum Verkehrsmittel				
	b. Wartezeit				
	c. Fahrt				
	Vormittags – Arbeitszeit				
4	a. zu Beginn				
	b. zur Pause				
	c. während der Arbeit				

		Ja	Manchmal	Nein	Anzahl
	Mittagspause				
5	a. vor dem Essen				
	b. während des Essens				
	c. nach dem Essen				
	Nachmittag – Arbeitszeit				
6	a. zu Beginn				
	b. zur Pause				
	c. während der Arbeit				
	Zwischen Arbeitsplatz und Abendbrot				
7	a. Ende der Arbeitszeit				
	b. Fahrt				
	c. Wartezeit – Abendbrot				
	Zum Abend				
8	a. Fernsehen				
	b. Hobby				
	c. Zeitung – Lektüre				

wieder zur Zigarette greifen, die bei ihm durch seine zwischenzeitliche medikamentöse Behandlung noch nichts von der bisherigen Wertvorstellung verloren hat.

Akupunkturbehandlung

Diese Form der Behandlung wird von etlichen Ärzten anscheinend mit teils gutem Erfolg geübt, wobei hier besonders Lokalisationspunkte, über die im einzelnen nicht berichtet werden kann, bevorzugt werden. Ein kurzer Hinweis zuvor: Ein sogenanntes „Rauchzentrum" im Stammhirn des Menschen ist meines Wissens bislang trotz mancher Bemühungen noch nicht gefunden worden.

Dies ist aber auch gar nicht notwendig, um therapeutische Erfolge mit dieser Me-

TABELLE 2

Methoden und Programme zur Entwöhnung des Rauchers

1. Gruppe:	geeignet für Gelegenheitsraucher („relaxing"-Typ)
Methode:	Information, *Motivation, Selbstkontrolle,* Verhaltenstraining, Beobachtungslernen, ohne persönliche Führung durch „Trainer" im „Selbststudium" (Anteil ca. 25–35%)
Beispiele:	einschlägige Literatur; Schallplatten; 35-Schritte-Programm; Terminfixierung u. a.
2. Gruppe:	geeignet für Gewohnheitsraucher („stress"-Typ)
Methode:	zeitlich begrenzte *Gruppentherapie* unter geschulter ärztlicher Leitung bei gleichzeitiger gruppendynamischer Hilfe für eine bestimmte (Entwöhnungs-) Zeit (Anteil ca. 35–40%)
Beispiele:	sogenannter „5-Tage-Plan" (ambulant); eventuell gehört hierzu auch die Autosugestions- und Akupunktur-Behandlung, da die Gruppentherapie bei hierzu geeigneten Menschen durch das „Erlebnis mit dem helfenden Partner" ersetzt werden kann
3. Gruppe:	geeignet für Sucht-(abhängige) Raucher („Computer"-Typ)
Methode:	Nichtraucher-Trainingslehrgänge (ab 5 Tage) stationär unter Mitarbeit von Ärzten, Psychologen, Seelsorgern, Krankengymnasten, Ernährungsberatern, Kosmetikerinnen, Pädagogen usw. (Anteil ca. 20–25%) Inhalt des Lehrgangs: psychoanalytische Aufarbeitung der Problemlage im Einzel- und eventuell Gruppengespräch, psychophysische Konditionierung, psychische Entlastung, psychosomatische Umstellung und Einstellung auf das Ziel, das Nichtrauchen nicht als einen Verlust, sondern als einen ganz entscheidenden Gewinn zu erfahren und zu erfassen
4. Gruppe:	geeignet für mehrfach abhängige bzw. organisch geschädigte Raucher (Alkoholiker, Drogenabhängige; Nieren- und Herzkranke usw.)
	Hier ist nur eine stationäre Behandlung in einer Spezialeinrichtung (Fachklinik) möglich (Anteil ca. 5–10%)

thode zu beweisen. Gelingt es dem Arzt, seinem Patienten den entscheidenden Wert der von ihm (und nur von ihm allein) geübten Behandlungsmethode, die einen nachweisbaren und anhaltenden Einfluß auf dem Weg über das periphere Nervensystem auf die Reaktionslage des Patienten ausübt, klarzumachen, so ist bei hierfür geeigneten Patienten durchaus einzusehen, daß der Komplex Arzt und körperlicher Eingriff besonderer Art ausreicht, um als Beweggrund für eine unterschiedlich lang anhaltende Verhaltensänderung zu wirken.

Eine bewährte Behandlungsmethode

Im folgenden soll nunmehr die von uns praktizierte Methode vorgestellt werden. Auch hier wird es notwendig sein, mit dem Raucher das Auswertungsergebnis der besagten drei Fragebögen in Ruhe durchzusprechen und ihm auf diese Weise sein Rauchverhalten, das er oft nur undeutlich kennt, klar vor Augen zu führen.

Anschließend muß noch während der gleichen Konsultation oder anläßlich seines nächsten Besuches – wiederum an Hand seiner eigenen Aussagen in den Fragebögen – durch drei oder vier Beispiele seines Tagesablaufes jeweils eine situationsbezogene Analyse erarbeitet werden, in der er erkennt, warum er im Einzelfall zur Zigarette gegriffen hat. In diesen Situationsablauf muß nun durch den Arzt bzw. durch den Patienten selbst nach Gespräch mit seinem Arzt ein „Knick" eingebaut werden.

Um dies zu erreichen, muß man zuvor klar erkennen, welche Gewohnheit ihn im Einzelfall dazu bringt, rauchen zu wollen, welcher Verstärker hinzutreten muß, um diese Gewohnheit an zentrale Gehirnzentren zu bringen, und welcher Auslöser schließlich dazu führt, eine fast reflexmäßig eingeübte Tätigkeit auszuführen, nämlich das Hervorholen und Anzünden der Zigaretten mit dem Ziel des Lust- und Genußgewinns.

Diese vielleicht recht schwierig anmutenden Ausführungen sind in der Praxis jedoch im allgemeinen leicht zu realisieren. Anleitungen hierzu werden nicht nur in unseren Einweisungslehrgängen für Ärzte, sondern auch in besonderen Druckschriften gegeben. Zwei Beispiele mögen hier für viele andere und ähnliche kurz dargestellt werden.

Die Rolle von Verstärkern und Auslösern

Wenn ein Patient angibt, morgens wegen zu geringen Blutdrucks unmittelbar nach dem Aufstehen eine Zigarette zu benötigen – mithin das Rauchen nach dem Aufstehen als Gewohnheit, der niedrige Blutdruck als Verstärker und der klingelnde Wecker auf dem mit Zigaretten bestückten Nachttisch als *Auslöser* anzusehen sind –, so ist es zweckmäßig, die Zigaretten außer Reichweite zu bringen, entsprechend der ärztlichen Empfehlung sofort am Bettrand einige gezielte kreislaufstimulierende Bewegungsübungen durchzuführen und anschließend genau zu dosierende Kneippsche Anwendungen zu praktizieren (siehe Fragebogen 4 und 5). Hat dann der Patient zum Beispiel die Gewohnheit, sich seine Zigaretten an einem bestimmten Automaten auf dem Weg zur Arbeitsstätte zu besorgen, so stellt ihm der Arzt die Aufgabe, unter allen Umständen einen Weg zu nehmen, der ihn nicht an diesem gewohnten Zigarettenautomaten vorbeiführt; aber auch der neue Weg darf nicht an einem entsprechenden Automaten vorbeiführen!

Es ist nun überraschend und erfreulich, daß man bei einem Raucher, der vielleicht 40 Zigaretten pro Tag raucht, nicht 40 ver-

FRAGEBOGEN 4

Verstärker

Ich muß rauchen, ich bekomme Lust zu rauchen,

		ja	manchmal	nein
1	a. wenn ich die Beine zum Bett hinausstelle			
	b. wenn ich die Zahnbürste zurückgelegt habe			
	c. wenn ich gewaschen, gekämmt, fertig bin			
2	a. wenn ich mich an den Frühstückstisch setze			
	b. wenn ich vor einer guten Tasse Kaffee sitze			
	c. wenn ich zur Zeitung greife			
3	a. wenn ich zur Haltestelle gehe			
	b. wenn ich zur Abfahrt im Wagen sitze			
	c. wenn ich auf Bus, Bahn, Straßenbahn warte			
	d. wenn ich an der Ampel stehe			
4	a. wenn ich meine Arbeitskleidung angezogen habe			
	b. wenn ich am Schreibtisch sitze			
	c. wenn ich angespannt arbeite			
	d. wenn die Uhr auf Pause zeigt			

		ja	manchmal	nein
5	a. wenn es 12 Uhr läutet			
	b. wenn ich zum Mittagstisch gehe			
	c. wenn ich gegessen habe			
6	a. wenn ich konzentriert arbeiten will			
	b. wenn die Uhr Pause zeigt			
	c. wenn die Arbeitszeit neu beginnt			
7	a. wenn das Tagwerk geschafft ist			
	b. wenn ich mich ins Auto setze			
	c. wenn ich im Zug / in der Straßenbahn sitze			
	d. wenn ich heimgehe			
	e. wenn ich aufs Abendbrot warte			
8	a. wenn ich mein Bier trinke			
	b. wenn ich fernsehen will			
	c. wenn ich zum Skat gehe			
	d. wenn ich im Garten arbeite, wenn ich mein Hobby pflege			
	e. wenn ich zur Zeitung greife, wenn ich lese			
	f. wenn ich mit meiner Frau/ den Kindern sprechen muß			

schiedene Situationen auf Gewohnheit, Verstärker und Auslöser zu analysieren braucht. Wie gesagt, genügen im allgemeinen drei bis vier exakte Analysen, um den gesamten Tagesablauf und das Rauchverhalten zu erkennen und den „Knick" möglichst zwischen Gewohnheit und Verstärker einzubauen. Dies bedeutet, daß der Patient – zuerst mit und dann ohne ärztliche Hilfe – eine aktive Mitarbeit bei der Änderung seines Gewohnheitsmusters leistet und dabei bald zu Erfolgserlebnissen geführt wird. Der Arzt seinerseits hat zweifellos die Aufgabe, bekannte und auch weniger bekannte Verhaltensmuster mit zu überdenken, sich in die individuelle Situation des Rauchers einzufühlen und einzustimmen und ihm zumindest bei den ersten diesbezüglichen therapeutischen Versuchen behilflich zu sein. Hierbei wiederum kann es durchaus von Vorteil sein, wenn der behandelnde Arzt früher selbst einmal Raucher war, also aus eigener Erfahrung das Rauchen kennt, um sich in die ihm zur Beurteilung vorliegende Situation besser eindenken zu können.

Zusätzliche ärztliche Beratungen, Verordnungen und Empfehlungen

Wie schon kurz an Beispielen angeführt, ist die Verordnung von aktiver physikalischer Therapie in Form von Wasseranwendungen, Atemübungen (kein Raucher atmet richtig und tief, es sei denn, er raucht!), Bewegungsübungen, Bürstenmassagen und anderem sehr zu empfehlen. Dies einmal deshalb, um hypotone Kreislaufsituationen, die nun ohne Zigarette überwunden werden sollen, leichter zu kompensieren, und zum anderen, um durch aktive Übungen das Verlangen und den eingefahrenen Bewegungsreflx nach der Zigarette zu unterbrechen.

Es hat sich als sinnvoll erwiesen, eine geringe Anzahl einfacher, aber wirkungsvoller Atemübungen, die morgens nach dem Aufstehen und zumindestens abends vor dem Zubettgehen praktiziert werden sollen, mit dem Patienten einzuüben.

Bei diesen Atemübungen sollen die verschiedenen Lungenabschnitte möglichst gleichmäßig beatmet werden. Entsprechende Papptafeln mit schematischen Zeichnungen, die am Bett aufgestellt oder am Schrank befestigt werden können, stehen dem Patienten zur Verfügung.

FRAGEBOGEN 5

Auslöser

Ich rauche, ich stecke die Zigarette an,

		ja	manchmal	nein
1	a. sobald meine Beine aus dem Bett sind (ich wach bin)			
	b. sobald mein Mund frisch (Zähneputzen) ist			
2	a. sobald ich mich für den Tag fertig fühle			
	b. sobald ich satt bin und 2 Min. Zeit habe			
	c. sobald ich die Zeitung in den Händen halte und lese			
3	a. sobald ich die Haustür geschlossen habe,			
	die erste Straßenecke erreicht habe,			
	das erste Schaufenster passiert habe.			
	b. sobald ich mich angeschnallt habe, sobald ich mit dem Auto fahre			
	c. sobald ich in der Straßenbahn, Bahn, Bus sitze/stehe			
	d. sobald ich an der ersten Ampel „Zeit" habe (ausgekuppelt habe)			
4	a. sobald ich fertig zur Arbeit bin			
	b. sobald ich die erste Arbeit in die Hand nehme (Schreibtisch)			
	c. sobald ich zur Pause aufgestanden bin mich hingesetzt habe			
	d. sobald ich mich anregen will/muß, mich anstrengen muß			
5	a. sobald ich den Arbeitskittel angezogen habe, den Rock angezogen habe			
	b. sobald ich mich auf den Mittagstisch freue			
	c. sobald ich meinen Löffel, meine Gabel zur Seite gelegt, meinen Teller zur Seite geschoben habe			
6	a. sobald ich meine Jacke ausgezogen habe, meine Arbeitskleidung anhabe			
	b. sobald ich Pause mache			
	c. sobald ich noch Leistung bringen will			
	d. sobald ich mich geärgert habe			
	e. sobald ich müde bin			
	f. sobald ich mich abgespannt fühle			
7	a. sobald ich mich zur Heimfahrt umgezogen habe			
	b. sobald ich auf die Straße gehe			
	c. sobald ich im Auto sitze			
	d. sobald ich den Gurt angelegt habe			
	e. sobald ich im Bus, in der Bahn sitze			
	f. sobald ich auf dem Heimweg bin			
8	a. sobald ich in meinem Sessel sitze			
	b. sobald ich in meinem Garten bin			
	c. sobald ich am Skattisch sitze			
	d. sobald ich im Hobbyraum bin			
	e. sobald ich Zeitung lese			
	f. sobald ich Gespräche führe			
	g. sobald ich mein Buch aufschlage			

Diätempfehlungen

Einer erheblichen Zahl von ehemaligen Rauchern, die noch nicht gänzlich gefestigt sind, bereitet die Gewichtszunahme erhebliche Sorgen und Beschwerden. Dies führt in manchen Fällen, besonders bei weiblichen Patienten, dazu, daß sie, nachdem sie eine Gewichtskontrolle nicht mehr erreichen können, wieder mit dem Rauchen beginnen.

Es hat sich als sinnvoll erwiesen, den Patienten über dieses Gebiet so umfassend wie möglich aufzuklären. Man sagt ihm ohne Vorbehalt, daß er, nachdem er nunmehr nicht mehr raucht und dadurch Herz und Kreislauf nicht mehr unnötig belastet werden, von Haus aus für die gleichen täglichen Aufgaben und Arbeiten weniger Kalorien (Joule) benötige, als er bisher zur Aufrechterhaltung seines Körpergewichtes gebraucht hat. Mit anderen Worten: Wenn er nun nicht mehr laufend und andauernd seinen Körper überlastet, wie er es bisher durch das Rauchen getan hat, müsse er bei gleicher Tätigkeit und gleicher Kalorienzufuhr zwangsläufig zunehmen. Wenn zu dieser Tatsache dann noch als Ersatzbefriedigung ein Bedürfnis nach Süßigkeiten, Naschereien usw. kommt, ist es leicht verständlich, daß alsbald eine Gewichtszunahme unvermeidbar wird.

Als Abhilfe bleibt für die erste Zeit während und nach der Entwöhnung nur eine kontrollierte Nahrungszufuhr, die der Geschmacksrichtung, dem Kalorienbedarf und dem notwendigen Zusatz von Spurenelementen entspricht.

Solche Diätempfehlungen sind von uns in zwei verschiedenen Stufen für Normalverbraucher und in einer besonderen Diät für Diabetiker entwickelt worden. Sie laufen jeweils über zehn Tage. Ein Beispiel eines Tagesplans dieser Diätempfehlungen ist im folgenden abgebildet (siehe Tabelle 3). Es sei hierzu noch bemerkt, daß der Patient bei der von uns empfohlenen Kost dennoch einige Süßigkeiten zu sich nehmen darf, ohne daß er Gefahr läuft, sein Gewicht zu steigern, da die Kalorienzahl täglich zwischen 800 und 1000 liegt.

Daß als weitere Maßnahme Vitamin B_1 und Vitamin C in Form von kalorienarmen Fruchtgetränken (letzteres zur rascheren Nikotinausscheidung über die Nieren) nützlich sind und gern verordnet werden, ist ebenso verständlich wie die Verordnung von Spaziergängen oder Laufübungen zu allen möglichen Tageszeiten. Schließlich sind für die vom Deutschen Verein für Gesundheitspflege durchgeführte Raucherentwöhnung auch noch leicht verständliche Vierfarb-Faltblätter mit dem Titel „Rauchsignale" entwickelt worden, die vom Arzt dem Patienten jeweils am Ende einer Konsultation als Hauslektüre ausgehändigt werden können. Den Inhalt eines solchen „Rauchsignals" beim nächsten Besuch als Eingangsgespräch zu wählen ist psychologisch von gewissem Nutzen, da der Arzt daran erkennen kann, ob der Patient seine spezielle Problemlage erkannt hat und seine Aufgabe lösen will. Im Durchschnitt rechnet man für eine derartige Behandlung zehn Konsultationen, die in den ersten beiden Wochen dreimal, dann jeweils zweimal stattfinden sollten. Es hat sich hier als zweckmäßig erwiesen, wenn irgendwie möglich, eine Kleingruppe zu bilden, indem man zwei bis vier Raucherpatienten zusammen in die Sprechstunde bestellt, sie auch im Beisein der anderen nacheinander über ihre Erfahrungen seit der letzten Konsultation berichten läßt, um dann in der Kleingruppe Anweisungen von seiten des Arztes mit Anregungen aus der Gruppe bis zum nächsten Besuch als Lernaufgabe für die weitere Festigung des Nichtraucherverhaltens zu verbinden. Sehr nützlich hat es sich in der praktischen Arbeit erwiesen, zwischen den Patienten der Kleingruppe während der Entwöhnungszeit einen telefonischen Kontakt zu propagieren, da auf diese Weise ohne

TABELLE 3

Speiseplan

Mager-Diät

Frühstück	Frühstück 2	Mittag	Nachmittag	Abend	Abend 2	
1 Scheibe Knäckebrot (10 g) 1 Tasse Tee ohne Milch und Zucker 25 g Schmelzkäse (mittelfett) 1 Tomate	100 g Milch	250 g Blumenkohlröschen 100 g Hackfleisch-Schnitzel bzw. Soja-Schnitzel (gegrillt) 100 g Schälkartoffeln	100 g Apfel	1 hartgekochtes Ei Joghurtsauce (2 EL Joghurt, 1 kl. Gewürzgurke, 1 TL. Schnittlauch, 1 Tomate, Zitronensaft) 5 Radieschen 100 g Salatgurke 2 Tomaten 1 Scheibe Vollkornbrot (30 g)	200 g Bananen	71 g Eiweiß 19 g Fett 97 g Kohlenhydrate Kalorien: 858 = Joule: 3603,6

Spar-Diät

Frühstück	Frühstück 2	Mittag	Nachmittag	Abend	Abend 2	
200 g Dickmilch 10 g Corn-flakes 8 g Knäckebrot 5 g Diätmargarine 50 g Magerquark mit Schnittlauch Kaffee oder Tee	100 g Orangen (ohne Schale)	100 g Rinderleber 30 g Zwiebeln 50 g Paprikaschote 50 g Apfel 5 g Öl Thymian Majoran (Geschnetzeltes zubereiten) 25 g Reis	100 ml Trinkmilch 50 ml Wasser 3 g Kakao Süßstoff 10 g Zwieback (1 Stück)	40 g Vollkornbrot 30 g Cheesy-Frischkäse mit Meerrettich 5 g Diätmargarine Schnittlauch 150 g Tomaten	100 ml Johannisbeersaft schwarz	50 g Eiweiß 35 g Fett 102 g Kohlenhydrate Kalorien: 1046 = Joule: 4393

Kranken-Diät

Frühstück	Frühstück 2	Mittag	Nachmittag	Abend	Abend 2	
1 Scheibe Vollkornbrot (25 g) 1 Scheibe Knäckebrot (10 g) 100 g Speisequark 25 g Diabetiker-Konfitüre 100 g Vitaminsaft (Reformware) (ges. 2 BE)	50 g Magerquark 100 g Tomate (ges. 0,25 BE)	Sauerkraut-Eintopf 250 g Sauerkraut 100 g gekochte Kartoffeln 200 g sehr mageres Rindfleisch bzw. Soja-Koletts 2 Zwiebeln, Wacholderbeeren, Lorbeerblatt 100 g Aprikosen (ges. 2 BE)	Tee oder Kaffee (diätgesüßt) 4 Stück Diät Müsli-Keks (ges. 1 BE)	1 Schale grünen Salat 2 Scheibe Vollkornbrot (25 g) 1 Spiegelei 10 g Diätmargarine 100 g Rinderzunge 150 g Diabetiker-Sauerkirschen-Süßmost (ges. 2,75 BE)	2 Scheiben Diät-Zwieback 110 g Diabetiker-Sauerkirschen (Diät-Obst in Gläsern)	110 g Eiweiß 45 g Fett 119 g Kohlenhydrate Kalorien: 1452 = Joule: 6508 (10 BE)

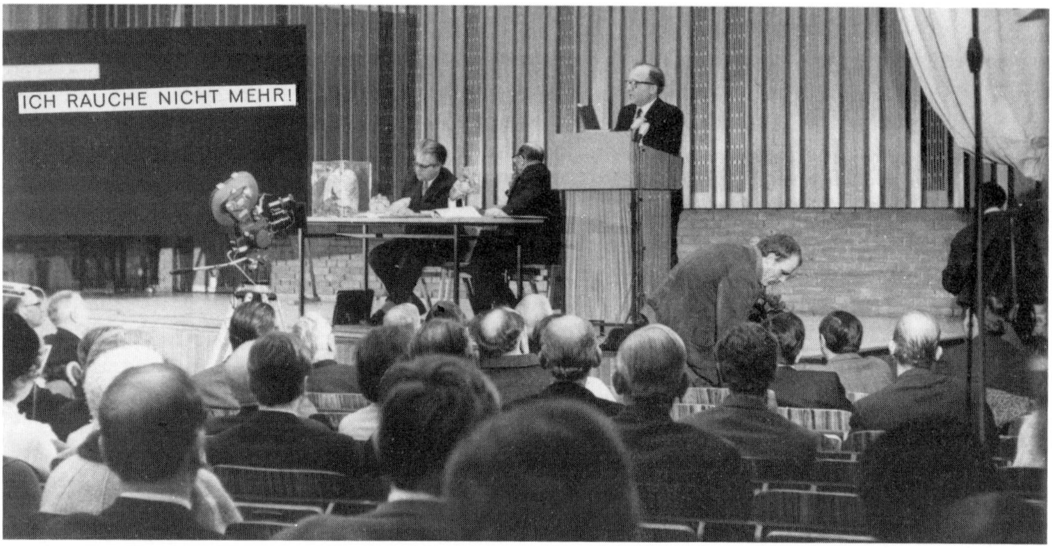

Seit Jahren schon führt der Deutsche Verein für Gesundheitspflege mit erstaunlichem Erfolg Fünf-Tage-Pläne zur Abgewöhnung des Rauchens durch. Jeweils ein Mediziner und ein Psychologe vermitteln in diesen Tagen den Rauchern ein Programm, wie sie auf natürliche Weise vom Rauchen freikommen können.

jeweilige Einschaltung des Arztes Beschwerden, Beobachtungen und besonders Hinweise zwischen den Patienten ausgetauscht werden können, was im allgemeinen zu einer Stärkung oder zum Wiederaufbau der Aktivität gegen das Rauchen führt.

Nebenwirkungen während der Entziehungszeit

Bei Stressrauchern (Rauchertyp II) werden im allgemeinen keine oder nur geringe Entzugserscheinungen zu erwarten sein. Diese sind den hier nicht näher zu besprechenden Rauchertypen III und IV vorbehalten. Dennoch sollte der Arzt wissen, daß zwischendurch Entzugserscheinungen in verschiedener Form auftreten können. So kennt man Kopfschmerzen, Dumpfheitsgefühl im Kopf, Gliederschmerz, Nervosität, Stuhlverstopfung, Schlaflosigkeit, Konzentrationsschwäche, nervliche Überreiztheit usw. Alle diese Erscheinungen sind vorübergehender Art und vergehen innerhalb von 24 Stunden bei konsequenter Nikotinabstinenz. Vitamin B_1- und Vitamin C-Gaben erleichtern den Abbau dieser Symptome.

Nachbetreuung

Zwar gelingt es im allgemeinen recht gut, einen motivierten Stressraucher unter geeigneter ärztlicher Führung zum Exraucher werden zu lassen; die Nachbetreuung zur Stabilisierung der Verhaltensänderung bedarf jedoch noch geraumer Zeit. Man muß mit sechs bis zwölf Monaten rechnen.

Die hier einsetzende Aufgabe der Gesundheitserziehung und Gesundheitsbildung ist nun gerade das, worauf es ankommt. Dabei müssen Mediziner und Nichtmediziner zusammenarbeiten, um die tieferliegenden auslösenden Faktoren und die besonderen Probleme zu erkennen, zu erfassen und richtig anzugehen.

Alkoholismus zerstört die Persönlichkeit

In unserer Gesellschaft ist die Zahl der Menschen relativ klein geworden, die in ihren religiösen, sittlichen und kulturellen Bindungen einen Sinn ihres Lebens sehen, die sich auch in den Grenzsituationen des Lebens geborgen fühlen und in ihrem Glauben einen mächtigen Regler und eine oft bewundernswerte Kraft finden, um selbst extreme Belastungen zu ertragen und mit ihnen fertig zu werden. Sinnentleerung des Daseins macht nicht nur unsicher und unfähig, das eigene Schicksal anzunehmen und zu ertragen, sondern kann auch zu einem Einstiegsfaktor für Alkohol, Tabletten und Drogen werden. Weil das Leben leer ist, wird es mit chemischen Träumen gefüllt, die letztlich der Realität nicht standhalten.

Das große Übel unserer Gesellschaft

Wir sind zu Großverbrauchern der legitimen Droge Alkohol geworden und neigen oft dazu, vor den Folgen die Augen zu verschließen. Im Laufe der letzten 30 Jahre haben sich in unserer Gesellschaft die Trinksitten und damit die Einstellung zum Alkohol verändert. Außerdem findet sich vermehrter Alkoholkonsum in Bevölkerungsgruppen, die früher nicht oder nur mäßig tranken, nämlich bei Frauen, Jugendlichen und Kindern. Nach einer 1975 durchgeführten Erhebung des Infratest-Institutes zeigten 37 Prozent der Bundesbürger Merkmale starken Alkoholkonsums, 39 Prozent tranken beim Fernsehen, 8 Prozent tagsüber am Arbeitsplatz.

Der *Pro-Kopf-Verbrauch an alkoholischen Getränken* in der Bundesrepublik hat sich seit 1950 vervierfacht und nahm folgende Entwicklung (in Litern):

	1950	1970	1981
Bier	38,1	141,1	147,0
Wein, Schaum-, Obstwein	5,1	19,2	26,24
Spirituosen	1,13	3,0	2,83
insgesamt reiner Weingeist	3,27	11,38	12,44

Wirkung des Alkohols auf Stoffwechsel und Organsysteme

Leider hat mit zunehmendem Alkoholkonsum auch die Zahl der alkoholbedingten Schäden sowie der Alkoholkranken zugenommen. Da Alkohol in den Stoffwechsel eingreift, Stoffwechselvorgänge beeinflußt und sich als Zellgift erweist, führt wiederholter oder gar chronischer Alkoholkonsum nicht nur zu Stoffwechselstörungen, sondern auch zu Schäden an Organen und Organsystemen.

Nach Aufnahme alkoholischer Getränke erweitern sich die Hautgefäße, was zunächst zu einer Rötung des Gesichts führt. Bei gehäuftem Alkoholkonsum wird das Hautrelief betonter, die Gesichtshaut fettiger und glänzender. Es findet sich eine Bindehautentzündung, die Lidränder verdicken sich, die Lippen sind leicht geschwollen. Nach weiterem, chronischem Alkoholkonsum findet sich das typische Alkoholikergesicht. Das Gesicht ist gedunsen, vermehrt wasserhaltig, fettig, teigig, die Augen erscheinen wäßrig und sind deutlich gerötet. Bei anhaltendem chronischen Alkoholkonsum wird die Gesichtshaut schließlich runzlig, faltig und welk. Der Gesichtsausdruck wird stumpf, der Betroffene sieht wesentlich älter aus, als er ist.

Auf der Zunge finden sich nicht nur Beläge, sondern es schrumpfen die Geschmackspapillen, so daß feine Geschmacksunterschiede nicht mehr wahrgenommen werden können.

Auf die Schleimhäute der Speiseröhre, des Magens und des oberen Dünndarms übt Alkohol einen Reiz aus, der zu Entzündungen führen kann. Wiederholte Magenschleimhautentzündungen können die Funktion der Magenschleimhaut erheblich stören und damit zu vielfältigen Schäden führen.

Über ein Drittel chronischer Alkoholkonsumenten zeigt Störungen und Veränderungen an ihrer Bauchspeicheldrüse. Alkoholexzesse können eine akute Bauchspeicheldrüsenentzündung auslösen, die leider auch heute vielfach noch lebensbedrohlich ist.

Obwohl seit langem bekannt ist, daß gehäufter bzw. chronischer Alkoholgenuß zu krankhaften Veränderungen an der Leber führen kann, ist der Umfang der alkoholbedingten Leberschäden erst durch Einführen der Leberblindpunktion sowie der Bauchspiegelung erkannt worden. Schon relativ geringe Alkoholmengen, die noch keinen Rausch auszulösen vermögen, führen zur Zunahme von Fettstoffen in der Leber sowie zu Veränderungen der Feinstruktur in der Leberzelle. Da die Leber 85 Prozent des gesamten Sauerstoffverbrauches für die Alkoholverbrennung benötigt, kann ein Teil der anderen Verbrennungsaufgaben nicht bewältigt werden. Neben der Leberverfettung, der Fettleber, zeigen sich nach längerem, regelmäßigem Alkoholkonsum Leberentzündungen, die in eine Schrumpfleber ausmünden können. Es sterben jährlich viele Menschen an ihrer alkoholbedingten Schrumpfleber und deren Folgen.

Alkohol schädigt auch den *Herzmuskel.* Es finden sich Herzmuskelschäden durch die direkte Giftwirkung des Alkohols auf die Herzmuskelzelle sowie durch den bei vielen Alkoholkranken auftretenden Vitaminmangel.

Neben einer Verminderung der Blutplättchen zeigten sich bei Untersuchungen des Knochenmarks Alkoholkranker Schäden in den Frühformen der roten und weißen Blutkörperchen in Form von blasigen Einschlüssen.

Eine Reihe von anglo-amerikanischen Arbeiten weist auf die Beziehung zwischen *Krebs* des Mundes, Rachens, Kehlkopfes sowie der Speiseröhre und zu hohem Alkoholkonsum hin.

Hinreichend bekannt sind die zahlreichen alkoholbedingten Schäden am *Ner-*

Alkohol ist zur großen Droge unserer Zeit geworden. Je früher mit dem Trinken begonnen wird, desto größer sind die Gefahren. Der Alkoholkranke schließlich zerstört systematisch seine Persönlichkeit und ist auf Hilfe von außen angewiesen.

vensystem. Aufgrund von Zelluntergängen und Zerstörung von Hirnsubstanz kann die Hirnleistung ständig vermindert werden, so daß schließlich Hospitalisierung bzw. Unterbringung in einer psychiatrischen Klinik notwendig wird.

Erst in den letzten Jahren erkannte die Medizin, daß Alkohol wohl das bedeutsamste *Zellteilungsgift für das werdende Kind* ist. Da die embryonale Leber Alkohol kaum abzubauen vermag, wirken schon relativ geringe, vor allem immer wieder einwirkende Alkoholmengen auf den Prozeß der Organbildung. Leichter und mittelschwerer regelmäßiger Alkoholkonsum (etwa eine halbe Flasche Wein pro Tag) während der ersten Monate der Schwangerschaft führt in 30–50% zu alkoholbedingten *Fruchtschäden, zu Frühabort, Totgeburt* oder *Organmißbildungen.* Prof. *Leiber* schätzte, daß in der Bundesrepublik jährlich etwa 6000 Alkoholikerinnen schwanger werden. Somit haben wir jährlich mit einem Zuwachs von etwa 2500 mißgebildeten, intelligenzgeminderten Kindern zu rechnen.

Behandlungsbedürftige Alkoholiker

In der Bundesrepublik einschließlich West-Berlin müssen wir heute mit mindestens 1,8 Millionen behandlungsbedürftigen Alkoholikern rechnen. Wenn wir das unmittelbare Umfeld – nämlich Partner und Kinder –, das regelmäßig mitbetroffen wird, dazurechnen, sind in der Bundesrepublik einschließlich West-Berlin mindestens vier Millionen Menschen unmittelbar von diesem Problem betroffen. Die tiefgreifenden Auswirkungen aller dieser in ihrer Fähigkeit der Lebensbewältigung und Gemeinschaftsbildung gestörten Menschen auf die normale, ausgewogene Struktur unseres Staates wird man mit Sicherheit nicht ermitteln können. Desgleichen wird die Breitenwirkung im Sinne einer Beeinflussung auf die Verhaltensbildung nicht abzugrenzen sein.

Trotz der Entwicklung des Alkoholismus und seiner Folgen zu einem der größten sozialmedizinischen Probleme unserer Zeit, besteht über ihn in unserer Bevölkerung noch eine erhebliche Unkenntnis. So wird zum Beispiel die Frage, was und wer ein Alkoholiker ist, heute noch sehr unterschiedlich beantwortet. Je nach Einstellung und Sicht versucht man ihn zu erziehen, zu belehren, zu bestrafen, zu bekehren oder zu behandeln. So wird die Einstellung des Juristen, Arztes, Arbeitgebers und des sozialen Umfeldes, ohne daß man sich dessen oft bewußt wird, nicht selten zum Schicksal des Betroffenen.

Phasen der Alkoholkrankheit

Die Definitionen des Alkoholismus haben sich mit zunehmender Erkenntnis gewandelt. Bereits 1778 beschrieb *Thomas Trotter* Alkoholismus als Krankheit. Angeregt durch die ungewöhnlichen Erfolge der Anonymen Alkoholiker, einer 1935 in den USA von Alkoholikern gegründeten Selbsthilfegruppe, in der sich ausschließlich Alkoholkranke gegenseitig beeinflussen, führte *E. M. Jellinek* an 2000 „trocken" gewordenen Alkoholikern sorgfältige Studien durch. Als Ergebnis dieser Untersuchungen beschrieb er erstmalig 1946 das Krankheitskonzept des Alkoholismus. Weitere Arbeiten ließen in den folgenden Jahren deutlich werden, daß Alkoholismus und Alkoholiker Sammelbegriffe sind, die differenziert werden müssen und u. a. Formen krankhaften Trinkens beinhalten.

Aufgrund unterschiedlichen Verhaltens zum Alkohol unterschied *Jellinek* drei Gruppen:

I. Nichttrinker
II. Trinker
   a) gelegentliches Trinken
   b) gelegentliches exzessives Trinken
III. Alkoholiker
   a) nicht süchtige Alkoholiker
   b) süchtige Alkoholiker

Unter den nicht süchtigen Alkoholikern unterschied er später Alpha- und Beta-, unter den süchtigen Gamma-, Delta- und Epsilon-Alkoholiker. Letztere sind als Kranke anzusehen, da sich bei ihnen eine Abhängigkeit entwickelt, aus der sie sich in der Regel aus eigener Kraft nicht mehr befreien können.

Alpha-Alkoholiker, die auch als Problem-, Wirkungs- und Erleichterungs-Trinker bezeichnet werden, entdecken im Alkohol ein wertvolles Mittel, Belastungen und Spannungen leichter zu überstehen, Unsicherheit und Hemmungen vorübergehend zu beseitigen und sich zu entspannen. Diese positive Erfahrung nutzen sie bei erneuten belastenden Situationen und entwickeln eine Art seelische Abhängigkeit. Sie behalten jedoch die Freiheit, jederzeit ihren Alkoholkonsum zu beenden, sie entwickeln auch nach jahrelangem Trinken keine fortschreitende Alkoholabhängigkeit und sind somit nicht als Kranke zu bezeichnen.

Beta-Alkoholiker trinken im Rahmen der Trinksitten. Sie trinken schließlich aus Gewohnheit regelmäßig, nahezu täglich und nicht selten häufig. Dadurch entwickeln sie zwar zahlreiche körperliche Schäden, jedoch keine Suchtstruktur, so daß sie jederzeit ihr Trinken beenden können. Selbst bei Vorliegen schwerer alkoholbedingter körperlicher Schäden sind sie nicht als Alkoholkranke zu bezeichnen.

Unter den Alkoholkranken in der Bundesrepublik finden wir hauptsächlich *Gamma-Alkoholiker,* die einen Krankheitsprozeß durchlaufen. Es war das Verdienst *Jellineks,* nicht nur dieses Krankheitsbild erkannt, sondern auch seine Entwicklung sorgfältig beschrieben zu haben. Er unterteilte sie in vier Phasen.

Die erste Phase

Diese schwere Krankheit beginnt sehr harmlos. In der *ersten Phase,* der voralkoholischen, zeigt sich wie beim Alpha-Alkoholismus Erleichterungs- und Befreiungstrinken, dann aber hebt sich der Gamma-Alkoholismus vom Alpha-Alkoholismus ab, indem es zur Abnahme der Tragfähigkeit für seelische Belastungen und zur Zunahme der Alkoholverträglichkeit kommt. Der Betroffene benötigt mehr Alkohol, um die ausgleichende Wirkung zu erreichen. Alkoholische Getränke werden bald nicht mehr nur als Genußmittel, sondern wegen ihrer Wirkung getrunken. Da in dieser Phase Trunkenheit noch nicht charakteristisch ist und somit noch kein Rausch aufgetreten zu sein braucht, fällt dem Kranken und seiner Umgebung die Besonderheit des Trinkens in der Regel nicht auf. Der Betroffene wird sich auch wehren, sich als Alkoholiker zu sehen, da dieser Begriff mit Abwertungen belastet ist.

Die zweite Phase

Bei weiterem Alkoholkonsum schreitet die Krankheit jedoch fort. Die *zweite Phase* – als Prodromalphase bezeichnet – wird in der Regel durch das Auftreten von Gedächtnislücken eingeleitet. Bereits relativ geringe Mengen Alkohol, die 60 Gramm nicht zu überschreiten brauchen und unter deren Wirkung die Kranken abends noch normal handeln, können am folgenden Tage zu Erinnerungslücken, zum sogenannten „Filmriß" führen. So kann der Kranke sich nicht mehr erinnern, wie er nach Hause gekommen ist, welche Gespräche er geführt hat, welche Verabredungen er traf und was in einem bestimmten Zeitraum geschehen ist. Häufig sind diese Erinnerungslücken mit erheblichen Ängsten besetzt. Der Kranke beginnt sein Trinkverhalten zu ändern, indem er allein und unter Umständen heimlich trinkt. Er benötigt den Alkohol immer mehr als Medizin und entdeckt, in belastenden Situationen an Alkohol denken zu müssen. Häufig legt er Verstecke an und ist ängstlich bemüht, alkoholische Getränke erreichbar zu haben. Um eine gewisse innere Ausgeglichenheit zu erzielen, werden die ersten Gläser oft hastig getrunken. Nunmehr wird sich der Kranke häufig seiner ungewöhnlichen Trinkart bewußt. Er entwickelt Schuldgefühle und beginnt Anspielungen auf Alkohol zu meiden.

Aus dieser Entwicklung läßt sich eine Warnsymptomatik erkennen: Wer Alkohol als Erleichterungsmittel entdeckt, wer anfängt, allein zu trinken, und Gedächtnislücken nach Alkoholkonsum bemerkt, sollte sich in eine Beratung begeben. Selbst wenn bisher keine auffallenden Rauschzustände aufgetreten sein sollten, besteht der dringende Verdacht einer Alkoholkrankheit, die behandelt werden muß.

Da der Kranke in der Prodromalphase noch kontrolliert trinkt, fällt er in einer trinkenden Gesellschaft nicht unangenehm auf. Im Gegenteil, da er aufgrund der erhöhten Alkoholverträglichkeit ohne Berauschung viel zu trinken vermag, wird er häufig zum Leitbild und im Kreis seiner Kollegen nicht nur toleriert, sondern wegen seiner „Trinkfestigkeit" honoriert.

Die dritte Phase

Erst in der folgenden *dritten und „kritischen" Phase,* durch das Auftreten von Kontrollverlust eingeleitet, wird die Suchtstruktur deutlich, und dem Kranken begegnet zunehmend Ablehnung. Nunmehr vermögen kleine, unter Umständen kleinste Alkoholmengen einen unwiderstehlichen Drang nach weiterem Alkoholkonsum auszulösen. Nach Trinkbeginn verliert der Kranke die Kontrolle über die weitere Trinkmenge und damit die Möglichkeit, seinen Alkoholkonsum aus eigener Kraft zu beenden, so daß er bis zum Exzeß weitertrinkt, ohne auf die möglichen Folgen Rücksicht nehmen zu können. Wiederholte Kontrollverluste führen schließlich zur Diskriminierung. Unsere Gesellschaft, die zum Alkoholtrinken animiert, distanziert sich nunmehr vom Alkoholkranken und stößt ihn von sich.

Die Mechanismen des Kontrollverlustes sind bisher unbekannt. Zahlreiche Arbeiten bestätigen, daß Gamma-Alkoholiker diese abnorme Alkoholreaktion bis zu ihrem Lebensende behalten und nicht mehr in der Lage sind, alkoholische Getränke, auch nicht in Minimaldosen, zu trinken, ohne erneut Kontrollverlust und damit Rückfall zu erleben. Sie werden „trockene" oder bleiben „nasse" Alkoholiker, sie gleichen damit Allergikern. Wie sich ein Allergiker vor dem auslösenden Allergen schützen muß, so müssen Alkoholkranke lernen, ohne alkoholische Getränke und Medikamente zu leben. Das ist für sie nicht leicht, zumal sie gelernt haben, Mißstimmungen und Belastungen mit Alkohol zu lösen, und nicht selten in einem Kreis rücksichtsloser Verführung stehen. Wir haben somit im Alkoholkranken nicht den Willensschwachen und Haltlosen, sondern einen Kranken mit veränderter Alkoholreaktion zu sehen.

Der *Gamma-Alkoholiker* ist zunächst bemüht, seinen Alkoholkonsum zu kontrollieren. Nach Kontrollverlusten nimmt er häufig Perioden freiwilliger Abstinenz auf sich und bildet sich Trinkregeln, um dann nach Alkoholaufnahme erneut Kontrollverluste zu erleben. Da er sein Krankheitsbild nicht kennt und aufgrund des diskriminierenden Bildes, das unsere Gesellschaft vom Alkoholiker hat, zumeist auch nicht anerkennt, beginnt er sein Trinkverhalten zu erklären. Er vollzieht Motivverschiebungen und benutzt Abwehrmechanismen, um sich ein lückenloses Abwehrsystem zu errichten. Damit wird er sich selbst und seiner Umgebung gegenüber unwahr. Bei der Entwicklung der Alkoholkrankheit wird stets ein emotionaler Preis gezahlt.

Im Rahmen seines Krankheitsprozesses erlebt der Kranke ständig Verletzungen seines Wertgefühls. Damit kommt es zu Anhäufung von Schuldgefühlen, Ängsten, Selbstvorwürfen, Mißtrauen und Selbstverachtung usw. Um diese negativen Gefühle entwickelt er in der Regel eine dichte Abwehrmauer. Er empfindet es als Katastrophe, wenn einer hinter diese Mauer sieht und entdeckt, wie es um ihn wirklich steht. Diese Mauer versperrt ihm aber den Blick für wichtige Teile seiner eigenen Realität. Damit wird er illusionär. Verlust des Wertgefühls und die damit verbundene Ich-Schwäche führen kompensatorisch zu dem typischen Alkoholikerverhalten, das sich häufig in renommistischem Imponiergehabe, aber auch in rührseligem Selbstmitleid zeigt. Verlust der Selbstachtung, Vorhaltungen, Diskriminierung und fehlendes Verständnis führen den Alkoholkranken zunehmend in die Isolation. Er läßt Freunde fallen, äußere Interessen gehen verloren, die Fähigkeit zur sozialen Anpassung wird vermindert. Das Verhalten konzentriert sich zunehmend auf den Alkohol, der zur Kompensation immer unentbehrlicher wird.

Die Anpassung des Zellstoffwechsels an Alkohol führt schließlich zu Entzugszeichen nach Trinkpausen (z. B. Unruhe, Getriebensein, Ängste, Zittern der Hände und des Körpers, Schweißausbrüche, Herzbeschwerden, Durchfälle, morgendliches Erbrechen). Der Kranke fühlt sich gezwungen, erneut zu trinken, um diese quälenden Beschwerden zu beseitigen.

Die vierte Phase

Da die Nachtruhe eine Trinkpause darstellt, wird der Alkoholkranke schließlich gezwungen, regelmäßig schon morgens zu trinken, um „zu funktionieren", seiner Arbeit und seinen Aufgaben nachgehen zu können. Damit beginnt die *vierte, letzte, chronische Phase.* Aufgrund der immer häufiger auftretenden Kontrollverluste und des regelmäßigen morgendlichen Trinkens kommt es zu tagelangen Rauschzuständen, die zum körperlichen, seelischen und sozialen Abbau führen. Konzentrations- und Merkfähigkeitsstörungen treten auf. Nach plötzlichem Entzug können nunmehr schwere Entzugszeichen in Form von Wahnvorstellungen, Hirnkrampfanfällen und einem Delirium tremens auftreten, so daß der Kranke in eine lebensbedrohliche Situation kommt. Folgekrankheiten mit tödlichem Ausgang, Selbstmord oder Hospitalisierung stehen am Ende eines Krankheitsbildes, das die Lebenserwartung um durchschnittlich 12 bis 15 Jahre verkürzt.

Delta-Alkoholiker beginnen ihren Alkoholkonsum in der Regel im Rahmen der Trinksitten, trinken zunächst gewohnheitsmäßig fast täglich, ohne daß für sie eine auffallende, erleichternde oder befreiende Wirkung des Alkohols wichtig wird. Aus bisher unbekannten Gründen kommt es bei ihnen jedoch zu einer erheblichen körperlichen Abhängigkeit, so daß nach Trinkpausen deutliche Entzugszeichen auftreten, die sie veranlassen, ständig für einen entsprechenden Alkoholspiegel zu sorgen. Delta-Alkoholiker können ihr Trinken kontrollieren. Sie sind Spiegeltrinker, d. h. sie müssen ständig für einen bestimmten Blutalkoholspiegel sorgen, um nicht schwere Entzugszeichen zu bekommen. Sie erleben somit zunächst nicht die sozialen und seelischen Konflikte der Gamma-Alkoholiker und sind deshalb weniger behandlungsbereit. Die Entzugserscheinungen sind jedoch so quälend, daß sie in der Regel nicht in der Lage sind, auf Alkohol zu verzichten.

Epsilon-Alkoholiker entsprechen dem Bild der Quartalstrinker, die wochenlang keinen Bezug zum Alkohol haben. In nahezu regelmäßigen Abständen finden sich jedoch Krisentage mit Unruhe, erhöhter Reizbarkeit und zwanghaftem Denken an Alkohol. Nach Beginn des Alkoholkonsums kommt es zum Kontrollverlust mit mehrtägigen Trinkexzessen.

Das Bundessozialgericht definierte 1968 in seiner Rechtsprechung die Trunksucht, bei der eine körperliche wie auch psychische Abhängigkeit vom Alkohol besteht und es dem Trinker in den meisten Fällen nicht mehr möglich ist, mit eigener Willensanstrengung vom Alkohol loszukommen, *als behandlungsbedürftige Krankheit im Sinne der Reichsversicherungsordnung.*

Ursachen für die Entwicklung der Alkoholkrankheit

Während die Zunahme des Alkoholkonsums durch zahlreiche gesellschaftliche Faktoren und damit verbundene Haltungs- und Einstellungsänderungen bedingt ist, sind die *Ursachen* für die Entwicklung einer Alkoholkrankheit bisher unbekannt. Zahlreiche Theorien, zum Beispiel physiopathologische, biodynamische, soziale, psychoanalytische, kybernetische sowie lerntheoretische Erklärungen, wurden entwikkelt und zum Teil leidenschaftlich vertreten, doch konnte bisher keine von ihnen die Entstehung der Alkoholkrankheit befriedigend erklären. Es läßt sich beobachten, daß zahlreiche Personen trotz jahrelangen übermäßigen, überdurchschnittlichen Alkoholkonsums zwar körperlich krank, aber nicht alkoholkrank werden, andere dagegen nach Konsum relativ geringer Mengen Abhängigkeit entwickeln. Wieder andere Personen zeigen unter relativ geringen Alkoholmengen nach kurzer Trinkzeit von wenigen Monaten typische Symptome der Alkoholkrankheit. Somit kann auch die Dauer des Alkoholkonsums nicht als entscheidende Ursache für die Entwicklung der Alkoholkrankheit angesehen werden. Das Bundessozialgericht kam daher Anfang 1980 in einem Urteil zu dem Schluß, daß eine Alkoholkrankheit nicht selbstverschuldet ist.

Da bisher keine typischen Persönlichkeitsmerkmale bekannt sind, die erkennen lassen, ob eine Person nach Alkoholkonsum alkoholkrank wird oder nicht, ist grundsätzlich jeder, der alkoholische Getränke konsumiert, gefährdet, alkoholkrank zu werden. Daher ist es für unsere reichlich Alkohol trinkende Gesellschaft sehr wichtig, die Frühsymptome der Alkoholkrankheit zu kennen und zu beachten.

Bei Jugendlichen verläuft die Entwicklung der Alkoholkrankheit sowie der seelischen, sozialen und körperlichen Folgeschäden deutlich schneller. Daher ist der vermehrte Alkoholkonsum Jugendlicher mit besonderer Besorgnis zu betrachten.

Eine umfangreiche Studie in Schleswig-Holstein ergab 1977, daß von 2359 Schülern im Alter von 10 bis 18 Jahren nur 10 Prozent abstinent lebten. Unter den Elfjährigen waren nur 46 Prozent abstinent, unter den Dreizehnjährigen nur noch 26 Prozent.

Es wäre falsch, Jugendlichen Vorwürfe zu machen, denn Alkoholmißbrauch und das Trinkverhalten Jugendlicher stehen in unmittelbarem Zusammenhang mit Alkoholmißbrauch und den Trinksitten der Erwachsenen. Das sichtbare Beispiel der Eltern ist auch für die Entwicklung des Trinkverhaltens weitaus wichtiger als ihre erzieherischen Maßnahmen und gehört zu den prägendsten Formen. Kinder lernen aus dem Verhalten ihrer erwachsenen Leitbilder Inhalte und Einstellung zum Leben,

> Der Wartende, so schutzlos er ausgesetzt sein mag, ist dennoch der Bewahrende in dieser Welt. Indem er nach nichts greift, füllen sich ihm die Hände. Indem er nicht sucht, findet er. Indem er kein Ziel hat, langt er an. (Willy Kramp)

sie lernen, Verantwortung für sich und für andere zu übernehmen oder der Lösung von Problemen auszuweichen und sie anderen zu überlassen. Sie lernen auch Konsumverhalten und Konsummuster. Kinder erleben häufig einen Widerspruch zwischen dem, was ihre Eltern sagen, und dem, was sie tun, und leiden unter deren mangelnden Lebensorientierung.

Während in der frühkindlichen Zeit das Verhalten der Eltern oder ihrer Stellvertreter besonders prägend ist, tritt später die Gruppe Gleichaltriger hinzu und nimmt Einfluß auf Verhaltensmuster. Zahlreiche Befragungen ließen erkennen, daß die Mehrzahl der Jugendlichen mehr oder weniger in ihrer Freizeit alkoholische Getränke konsumiert. Der abstinent lebende Jugendliche fühlt sich in der Gruppe seiner trinkenden Freunde oft als Außenseiter und kann dadurch veranlaßt werden, sich dem Gruppenverhalten anzupassen.

Da Alkohol zur Welt der Erwachsenen gehört und als gesellschaftliches Genußmittel mit hohem Sozialprestige legalisiert worden ist, wird der Konsum alkoholischer Getränke für zahlreiche Jugendliche zum Statussymbol für Erwachsensein. Die Werbung wirkt darin unterstützend und preist außerdem Alkohol als Kontakt-, Entspannungs- und Entlastungsmittel an.

Es konnte nachgewiesen werden, daß der Gesamtkonsum an Alkohol durch leichte Verfügbarkeit gefördert wird. Trotz zahlreicher Gesetze, die den Ausschank alkoholischer Getränke an Jugendliche einschränken sollen, können sich unsere Jugendlichen mühelos Alkohol beschaffen.

Vermehrter Jugend- und Kinderalkoholkonsum läßt ein weiteres Anwachsen der Zahl Alkoholkranker erwarten.

Behandlungsmöglichkeiten des Alkoholismus

Bis Ende des 19. Jahrhunderts wurde häufig die Meinung vertreten, daß Alkoholismus weitgehend unheilbar sei und es sich deshalb kaum lohne, Alkoholiker zu behandeln. Da es, wenn man von Zwangsunterbringungen absehen will, kaum eine ärztliche Alkoholikerbehandlung gab, waren es zunächst Laienbewegungen und Kirchen, die sich dieser „gefallenen Menschen" annahmen. Die Hilfe war meistens von weltanschaulichen Maßstäben geprägt. Nachdem durch die moderne Alkoholismusforschung neue Erkenntnisse gewonnen wurden, die zu einer Revision herkömmlichen Denkens führten, öffneten sich auch neue Gesichtspunkte für die Therapie und Rehabilitation Alkoholkranker. Neben einer sorgfältigen Diagnose und der Wahl der aus Verlauf, Form und Folgen des Alkoholkonsums erkennbaren geeigneten und notwendigen therapeutischen Methoden zeigten sich die therapeutische Haltung des Behandelnden sowie ein therapeutisches Klima als notwendige Voraussetzung für einen Therapieerfolg.

Der Erkrankte braucht persönliche Zuwendung

Aufgrund mangelnder Information sowie der abwertenden Haltung unserer Gesellschaft haben Alkoholkranke Schwierigkeiten, sich als solche zu erkennen und zu bekennen. Im Gegensatz zu anderen Krankheiten, deren möglichst frühzeitige Behandlung die günstigsten Ergebnisse erwarten läßt, ist der Ansatz für eine erfolgversprechende Therapie der Alkoholkrankheit in der Regel erst nach längerem Krankheitsverlauf mit entsprechendem sozialen und gesundheitlichen Leidensdruck gegeben. Um den Kranken aus seinem Abwehrsystem zu lösen, ist deshalb eine annehmende, einfühlende und verstehende Haltung für eine erfolgversprechende Therapie in der Regel von größerer Bedeutung als die angewandten Behandlungsmethoden. Therapeuten mit ablehnender, egozentrischer, moralisierender und strafender Haltung vertiefen die Abwehrhaltung der Patienten und sind für die Behandlung Alkoholkranker ungeeignet.

Gelingt es, den Alkoholkranken als vollwertige Persönlichkeit in seinem Ausnahmezustand des Krankseins zu akzeptieren und seine Verhaltensweisen zu verstehen, so wird er von der Furcht, abgelehnt und diskriminiert zu werden, befreit. Er gewinnt Mut, sich zu sehen, wie er ist, und seine Abwehrhaltungen werden sinnlos. Da seine Verhaltensweisen beim Therapeuten nicht wie bisher bei seinen Mitmenschen Gegenreaktionen auslösen, gewinnt er Zutrauen und Mut, sich so zu zeigen, wie er wirklich ist.

Notwendige klinische Behandlung

Die Behandlung beginnt in der Regel mit der Überwindung der akuten Vergiftungs- und Entziehungserscheinungen. Sind diese ausgeprägt, so ist eine klinische Behandlung notwendig.

Aufgrund ihrer Suchtstruktur können Alkoholkranke nicht bedenkenlos stimmungsverändernde Mittel, Schlaf- und Schmerzmedikamente erhalten. Sie wer-

Ein gesundes Getränk ist Buttermilch. Sie stärkt das Knochenwachstum, fördert die Verdaulichkeit, ist als Lezithinquelle besonders nervenschwachen Menschen zu empfehlen und wirkt heilend bei vielerlei Leiden.

den dann häufig als eine Art „Trockenspiritus" verwendet, um Unruhe und Spannungen zu beseitigen. Der schnelle Griff zur Tablette kann leicht zum schweren Fehlgriff werden und ist zahlreichen Alkoholkranken zum Verhängnis geworden, indem sie vom Alkohol zur Beruhigungstablette, von der Pulle zur Pille umstiegen. Alkoholkranke müssen lernen, ohne chemisches Flucht-, Ausweich- und Lösungsmittel (Alkohol, Tablette) Stimmungsschwankungen, Spannungen und Probleme zu bewältigen.

Nach Überwindung des akuten Vergiftungs- und Entziehungsbildes steht neben der körperlichen und sozialen Therapie die Persönlichkeitsarbeit im Vordergrund. Sie richtet sich gegen die Ursachen der Rückfälle und zielt auf eine Stabilisierung und Persönlichkeitsreifung. Da die Alkoholkrankheit mit ihren Folgen alle Lebensfunktionen infiltriert, kann nicht nur die Abstinenz das Ziel der Behandlung sein. Abstinenz ist die Voraussetzung für den Gesundungsprozeß, der eine Veränderung der Lebensgewohnheiten und eine Persönlichkeitsumstrukturierung notwendig macht. So werden für eine angemessene Behandlung neben körperlichen und sozialen auch psychotherapeutische Behandlungsmethoden im weitesten Sinne notwendig. Durch jahrelangen Alkoholkonsum hat der Kranke ursprüngliche Fehlhaltungen vertieft und neue Fehlverhaltensweisen geschaffen; er benötigt somit neben der Bemühung um Selbsterkenntnis ein jahrelanges Training neuer Verhaltensmuster.

Alles, was uns süchtig macht, raubt uns die Freiheit eigener Lebensgestaltung. Neben den körperlichen Schaden tritt stets die seelische Belastung.

Psychotherapeutische Behandlung

Von besonderem Wert für die Umstrukturierung der Persönlichkeit hat sich die Gruppenarbeit mit ihren verschiedenen Formen erwiesen. Der häufig in Isolation und auf der Flucht befindliche, kontaktgestörte Alkoholkranke fühlt sich in der Gruppe von Gleichkranken akzeptiert, verstanden und gewinnt Mut, sich zu beteiligen. Der bisher Verstoßene findet in dieser Mikrogesellschaft einen Platz, ohne abgewiesen zu werden. Er kann sich zeigen, wie er ist, und sich freisprechen, ohne abgewertet zu werden.

Die Gruppe ist ein dynamisches Gebilde, in dem sich ständig Wechselbeziehungen zwischen den Gruppenmitgliedern vollziehen. Sie gründen sich auf Äußerungen, Verhaltensweisen, Interessen, Bedürfnisse, Haltungen und Gefühle der Gruppenmitglieder. Der einzelne wird in seinen Anschauungen, seinem Verhalten, seinen Entscheidungen, seiner inneren Einstellung, seinen Gefühlen und Wertungen von den ihn umgebenden Menschen in immer wechselnder Weise beeinflußt. Gruppen zeigen sich auch als geeignetes Übungsfeld für soziales Verhalten.

Im Rahmen der Gruppenarbeit lassen sich Entwicklungsstufen beobachten. Der Kranke kann sich zunächst vom Erlebten und Erlittenen freisprechen. Wer sich erkennen will, muß zuerst bekennen, muß Wahrheit über sein Leben aussagen. Mitgeteiltes Versagen, mitgeteilte Fehler verlieren von ihrer krankmachenden Wirkung. Wer Geheimnisse behält, isoliert sich.

Die Gruppe vermittelt das Erlebnis des Angenommenwerdens, gibt Ichstärkung und führt zu der Erkenntnis: ich nicht allein, die andern auch. Fremdannahme und Selbstannahme haben etwas Gemeinsames: Indem wir andere annehmen, werden wir angenommen.

Die Gruppe führt zu Einsichten, die durch Beiträge der Gruppenmitglieder unter gemeinsamer Deutungsarbeit erwachsen, sie erleichtern Wahrnehmungskorrekturen sowie die Korrektur des Selbstbildnisses. Die Gruppe führt zu Wandlungen – ein Prozeß, der nicht plötzlich, sondern in vielen kleinen Schritten erfolgt.

Lange und geduldige Nachbehandlung erforderlich

Nach dem heutigen Erkenntnisstand benötigen Alkoholkranke ein breites Therapieangebot, das unter Berücksichtigung des jeweiligen Krankheitsbildes und der eingetretenen Schäden von der ambulanten bis zur langfristigen klinischen Behandlung zu reichen hat. Dazwischen gibt es viele Varianten. Der Therapieerfolg wird durch zahlreiche Faktoren, zum Beispiel Einstellung und Bereitschaft zur Behandlung, Leidensdruck, Aktivierungspotential, Primärpersönlichkeit, körperlich-seelische und soziale Folgeschäden, Behandlungsintensität, und nicht nur durch die klinische Behandlungsdauer bestimmt, deren Bedeutung oft überschätzt wird. Während der letzten Jahre erkannten wir auch in der Bundesrepublik die große Bedeutung einer ambulanten Behandlung, die für zahlreiche Alkoholkranke erfolgreich sein kann.

Jede klinische Behandlung stellt unabhängig von der Dauer nur eine Anfangstherapie dar, an die sich eine *jahrelange ambulante Behandlung* anschließen muß. Das für die Umstrukturierungsprozesse notwendige Gruppenfeld finden Alkoholkranke bei den Anonymen Alkoholikern, den Abstinenz-Verbänden sowie bei den Fachambulanzen. Heute finden wir in der Bundesrepublik einschließlich West-Berlin ein großes Netz ambulanter und klinischer Behandlungseinrichtungen, so daß jeder Alkoholkranke, der unter seiner Krankheit leidet und Behandlung sucht, eine solche erfahren kann.

Die fortschreitende Entwicklung des Alkoholismus wird jedoch nur zu stoppen sein, wenn es gelingt, Haltungsänderungen zum Alkoholkonsum zu erreichen. Es ist eine alte Weisheit, daß glückliche Menschen nicht Alkoholiker werden. Wir werden uns zu fragen haben, ob wir mit unserem jetzigen Lebensstil ausreichend glücklich, zufrieden und geborgen sind. Sind wir es nicht, so ist es Aufgabe einer echten Vorbeugung, Werte aufzuzeigen und zu vermitteln, die unserem Leben einen Sinn geben.

Medikamenten- und Drogenabhängigkeit

Drogen und Medikamente sind wie Tabak und Alkohol aus dem täglichen Leben vieler Menschen nicht mehr wegzudenken. Dabei sind es vor allem Jugendliche, die in der Bundesrepublik immer mehr zu Alkohol und Drogen greifen. Bei Erwachsenen sind Schmerz-, Schlaf-, Anregungs- und Beruhigungsmittel leider fast zum „täglichen Brot" geworden, was ganz und gar nicht deren Sinn entspricht. Natürlich drängt es sich auf, nach den Ursachen für diese Erscheinungen zu suchen. Von einer Klärung dieser Frage sind wir jedoch noch weit entfernt. Es gibt aber einige Vorstellungen (Modelle), die uns vielleicht der Lösung näher bringen. Erst wenn ein Verständnis für die vielfachen chemischen Umsetzungen im menschlichen Organismus gewonnen ist, läßt sich begreifen, wie die körperlichen und seelischen Funktionen durch die Einnahme von Medikamenten und Drogen angeregt, gehemmt, gelenkt oder auch geschädigt werden, oft für das ganze Leben. Man muß Segen, Gefahren und Fluch unserer Medikamente und Drogen kennen, um nicht unnötig und leichtsinnig zur Tablette oder Droge zu greifen.

Neues Glück durch Bewußtseinserweiterung?

Eine besondere Faszination (Anziehungskraft) geht für viele Menschen (insbesondere auch Jugendliche) von den besonders seelisch wirksamen Stoffen (psychotropen Substanzen) aus, was wohl besonders mit ihrer sinnestäuschenden Wirkung zusammenhängt. Sie werden deshalb auch Halluzinogene genannt. Da sie zum Teil recht verschiedene seelische Wirkungen auslösen, belegte man die Stoffe mit besonders hervorstechenden Teilwirkungen auch mit entsprechenden Namen.

Mit dem schon genannten Begriff „Halluzinogene" betont man lediglich die sinnestäuschende Wirkung. Mit „Phantastika" bezeichnet man Stoffe, die vor allem phantastische Sinnestäuschungen, Visionen und Illusionen erzeugen. Unter „Psychomimetika" versteht man Substanzen, die Psychosen (Gemüts- und Geisteskrankheiten) nachahmen.

Nicht gleich zur Tablette greifen!

8 Punkte gegen Abgespanntheit und Nervosität

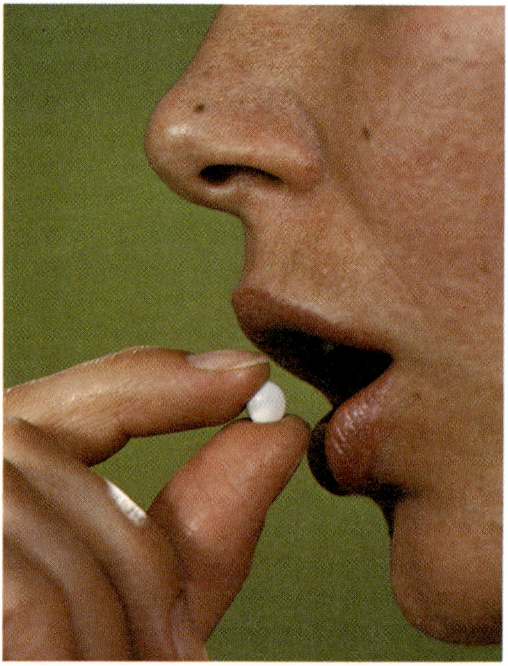

1. Ganz gleich woher die Überforderung kommt, man sollte sich dagegen zur Wehr setzen. Regelungen des Tagesablaufs, bessere Einteilung der täglichen Arbeit, Aufteilung der Hausarbeit, Erholung am Abend und Ruhe in der Nacht sind Regeln, die den Weg zu innerer Ausgeglichenheit ebnen können.

2. Zur Vermeidung von Hetze gehört die Einteilung der Zeit. Stehen Sie lieber früher auf, um in Ruhe zu frühstücken, statt bis zur letzten Minute im Bett zu bleiben. Halten Sie Ihre gewohnten Schlafzeiten möglichst ein. Nutzen Sie die Mittagspause zum Ausstrecken oder zu einem kurzen Spaziergang in frischer Luft. Schalten Sie zwischendurch mal ein paar Minuten ab – das schafft Distanz und bringt Erholung.

3. Freizeit und Urlaub sollten nicht mit zu hohen Anforderungen an Erlebniserwartung verknüpft werden. Zur Erholung gehört in erster Linie die Entspannung. Wer einem Schreibtischberuf nachgeht, sollte in der Freizeit auch körperlich müde werden. Wer körperlich arbeitet, sollte versuchen, geistige Anregungen zu finden. Nervöse Menschen sollten keine Urlaubsorte mit drastischem Klimawechsel wählen.

4. Sobald Alkohol- und Zigarettenkonsum zur Gewohnheit werden, sollte man überlegen, worauf man zunächst am leichtesten verzichten kann. Alkohol und Nikotin schaffen auf Dauer nur neue Probleme.

5. Beobachten Sie sich selbst und die Reaktionen der anderen auf Ihr Verhalten. Mit Ihrer Nervosität können Sie andere anstecken, mit Ihrer Ruhe aber ebenfalls. Sprechen wir leiser, hören die anderen plötzlich besser zu; sagen wir freundliche Dinge, kommen öfter freundliche Antworten; helfen wir anderen, hilft man uns selbst auch bereitwilliger.

6. Viel Bewegung in frischer Luft sollte für einen Ausgleich zur täglichen Arbeit sorgen; aber auch Psychotherapeuten oder Kurkliniken helfen, richtige Entspannung zu lernen.

7. Eine sinnvolle Ablenkung von Tagesproblemen kann auch ein Hobby für den Feierabend sein. Viele Menschen besitzen Talente, die sie noch gar nicht entdeckt haben. Hobbys bringen Kontakte mit anderen Menschen und verscheuchen nervöse Spannungen, die aus der Einsamkeit Alleinstehender entstehen können. Ihnen hilft manchmal auch, eine freiwillige Verpflichtung aufzunehmen.

8. Was kann man tun, wenn es nicht gelingt, den Absprung von Beruhigungsmitteln zu schaffen? Man sollte seinen Arzt oder Apotheker zu Rate ziehen. Präparate auf pflanzlicher Basis ohne Beimischungen von chemisch wirksamen Substanzen oder größeren Alkoholmengen, wie Baldrian, Hopfen und Melisse in Form von Tropfen oder als Tee, wirken tagsüber beruhigend und am Abend schlaffördernd.

Quelle: Bundeszentrale für gesundheitliche Aufklärung, Köln

Den Begriff „Psychedelika" hat man für Drogen gewählt, die „das Seelische" offenbaren, während „Psychodysleptika" Störungen im seelischen Bereich bewirken.

Die Drogenwelle rollt. Drogenkonsum und Rauschmittelmißbräuche nehmen weiter zu. Gemeinsam ist den erwähnten Stoffen, daß ihr Gebrauch ein Erleben mit gestörter Wahrnehmung der Umgebung und ein andersartiges Empfinden und Bewußtsein (ein angeblich „erweitertes" Bewußtsein) vermittelt, daß der gewohnte Raum- und Zeitsinn verlorengeht und ein verändertes Persönlichkeitsgefühl eintritt. Es ist der „Trip" in eine irreale, phantastische Welt.

Woher stammen die Stoffe?

Die wichtigsten Stoffe (Halluzinogene) fand man in verschiedenen Pflanzen und Pilzen vor, und sie sind seit Jahrhunderten als Zauberdrogen bekannt. Aus Mexiko stammen folgende drei „Zauberdrogen":

- der Peyotl-Wüstenkaktus mit seinem Wirkstoff Mescalin
- der Pilz Teonáncatl mit dem Wirkstoff Psilocybin
- der Samen der Windenart Ololiuqui mit dem Wirkstoff Lysergsäure.

Die reinen Wirkstoffe werden heute synthetisch oder halbsynthetisch hergestellt, insbesondere die Lysergsäure.

Entwicklung des Drogenkonsums

Folgenschwer für die ungeheure Ausbreitung des Drogenkonsums war eine Entwicklung, die durch folgende Tatsachen gekennzeichnet werden kann, wobei sich diese Angaben auf zwei wesentliche Arbeiten von *H. Konzett* und *W. Forth* stützen:

Den seit der Zeit der spanischen Eroberer in Mexiko verwendeten drei Zauberdrogen (Halluzinogene) wurde in Amerika und Europa keine wesentliche Beachtung geschenkt.

In den fünfziger Jahren unseres Jahrhunderts entdeckte Amerika sie wieder neu. Wenige Jahre zuvor (1943) war dem Baseler Chemiker Dr. *Albert Hofmann* die Herstellung von LSD (Lysergsäurediaethylamid) gelungen. In den sechziger Jahren erlangte Lysergsäure in den USA eine ungeheure Publizität. LSD wurde als Schlüssel zur „inneren Welt" gepriesen und zugleich zur gefährlichsten Droge des Jahrhunderts erklärt.

In dem gleichen Zeitraum propagierte Dr. *Timothy Leary* die wissenschaftlich kontrollierte Anwendung von LSD, und es nahm im psychologischen Seminar von Harvard die Hippie-Bewegung ihren Ausgang, die in allen westlichen Ländern gerade unter den Jugendlichen große Verbreitung fand. Man glaubte einen Stoff gefunden zu haben, der bewußtseinserweiternd, Einsichten vermittelnd, befreiend von Fesseln alles Zwanges und auf die visionäre Erlebnisfähigkeit steigernd wirken würde.

Die Täuschungen und die Schäden sind heute offenbar, besonders die Beeinträchtigung der Gehirnleistungen.

Die Psychiater nehmen – sicher nicht zu Unrecht – eine frühe Prägung als mitverantwortlich für eine Suchtentwicklung an. Auf dem Weg zur Sucht können aber auch andere Bahnen maßgeblich sein wie Depressionen, neurotische Konflikte und ständige berufliche Überforderungen, die zu der Angst oder Furcht führen, den ständig zu großen Anforderungen nicht entsprechen zu können. In der Bedrängnis werden dann Halt und Leistungssteigerung in der Anwendung von Drogen gesucht.

Auch Ärzte geraten manchmal auf den Weg zur Sucht, um einmal der ständigen Konfrontation mit Krankheit, Schmerz und Tod zu entgehen.

Umfang der Drogensucht

Von den in der Bundesrepublik etwa 10 Millionen Jugendlichen bis 25 Jahren sind fast 100 000 drogenabhängig geworden. Eine Million Jugendliche haben in ihrem Leben mindestens schon einmal illegale Drogen, überwiegend Haschisch, versucht. Über die Hälfte aller Jugendlichen trinkt täglich Alkohol. Wenn Jugendliche Tabak und Alkohol gebrauchen, kommt es häufig auch zum Konsum von Haschisch oder Heroin. Bei den zur körperlichen Abhängigkeit führenden Substanzen folgt Heroin meist auf die Cannabis-Produkte Haschisch bzw. Marihuana.

Meist hängt es lediglich von den gesellschaftlichen Einflüssen (Elternhaus, Jugendgruppen) ab, an welche Drogen Jugendliche zuerst geraten. Als sogenannte „Einstiegsdroge" kann man nach heutigen Erkenntnissen – was oft unterschätzt wird – den Alkohol bezeichnen. Es ist schwer zu entscheiden, welche persönlichen, sozialen und pharmakologischen (medikamentösen) Einflüsse im Einzelfall die Hauptrolle spielen.

In der Schweiz sind nach Schätzungen 100 000 bis 500 000 junge Schweizer und Schweizerinnen einmalige, gelegentliche oder ständige Haschischkonsumenten. Man rechnet in der Schweiz mit 10 000 bis 50 000 Dauerkonsumenten. Es finden dort Treffen der Haschischraucher statt. Die Schweizer Zeitschrift „Die Weltwoche" berichtet von einem Cannabis-Fest in Vichy bei Lausanne, obwohl es der Stadtrat verboten hatte. Aus einer Informationsbroschüre, die man in Biel (Schweiz) in alle Haushaltungen trug, ist zu entnehmen, daß dort ein Fünftel der jungen Leute Haschischraucher ist. In der Zeitschrift „tell" wurden Ratschläge für den erfolgreichen Hanfanbau erteilt, wozu auch jedermann das Handbuch „Marihuana – Zucht in Haus und Garten" erwerben kann. Die Schweizer Jungsozialisten möchten den Drogenkonsum legalisiert sehen und die „tägliche Wirklichkeit" so umgestalten, daß Drogen eigentliche Genußmittel werden.

In Amsterdam fand bereits im Jahre 1980 die Gründung einer internationalen Allianz der Befürworter der Cannabisprodukte statt. Es wird sogar schon um die Freigabe von Heroin gekämpft, dessen Wirkungen bekanntlich verheerend sind.

Die Verantwortung von Eltern und Gesellschaft

Um überhaupt begreifen zu können, welchen Stellenwert die Drogensucht besonders im jugendlichen Alter besitzt, müßte man die ganze Lebensgeschichte des betroffenen Jugendlichen berücksichtigen, das heißt aber, daß das Elternhaus, daß Kindheit, Schulzeit, Freundschaft, Berufsausbildung und Sexualität mit großer Vorsicht und allem Feingefühl durchleuchtet werden müssen.

Gerade in der Zeit der Pubertät, die für Jungen wie Mädchen eine Zeit des Umsturzes bedeutet, in der überschießende Wachstumstendenzen besonders der Extremitäten und schlaksige, ungeordnete Körperbewegungen auftreten, ist die Gefahr groß. Mit der Zeit, in der sich die Geschlechtlichkeit stark und fast aufdringlich entwickelt, wenn sich stürmisch das Ich zu formen und zu festigen versucht, aber auch gleichzeitig viele Zweifelsfragen und vor allem Aggressionen gegen jede Autorität, besonders aber gegen die Eltern, laut werden, ist eine stürmische und konfliktreiche Entwicklungsphase erreicht, in der die Jugendlichen ganz besonders anfällig für den Drogengebrauch werden, weil man sie glauben machen will, damit alle ihre Probleme lösen zu können. Oft genug entscheidet sich gerade in dieser Zeit, ob später eine seelische Erkrankung, ein Versagen im täglichen Leben, ein Mangel an Lebenstüchtigkeit oder mancherlei Perversionen auftreten.

Die Pubertätszeit verlangt von den Eltern eine Bewährungsprobe. Sie müssen sich vor allem zunächst einmal daran erinnern, wie sie selbst ihre Jugendzeit bewältigt haben. Sie sollten nämlich von ihren Kindern nicht mehr an Disziplin und Gehorsam verlangen und fordern, als sie selbst zu leisten bereit waren und auch befolgt haben.

Es sind große Bemühungen, viel Verständnis und liebevolle Beobachtung erforderlich. Natürlich muß man die Jugendlichen immer wieder zu lenken versuchen, wobei man darauf achten muß, das in dieser Zeit hochempfindliche Selbstwert- und Ehrgefühl nicht zu verletzen. Einen Jugendlichen vor anderen zu tadeln, zu verspotten oder bloßzustellen wäre der größte Fehler. Solche seelischen Verletzungen können sehr tief sitzen und sind lange Zeit, wenn überhaupt, nicht wiedergutzumachen, da sie prägend wirken. Man kann Jugendliche, deren Verhalten man tadeln zu müssen glaubt – Anlässe dazu gibt es oft genug –, besser zunächst einmal übersehen oder überhören, anstatt sie mit messerscharfen Worten zu verletzen. Sie können am Tage darauf völlig anders denken, und dann läßt sich die Sache besprechen, oder es kommt dann sogar zu einer echten Diskussion mit gegenseitigem Abwägen des Für und Wider. Wissen wir doch gar nicht, ob nicht gerade bei solchen Gelegenheiten beim Jugendlichen neue Einsichten und *echte* Bewußtseinserweiterungen aufkeimen, die ihn letztlich erfreuen und vielleicht grundlegend dazu beitragen, ein besseres Weltbild – zugleich auch ein tieferes Vater- oder Mutterbild – zu gewinnen, das ihn selber trägt, das aber auch eine stärkere Vertrauensbasis zu den Eltern entstehen läßt. In dieser Zeit kann man einen Jugendlichen für das ganze Leben gewinnen oder auch verlieren. Verliert man ihn aber, so sucht er Ersatz, wie er auch für nicht empfangene Liebe (die ohne Übertreibung sein muß!) Ersatz sucht. Der Weg zum „Trost in der Flasche" oder zu realitätsentrückenden Drogen ist dann nicht mehr weit.

Von den Eltern werden Opfer verlangt

Die Verhaltensweise der Eltern ist – das gilt für alle auch noch so schwerwiegenden Probleme der Jugendlichen – entscheidend für die Zukunft der Kinder, und wir müssen deshalb selbst unter Zurückstellung eigener Interessen dazu bereit sein, die nötige Zeit dafür nicht zu „opfern", sondern in aller Liebe zu schenken. Ihre Seele zu gewinnen hilft nicht nur den Kindern, es macht sie auch froh und glücklich und zudem belastungsfähig für alle Aufgaben, die das Leben gewollt oder ungewollt mit sich bringt. Auch für die Eltern ist das ein unbezahlbares Glück.

Intakte Ehen und ungestörte Familienverhältnisse sind wichtige, wahrscheinlich sogar entscheidende Voraussetzungen für eine positive Gewohnheitsbildung.

In mehreren größeren Untersuchungen drogenabhängiger Jugendlicher fand man einmal 60 Prozent, im zweiten Fall 63 Prozent und bei der dritten Untersuchung 82 Prozent gestörte familiäre Beziehungen. Die schlechtesten Bedingungen ergaben sich, wenn Kinder oder Jugendliche nur mit ihrer berufstätigen Mutter zusammenlebten.

Natürlich kann man nicht einseitig das Verhalten der Eltern oder das Fehlen eines Elternteils für den Drogenkonsum der Jugendlichen verantwortlich machen, so groß die Aufgabe auch ist, die den Eltern hierbei zukommt. Es ist meist ein Zusammenspiel mehrerer Faktoren, das den verhängnisvollen Drogenkonsum auslöst, so der Verkehr in entsprechend gefährdenden Jugendgruppen (die sogenannte Szene), Eigenschaften, die in der Persönlichkeit des einzelnen Jugendlichen liegen, fehlende Beziehungen zu einer religiösen Gemeinschaft, die meist eine starke Schutzfunktion ausübt, weil dann eine Orientierung an christlichen Wertvorstellungen besteht. Nicht zuletzt spielt heute auch der Verlust an Mut und Vertrauen in die Zukunft eine nicht geringe Rolle.

Auch die Gesellschaft muß helfen

Selbstverständlich muß das Bewußtsein für die Drogenprobleme auch in der Öffentlichkeit gestärkt werden. Das geschieht aber nur, wenn zahlreiche Erwachsene sich ebenfalls als Vorbilder erweisen, das heißt Tabak, Alkohol und alle weiteren Drogen konsequent ablehnen. Wir können die Eltern mit den Suchtproblemen der Kinder nicht allein lassen. Es genügt nicht, daß nur sie Vorbilder sind.

Wir müssen uns alle vorurteilslos den Suchtfragen stellen und die Mitverantwortung in uns selbst, in jedem einzelnen erkennen. Kinder und Jugendliche wachsen und erstarken nur am Vorbild der Eltern und ihrer weiteren Umgebung. Dazu gehören wir alle!

Es gilt für diese tiefernsten Fragen das, was *Carl Zuckmayer* in seinem Bühnenstück „Der Gesang im Feuerofen" sagte: „Wir haben die Wahl zu treffen, hier und heute, ob wir das Leben erniedrigen wollen zu einer blinden Funktion oder ob wir es lieben können als Gottes Geschenk in jedem seiner Geschöpfe, noch im Feind, noch in Tod und Vernichtung."

Es gehört sehr viel Liebe dazu, die Jugend aus der Drogenszene zurückzugewinnen. „Es muß eine Liebe sein, die stärker brennt als der Haß. Alles andere ist zu wenig." *(Zuckmayer)*

Man kann sich hier auch weiterer Gedanken *Zuckmayers* erinnern, die er in einem anderen Bühnenstück äußerte, als es darum ging, in der Nachkriegszeit eine neue Sinngebung für die Opfer, die Tapferkeit und den verlorenen Glauben einer ganzen Welt zu finden. Diese Gedanken gelten immer noch und müssen von unserer heutigen Jugend und für unsere Jugend neu durchdacht werden: „Sollen wir unsere Kinder in jener Masse untergehen lassen, für die das große Nichts an Stelle der Heiligkeit jeden Lebens getreten ist und deren letzter Schluß die Selbstverachtung und Selbstvernichtung bedeutet? Die Liebenden aber wissen, daß dieses Leben einen Sinn besitzt und eine Gnade, von der kein von einer Mutter geborenes Geschöpf ganz ausgeschlossen ist."

Jugendliche müssen einen Sinn in ihrem Leben finden, und dieser muß ihnen klar bewußt werden. Wer soll dazu verhelfen? Wer hat die Voraussetzungen, echte Hilfe zu leisten und Mitverantwortung zu tragen?

Wenn Eltern, Erzieher, Seelsorger und Politiker nicht in der Lage sind, unseren Kindern und Jugendlichen ein Menschendasein vorzuleben, das auch ihrem Leben Sinn und Ziel gibt, werden die Jugendlichen eines Tages ihr Leben als sinnlos empfinden und vor einer Leere stehen, aus der sie zu fliehen versuchen. Oft genug ist das die „Flucht in die Flasche" oder in die Drogenszene.

Wenn wir mithelfen wollen, die furchtbare Suchtverbreitung unter unseren Jugendlichen einzudämmen, müssen wir dem Problem an die Wurzel gehen, und die findet sich bei uns selbst. Jeder einzelne in unserer unheilen Gesellschaft muß zunächst aus dem Immer-nur-haben-Wollen, aus dem dauernden Genußdenken und aus der ungebremsten Inanspruchnahme aller sozialen Einrichtungen ohne eigene echte Leistung herausfinden. Das gelingt aber nur, wenn wir uns an echten religiösen Wertvorstellungen orientieren, die zu seelisch-geistigen Veränderungen und zur inneren Festigung führen.

Das Problem der Vorbeugung

Der Leser wird von mir erwarten, daß ich noch zu der Frage Stellung nehme, was jeder einzelne, was Väter und Mütter tun können, um dem lebensgefährlichen Drogenkonsum ihrer Kinder oder Schutzbefohlenen vorzubeugen. Da in dieser Frage keinerlei Schönfärberei und gar kein Zweckoptimismus von Nutzen ist, sondern nur die Realität zählt, kann ich hierzu nur ganz wörtlich eine kurze und doch umfassende, sehr realistische Antwort auf diese Frage von *Wolfgang Forth* anführen, die er im Rahmen seiner Arbeit „Die Verantwortung des Intellektuellen für den Gebrauch von Rauschmitteln" gegeben hat: „Alle Mittel, die in der Lage sind, die Psyche und die Befindlichkeit des Menschen zu beeinflussen, sind prinzipiell in Gefahr, mißbraucht zu werden. Auf dem Boden dieser Einsicht entgleitet das Problem der Vorbeugung (Prävention) und geht über in die der Administration unserer Gesellschaft. Ärztliches Handeln ist hier noch in Verbindung mit therapeutischem Vorgehen bei der akuten Vergiftung möglich; allenfalls noch bei der Rehabilitation, soweit körperliche Dysfunktionen (Funktionsstörungen) zu beheben sind. Prävention (Vorbeugung) dagegen wird Sache des Verschlusses einschlägiger Stoffe und die Aufklärung und Überzeugung gefährdeter Personenkreise im menschlichen Umfeld. Zu unklar formuliert, zu wenig präzise? Das menschliche Umfeld, das sind die Familie, die Schule, der Ausbildungsplatz, der Arbeitsplatz. Schnelle Erfolge sind da nicht zu erringen, und der Weg wird lang und dornig sein, bis so etwas wie eine Prävention erreicht sein wird. Es bedarf nämlich der Bewußtseinsänderung."

Erst dann, wenn die Erreger oder Anreger der Krankheit „Sucht" klar erkannt sind, kann eine echte Vorbeugung betrieben werden. Sie läßt sich allerdings ohne Mithilfe der Ärzte und Psychologen kaum durchführen. Die Ärzte sind daher in erster Linie aufgerufen, sich mit der Suchtkrankheit, und zwar mit ihren Ursachen (es gibt sicher viele) und ihrer Behandlung, besonders zu befassen. Da der niedergelassene, praktizierende Arzt häufig die erste Anlaufstelle des Suchtkranken ist, fällt ihm die wichtige Aufgabe der Erkennung der Sucht und Drogenabhängigkeit zu. Falls die Behandlung nicht in seiner Macht steht, muß er seine Aufgabe darin sehen, dem Patienten zu einer angemessenen fachlichen Beratung zu verhelfen.

Durch chemisch-toxikologische Analysen (im Blutserum oder Urin) besteht heute die Möglichkeit, eine Drogensucht mit Sicherheit festzustellen. Nur dadurch gelingt es, vom bloßen Drogensucht-Verdacht zu einer sicheren Diagnose zu kommen. Sinnvoll ist es jedoch, diese chemisch-toxikologischen Analysen nur in einem zentralen forensisch-toxikologischen Labor durchführen und auch die notwendigen Kontrollen bei ehemals Süchtigen immer wieder an der gleichen Stelle vornehmen zu lassen.

Wenn man diese Analysen und die nachfolgenden Kontrollen aus Kostengründen unterläßt, sollte man sich vor Augen halten, welche Geldsummen ein Süchtiger für den Drogenerwerb täglich ausgibt und welche Kosten für die stationäre Behandlung auch nur eines Süchtigen von der Allgemeinheit (Gesellschaft) aufgebracht werden müssen. Das steht alles in gar keinem Verhältnis zu den verhältnismäßig geringen Kosten der Analysen, zumal man häufig schon mit einfachen Urinkontrollen auskommt.

Jeder Arzt nun, der sich nicht mit Suchtfragen befassen will oder kann, sollte, nachdem er die Sucht erkannt hat, in jedem Fall versuchen, den Ratsuchenden mit einer Drogen-Beratungsstelle in Verbindung zu bringen. Hier erfolgt dann eine regelrechte Bearbeitung aller mit der Drogensucht zusammenhängenden Fragen. Hier geschieht auch die Vermittlung der Weiterbehandlung unter Berücksichtigung des Schweregrades, der Art der Abhängigkeit und der Motivierung. Es ist ja auch die wichtige Entscheidung zu treffen, ob eine ambulante, stationäre oder gar eine Langzeittherapie in Frage kommt.

Chancen des Drogenkonsumenten

Was können wir schließlich bei den bereits vom Drogenkonsum Betroffenen tun? Es ist ungeheuer schwer, das richtige Verständnis für die Situation des Drogenabhängigen zu gewinnen. Noch schwerer ist es, ihn vom weiteren Drogengebrauch abzuhalten und diesen zu verhindern. Sind wir nicht völlig fassungslos, wenn wir in der Zeitung von einer siebzehnjährigen Schülerin lesen, die nach ihrer allerersten Heroininjektion starb?

Ich kann nur noch erwähnen, was Fachleute für den Umgang mit jugendlichen Drogenkonsumenten empfehlen.

- Verständnis für die Situation des Betroffenen mit allen Besonderheiten entwikkeln und jeden weiteren Suchtmittelgebrauch zu verhindern suchen.
- Tragfähige mitmenschliche Beziehungen aufbauen.
- Persönliche Aussprachemöglichkeiten für den einzelnen schaffen.
- Eine sinnvolle Freizeitgestaltung entwickeln.

Das ist alles nur möglich unter Einschaltung von Beratungsstellen und Behandlungseinrichtungen und mit großem und andauerndem Zeitaufwand der Angehörigen.

Ergebnisse der heutigen Behandlung Drogenabhängiger

Nun stellt sich noch die Frage nach dem Erfolg der Behandlung Drogenabhängiger. Ist der große Aufwand gerechtfertigt?

Während bis vor wenigen Jahren die Meinung, die sich allerdings auf keine umfangreicheren Untersuchungen stützen konnte, vorherrschte, daß nur wenige aus der Drogenabhängigkeit freikämen, hat sich die Situation in den letzten Jahren doch erheblich verbessert. Der bisher allgemein vertretene Pessimismus scheint nicht mehr berechtigt zu sein.

Es gibt nach wie vor Kranke, die immer wieder rückfällig werden, behandlungsunfähig oder -unwillig sind. Man kann aber trotzdem nach den Erfolgszahlen aus deutschen und ausländischen Untersuchungen bei Alkoholkranken mit einer Abstinenzrate von 60 Prozent und bei Drogenabhängigen mit einer Drogenfreiheit von 40 Prozent der Kranken rechnen.

Diese Ergebnisse rechtfertigen die Kosten und Anstrengungen der Ärzte, Psychologen, Sozialarbeiter und aller sonst in der Suchtkrankenhilfe tätigen Personen, wozu auch Eltern, Ehegatten und andere Familienangehörige zählen. Daß es dabei ohne intensive Zusammenarbeit der beteiligten Gruppen nicht möglich sein wird, das Ziel der Suchtüberwindung zu erreichen, dürfte für uns heute selbstverständlich sein.

Im übrigen ist von einem echten Erfolg bei jeder Art von Suchtbehandlung noch längst nicht zu sprechen, wenn ein Süchtiger enthaltsam (abstinent) geworden ist, sondern erst dann, wenn eine echte Umstimmung und Umsinnung stattgefunden hat, wenn die Eigenverantwortlichkeit Oberhand gewinnt und er nicht nur in einem engmaschigen „sozialen Netz" hängenbleibt.

Abstinenz ist nur ein erster Schritt. Erst wenn das Leben wieder Inhalt und Ziel hat, das aktiv angestrebt wird, und ein Mensch sich auch über kleine Dinge wieder herzlich freuen kann, läßt sich erkennen, daß die Sucht überwunden ist.

Ein zielstrebiges Leben stärkt das Selbstbewußtsein, macht reif zum Fühlen und

Denken, zur Urteilsfindung und zum verantwortlichen Handeln.

Und gerade dieser Prozeß, der den Menschen erst zum Menschen macht und ihn sein geistiges Wesen erfahren läßt, wird gehemmt, unterbrochen oder sogar zurückgebildet, wenn er zu Genuß- und Suchtmitteln greift, von denen er glaubt oder von denen man ihn glauben machen will, daß sie

- eine Bewußtseinserweiterung bringen,
- seine intellektuellen Fähigkeiten steigern und daß er damit
- seine körperlichen Schwächen überwindet.

Es stimmt, daß diese Stoffe Bewußtseinsveränderungen bewirken, also den bewußten seelischen Bereich angreifen. Sie attackieren aber auch den so überaus empfindlichen unbewußten Anteil, vor allem den Bereich der Triebe und des Fühlens, der gestört, gereizt oder überreizt, gehemmt oder sogar zerstört wird.

Das Bestreben, den bewußten seelischen Bereich, den wir das Ich-Bewußtsein oder den geistigen Bereich nennen, zum Geistigen hin verändern zu wollen, ist sicher eine menschliche Eigenschaft und somit ein durchaus legitimes Bedürfnis des Menschen. Wenn der Mensch aber, um dieses Bedürfnis zu befriedigen und diese Sehnsucht zu stillen, zu Genuß-, Sucht- und Rauschmitteln greift, ist das sicher ein falscher Weg, eine „Sünde wider den Geist". Er jagt Irrlichtern nach, die ihn verführen und an Leib, Seele und Geist schädigen, aber nicht imstande sind, seine geistig-seelischen Bedürfnisse zu stillen.

Es besteht noch vielfach die Meinung, daß die Cannabisprodukte Haschisch und Marihuana relativ ungefährlich seien, weil sie nicht drogenabhängig machten. Das ist ein gefährlicher Irrtum.

Es ist längst bekannt, daß Haschisch nicht in erster Linie *körperlich, aber seelisch* (psychisch) abhängig macht. Das heißt aber, daß man sich innerlich getrieben und gezwungen sieht, den Stoff einzunehmen. Der innere Zwang wirkt sich so stark aus, daß jede Vernunft beiseitegefegt wird. Die psychische Abhängigkeit stellt das eigentliche Problem jeder Sucht dar. Man weiß inzwischen, daß diesem Zwang eine Reihe von biochemischen Veränderungen des Hirnstoffwechsels und des Zellenaufbaus zugrunde liegt, die durch Haschisch hervorgerufen werden, das selbst etwa 80 Substanzen enthält.

Die Veränderungen des Hirnstoffwechsels und der Hirnchemie führen zu ernsten seelischen Störungen, die sich als Hemmungen der Funktion der Sinnesorgane, als Entwicklungsmangel und mangelhafte Persönlichkeitsbildung äußern. Alle suchterzeugenden Drogen sind „Zeitbomben" mit unabsehbaren Folgen.

Der religiös (christlich) geprägte Mensch kennt einen anderen Weg zu einer echten Bewußtseinserweiterung und zu einem glücklicheren Leben. Für ihn stellt das Geistige nicht nur eine Wirklichkeit (Realität) dar, es ist für ihn eine Lebensnotwendigkeit, die stets vorhanden ist und ihn im Gegenwärtigen, in seinem Tagesablauf, wirksam beeinflußt.

Er entdeckt das Geistige in den schöpferischen Kräften der Natur. Er findet es aber auch in den eigenen Seelenkräften, die aus dem tiefen Grund seiner Seele heraufsteigen und sich über Fühlen, Denken und Wollen entweder bis zum Handeln oder ins rein geistige Erkennen und Schauen steigern lassen.

Hierbei erfährt er eine Bewußtseinserweiterung, die ihn offen und empfänglich macht für andere Menschen als geistige Wesen, aber auch für die Quelle allen Geistes, den göttlichen Geist nämlich, der allein imstande ist, uns in alle Wahrheit zu leiten (Johannes 16, 13).

Wer mit diesem Geist in Berührung gekommen ist, erfährt eine seelisch-geistige Umwandlung und Umsinnung, die ihn befähigt, eine Widerstandskraft gegen die

Sucht wie gegen jedes andere Leid zu entwickeln, um darüber Herr werden zu können und andere auf den Weg zur Überwindung zu leiten.

Eine neue Drogenwelle droht: Kokain

Der international bekannte Filmregisseur *Rainer Werner Faßbinder* starb am 10. Juni 1982 im Alter von 36 Jahren nach einer Überdosis Kokain und barbitursäurehaltiger Schlafmittel.

Verschiedene Veröffentlichungen der letzten Zeit, darunter ein ausgedehnter, sachlicher Beitrag des „Spiegel" lassen erkennen, daß das lange Zeit fast vergessene Kokain in Europa und damit auch in der Bundesrepublik Deutschland wieder im Vormarsch ist und zu einem neuen Problem wird.

Das Rauschgift Kokain (auch „Koks" oder noch einfacher „C" genannt) ist sehr begehrt, weil es „den Gedanken Flügel macht". Die Rauschgiftexperten fürchten einen massenhaften und mörderischen Gebrauch von Kokain. Die Nachfrage steigt jedenfalls ständig. Nach Erkenntnissen der Rauschgiftfahnder und Drogenberater wird bisher weitgehend in künstlerischen Kreisen, auf Privatpartys reicher Müßiggänger, in Playboykreisen und in Nobel-Discos vom Kokain Gebrauch gemacht.

Nach dem „Spiegel"-Bericht hat in den Vereinigten Staaten ein Drittel aller 18–25jährigen Amerikaner – nach Schätzung der US-Drogenbehörde – schon einmal Kokain genommen. Der geschätzte Jahresumsatz beträgt 32 Milliarden Dollar. Die UN-Kommission schätzt den Jahresimport in die USA auf 25 bis 30 Tonnen. Zehn Millionen Amerikaner gebrauchen nach Annahme der Drogenbehörde zu den verschiedensten Gelegenheiten Kokain.

Aus jungen Menschen, die sich durch Rauschgift von ihren Sorgen und Ängsten befreien wollten, sind Süchtige geworden, die besonderer Fürsorge und Zuwendung bedürfen, damit sie auf den natürlichen Strom des Lebens zurückfinden.

Die aus den Blättern des Kokastrauches gewonnene Substanz Kokain stellt chemisch ein Alkaloid dar. Alkaloide sind stickstoffhaltige Substanzen von meist kompliziertem Bau und starker Giftigkeit. Die deutschen Chemiker *Albert Niemann* und *Friedrich Gädeke* isolierten das Kokain in den Jahren 1855 beziehungsweise 1859

HILFE UND RAT

Was können Eltern tun, wenn ihr Kind drogengefährdet ist?

Es ist schwer, Drogenmißbrauch oder Abhängigkeit zu erkennen. Viele Eltern merken erst nach längerem Mißbrauch, daß ihre Kinder Drogen nehmen oder abhängig sind.

Sichere Anzeichen gibt es nicht

Alle für den Laien erkennbaren Symptome können auch andere Gründe haben. Drogenmißbrauch oder Abhängigkeit kann sich äußern in:

- körperlichen Störungen wie häufigen Kopfschmerzen, Neigung zu Schwindel, Ohnmachten, Herz-, Magen- und Darmbeschwerden, Menstruationsstörungen, Angstzuständen, depressiven Verstimmungen, blasser und fahler Haut, Zittern der Hände, verwaschener Sprache;
- psychischen Störungen wie Überempfindlichkeit, Mißtrauen, Ängstlichkeit, Stimmungsschwankungen, leichter Ermüdbarkeit, Interesselosigkeit bis hin zur Apathie, Lern- oder Leistungsschwierigkeiten;
- Leistungsabfall in der Schule, in der Ausbildung und am Arbeitsplatz ohne erkennbaren Grund;
- plötzlicher Lösung von Freundschaften und nachfolgenden ständig wechselnden Bekanntschaften;
- auffallender Interesselosigkeit, Aufgabe von Hobbys, ohne neue zu entwickeln;
- resignatorischer Lebenseinstellung, Pessimismus und Meinungsschwankungen.

Alle diese Anzeichen deuten darauf hin, daß sich Ihr Kind nicht wohl fühlt. Es ist wichtig, diese Anzeichen ernst zu nehmen. Drogen werden oft als Problemlöser angeboten. Freunde wissen häufiger besser um solche Schwierigkeiten als die Eltern selbst.

Was Eltern tun können

- Informieren Sie sich über Drogen und ihre Auswirkungen. Drogenberatungsstellen, Gesundheitsämter, Jugendämter, Freie Verbände haben heute gutes Informationsmaterial.
- Versuchen Sie, im Gespräch mit Ihrem Kind seine Situation zu verstehen.
- Suchen Sie die Drogenberatungsstellen auf. Hier sind Mitarbeiter, die jahrelange Erfahrungen mit Drogengefährdeten und Abhängigen haben. Gerade weil die Mitarbeiter nicht „Betroffene" wie Sie sind, sehen sie die Probleme Ihres Kindes manchmal anders und objektiver.
- Wenden Sie sich an bestehende Elternkreise; hier können Sie mit Eltern reden, denen es ähnlich geht oder die es zusammen mit ihrem Kind geschafft haben, die Abhängigkeit zu überwinden.
- Nutzen Sie vielleicht noch verbliebene Beziehungen zu Ihrem Kind, um ihm Alternativen eines drogenfreien Lebens vor Augen zu führen und es zu einer Beratung bereitzumachen.
- Eine erfolgversprechende Behandlung Ihres Kindes kann auch von Ihnen Verhaltensänderungen fordern. Seien Sie dazu bereit!

Der Weg aus der Drogenabhängigkeit ist mühsam und langwierig. Er wird begleitet von Rückschlägen und Mißerfolgen. Ihnen bleibt oft nichts anderes, als zu warten und Geduld zu haben.

Greifen Sie deshalb nicht ungeduldig in therapeutische Prozesse ein. Nutzen Sie die Zeit einer Langzeittherapie Ihres Kindes für sich selbst und Ihre Familie durch Gespräche mit der Drogenberatungsstelle, durch Elterngruppen und Elternkreise.

Quelle: Bundeszentrale für gesundheitliche Aufklärung, Köln

aus den Kokablättern. Wegen der zuerst festgestellten lokal betäubenden Wirkung wurde es besonders bei Augen- und Kieferoperationen zur Anästhesie verwendet.

Die „wirksame“ und auch tödliche Dosierung des Kokains schwankt beim Menschen stark. Darin liegt für jeden Konsumenten eine große Gefahr. Wenn 10 mg Kokain für einen Menschen die Dosis darstellt, die die erwünschten Wirkungen erzeugt, können 30 mg aber auch schon tödlich sein. Andererseits liegen Berichte vor, die von einer tödlichen Dosis zwischen 800 bis 2500 mg bei Einnahme durch den Mund, 100 bis 2500 mg bei Verwendung als Injektion und 22 bis 260 mg bei einer Zufuhr des Kokains über die Schleimhäute sprechen.

Die Kokablätter stammen meist aus südamerikanischen Ländern. Das aus ihnen hergestellte Kokain wird überwiegend in Pulverform als Schnupfpulver, also durch Aufziehen in die Nase, angewandt (der Vorgang wird meist „Sniffen“ genannt). Träger weltweit bekannter Namen aus dem amerikanischen Film- und Showgeschäft gehören zu den Konsumenten. Am Sunset Boulevard in Hollywood kann man in „Head-Shops“ alle zum Kokaingenuß erwünschten Utensilien kaufen. Auch in der Bundesrepublik tauchen bereits die ersten Läden auf.

Die erwünschten Wirkungen des Kokains sind: Aufmunterung bis zur Euphorie, Unterdrückung von Ermüdungserscheinungen und Appetithemmung. Die angebliche „Bewußtseinserweiterung“ und Gedankenklarheit durch Kokain ist eine Selbsttäuschung. Wer Kokain nimmt, wird geschwätzig und kann sich nicht mehr konzentrieren. Häufig wird auch große Nervosität, Angst und Lichtempfindlichkeit beobachtet.

Die Wirkung auf die Geschlechtsorgane ist sehr unsicher und zweischneidig. Beschrieben werden eine anfängliche Steigerung der Erlebnisfähigkeit, Verhinderung oder quälend lange Verzögerung des Orgasmus. Bei längerem Gebrauch bleibt zwar die Steigerung des sexuellen Verlangens, es tritt aber gleichzeitig Impotenz ein, die das Verlangen unerfüllt läßt.

Steigert man die Dosis, wie es häufig bei nachlassender Wirkung der Fall ist, machen sich psychotische Zustände, Verwirrtheitszustände, Wahnvorstellungen (Halluzinationen) und Angstgefühle bemerkbar. Steigert man die Dosis weiter, dann gerät man schnell an die Grenze zur tödlichen Vergiftung.

Nach einer Überdosierung treten bei den meisten Vergifteten in wenigen Stunden nach Übererregung des Gehirns große Angst, Verwirrung, Pulssteigerung und Atemstörungen auf. Dann folgen Übelkeit, Bauchkrämpfe und Erbrechen. Schließlich kommt es zu Verwirrtheitszuständen, Krämpfen und Bewußtlosigkeit, bis der Tod durch Atemlähmung eintritt.

Kokain bewirkt zwar keine körperliche Abhängigkeit, es treten daher auch nach längerem Gebrauch keine körperlichen Entzugserscheinungen auf, aber die meisten werden psychisch (seelisch) abhängig, das heißt, daß sie nicht mehr aufhören können. Es bleibt – jedoch nicht in allen Fällen – der übermächtige Drang, immer wieder regelmäßig oder periodisch Kokain anzuwenden, wobei ein Zwang zur Dosiserhöhung allerdings meist ausbleibt.

Der Dauergebrauch führt zu einem gräßlichen und erschütternden körperlichen und seelischen Verfall. Trotzdem wird immer wieder behauptet, daß der „gelegentliche“ Kokain-Sniff nicht gefährlicher sei als der Gebrauch von Alkohol und Tabak.

Wenn Katastrophen verhindert werden sollen, hilft nur eines: niemals mit Kokain beginnen. Wenn das schon geschehen ist, muß sofortiges völliges Absetzen auf Lebenszeit erfolgen. Das kann nur durch eine seelische Führung und gute mitmenschliche Kontakte, die dem Leben einen neuen Inhalt geben, wirklich gelingen.

Was uns hilft und heilt

„Frei ist, wer lieben kann. In diesem Augenblick fühlen wir zutiefst, daß der Sinn unseres Lebens erfüllt ist, sowohl vital als geistig. Solange dieser Sinn nicht erfüllt ist, zeigt etwas in uns den Defekt an. Dieses Etwas nennt man Gewissen. Es ist . . . der Anzeiger dessen, das uns an der Liebe hindert. Gewissen ist kein moralischer und auch kein psychologischer Begriff; es ist der Schutz gegen Fehler an unserer Liebe. Liebe aber ist der letzte Sinn der Welt.“ (Theodor Bovet)

Das Wendepunkt-Erlebnis des verlorenen Sohnes

Eine der schönsten Beispielerzählungen der Bibel ist Jesu Gleichnis vom verlorenen Sohn. Wenn wir von der Bibel nur dieses eine Gleichnis hätten, wäre das Entscheidende der christlichen Botschaft gesagt. Wir bringen diese Beispielerzählung in einer modernen Übersetzung:

Die Geschichte vom davongelaufenen Sohn

„Ein Mann hatte zwei Söhne. Der jüngere sagte zu seinem Vater: ‚Gib mir den Teil der Erbschaft, der mir zusteht!' Da teilte der Vater seinen Besitz unter die beiden Söhne auf.

Nach ein paar Tagen machte der jüngere Sohn seinen ganzen Anteil zu Geld und zog in die Fremde. Dort lebte er in Saus und Braus und verjubelte alles. Als er nichts mehr hatte, brach in jenem Land eine große Hungersnot aus; da ging es ihm schlecht. Er fand schließlich Arbeit bei einem Bürger jenes Landes, der schickte ihn zum Schweinehüten aufs Feld. Er war so hungrig, daß er auch mit dem Schweinefutter zufrieden gewesen wäre; aber selbst das verwehrte man ihm.

Endlich ging er in sich und sagte sich: ‚Die Arbeiter meines Vaters bekommen mehr, als sie essen können, und ich werde hier noch vor Hunger umkommen. Ich will zu meinem Vater gehen und zu ihm sagen: ‚Vater, ich bin vor Gott und dir schuldig geworden; ich verdiene es nicht mehr, dein Sohn zu sein. Laß mich als einfachen Arbeiter bei dir bleiben!'

So machte er sich auf den Weg zu seinem Vater. Der sah ihn schon von weitem kommen, und voller Mitleid lief er ihm entgegen, fiel ihm um den Hals und küßte ihn. ‚Vater', sagte der Sohn, ‚ich bin vor Gott und vor dir schuldig geworden, ich verdiene es nicht mehr, dein Sohn zu sein!'

Aber der Vater rief seine Diener: ‚Schnell, holt das beste Kleid für ihn, steckt ihm einen Ring an den Finger und bringt ihm Schuhe. Holt das Mastkalb und schlachtet es. Wir wollen ein Fest feiern und uns freuen! Mein Sohn hier war tot, jetzt lebt er wieder. Er war verloren, jetzt ist er wiedergefunden.' Und sie begannen zu feiern.

Der ältere Sohn war noch auf dem Feld.

Als er zurückkam und sich dem Haus näherte, hörte er das Singen und Tanzen. Er rief einen der Diener herbei und fragte, was denn da los sei. Der sagte: ‚Dein Bruder ist zurückgekommen, und dein Vater hat das Mastkalb schlachten lassen, weil er ihn gesund wieder hat.‘ Da wurde der ältere Bruder zornig und wollte nicht ins Haus gehen.

Schließlich kam der Vater heraus und redete ihm gut zu. Aber der Sohn sagte zu ihm: ‚Du weißt doch: all die Jahre habe ich wie ein Sklave für dich geschuftet, nie war ich dir ungehorsam. Was habe ich dafür bekommen? Mir hast du nie auch nur einen Ziegenbock gegeben, damit ich mit meinen Freunden feiern konnte. Aber der da, dein Sohn, hat dein Geld mit Nutten durchgebracht; und jetzt kommt er nach Hause, da schlachtest du gleich das Mastkalb für ihn.‘

‚Mein Sohn‘, sagte der Vater, ‚du bist immer bei mir, und dir gehört alles, was ich habe. Wir konnten doch gar nicht anders als feiern und uns freuen. Denn dein Bruder war tot, jetzt ist er wieder am Leben! Er war verloren, aber jetzt ist er wiedergefunden.‘“ (Lukas 15, 11–32, Die Gute Nachricht.)

Die große Freiheit

Wir wollen unser Augenmerk auf den jüngeren Sohn richten, obwohl der ältere Sohn, dessen „ordentliche“ Welt zusammenbricht, als für den heimgekehrten Taugenichts ein großes Fest gefeiert wird, psychologisch ebenso interessant ist. Man hat jedenfalls nicht den Eindruck, als ob er bei seiner pflichtgemäßen Wohlanständigkeit einen Blick für das Wesentliche des Lebens gewonnen hätte. Richten wir also unser Augenmerk auf den jüngeren Sohn.

Warum war es ihm eigentlich zu Hause so unbehaglich? Da war der Vater, der Bruder, ein geordnetes Anwesen. Die Geschichte selbst gibt keinen Hinweis auf den Grund seines Unbehagens. Es gibt ja überhaupt viele Formen von Unbehagen, die uns oft unser Leben lang begleiten und bei denen wir keinen rechten Grund angeben können. Eines ist bei dem jüngeren Sohn deutlich: Er versprach sich von „draußen“ etwas, das ihm offenbar zu Hause fehlte.

Nennen wir es ruhig Freiheit, was ihm zu Hause anscheinend fehlte. Es wurde ihm daheim zu eng. Er hatte das Gefühl, vor einer großen Entfaltung und Selbstverwirklichung zu stehen, und daheim gab es offenbar dafür keinen Raum. Je größer ihm die Freiheit „draußen“ schien, desto bedrückender empfand er sein Leben zu Hause. Vorzeitig forderte er die Auszahlung des Erbes, obwohl der Vater noch lebte. Und was für ein Vater, der ihm das Erbe ohne Vorwürfe auszahlte! Liest man die Geschichte vom Ende her, dann dürfte sein Bruder noch ein übriges getan haben, was ihn von zu Hause forttrieb.

Davongelaufene Freunde

„Frei sein, keinen fragen müssen, tun können, was mir beliebt, auf eigenen Füßen stehen, Großes erleben!“ Diese Freiheit ohne Bindung war das Ideal des jüngeren Sohnes, als er dem Vaterhaus den Rücken kehrte. Und dabei ist es doch gerade die Bereitschaft zur Bindung an eine Norm, an eine Gemeinschaft, an einen Menschen, die der Test wahrer Freiheit ist. Ein Leben in völliger Unabhängigkeit – ohne Verantwortung, ohne Aufgaben, ohne Fürsorge – ist langweilig und sinnentleert.

Unser junger Mann stürzt sich also hinein in das neue Leben der begehrten Freiheit. Es muß wie ein Rausch über ihn gekommen sein. Er hat Geselligkeit, Freunde, Liebe, Verständnis. Er löscht den Durst seiner Sinne. Er hat Freunde, die von seinem Geld leben und ihm das Gefühl vorgaukeln, anerkannt und geliebt zu sein. Er genießt Freiheit ohne Bindung. Aber was er für Freundschaft und Liebe hält, ist Lüge und dauert nur so lange, wie seine falschen Freunde und Geliebten von seinem Geld schmarotzen können. Diese neue Freiheit und dieses neue Lebensgefühl müssen bei der ersten Belastung zugrundegehen.

Auch Berechnung ist ein Motiv, das zum Handeln treibt, und es mag zuweilen vorkommen, daß eine aus Berechnung gesuchte menschliche Beziehung im Laufe der Jahre seelische Tiefe bekommt. Aber im Grund gilt: Ein Egoist ist zur Liebe untauglich, obwohl gerade er ein Geliebtsein vorweisen können möchte – eine zumindest äußere Zuwendung, die sein Selbstwertgefühl erhöht. Oft läßt sich eine solche Liebe mit materieller Zuwendung am Leben erhalten, aber die Betreffenden spüren doch sehr bald, daß eigentlich „nichts dahinter" ist.

An dem Tag, an dem der junge Mann in unserer Geschichte kein Geld mehr hat, sind die Freunde und Geliebten verschwunden. Gerade jetzt, da er die Freunde braucht, lassen sie ihn im Stich. Er wird für sie zur Unperson, die man nicht mehr kennt und deren Namen man nicht mehr erwähnt. Er, der eine ganze kleine Gesellschaft mit seinem Geld am Leben erhielt, wird zum Ausgestoßenen. Dazu kommt noch, wofür er nichts kann: die Hungersnot. Da ist er froh, daß er wenigstens die niedrige Arbeit eines Schweinehirten tun darf. Sein Hunger wird noch verschärft, indem er nicht einmal vom Schweinefutter essen darf.

Im Trösten geht es um etwas Lebendiges; um eine Nähe, ein Schaffen, ein Anfangen und Neuwerden. Wer trösten will, muß lieben. Er muß offen sein. Muß hinübergehen, so daß er in das Innere des da drüben anlangt. Er muß sehend sein; muß die freie Fühligkeit des Herzens haben, welche mit stiller Sicherheit die Bahnen des Lebens findet; hinfindet zu den wunden und vertrockneten Stellen. Er muß die feine, mächtige Kraft haben, welche sie durchdringt; vordringt zu der lebendigen Mitte, zur Quelltiefe des Lebens. Diese ist müde geworden.

(Romano Guardini)

Sechs Fragen für Wendepunkt-Situationen

Tobias Brocher rät einmal den 35- bis 45jährigen, die in einer gewissen Wendepunkt-Situation stehen, sich folgende sechs Fragen zur Selbstprüfung zu stellen (vgl. *Tobias Brocher*, Stufen des Lebens, Stuttgart, 1977, S. 135 ff.):

- „Wie bin ich an diese Stelle meines Lebens gekommen?" (Eine ruhige Rückbesinnung auf das Hier und Jetzt des augenblicklichen Lebens.)
- „Stimmt mein jetziges Leben mit dem überein, was ich ursprünglich einmal wollte?" (Diese Frage konfrontiert mit den Gründen, warum wir bestimmte Ziele, die wir uns gestellt haben, nicht erreichen.)
- „Was müßte ich heute tun oder ändern, um das erweiterte oder veränderte Ziel später auf anderem Wege zu erreichen?" (Rechenschaft darüber, was sich neu lernen läßt und was unwiederbringlich verloren ist.)

- „Welchen Preis muß ich zahlen, wenn ich meine augenblickliche Lebensweise unverändert fortsetze?" (Kritische Prüfung der Tragweite meines heutigen Verhaltens.)
- „Was brauche ich für die nächsten fünf bis zehn Jahre?" (Auseinandersetzung mit der Möglichkeit des Verlustes von Menschen und Dingen und deren heutige Wertschätzung.)
- „Welche Einsicht ist für mich am schmerzlichsten zu ertragen? Was würde ich heute anders machen, und wie finde ich Frieden für unwiederbringlich Versäumtes?" (Diese Frage, „am schwersten ehrlich zu beantworten", ist fast die wichtigste Voraussetzung für eine Umkehr und Wandlung.)

„Ich möchte wissen, wo mein Platz ist"

Der jüngere Sohn in unserer biblischen Beispielerzählung stand in einer solchen Wendepunkt-Situation. Es war ihm klar: So, wie es mir jetzt geht, kann es nicht weitergehen. Seine Selbstachtung steht auf dem Spiel. Was er sich vom Leben erhofft hat und was ihm wirklich zugefallen ist, klafft unüberbrückbar auseinander. Er ist am Ende seiner Neigung zu sich selbst. Wir finden bei ihm, was bei Wendepunkt-Erlebnissen kennzeichnend ist: Er sucht ein neues Verhältnis zu Menschen. Er denkt nicht an wertvolle Güter, sondern an seinen Vater, an jenen Vater, dessen Haus er verließ, um das große Glück zu finden. Offen gibt er zu, daß er das große Glück nicht gefunden hat. Wahrscheinlich könnte heute manchem Menschen geholfen werden, wenn er das zugäbe und sich nicht selbst etwas vormachte.

Der jüngere Sohn faßt den Entschluß, der das Gegenteil von dem ist, was ihm vorher als Glück erschienen war: Er will Bindung. Er möchte bei seinem Vater arbeiten wie die anderen Arbeiter auch. Er möchte endlich wissen, wohin er gehört, wo sein Platz ist, wo seine Aufgaben liegen und wo er gebraucht wird. Was ihn nicht verzweifeln läßt, ist die Überzeugung, daß er mit seinem Vater sprechen kann, daß der ihn verstehen und nicht mit Vorwürfen bestrafen wird. Weil er um diesen Vater weiß, hat er die Kraft, sich aufzumachen und nach Hause zu gehen.

Die Wende, die mancher Mensch ersehnt und die oft seine Umwelt erwartet, ist eben nicht bloß Sache dessen, der in der Sackgasse ist, sondern auch Sache derer, die ihm aus der Sackgasse heraushelfen können. Das ist hier der großartige Vater. Wendepunkt-Erlebnisse sind keine Vorgänge, die sich zwangsläufig ergeben und bei denen wir nur interessierte Zuschauer sind. Es wird sogar von dem Stärkeren, der eine Wende offenbar gar nicht nötig hat, der höhere Einsatz zu erwarten sein, damit dem Schwächeren eine Tür aufgetan wird.

Guten Rat, Vorbild und Begleitung braucht der junge Mensch, wenn er seinen Platz im Leben finden soll.

Im Gleichnis vom verlorenen Sohn hat Jesus in unüberbietbarer Weise klargemacht, daß der Mensch nie verloren ist, sondern auch im Scheitern stets einen Vater im Himmel hat, der ihn aufnimmt, wie er ist.

Der Religionsphilosoph Martin Buber (1878–1965) erzählt einmal, daß er in seinen jungen Jahren zwischen dem Alltäglichen und dem „Religiösen" unterschieden habe. Die Unrechtmäßigkeit einer solchen Aufteilung sei ihm durch ein anscheinend

Eine Bekehrung

belangloses Ereignis deutlich geworden:

„Es ereignete sich nichts weiter, als daß ich einmal, an einem Vormittag nach einem Morgen ‚religiöser' Begeisterung, den Besuch eines unbekannten jungen Menschen empfing, ohne mit der Seele dabei zu sein. Ich ließ es durchaus nicht an einem freundlichen Entgegenkommen fehlen, ich behandelte ihn nicht nachlässiger als alle seine Altersgenossen, die mich um diese Tageszeit wie ein Orakel, das mit sich reden läßt, aufzusuchen pflegten, ich unterhielt mich mit ihm aufmerksam und freimütig – und unterließ nur, die Fragen zu erraten, die er nicht stellte. Diese Fragen habe ich später, nicht lange darauf, von einem seiner Freunde – er selbst lebte schon nicht mehr – ihrem wesentlichen Gehalt nach erfahren, habe erfahren, daß er nicht beiläufig, sondern schicksalhaft zu mir gekommen war, nicht um Plauderei, sondern um Entscheidung, gerade zu mir, gerade in dieser Stunde. Was erwarten wir, wenn wir verzweifeln und doch noch zu einem Menschen gehen? Wohl eine Gegenwärtigkeit, durch die uns gesagt wird, daß es ihn noch gibt, den Sinn."

Vom Mut, über den eigenen Schatten zu springen

Ein Beispiel aus unserer Zeit: Eine halbwüchsige Tochter, hoffnungslos zerstritten mit ihren Eltern, zumal mit dem Vater. Sie billigen nicht deren Umgang mit, wie sie es nennen, „fragwürdigen Typen". Da dreht das Mädchen durch. Eines Abends läßt sie ihre Eltern beiläufig wissen, daß sie morgen das Haus für immer verlasse. Die Eltern erleben eine schlaflose Nacht. Am Morgen steht der Vater vor dem Zimmer der Tochter und bittet sie um Verzeihung, daß er bisher so wenig Verständnis für sie und ihre Probleme aufgebracht habe. Das Mädchen steht wie vom Schlag gerührt. So hat sie ihren Vater noch nie gesehen. Da packt sie ihre Koffer und Taschen wieder aus und bleibt . . .

„Was geht mich mein saudummes Geschwätz von gestern an", hat der verstorbene Bundespräsident *Theodor Heuss* einmal gesagt. Wer nicht über den eigenen Schatten springen und eingestehen kann, daß sein bisheriger Weg verkehrt war, bleibt in der Sackgasse. Jener jüngere Sohn in Jesu Gleichnis hatte sich zum Entscheidenden durchgerungen, als er seinen Wanderstab nahm und sich auf den Weg zu seinem Vater machte.

Seine Umkehr ist wie das Ausstrecken einer Hand, und eine andere Hand streckt sich ihm entgegen: die des Vaters. Das ist ein entscheidender Zug an dieser Wendepunkt-Situation. So erfährt seine Wende eine tiefe Bestätigung. Schon manche Ehe scheiterte, weil gerade in dem Augenblick,

da der eine neue Ansätze zu einem gemeinsamen Leben machte, der andere ihm die kalte Schulter zeigte. Wieviel Ansätze zu Wendepunkten lassen wir als Freunde, als Lebenspartner, als Arbeitskollegen, als Eltern gedankenlos verstreichen! Wie sehr steht der in Gefahr, sich resignierend in sich selbst zurückzuziehen, der sich zu einem neuen Anfang aufmachte und dann kein Verständnis fand!

Die Hilfe: der wunderbare Vater

Jener Vater im Gleichnis vom verlorenen Sohn ist eine wunderbare Gestalt. Er hat offenbar nichts Wichtigeres zu tun, als am Fenster zu stehen und auf den „Ausreißer" zu warten. Und er hat Geduld bei diesem Warten, und er verbittert nicht darüber. Wie viele Tage mögen dahingegangen sein, an denen er vergeblich auf die Heimkehr seines im Freiheitsrausch dahingezogenen Jüngsten gewartet hat? Dennoch erwartet er sie an jedem Tag neu. Er ist die tragende Mitte dieser Geschichte: der geduldig wartende, liebende, sorgende Vater, den nichts auf der Welt daran hindern kann, vor das Haus zu treten und auf den Verlorenen zu warten.

Ein Fest für den Heimgekehrten

So kommt der verlorene Sohn an: äußerlich verwahrlost, seelisch „angekratzt", vom eigenen Freiheitsrausch betrogen und verunsichert wegen der Zukunft. Er sieht den heimischen Hof. Er sieht den wartenden Vater, der sich in Bewegung setzt und auf ihn zuläuft. Er hört die gute Stimme des Vaters von weitem. Das ist der Vater, der ihn verstehen wird. Er läuft auf den Vater zu, der Vater eilt ihm entgegen. Beide fallen einander in die Arme. „Mein Sohn", seufzt der Vater vor Glück, „endlich bist du wieder da!" Der Sohn spricht, wie er sich vorgenommen, sein Schuldbekenntnis. Aber der Vater hört nicht darauf. Er ordnet an, daß man den Heimgekehrten mit neuen Kleidern schmückt und ein Fest vorbereitet.

Der Vater tut das psychologisch Richtige. Er bestraft den Gewandelten nicht mit Vorwürfen oder kalter Höflichkeit, sondern nimmt ihn von ganzem Herzen an. Es gibt auch die Gegenstimme, die Stimme des Bruders, der das Wendepunkt-Erlebnis des Heimgekehrten mit seinem Ärger, seinem Trotz und seinem Argwohn begleitet. Wer in seinem Leben neu anfängt, wird nicht nur den Beifall seiner Umgebung finden, sondern auch deren Kritik. Entscheidend aber ist, daß er angenommen wird von den Menschen, die ihm etwas bedeuten.

Wendepunkt-Erlebnis mit Dauer und Tiefe

Jesu Beispielerzählung ist mehr als nur eine ergreifende menschliche Geschichte. Er hat sie erzählt, um etwas Entscheidendes über das Verhältnis Gottes zum Menschen zur Sprache zu bringen. Der wunderbare Vater im Gleichnis ist Gott. Er ist es, der auf seine Macht verzichtet und in der Ohnmacht seiner Liebe auf den Menschen wartet und dem, der Hilfe braucht, entgegeneilt. Er ist der geduldig Wartende, der unermüdlich Liebende, der ohne Vorwürfe und moralische Auflagen in sein Haus aufnimmt. Das göttliche Vaterhaus, das sich dem Glaubenden öffnet, wird zum Ort tiefster Geborgenheit.

Wendepunkt-Erlebnisse bekommen erst Dauer und Tiefe, wenn sie mehr sind als eine Begegnung mit Menschen, sondern darüber hinaus zu einem neuen Verhältnis zu Gott führen.

Liebe, die das Herz bewegt

Über das Wesen der Liebe hat *Sören Kierkegaard* einmal geheimnisvoll und schön gesagt: „Die Liebe ist der unergründliche Grund, der im Dunkel verborgen liegt, der Entschluß aber ist der Sieger, der die Liebe ans Licht bringt." Sie gehört zu den Urmächten unseres Daseins, einzig und unwiederholbar wie der Tod. Der Mensch kann sie beschreiben aufgrund dessen, was er erlebt hat und was ihm widerfahren ist, aber sie läßt sich nicht „erklären". Sie dringt tiefer als die Ebene des Verstandes und der Worte, und wer die Bedingungen der Liebe kennt, ist deswegen noch kein Liebender.

Vom Wesen der Liebe

Wie viele Seiten der Begriff Liebe hat, zeigt eine willkürliche Zusammenstellung einer Anzahl von Definitionen aus Nachschlagewerken aus den letzten hundert Jahren:

Conversations-Lexikon von Brockhaus 1878: „Liebe im allgemeinen Sinne des Wortes ist das mit einem mehr oder minder lebhaften Wunsche des Besitzes oder Genusses verbundene Gefühl der Wertschätzung eines Gegenstandes."

Real-Encyklopädie für protestantische Theologie und Kirche 1881: „Liebe ist dasjenige Verhältnis zwischen Person und Person, in welchem ein Ich sich an das andere hingibt, so daß eines sich im anderen findet, eines das andere höher achtet denn sich selbst (Philipper 2, 3)."

Meyers Großes Konversations-Lexikon 1905: „Liebe, das dem Haß entgegengesetzte Gefühl, das durch ein erstrebenswertes Gut in den Lebewesen erregt wird und das in der Vereinigung mit jenem, sei es als herrschendes oder dienendes Glied, seine Befriedigung findet."

Der Große Herder 1954: „Liebe, allgemein das Hinstreben eines Lebendigen über das für seine bloße Selbsterhaltung unbedingt ‚Notwendige' hinaus zu dem, was ihm die volle Erfüllung seines Lebens bedeutet."

Meyers Enzyklopädisches Lexikon 1975: „Liebe, die dem Haß (auch Antipathie) entgegengesetzte Zuneigung (Sympathie) zu bestimmten Personen, im übertragenen Sinne auch zu Sachen; insbesondere die der instinktiven Veranlagung (Sexualtrieb, Brutpflegetrieb u. a.) entsprechende seelische Bindung des Menschen speziell an den Geschlechtspartner (Liebe im eigentlichen Sinn) und an die aus dieser Partnerschaft hervorgehende Nachkommenschaft."

Die beste Beschreibung der Liebe

Aber die beste Beschreibung der Liebe im allgemeinen Sinn gibt der Apostel Paulus in seinem ersten Brief an die Christengemeinde zu Korinth (Kapitel 13 nach der Übersetzung Die Gute Nachricht, NT):

„Wenn einer alle Sprachen der Menschen und sogar der Engel spricht, aber keine Liebe hat, ist er doch nur ein dröhnender Gong oder eine lärmende Pauke. Wenn einer göttliche Eingebungen hat und alle Geheimnisse Gottes kennt, wenn er den Glauben hat, der Berge versetzt, aber ohne Liebe ist, hat das alles keinen Wert.

Wir erleben alle Stunden, da wir allein hilflos sind und eine tröstende Hand brauchen.

Wenn einer seinen ganzen Besitz verteilt und den Feuertod auf sich nimmt, aber die Liebe nicht hat, ist alles umsonst.

Wer liebt, hat Geduld. Er ist gütig und ereifert sich nicht; er prahlt nicht und spielt sich nicht auf. Wer liebt, ist nicht taktlos, selbstsüchtig und reizbar. Er trägt keinem etwas nach. Er freut sich nicht, wenn der andere Fehler macht, sondern wenn er das Rechte tut.

Wer liebt, gibt niemals jemanden auf. In jeder Lage vertraut und hofft er für ihn. Alles nimmt er geduldig auf sich.

Liebe behält ihren Wert. Die Eingebungen der Propheten werden einmal aufhören. Das Reden in Sprachen des Geistes wird ein Ende haben. Das Wissen um die Geheimnisse Gottes hat seine Zeit. Denn unser Wissen und Reden erfaßt von der Wahrheit nur einen Teil. Damit ist es vorbei, wenn sich die ganze Wahrheit zeigt.

Als ich ein Kind war, redete, fühlte und dachte ich wie ein Kind. Jetzt bin ich ein Mann und habe die kindlichen Vorstellungen abgelegt. Wir sehen jetzt nur ein Bild wie in einem Spiegel und können es nicht deutlich erkennen. Dann aber stehen wir Gott selbst gegenüber. Jetzt kennen wir ihn noch nicht ganz. Dann aber werden wir ihn so kennen, wie er uns jetzt schon kennt.

Alles wird aufhören; nur Glaube, Hoffnung und Liebe nicht. Diese drei bleiben; aber die Liebe steht am höchsten."

Besser läßt sich Liebe nicht beschreiben, überzeugender nicht jenes Verhalten, das wir eigentlich erwarten: vom Freund, von der Schwester, vom Bruder, vom Ehepartner, von den Eltern, von den Kindern. Wir lebten in einer idealen Welt, wenn wir bei dieser Beschreibung das Wörtchen „ich" einsetzen könnten!

Es braucht nicht ausgeführt zu werden, daß vieles unter dem Begriff „Liebe" segelt, was diesen Namen nicht verdient und sogar das Gegenteil davon ist. Viele Menschen, deren Sehnsucht nach Liebe miß-

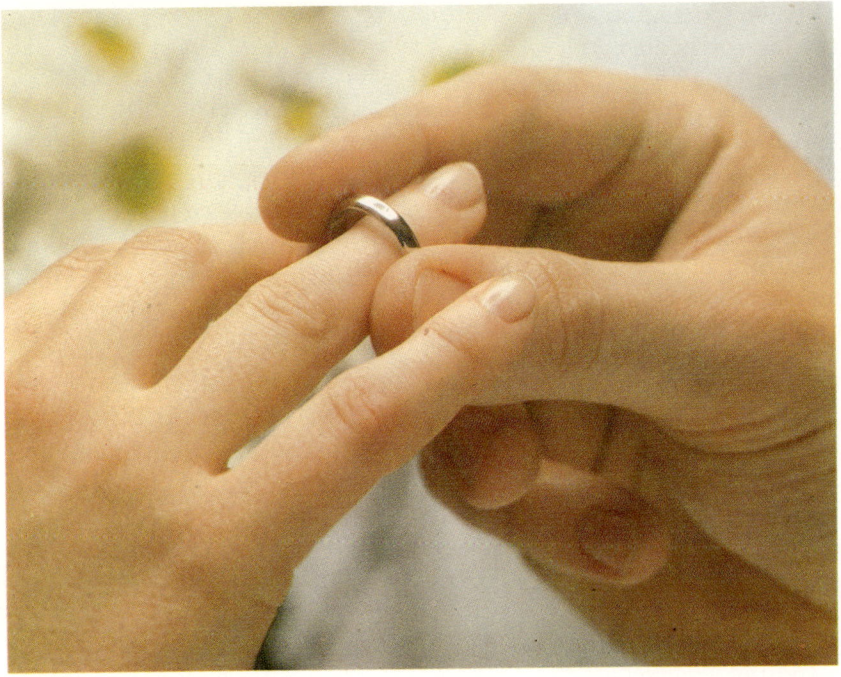

Wer keine Liebe hat, ist unfähig, sich an einen anderen Menschen zu binden und ihm zu vertrauen. Liebe aber ohne Bereitschaft zur Bindung gibt es nicht.

braucht worden ist, bezweifeln die Möglichkeit echter Liebe überhaupt. Manches Leben ist geradezu gekennzeichnet von der Überzeugung, daß es Liebe überhaupt nicht gibt. Liebe ist nicht Zwangsläufigkeit, Abhängigkeit oder Hörigkeit, sondern freiwillige Bindung. Wo die Beziehung zwischen Menschen zu Zwang, Unfreiheit und Verlust der eigenen Persönlichkeit führt, kann von Liebe nicht die Rede sein; denn Liebe ist die höchste Form von Freiheit. Sie erschöpft sich nicht in Pflichterfüllung, weil das auf Kosten lebendiger Vielfalt ginge. Und doch ist sie nicht bloß von Gefühlen abhängig, sondern überdauert Spannungen, wenn der Geliebte in seiner Andersartigkeit sogar zum Ärgernis wird.

Bedürftige und schenkende Liebe

Man hat zwischen bedürftiger und schenkender Liebe unterschieden. Liebe ist nicht meßbar, und wo eine Liebesbeziehung besteht, ist das Maß an Zuwendung, Hingabe und Verzicht nicht gleichmäßig auf beide Seiten verteilt. Der Stärkere kommt dem Schwächeren entgegen, ihm fällt das Schützen, Bewahren, Umsorgen in größerem Maße zu. So bringen Eltern gewöhnlich ihren Kindern mehr Liebe entgegen als umgekehrt. Wenn Eltern zu sehr mit der Gegenliebe und Dankbarkeit ihrer Kinder rechnen, werden sie in der Regel enttäuscht. Es widerspricht dem Wesen der Liebe, wenn man Hinwendung, Einsatz und Opfer messen und festlegen will.

Sehnsucht nach Geliebtwerden ist gewiß noch keine Liebe, aber sie gehört zum Vorfeld der Liebe. In gewissem Sinne kommt es bei der Liebe zu Ruf und Antwort, zu Signal und Erwiderung. Eine Liebe, die nicht gewünscht und daher auch nicht gewürdigt und erwidert wird, kühlt ab. Geliebt zu werden ist ein völlig natürlicher Wunsch, und wir sollten uns nicht scheuen, das einzugestehen. Wir brauchen uns ja auch nicht zu schämen, wenn wir

Hunger haben, aber wir sollten unsere Bereitschaft erkennen lassen, an allem mitzuwirken, was Abhilfe schafft.

Wenn bedürftige Liebe die ist, welche die Menschen bedürfen (auch wenn sie sich das oft nicht eingestehen), dann ist die ganze Welt davon erfüllt. Dann erschreckt eher das offenbare Mißverhältnis zwischen schenkender und bedürftiger Liebe. Alle Menschen verlangen nach dem Angenommensein, das nur aus Liebe möglich ist. Andererseits ist die bedürftige Liebe – in geringem Maße zwar – zugleich auch schenkende Liebe, wie ja die schenkende Liebe nicht ohne Zeichen von Gegenliebe auf die Dauer existieren kann. Auch hier erweist sich Liebe nicht einfach in ihren Teilen bestimmbar. Wir können nicht einfach trennen zwischen denen, die Liebe haben, und jenen, die Liebe brauchen. Nur das können wir sagen, daß der Einsatz und die aktive Zuwendung je verschieden sind. Behinderte, Kranke, Gebrechliche oder seelisch Verarmte sind gar nicht imstande zu großen Taten; sie leben von der schenkenden Liebe und finden dennoch eigene Formen, um ihre Liebe zum Ausdruck zu bringen. Das kann der leuchtende Blick, die stille Liebkosung, der freundliche Zuspruch, das wohlwollende Gedenken sein.

Wir haben genug Redner, Marktschreier, Schreiber, Regierende, Aufseher und Klugscheißer. Wir brauchen jene, die etwas tun und zu tun bereit sind, die einfach dasein können für andere, bereit zu hören, hinzuhören, ohne gleich ja und aber antworten zu müssen, um sich aus der Klemme zu ziehen ... Wir brauchen Menschen, die bereit sind, sich notfalls für verrückt erklären zu lassen, weil sie etwas tun, was doch „kein vernünftiger Mensch" tun würde, nämlich sich selbst, seine kostbare Zeit und seine Geduld und Liebe zu geben auf die Gefahr hin, verachtet, gehänselt und zunächst erfolglos zu sein.

(Tobias Brocher)

Die Sehnsucht nach Liebe

Psychologische Forschungen haben ans Licht gebracht, wie elementar das Bedürfnis des Kindes nach Liebe, Zärtlichkeit und Schutz ist. Wird dieses Bedürfnis nicht befriedigt, zieht das die ganze spätere Entwicklung in Mitleidenschaft. Mangel an Liebe in seiner Kindheit kann schuld daran sein, wenn ein Erwachsener nie mündig oder liebesfähig wird. Hier liegt das Problem der Heimkinder, denen oft der Start ins Leben mißglückt, weil sie der nicht empfangenen Liebe ihr Leben lang nachjagen, ohne selber imstande zu sein, eine sinnvolle Liebesbeziehung aufzubauen und durchzuhalten.

Ein französisches Sprichwort sagt: „Kratz den Menschen an, und du wirst unter der Oberfläche das Kind finden." Situationen seelischer Belastung beim Erwachsenen werfen häufig ein bezeichnendes Schlaglicht auf seine Kindheit. Gerade das verhätschelte Kind muß auf echte Liebe verzichten, weil es in seiner Eigenart nicht ernstgenommen wird, sondern das Vorzeigestück des elterlichen Egoismus ist. Egoisten können nicht lieben und also auch keine Liebe weitergeben. Neurosen sind durchweg in der Kindheit angelegte seelische Störungen, bei denen der Mangel an selbstverständlichem Geliebtwerden im Sinne eines unkomplizierten Angenommenseins eine große Rolle spielt. Bei der heute anzutreffenden Sorge um die körperliche Wohlfahrt des Kindes könnte es sein, daß man die seelische Unterernährung, die von großer Tragweite für das ganze Leben ist, gar nicht bemerkt.

Der Psychotherapeut *Felix Schottlaender* berichtet einmal folgenden Fall: „Eine Mutter beklagt sich über die Unlenkbarkeit ihres Kindes, und es stellt sich bei näherer Untersuchung heraus, daß ihr neunjähriger Junge um ein winziges Stück Bewegungsfreiheit kämpft, die ihm von der Mutter aus Angst versagt wird. Als neunjähriger Junge darf er nie auf der Straße spielen, damit er sich nicht schmutzig macht und nicht in schlechte Gesellschaft kommt; er darf nicht schwimmen lernen, weil er ertrinken könnte; er darf nicht auf die Schlittschuhbahn gehen, damit er sich nicht erkältet; ja, er darf nicht einmal seine Schulaufgaben selber machen, weil er angeblich zu dumm, zu ungewandt und zu fahrig ist, wenn er nicht dabei überwacht wird.

Als einziges Kind im Mittelpunkt der mütterlichen Aufmerksamkeit, hat der Junge nicht den geringsten Spielraum, nicht einen Augenblick Freiheit am Tag. Die Antwort des Kindes ist ein ununterbrochener eigensinniger Trotz gegen die Mutter bei gleichzeitig stärkster Bindung an sie. Darf man es diesem Jungen verargen, wenn er sich gegen eine derart unvernünftige Erziehung zur Wehr setzt? Mit seinem Eigensinn sucht er sich das Stück Freiheit zu erringen, dessen ein Kind für eine glückliche Entwicklung unbedingt bedarf; seine Bindung an die Mutter verrät die Unselbständigkeit, die aus der mütterlichen Angst stammt und zugleich die Werbung um mütterliche Liebe ist.

Ein Kind, das sich geliebt fühlt, bedarf weder der beständigen Gegenwart der Mutter noch der Ermunterung und der Beweise der Zuneigung. Wo es jedoch an Liebe fehlt, fängt das Kind an, anspruchsvoll zu werden und sich sozusagen durch Erpressung zu verschaffen, was ihm abgeht. Jene Mutter war sich nicht bewußt, dem Kind zu wenig Liebe zu geben. War sie nicht den ganzen Tag angstvoll um das Wohlergehen des Kindes bemüht? War der Eigensinn des Kleinen nicht schnöder Undank für so viel Hingabe? Aber *Angst ist nicht Liebe,* sie ist eher das Gegenteil. Der Angst fehlt das Vertrauen, und ein Kind bedarf des Vertrauens, wenn es gedeihen soll."

Erziehung zur Liebesfähigkeit

Die Erziehung zur Liebesfähigkeit – und hier geschieht Erziehung hauptsächlich durch Vorbild – ist eine der Hauptaufgaben der Eltern. Liebesfähigkeit ist das Hauptmerkmal eines seelisch gesunden Menschen, der sein Ich nicht mit dem Ich-Ideal gleichsetzt. Wer nur an sich denkt, ist seelisch gestört. Egoisten können nicht lieben. Ichhaftigkeit ist keineswegs Ausdruck einer gesunden Selbstannahme und Selbstachtung. Liebesfähigkeit betrifft das Verhältnis zu Menschen und schließt sachliche Urteilsfähigkeit nicht aus. Leichtgläubigkeit und Gefühlsduselei haben damit nichts zu tun; im Gegenteil, gerade Menschen mit geringer Liebesfähigkeit sind gefühlsmäßig leicht ansprechbar. Im Extremfall kann jemand zu Tränen gerührt sein, wenn die Katze eine Maus frißt, der anderen Menschen das Leben zur Hölle macht.

Zur Liebe fähig zu sein heißt, imstande zu sein, sich auf Menschen einzulassen, sie anzunehmen, ihnen Vertrauen entgegenzubringen, ein Verhalten des Wohlwollens und der Fürsorge aufzubauen, auch in

Schwierigkeiten tröstend und begleitend für sie dazusein. Es ist die Fähigkeit, sich nicht selbst wichtig zu nehmen und haß- und angstfrei in dieser Welt zu leben.

Wie läßt sich Liebe beschreiben? Womit hat sie es zu tun?

Liebe ist die Grundhaltung eines tiefen Wohlwollens einem Menschen gegenüber: „Ich will ihm (ihr) wohl, sein (ihr) Bestes, seine (ihre) Selbstverwirklichung." Sie meint den anderen Menschen in seiner ganzen Existenz, mit all seinen individuellen Fähigkeiten (und nicht nur, wie beim Sex, den Körper).

Nahesein und Hilfe

● Liebe bedeutet das zweckfreie *Dasein und Nahesein* dem anderen gegenüber, ohne daß dabei Liebe ständig bewiesen werden muß. Dieses unbefangene Nahesein, dieses Mit-im-Zimmer-Sein bedarf der Sprache nicht, wird aber hinführen zum unbeschwerten freien Gespräch, zu dem angstfreies Aussprechen und geduldiges Zuhörenkönnen gleicherweise gehören. Das Bewußtsein, vom anderen angenommen zu sein, schließt keineswegs aus, daß Konflikte ausgetragen und nötige Kritik gehört und verstanden werden. Wie ein Schulanfänger lernen muß, Wörter zu buchstabieren, so müssen oft zerstrittene Partner lernen, miteinander zu sprechen, wobei jeder das gleiche Recht und die gleiche Chance hat.

● Liebe ist *Helfen und Annahme von Hilfe.* Viel schwerer scheint die Annahme von Hilfe zu fallen. Hier offenbaren sich ein Selbständigkeitsstreben und ein Drang zur Selbstbehauptung, welcher echter Gemeinschaft widerspricht. Wer Hilfe stets ausschlägt – mit welch edlen Motiven auch! –, hat offenbar die grundsätzliche Unzulänglichkeit, die das Wesen des Menschen kennzeichnet, noch nicht erfahren. Wer andererseits in Not beläßt, obwohl er helfen könnte, womöglich absichtlich in Not beläßt, um sich zu rächen oder seine „Stärke" zu offenbaren, liebt ebenfalls nicht. Eine Spielart der Verweigerung von Hilfe besteht darin, daß man notwendige Hilfe dosiert, um den anderen abhängig zu halten. Menschen, die sich lieben, denken nicht in solchen Zwecken, die auf eine Herrschaft über den anderen hinauslaufen. Der Liebende rechnet die Hilfe nicht nach, wie er auch die Verfehlungen des anderen nicht aufrechnet.

Fürsorge und Verständnis

● Liebe ist *Fürsorge.* Fürsorge ist mehr als nur Helfen. Sie setzt früher ein als die Hilfe und möchte vor der Situation bewahren, in der Hilfe nötig ist. Fürsorge erschöpft sich nicht darin, beim anderen Mangel auszugleichen. Sie ist darauf bedacht, die Freiheit des anderen zu stärken und eine ihm eigene Entfaltung zu ermöglichen. Mit dem jovialen Satz: „Unsere Mutti ist für den Haushalt zuständig", mit dem es sich der Ehemann im Sessel vor dem Fernseher gemütlich macht, während sich die Frau in der Küche abarbeitet, kann eine tiefe seelische Not der Ehepartnerin zugedeckt werden. Vielleicht leidet sie unter ihrer „Mutti"-Rolle, die sie auf die Küche begrenzt und ihr keinen Spielraum für geistige und seelische Entfaltung läßt. Liebe kann eben nicht an der Ehre und dem Recht des anderen vorbeigehen, zumal wenn sich dieser in der schwächeren Position befindet. Liebe degradiert den anderen nicht zum Objekt, mit dem man experimentiert und das man nach eigenen Vorstellungen ummodeln will. Vorsätze wie „Den biege ich mir schon zurecht" oder „Die erziehe ich mir schon" verkennen die Tatsache, daß Liebe ein wechselseitiges Geschehen ist, sowie den natürlichen Wunsch eines seelisch gesunden Menschen, sein eigenes Leben zu führen und nicht zu einem Glück gezwungen zu werden, das ein anderer für ihn erdacht hat.

● Vor allem fehlt es bei einer solchen Grundeinstellung am *Verständnis* für den anderen. Verstehen des anderen fällt uns leicht, solange er dasselbe denkt, was wir denken. Wenn eine Mutter entsetzt ausruft: „Ich verstehe meine Tochter nicht mehr!", dann kann das bedeuten, daß ihre Tochter zum ersten Mal eine selbständige Meinung geäußert hat. Verständnis erleichtert einem Kind den Weg zur Selbständigkeit, während Unverständnis oft zu übers Ziel hinausschießenden Protestreaktionen führt.

Wer wissen will, wie leicht sich ohne bösen Willen Mißverständnisse einschleichen, dem sei folgende gruppendynamische Übung empfohlen: Person A beschreibt ein Lebensproblem, B versucht mit eigenen Worten dieses Lebensproblem zu wiederholen, und C beurteilt, ob B das Lebensproblem von A richtig wiedergegeben hat. Bei dieser Übung gibt es heilsame Überraschungen, selbst unter Menschen, die sich wohlwollen. Wie leicht wird das Lebensproblem des anderen im Sinne der eigenen Weltauffassung interpretiert, so daß der andere sich gar nicht wiedererkennt! Worte zögernder Andeutung im Konjunktiv werden zu Tatsachenaussagen zementiert. Wie schwer fällt es uns doch, einem Menschen mit einer abweichenden Meinung ruhig zuzuhören! Wenn wir sagen, daß zur Liebe Verstehen gehöre, dann heißt das nicht nur geduldiges Zuhören, um den Sachverhalt zu erfassen, sondern bedeutet auch die Akzeptierung des anderen als Person mit dem Recht auf eine eigene Meinung. Verstehen wird gerade in Situationen gefordert, da uns das Verhalten des anderen unverständlich ist und wir es nicht in die eigenen Moralvorstellungen und Wertbegriffe einordnen können. Ein solches Verstehen ist Selbstüberwindung und tiefer Lohn zugleich. Wir müssen lernen, den Menschen nach dem zu beurteilen, was er wollte, und nicht nach dem, was dann tatsächlich herauskam.

Zuversichtliche Geduld, Mitleiden und Treue

● *Geduld und Zuversicht*. Einen Menschen zu lieben heißt, mit ihm in einen gemeinsamen Lernprozeß einzutreten, der durch geduldiges Warten erleichtert und durch Hektik und Ungeduld blockiert wird. Geduld ist gegen den Augenschein der sicherste Weg, wenn man einem Menschen helfen will. Wir sind schließlich selber keine idealen Partner und werden es gleich gar nicht dadurch, daß wir ideale Forderungen haben. Nehmen wir ein stotterndes Kind. Im allgemeinen ist es am besten, darauf nicht einzugehen und geduldig zu warten, bis sich diese Sprachhemmung auf natürliche Weise gegeben hat. Gerade das ungeduldige Drängen, das Kind zu einer korrekten Sprache zu bewegen, verschlimmert die Sache. Da ist es schon eine Geduldsprobe für die Eltern, einige Jahre nachsichtig und liebevoll über das Stottern hinwegzuhören und nicht mit solch vernünftig klingenden Sätzen wie „Nun sprich einmal ganz langsam und richtig!" die Sprachhemmung ins Bewußtsein zu heben und zu verstärken.

So ist es auf vielen Gebieten. Geduldiges Begleiten ohne moralische Vorwürfe bringt gestörte Beziehungen besser zurecht als „Kraftakte", mit denen jeweils die eigene Schwäche überspielt wird. Dieses geduldige Begleiten ist es, was dem anderen eine tiefe innere Erfahrung bringt und in ihm das beglückende Bewußtsein des Geliebt- und Angenommenseins verstärkt.

● Zur Liebe gehört weiter *Wahrnehmen und Mitleiden*. Der jüdische Religionsphilosoph *Martin Buber* hat folgende chassidische Geschichte festgehalten: „Rabbi Mosche Löb erzählte: Wie man die Menschen lieben soll, habe ich von einem Bauern gelernt. Der saß mit anderen Bauern in einer Schenke und trank. Lange schwieg er wie die anderen alle; als aber sein Herz von Wein bewegt war, sprach er seinen Nachbarn an: ›Sag du, liebst du mich, oder liebst du mich nicht?‹ Jener antwortete: ›Ich liebe dich sehr.‹ Er aber sprach wieder: ›Du sagst: Ich liebe dich, und weißt doch nicht, was mir fehlt. Liebtest du mich in Wahrheit, du würdest es wissen.‹ Der andere vermochte kein Wort zu erwidern, und auch der Bauer, der gefragt hatte, schwieg wieder wie zuvor. Ich aber verstand: Das ist die Liebe zu den Menschen, ihr Bedürfen zu spüren und ihr Leid zu tragen."

Mitleiden ist kein natürlicher Vorgang, und oft haben wir kein Interesse am anderen, weil wir nicht mitleiden möchten. Hier ist es wiederum die Liebe, welche die egoistische Selbstverschlossenheit des Menschen aufsprengt. Sie weckt die Bereitschaft zum Mitleiden und gibt das wache Auge für die Not des anderen. Ihr bleibt die seelische Not des anderen nicht verborgen. Sie versucht auch nicht, diese seelische Not auszureden, sondern nimmt sie – wie den Partner selber – ernst. Es ist eine überraschende und schützende Erfahrung, wenn der andere bemerkt, was mich quält, noch ehe ich darüber gesprochen habe. Diese liebende Wachheit und begleitende Bereitschaft zum Mitleiden spielt eine entscheidende Rolle bei der Erziehung. Bei Menschen, die wir wirklich wahrnehmen, bemerken wir den geänderten Gesichtsausdruck und das gewandelte Verhalten. Da bedarf es nicht erst einer Katastrophe, ehe wir auf die Not des anderen gestoßen werden.

- *Zuverlässigkeit und Aufrichtigkeit,* wie sie zur Liebe gehören, sind unteilbar und können nicht zeitlich begrenzt werden. Der Ehemann, der nur sechs Tage in der Woche treu sein kann, kann es überhaupt nicht. Wo sollen denn Menschen frei sprechen und ihre Wünsche und Gefühle frei äußern können, wenn nicht da, wo man sich liebt? Die Liebe hat gewiß auch Höhepunkte besonderen Erlebens, aber sie muß auf einer verläßlichen Grundhaltung beruhen. Sie wird keine Geborgenheit vermitteln können, wenn der Partner stets unberechenbar bleibt. Bleiben muß bei allen Spannungen und Belastungen jenes tiefe Wohlwollen, von dem wir eingangs sprachen. Zumal in der Ehe ist leicht der Abgrund erreicht, wo man heimlich nach dem neuen Partner ausschaut und dann überrascht tut, als ob die Liebe wie eine Naturkatastrophe über einen gekommen sei.

Widersacher der Liebe

Die Zahl der Widersacher der Liebe ist groß. Der größte ist der Egoismus in seiner vielfältigen Gestalt. Da ist die Angst vor Versäumnis und Verlust, das Gefühl, beim andern nicht auf seine Kosten zu kommen. Da gibt es Zorn und Neid aus gekränkter Eitelkeit; da gibt es den Überdruß, weil die Partner die Fähigkeit zu Anpassung und Wandlung verloren haben und jeder auf seiner Position verharrt. Auch die Dummheit, die gedankenlos, ohne Einfühlung und Augenmaß zur falschen Zeit das Falsche tut, gehört zu den Widersachern der Liebe. Ein gebrochenes Verhältnis zur Sexualität kann den Zugang zur vollen Gemeinschaft mit dem Partner versperren. Dunkle Wünsche und aggressive Phantasie können ein normales Verhältnis verhindern.

Die Liebe ist ein wechselseitiger Prozeß, der selbstkritisches Verhalten erfordert. Wenn aus der Liebe ein starres Rollenspiel geworden ist (siehe unser Beispiel von der „Mutti" in der Küche), hat sie ihre Kraft verloren. Wir müssen immer wieder bereit sein, Neues zu lernen und zu unternehmen und uns neuen Einsichten zu öffnen. Wir haben oft eine solche Scheu vor dem Neuen, weil wir uns von unserem Ich nicht abwenden wollen. Eine kritische Selbstbetrachtung kann uns leicht zeigen, wie sehr wir eigentlich an uns selbst denken bei allem, was wir tun, und wie wenig an den Partner. Ohne Bereitschaft, uns persönlich zu wandeln, finden wir keine Erfüllung in der Liebe. Ein Don Juan, der nur von erotischen Eroberungen lebt, ist ein zutiefst in sich selbst verkrümmter Mensch und unfähig, einen anderen Menschen zu lieben.

Lieben bedeutet die große Chance einer Wandlung. Sie ist das große Angebot zum Lernen, zur Abwendung von sich selbst, zum Eingestehen eigenen Fehlverhaltens, zum Wagnis neuen Vertrauens, zum Verzicht auf Rache und Bestrafung sowie auf Ausspielen größerer Macht und älterer Rechte. Die Erfahrung der Liebe, konkret durch einen einzelnen Menschen ausgelöst, verhilft zu einer Grundhaltung der Zuwendung Welt und Menschen gegenüber. Diese innere Befreiung darf nicht flüchtige Episode bleiben, sondern soll über ein ganzes Leben an Dauer und Tiefe gewinnen. Wer sich angenommen fühlt, wie er zu sein glaubt, braucht keine Angst, keinen Haß und keine Verkrampftheit zu haben. Eifersucht, einer der Widersacher der Liebe, stammt aus Unsicherheit und Ichhaftigkeit und nicht aus Fürsorge und innerer Freiheit.

Wenn wir sagen, daß der Umgang mit den Menschen am besten durch Liebe geregelt wird, dann heißt das gewiß nicht, allen um den Hals zu fallen, sondern sich dem anderen aus freiem Willen zuzuwenden, ihn wahrzunehmen, ihn in seiner Andersartigkeit zu akzeptieren, ihm zuzugestehen, daß er sich für die eigenen Interessen einsetzen darf und daß er ein Lebensrecht hat wie wir. Aus der Grundhaltung solcher Liebe fließt der Mut zur Offenheit der Rede, der Mut, auf Menschen unbefangen und ungekünstelt zuzugehen und ihnen wohlzuwollen. Dann wird es auch möglich sein, Unangenehmes offen zur Sprache zu bringen. „Nur wer mich liebt, darf mich tadeln", hat *Goethe* einmal gesagt. Liebe offenbart sich dann wirklich als eine Macht, die das Herz bewegt; die Fähigkeiten und Haltungen aus dem anderen hervorlockt, die sonst unbekannt geblieben wären. In dieser Liebe als innerer Befreiung und Abwendung

Er gab eine Karriere auf, um zu dienen

Im Jahr 1913 verließ Albert Schweitzer (1875–1965) Europa, um als Arzt in Lambarene (Afrika) zu dienen, wo er in weitem Umkreis der einzige Arzt war. Er hatte sich als Theologe, Philosoph und Künstler bereits einen Namen gemacht und eine glanzvolle akademische Karriere abgebrochen. Als er einmal verzweifelt war und sich einen Dummkopf schalt, tröstete ihn ein farbiger Helfer: „Ja, auf Erden bist du ein großer Dummkopf, aber nicht im Himmel." Was er anderen empfahl, verkörperte er selbst: „Schafft euch ein Nebenamt, ein unscheinbares, vielleicht ein geheimes Nebenamt! Tut die Augen auf und suchet, wo ein Mensch oder ein – Menschen gewidmetes – Werk ein bißchen Freundlichkeit, ein bißchen Teilnahme, ein bißchen Gesellschaft, ein bißchen Arbeit eines Menschen braucht."

Im Laufe des Lebens erweist sich immer mehr, daß es letztlich nicht auf materielle Werte, sondern auf Liebe und Verständnis ankommt. Erfüllung und Zufriedenheit gewinnen wir, wenn wir einander verstehen, uns aufeinander verlassen können und gemeinsam mit dem Leben fertig werden.

vom eigenen Ich können wir menschlich handeln.

Liebe verklärt die Welt

Ein russisches Märchen erzählt von einem kleinen Jungen, der seine Mutter sucht. Nirgendwo kann er sie finden. Er ist ganz verzweifelt. „Wie sieht sie denn aus?" fragt man ihn. Seine Antwort lautet stets: „Sie ist die schönste Frau, die es auf Erden gibt." Man führt ihm alle Schönen des Landes vor. Aber seine Mutter ist nicht darunter. Da kommt eine gebeugte, häßliche Frau daher. „Das ist meine Mutter!" jubelt der Junge und fällt ihr in die Arme.

Nicht Liebe macht blind, sondern der Haß. Wahre Liebe macht sehend. Kann man einen Menschen nicht erst erkennen, wenn man ihn liebt? Kann man seine verborgenen Sehnsüchte, Anliegen, Fähigkeiten, seine innere Bereitschaft anders erkennen als durch die Liebe? Gibt es ein stärkeres Motiv? In einer Atmosphäre der Liebe und des Angenommenseins kommt es zu Wachstum, Entfaltung und Selbstverwirklichung, während bei Haß und Mißtrauen die Seele verkümmert. Wichtiger als die Frage, wie der Mensch Fähigkeiten lernt, ist die Frage, wie vorhandene zur Entfaltung kommen.

In dem Musical „Anatevka" fragt der Milchmann Tevje seine Frau Golde: „Liebst du mich?" Belustigt-gereizt gibt sie zurück: „Was soll das?" Auf seine wiederholte Frage antwortet sie schließlich: „Seit 25 Jahren leb ich mit ihm, lach mit ihm, wein mit ihm; seit 25 Jahren ist sein Bett mein: Das muß ja Liebe sein!"

Es ist gewiß ein schönes Zeichen von Treue, wenn jemand seit dem einmaligen Ja vor dem Traualtar seinem Lebenspartner in guten und bösen Tagen beigestanden hat, aber es ist ein Zeichen für eine lebendige Liebe, wenn sie auch Ausdruck findet: durch Worte, durch Zärtlichkeit. Auch die Angst vor Zärtlichkeiten gehört zu den Widersachern der Liebe. Liebe als ein Ausdruck des ganzen Menschen ist eben auch Gefühl. Jemand, der seine Gefühle in der Brust verschließt, vermag sie eines Tages überhaupt nicht mehr zu äußern. Gefühle, die nicht geäußert werden, sterben ab. „Ich liebe dich" – ein Ausdruck, mit dem oft genug betrogen und verraten worden ist, gehört dennoch zu den schönsten Worten der menschlichen Sprache.

Auf die Frage, was der Mensch brauche, um glücklich zu sein, hat *Freud* geantwortet: „Lieben können und arbeiten können." Liebenkönnen und Nichtliebenkönnen sind nicht Schicksal. Die Bedingungen dazu mögen günstig oder ungünstig sein. Gewiß hat Liebe letztlich einen unerforschlichen Grund, aber sie ist nicht nur ein Wunder, das uns zauberhaft und ohne persönlichen Einsatz verwandelt. Liebe ist erlernbar. Wir haben gezeigt, welche Schritte nötig sind und welche Bereitschaft vorhanden sein muß. Es ist vor allem die Bereitschaft zum eigenen Wandel. Liebe bewahrt uns davor, daß wir unterhalb unserer vielfältigen Möglichkeiten leben. Wir können Lebenserfüllung von der Erfahrung der Liebe nicht trennen.

Selbstentfaltung und Selbstverleugnung

Es könnte zunächst den Anschein haben, als seien beide Begriffe nur alternativ zu klären. Es wäre zu fragen, ob sich Selbstverleugnung nur auf Kosten von Selbstentfaltung oder Selbstentfaltung nur um den Preis der Selbstverleugnung darstellen läßt.

Oder aber: Ist das Begriffspaar aufeinander bezogen und deutet lediglich einen Niveau-Unterschied an?

Was verstehen wir unter Selbstentfaltung?

Der Begriff *Selbstentfaltung* sagt zunächst aus, daß ein Selbst einen dynamischen Prozeß durchläuft, in dem es sich Raum und Platz nimmt (aktiver Vorgang). Entfaltung sagt weiter aus, daß Verschlossenes sich öffnet und sichtbar, spürbar und wahrnehmbar wird. Das heißt auch, daß ein sich steigernder Grad von Reife gewonnen wird, daß arteigene Merkmale des Charakters deutlich werden. Ein entfaltetes Selbst bietet somit unverwechselbare Merkmale einer eigenen Persönlichkeit dar. Was jedoch ist unter dem Selbst zu verstehen, um dessen Entfaltung es geht? Das Selbst ist bezogen auf den Menschen, die Person. Es umschließt seine gesamte Persönlichkeit und grenzt ihn gleichzeitig von anderen Menschen ab.

> **Was verstehen wir unter Selbstentfaltung?**
> - **Was ist das Selbst?**
> - **Jedes Selbst braucht Begegnung mit einem anderen Selbst**
> - **Der Selbstentfaltungsprozeß**
> - **Selbstentfaltung und Verantwortung**
> - **Selbstentfaltung kennt auch Einsatz**
>
> **Selbstverleugnung führt zum Lebenssinn**
> - **Selbstverleugnung ist keine Selbstaufgabe**
> - **Selbstentfaltung und Selbstverleugnung als Lebensaufgabe**

Was ist das Selbst?

Legen wir die Annahme zugrunde, daß der Mensch – sein Körper, sein Geist und seine Seele (Psyche) – eine Einheit, ein Ganzes ist, so müßte das Selbst in diesen drei Bereichen wirksam sein und sie gestalten. Wortkombinationen mit dem *Selbst* sagen einiges über Inhalte und Richtungen des Selbstentfaltungsprozesses aus: Selbstschutz, Selbstwahrnehmung, Selbsterfahrung, Selbsterkenntnis, Selbstbestimmung, Selbstwertgefühl, Selbstsicherheit, Selbstvertrauen, Selbstverwirklichung, Selbstverantwortung u. a. Trotz dieser durch Wortkombinationen deutlich werdenden Inhalte des Selbst muß der Begriff noch etwas vertieft werden.

Das Selbst bezeichnet die letztlich unerkennbare, übersinnliche (transzendente) *Mitte der Persönlichkeit*, die eine außerordentliche, meist unbewußte Ausstrahlungskraft besitzt. *C. G. Jung* hat diesen Begriff geprägt und das Selbst als Ursprung und Erfüllung des Ichs bezeichnet.

Das Selbst ist der unbewußte, schon ursprünglich vorhandene Hintergrund, aus dem das Ich als Ausführungsorgan des Selbst hervorgeht. Das Ich gehört im Gegensatz zum Selbst dem Feld des Bewußtseins an. Nur das, was uns bewußt wird, erleben und erfahren wir und nehmen wir wahr. Was nicht durch das Ich geht und damit auch nicht ins Licht des Bewußtseins dringt, bleibt uns unbewußt, wird von uns *nicht* gewußt.

Das Ich wird von der Quelle des Selbst als einem unbewußten Teil unserer Seele ebenso gespeist wie von dem Bereich des Bewußtseins. So empfängt das Ich aus beiden Bereichen, aus dem unbewußten und dem bewußten Bereich der Seele seine Impulse, die es zum Entscheiden und Handeln befähigen. Der Prozeß, der uns zu einem Individuum, einer Persönlichkeit werden läßt, wird von *C. G. Jung* auch als fortschreitende Bewußtwerdung oder Individuation bezeichnet.

Jedes Selbst braucht Begegnung mit einem anderen Selbst

Das Selbst kann sich jedoch nur entfalten, wenn es einem anderen Selbst begegnet, das es in seiner Existenz bestätigt und ihm durch seine Gegenwart hilft, sich mit sich selbst, mit anderen Personen und mit seiner Umwelt auseinanderzusetzen.

Der Selbstentfaltungsprozeß

Die Entfaltung des Selbst wird aber beeinträchtigt, wenn ein Bereich auf Kosten der anderen gefördert und damit die anderen unterdrückt werden. Wenn eine Übereinstimmung aller Bereiche nicht gelingt, wird auch eine gesunde Entfaltung der Gesamtpersönlichkeit nicht erreicht, kommt die Vielfalt ihrer Möglichkeiten und damit das eigentliche Wesen des Menschen nicht voll zur Geltung. Die Entfaltung des Selbst kann durchaus zeitlich unterschiedlich erfolgen. Selten entwickeln sich alle Bereiche zur gleichen Zeit. Die sich hieraus ergebenden Spannungsverhältnisse bewirken die dynamische Verlaufsform.

Der Prozeß der Entfaltung des Selbst hat hohe eigendynamische Anteile, die der Bejahung, der Förderung, der Verstärkung, des Anreizes, aber auch des Schutzes durch andere bedürfen. Versagen die an dem Prozeß beteiligten Personen diese Hilfe oder unterdrücken sie diesen Prozeß, so leidet das Selbst, weil es die ihm eigenen Energien nicht seinen ursprünglichen Plänen und Absichten gemäß ausleben und Gestalt gewinnen lassen kann, sondern sich einer übergestülpten Form anpassen muß.

Im Säuglings- und Kleinkindalter nimmt sich der Mensch in seiner körperlichen Abhängigkeit noch kaum als Selbst wahr. Er reagiert auf die Angebote seiner Umwelt und lernt Verhaltensformen, die ihm helfen, seine Existenz zu sichern. Erst wenn er beginnt, in der ihm eigenen Art und Weise auf Dinge und Menschen zuzugehen und zu reagieren, findet er Gelegenheiten, sein Selbst (sein Eigendasein) in der Unterscheidung zu anderen zu erfahren. Das Kind signalisiert dies, indem es sagt: „Ich will" oder „selber machen". Wieviel lernt der Mensch aber in Wirklichkeit selbst zu tun? Wie wird es ihm ermöglicht, er selbst zu sein?

Mit einem Heran- und Hineinwachsen in die sie umgebende Umwelt lernen das *Kind* und der *junge Mensch* zunächst erst, was „man" zu tun oder zu lassen hat. Meist wird ihnen auch vorgezeichnet, wie sie das eine und das andere zu tun haben. Während dieses sozialisierenden Lernprozesses wird in der Regel wenig Rücksicht genommen auf das Selbst mit seinen eigenen Intentionen. Bleibt damit die Chance der Selbstentfaltung für die vertan, die nicht das seltene Glück haben, von Kind an in diesem Prozeß eventuell sogar begleitet oder gefördert zu werden? Wenn ja, so würde dies bedeuten, daß der Mensch auch nicht verantwortlich wäre für den weiteren Verlauf seines Lebens, für die Entscheidungen, die er trifft oder unterläßt. Dies wäre eine ausgesprochen düstere Perspektive menschlichen Seins. So kann diese Folgerung nicht akzeptiert werden.

In dem Maße, wie der junge Mensch in körperlicher, seelischer und gefühlsmäßiger Hinsicht unabhängiger und kritischer wird, hat er die Chance, sich selbst zur Entfaltung zu bringen. Er besitzt dann die notwendige Distanz, Dinge, Menschen, Normen und Werte differenzierter und realer zu sehen und ist imstande, entsprechend zu handeln und zu entscheiden.

Die Fähigkeit zu erlernen, für sich selbst zu entscheiden, sollte Mittelpunkt und Ziel des Erziehungsprozesses sein. Weil dieses Ziel in der Regel während des Prozesses der Einordnung in die Gesellschaft (der Sozialisation) oft nur teilweise erreicht oder sogar verfehlt wird, ist der Lernprozeß durch Selbsterziehung für den einzelnen oft schmerzhaft und kräfteraubend. Um sein Selbst zur Entfaltung zu bringen, sich selbst zu bestimmen, autonom zu werden, wird sich der Mensch um die Verfügbarkeit bzw. Rückgewinnung von drei wichtigen Fähigkeiten bemühen:

- um die Bewußtheit seiner Situation,
- um die eigene, selbstverständliche (spontane) Entscheidungsfähigkeit,
- um Intimität (d. h. sich dem Wagnis der Begegnung und der Auseinandersetzung mit einem anderen Selbst zu stellen und dies als Chance zu erfahren).

Bewußtheit schließt das Wissen ein, was jetzt und hier geschieht. Das Selbst unterliegt nicht der Wahrnehmungstrübung durch alte, ungeprüft übernommene Ansichten. Der Mensch beginnt selbst zu beobachten, zu berühren, zu untersuchen und zu beurteilen, zu erfahren. Er begreift die Welt, indem er ihr persönlich begegnet. Er erfährt sie, wie sie tatsächlich ist. Er erlebt sich selbst als Teil dieser Welt und hat Anteil an ihren Gesetzmäßigkeiten und Geheimnissen. Er hört auch auf die Signale seines Körpers. So erfährt er zum Beispiel, wann er sich verkrampft oder entspannt. Er kennt auch seine innere Welt, sein inneres Bezugssystem, seine Gefühle, seine Phantasien. Er fürchtet sich weder vor ihnen, noch schämt er sich ihrer. Ein Mensch, der sich seiner selbst bewußt geworden ist, hört auch mit Bewußtheit dem anderen Menschen zu und nimmt ihn wahr, wie er ist, und versucht, mit ihm in echten Kontakt zu kommen. Er ist mit seinen Gedanken und Gefühlen bei dem, was er jetzt tut, daß heißt er weiß, wo er ist, was er tut und wie ihm dabei zumute ist. Er wird seine Entscheidungen aus einem breiten Spektrum von Verhaltensmöglichkeiten treffen, und zwar aufgrund seiner Empfindungen und dies flexibel, nicht unüberlegt und impulsiv. Er verfügt über genügend Verhaltensalternativen, die nach seiner Beurteilung dem Ziel und der Situation angemessen sind. Er trifft seine eigene Wahl und übernimmt dafür auch die Verantwortung. Mit anderen Worten – der spontane und mit Bewußtheit reagierende Mensch gewinnt wieder die Fähigkeit, für sich selbst zu entscheiden und sich der Entscheidung gemäß auch zu verhalten.

Spontan entscheiden bedeutet auch, daß die Empfindungen, die die Entscheidung begleiten, nicht durch Kontrollmechanismen herausgefiltert werden. Ihr Bezug zur Handlung muß wahrnehmbar sein, das heißt die Intensität muß der Qualität der Entscheidung angemessen sein. Die sich hier offenbarende Autonomie wird auch deutlich in der Ungezwungenheit und Ursprünglichkeit (Originalität), in der menschliche Begegnung geschieht. Sie verzichtet auf Absicherung durch Formeln und Rituale; sie begibt sich in das Wagnis des Betroffenwerdens, des Berührtseins. Im Prozeß der Selbstentfaltung nimmt der Mensch seine Grenzen wahr und akzeptiert sie, weil er angrenzt an ein anderes Selbst. Den Grenzbereich zu gestalten vermittelt das Erleben und Erfahren von Begegnung und zwischenmenschlicher Beziehung.

Selbstentfaltung und Verantwortung

Selbstentfaltung sollte nicht gleichgesetzt werden mit Selbstgenügsamkeit. Der Mensch als soziales Wesen entfaltet sich auf etwas hin, er bewegt sich auf ein anderes Selbst zu. Er fühlt sich gerufen und auch berufen, er beantwortet und verantwortet. Dieser Dialog unterscheidet sich von dem Hörigkeitsverhältnis des Abhängigen, der seine Wirklichkeit nicht „wahrnimmt", der reagiert, aber nicht gestaltet. Der sich um Selbständigkeit (Autonomie) mühende Mensch, der sich im Prozeß der Selbstentfaltung befindet, hat die Chance, sein Selbst zu erweitern und seine Grenzen zu überschreiten, indem er sein Selbst einbindet in ein umfassenderes Selbst. Er ordnet zum Beispiel sein Selbst, seine gewonnene Autonomie bewußt, spontan und ohne Vorbehalt ethischen Zielen zu. Er entscheidet sich durch sein Heraustreten aus dem Eigenbereich, nicht der Selbstherrlichkeit zu huldigen oder der Selbstsucht zu erliegen. Er „er-füllt" sein Selbst, indem er es in freier Entscheidung mit den Zielen eines anderen Selbst identifiziert. Dieser übergreifende Prozeß geschieht nicht durch Imitation und Rivalität. Diese würden als Ersatz zur Selbstverfehlung führen. Im „erfüllenden Selbst" werden die entfalteten Fähigkeiten des Denkens, Fühlens und Seins nicht geschmälert oder gar verleugnet, sondern voll eingebracht und wirksam.

Selbstentfaltung kennt auch Einsatz

Es bieten sich aus der Geschichte der Menschheit genügend Beispiele an, die aufzeigen, wie unverwechselbar einmalig Menschen ihr entfaltetes Selbst eingebracht haben in Aufgaben, die weit über ihr Selbst hinausreichten. Es waren Menschen, die als Erfinder, als Forscher, als Künstler, als Denker, als Wohltäter und auch als Propheten das Angesicht der Menschheit beeinflußt, geprägt und verändert haben. Nachdem sie sich selbst entfaltet und gefunden hatten, verharrten sie nicht dabei, ängstlich zu bewahren oder dem Rausch der Selbstsucht zu frönen. Für sie blieb der Prozeß der Selbstentfaltung nicht Selbstzweck, nicht der in ihrem Leben höchste Wert; sie setzten ihr Selbst (sich selbst) für ein größeres Selbst ein. Die Selbstentfaltung und damit die Persönlichkeitsentwicklung dieser Menschen vollzog sich nicht in schwärmerischer Unwirklichkeit, sondern in immerwährendem Einsetzen und Entscheiden, von Situation zu Situation neu und unmittelbar und gemäß ihrer Originalität. Für sie gab es kein Verstecken hinter Gleichmacherei und keine Verteilung der Verantwortung. Mit ihrem gewonnenen und entfalteten Selbst wagten sie den vollen Einsatz. Indem es für ihr eigenes Leben an Wichtigkeit verlor, war es ihnen möglich, auf dem Niveau des umfassenderen Selbst ihre Existenz zu riskieren. Für sie hatte die Frage, was bringt es mir ein, keinen Reiz, für sie blieb es wichtig, die Aufgabe weiterzutragen, für die sie sich entschieden hatten.

> Lieben heißt dem Geliebten über Beweise hinaus Vertrauen schenken, sogar gegen schwere Beweislast. (C. S. Lewis)

Das Leben besteht aus Phasen, in die es mutig einzutreten gilt. Manchmal ergreift uns verständlicherweise Angst davor, weiterzugehen. Aber es ist der einzige Weg, innerlich zu wachsen und reif zu werden.

Selbstverleugnung führt zum Lebenssinn

So gesehen kann Selbstverleugnung der Selbstentfaltung nicht im Wege stehen, sondern sie einem Ziel zuführen, das menschliches Leben mit Sinn erfüllt. Selbstverleugnung ist falsch interpretiert, und der Begriff wird entwertet, wenn darunter Verzicht auf eigenes Denken und Fühlen, auf die eigene Art verstanden wird. Sie stellt in der Tat keine Verringerung der Seinsqualität dar, sondern gibt der menschlichen Existenz Sinn und Richtung und ermöglicht es ihr, über sich selbst hinauszuwachsen, ohne die Beziehung zur Realität, zum Augenblick zu verlieren.

Selbstverleugnung ist keine Selbstaufgabe

Vielleicht ist die hier entwickelte Sicht des Themas ungewohnt. Mit dem Wort Selbstverleugnung werden oft Begriffe wie

Selbstaufgabe, blinde Gefolgschaft, kritikloses Hinnehmen von Fakten und Verhalten oder auch Überangepaßtheit verknüpft. Vielleicht besteht allgemein der Eindruck, Selbstverleugnung sei nur angebracht für Schwächlinge und Jasager, für Menschen, die sich sowieso nicht durchsetzen können. Vielleicht ist unserer Zeit, die so sehr auf Sichdurchsetzen und so wenig auf Sicheinsetzen Wert legt, das Gespür und das Verständnis für diesen Qualitätsanspruch verlorengegangen, weil hier die Gesamtpersönlichkeit gefordert ist, die sich aktiv erhalten soll und die nicht dem konsumierenden Mitläufertum erliegt.

Zu wenig wird die Chance realisiert, daß im Einbinden in ein umfassenderes Selbst das Individuum seine Einmaligkeit behält, aber der als unmenschlich erfahrenen Isolierung entkommt. Die Möglichkeit, bei diesem Eingebundensein in ein übergeordnetes Ziel dem anderen Selbst zu begegnen, macht den einzelnen unabhängiger von Zufälligkeiten und hilft ihm, sein Selbst nicht in Kleinlichkeiten zu verlieren. Er trifft seine Entscheidungen dem Ziel seiner Aufgabe entsprechend; auf ihn ist Verlaß, daß er „nicht das Seine sucht", weil er es schon gefunden hat, und, wenn es gefordert wird, auch sich selbst einbringt. Nur so lassen sich Begriffe wie Freundschaft, Kameradschaft, Solidarität, Opfer, Treue, Liebe und Güte mit Leben erfüllen. So sind wir in der Lage, den Menschen in seiner ihm eigenen Gestalt zu erkennen.

Selbstentfaltung und Selbstverleugnung als Lebensaufgabe

Zu Beginn dieses Kapitels wurde festgestellt, daß es sich bei der Entfaltung des Selbst um eine prozeßhafte Entwicklung handelt. Es wurde jedoch noch nichts darüber ausgesagt, wann dieser Prozeß im Leben des Menschen abgeschlossen sein sollte. Glücklicherweise lassen sich hier keine Zeiten fixieren. Oft sind es gerade Konflikte und Krisen, die die Dynamik in Gang setzen. Das Erleben von Sinnlosigkeit verstärkt die Sehnsucht, dem Leben einen Sinn zu geben. Oft hilft uns tiefe Enttäuschung oder Versagung dazu, uns aller Lethargie zu entreißen und uns aufzumachen zu uns selbst. Solange der Mensch sich noch die Frage nach seinem Selbst stellt und solange er sie sich noch von anderen stellen läßt und versucht, darauf für sich selbst eine Antwort zu finden und zu leben, kann er diesen Prozeß intensivieren und in ihm reifen.

Wirklich gesundes Leben ist und bleibt in jedem Lebensalter an die Selbstverwirklichung gebunden. Jede Störung dieses Prozesses erzeugt Krankheit, ganz gleich, wovon diese Störung ausgeht.

C. G. Jung faßte die Selbstentfaltung des Menschen, die Individuation, als seinen religiösen Auftrag und seine Bestimmung auf.

Das Nichtbefolgen seiner Bestimmung, die Verweigerung des natürlichen Entwicklungsprozesses der Seele wie auch die Störungen dieser Entwicklung durch die Umwelt bilden häufig die Ursachen zahlreicher seelischer Schwierigkeiten.

So hat *Jung* die Neurose, wie ganz allgemein neurotische und psychotische Störungen, als ein Anzeichen für einen mangelhaften Reifungsprozeß oder für ein Abweichen vom natürlichen Auftrag und seiner Bestimmung aufgefaßt.

Man kann wohl sagen, daß gerade in unserer Zeit die Hemmungen der seelischen Entwicklungsprozesse durch zahlreiche Umweltfaktoren, (zum Beispiel falsche Erziehung, Ablenkung durch die Massenmedien, Beeinflussung durch zahlreiche gesellschaftliche Gruppierungen und schlechte soziale Verhältnisse wie Fehlen von Ausbildungsmöglichkeiten im erwünschten Beruf oder gar Arbeitslosigkeit) die Ursache der ständig zunehmenden Zahl der Neurotiker darstellen.

Last, Würde und Chance der Arbeit

Bei einer Meinungsumfrage des Allensbacher Instituts für Demoskopie im Jahr 1976 antworteten auf die Frage „Glauben Sie, es wäre am schönsten zu leben, ohne arbeiten zu müssen?“ 26 Prozent der befragten Berufstätigen mit Ja. Und selbst von denen, die ein Leben ohne Arbeit nicht schön finden, gab über ein Drittel zu, daß sie die Arbeit nicht voll befriedige.

82 Prozent der älteren Berufstätigen äußerten bei einer Umfrage 1980 den Wunsch, mit 60 Jahren oder noch früher Rente zu beziehen. Es sind nicht wenige, die ihren Mangel an körperlicher Gesundheit, ihre seelische Unausgeglichenheit und ihr Versagen im mitmenschlichen Bereich auf den Stress der Arbeit (plötzliche Über- oder lange Dauerbeanspruchung) zurückführen. Die Arbeit also eine Last?

Arbeit selbst macht nicht krank

Die Arbeit selbst macht im allgemeinen nicht krank, sondern eher die Umwelt, in der sie geschieht. Es kann auch der Charakter des Arbeitenden dazu beitragen, daß sie eine krankmachende Wirkung entfaltet. Die Leute scheinen früher bei einer 60-Stunden-Woche gesünder gewesen zu sein als heute, da von den 168 Stunden der Woche nur noch 40 auf die Berufsarbeit verwendet werden.

Der Psychologe *G. H. Bordemann* schildert zwei Fälle, in denen etwas von den krankmachenden Faktoren der heutigen Arbeitswelt sichtbar wird:

„Frau Gerda P. besucht ihren Hausarzt und klagt über verschiedene Beschwerden unspezifischer Art. Sie ist 48 Jahre alt und arbeitet in einer chemischen Fabrik an einer Abfüllanlage. Die vom Arzt verordneten Medikamente schlagen nicht an, im Gegenteil, einige der Symptome verschlimmern sich unter der Behandlung.

Nach sechs Wochen ergibt sich für den Arzt die Gelegenheit zu einem längeren Gespräch mit der Patientin. Sie berichtet ihm folgende Geschichte: Seit über zehn Jahren habe sie eine selbständige Tätigkeit an einer Abfüllmaschine gehabt. Sie war für diese Maschine verantwortlich und leistete dort in den Augen ihrer Vorgesetzten ein gutes Pensum. Vor zwei Monaten habe die Firmenleitung eine vollautomatische Anlage aufgestellt, die man nur noch überwachen müsse. Sie sei zusammen mit drei anderen Kolleginnen für diesen Automaten zuständig. Die Anlage gehe oft kaputt, weil sie ihre Kinderkrankheiten noch nicht ausgestanden habe. Die Überwachung selbst mache ihr überhaupt keinen Spaß, weil es eine stumpfsinnige Sache sei, die auch ein Dummer sofort kapieren könne. Früher, an ihrer alten Maschine, habe sie noch aufpassen und überlegen müssen. Jetzt sei das alles anders und gar nicht mehr so schön wie früher. Außerdem werde sie jetzt von einer Frau beaufsichtigt, während sie früher einen Meister zum Vorgesetzten hatte."

Das Problem konnte gelöst werden. Frau P. bekam einen anderen Arbeitsplatz mit größerer Selbständigkeit und war bald darauf beschwerdefrei. In ihren Beschwerden wird aber auch etwas deutlich von ihrer Sorge um die eigene Identität: daß sie durch Verantwortung und eine sinnvolle Aufgabe sie selbst bleiben kann.

Überlastungsquellen aus dem Umfeld der Arbeit

Bordemanns zweiter Fall spielt in der Welt des Büros: „Der Einkaufssachbearbeiter Kurt W. leidet seit einem halben Jahr unter vegetativen Störungen im Magen-Darm-Trakt. Sein Hausarzt behandelt ihn regelmäßig und ist genötigt, den Patienten im Abstand von vier Wochen für jeweils drei bis vier Tage arbeitsunfähig zu schreiben. Trotz verschiedener therapeutischer Bemühungen gelingt es nicht, die hartnäckig wiederkehrenden Beschwerden nachhaltig zu beeinflussen.

Bei einer erneuten Behandlung ergibt es sich zufällig, daß der Patient von seiner Arbeit spricht. Der Arzt bittet ihn, darüber mehr zu erzählen, und erfährt folgende Geschichte: Herr W. ist vor rund zehn Monaten aus der Buchhaltungsabteilung in den Einkauf versetzt worden, weil sein früherer Arbeitsplatz durch eine Rationalisierungsaktion überflüssig wurde. Er hatte sich mit der Versetzung auch deswegen einverstanden erklärt, weil er in der neuen Abteilung auf bessere Aufstiegsmöglichkeiten hoffte. Nach einigen Wochen mußte er jedoch erkennen, daß sich seine neue Tätigkeit in verschiedener Hinsicht grundsätzlich von seiner alten Aufgabe unterschied: Einmal konnte er seine Arbeit nicht mehr am Schreibtisch erledigen, wie er es am liebsten hatte, sondern mußte auch Lieferfirmen aufsuchen und Dienstreisen machen. Zweitens erforderte sein Posten, daß er mit den Vertretern in Verhandlungen über die besten Lieferbedingungen die Interessen der Firma durchsetzen und sich im Gespräch behaupten mußte. Dies fiele ihm, wie er seinem Arzt versicherte, überaus schwer, so daß er vor diesen Sitzungen richtig Angst habe. Inzwischen gehe es schon etwas besser mit den Verhandlungen, aber gerne mache er das wirklich nicht. Er habe fast den Eindruck, schließt der Patient seinen Bericht, die Sache sei ihm auf den Magen geschlagen."

Bei kaufmännischen Führungskräften hat man folgende Überlastungsquellen herausgefunden: zu großes Arbeitspensum, Arbeit unter Termindruck, Versagen der Mitarbeiter, Mangel an qualifizierten Mitarbeitern, störende Unterbrechungen bei der Arbeit, Spannungen im Verkehr mit Vorgesetzten, Kollegen und Untergebenen, schlechtes Betriebsklima, zu hohe berufliche Anforderungen. Zu diesen Faktoren aus der Arbeitsumwelt kommen die charakterlichen Faktoren: Karrierestreben, zu hoch gesteckte Ziele, Ungeduld über zu langsamen beruflichen Aufstieg, Fehler in der Menschenführung, innere Unsicherheit, fehlender Ausgleich von einem zum anderen Arbeitstag. Es ist also nicht die Arbeit, die krank macht, sondern das eigene Karrieredenken, der eigene Egoismus und die innere Unsicherheit. Wer auf diese Weise unter einem selbstverschuldeten Stress leidet, der muß eigentlich umdenken lernen, damit sein Leben Festigkeit und innere Orientierung bekommt.

Probleme der Nachtschichtarbeit

Bei der krankmachenden Seite der Arbeit muß an die Arbeitsunfälle und an die Berufskrankheiten gedacht werden. Vor allem ist die gesundheitliche, familiäre, soziale und kulturelle Gefährdung durch Nachtschichtarbeit erwiesen. Das wiegt um so schwerer, wenn man daran denkt, daß gegenwärtig etwa vier Millionen Menschen Schichtarbeiter sind und daß in einer Reihe von Bereichen, wie im Gesundheitswesen und bei der Polizei, Schichtarbeit unerläßlich ist. Der Körper macht den wechselnden Rhythmus von der Früh- zur Spätschicht oder Nachtschicht nicht mit. Der natürliche Lebensrhythmus geht bei langjähriger Schichtarbeit verloren. Der Tagesschlaf dessen, der nachts arbeitet, stellt keinen ausreichenden Ausgleich dar. Als Beschwerden der Nachtarbeit führen Arbeitsmediziner auf: Magenbeschwerden und Kopfschmerzen, was kein Wunder ist, denn obwohl nachts Herztätigkeit, Kreislaufregulation, Sauerstoffaufnahme, Magensäureproduktion, Hormonausschüttung, Körpertemperatur, Wahrnehmungsleistung, Konzentrations- und Leistungsfähigkeit herabgesetzt sind, muß dieselbe Arbeit wie am Tag geleistet werden. Bei ehemaligen Nachtschichtarbeitern finden sich deutlich mehr Magengeschwüre als bei Arbeitern, die nie Nachtschichten leisten.

Dazu kommen die sozialen Folgen der Nachtschichtarbeit. Die Familie leidet darunter. Es ist eine Rechnung, die nicht aufgeht, wenn eine Mutter tagsüber ihre Kinder versorgt und dann „auf Nachtschicht" geht. Leicht sinkt dabei die Familie zu einer Art Versorgungsbetrieb herab. Gerade die Erziehung von Kindern ist ein Bereich, der sich nicht nebenbei bewältigen läßt. Abgesehen von den Belastungen für die eigene Gesundheit wird die nachtschichtarbeitende junge Mutter nicht imstande sein, ihre Kinder in der notwendigen Weise wachsam, gelassen und erzieherisch zu begleiten. Auch die Freizeitgestaltung und der soziale Kontakt mit Freunden und Bekannten sowie der Besuch von kulturellen Veranstaltungen sind durch die Nachtschichtarbeit erschwert. Eine Denkschrift der Evangelischen Kirche in Deutschland aus dem Jahre 1980, die sich mit dem Problem der Nachtschichtarbeit befaßt, weist darauf hin, daß Nachtschichtarbeiter sich weigern – „teils wegen der finanziellen Vorteile, teils auch wegen der für sie schwer durchschaubaren Situation" –, „über sich selbst und ihre Lage nachzudenken". „Was ein vierundvierzigjähriger Schichtschlosser als Tiefpunkt innerhalb einer Nachtschicht schildert, trifft sicher einen nicht unwesentlichen Punkt der gesamten Situation der Schichtarbeiter: ‚Kann das gar nicht so genau bringen, ist so'n richtiger Tiefpunkt. Denken ist überhaupt nicht mehr drin.'"

Auf die Einstellung zur Arbeit kommt es an

Über sich und seine Lage nachdenken – ohne das wird unser Menschsein nicht gelingen. Wir prägen unsere Arbeit, und unsere Arbeit prägt uns. Sie läuft nicht neben unserem Leben her, als gehe sie uns nichts an. Sie darf nicht zum Götzen werden, dem wir unser Leben opfern, sondern sie muß unter unserer Kontrolle und in unserer Verantwortung bleiben. Die Arbeit ist auch kein Heilsweg, so daß wir in sie fliehen könnten, wenn wir mit den Problemen unseres Lebens nicht fertig werden. Soweit sie Last ist, müssen wir charakterliche und seelische Gewichte entgegensetzen. Um es zu wiederholen: Im allgemeinen ist es nicht die Arbeit, die krank macht, sondern es sind die Menschen am Arbeits-

Wie lange wird es dieses Bild noch geben, daß Scharen von Menschen zum Feierabend den Betriebshof verlassen? Werden nicht Automaten, Roboter und Computer den Menschen arbeitslos machen? Welchen Rang aber hat die Arbeit für unser Leben? Können wir ohne Arbeit leben?

platz, die sich das Leben erschweren, und es ist der einzelne mit seiner Empfindlichkeit, Unreife, Raffgier und Ehrsucht, der die Lage kompliziert. Die „Arbeit" darf nicht zum Sündenbock werden, auf den wir all unsere seelische Abstumpfung, alle psychosomatischen Störungen, alle Depressionen, alle Aggressivität, alle Flucht in Süchte abschieben möchten. Wer ist denn wirklich durch seine Arbeit „gehetzt"? Der Beamte am Schreibtisch, die Angestellte im Büro, der Maurer, der Landwirt? Es soll kein ideales Bild von der Arbeit gezeichnet werden. Mit der Arbeit ist Last verbunden, und es gibt zweifellos Berufskrankheiten. Nicht die Arbeit selbst macht krank, wohl aber die Bedingungen der Arbeit, auf die der einzelne keinen Einfluß hat und gegen die er sich nicht zur Wehr setzen kann. Gerade Zeiten hoher Arbeitslosigkeit (und es ist zu befürchten, daß noch mehr Arbeitsplätze durch Einsatz von Computern wegrationalisiert werden) wecken wieder das Bewußtsein vom hohen Wert der Arbeit. Es scheint vielen Menschen schwerzufallen, die Arbeit sinnvoll in ihre Existenz

einzubauen. Es fehlt auch die innere Haltung zur Arbeit. Darum müssen wir uns mit der Frage beschäftigen, wie denn die Arbeit in unser Dasein einzuordnen sei.

In der Volksweisheit wird der Wert der Arbeit durch Sprichwörter wie „Arbeit macht das Leben süß" oder „Müßiggang ist aller Laster Anfang" hervorgehoben. „Arbeit gehört zum Wesen des Menschen und ist eine Bedingung für seine körperliche Gesundheit." *(G. Wünsch)* Arbeit wie Ruhe sind ein menschliches Grundbedürfnis. Alle Arbeit, ob sie freiwillig geschieht oder nicht, drückt nieder, wenn sie nicht durch Ruhe ausgeglichen wird. Auch der schönste Urlaub ist kein Ausgleich für die Last der Arbeit, wenn nicht der Mensch in seinem Lebensrhythmus Ruhe und Entspannung findet.

Arbeit – ein Wesensmerkmal des Menschen

Wenn Arbeit zum Wesen des Menschen gehört, dann kann Selbstverwirklichung nicht außerhalb der Arbeit im Nichtstun gefunden werden (was ja praktisch nur auf Kosten der anderen möglich ist). Wer zeitlebens jeder Belastung aus dem Weg geht, ist auch zu einem mitmenschlichen Verhalten nicht fähig. Er lebt unterhalb der Möglichkeiten, die er als Mensch hat. Arbeitsunlust und Faulheit sind bei gesunden Menschen Symptom für eine seelische Störung. Es ist erfahrungsgemäß sehr schwer, lustlose Menschen zu motivieren, so daß

Eine überaus wichtige Aufgabe in unseren Städten haben die Männer von der Müllabfuhr. Hier geschieht echter Dienst an der Gemeinschaft, eine Eigenschaft, die wir von jeder sinnvollen Arbeit erwarten.

sie aktiv werden. Dennoch erfahren wir immer wieder, daß Menschen plötzlich voller Aktivität sind, nachdem sie ein Erlebnis, eine Einsicht oder eine Begegnung hatten, die ihr Leben neu in Gang setzten.

Wenn Arbeit zum Wesen des Menschen gehört und eine Bedingung für seine körperliche Gesundheit ist, dann darf sie nicht lediglich als ein Mittel zum Gelderwerb angesehen werden („Job"), gewissermaßen als der Preis für die äußere Existenz. In der menschlichen Arbeit als solcher liegt ein Sinn, der sich jenseits der Sorge um die nackte Existenz erfüllt, weil sie nicht nur Mittel zur Selbsterhaltung ist, sondern auch Daseinsgestaltung und Dienst am Nächsten. Wie der Mensch nicht „Ware" ist, so ist auch die Arbeit nicht „Job" zum Gelderwerb. Es geht also nicht lediglich um den Verkauf von Arbeitskraft. Wenn die Arbeit in Richtung Dienst gesehen werden muß, dann knüpft das an die Erfahrung an, daß menschliche Erfüllung nicht in der Abgeschlossenheit einer privaten Existenz liegt, sondern in der Offenheit für die Umwelt und im Dienst für den anderen.

Arbeit begründet nicht unsere Existenz

Nicht die Arbeit ist der Ort, wo der Mensch zu sich selbst und zu seiner Sittlichkeit findet, sondern die Ruhe und Geborgenheit. Es ist daher eine Illusion, daß eine Sozialgemeinschaft (etwa die Ehe) nur auf Arbeit aufgebaut werden könnte. Gemeinsame Aufgaben mögen eine Zeitlang

Im VW-Werk Hannover: Automatische Schweißstraße – der Mensch ist nicht mehr nötig.

so etwas wie Gemeinschaft bewirken, aber auf die Dauer ist Gemeinschaft nur aufgrund innerer Haltungen möglich. Über sich und seine Lage nachdenken – damit beginnt menschliche Daseinsgestaltung. Das aber ist nur möglich in der Ruhe, in der Besinnung. In diesem Zusammenhang muß das biblische Gebot gesehen werden: der Ruhetag, frei von Arbeit, ist die Gelegenheit, um Gott zu begegnen und zu sich selbst zu kommen. Der Übergang ist zu abrupt, wenn jemand von der Arbeit nach Hause kommt und sich sofort vor den Fernseher setzt mit der Begründung: „Ich möchte abschalten." Jener Arbeiter aber hat etwas von der Bedeutung der Ruhe und Besinnung begriffen, der nach der Arbeit noch zu Fuß einen kleinen Umweg macht, um nachdenken zu können.

Es ist letztlich nicht die Quantität oder

Qualität der Arbeit, aus der wir unser Selbstwertgefühl beziehen, sondern wie weit wir uns in diesem Leben gebraucht, angenommen und geliebt fühlen. Am dauerhaftesten ist immer noch unser Selbstwertgefühl, wenn es auf einem religiösen Grunderlebnis beruht, weil wir uns dann in einem höheren Sinn geliebt fühlen und nicht bei jedem persönlichen Versagen an uns selbst irre werden müssen. Wenn wir dann noch die Arbeit als einen Dienst begreifen, dann ist es nicht mehr entscheidend, welche Arbeit wir leisten, wenn wir unseren Dienst verantwortungsvoll und mit persönlichem Einsatz tun.

Auch die Dankbarkeit steht in Beziehung zur Arbeit

Die Dankbarkeit hat eine verwandelnde Kraft. Das Leben ist nicht etwas, das uns hingeworfen wurde, wie man einem Hund einen Knochen hinwirft. Das Leben ist eine Gabe, und in der Fähigkeit zur Arbeit, zur Tätigkeit, zum Gestalten wird diese Gabe bewußtgemacht. Vieler Menschen Arbeitstag beginnt und endet ohne eine Spur von Dankbarkeit. Bleibt es aber dennoch nicht ein Wunder, wenn man am Morgen erwacht, seine Glieder und Sinne gebrauchen kann, vielleicht in der Geborgenheit einer Familie lebt, für anvertraute Menschen sorgen darf? Die Monotonie und Langeweile des Lebens wie der Arbeit geht häufig auf eine tiefe Undankbarkeit zurück, mit der man sich selbst und anderen das Leben schwermacht. Der Arbeitsplatz bietet die Chance, etwas von dem, was uns innerlich bewegt, zum Ausdruck zu bringen und einige der Gaben, die wir haben, zu verwirklichen. Der Arbeitsplatz ist der Ort, wo wir unsere Dienstbereitschaft beweisen, üben und bewähren können. Der charakterliche Reifeprozeß, der unser Leben kennzeichnen soll, findet am Arbeitsplatz einen entscheidenden Bereich, der gleich nach dem Bewährungsbereich Ehe und Familie kommt. Nicht ohne Grund sind manche Betriebspsychologen der Meinung, daß jemand mit einem geordneten Familienleben im Betrieb höheren Anforderungen ausgesetzt werden kann. Soziale Fürsorge, wie sie in der Familie erlernt wird, erleichtert auch den Umgang mit Kollegen am Arbeitsplatz. Viele Kränkungen am Arbeitsplatz rühren daher, daß man den anderen nicht wahrnimmt und seine Würde und sein Recht nicht akzeptiert.

Die Chance der Arbeit

Nach Auffassung der Buddhisten hat die Arbeit einen mindestens dreifaltigen Aspekt: sie ist einmal für den Menschen die Chance, seine Fähigkeiten zu gebrauchen und zu entwickeln; sie ermöglicht ihm zweitens, aus seiner Ichbeschränkung herauszukommen, indem sie ihn mit anderen zu einer gemeinsamen Aufgabe verbindet; und sie soll drittens die für ein anständiges Leben nötigen Güter und Dienste hervorbringen. Auch wenn sich moderne Industriearbeit nicht mit der kreativen Arbeit eines Handwerkers früherer Zeiten vergleichen läßt, ist der Arbeit dennoch ein Teil ihrer versittlichenden Wirkung geblieben. Auch wenn es sich dabei nur noch um Teilbereiche handelt, ist die Erfahrung des Gelingens von Arbeit noch immer möglich. Vielleicht leuchtet mitten bei der Arbeit noch etwas von der Freude über die eigene Schaffensmöglichkeit auf. Die Produkte der Arbeit sind nur Mittel zum Zweck, um zum wahren Menschsein zu finden; sie sind nicht das eigentliche Ziel der Arbeit. Wahres Menschsein bedeutet die Fähigkeit, über die eigenen Horizonte hinwegzuschauen und nicht allein auf sich und den eigenen Lebenskomfort konzentriert zu sein.

Weil die Arbeit den Umgang mit der Zeit

lehrt, bedeutet Arbeitslosigkeit häufig den Verlust einer sinnvollen Zeiteinteilung. Da Arbeit ein Mittel zur Selbsterhaltung ist, schafft sie Unabhängigkeit und Freiheit, und sie versetzt den Arbeitenden in die Lage, selber Gutes zu tun. Auch das ist ein wichtiger Aspekt des Menschseins. Oft machen wir uns gar nicht klar, welch einen großen Aktivitätsbereich die Arbeit darstellt und welche Erlebnismöglichkeit und welche Möglichkeit zu sozialem Kontakt sie bietet. Auf die Frage, wann er sich in seinem Leben am glücklichsten gefühlt habe, antwortete ein Mann: „Ich habe mich am glücklichsten gefühlt, als ich für meine Frau und meine Kinder sorgen konnte." Erst durch die Arbeit wird uns das Ausmaß von Fürsorge und Verantwortung bewußt, das zu tragen wir imstande sind.

Die Arbeit bietet uns die Chance zur Solidarität, zum Füreinander-da-Sein und zum Einander-Helfen. Die Fähigkeit zur Teamarbeit, bei der es um die Solidarität geht, ist immer mehr gefragt. Es kann jemand noch so fleißig und gewissenhaft sein, wenn er sich dabei nicht um seine Arbeitskollegen kümmert, trägt er zum Betriebsfrieden wenig bei. Es gibt „kalte" Tugenden, die kaum zu einem menschlichen Dasein verhelfen, und dazu kann ein nur auf die eigene Leistung konzentrierter Fleiß gehören; genauso, wie eine Mutter, die sich ständig im Dienst fühlt und sich keine Muße gönnt, ihre Kinder zur Verzweiflung bringen kann.

Es geht nicht um das Produkt, es geht um den Menschen

Die Chance, die die Arbeit für uns bedeutet, wird nur der nützen können, der ein gewisses Maß von Dienstbereitschaft zur Arbeitsstätte mitbringt und nicht zu jedem Handgriff geschoben werden muß. Die heutige Leistungsgesellschaft ist so unmenschlich, weil sie oft die Leistung über den Menschen stellt und den Menschen nur nach seiner Leistung bewertet. Eine Gesellschaft, in der Schwache und Kranke, die nichts „leisten" können, sich überflüssig vorkommen müssen, spricht sich selbst das Gericht. Wer aber arbeiten kann, sollte außer einer gewissen Dienstbereitschaft auch eine ihm angemessene Leistungsbereitschaft mitbringen. Wie will jemand die Jahrzehnte seines berufstätigen Lebens durchstehen, der sich lustlos zur Arbeit quält und bloß daran interessiert ist, so wenig wie möglich zu tun?

Jede Arbeitsstelle bietet die Möglichkeit, den Arbeitskollegen außer von seiner beruflichen auch von seiner menschlichen Seite kennenzulernen. Es gibt meist genug „Betriebstratsch", bei dem über alle und jeden hergezogen wird. Das ist schadenfrohe Neugierde und Sensationslust, aber nicht Interesse am andern, das für eine gute Arbeitsgemeinschaft unerläßlich ist. Viele Arbeiter leiden darunter, daß in ihrem Betrieb die Zuständigkeiten nicht geklärt und ihre eigenen Aufgabenbereiche zu wenig scharf umgrenzt sind. Wie auch sonst im Leben, ist Offenheit und Bereitschaft zum Kompromiß am Arbeitsplatz nötig. Es sind zweifellos Tendenzen zur Entmenschlichung der Arbeit in der heutigen Berufswelt vorhanden; ihnen muß um des Menschen willen widerstanden werden. Der Mensch kann seine Arbeit seelisch nicht verkraften, wenn er sich nur als Maschinenersatz empfinden muß und die nächstbessere Maschine ihn arbeitslos macht. Trotzdem ist in vielen Bereichen ein zwar eingeschränktes Maß von Kreativität und Phantasie möglich.

Die Arbeit hat ihre Mühsal, und aus dem Blickwinkel menschlicher Sinnerfüllung haftet ihr sogar ein großes Maß von Vergeblichkeit an. Dennoch ist sie auch heute noch ein Wesensmerkmal des Menschen und wird dem zum Segen, der die mit ihr gegebene Chance nutzt und mit seiner Persönlichkeit füllt.

Diätetik der Seele

Obwohl in verschiedenen Kapiteln dieses Buches bereits gesagt wurde, wie vielfältig der seelische Bereich gestaltet zu sein scheint, was er alles umschließt und was in nächster Beziehung dazu steht, soll hier kurz zusammengefaßt sein, was heute alles als dazugehörig angesehen wird.

Zum seelischen Bereich zählt sowohl Bewußtes als auch Unbewußtes, Verstand, Denken, Intelligenz, die Fähigkeit zur Vergegenwärtigung und damit zugleich zu vorausschauendem Lenken des Handelns. Es gehört dazu die in allen schöpferischen Leistungen wirksame seelische Dynamik, die über die Vergeistigung zu einer Reihe von schöpferischen Leistungen führt. Wir rechnen auch alle Vorgänge dazu, in denen sich Bewußtwerden und Verständigung vollziehen. Einen großen Raum nehmen auch die aus dem unbewußten Teil der Seele kommenden emotionalen Kräfte positiver wie negativer Art ein, von denen ausführlicher in dem Beitrag über „Macht und Aufgabe des Unbewußten" berichtet wurde.

Das Verhältnis von dem, was uns bewußt ist oder wird, zu dem, was uns unbewußt bleibt, ist kaum abzuschätzen. Einer Menge bewußter Vorgänge steht sicher eine viel größere Menge unbewußt ablaufender Vorgänge gegenüber. Es gibt die Auffassung, wonach fast 90 Prozent dessen, was wir empfinden, fühlen und auch denken, uns nicht recht bewußt wird.

Alle Teilfunktionen oder Erregungszustände können auf äußere oder innere Reize hin gut oder mangelhaft, schwach oder überstark, gesund oder krank verlaufen oder reagieren. Immer aber wird ein erkrankter Teil auch das Ganze des seelischen Bereichs beeinflussen und mehr oder weniger starke Reaktionen auslösen oder auch Krankheiten entstehen lassen, die sich im körperlichen Bereich schließlich als organische Krankheiten ausdrücken.

Es ist in begrenztem Umfang möglich, sowohl für die überwiegend seelischen als auch für die überwiegend körperlichen Reaktions- und Erkrankungsformen ärztliche Hilfe, zum Beispiel Medikamente, einzusetzen. Dazu benötigt man in der Regel die diagnostische und therapeutische Hilfe eines Arztes. Medikamente können aber im Grunde genommen immer nur Reaktionen oder Funktionen verstärken oder abschwächen oder aber fehlende, vom Körper beim Stoffwechsel verbrauchte Substanzen ersetzen. Probleme seelischer und seelisch-geistiger Art vermögen sie sicherlich nicht zu lösen.

Auch seelische Prozesse brauchen ihre Zeit

Alles das, was wir aus dem tief verborgenen Unbewußten hervorholen oder was sich empordrängt, was uns bewußt und damit wirklich er-lebt wird, alles, was wir aus der Fülle des Möglichen Wirklichkeit und damit wirksam werden lassen, entscheidet über die Ordnung und Einordnung in das Ganze unseres Lebens. Alles, was wir aus der Zeitlosigkeit zeitlich werden lassen, was wir also zu einem bestimmten Zeitpunkt durchleben, bestimmt damit auch den Ablauf unseres Lebens. Nur wenn wir uns Zeit lassen, kann etwas sich „zeitigen", aus dem zeitlosen Unbewußten ins Zeitliche emporsteigen, das heißt aber auch reif werden in uns.

Zeithaben und Sich-Zeit-Nehmen

Vor Jahren machte mich ein alter, väterlicher Freund auf etwas aufmerksam, was mich mein Leben lang begleitet hat und weiter begleiten wird. Er war ein ausgezeichneter Berater für mich in meiner nebenberuflichen Tätigkeit als Schriftleiter einer Zeitschrift. Durch meinen Doppelberuf hatte ich nur immer sehr wenig Zeit für ihn. Als ich das wieder einmal zum Ausdruck brachte, hielt er mich fest, und es entspann sich eine Diskussion über die Zeit, das Zeithaben und Sich-Zeit-Nehmen. Das mich bis heute beglückende und begleitende Ergebnis war eine Formulierung für einen Zeitschriftenbeitrag, die ich diesem Freund verdanke. Sie ergänzt den vorhergehenden Abschnitt und lautet: Das Zeitigen geschieht nimmer im harten, ruhe- und pausenlosen Anfüllen uns gelassener Zeitlücken. Es vollzieht sich im Wartenkönnen, im Stillesein, im Zeithaben in – und trotz – einer hastenden Welt. Im irdischen Bereich gehören Zeit und Werden zusammen. Zum Werden gehört auch das Tun. Das rechte Gleichgewicht herzustellen zwischen der uns aufgetragenen Tat und dem „Zeitigen" wahren Menschentums in uns umschließt das Problem, vor das wir immer gestellt sind und über das uns kein Nicht-Zeit-Haben hinwegtäuschen darf. Erst wenn wir die uns mitgegebene Zeit im Ursinn des Begriffs (di = Teil, Abschnitt, Tide, Gezeiten) richtig „teilen", kann der Durchbruch ins Wesentliche geschehen.

Wir gelangen an eine Grenze, an der „Zeit" ihren „Teilungssinn" verliert. *Hier* können wir diese Grenze nur in seltenen Augenblicken ahnen, einst aber werden wir das „Zeitliche" segnen, weil es uns, wenn wir es in rechter Ordnung durchlebten, ins „Überzeitliche" trägt, wo das „Werden *in* der Zeit" einmündet in das „Sein". Wer das in einer Welt des Nicht-Zeit-Habens vergißt, hat die höchste Aufgabe vergessen, die Zeithaben in der Spanne des Irdischen uns stellt. Solcher Gefahr liefert uns das krankhafte Nicht-Zeit-Haben aus.

Damit haben wir schon das Grundsätzliche für die seelische Hygiene und Diätetik in seinem zeitlichen und überzeitlichen Sinn kennengelernt: *Zeit haben.*

Auch der innere Mensch braucht Nahrung

Ich möchte nun eine Reihe von meist sehr einfachen Möglichkeiten seelischer Hilfe und Behandlung zeigen, die jedermann zur Verfügung stehen, aber zu selten erkannt, bedacht und deshalb zu wenig bewußt eingesetzt werden.

Für jeden ist es selbstverständlich, daß der Körper regelmäßig seine Nahrung und im Krankheitsfall eine gezielte Diät benötigt. Genauso aber, wie der Körper nicht existieren kann, wenn er nicht immer wieder Nahrung in vielfältiger Form zu sich nimmt, bedarf auch unser seelisch-geistiges Leben der ständigen Nahrung, wenn es gedeihen soll. Wie im körperlichen Bereich ist es auch hierbei nicht gleichgültig, welche „Nahrung" wir aufnehmen. Es muß die richtige Nahrung sein, die unser seelisch-geistiges Leben beeinflußt, unsere Reaktionen und Funktionen lenkt, aktiviert und für uns selbst und unsere Mitmenschen fruchtbar macht, ohne uns zu schädigen und ohne auf Seele und Geist vergiftend zu wirken.

Welches ist nun die richtige Nahrung? Die einfachste Antwort heißt: das gesprochene und geschriebene Wort.

Das gilt für jedes Lebensalter. Säugling, Kleinkind und Jugendlicher brauchen das Wort und damit den lebendigen Kontakt zu Mutter und Vater, später zu Freunden, Partnern, Lehrern und Seelsorgern und vor allem und immer das Wort, das uns Gott darbietet, das in uns einfließt, wenn wir ihm unsere Seele zuwenden und uns dem Einfluß des göttlichen Geistes wirklich öffnen. Aber gerade das ist für die meisten Menschen heute unsäglich schwer. Das kann auch nur geschehen, wenn wir uns von der äußeren Welt vorübergehend abwenden, unser eigenes Wollen, Sinnen und Trachten einmal vergessen und hineinhorchen in uns, um die Stimme Gottes zu vernehmen. So können wir durch eine Abwendung und Umkehr vom äußeren Getriebe den Weg zur Einsicht (Innensicht) beschreiten und eine Gotteserfahrung machen.

Wenn wir die Doppelnatur des Menschen, diesen Wanderer zwischen zwei Welten (seinen körperlichen und seinen seelisch-geistigen Bereich) bedenken, dann können wir so recht das alte Bibelwort verstehen: „Der Mensch lebt nicht vom Brot allein, sondern von jedem Wort, das Gott zu ihm spricht." Das habe ich selbst einmal in tiefgreifender Weise erfahren. Ich möchte diese Erfahrung berichten, weil es für mich am tiefsten Punkt meines Lebens eine Gotteserfahrung wurde.

Oster-Erlebnis in Lebedjan

Es war am Ostermorgen 1946 in Kriegsgefangenschaft. Ich fühlte, daß alle Mitgefangenen, die ich als Arzt zu betreuen hatte – es waren Deutsche, Rumänen und Ungarn – Sehnsucht nach einem Wort des Trostes hatten. Was sollte ich diesen so sehr verschiedenen Menschen, die sich alle in einem beklagenswerten Zustand befanden, in der uns alle schwer bedrückenden Lage an diesem Ostermorgen sagen? Ich entschied mich für ein Wort von *Jean Paul* aus „Weltgedanken und Gedankenwelt", das ich als Aufzeichnung auf einem Stück Zementsackpapier unter manchem anderen bei mir trug. Es lautete: „Wir Niedergesenkte, da der Mensch unter den Menschen verschwindet, müssen uns vor der Menschheit erheben. Wie man mit Lichtern nachts über die Alpen reiset, um nicht vor den Abgründen und vor dem langen Weg zu erschrecken, so legt das Schicksal Nacht um uns und reicht uns nur Fackeln für den nächsten Weg, damit wir uns nicht betrüben über die Klüfte der Zukunft und über die Entfernung des Ziels. Es gab Jahrhunderte, wo die Menschheit mit verbundenen Augen geführt wurde, von einem Gefängnis ins andere; es gab Jahrhunderte, wo Gespenster die ganze Nacht polterten und umstürzten, und am Morgen war nichts verrückt; es kann keine Jahrhunderte geben als solche, wo Einzelwesen sterben, wenn Völker steigen; wo Völker zerfallen, wenn das Menschengeschlecht steigt; wo dieses selber sinkt und stürzt und endigt mit der zerstiebenden Kugel ... was tröstet uns? Ein verschleiertes Auge hinter der Zeit, ein unendliches Herz jenseits der Welt! Es gibt eine höhere Ordnung der Dinge, als wir erweisen können, es gibt eine Vorsehung in der Weltgeschichte und in eines jeden Leben, welche die Vernunft aus Kühnheit leugnet und die das Herz aus Kühnheit glaubt; es muß eine Vorsehung geben, die nach anderen Regeln, als wir bisher zum Grunde legten, diese verwirrte Erde verknüpft als Tochterland einer höheren Stadt Gottes!"

In die eingetretene Stille hinein begann ich nach einiger Zeit das Gebet unseres Herrn zu sprechen – und einer nach dem anderen sprach es mit: „Unser Vater in dem Himmel! Dein Name werde geheiligt. Dein Reich komme. Dein Wille geschehe auf Erden wie im Himmel. Unser täglich Brot gib uns heute. Und vergib uns unsere Schulden, wie wir unsern Schuldigern vergeben. Und führe uns nicht in Versuchung, sondern erlöse uns von dem Übel. Denn dein ist das Reich und die Kraft und die Herrlichkeit in Ewigkeit. Amen."

Es war atemlose Stille. Auf einmal standen alle Bessaraber wie auf Verabredung auf, kamen auf mich zu und umarmten mich mit den Worten: „Der Herr ist auferstanden, er ist wahrhaftig auferstanden!"

Ich habe nie wieder ein so tief empfundenes Osterfest erlebt und die Kraft eines geistigen Einflusses verspürt wie an diesem Ostermorgen 1946 in Lebedjan am Don.

Seelisch-geistige Diätmaßnahmen

Wenn wir so die Einzigartigkeit unseres geistig-seelischen Anteils erkannt haben, seine Lebens- und Nährquelle kennen, so müssen wir auch fragen, wie wir mit dieser Quelle, die wir leider so oft verlieren oder vergessen, immer wieder in Verbindung kommen. Ohne geistiges Leben sind wir keine Menschen! Was braucht oder benötigt daher unsere Seele, um nicht zu verkümmern und ihre Lebensaufgabe vollziehen zu können? Welche Diät, welche Heilkost, welche feste Nahrung müssen wir ihr verordnen? Was brauchen wir selbst, wenn wir an Seele und Geist leiden oder kranken?

Hygiene und Diät heißt im Grunde genommen nur: gesund leben. Wichtige Faktoren, die uns das Leben erleichtern und es uns ermöglichen, seelische und geistige Gesundheit zu erhalten oder wiederherzustellen, sollen nun kurz dargestellt werden.

Wenn ausgesprochene seelische oder geistige Erkrankungen vorliegen, muß man – wie bei körperlichen Krankheiten – zunächst eine möglichst klare Diagnose fordern, bevor eine dementsprechende Therapie oder Heilbehandlung angesetzt werden kann. Nachfolgend werden Maßnahmen erörtert, die uns in dem breiten Vorfeld der vielen Störungen seelisch-geistiger Art eine Hilfe geben, bevor es zu eindeutigen Krankheiten kommt, die sich schließlich im körperlichen Bereich als Organkrankheiten zeigen. In allen schweren Fällen muß immer ein entsprechend eingestellter Arzt gefragt werden.

Hier folgen nun die seelisch-geistigen Diätmaßnahmen, die manchem Leser vielleicht fast selbstverständlich erscheinen, aber meist völlig übersehen oder geringgeachtet werden.

Ruhe und Arbeit

1. Wir brauchen *Stille* und *Einsamkeit*. Wir müssen aus der Masse einmal ausscheren, zu uns selber kommen, dann sind wir auch Person. Erst dann kann etwas aus unserem Herzen, also aus unserer Seele herauskommen und durch uns hindurchtönen (personare = hindurchtönen), nämlich die Liebe. Dann werden wir auch das Wort: „Liebe deinen Nächsten wie dich selbst!" verstehen lernen.

2. *Arbeit*, auch Arbeit, die wir tun *müssen*. Anstrengung ist die Vorbedingung zur Entwicklung von Körper und Geist. Wer körperliche, anstrengende Arbeit aus eigener Erfahrung kennt, hat nicht nur eine bessere Durchblutung und einen regen Stoffwechsel, der denkt auch anders.

Der Mensch will nicht in einer Welt leben, die nur von Zwecken und Sachzwängen geprägt ist. Er hat ein tiefes Verlangen nach dem Schönen, Wohlgestalteten, Wahren. Daher trägt auch ein Museumsbesuch zur seelischen Gesundheit bei.

Zur Arbeit gehört aber auch die *Ruhe*. Sie dient nach Anspannung und Anstrengung der Entspannung, der Erholung und Regeneration, dem Kräftesammeln, dem Nachdenken und Abstandgewinnen. Ruhelosigkeit und Rastlosigkeit führen zur Entfremdung statt zur Selbstfindung, zur Depression statt zur Freude über die vollbrachte Leistung.

Natur und Kultur

3. Wir brauchen die *Natur*, und zwar nicht nur, weil es die Schöpfung Gottes ist, die uns zur Bewunderung veranlaßt, sondern auch, weil wir Gott in ihr erkennen können. So schrieb Paulus an die Römer: „Was man von Gott erkennen kann, ist ihnen [den Menschen] offenbar; Gott hat es ihnen offenbart. Seit Erschaffung der Welt wird seine unsichtbare Wirklichkeit an den Werken der Schöpfung mit der Vernunft wahrgenommen, seine ewige Macht und Gottheit." (Römer 1, 19. 20, Einheitsübersetzung.)

4. Wir brauchen *Kultur* und *Kunst*. Kultur ist künstlerische Betätigung des Menschen. Wir können dadurch aktiv und passiv teilhaben an der Schöpfung, indem wir selbst Kulturwerte schaffen (wie Malerei, Musik, Architektur, Poesie). Wir erleben echte Freude durch den Anblick der edlen Form, des Schönen, Reinen, Harmonischen, durch Hören guter Musik und guter Lieder, durch eigenes Musizieren und Singen. Unter allen Kunstgattungen steht die Musik dem Übermenschlichen, dem Transzendenten am nächsten. *Luther* sagte einmal: Musica ist das beste Labsal für einen betrübten Menschen.

Lesen und Freunde

5. Wir brauchen das *Lesen*. Geistig bewegte Menschen müssen lesen. Aber was? Wir kennen dafür einen untrüglichen Wertmesser: Das gedruckte Wort sollte uns bewußt machen, worin wahres, echtes Leben besteht, sollte die menschliche Existenz in dieser Welt spiegeln und letztlich zu dem Wort hinführen, das aus der Transzendenz zu uns kam. Dazu mag man über folgendes Wort nachdenken. Es stammt aus der Bibel (Johannes 1, 1): „Im Anfang war das Wort, und das Wort war bei Gott. Das Wort, das die Welt schuf, war Gott selbst."

6. Wir brauchen *gute Begleiter*: neben der Familie auch Freunde, Brüder, Schwestern und Engel (jawohl Engel), die uns helfen, mit dem Diabolos (Dämon, Durcheinanderwerfer, Zerspalter, Teufel) fertig zu werden.

7. Wir brauchen ein *Nebenamt*, wobei wir als Menschen für andere Menschen Zeit haben und Zeichen der Liebe setzen, aber nicht nur mit Worten und leeren Händen.

Wir haben unsere Hände nicht nur zum Empfangen, sondern auch zum Geben. Hände werden nicht nur durch Waschen, sondern durch Schenken rein. Im Nebenamt müsssen wir uns mit ganzer Seele für eine Aufgabe einsetzen, die anderen Menschen hilft und ihr Leben oder ihr Krank-

sein erleichtert. Auch die Wahrnehmung eines Nebenamtes in einer Gemeinschaft irgendwelcher Art kommt schließlich allen Mitgliedern der Gemeinschaft zugute.

8. Wir brauchen auch den *Humor*. Er ist eine charakterliche Gottesgabe. Wir müssen aber Humor und Witz unterscheiden. Witz schießt Pfeile auf andere, Humor meint zunächst sich selbst, kann hintergründig sehr ernst sein, kann weinen und lachen. Humor, das ist tiefe Einsicht in die eigene Schwäche und Unvollkommenheit. Humor führt zur Einsicht, daß wir Hilfe brauchen, mitmenschliche und übermenschliche, nämlich Gott. Humor ist daher eine Quelle der Kraft wie auch Lachen Medizin sein kann.

Übrigens: Gott muß sehr viel Humor haben, sonst könnte er uns mit unseren Schwächen und Eigenheiten gewiß nicht ertragen.

Beten und Anbetung

9. Wir brauchen *Beten* und *Fasten*. Wir sollten nicht nur bitten, sondern auch danken, nicht nur für uns, sondern auch für andere. Fasten meint, sich bewußt und mit Festigkeit von allem enthalten, was uns beschwert, also nicht nur Nahrungsenthaltung. Das ist unmodern, aber notwendig. Wir müssen einmal verzichten können, dem Körper Zeit lassen, sich selbst zu reinigen, zu entgiften und zu heilen. Fasten war zu allen Zeiten ein großer Heilfaktor, der königliche Weg zur Gesundung.

10. Wir brauchen schließlich auch *Meditation* (Nachdenken, Brutzeit) und *Adoration* (Anbetung, Gottesdienst). Beides reinigt und ordnet unsere Vorstellungswelt, öffnet uns für den Einfluß des Sauberen und Wahren, füllt uns mit harmonischen, zueinander gehörenden Begriffen, Klängen und Bildern. Beides läßt uns Unwesentliches vom Wesentlichen unterscheiden und notfalls ausscheiden. Es können auch Augenblicke kommen, die uns das Wirken guter geistiger Kräfte spüren lassen.

Seelisch-geistige Gesundheit als Ziel

Was ist nun das Ziel dieser Verordnung geistig-geistlicher Diätmaßnahmen, der Diätetik der Seele? Ich sagte anfangs, daß wir ohne geistiges Leben keine Menschen sind und dieses Leben nicht als Menschen führen können. Und wozu sollen wir dieses Leben überhaupt leben? Das ist die immer wieder aufkommende Sinnfrage! Wird der Sinn des Lebens nicht von zahlreichen Zeitgenossen immer wieder angezweifelt?

Ich glaube, daß wir gerade durch die beschriebene Diätetik der Seele erst zu uns selber finden und erkennen, daß im tiefsten Grunde unserer Seele nur eine Sehnsucht nach dem Zuhause lebt, daß wir im Grunde genommen alle verlorene Söhne und Töchter sind, die eines Tages auf einmal Ausschau nach der wirklichen Heimat, der geistigen Heimat halten, nach dem Vaterhaus, nach dem Vater.

In der echten Sehnsucht drückt sich bereits die Umkehr, die Bekehrung (wie man früher sagte), die innere Umschaltung (wie man heute sagt) oder die Typendurchbrechung (wie die Psychologen sagen) aus. Damit wird zugleich zugegeben, daß es gelingt, Menschen zu wandeln, und daß es kein ehernes Gesetz gibt, nach dem wir zwangsläufig unser Leben vollenden, denn es besteht die Möglichkeit, nach Hause zu kommen, die tiefste Sehnsucht unseres Herzens zu erfüllen, und das ist der Sinn unseres Lebens.

Das Letzte, das Erreichen der Heimat, die Verwirklichung der Heimat ist allerdings nicht durch uns selbst (nicht autogen), nicht durch Ärzte und Psychologen, sondern nur durch Christus zu erreichen, der von sich selber sagt: Ich bin der Weg, die Wahrheit und das Leben.

Erfolgreiches Altern

Seit gut einem Jahrzehnt läßt sich ein zunehmendes Interesse an Problemen des Alterns nicht nur auf medizinischem, sondern auch auf psychologischem und soziologischem Gebiet feststellen. Vielleicht ist dies auch eine überschießende Reaktion, weil die Gerontologie (die Wissenschaft, die sich mit der Erforschung der Alternsvorgänge beschäftigt) bis vor wenigen Jahren noch ein Dornröschendasein fristete. Die Beschäftigung mit dem Kind und der Jugend wurde wichtiger genommen. Es war attraktiver, sich mit Erziehungsfragen und der Psychologie des Kindes zu beschäftigen. Das Bild der Jugendlichkeit und Kindlichkeit war weithin zum Leitbild geworden. Dies ließ sich auch an den Modetrends ablesen. Reife Frauen kleideten und putzten sich wie Teenager. Der Typ der Kind-Frau erhielt durch Film und Massenmedien Idolcharakter, und selbst auf dem männlichen Sektor sah man Väter und Großväter in verkrampfter Identifikation mit ihren Söhnen und Enkeln.

Jeder will alt werden, aber nicht alt sein

Die Psychoanalyse nennt diesen Vorgang „Regression". Die Folge ist ein Zerrbild wahrer Kindlichkeit, nämlich der Infantilismus. Es liegt darin zweifellos eine Abwehr der Reifung, weil Reifung immer auch Verzicht auf Vorteile und auf Glücksquellen bedeutet und weil der Weg jeder Reifung in den Tod einmündet. Reifung, Verzicht, Altern und Tod sind aber Vokabeln, die auch heute noch gerne aus dem Bewußtsein ausgeklammert werden. Unsere Zeit ist eine eminent unphilosophische Zeit, wenn wir mit *Karl Jaspers* die Kunst des Sterbenkönnens als ein zentrales Anliegen aller Philosophie ansehen.

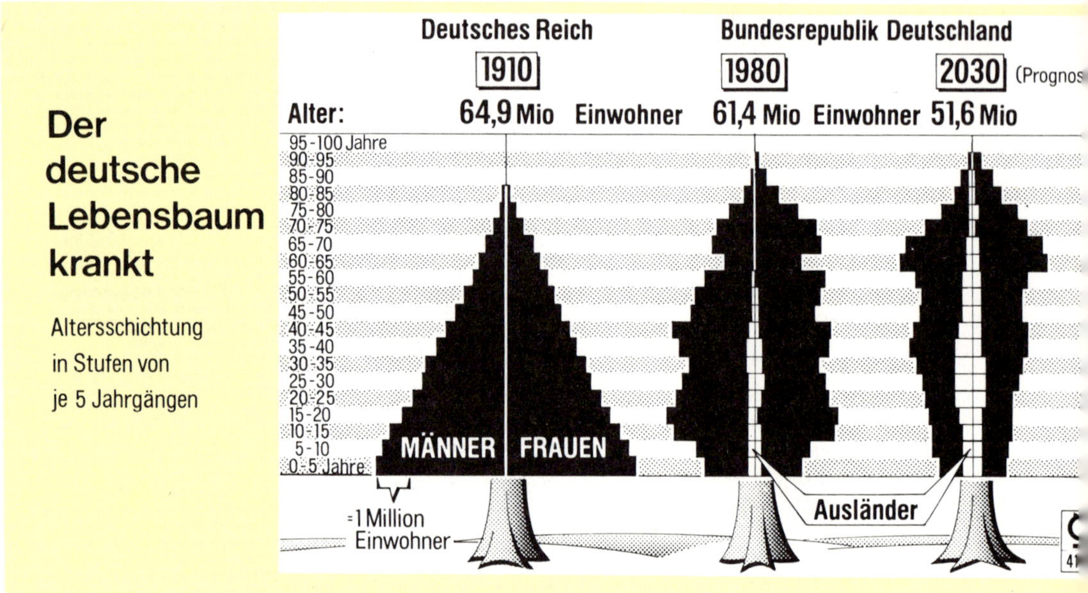

Zurück zur Kindlichkeit?

Das Eigentümliche und Paradoxe der hohen Wertung von Kindlichkeit und Jugendlichkeit liegt darin, daß sie von einer Zeit geprägt wurde, in der die Alterspyramide der Bevölkerung im Begriff ist, sich auf den Kopf zu stellen. Noch nie gab es so wenig Kinder. Noch nie war die Kinderfeindlichkeit so groß wie heute. Als Ideal erscheint die Zwei-Kinder-Familie. Die nüchterne Wirklichkeit wird bestimmt von der immer mehr zunehmenden Zahl älterer und alter Menschen. War einst Altwerden etwas Besonderes und Seltenes, so ist es jetzt fast die Regel.

Was die Statistik sagt

Die Statistik besagt, daß um die letzte Jahrhundertwende zwei Drittel der Deutschen vor dem 65. Lebensjahr starben. Der Anteil der über 65jährigen betrug 1880 nur 4,8 Prozent. 1955 waren es bereits 10 Prozent und 1968 schon 12 Prozent. 1980 waren es etwa 20 Prozent, das heißt rund zehn Millionen unserer Bevölkerung standen im Rentenalter. Menschen über 65 Jahre leben vorwiegend in Ein-Personen-Haushalten, Frauen mehr als Männer. Der Anteil der Verwitweten ist in der Gruppe der 60- bis 65jährigen Frauen mehr als sechsmal so hoch wie in der Männergruppe.

Während bei der Gesamtbevölkerung das Verhältnis Männer zu Frauen 100 : 109 beträgt, kommen bei der Altersgruppe der über 65jährigen auf 100 Männer sogar 160 Frauen.

Wir treffen in unseren Arztpraxen mehr und mehr Menschen im Alter von über 60 bis 65 Jahren an, vor allem Frauen. Dies liegt einmal daran, daß der prozentuale Anteil der älteren weiblichen Bevölkerung größer ist, zumal Frauen eine durchschnittlich längere Lebenserwartung haben, zum anderen aber auch an der Tatsache, daß Frauen dazu neigen, ihren „subjektiven" Gesundheitszustand schlechter einzuschätzen, als dies den objektiven Gegebenheiten entspricht, während Männer eher zu einer positiven Überschätzung ihrer Gesundheit tendieren.

In Werbung und Reklame hat Jugendlichkeit den Vorzug. Von den Plakaten lächeln junge Gesichter. Deswegen sollte sich der ältere Mensch nicht verunsichern lassen. Ihm steht ein Reichtum an Erfahrung und inneren Werten zur Verfügung, der ihm ein gesundes Selbstwertgefühl gibt und ihn gelassen sein lassen kann.

Die Fabel vom Esel, Hund und Affen

Wie die öffentliche Meinung über das Alter denkt, kommt am besten in der Fabel zum Ausdruck, die den Brüdern Grimm zugeschrieben wird. Dieser Fabel nach hatte Gott allen Geschöpfen eine Lebenszeit von 30 Jahren zugemessen. Dem Menschen erschien dieser Zeitraum zu kurz, und er beklagte sich darüber. Da nahm Gott dem Esel, dem Hund und dem Affen einige Jahre weg, um dem Menschen das Leben zu verlängern. Demgemäß führe dieser nur in den ersten 30 Jahren ein wahrhaft menschliches Leben. Die nächsten 18 Jahre müsse er sich plagen wie ein Esel, obwohl er den Höhepunkt seiner Kraft schon überschritten habe. Zwischen dem 48. und 60. Lebensjahr liege der Mensch in der Regel untätig, knurrend und zahnlos in der Ecke wie ein alter Hund, und wenn es hochkomme, seien ihm noch zehn Jahre beschieden, in denen er närrisch wie ein Affe sei.

Wenn man auch den Höhepunkt des menschlichen Lebens heute nicht mehr bei 30, sondern bei 40 und 50 Jahren ansetzt, so findet sich dieses Defizitmodell des Alterns nicht nur in Märchen, sondern es entspricht auch heute noch dem Image des alten Menschen. Sicherlich sieht man den Verlust von Fähigkeiten nicht mehr in dieser krassen Form, aber zunehmende Passivität, nachlassende Unternehmungslust, das Sich-Zurückziehen von der sozialen Umwelt, das Nachlassen geistiger Fähigkeiten werden auch heute noch angenommen.

Das Altersbild in der Öffentlichkeit

Der Stellenmarkt der Zeitungen bestätigt dieses Altersbild, denn für viele Berufe wird ein sehr niedriges Höchstalter der Bewerber gefordert (40–45 Jahre bei Männern, 25–30 Jahre bei Frauen). Wir können festhalten, daß die gegenwärtige Gesellschaft dem älteren Menschen, ja sogar dem über 40- bzw. 50jährigen mit erheblichen Vorbehalten begegnet.

Worin liegen die Ursachen eines solchen Altersbildes? Leider können wir unsere psychiatrischen Vorväter nicht freisprechen von dem Vorwurf, dieses Bild im wesentlichen mitgeprägt zu haben. Die Psychiater von früher übertrugen ihre an kranken älteren Menschen gewonnenen Beobachtungen auf die Gesamtgruppe.

In psychiatrischen Lehrbüchern und Aufsätzen anerkannter psychiatrischer Kapazitäten in den Jahren von 1916 bis 1938 werden der Altersblödsinn, die präsenile und senile Geistesstörung, die klimakterischen Geistesstörungen und senilen Psychosen unter der Rubrik „seelisches Altern" beschrieben. Hingewiesen wird besonders auf die Schwerfälligkeit der Umstellung, die Schwierigkeit der Aneignung neuer Gedächtnisinhalte, die Vergeßlichkeit und den Eigensinn sowie auf die zunehmende Gereiztheit alternder Menschen, was den typischen „Alternsprozeß" charakterisiere und somit ein schon lange zuvor gebildetes Stereotyp befestige. Diese pathologische Sicht des Alterns bestimmte lange Zeit weitgehend die Betrachtung seelischer Alternsvorgänge, und ihr Einfluß macht sich auch heute noch bemerkbar, obwohl wir aus der Geschichte immer wieder Hinweise finden, wie aktiv und kreativ Menschen im Alter sein können.

Aktivität und Kreativität im Alter

Michelangelo beschäftigte sich, als er schon weit über 70 war, mit architektonischen Arbeiten. *Grandma Moses* (die naive Malerin) begann erst mit 78 Jahren zu malen und wurde sehr berühmt. *Toscanini* dirigierte mit über 80 Jahren noch sämtliche Konzerte auswendig. *Verdi* hat den „Falstaff" mit über 80 komponiert. Der berühmte *Cato* begann mit 80 Jahren noch Griechisch zu lernen. *Tizian* schuf mit 98 eines seiner berühmtesten Bilder – „Die Schlacht bei Lepanto". *Theodor Fontane* schrieb im achten Lebensjahrzehnt seinen Erfolgsroman „Effi Briest". *Goethe* vollendete den „Faust" mit 80 Jahren.

Der Münchener Schlossermeister Heinrich Pankofer baute eine kostbare Schlüsselsammlung auf, die vom Keltenschlüssel aus der Zeit von 800 bis 500 v. Chr. bis zum Barockschlüssel reicht. Aktivität auch im Alter!

In den USA sind für die obersten Richter keine Altersgrenzen vorgesehen. Das Kardinalskollegium der katholischen Kirche ist ein Gremium von Männern mit einem sehr hohen Durchschnittsalter. Im Judentum haben immer wieder hochbetagte Rabbiner den größten Einfluß ausgeübt. In der Bibel wird häufig auf die Weisheit und die Würde des Alters hingewiesen. Untersuchungen an schweizerischen Hundertjährigen stellten fest, daß die Mehrzahl von ihnen trotz gewisser Ausfallserscheinungen geistig angeregte Menschen waren. Untersuchungen in den USA ergaben, daß in über hundert der größten Betriebe das Durchschnittsalter der leitenden Männer bei 74 Jahren lag. Es gibt viele Männer und Frauen, die in ihren 60er Jahren noch neue Geschäfte eröffneten und zum Erfolg führten, sogar oft in einer ihnen bis dahin fremden Branche. Piloten fliegen Frachtmaschinen bis zum 60. Lebensjahr, Bergführer von 80 Jahren sind in den Dolomiten keine Seltenheit. Autofahrer zwischen 50 und 60 Jahren haben die absolut niedrigste Unfallziffer.

Seelisch-geistige Altersveränderungen

Sicherlich kann Altern Reduktion, Defizienz und Abbau bedeuten. Jeder kennt in seiner Umgebung Menschen, die 75, 65 oder auch erst 55 Jahre alt sind und die durch mehr oder weniger starke Charakterveränderungen auffallen, die meist in einer Vergröberung und Zuspitzung angestammter Wesenszüge bestehen: Sparsame werden geizig, Vorsichtige mißtrauisch, Gewissenhafte pedantisch, Erregbare jähzornig, Eigenwillige starrköpfig. Außerdem treten durch den Abbau feiner Gefühlsregungen neue Züge wie Taktlosigkeit, Vernachlässigung der Kleidung und sittliche Hemmungslosigkeit auf.

Wir beobachten Depressionen, hypochondrisches Verhalten, Selbstmordneigungen, heftige Reizbarkeit, Gemütsverödung, Rührseligkeit mit Zwangsweinen oder auch Zwangslachen.

Typisch für diese Kranken sind auch Gedächtnisstörungen wie Merkschwäche, besonders für Namen und Zahlen, und allmählicher Erinnerungsverlust von der Gegenwart zur Vergangenheit fortschreitend. Die Jugenderinnerungen schwinden zuletzt. Der Gesichtskreis ist eingeengt. Sie sind verknöchert. Der Intelligenzabbau kann bis zur völligen Verblödung gehen. Die Kranken fallen durch Verwirrtheitszustände auf, die sich besonders nachts bemerkbar machen. Sie verkennen dann ihre Umgebung und irren im Nachthemd herum. Sie begehen auch andere Fehlhandlungen. Manchmal ist bei diesen Kranken die äußere Fassade recht gut erhalten, so daß der Abbau gar nicht krankhaft auffällt.

Anatomische Grundlagen der Alterung

Anatomische Grundlagen für diese Alterung oder für den beschriebenen Abbau sind:

- Arterienverkalkung,
- hormonelle Umstellung im Klimakterium,
- sonstige Abnutzungserscheinungen, zum Beispiel der inneren Organe oder der Sinnesorgane.

Aderverkalkungen verursachen Störungen der Merkfähigkeit und der Gedächtnisfunktion. Die hormonelle Umstellung bedingt häufig Verstimmungen und Störungen der Affektivität.

Die Abnutzung der Sinnesorgane schafft beim Gehör die Bereitschaft zum Mißtrauen und damit zur Vereinsamung. Mit der Sehschwäche wachsen Unsicherheit und Hilflosigkeit. Störungen der Herzfunktion haben häufig eine Minderdurchblutung des Gehirns und damit geistige Abbauerscheinungen zur Folge. Abnutzungen am Bewegungsapparat bedingen eine Leistungsminderung, die einen bisher sportlichen Menschen sehr bedrücken kann.

Es muß noch einmal festgehalten werden, daß das Auftreten dieser geschilderten Krankheitserscheinungen im Alter keinesfalls die Regel ist. Es besteht kein Zweifel, daß der menschliche Organismus, auch ohne daß eine Krankheit vorliegt, altert. Wir sehen dies im äußeren Erscheinungsbild. Die Haut wird im Alter welk, trocken, spröde, runzelig, wenig elastisch, schuppt sich häufig. Die Haare werden grau und fallen aus. Der Gang, die Haltung und das Mienenspiel ändern sich. Es tritt eine leichte Verlangsamung ein. Die Sehkraft und das Hörvermögen lassen nach. Die Fettpolster verschieben sich, sie fallen. Die Vitalkapazität der Lunge wird geringer, und die Nierendurchblutung nimmt ab. Der Blutdruck, der periphere Gefäßwiderstand und das Restvolumen der Lunge steigen. Das Gewicht des Gehirns, der Leber, der Nieren und der Eiweißgehalt des Blutes nehmen ab. Es steigen in den großen Gefäßen der Kalzium- und der Cholesteringehalt an.

Bekannt ist die abnehmende Anpassungsfähigkeit (Adaptation) des alternden Organismus an Umweltfaktoren, wodurch die Entstehung von Krankheiten begünstigt wird.

Wir Menschen altern verschieden. Ein 50jähriger kann wie ein 70jähriger aussehen, und ein 70jähriger wie ein 50jähriger. Entsprechend können auch seine körperlichen und geistigen Funktionen sein. Die Altersgrenze ist nicht deutlich markiert. Sie verläuft bei fast jedem Menschen anders, fällt auch mit Sicherheit nicht mit der Pensionierungsgrenze zusammen. *Hermann Musil* meinte: „Keine Grenze verlockt uns mehr zum Schmuggeln als die Altersgrenze." Wir versuchen soviel wie möglich hinüberzuretten.

Biologisches und kalendarisches Altern

Bei der Betrachtung über das Altern müssen wir zwischen dem biologischen und dem kalendarischen Alter unterscheiden. Worauf das biologische Alter eigentlich zurückzuführen ist, konnte bis heute wissenschaftlich noch nicht geklärt werden. Es gibt bisher nur Theorien (die sogenannte Aufbrauch-, die Abnutzungs- oder die Vergiftungstheorie). Erbfaktoren sind unbestreitbar. Das erreichbare Lebensalter eines Einzelorganismus ist von der Teilungsfähigkeit seiner Zellen abhängig. Embryonale Fibroblasten des Menschen können im Reagenzglas bis zum Zelluntergang 40 bis 60 Teilungen durchmachen. Diese Zahl liegt beim jungen Erwachsenen bei 20 bis 30. Bei der Riesenschildkröte, die eine Lebenserwartung von mehr als 150 Jahren hat, konnten 100 Zellteilungen beobachtet werden. Die Teilungsaktivität der Zellen nimmt mit zunehmendem Lebensalter ab.

Zellalterung und Vitalitätsverlust

Zellalterung oder der Vitalitätsverlust ist ein unaufhaltbarer Vorgang, der durch äußere Faktoren wie Durchblutungsstörungen, Entzündungen oder Stoffwechselstörungen beschleunigt wird. Die Nervenzelle als Träger der Gehirnfunktion ist im Gegensatz zu anderen Organzellen nach der Geburt nicht mehr teilungsfähig. Sie kann nur noch absterben.

Das menschliche Gehirn hat bei der Geburt eine Ausstattung von etwa zwölf Milliarden Nervenzellen. Von diesen gehen im statistischen Mittel etwa 100 000 pro Tag zugrunde. Es läßt sich leicht errechnen, daß bis zum 82. Lebensjahr statistisch etwa drei Milliarden Nervenzellen normalerweise zugrunde gegangen sind. Zu einem rascheren Hirnschwund führen Gehirndurchblutungsstörungen bei Arteriosklerose, Stoffwechselentgleisungen, Hirnverletzungen und Vergiftungen (zum Beispiel beim Alkoholismus und durch Sauerstoffmangel beim Raucher).

Persönlichkeits- und Intelligenzabbau

Die psychologische Forschung hat uns in den letzten Jahren gezeigt, daß es einen generellen Persönlichkeits- bzw. Intelligenzabbau ohne Krankheit nicht gibt. Die verminderte Ansprechbarkeit, die Reduzierung des Interessenradius und das Nachlassen der Aktivität sind nicht in erster Linie auf das Lebensalter zurückführbar. Diese Erscheinungen stellen vielmehr Reaktionen auf spezifische Existenzbedingungen dar.

Aktiv gestaltetes Altern

Die Gerontologen haben in den letzten 20 Jahren ein Konzept des erfolgreichen Alterns entwickelt. Sie stellten fest, daß ein solches erfolgreiches Altern vorliegt, wenn man sich eines psychophysischen Wohlbefindens erfreut, wenn ein hohes Ausmaß an Zufriedenheit mit der Lebenssituation feststellbar ist, wenn der Ältere das Gefühl hat, nicht nur seinem Leben Jahre, sondern seinen Jahren Leben hinzuzufügen. Auch das hohe Alter bedeutet kein passives Warten auf den Tod, sondern eine aktive Auseinandersetzung mit der jeweiligen Lebenssituation, mit den jeweiligen Aufgaben und Problemen, die der Alltag bringt.

„Wer rastet, der rostet"

Ein erfolgreiches Altern verlangt Vorbereitung. Es verlangt eine realistische Sicht des Alternsvorganges und ein Aktivitätstraining sowohl im körperlichen als auch im geistigen Bereich. Diesen Vorgang nennt man Antizipation. Unter Antizipation versteht man die sehr konkrete und detaillierte gedankliche Vorwegnahme der Situation, die einmal eintreten wird. Dadurch wird die Anpassung an sie erleichtert, und zwar frühzeitig aus einer gewissen Distanz heraus, und deswegen sachlich und nüchtern die Möglichkeiten und Grenzen einer neuen Situation analysiert. In manchen Betrieben werden gezielte Vorbereitungskurse auf die Pensionierung organisiert. Dabei widmet man dem Freizeitbereich, besonders der Hobbypflege, große Beachtung. Hobbys, und zwar möglichst mehrere, sollten von der Jugend über das mittlere Erwachsenenalter bis ins hohe Alter gepflegt werden (z. B. sportliche Aktivitäten, künstlerische Ambitionen, Sammelleidenschaft oder andere Interessengebiete). Der Ausspruch „Wer rastet, der rostet" gilt sowohl im körperlichen als auch im geistigen Bereich.

Aktivität fördert Langlebigkeit

Die Psychologen stellten fest, daß ein weiterer enger Zusammenhang zwischen geistigen Aktivitäten, intellektuellen Fähigkeiten einerseits und psychophysischem Wohlergehen wie auch Langlebigkeit andererseits besteht.

Durch Längsschnittstudien ist belegt, daß die geistige Leistungsfähigkeit im Alter eher dann gegeben ist, wenn sie bereits in der Jugendzeit gut entwickelt war. Jugendliche, die als 18- bis 20jährige einen höheren Intelligenzquotienten (IQ) hatten, haben ihre Leistungshöhe bis ins siebente Jahrzehnt hinein erhalten und in Teilbereichen sogar vergrößern können im Vergleich zu denjenigen, die als 18- bis 20jährige einen niedrigen IQ hatten und dann auch einen stärkeren Abfall zeigten. Allerdings machen diese Studien auch die Notwendigkeit eines dauernden Trainings zur Erhaltung der geistigen Fähigkeiten während des Erwachsenenalters deutlich: Jene Personen nämlich, die im Berufsleben gefordert wurden, von denen eine größere Umstellungsfähigkeit, ein ständiges Reagieren auf neue Situationen verlangt wurde, waren im höheren Alter geistig viel aktiver als jene, die bei eintöniger Beschäftigung und wenig geistigen Interessen ihre Tage verbracht hatten.

Ein Muskel schrumpft, wenn er nicht gebraucht wird. Geistige Fähigkeiten verkümmern, wenn sie nicht aktiviert werden. Auf dem Gebiet der Sozialkontakte ist eine Vorbereitung wesentlich. Jene Personen sind im Alter glücklich und zufriedener, die möglichst viele soziale Kontakte aufrechterhalten. Das Ausmaß und die Art der Eltern-Kind-Beziehung sind für die späteren Verhaltensweisen im Alter mit entscheidend. Art und Weise, in der die Loslösung erwachsener Kinder aus dem Elternhaus vorbereitet wird, wie sie sich vollzieht und wie sie verarbeitet wird, gewinnt hier an Bedeutung.

Kinder rechtzeitig „abnabeln"

Dem Selbständigwerden der Kinder stehen die Eltern, vor allem die Mutter, oft mit gemischten Gefühlen gegenüber. Einerseits wird es als Abschluß der Erziehungsaufgabe geradezu herbeigesehnt, andererseits ist manche Frau – oft unbewußt – bestrebt, diesen Zeitpunkt noch möglichst lange hinauszuschieben, vor allem dann, wenn sie keine anderen familiären oder beruflichen Aufgaben mehr hat (und sich somit im fünften Jahrzehnt schon „pensioniert" fühlt). Mütter, die ihr Kind nicht „freigeben", die sich einer Lösung widersetzen, erleben das Verhältnis zu ihrem Kind im Alter oft spannungsgeladener und konfliktreicher, als es üblich ist. Nun gibt es im Verlauf der kindlichen und jugendlichen Entwicklung viele kleine „Lösungsschritte" (vom Durchtrennen der Nabelschnur, dem Abstillen, der Erlaubnis zum Kindergartenbesuch bis zum Ja-Sagen zu Reisewünschen mit einer Jugendgruppe oder einem Freund), die Gelegenheit zur „Vorübung der Lösung" und vor allem auch Gelegenheit zur Vorübung neu einsetzender und sich auf anderer Ebene intensivierender Bindungen bieten.

In unserer Zeit ist das Zusammenleben in Drei-Generationen-Familien immer weniger üblich, wird auch von den Älteren meist nicht gewünscht. Dabei ist zu bedenken, daß heutzutage eine Orientierung an einem Drei-Generationen-Haushalt auch deswegen vielfach überholt ist, weil aufgrund des veränderten Lebenszyklus (frühere Heirat, frühere Geburt der Kinder, früherer Auszug der Kinder) und der längeren Lebenserwartung oft vier Generationen miteinander zu tun haben. So hat man Anfang der 70er Jahre für Österreich festgestellt, daß über 7 Prozent aller über 60- bis 65jährigen noch einen Vater oder eine Mutter haben, daß gleichzeitig über 12 Prozent dieser Altersgruppe (und 22 Prozent aller über 75- bis 80jährigen) Urenkel haben. In den USA, in England und Dänemark liegen diese Zahlen noch höher. Die Großelternrolle wird heute schon in jüngeren Jahren, meist im fünften Lebensjahrzehnt, übernommen, so daß sich eine Gleichsetzung „Großeltern = alte Menschen" nahezu verbietet. In diesem Fall sind die Großeltern die Gebenden, von denen Unterstützung ausgeht, die mitten im Leben stehen und keineswegs abhängig und auf die Hilfe der Kinder angewiesen sind. Daß von ihnen ein Drei-Generationen-Haushalt eher abgelehnt wird, ist verständlich.

> Man darf nur alt werden, um milder zu sein; ich sehe nicht einen Fehler begehen, den ich nicht auch begangen hätte.
> (Goethe)

Auch die Umwelt formt im Alterungsprozeß

Die zweite Lebenshälfte führt uns in eine völlig andere Umwelt als die, in die wir hineingeboren wurden. Der Mensch, der jetzt im siebenten Lebensjahrzehnt steht, erhielt eine völlig andere Erziehung als die heutige Jugend. Er erlebte den atemberaubend schnellen Fortschritt der Wissenschaft und Technik mehr oder weniger bewußt mit. Er erfuhr eine völlige soziologische Umstrukturierung, den Verlust der

Großfamilie, Verpflanzungen in zum Teil völlig andere Landschaften, den Verlust von Tradition und das Wegfallen bisheriger Tabus. Das Zurechtfinden und Neulernen in einer solchen neuen Welt kann schwer sein. Immer wieder ist der alternde Mensch geneigt, seine Lebenserfahrungen starr in eine veränderte Umwelt einzubauen.

Platzverlust bedeutet Wertverlust

In unserer Welt ist der Wohn- und Lebensraum eingeengt. In ihr hat der alte Mensch häufig keinen Platz mehr. Platzverlust bedeutet aber immer Wertverlust. In einer ganz diesseitig orientierten Welt, in der Reife, Verzicht, Altern und Tod mit negativen Emotionen besetzt sind, müssen natürlich auch die Alten als Repräsentanten solcher Unwerte deplaziert erscheinen.

Funktionsverlust und Pensionierungsbankrott

Zu der Abwertung kommt noch der *Funktionsverlust.* Wenn der alte Mensch keine echte Aufgabe mehr hat oder sogar unvorbereitet aus einer lebenslangen Funktion aussteigt, kann es zu einer Krise kommen, ja sogar zu einer Katastrophe. Der *Pensionierungsbankrott* ist geradezu eine psychiatrische Diagnose geworden. Natürlich war auch früher mit dem Altern eine Funktionseinbuße verbunden, aber ein echter Funktionsverlust war doch selten. Das hing einerseits mit der bäuerlichen, handwerklichen oder kaufmännischen Struktur des Familienbetriebes zusammen. Der Alte blieb in der Regel im Funktionsverband. Auch vom Altenteil aus war er der die Generationen überspannenden Aufgabe verbunden. Er verblieb meist im Wohnverband der Großfamilie und hatte innerhalb dieser Lebensgemeinschaft seinen anerkannten, traditionell vorgezeichneten Platz mit festen Pflichten und Rechten. Auch die dörfliche oder kleinstädtische Gemeinschaft vermittelte bis ins hohe Alter hinein gewisse Funktionen, von denen in den modernen Städten schon deshalb nicht mehr viel übriggeblieben ist, weil lebenslange Nachbarschaften mit gewachsenen Bindungen da kaum noch bestehen können. Die Mobilität des modernen Lebens ist am Funktionsverlust des alten Menschen wesentlich beteiligt. Dies alles erhält ein ganz besonderes Gewicht noch dadurch, daß in unserer zunehmend rationalistisch orientierten Gesellschaft der Mensch immer mehr aus einer Person in einen reinen Funktionsträger verwandelt wird. Der Fachmann ist zu einem repräsentativen Typus unserer Sozialordnung geworden. Wird dann aber der alte Mensch in seiner spezialisierten Funktionsträgerschaft nicht mehr gebraucht, dann steht er plötzlich vor dem Nichts. Das Leben hat seinen Sinn verloren.

Wo das Leistungsprinzip und reines Nützlichkeitsdenken auf die Spitze getrieben werden, da steht der alte Mensch vor einer fast tödlichen Gefahr. Wir können das Rad der Geschichte mit der Entwicklung unserer Gesellschaft nicht zurückdrehen, etwa die Großfamilie wieder aufbauen, die Industrialisierung abschaffen oder die Beweglichkeit des modernen Menschen beschneiden. Psychosoziale Erhebungen bestätigen, daß zur Erhaltung der Sozialkontakte des älteren Menschen die Drei-Generationen-Familie nicht nötig ist.

Isolation und Einsamkeit

Der betagte Mensch leidet gar nicht unter einer äußeren Distanz zu seinen Kindern und Enkelkindern, sondern vielmehr unter einer inneren Distanz, zu der es auch bei äußerer Nähe in Wohngemeinschaften kommen kann. Das ständige Zusammenleben der Eltern mit ihren eigenen erwachse-

Auch der ältere Mensch sollte aktiv bleiben, positive Erlebnisse haben und sich naheliegende Zukunftsziele setzen. So bleibt er vor der Gefahr bewahrt, das Interesse am gegenwärtigen Leben zu verlieren und nur an die Vergangenheit zu denken.

nen Kindern und Enkeln ist gar kein Idealzustand. Auch kann die Ausgliederung aus dem Familienverband nicht als Isolierung des älteren Menschen gedeutet werden.

Wir sollten grundsätzlich zwischen Isolation und Einsamkeit unterscheiden. Das Gefühl der Einsamkeit wird keineswegs von der objektiven Kontakthäufigkeit bestimmt, sondern vielmehr von den subjektiven Erwartungen des einzelnen Menschen. Einsamkeitsgefühle sind manchmal auch eine Funktion der Langeweile. Personen, die einen eingeschränkten Interessenradius haben und eine geringe Zukunftsorientierung, klagen eher darüber. Einsamkeitsgefühle treten auch als Folge fehlender Rhythmisierungen im Tagesablauf, für die früher die Berufstätigkeit gesorgt hat, auf.

Bringen wir einen sich einsam fühlenden älteren Menschen dazu, sich ein System von Gewohnheiten zu schaffen, das den Alltag zu gliedern vermag, so ist dieses Gefühl bald verschwunden. Der ältere Mensch sollte jede Woche eine bestimmte Unternehmung planen und sich mit der gegenwärtigen Situation auseinandersetzen. Das Alter bietet in der Ruhe und Abgeklärtheit seiner Erfahrung zahlreiche Möglichkeiten der Tätigkeit und auch des Vergnügens. Sie müssen nur genutzt werden.

Erforderlich ist auch manchmal die Korrektur einer Erwartungshaltung gegenüber der Umwelt. Der Betagte sollte die Möglichkeit seines Lebensraumes sehen und sich seiner besonderen Fähigkeiten und Fertigkeiten zur Bewältigung der Alltagssituation bewußt werden. Die Umwelt kann ihm helfen, durch guten Zuspruch und durch Aufmunterung sein Selbstvertrauen zu stärken.

Leben im Blick auf die Zukunft

Der Blick des älteren Menschen sollte genau wie bei jüngeren auf die Zukunft gerichtet sein, so sehr er auch dazu neigt, nur in der Gegenwart zu leben und an die Vergangenheit zu denken. Naheliegende Zukunftsziele, die positiv getönt erlebt werden, lenken von gegenwärtigen Beschwernissen und Kümmernissen ab und helfen, diese leichter zu überstehen. Aktivierungen und Reaktivierungen geistiger und körperlicher Kräfte sowie sozialer Verhaltensweisen erhöhen die Lebenschancen. Aktivität im Alter hat nur wenig mit dem sozialen Status, mit Armut und geringer Bildung zu tun. Sie entspricht vielmehr sehr stark den Verhaltenserwartungen der Mitmenschen. Helfen wir mit, das Bild des alten Menschen zu korrigieren, bei uns selbst, in unserer Familie und in der Gesellschaft. Durch oft gut gemeinte übermäßige Schonung und Rücksichtnahme werden Aktivitätsbemühungen im Keime erstickt.

Der ältere Mensch kann durch nichts so gefördert werden wie dadurch, daß man ihn fordert, ihm etwas zutraut, ihm etwas zumutet. Nach *Goethe* bedeutet Altern: „Alle Verhältnisse ändern sich, und man muß entweder handeln, ganz aufhören oder mit Willen und Bewußtsein das neue Rollenfach übernehmen."

Meditation

„Ich will, anstatt an mich zu denken, ins Meer der Liebe mich versenken." So heißt es in einem Lied des pietistischen Dichters *Gerhard Tersteegen.*

K. hat einige Erfahrung in meditativen Techniken. Er fährt nach Besprechung geschäftlicher Probleme im Familienkreis, die scheinbar zu seiner Befriedigung abgelaufen ist, auf der verkehrsarmen Autobahn für einige Tage in eine andere Stadt. Bildhaft sieht er auf einmal über dem Horizont zwei Firmentafeln, regennaß, „wie mit Tränen bedeckt". Das Bild wird blaß, dann wieder deutlicher, und jetzt ist eine Nelke vor den Tafeln wahrzunehmen, die sich in eine Rose mit einem Stachel verwandelt, durch den er sich verletzbar fühlt.

Zwei Tage später wird ihm in Erinnerung an dieses Bild klar, wieviel gefühlsmäßige Kränkung die von der Vernunftseite her befriedigende Besprechung für ihn bedeutet hat und daß ein Familienmitglied mit seinem akzeptierten Vorschlag ihm nicht nur sachlich geholfen, sondern ihn auch gefühlsmäßig verletzt hat. Seine eigentümlich gespannte Stimmung bei der Abreise wird ihm jetzt klar.

Bilder, die in uns leben

Bei der kritischen Betrachtung unserer eigenen Erlebnisabläufe können wir an uns eine Reihe von verschiedenen Bewußtseinszuständen feststellen, die über den einfachen Rahmen Wachen – Schlafen hinausgehen. Wir erinnern uns vielleicht an die konzentrierte Aufmerksamkeit, die wir einem fesselnden Außengeschehen zuwandten und bei der wir sogar einen heftigen körperlichen Schmerz „vergaßen". Wir erfahren scharfes Nachdenken etwa bei der Suche nach einem technischen Fehler als besondere Klarheit. Ekstatische Unschärfe ist selbst dem beherrschten Mitteleuropäer bei einer rasanten alpinen Skiabfahrt gestattet, obwohl unsere Kultur gegen die säkulare oder religiöse Begeisterung, noch mehr gegen deren Steigerung zur Ekstase, tiefsitzende Ängste anmeldet.

Wir kennen aber auch – wahrscheinlich als recht seltenes Erlebnis – das ruhige, beschauliche Nichtstun, das Getragenwerden und Geschehenlassen, vielleicht verbunden mit der Beobachtung des gleichmäßigen Wellenschlages, der Bewegung im sanften Wind, des ruhig flackernden Feuers: Bilder steigen dabei in uns auf, scheinbar ungeordnete Erinnerungen und Gedanken. Vielleicht ängstigt auch das eine oder andere; wir scheuchen es zurück in die Tiefe, indem wir uns in Aktivität flüchten.

Der Weg in die Stille

Die großen biblischen Gestalten haben zunächst in der Einsamkeit die Stille erfahren: Mose, Jesus und Paulus sind zur inneren Klärung über ihre Sendung zunächst in die Wüste gegangen. Aber unsere technische Zivilisation konnte den hier angesprochenen un-vernünftigen Bewußtseinsbereich in ihr fortschrittsorientiertes System nicht einbauen und verhielt sich ablehnend. Unsere Welt hat sich seit Jahrhunderten der rationalen Weltbeherrschung verschrieben und konnte mit nicht unmittelbar nützlich erscheinenden Erlebnisweisen nichts anfangen. Inzwischen hat sich ein Wandel vollzogen, und wir stellen ein zunehmendes Bedürfnis zur Wendung nach „innen" fest. Es machten sich aber auch ein bedeutender Unfug und finanzielle und emotionale Ausbeutung breit. Der Griff zur „bewußtseinserweiternden" Droge schließlich verfälscht das berechtigte Bedürfnis nach „innen" völlig.

Es ist am Rande interessant, daß *Sigmund Freud,* der um die Jahrhundertwende gegen die vordergründige Bewußtseinspsychologie aufstand, indem er mit dem Nachttraum und der „freien Assoziation" die Tiefe der menschlichen Existenz der Wissenschaft zugänglich machte, mit einem Zitat aus Schillers „Taucher" heftig gegen das „ozeanische Gefühl" meditativen Erlebens polemisierte: „Es freue sich, wer da atmet im sonnigen Licht."

Unter Meditation soll die gezielte Herbeiführung jenes natürlichen Bewußtseinszustandes verstanden sein, dessen spontanes Auftreten wir beschrieben haben. Dabei ist es nicht so, daß Meditation grundsätzlich im religiösen Bereich anzusiedeln sei.

Zunächst läßt sich der diskutierte Bewußtseinszustand vom subjektiven Erleben her beschreiben. Wir wissen aus Selbstbeschreibungen von Künstlern, daß sie aus diesem un-vernünftigen Bewußtseinszustand heraus die Ideen für ihre Werke schöpften. Wir wissen zufällig von *Einstein,* daß er auf diese Weise zu seinen epochalen Gleichungen fand, und kennen von ihm auch den elektroenzephalographischen Befund: In diesem Zustand überwiegt – anders als beim Schlaf, bei Ruhe oder bei normalem Wachzustand – der sogenannte Alpha-Rhythmus, der bei Durchführen einer gezielten intellektuellen Leistung (wie bei einer banalen Kopfrechenaufgabe) sofort wieder unterbrochen wird.

Aus der Beobachtung und aus Experimenten wissen wir weiter, daß die Herabsetzung des Reizflusses von der Peripherie in das Gehirn den meditativen Zustand einleitet: Man kann sich an einen ruhigen – und damit reizarmen Ort – begeben und dort in einer gleichbleibenden Stellung verharren. (Auch Körperbewegung liefert Außenreize!) Man kann monotone Reize in Form von Musik, durch die Beobachtung ruhiger, regelmäßig wiederkehrender Bewegungen auf sich einwirken lassen. Man kann sich auch in ruhiger Rhythmik bewegen oder auch – wenn man es kann – einfach „abschalten". Tagelanges Fasten, das heißt völliger Nahrungsentzug, zeigt die gleiche Wirkung. Die heute praktizierten Fastenregeln verschiedener Religionen sind kümmerliche Reste des eigentlichen Fastens und haben mit seinen ursprünglichen Absichten nichts mehr zu tun.

Der meditative Bewußtseinszustand ist mit einer Umschaltung der körperlichen Funktionen auf „Ruhe" verbunden, ein Phänomen, das *J. H. Schultz* als „organismische Gesamtumschaltung" beobachtet und beschrieben hat. Zunächst wollen wir also den körperlichen Effekt der Ruhe und Entspannung sehen und seine positive Auswirkung auf die organische Gesundheit zur Kenntnis nehmen. Dann wird durch die Abwendung von der Außenwelt bei wachem (allerdings gegenüber dessen üblichem Zustand etwas verändertem) Bewußtsein Raum für die Auseinandersetzung mit der persönlichen Innenwelt geschaffen. Die jetzt auftauchenden Bilder und Gedanken sind von einer eigentümlichen, sich in das Bewußtsein einprägenden Kraft und bleiben einem lange und nachhaltig „vor Augen".

Begegnung mit innerseelischen Inhalten

Wir wollen uns zunächst mit dem jüdischen Religionsphilosophen *Martin Buber* darauf beschränken, in der Meditation nur eine Begegnung mit innerseelischen Inhalten zu erwarten; eine Begegnung mit Gott oder Satan in der Meditation läßt sich im herkömmlichen Sinn weder beweisen noch ausschließen. Ein konsequent denkender Theologe wird zunächst kaum zu dem Schluß kommen, man könne meditativ Gott herbeizwingen oder vom Satan überrumpelt werden. Unsere persönlichen Erfahrungen gehen auch dahin, daß bei aller passiven Hingabe in der Meditation die verantwortliche Verfügbarkeit des Menschen keineswegs aufgehoben ist. Die später vorgestellten gezielten Meditationen zeigen die Möglichkeit der konkreten Hinwendung zu einem bestimmten Thema.

In der Meditation kann allerdings einiges erlebt werden, das beunruhigt, ängstigt, ja, einen in Panik versetzt. Gewisse Fassadenfunktionen des Normalbewußtseins sind ausgeschaltet, verborgene positive und negative Inhalte der Persönlichkeit tauchen auf und können unter Umständen recht bedrohlich erlebt werden. Man suche die Ursachen dafür aber grundsätzlich zunächst in sich selbst. Es sollte aber wegen der Möglichkeit solcher Überschwemmungen aus dem Unbewußten und wegen der schon angesprochenen einprägenden Kraft der Erlebnisse jede Meditation zunächst nur unter der Leitung eines vertrauenswürdigen Leiters erfolgen, der auch ernsthafte Krisen auffangen kann.

Meditation in der Medizin

In dem Maße, wie der Zusammenhang von Körperlichem und Seelischem bei Krankheiten deutlich wurde, wandte sich die Medizin auch Methoden zu, um Menschen aus ihrer Angst, Unruhe und Unsicherheit zu führen, da eine solche Befreiung den Heilungsprozeß fördert. Als ein Weg, innere und äußere Ruhe zu finden, erschien das, was mit dem Begriff Meditation verbunden ist.

Entspannungsübungen

In der Medizin wurden eine Reihe Entspannungsübungen entwickelt, von denen jene, die auf *J. H. Schultz* zurückgehen (autogenes Training), allein ausgeführt werden können. Es geht dabei darum, daß der Patient sich körperlich und seelisch entspannen lernt. Die Beherrschung körperlicher Funktionen wie Muskelarbeit und Atmung haben auf die seelische Verfassung eine beruhigende und kräftigende Wirkung. Neben der ausgleichenden Wirkung auf den Organismus erfährt der Übende bei solchen Körpermeditationen ein angenehmes, positives und lustvolles Körpererleben. Dabei ist jede Dressur zu vermeiden. Das freie Geschehenlassen und die Selbstwahrnehmung zunächst des eigenen Körpers werden in den Vordergrund gestellt.

Ein solches Programm der Körpermeditation läßt sich mit folgender Übung ergänzen:

Der Meditierende soll den Handrücken

der einen Hand in die Handfläche der anderen legen und so gleichzeitig über das Geben und Empfangen von Geborgenheit und über seine persönliche innere Haltung zu dieser Erfahrung meditieren. Es läßt sich zeigen, wie sich unser Wahrnehmungsvermögen beim Ansehen der Reproduktion eines niederländischen Meisters verfeinert: Im Vergleich vor und nach der Übung werden die Farben strahlender und kräftiger und das Gesamtbild detailreicher wahrgenommen. Statistisch korrekt erfaßte Untersuchungen bestätigen diese Intensivierung der Wahrnehmung auch im Alltag.

Meditative Techniken

Die meditativen Techniken stellen aus mehreren Gründen eine bedeutende Bereicherung des psychotherapeutischen Angebotes dar:

Zunächst werden dem Patienten recht unklare gefühlsmäßige Beziehungen anschaulich und klar: R. berichtet, sie sei gern bereit, anderen Leuten zu helfen. Zu der meditativen Betrachtung ihrer Hilfsbereitschaft ermuntert, sieht sie sich, riesengroß auf einem Podest stehend, einem kleinen gestürzten Menschen aufhelfen. Damit ist über die Motivation ihrer Hilfsbereitschaft eigentlich schon sehr viel klargeworden.

Jene Patienten, an denen die klassische Psychotherapie, nämlich die Psychoanalyse, entwickelt worden ist, haben über eine Sprachkultur verfügt, die auch feinste Gefühlsregungen abstrakt auszudrücken ermöglichte – eine technische Fertigkeit, die wir heute bei den meisten unserer Patienten vermissen. Zudem betreffen heute zunehmend neurotische Störungen einen Erlebnisbereich, zu dem die Sprache kaum einen Zugang hat, weder die des Patienten noch die des Therapeuten.

Die meditativen Bilder bieten Zugang zu diesem urtümlichen Material. Noch so ruhiges Nachdenken bewirkt noch keine nachhaltige Wandlung der inneren Haltung des Menschen. Eher das Gegenteil: Wir kennen zur Genüge den „ausgebildeten Kranken", der einen langen, klugen Vortrag über seine Neurose halten kann – die er unverändert hat. Dagegen wirken die meditativen Bilder und deren Bearbeitung viel tiefer, stärker, unmittelbarer und nachhaltiger. Dies stellt sicher ein schon mehrfach angesprochenes besonderes Risiko im Umgang mit diesem Bildmaterial dar; andererseits hat der qualifizierte Therapeut ein wirkungsvolles Instrument zur Hand.

H. geht in der Meditation über eine Wiese. Am Rand bemerkt er einen Kirschbaum. Er will, den Kirschbaum nicht näher beachtend, weitergehen. Auf die Ermunterung des Therapeuten, den Baum doch zunächst näher zu betrachten, sieht er ihn voller reifer Früchte. Leute sind auf dem Baum. Sie pflücken und essen die Früchte. Er empfindet ihnen gegenüber Neid. Er möchte auch auf den Baum, findet schließlich eine Leiter und kann sich satt essen.

Das nächste Mal berichtet er spontan, zum ersten Mal seine Wünsche bezüglich der Freizeitgestaltung in seiner Familie am Wochenende vorgebracht zu haben. Man habe sie akzeptiert, und es sei für ihn ein schönes Wochenende gewesen.

Christliche Meditation

„Am Abend mußt du auf jeden Fall eine Stelle aus der Heiligen Schrift mit dir zu Bette nehmen, womit du, wiederkäuend wie ein Tier, sanft einschlafen magst. Es soll aber nicht viel sein, eher wenig, aber gut durchdacht und verstanden. Und wenn du am Morgen aufstehst, sollst du es wie die Hinterlassenschaft des Gestern vorfinden ... Wo man das Wort Gottes mit Ernst betrachtet, höret und handelt, hat es die Kraft, daß es nie ohne Frucht bleibt, sondern allezeit ein neues Verständnis,

Bibeltexte zum Meditieren
(Aus: Die Gute Nachricht)

„Du zeigst mir den Weg zum Leben. Deine Nähe erfüllt mich mit Freude; aus deiner Hand kommt ewiges Glück." (Psalm 16, 11.)

„Leg dein Schicksal in Gottes Hand; verlaß dich auf ihn, er macht es richtig!" (Psalm 37, 5.)

„Gott, ich komme von dir nicht los! Du hast meine Hand ergriffen und hältst mich; du leitest mich nach deinem Plan und holst mich am Ende in deine Herrlichkeit." (Psalm 73, 23. 24.)

„Alle, die auf den Herrn vertrauen, bekommen immer wieder neue Kraft, es wachsen ihnen Flügel wie dem Adler. Sie gehen und werden nicht müde, sie laufen und brechen nicht zusammen." (Jesaja 40, 31.)

„Was den Menschen unmöglich ist, das kann Gott möglich machen." (Lukas 18, 27.)

„Der Geist, den Gott uns gegeben hat, macht uns nicht zaghaft, sondern gibt uns Kraft, Liebe und Besonnenheit." (2. Timotheus 1, 7.)

Lust und Andacht erweckt, das Herz und Gedanken rein macht." (*Martin Luther*)

Wenn wir Religion – christliche Religion im besonderen – als ein alle Lebensbereiche durchdringendes Element auffassen und andererseits wiederholt dargelegt haben, daß die meditative Bewußtseinsebene zu den natürlichen menschlichen Möglichkeiten gehört, so hat Meditation im christlichen religiösen Leben ihre berechtigte, lange Zeit vernachlässigte Bedeutung. Daß wir auf diesem Gebiet einerseits keine fortlaufende Tradition zur Hilfe haben und andererseits mit fremden, inhaltlich fragwürdigen und in der Auswirkung nachweislich gefährlichen Praktiken konfrontiert werden, zwingt auch im Rahmen dieses Buches zu einer Argumentation.

Der Bibelleser erinnert sich auch im Alten und Neuen Testament einiger Hinweise auf das durchaus nicht im landläufigen Sinn gemeinte „Stillesein", das „Schauen" und „Erkennen" (so in den Psalmen, den prophetischen Büchern, den Paulusbriefen und der Offenbarung des Johannes). Das Johannesevangelium weicht in seiner Darstellungsweise von den Augenzeugenberichten der drei anderen Evangelien deutlich ab und spricht mehrfach jenen von uns als un-vernünftig bezeichneten Denkbereich an, der jeweils dann Schwierigkeiten macht, wenn man mit der an *Kant* und *Hegel* geschulten abendländischen Logik eine Analyse versucht. Ähnliche Stellen finden wir in den Briefen des Apostels Paulus, der einerseits scharf und logisch klar argumentiert und andererseits das darzustellen versucht, was ihn letztlich von „unaussprechlichen Worten" reden läßt. Die Rolle des Fastens zur Erlangung einer besonderen persönlichen Klarheit ist unter anderem in Matthäus 17, 21 angesprochen.

Orientierung an den Grundlagen des christlichen Glaubens

Die Versuchung Jesu in der Wüste gibt uns wichtige Hinweise für unsere Problemstellung. Uns fällt auf, daß Jesus die Antwort auf die jeweilige Versuchung aus ihm von früherem Schriftstudium her bekannten Texten des Alten Testaments nimmt. Gerade diesen Aspekt werden wir uns immer vor Augen halten, wenn wir hier der christlichen Meditation das Wort reden – dies selbstverständlich nur dann, wenn wir darin eine wertvolle Ergänzung und Vertiefung des christlichen religiösen Lebens sehen können. Christliche Meditation muß sich an den Grundlagen des christlichen Glaubens orientieren, soll sie sich nicht in Selbsterlösung und Selbstvergötterung der indischen Mystik verlieren oder in ein synkretistisches Weltgefühl abgleiten. Diese strenge Eingrenzung ist trotz alles Geschehenlassens und aller Beiseitestellung des Intellektes möglich.

Bestimmte Bibelstellen mit ihren wichtigen Aussagen werden oft nicht erlebt, weil der Leser sie bis jetzt noch gar nicht offenen Auges und wachen Sinnes gelesen hat. (Wir denken hier etwa an 2. Mose 20, 10: „Am siebenten Tage ist der Sabbat des Herrn, deines Gottes. Da sollst du keine Arbeit tun...") Die christliche Meditation kann das Studium der Bibel nicht ersetzen, das Erarbeitete aber vertiefen und wirksamer machen. Die Kluft zwischen „Glauben mit dem Herzen" und „Bekennen mit dem Mund" (Römer 10, 10) kann gelegentlich erschreckend deutlich werden. Dies öffnet aber den Weg zu ihrer Überbrückung.

Eine Gruppe Gläubiger, in der Offenheit, Anteilnahme und Vertrauen herrscht und in der man seine religiöse Fassade angstfrei fallen lassen kann, wird dem einzelnen Meditierenden auch bei aufgedeckter Glaubenskrise helfen können.

H., ein aktiver und engagierter Christ, sieht in einer Kreuzesmeditation nur ein glattes, irgendwie kaltes und ihm Unbehagen bereitendes Kreuz und sucht fast verzweifelt vergeblich nach dem Gekreuzigten. Das ängstigt und deprimiert ihn. Gerade dieses Beispiel zeigt, daß bei der religiösen Meditation eine in mehreren Bereichen kompetente und sachkundige Hilfe notwendig ist. Sie bietet dafür aber eine von uns durchaus positiv gesehene Möglichkeit, sich mit der tiefen eigenen Religiosität auseinandersetzen zu können.

Symbol- und Bildmeditation

Vor allem mit Symbol- und Bildmeditation kann die Forderung nach der grundsätzlich christlichen Hinwendung erfüllt werden.

Als Beispiel einer *Symbolmeditation* haben wir die Kreuzmeditation vorgestellt. Man wird bei der Auswahl eines Symbols allerdings streng darauf achten müssen, ob dieses nicht im Laufe der Jahrhunderte bereits verfälschte Inhalte bekommen hat, was natürlich eine Abweichung von der Glaubensgrundlage auch in der Meditation bedeuten würde.

Bei der christlichen *Bildmeditation* möchten wir einige Vorbehalte anmelden, fließt doch in das als Meditationsgrundlage genommene Bild zunächst die persönliche Auffassung desjenigen ein, der das Bild gestaltet hat. Damit ist zwangsläufig die Gefahr der Abweichung von unabdingbarem Glaubensgut in einem vielfach größeren Ausmaß als bei der Symbolmeditation gegeben, ja, eigentlich unvermeidlich. Das gleiche gilt auch für außerbiblische Texte, wie zum Beispiel Kirchenlieder oder populäre Darstellungen des Lebens Jesu.

Textmeditation

Zur *Textmeditation* nimmt man einen den Meditierenden ansprechenden Text aus der Bibel, der weniger über Gott und die Welt erklären, sondern eine Aussage an den einzelnen und möglichst kurz, klar und positiv sein soll und im meditativen Geschehenlassen betrachtet wird („betrachten" ist hier ursprünglich und geradezu wörtlich zu verstehen). Selbst ein Gebot enthält eine positive, zum persönlichen Nutzen meditierbare Aussage. Unter der Fülle der Psalmen fällt sofort der 23. Psalm („Der Herr ist mein Hirte") ein. Hier würde man schrittweise die einzelnen Aussagen, Vers für Vers, „betrachten". Die sieben Bitten des Vaterunsers und die Seligpreisungen Jesu seien als neutestamentliche Beispiele genannt.

Im übrigen wird jeder Bibelkundige selbst tröstende und mahnende Worte finden, die sich zur meditativen Betrachtung eignen. Vielleicht wird er in einer Meditation beim Blättern in der Bibel gerade jene Aussage finden, die er im Moment zur weiteren Meditation benötigt.

Im christlichen Rahmen durchaus vertretbar ist folgende Textmeditation: Man

Auch die biblischen Apostel und Propheten brauchten Zeiten der Stille und des inneren Schauens, um sich über ihren Auftrag klar zu werden. In seinem Gemälde „Paulus im Gefängnis" bringt Rembrandt das intensive, in sich versunkene Nachdenken des Apostels zum Ausdruck.

antwortet innerlich auf alle in einer freien Meditation wahrgenommenen Empfindungen, aufsteigenden Gedanken und Bilder mit deutlicher Bezugnahme auf den Text aus 1. Korinther 10, 31 „... zur Ehre Gottes". Hier erlebt man eine Konfrontation damit, wieviel – oder wie wenig – des eigenen Denkens, Planens, Empfindens und Handelns wirklich von der Bibel geprägt ist. Ein in die Meditation abschließend hereingenommener Text, etwa, daß Gott das Wollen und auch das Vollbringen gibt, kann zu einem positiven Abschluß dieser Meditation führen.

Wie in der Therapie, so ist auch in der Seelsorge ein einmaliges Erlebnis nutzlos, gelegentlich sogar schädlich; nur eine regelmäßige Praxis wird einen in den Alltag hineinreichenden Erfolg zeigen.

Wir müssen nochmals betonen, daß gerade die christliche Meditation vorteilhaft in einer Gruppe mit einem hohen Grad gegenseitigen Vertrauens mit der Möglichkeit des offenen Erfahrungsaustausches durchgeführt wird. Von dem Leiter der Gruppe wird eine hohe Qualifikation in zwei Bereichen, dem der Meditation und dem der Seelsorge, gefordert werden müssen; denn gutgemeinter Dilettantismus kann gerade hier zu unerfreulichen Ergebnissen führen.

Ein gefährlicher Irrweg

Wenn wir das meditative Erleben grundsätzlich als menschliche Möglichkeit dargestellt haben, die in unserer Kultur lange zu kurz gekommen ist, so ist ein steigender Nachholbedarf nicht verwunderlich. Wenn in der „Transzendentalen Meditation" des *Maharishi Mahesh Yogi* religiöse Selbsterlösungsideen eingeflochten sind, so ist der christliche Theologe zur Stellungnahme gegen diese, nicht gegen die Meditation an sich aufgerufen. Die medizinischen und psychologischen Ergebnisse sind weitgehend identisch mit denen des autogenen Trainings und anderer bekannter Methoden, also keineswegs sensationell und neu. Wir kritisieren zunächst von der medizinischen Seite her die unsaubere Methodik und die absolut unzureichende Ausbildung der Vermittler dieser Lehre, die zum Auftreten einer auffallenden Zahl von körperlichen vegetativen Störungen führt. Der illusionäre Heilsanspruch, mit dem diese Methode propagandistisch gekoppelt wird, ist strikt abzulehnen. Zuletzt ist die Methode in einem nicht zu verantwortenden Ausmaß in einem hysterisch-pseudoreligiösen Personenkult auf den großen Yogi zentriert. Jugendliche werden durch diesen Kult völlig aus der Bahn geworfen, labile Persönlichkeiten durch die völlig unzureichend ausgebildeten Instruktoren noch tiefer in die so provozierte Krise hineingetrieben. Wir schließen uns in unserer strikten Ablehnung des gefährlichen Unfugs der „Transzendentalen Meditation" berufenen Fachleuten wie *Klaus Thomas* und *Dietrich Langen* an. Wir wollen aber nicht übersehen, daß die erschreckend rasche Ausbreitung der „Transzendentalen Meditation" eine Herausforderung darstellt, Entsprechendes anzubieten.

Ärztliche Psychotherapie

„Denke nicht, den Menschen gesund zu erhalten, ohne ihn zu verbessern.“ (Der Wiener praktische Arzt und Psychiater *Ernst Freiherr von Feuchtersleben*, 1838.)

Das Wort „Psychotherapie“ beinhaltet bereits die Annahme bestimmter krankhafter Zustände, die auf eine ganz bestimmte Weise im medizinischen Sinn zu behandeln sind. Es geht also weder um die besondere Art des Umganges mit Kranken und leidenden Menschen noch um Trost und Seelsorge. Wir sprechen erst dann von Psychotherapie, wenn auf Grund von Erfahrungen gewisse über das Erleben wirkende Elemente als seelische Heilmittel gezielt eingesetzt werden.

Heilmittel, die über das eigene Erleben wirken
- **Zunächst Erstellung einer Diagnose**
- **Ganzheitsmedizin, nicht Psychologisierung**
- **Auch seelische Erkrankung erfordert Rücksichtnahme**

Wie man einem seelisch Kranken helfen kann
- **Psychoanalyse**
- **Verhaltenstherapie**
- **Übende Verfahren**
- **Musiktherapie**
- **Krisenintervention**
- **Familientherapie**
- **Ein Mann, der sich erst wohl fühlt, wenn es seiner Frau schlecht geht**
- **Flucht in die Krankheit**
- **Therapie für Gesunde**

Gruppentherapie
- **Die Klärung von Bedürfnissen und Ängsten**
- **Die Illusion der Gefühlsanalphabeten**
- **Die therapeutische Gruppe ist kein Familienersatz**

Heilmittel, die über das eigene Erleben wirken

Dies bedarf einer näheren Erläuterung. Zweifelsohne hatten *Franz Anton Mesmers* „Magnetische Kuren“ eine Wirkung, sicher nicht durch Strahlen, wie er glaubte, sondern über das Erleben. Er war ein – allerdings sehr umstrittener – Arzt, der seine Methode gezielt einsetzte. Wir werden aber dennoch hier nicht von Psychotherapie sprechen können.

Andererseits haben neuere Forschungen und Überlegungen unser Augenmerk auf die erlebnismäßigen Begleiteffekte etwa einer Kneippkur gerichtet: Der vom Arzt in einen Kurort überwiesene Patient ist zunächst seiner (beruflichen) Verantwortung enthoben. Ein „Schonklima“ nimmt ihn auf. Die Therapie fordert von ihm zum Teil eigene Aktivität und damit Eigenverantwortung; dazu werden die Anwendungen von ihm auch intensiv erlebt. Obwohl dies alles sicher einen Einfluß auf den Patienten hat und bei der Therapieplanung wegen eines möglichen positiven oder negativen Begleiteffektes beachtet werden sollte, handelt es sich hier nicht um Psychotherapie.

Ganz anders verhält es sich mit der seit Jahrtausenden therapeutisch eingesetzten *Musik*. Hier war immer klar, daß die Musik auf den Patienten als ein Erlebnis wirkt. Zwar ist der Begriff der Psychotherapie recht jungen Datums, wir werden ihn aber für diese Therapie mit Recht beanspruchen, und es soll uns nicht stören, daß man sich über deren Wirkungsweise theoretisch auch heute noch nicht ganz im klaren ist.

Zunächst Erstellung einer Diagnose

Wir benötigen einen gewissen theoretischen Rahmen, wenn wir von gezieltem Einsatz sprechen wollen. Dazu gehört die Erstellung einer Diagnose (und damit die „Indikation") und die Vorstellung über ein klar gestecktes therapeutisches Ziel. Dieses kann – und muß manchmal! – kurzfristig und vordergründig auf das Symptom gerichtet sein, etwa in Form von Entlastung, Unterstützung, Angstminderung, Lockerung oder Entspannung. Es wird in anderen Fällen eine langfristige „Umstrukturierung der Persönlichkeit", „Lockerung des Charakterpanzers" oder „Aufdeckung des neurotischen Lebensplanes" beinhalten (wir haben hier absichtlich die sehr bildhaften und anschaulichen Fachausdrücke für die Therapieziele verschiedener Therapieschulen gewählt). Der Wirkungsmechanismus der besonderen Therapie kann dabei, wie bei der Musiktherapie, zunächst ruhig im dunkeln bleiben. Nur muß die Technik lehr- und lernbar sein, auch wenn der Therapeut für die einzelne Methode eine ganz bestimmte persönliche Begabung braucht. Seriöse Psychotherapie ist nicht die Angelegenheit „begnadeter" Charismatiker, die gelegentlich oder sogar häufiger unglaublich erscheinende Wunderheilungen im nicht gelichteten Dunstkreis des Wechselspiels ihrer Persönlichkeit und der des Kranken aufweisen können.

Der Medizinstudent bekommt in seinem ersten Semester bereits ein Skalpell in die Hand gedrückt und weiß bald über Knochen, Muskeln und Organe genau Bescheid. Das scheint zunächst keine notwendige Vorbereitung für den Umgang mit Therapien zu sein, die über das Erleben wirken sollen; zudem fühlen sich Psychologen und Theologen gelegentlich hierfür kompetenter. Unter den derzeitigen Verhältnissen fällt die Psychotherapie vorwiegend in den Verantwortungsbereich des Arztes, auch wenn er deren Durchführung anderen anvertraut.

Die Zukunft läßt auf eine interdisziplinäre Teamarbeit zwischen Ärzten, Psychologen, Pädagogen, Sozialarbeitern, Seelsorgern und anderen hoffen.

Ganzheitsmedizin, nicht Psychologisierung

Wir haben ein Jahrhundert der reinen Organmedizin hinter uns und erleben immer deutlicher deren Grenzen, deren Nachteile und das daraus resultierende Unbehagen. Gegenwärtig drohen bescheidene Anfänge einer Ganzheitsmedizin in eine extreme Psychologisierung abzugleiten, sehr zum Nachteil der Sache und vor allem als Gefahr für den Patienten.

M. befällt mit einer gewissen Regelmäßigkeit am späten Vormittag ein Gefühl der Angst und Unsicherheit; er reagiert unkonzentriert, gereizt und unsachlich. Eine nähere organmedizinisch orientierte Befragung ergibt, daß er gewöhnlich kein Frühstück ißt. Der angstneurotische Zustand ist in Wirklichkeit Ausdruck eines Blutzuckermangels als Folge des leeren Magens. Seine Lebensweise ist auch in anderen Bereichen äußerst ungesund. Im weiteren Gespräch fällt zudem eine ausgeprägte neurotische Abhängigkeitshaltung auf. Zunächst ist aber die körperliche Bedingtheit seines Angstzustandes zu erkennen und zu behandeln.

N. ist ein „Nervenzipfel". Die familiäre und soziale Situation ist problematisch und läßt eine Reihe von Konflikten annehmen. Die zufällige Einnahme hoher Dosen eines Vitaminpräparates macht aus ihm einen geradezu ausgeglichenen Menschen – ein Vitaminmangel wird weder mit Beruhigungsmitteln noch mit Psychotherapie zweckmäßig behandelt.

In beiden und ähnlichen Fällen wird man von einem ärztlichen Psychotherapeuten mit Recht fordern, daß er sich an das Gelernte erinnert und die körperlichen Symptome als solche erkennt. Körperliche Schmerzen sind nicht nur der erlebnismäßige Ausdruck eines inneren seelischen Konfliktes, sondern können auch das Signal eines körperlichen Schadens sein. Ein Genick mit schmerzhaften Muskelverspannungen zeichnet nicht nur den „Halsstarrigen" aus; es kann auch einmal davon kommen, daß man in der Zugluft gesessen hat.

Auch seelische Erkrankung erfordert Rücksichtnahme

Wir erleben einerseits eine Zunahme des Problembewußtseins im seelischen Bereich. Andererseits haben wir gelernt, daß in unserer sozialen Ordnung eine körperliche Erkrankung als etwas Schicksalhaftes gilt, das Rücksichtnahme und Schonung rechtfertigt und für das man bei der institutionalisierten medizinischen Versorgung auf Hilfe Anspruch hat. Das verführt viele Patienten dazu, alle Hilfsbedürftigkeit in Form körperlicher Beschwerden einem dafür kompetenten Helfer (= Arzt) vorzutragen.

H. ist ungemein tüchtig, ein disziplinierter Arbeiter, ein verantwortungsbewußter Familienerhalter, schlechtweg unersetzlich. Plötzliche Herzschmerzen erschrekken ihn zutiefst. Radikal wird die Lebensweise auf Schonung und Fitness umgestellt: Er gibt das Rauchen von heute auf morgen auf, er läuft täglich seine Trainingsstrecke, drängt auf einen Kuraufenthalt, sagt Verpflichtungen und Vergnügungen ab. Das betrifft auch seine Frau mit, die ihn jetzt besonders umhegt, umsorgt und ganz für ihn da ist. Im Laufe der Therapie entdeckt er sein tiefes Bedürfnis nach passiver Abhängigkeit und Verwöhnung und kann dies, die für ihn persönlich nicht erfüllbaren Klischeevorstellungen über Männlichkeit beiseite lassend, in einem realitätsgerechten Ausmaß auch anmelden. Die „Herzschmerzen" hatten übrigens einen recht harmlosen, aber doch einer entsprechenden Behandlung zuzuführenden organischen Ursprung: Ein Nerv war im Bereich der Brustwirbelsäule leicht irritiert und verursachte ein in die Herzgegend ausstrahlendes Schmerzgefühl.

> Wir sind ein Kunstwerk Gottes, nicht bloß bildlich gesprochen, sondern wirklich und wahrhaftig; wir sind etwas, das Gott macht, und also etwas, womit er nicht zufrieden sein wird, bis es eine bestimmte Prägung besitzt. (C. S. Lewis)

Wie man einem seelisch Kranken helfen kann

Wir stellen heute eine eindeutige Zunahme der psychosomatischen Erkrankungen im engeren Sinne fest: jener genau umschriebenen körperlichen Erkrankungen, bei deren Entstehung und Verlauf die seelische Grundstimmung eine wesentliche und entscheidende Rolle spielt. Psychotherapie ist keine belastungsfreie Plauderei, und eine *körperliche* Erkrankung wie das Bronchialasthma kann in eine lebensgefährliche *körperliche* Krise führen, und da sollte der für die Therapie Verantwortliche nicht überfordert sein.

Seriöse Psychotherapie orientiert sich heute im wesentlichen an drei Lehren, die so weit durchdiskutiert sind, daß man von Theoriesystemen sprechen kann: an der *Tiefenpsychologie*, der *Lerntheorie* und – manchmal als Synthese dieser beiden erscheinend – der *Kommunikationstheorie*. Daß man auf ein und denselben Fall das eine und das andere Theoriesystem anwenden kann, soll nicht verwundern, stellen sie doch alle das Ergebnis der Beobachtungen menschlichen Verhaltens und dessen Veränderungsmöglichkeit dar. Unterschiedlich ist lediglich der Beobachtungsstand.

Psychoanalyse

Psychoanalyse ist die wohl am meisten bekannte und verkannte Psychotherapiemethode. Sie will in einer sehr langwierigen und schwierigen Zusammenarbeit zwischen Therapeuten und Patienten eine Veränderung in Richtung einer vermehrten Einsicht und eines erweiterten bewußten Erlebens und damit auch Handelns erreichen.

Andere tiefenpsychologische Schulen zeigen Abweichungen in Theorie und Technik, zum Teil aber auch nur im verwendeten Fachvokabular. Man wird so lange von „analytischer" Therapie sprechen dürfen, als die Grundannahmen der Verdrängung und des Unbewußten beibehalten und Übertragung und Gegen-Übertragung kritisch unter Kontrolle gehalten werden, auch wenn bildhafte Phantasien (das katathyme Bilderleben *Leuners*) oder Körpererlebnisse (die Gestalttherapie nach *Fritz Perls*), das Rollenspiel (im Psychodrama *Morenos*), Zeichnen, Malen und Modellieren eingesetzt werden, um das Unbewußte vor Augen zu führen und einer Behandlung, Bearbeitung und Veränderung zugänglich zu machen. Letztlich geht es bei all diesen Therapieformen darum, eine Atmosphäre des Vertrauens und der Sicherheit zu schaffen, in der der Patient mit immer weniger Angst und schließlich angstfrei das nicht Bewußtseinsfähige zunächst unklar und später immer klarer zu sehen wagt. Bereits ein einziges Gespräch kann dies gelegentlich bewirken! Ein Therapeut, zu dem ein Patient aus welchem Grund auch immer kein vorbehaltloses Vertrauen haben kann, muß an diesem Fall scheitern.

Wenn R. L. aus dem Kapitel „Was ich einem neurotisch gefährdeten Menschen raten würde" (siehe Seite 226 ff.) den Therapeuten nach der zufälligen Entdeckung einer religiösen Zeitschrift auf dessen Schreibtisch auf einmal als hart, allmächtig, ängstigend, Unerfüllbares fordernd und erdrückend erlebt und dies dem Therapeuten auch mitzuteilen wagt (allerdings zunächst nicht persönlich, sondern in einem Brief), so beobachten wir hier die „Übertragung" seiner Autoritätsproblematik auf den Therapeuten, die so einer Bearbeitung zugeführt werden kann: Der Therapeut greift ja diese negativen Gefühle auf, ohne wie der Vater strafend zurückzuschlagen. Wenn eine Patientin in der Therapie nebenbei von einer Seminararbeit erzählt, zu der der Therapeut eine Menge Material zur Hand hat und er ihr das hilfreich anbietet, ist er kein netter, hilfreicher Mensch, sondern gefährdet die Therapie durch seine „Gegenübertragung". Es ist ein privates, persönliches Interesse des Therapeuten angesprochen. Sich als freundlicher Helfer bei der Patientin einzuschmeicheln ist ein Bedürfnis, das er ruhig haben *darf*, aber im Interesse der Therapie unter Kontrolle halten *muß*.

Wir haben diese beiden Fälle von Übertragung dargestellt, weil durch deren Beachtung auch in anderen Beziehungen zwischen Helfern und Hilfsbedürftigen zum Teil tragisch ausgehende Mißerfolge vermieden werden können.

Verhaltenstherapie

Verhaltenstherapie gründet sich auf die Lerntheorie und leugnet radikal das Unbewußte. Man argumentiert damit, daß es nach klassischen wissenschaftstheoretischen Maßstäben nicht beweisbar ist – es ist danach allerdings auch nicht widerlegbar.

Die menschliche Existenz wird als Summe vielfältiger Lernprozesse gedeutet und daraus abgeleitet, daß ein störendes oder krankhaftes Verhalten durch vorausgeplante neue Lernprozesse geändert werden kann. Grob unterscheidet man auch in der Therapie das *Lernen von Signalen*, wie etwa das Erwachen bei einem ganz bestimmten Weckton. Beim *Lernen am Erfolg* wird ein Verhalten durch eine Belohnung verfestigt. Wir alle haben unsere Muttersprache zunächst durch das *Lernen am Modell* gelernt. Der Verfasser hält das tiefenpsychologische Modell als der menschlichen Natur näher kommend. Wir alle finden aber in unserem Leben eine Fülle von Verhaltensweisen, die durchaus vordergründig nach einer der drei dargestellten Lernmethoden erklärt werden können. Oft fordern die Umstände lediglich die Beseitigung eines sozial störenden oder die Gesundheit des Patienten schädigenden Symptoms, beispielsweise des Alkoholmißbrauchs, der das Nervensystem und die inneren Organe angreift. Verhaltenstherapie ist hier oft die einzige praktisch durchführbare Möglichkeit. Von den hochgesteckten Zielen der Persönlichkeitsreifung und Selbstfindung anderer Schulen wird man hier Abstand nehmen müssen.

Übende Verfahren

Bei körperlichen Entspannungsübungen, von denen die bekanntesten im deutschen Sprachraum die von *J. H. Schultz* sind, lernt und übt der Teilnehmer zunächst einmal die Umschaltung seines Organismus, der Muskulatur, des Gefäßsystems, des vegetativen Nervensystems und des Bewußtseins auf „Ruhe". Die immer wieder zu beobachtende Senkung eines hohen Blutdrucks soll als Beispiel der nach einigen Wochen des Übens bereits zu beobachtenden körperlich heilsamen Wirkung erwähnt werden. Der Übende erlebt sich in seinem Körper angenehm und lustvoll. Dies ist für viele eine überraschende, beglückende und harmonisierende Neuentdeckung.

Zur gleichen Zeit, als *J. H. Schultz* seine Entspannungsübungen entwickelte, wurden in Berlin weitere übende Verfahren vorgestellt. Man hatte schon lange die Notwendigkeit körperlicher Betätigung für die Gesundheit erkannt und traktierte den Leib mit einer starren, exerzierenden Gymnastik. Dagegen wandten sich Persönlichkeiten wie *Elsa Gindler* mit ihrer „funktionellen Entspannung" und *Gerda Alexander* mit ihrer „Eutonie". Auch *Helmut Stolzes* „konzentrative Bewegungstherapie" läßt sich auf die Berliner Kreise zurückverfolgen. Gemeinsam ist diesen Therapieformen, daß sie über das Erleben des Körpers in Ruhe und freier Bewegung persönliche und zwischenmenschliche Haltungen bewußt machen und im Fall von Fehlhaltungen durch Erfahren und Üben neue Haltungen vermitteln wollen. „Haltung" ist hier wörtlich und im übertragenen Sinn zu verstehen. Hier sei an einen Ausspruch des schon zitierten *Feuchtersleben* aus dem vorigen Jahrhundert erinnert: „Man kann so oft dem Körper nur durch die Seele, warum nicht auch dieser durch jenen zu Hilfe kommen." Eine gewisse ideologische Tönung hat der Verbreitung der überaus wertvollen Gedanken und Möglichkeiten, etwa der Eutonie, leider geschadet. Noch weit stärker trifft dies auf die der Anthroposophie *Rudolf Steiners* verpflichteten Eurythmie zu – auch hier zu Unrecht und zum Bedauern dessen, der täglich Patienten sieht, die dieser Therapieform bedürfen.

Musiktherapie

Auch die Musiktherapie wird am ehesten unter den übenden Verfahren vorgestellt, weil auch hier eine Erfahrung der durch die Musik gegebenen Strukturierung übend wiederholt wird. Musiktherapie muß über das genießende Anhören oder die perfekte Reproduktion unserer herkömmlichen Musikkultur hinausgehen, indem sie unter Verwendung eines entsprechend einfachen musikalischen Instrumentariums (z. B. der Orff-Instrumente) den Teilnehmern auch bei bescheidenen musikalischen Fertigkeiten die Möglichkeit zur Improvisation und zum Zusammenspiel mit anderen gibt. Dargebotene Musik kann in freie einzelne oder gemeinsame körperliche Bewegung umgesetzt oder in Farbe dargestellt werden, und dem Patienten eröffnen sich damit neue, freiere Erlebnisweisen.

Da den hier vorgestellten übenden Verfahren als wesentliches Element das „Miteinander" eigen ist, wird man sie mit Recht unter die Gruppentherapie einreihen können.

Singen und Bewegen nach Musik hat nicht nur bei Kindern, sondern auch bei Erwachsenen eine entspannende Wirkung.

Krisenintervention

Über jeden Menschen kann plötzlich eine Situation hereinbrechen, in der er sich in seiner Identität – und die umfaßt seine familiäre, berufliche und soziale Stellung und auch seine Selbstachtung – bedroht, gefährdet und vor allem hilflos erlebt. Seine bisher erfolgreich angewandten Strategien zur Bewältigung von Problemen versagen auf einmal. Krisenintervention ist eine junge ärztlich-psychotherapeutische Disziplin. Sie verlangt eine rasche ärztliche Entscheidung zum aktiven Eingreifen und zur Mobilisierung von verschiedenen sozialen Hilfsdiensten.

Eine unter ärztlicher Hilfe überwundene Krise kann den Anstoß zu einer späteren umstrukturierenden Psychotherapie geben; sie kann andererseits durchaus einmalig auftreten und den Betroffenen ohne Neuorientierung seinen altgewohnten Weg nach der Überwindung wieder weitergehen lassen. Der Vorrang des Arztes bei der Krisenintervention ergibt sich aus der Voraussetzung zum therapeutischen Eingreifen: Oft begegnet man dem Betroffenen erst, wenn es für einen rechtzeitigen Eingriff, durch den Ärgeres mit all seinen negativen Konsequenzen hätte verhindert werden können, zu spät ist, nämlich wenn er unter der Diagnose eines akuten körperlichen Zusammenbruchs oder nach einem ernstgemeinten Selbstmordversuch in ein Krankenhaus eingewiesen worden ist. Die Abgrenzung einer Panikreaktion gegenüber akut auftretenden depressiven oder schizophrenen Psychosen ist für die Planung auch schon der ersten helfenden Sofortmaßnahme notwendig.

Das erklärte Ziel der in Ausbau befindlichen Kriseninterventionszentren ist es, mit ihrem Hilfsangebot so weit und solcherart in der Öffentlichkeit bekannt zu werden, daß Akuteinweisungen der oben geschilderten Art durch rechtzeitige Hilfe überflüssig werden.

Familientherapie

Zunächst muß sich die Psychotherapie zwangsläufig am Einzelindividuum orientieren, kommt doch der Patient mit seinen Symptomen, an denen er leidet, zum Therapeuten und erwartet Hilfe und Änderung. Nun läßt sich schon in der alltäglichen ärztlichen Praxis immer wieder folgendes beobachten: Der Patient wird von einem hilfreich besorgten Angehörigen zum Arzt gebracht. Dieses „gesunde" Familienmitglied hat genaue Vorstellungen davon, was ihm am Patienten nicht paßt. Der Arzt wird dabei gelegentlich in die Rolle des Erfüllungsgehilfen des „Gesunden" gedrängt, so daß es 2:1 gegen den „Kranken" steht.

Eine andere Frontbildung ergibt sich, wenn der andere Ehepartner einmal zu einem Kurs für autogenes Training mitkommt. Er hat dann leicht das Gefühl, er sei zurückgeblieben und von der Entwicklung oder dem Erleben seines Ehepartners ausgeschlossen, Patient und Therapeut stünden also gegen ihn.

Noch viel deutlicher erleben wir dies natürlich bei jenen intensiven Psychotherapien, die eine Strukturveränderung und Reifung der Persönlichkeit zum Ziele haben. Schließlich hat sich die Familie schon seit Jahren auf einen ganz bestimmten Umgang mit dem Patienten und mit seinen Eigenschaften eingestellt. Schon die Partnerwahl erfolgte sehr oft unter den Bedingungen eines Wechselspiels, das mit dem zum Positiven (so wollen wir es zumindestens annehmen) veränderten Patienten in der alten Form nicht mehr möglich ist.

Ein Mann, der sich erst wohl fühlt, wenn es seiner Frau schlecht geht

M. ist ein lebendiges, dynamisches und beruflich erfolgreiches Mädchen. In ihrem Kreis gab es manchen, der ihren Verlobten, einen tüchtigen Geschäftemacher, um sie beneidete. Der läßt sie schließlich sitzen, was sie zunächst recht bedrückt und hilfsbedürftig macht. Einer der stillen Verehrer tröstet sie hingebungsvoll über die Enttäuschung hinweg, und sie erlebt dadurch eine bis dahin noch nicht gekannte Art von Zuneigung. Im Trubel der Hochzeit und der Haushaltsgründung bleibt nicht viel Gelegenheit zum Abgrenzen der gegenseitigen Standpunkte. Dann aber, nach einigen Jahren, rückt doch wieder ihre Dynamik und Vitalität in den Vordergrund, was ihren jetzigen Gatten verstört, verunsichert und sich zurückziehen läßt. Eine zufällige Erkrankung gibt ihr wieder seine – jetzt angstfreie – Zuneigung zurück. Ihr durchaus berechtigtes Bedürfnis nach Zuneigung erlebt sie also nur im Kranksein. Trotz mehrerer Akutaufnahmen kann im Krankenhaus kein auffälliger körperlicher Befund erhoben werden. Ihre schließlich psychotherapeutisch gelungene Stabilisierung bringt den Gatten – der die Gefahr für sich ahnt und ihre Psychotherapie immer wieder spöttisch abwertet – völlig aus dem Gleichgewicht. Erst eine Krise seinerseits

Höchst komplizierte Beziehungen können in einer Ehe entstehen, wenn sie nicht mehr gesund ist. Was einfach war, wird dann schwierig.

läßt erkennen, daß er eigentlich von vornherein eine Einzeltherapie viel notweniger hatte; er nimmt sie (bei einem anderen Therapeuten) auf, und schließlich erfolgt eine Paartherapie für beide gemeinsam.

Angehörigensprechstunde in einer psychiatrischen Abteilung: Eine knapp 30jährige Patientin ist seit Jahren eine exzessiv starke Trinkerin, zeigt aber noch keine groben körperlichen Schäden und keinen Persönlichkeitsabbau. Sie und ihr Mann bekräftigen ihre Bereitschaft zum gemeinsamen Bemühen, mit dem Problem der Frau (!) fertig zu werden. Im Gespräch fällt auf, daß der Ehegatte seine Anteilnahme, seine Zuwendung und seine Bereitschaft zur Mithilfe in einem schulmeisterlich-strafenden Ton äußert. Es ist mit Sicherheit anzunehmen, daß die Patientin diese Art von Bevormundung kaum lange Zeit aushalten wird. Schon deshalb wird sie erneut zum Alkohol greifen.

Nun müssen wir die Situation zunächst einmal von den Seiten beider Partner zu verstehen suchen: Da ist einmal die bevormundete, ja, fast entmündigte Patientin die „Schuldige". Da ist zum anderen der Gatte, der schon sehr oft die Beteuerungen und Schwüre seiner Frau gehört hat, nichts mehr zu trinken. Er ist dadurch notwendigerweise in die Rolle des Bevormundenden gedrängt worden (allerdings vielleicht gar nicht allzu ungern) – und das ist *sein* Problem. Hier wird klar, daß nicht allein der Alkohol das Problem darstellt, daß nicht nur das Problem eines Individuums vorliegt, sondern daß hier zumindest zwei Leute untereinander eine Spannung aufgebaut haben, zu deren Auflösung beiden geholfen werden muß.

Es läßt sich hoffen, daß der zehnjährige Sohn, der jahrelang die turbulente Situation zwischen den Eltern recht und schlecht zu nutzen wußte, sich ohne fachtherapeutische Hilfe wieder in eine normalisierte Familiensituation hineinfinden wird. Schließlich kann man gerade bei ihm auf die beträchtliche Selbstheilungskraft der Psychose vertrauen.

Flucht in die Krankheit

In der Familie Z. gibt es eine Fülle von Spannungen. Die Auffassungen und Interessen der Ehegatten stimmen nicht überein. Man ist sich über die Haushaltsführung, den Familienstil, das Geld und die Erziehung der Kinder überhaupt nicht einig; eine Ebene der Verständigung scheint es nicht zu geben. Da erkrankt eines der Kinder, die vierjährige Tochter, an Asthma bronchiale oder besser: Das Asthma bricht bei ihr endlich aus. Jetzt tut man alles für das Kind: Die Frau bleibt zu Hause und betreut es, der Mann schränkt seine umstrittenen teuren Hobbys ein – jetzt als Alleinverdiener für den materiellen Unterhalt der Familie verantwortlich. Bezüglich der Bevorzugung dieses oder jenes Kindes gibt es keine Diskussion mehr. Man tut alles für das arme leidende Kind. Bereitwillig schleppt man es zu dieser und jener (und auch recht teuren) Therapie. Bei der Konsultation eines neuen Arztes legen die Eltern einen Stoß verschiedenster Therapieberichte vor, die *eines* gemeinsam haben: Die Therapien wurden samt und sonders jeweils dann von der Familie abgebrochen, wenn man – zu Recht oder zu Unrecht – auch nur eine Andeutung von Erfolg merkte.

Wir glauben alle, gesund zu sein sei ungeheuer wertvoll. Manchmal entdecken wir aber, daß krank zu sein auch seine Annehmlichkeiten hat. Letztlich jedoch gilt uns Gesundheit mehr, als verwöhnt zu werden. Das langfristige Erkaufen eines „sekundären Krankheitsgewinns" durch das eigene Kranksein ist hochgradig neurotisch.

Nun kann nicht nur die Ursache einer ausgebrochenen Krankheit in dem Spannungsfeld der Primärgruppe „Familie" zu suchen sein. Oft ist – wie im Falle Z. – die Krankheit des einzelnen für die Familie von einem nicht aufgebbaren Wert. Die Familientherapie ist damit nicht nur die ursächliche, sondern auch die einzig mögliche Therapie. Neben den Problemen der Methodik und des notwendigen geschulten therapeutischen Personals ist es besonders schwierig, die „Gesunden" zu einer Therapie zu motivieren, wird doch damit ihr mit Hilfe des „Erkrankten", des „Symptomträgers", mühsam aufgebautes Gleichgewicht in Frage gestellt. Zudem müssen wir einen völlig neuen Krankheitsbegriff einführen und dem Sozialversicherungsträger gegenüber vertreten, der bis jetzt nur die Krankheit und damit die Therapiebedürftigkeit des einzelnen anerkennt.

Wir alle haben normalerweise das Be-

dürfnis, in unseren zwischenmenschlichen Beziehungen zu geben und auch zu nehmen. Nun gibt es schicksalhafte chronische Gesundheitsstörungen eines Familienmitgliedes, beispielsweise die Entwicklungsstörung eines Kindes durch einen frühkindlichen Hirnschaden oder eine Invalidisierung als Folge einer Erkrankung oder eines Unfalles, die eine an sich harmonische Familie durch die so geweckten Aggressionen gegen den Invaliden, der die Familie einseitig belastet und die daraus folgenden Schuldgefühle in eine gespannte, ja, exzessive Stimmung bringt. Eine stützende Familientherapie, in der die gesunden Familienmitglieder zunächst einmal erleben, daß man für ihre persönlichen – jetzt enttäuschten – Hoffnungen, Wünsche und Bedürfnisse Verständnis hat, wirkt entlastend und auch die Beziehung zum Behinderten entspannend.

Bei der Gruppentherapie werden die vielfältigen gegenseitigen Beziehungen genutzt, um Bedürfnisse und Ängste der einzelnen zu klären. Der einzelne soll auch lernen, seine Gefühle auszusprechen. Ein Familienersatz allerdings kann die Gruppe nicht sein.

Therapie für Gesunde

Neben der im Aufbruch befindlichen Familientherapie, die die nächsten Angehörigen rund um den sogenannten „Symptomträger" miterfassen will, gibt es auch hier „Therapien für Gesunde" nach den verschiedensten Konzepten. Gemeinsam ist all diesen Bestrebungen, daß sie das Zusammenleben der Paare und der Familie erleichtern, verbessern, vertiefen und bereichern wollen, daß sie die Kommunikation in dieser Primärgruppe zu intensivieren suchen, „neurotische" Rollenspiele deutlich machen und im Sinne einer Verbesserung verändern wollen. Für solche Familienseminare gilt das bezüglich eines verantwortungsbewußten und verläßlichen Therapeuten Gesagte. Die Familientherapie ist Therapie und Prophylaxe zugleich.

Bei seelisch kranken Menschen ist das soziale Umfeld wichtig. Es ist in die Therapie einzubeziehen, was guten Willen der Betroffenen voraussetzt.

Gruppentherapie

Die Gruppentherapie verwendet als therapeutisches Instrument nicht die asymmetrische Zweierbeziehung zwischen Patient und Therapeut, in der es viel Übertragung, aber hoffentlich keine unbeherrschte Gegenübertragung gibt. Sie nutzt statt dessen die Möglichkeit der vielfältigen gegenseitigen Beziehungen, der Übertragungen und Gegenübertragungen in einer etwa sechs bis zwölf Personen umfassenden Gruppe unter der Führung eines Therapeuten.

„Ich lasse mich nicht unterkriegen"

Was hinter einer solchen Phrase stecken kann

Hans-Christoph Piper schildert und analysiert in seinem Buch „Gesprächsanalysen" (Göttingen, 1975) das Gespräch zwischen einer Pfarrersfrau und einer 70jährigen Witwe. Die Witwe erkundigt sich nach dem Befinden des Pfarrers, der auf einer Auslandsreise ist.

Etwas spitz fragt sie: „Na, wie ist es, haben Sie schon Nachricht von Ihrem lieben Mann?"

Die Pfarrersfrau erwidert, sie habe, da selbst die Luftpost einige Tage dauert, noch nichts von ihm gehört, hoffe aber, daß er heil angekommen sei.

Witwe: „Ja, das wünsche ich ihm auch sehr. Glauben Sie mir, ich bete auch jeden Tag für ihn. Ich bete überhaupt für alle."

Pfarrersfrau: „Ja, danke, das ist sehr lieb von Ihnen. – Wie geht es denn Ihnen?"

Witwe: „Sie sehen ja, ich laß mich nicht unterkriegen. Unkraut vergeht nicht. Mit Gottes Hilfe geht es immer wieder. Ich war gerade wieder bei meinem Arzt. Der hat mir was verschrieben. Aber ich muß sehr, sehr viel beten, damit ich immer wieder die Kraft habe."

Hinter der Selbstironie „Unkraut vergeht nicht" und dem forschen Satz: „Ich lasse mich nicht unterkriegen" steht tiefe seelische Not. Die Frau ist praktisch am Ende. Sie wird mit dem Leben nicht fertig. Es geht ihr wie vielen Menschen, die außerstande sind, über ihre Not zu reden. Nur wer hinhören kann, wird herausfinden, was hinter ihren Worten steckt. Gesprächstherapie setzt die Fähigkeit voraus, auf Nebentöne achten und Nichtgesagtes heraushören zu können. Manche sprechen von anderer Not, wenn sie die eigene meinen. Helfendes Gespräch muß vernehmen, was der Betroffene vordergründig gar nicht sagt und doch eigentlich sagen will.

Die Klärung von Bedürfnissen und Ängsten

Eine therapeutische Gruppe arbeitet an ihren „Interaktionen". Der Therapeut sichert die Atmosphäre des Vertrauens und damit der Angstminderung; er schützt den einzelnen vor für ihn nicht erträglichen Angriffen; er hilft durch vorsichtige Regieführung, durch Hinweise und klärende Deutungen. Wenn das von den Mitgliedern eingebrachte Erleben und Verhalten und dessen Wechselspiel nicht im Mittelpunkt der Arbeit steht, dürfen wir nicht von „Gruppentherapie" sprechen.

Das Ziel der Therapie ist wie in der Einzeltherapie die korrigierende, gefühlsmäßige Neuerfahrung, die Klärung unterdrückter Wünsche, Bestrebungen, Bedürfnisse und Ängste der Mitglieder mit Hilfe der Gruppe.

N. ist nach wenigen Gruppensitzungen genau in der Situation, die sie bis jetzt immer wieder nach einiger Zeit in verschiedenen beruflichen und privaten Bereichen irgendwie unklar, auf jeden Fall aber belastend und unbefriedigend erlebt hat. Hier kann sie dieses Gefühl anmelden (wer würde am Arbeitsplatz eine brauchbare Antwort darauf bekommen, daß er sich nicht ernst genommen fühlt; wer würde das dort überhaupt so vorzubringen wagen?) – und die Gruppe kann einbringen, welches Verhalten von N. die besondere Ablehnung der Umwelt ihr gegenüber provoziert.

Schwer neurotisch gestörte Patienten brauchen zunächst die Geborgenheit der Einzeltherapie, werden aber später oft zweckmäßigerweise in eine Gruppe aufgenommen. Hier werden sie therapeutisch erfolgreicher mit ihrem illusionären Ausschließlichkeitsanspruch („Der Therapeut und ich") konfrontiert, bedeutet doch die therapeutische Gruppe *„unter mehreren sein"*.

Die Illusion der Gefühlsanalphabeten

Für Patienten mit psychosomatischen Störungen hat sich auch im deutschen Sprachgebrauch der Begriff des „Emotional illiterate", des Gefühlsanalphabeten, eingeführt. Die weitestgehende Blockierung des Erlebens und noch mehr des Ausdrükkens von Gefühlen schließt die klassische psychotherapeutische Methodik weitgehend aus. Als überzeugter Verfechter der körperlichen Bedingtheit seiner Erkrankung hält ein solcher Kranker an der Illusion fest, daß er psychisch konfliktfrei sei, sich ideal sozial anpasse und die Umwelt den problemlosen Umgang mit ihm äußerst positiv einschätze. Die Gruppe bietet hier die Möglichkeit, an anderen und schließlich an sich selbst Gefühle zu erleben, ohne daß die Welt deshalb einstürzt; die Gruppe vermittelt hier am deutlichsten eine dem Patienten bis jetzt verschlossen gebliebene Erlebniswelt.

L., eine Asthmatikerin, sitzt still, bescheiden und betont unauffällig da. Einmal darauf angesprochen, bleibt sie in stiller Entschiedenheit dabei, sich nie (!) zu ärgern. Später, in einer gemeinsamen Gruppenzeichnung, zeigt sie beträchtliche expansive, ja, rücksichtslose Tendenzen und wird nachher bei der gemeinsamen Besprechung des Gezeichneten recht ärgerlich, ohne daß ihr deshalb Ablehnung oder Bestrafung von seiten der Gruppe widerfährt. Schließlich sitzt sie frei und gelöst da: „So frei und wohl habe ich mich noch nie gefühlt."

Vielheit und *Verschiedenheit* der Individuen in einer Gruppe machten ihr Problem deutlich, sich nämlich als Persönlichkeit gegenüber anderen abzugrenzen, ohne sich zu isolieren, und Gemeinschaft zu erleben, ohne sich zu verlieren. Gerade für Süchtige scheint dies eine wichtige Erfahrung zu sein.

Das Gruppenglied ist *nicht souverän*. Der Herrschsüchtige, der Autoritäre (und der Antiautoritäre) sieht sich in der Gruppe sowohl seinem Allmachtsanspruch als auch der Reaktion der Gruppe darauf gegenüber. *Die Folge eigenen Tuns* ist in der Gruppe nicht absehbar: Das zwanghafte Festhalten an bewährten Strategien – gleichermaßen Schutz, Kerker und Vereinsamung – wird durch die spontanen Reaktionen darauf von seiten der Gruppenmitglieder durchbrochen. Eine therapeutische Gruppe ist schließlich keine in starren Verhaltensweisen festgefahrene Bezugsgruppe (wie etwa die „menschliche Familie"), die sich gesucht, gefunden und zusammengespielt hat.

Die therapeutische Gruppe ist kein Familienersatz

Jede psychotherapeutische Situation ist künstlich, konstruiert. Die Gruppentherapie ist nicht nur ökonomischer bezüglich der Relation Therapeut : Patient : Zeit; sie gibt dem Patienten einerseits weniger, andererseits aber doch auch viel mehr: Sie behandelt ihn in einem Rahmen, der wesentlich vielfältigere neue Erfahrungen ermöglicht und der Realität näher ist als der der Einzeltherapie.

Der Therapeut orientiert sich wohl meistens an der Tiefenpsychologie, aber auch an den aus der Erfahrung abgeleiteten Gesetzmäßigkeiten der Gruppendynamik und der Kommunikationstheorien. Die verantwortungsbewußte Führung einer therapeutischen Gruppe stellt an die Fertigkeiten, die Selbstkontrolle und die Konzentration des Therapeuten wesentlich höhere Anforderungen als die Einzeltherapie; zudem ist sie mit einem größeren Risiko behaftet – eine tiefere und breitere therapeutische Wirkung rechtfertigt dies.

Sinn und Überwindung des Leides

Wenn man ein Wörterbuch nach Leid und Leiden befragt, erfährt man schnell, wie vielfältig diese beiden Begriffe in unserem Wortschatz vorkommen. Wir reden vom bitteren, schweren Leid, wir klagen einem anderen unser Leid, wir versprechen jemandem, daß ihm kein Leid geschehen werde. Eheleute versprechen, Freud und Leid miteinander zu teilen, und man kann hoffen, daß sie in Liebe und Leid zusammenhalten. Man kann Leid tragen um jemanden, sich auch selbst ein Leid antun.

Die Hoffnung auf eine Welt ohne Unheil und Leiden, so tief sie den Menschen auch in seinem Innersten bewegt, hat sich bisher als Illusion erwiesen.

Leid als Krise der ganzen Person

Das Tätigkeitswort leiden tritt auf im Sinne von ertragen, erdulden, aushalten. Wir können eine Person oder eine Musik leiden, das heißt, man mag sie gern. Viele Menschen müssen aber auch Hunger, Durst, Schaden oder Unrecht leiden im Sinne von erleiden, ertragen. Jeder kennt den biblischen Ausdruck: „Der Gerechte muß viel leiden.“ Leiden kann für dulden, erlauben, gestatten und zulassen stehen. Wir können sagen „Das leide ich nicht“, ebenso aber auch an einer Krankheit leiden. Wir kennen das passive Ertragen eines Leides wie das positive Ertragen eines anderen Menschen.

Das Leiden kann auch für akute oder chronische Krankheit gebraucht werden, wie wir es häufig in Todesanzeigen lesen: „Er starb nach einem langen, schweren, mit großer Geduld ertragenen Leiden.“ Ebenso sprechen wir ja vom bitteren Leiden Christi.

Wenn Leiden und Leid in so mannigfacher Form und so vielen verschiedenen Bedeutungen vorkommen, ist schon zu erkennen, daß es ebenso viele Möglichkeiten geben wird, Leid und Leiden zu lindern, zu tragen oder zu überwinden.

Die Antwort der Psychologen

Fragen wir die Psychologen nach Leid und Leiden, so sehen sie darin ein Erlebnis, das den Kern der Person, also den tieferen seelischen Bereich betrifft und durch ein Herabgestimmtsein, eine Herabsetzung der Tätigkeitsbereitschaft und des Unternehmungs- oder Ausdehnungsdranges gekennzeichnet ist. Dieser Verlust an Lebensqualität äußert sich körperlich durch einen Spannungsverlust des vegetativen Nervensystems, das die hauptsächlichen Körperfunktionen steuert und auch wesentlich bis in die geistigen Funktionen und Bereitschaften hineinwirkt. Leid und Leiden gehen an die Tiefe unseres Lebens. Man sagt wohl nicht umsonst, daß sich an der Tiefe des Leides oder Leidens die Tiefe der Persönlichkeitsstruktur ablesen läßt. Je weiter bei einem Menschen seine Persönlichkeit entwickelt ist, um so mehr ist er fähig, Leid und Leiden zu erleben, aber auch zu ertragen. Alte Menschheitserfahrung bringt zum Ausdruck, daß am Leid die Persönlichkeit an Tiefe gewinnt.

Wir erkennen daran, daß Leid und Leiden nicht nur zum Wesensbereich der Medizin, sondern auch zur Psychologie und zur Theologie und damit zum Christentum gehören.

Die Sinnfrage im Leiden

Leid entwickelt sich meist aus Situationen, denen wir ohnmächtig gegenüberstehen und die wir nicht ändern können. Solche Situationen sind unheilbare Krankheit, Tod eines nahen Angehörigen, unbegreifliches, als Unrecht empfundenes Schicksal oder unwiederbringlicher Verlust.

Zunächst erscheint uns jedes Leid, dem wir uns ausgeliefert fühlen, als sinnlos. Sinnlosigkeit des Leides würde aber zugleich auch Sinnlosigkeit des Lebens bedeuten, gibt es doch kein Leben ohne Leid. Wenn wir aber nach dem Sinn des Lebens fragen – und der Mensch ist ein sinnorientiertes Wesen –, dann ist es auch gerechtfertigt, nach dem Sinn des Leides zu fragen. Finden wir in unserem persönlichen Leben einen Sinn, dann muß auch das Leiden, als kranke Lebensform, einen Sinn beinhalten. Man wird heute um so mehr nach dem Sinn des Lebens, des Leides und Leidens fragen, weil sich gerade bei jüngeren Menschen der Zweifel an dem Sinn ihres Lebens ausbreitet und zu einem kollektiv-neurotischen Massenphänomen wird. Im Leben und Leiden einen Sinn zu finden heißt aber schon, einen Schritt zur Überwindung des Leides zu tun.

Leidensformen

„Alt werden heißt sehend werden" – „Im Alter verklärt – oder versteinert."
(*Marie v. Ebner-Eschenbach*)

Beim Gedanken an das Alter stellt sich sofort die Vorstellung von Schwachheit und Schrecklichkeit ein. Es ist der letzte Lebensabschnitt, eine Zeitspanne, die uns nicht gefällt. Das Wechselspiel der Aufbau- und Abbaukräfte, der Leistungs- und Ruhephasen verschiebt sich langsam, aber nachdrücklich auf die Seite der zunehmenden Ruhebedürftigkeit und der Abbauvorgänge. Damit kündigt sich die Altersschwäche an. Die körperliche Leistungsfähigkeit nimmt ab, auch wenn man glaubt, dem Körper durch Training und „Trimm dich" immer wieder die jahrelang gewohnte Leistung abtrotzen zu können.

Körperliches Leid

Man darf bei aller Aktivierung der körperlichen und geistigen Kräfte nicht verkennen, daß eines Tages dennoch das fühlbare Nachlassen der körperlichen und geistigen Kräfte eintritt, was auch durch das nachlassende Gedächtnis spürbar wird.

Leid wird nicht nur durch sogenannte Schicksalsschläge ausgelöst. Es gibt Formen des Leidens, die keinen äußeren Anlaß haben, etwa das Gefühl der Sinnlosigkeit, der inneren Leere. Solches seelisch-geistige Leid kann durch eine neue Lebenseinstellung überwunden werden.

Älterwerden ist keine Krankheit. Es ist aber nicht zu leugnen, daß das Alter häufig mit allerlei körperlichen Belastungen einhergeht, vor allem mit Verschleiß- und Abnutzungserscheinungen, Seh- und Hörstörungen. Oft kommen noch schwere Organerkrankungen hinzu, auch wenn sie nicht unbedingt altersbedingt sind. Zumeist handelt es sich um Herz- und Gefäßerkrankungen, chronische Atemwegserkrankungen, Zuckerkrankheit, Arthritis oder rheumatische Erkrankungen mit Versteifungen der Gelenke oder gar Krebs. Es ist nur allzu verständlich, daß man unter Alter und Krankheit leidet und Leid trägt, wenn einem das Leben schwere Lasten auferlegt.

Bei all diesen vorwiegend körperlichen Beschwerden, Belastungen und Krankheiten ist zunächst ärztliche Hilfe erforderlich. Atemübungen, Bewegung in frischer Luft, Wasseranwendungen, möglichst auch Schwimmen und eine vernünftige Altersdiät tragen viel zur Verbesserung bei. Die noch relativ junge Wissenschaft von den Alternsvorgängen und dem Altern überhaupt stellt wichtige Hilfen zur Linderung der zahlreichen körperlichen Veränderungen zur Verfügung. Die modernen physikalischen Behandlungsmethoden, wie sie oft in den neueren Altenheimen eingesetzt werden, leisten gute Dienste.

Eine den ganzen Menschen umfassende Hilfe läßt sich allerdings nur verwirklichen, wenn man auch die seelisch-geistigen Veränderungen berücksichtigt, da diese oft schwerwiegender und schwerer zugänglich sind als die körperlichen Leiden.

Seelisch-geistiges Leid

Unter den seelisch-geistigen Leiden stehen die Lebensangst, Todesangst, Depressionen und Neurosen im Vordergrund. Dafür ist ein Arzt oder Psychotherapeut notwendig. Aber auch funktionelle Störungen können uns viel Leid bereiten.

Es gibt selten Menschen, die bis ins hohe Alter körperlich und seelisch-geistig voll leistungsfähig bleiben. Viele leiden unter der ständig nachlassenden seelisch-geistigen Kraft. Es ist sicher richtig, daß uns eine innere Anpassungsfähigkeit seelisch ausgeglichen und zufrieden erhält. Seelisches Gleichgewicht auch im Alter ist am ehesten zu erreichen, wenn es uns gelingt, eine schöpferische Tätigkeit zu entwickeln. Diese muß gar nicht mit dem lebenslang ausgeübten Beruf zusammenhängen. Jede schöpferische Tätigkeit, auch wenn sie sich auf materielle Dinge bezieht (z. B. Basteln, Modellieren, Malen, Gartenbau, Kleintierzucht und vieles andere), ist immer zugleich auch geistige Tätigkeit. Geistige Aktivität, darauf hat Prof. Dr. *H. Franke* nachdrücklich hingewiesen, vergrößert die Chance, ein hohes Alter zu erreichen. Je reger sich der Geist entfaltet, desto größer die Zufriedenheit und die Befriedigung über eine gelungene Arbeit. Viele Pläne, Absichten und Ideen lassen sich oft erst verwirklichen, wenn der Berufszwang entfallen ist.

Manche Menschen kommen von ihrem Beruf nicht los und erleiden den sogenannten „Pensionierungsschock", wenn sie aus dem Berufsleben ausscheiden, besonders wenn das vorzeitig geschieht. Die plötzlich geforderte Änderung der ganzen Lebensgewohnheiten, auf die meist keine Vorbereitung stattfand, wird seelisch nicht verkraftet. Nicht selten brechen dann auch versteckte Krankheitsherde durch, die zu Siechtum, zum Dahinvegetieren oder gar zum Tode führen können.

Diese schlimmen Folgen müssen durchaus nicht auftreten, wenn man sich systematisch auf das Alter vorbereitet, die plötzlich entstehende Freiheit auch als dankbar zu begrüßende und wünschenswerte Freiheit und als kostbares Geschenk versteht. Nun ist eine Freiheit da, in der man sein ureigenstes Wesen entfalten und sich verwirklichen kann, in sich selbst vielleicht seelisch-geistige Fähigkeiten entdeckt, die in der meist alle Tage und Jahre ausfüllenden Berufsarbeit zu kurz gekommen sind.

Wer noch mit seinem Lebensgefährten verbunden ist, wird sich ihm in besonderer Weise zuwenden und die gemeinsamen Stunden, Tage oder Jahre planen können. Wer Kinder und Enkelkinder hat, kann sich ihnen mit vielerlei Hilfeleistungen widmen, wobei lange brachliegende Fähigkeiten geweckt werden. Gartenarbeit eröffnet völlig neue Perspektiven, Briefmarkensammeln verbindet mit der ganzen Welt. Viele seelische Leiden lassen sich so verhindern oder werden überwindbar.

Leiden am und durch das Alter

Die leisen Kräfte seien es, die das Leben tragen, sagte einmal *Romano Guardini.* Das gilt auch für das Alter. Es kommt leise, und dennoch werden wir uns plötzlich bewußt: Ich bin alt geworden. Manche Menschen stellen es mit Erschrecken fest, manche sind sogar schockiert, manche verdrängen die Erkenntnis des Alterns wie auch den Gedanken an den Tod, manche nehmen es gelassen hin, nicht wenige aber sind deprimiert und beginnen am Alter zu leiden.

So verschieden auch die Menschen auf die Begegnung mit dem Alter reagieren, fast alle gehen unvorbereitet in den Lebensabend hinein. Die jedem selbstverständlich erscheinende und auch unausweichliche Tatsache, daß der Mensch im Laufe seines Lebens nicht nur älter, sondern, wenn sich keine Unfälle und schweren Krankheiten einstellen, auch alt wird, möchte der moderne, leistungsorientierte und genußfreudige Mensch nicht zur Kenntnis nehmen. Sinnvoll wäre es dagegen, sich auf den naturgesetzmäßigen Ablauf und auf die Anforderungen der zweiten Lebenshälfte vorzubereiten, sich zumindest mit den biologischen Fakten (Tatsachen) vertraut zu machen.

Wir erleben täglich rhythmisch ablaufende Leistungs-, Ermüdungs- und Wiederaufbauphasen. Die letzte Phase geschieht hauptsächlich durch einen „erquikkenden" Nachtschlaf. Diese Prozesse sollten in jeder Lebensphase in einem ungefähren Gleichgewicht stehen. Dann kann man von einem gesunden Zustand sprechen.

Dieses gesunde, vom Körper immer wieder angestrebte Gleichgewicht kann auf mancherlei Weise gestört werden. Falsche Ernährung, dauernd hohe nervliche Beanspruchung schon im Kindesalter (zum Beispiel durch verfrühte Vorschulerziehung) und rein intellektuelles „Großhirntraining". Aber auch alle übermäßigen und abnormen seelisch-geistigen Zustände hinterlassen tiefe Spuren im körperlichen Bereich, die erst beim alten Menschen in Erscheinung treten. Sie zeichnen den Menschen.

Großfamilien, in denen mehrere Generationen zusammenleben, gibt es bei uns kaum noch. Aber gerade in Großfamilien hatten die Alten immer Aufgaben, die ihnen auch das Alter sinnvoll erscheinen ließen. Auch genossen sie das Vertrauen der Enkel und Enkelinnen. Sie lebten mit ihnen wieder auf, teilten ihre kleinen Freuden und Kümmernisse und halfen ihnen bei so manchen Schwierigkeiten, wie sie Schule und Entwicklungszeit mit sich zu bringen pflegen. So ertrugen und erduldeten sie die mannigfachen Alterserscheinungen, ohne besonders darunter zu leiden.

Heute leben die alten Menschen zumeist allein und vereinsamen besonders dann, wenn sie ihren Ehepartner verloren haben. Hinzu kommt, daß bei der jungen Generation die Achtung vor dem Alter und erst recht die Liebe zu den Alten nur noch wenig ausgeprägt ist. Oft werden „die Alten“ sogar mit verletzender Rücksichtslosigkeit behandelt oder einfach übersehen. Aber gerade das bringt zu den körperlichen Beeinträchtigungen auch das seelische Leiden durch das Alter und am Alter mit sich. Es ist für jeden Altgewordenen schwierig, das Alter zunächst einmal als unausweichliche Tatsache anzunehmen. Hinzu kommt das ziemlich plötzliche Ausgeschaltetwerden aus dem gewohnten Arbeitsbereich und damit meistens zugleich aus dem öffentlichen Leben. Man fühlt sich überflüssig und verliert einen wesentlichen Lebenssinn. Gerade in einem Lebensabschnitt, in dem die Anpassungsfähigkeit schwerfällt, wird kurzfristig eine Umstellung auf eine völlig veränderte Situation gefordert. Das wird oft seelisch nicht verkraftet. Nicht selten wird dann der „Trost aus der Flasche“ gesucht.

Sobald ein Mensch sein Leben als leer und sinnlos empfindet, benötigt er Mitmenschen, die ihn aus diesem Leidenszustand herausführen, die seinem Leben einen neuen Sinn geben, die allein schon durch ihren mitmenschlichen Kontakt wirken und vielleicht vermögen, dem Leidenden neue Möglichkeiten zur Lebensfreude zu erschließen. Dazu gibt es zahlreiche der Person und seiner Lebenssituation angepaßte Lösungen. Es ist oft ganz erstaunlich, wie alte Menschen durch Kinderbetreuung, Mitarbeit in Altenheimen, leichten Sport und Leibesübungen, durch das Erzählen von Geschichten oder das Vorlesen von Märchen vor Kindern und in Lesezirkeln sowie durch das Hören und Ausüben von Musik wieder aufblühen und aktiv werden.

Bei der Suche nach einem neuen Lebenssinn für den letzten Lebensabschnitt darf nicht vergessen werden, daß alle Beschäftigungen und alle Aufgaben, zum Beispiel körperliche oder auch seelisch-geistige Arbeiten, nicht dazu da sind, lediglich den beruflichen Arbeitsplatz zu ersetzen. Das wäre lediglich ein Verdrängen dessen, was jetzt wesentlich ist, was uns jetzt tief im Innersten ganz persönlich angeht, wo die Zeit einmal stille steht, wo wir hinter der Zeit das Zeitlose erkennen, wo hinter der materiellen Welt die geistige Welt aufleuchtet, die Welt Gottes also – jedes Menschen ungestillte Sehnsucht.

Es ist außerordentlich beeindruckend, wie befriedigend, tröstend, ja, beglückend ein von einer christlichen Gemeinde am Ende eines Gottesdienstes gemeinsam gesungenes Lied besonders auf alte Menschen wirkt, wie zum Beispiel dieses: „Seh'n wir uns wohl einmal wieder, dort im hellen, ewgen Licht, wo kein Schmerz uns mehr drückt nieder, dort vor Jesu Angesicht? Ja, wir seh'n, ja, wir seh'n uns einmal wieder, in dem hellen, ewgen Licht, dort vor Gottes Angesicht.“

Spricht Naivität daraus oder Selbstsuggestion, ein Wunschtraum oder ein Vertrösten auf das Jenseits? Nein, es ist gelebter, christlicher Glaube, der den Alltag, das Leben und das Alter leichter macht, der Leiden überwinden hilft und dem Tod seine Schrecken nimmt.

Leiden an der Gesellschaft

Angesichts der in den letzten Jahren immer stärker ansteigenden Selbsttötungszahl muß man natürlich nach den Gründen fragen. Bisher lehrte uns die wissenschaftliche Psychologie: Selbsttötung bedeutet, daß der Betreffende nicht mehr länger mit sich selber leben konnte. Es wucherten in ihm negative Gefühle und feindselige Strebungen, die er einfach nicht mehr zu ertragen vermochte. Die Selbsttötung war der Akt, diese Gefühle und Strebungen zum Ausdruck und Austrag zu bringen.

Die Gründe für die Entstehung negativer Gefühle und Triebe sah man in der Persönlichkeitsstruktur, die durch ein gestörtes Selbstwertgefühl sowie durch narzißtische und neurotische Wurzeln aus der Kindheit gekennzeichnet sei. Letztlich sei die Selbsttötung ein Ausdruck frühkindlicher Versagungen, die sich bei späteren, akuten Konfliktfällen zu lebensbedrohlichen Reaktionen, Aggressionen und der Aggression gegen sich selbst (die Selbsttötung) auswachsen. Eine Selbstverantwortung wird dabei praktisch ausgeschlossen.

Diese Deutung kann zutreffen, aber sie muß heute längst nicht mehr in allen Fällen stimmen. Darauf macht besonders *Walter Hallstein* aufmerksam, der eine größere Zahl von Selbsttötungsfällen aus seiner weiteren Umgebung analysierte und zu folgendem Ergebnis kam: „Keiner von ihnen war in besonderem Maße neurotisch, keine der Etiketten von Psychologie und Psychiatrie passen auf sie. Keiner von ihnen war existenzunfähig im Sinne, daß sie oder er in diesem Leben nichts erreicht hätte; keiner, von dem ich sagen könnte, daß er am Essen, Trinken, Lieben, Skifahren, Diskutieren, Blödeln, Arbeiten oder Herumsitzen keinen Spaß gehabt hätte. Keiner von ihnen war kontaktunfähig; alle waren sozial, indem sie sich um ihre Mitmenschen kümmerten, ohne sich selbst dabei zu vergessen. Keiner war krank; keinem fehlte es an Lebensfreude; keiner war krankhaft depressiv. Die Gründe liegen eher auf anderem Terrain: Diese Menschen haben es in der heutigen Gesellschaft nicht mehr ausgehalten."

Natürlich ist *Hallstein* der Frage nachgegangen, warum die einzelnen, meist jüngeren Menschen unter einem so hohen Leidensdruck standen, daß sie es nicht mehr aushielten. Alle hatten sie große Hoffnungen, Wünsche und Ideen. Einer stritt vergeblich gegen die Bedrohung durch Atomkraftwerke, der nächste versuchte, den durch Leistungsdruck der Gesellschaft zu Alkoholikern gewordenen Menschen zu helfen, wieder in Familie und Beruf Fuß zu fassen. Auf einen mühseligen Erfolg kamen zwölf neue Fälle, was nicht zu bewältigen war. Wieder ein anderer litt an einer Politik, bei der es keine Zwischenmenschlichkeit und Wärme mehr gab.

Alle scheiterten mit ihren oft jahrelangen Bemühungen und Kämpfen an den „gräßlich verhärteten Strukturen dieser Gesellschaft". Ihre Kraft erschöpfte sich, sie sahen keine Zukunft mehr (no future!). Das Leiden an der Gesellschaft trieb sie zur Verzweiflung und in den Tod.

Seelische Krankheiten werden nicht geheilt, indem man Organe kuriert. Auf diesen Sachverhalt wird der Arzt manchmal hinweisen müssen.

Sie verzweifelten, weil sie sich mit ihren Wünschen, Hoffnungen und Ideen in dieser Gesellschaft nicht durchsetzen konnten. Die Welt oder die Gesellschaft, in der sie lebten, vermochten sie nicht nach ihren Wünschen zu verändern. Sie sahen deshalb keinen Sinn mehr in ihrem Leben, was allerdings nur zu verstehen ist, wenn die Veränderung der Gesellschaft um jeden Preis das einzige Lebensziel ist und dieses auf einem rein materialistischen Weltbild beruht.

Ein Leben, das sinnlos erscheint, bringt zwangsläufig Leiden mit sich; hier das Leiden an der bestehenden Gesellschaft. Schuld an dem Leiden ist dann die Gesellschaft. Wer sich aber einer unabänderlichen Situation gegenübersieht, muß lernen, darin eine Aufgabe zu sehen, die zur Bewährung herausfordert. Dazu gehört in erster Linie ein Bewußtseinswandel, aus dem heraus man nicht bestrebt ist, die anderen zu ändern, wie man sie haben will, sondern sich selbst zu ändern, bis man zu einem neuen, vielleicht höheren Lebenssinn gefunden hat. Hilfe zu solch einer Bewußtseinsänderung wäre möglich gewesen durch eine Gesprächstherapie (Logotherapie). Sie hätte höchstwahrscheinlich zur Verwirklichung anderer schöpferischer Werte, anderer Erlebniswerte oder zu einer anderen Einstellung geführt.

Möglichkeiten und Wege der Leidüberwindung

Sehen wir das Leid als einen krankhaften Zustand der Seele an, ganz gleich aus welchen Ursachen er zustande kam oder welcher Ursachenkomplex zugrunde liegt, so sollte man annehmen, daß sich für den Leidtragenden aus einer Psychotherapie am ehesten Trost und Hilfe zur Überwindung des Leides ergäben. Ist die Psychotherapie dazu imstande? Die Frage ist nicht ohne weiteres zu beantworten, da es „die Psychotherapie“ nicht gibt. Es besteht nur eine ganze Reihe von „Schulen“ mit ihren sehr verschiedenen Möglichkeiten einer Psychotherapie. Welche von den vielen Arten ist nun in der Lage, Hilfe zur Leidüberwindung zu vermitteln?

Tiefenpsychologie (Psychoanalyse)

Betrachten wir zunächst ganz kurz die Tiefenpsychologie oder Psychoanalyse, die sich inzwischen zu einer – allerdings noch umstrittenen – Wissenschaft entwickelt hat. Sie erhebt jedenfalls den Anspruch auf Wissenschaftlichkeit und versteht sich als eine eigenständige ärztliche Diagnostik und Behandlungsform. Um zu einer Diagnose der seelischen Erkrankung zu kommen, versuchen die Psychoanalytiker menschliche Motive zu durchschauen, unterschwellige Gefühle und Triebregungen zu entlarven und geheime Absichten zu erkennen. Sie versuchen also, alles Negative im menschlichen Leben zu ergründen, dem Patienten zu erklären und bewußt zu machen, damit er es noch einmal durchlebt. Positives wird als für die diagnostische Arbeit unbrauchbar übersehen oder mit großem Vorbehalt betrachtet. Jeder sittliche (ethische) Wert kann und wurde (zum Beispiel von *Sigmund Freud*, dem Begründer der Tiefenpsychologie) lediglich als eine bloße Sublimierung gedeutet. Unter Sublimierung verstand *Freud* die Umsetzung primitiver Triebregungen in gesellschaftlich annehmbarere Verhaltensweisen (z. B. sexuelle Triebregungen in intellektuelle Tätigkeiten oder Verhaltensweisen).

Der Psychoanalyse liegt im Grunde genommen eine rein materialistische und damit auch atheistische Weltanschauung zugrunde. Für Menschen, die ein materialistisches Menschenbild gewonnen haben, ist das Leben aus (toter) Materie und durch

Zufall entstanden. Der Zufall tritt dann an die Stelle des planenden und das Geschehen beherrschenden Gottes.

Für *Freud* war der Mensch ein Wesen, das ausschließlich materialistisch erfaßt und analytisch erklärt werden kann. Psychoanalyse war für ihn die „Naturwissenschaft" der Seele. Er sah vor allem die physikalisch-chemischen Kräfte, die auch den „psychischen Apparat" in Funktion hielten. Sein Denken blieb auch im rein psychologischen Bereich naturwissenschaftlich, materialistisch und atheistisch.

Nicht selten wird aber die Psychoanalyse auch lediglich als ein Denkmodell, ja sogar als ein Mythos angesehen, den man wissenschaftlich nicht genügend nachprüfen kann. Von der praktischen Erfahrung her gesehen kann man wie *Margarete Mitscherlich* auf dem Standpunkt stehen, daß die Psychoanalyse, am richtigen Patienten angewendet, die geeignete Heilmethode ist. Es liegen gute Erfahrungen vor, wenn langdauernde, schwere Neurosen (z. B. schwere Konflikte mit den Eltern aus dem Kindesalter) zugrunde liegen, die der Patient „verdrängt" (ins Unbewußte abgeschoben) hat, die sich aber immer noch durch seelische Fehlhaltungen oder sogar durch körperliche Erkrankungen ausdrücken. Schockerlebnisse, ungelöste Konflikte und berufliches Versagen können zu Neurosen und damit zu Verhaltensstörungen führen, unter denen der Betroffene außerordentlich zu leiden haben kann. Große Schüchternheit und Gehemmtheit vor allem bei jungen Menschen ist nicht als Neurose zu bezeichnen, solange sie damit keine leidvollen Erfahrungen machen. Bei neurotischen Leidenszuständen ist die Psychoanalyse oft das geeignete Heilmittel.

Verhaltenstherapie

Eine andere „Schule" der Psychotherapie ist die Verhaltenstherapie. Sie stellt eine weitgehend mechanistische und technisierte Therapie dar, die auf der modernen Vorstellung beruht, daß sich viele seelische Krankheitserscheinungen, Leiden und Unannehmlichkeiten durch ein seelisches „Training" überwinden oder korrigieren lassen. Der Patient braucht dann im Prinzip nur das für ihn aufgestellte, seinen Beschwerden oder Krankheitserscheinungen leib-seelischer oder seelischer Art angemessene Programm zu erfüllen. Er wird sozusagen „umprogrammiert". Es ist sicherlich möglich, auf diesem Wege vielerlei seelisches Fehlverhalten zu korrigieren und damit den Leidensdruck zu vermindern.

Das Leid aber, ganz gleich welcher Art es auch sei, kann mit Verhaltenstherapie nicht überwunden werden, wenn sich herausstellt, daß es eine Begegnung mit dem Unabänderlichen ist. Hier muß der Betroffene lernen, das Unabänderliche, das Schicksal zunächst einmal anzunehmen. Es ist natürlich leichter und wird zumeist die erste Reaktion sein, gegen das Schicksal zu revoltieren und irgendeinen „Sündenbock" oder Schuldigen zu finden oder wenigstens zu suchen. Dazu gehört nicht viel Mut. Aber zur Annahme eines großen Leides, wie es zum Beispiel jede schwere Behinderung oder der plötzliche Verlust des Partners besonders in jungen Jahren darstellt, gehört nicht nur Mut, sondern auch sehr viel Demut. Gerade diese aber steht heute nicht mehr hoch im Kurs.

Auch der Verhaltenstherapie liegt ein materialistisches Menschenbild zugrunde, das den Menschen als Apparat, als einen komplizierten Reflexmechanismus ansieht, der auf bestimmte Reize entsprechende Reaktionen zeigt. Heute wird man noch lieber vom Menschen als einer riesigen Computeranlange sprechen, die programmierbar und umprogrammierbar ist. Dadurch wäre das menschliche Leben und Verhalten als manipulierbar erkannt, der Mensch selbst ein seelenloser Automat. Ein

Automat kann aber weder leiden noch getröstet werden, er kann auch keinen Trost spenden und nicht dazu beitragen, Leid zu überwinden.

Leid ist eine seelische Erscheinung wie Freude und Trauer, Mut und Verzagtheit, Hoffnung und Depression. Mit all diesen menschlichen Phänomenen kann man einen Automaten nicht „füttern". Er ist dafür nicht zuständig, so sehr er auch manchmal hilfreich sein kann.

Gesprächstherapie

Eine weitere Psychotherapieschule wurde von dem Wiener Psychiater *Viktor E. Frankl* begründet. Seine Diagnose- und Therapievorstellungen sind heute unter dem Begriff *Gesprächstherapie* oder *Logotherapie* bekannt.

Frankl vertritt ein Menschenbild, das neben allen körperlichen und seelischen (psychosomatischen) und gesellschaftlichen (psychosozialen) Wechselspielen auch den geistigen Bereich des Menschen einschließt. Auf dem geistigen Bereich beruht ja seine Entscheidungsfreiheit. Diese ist – wenn auch nicht nur – von seiner unbewußten Triebwelt gesteuert. Sie ist weitgehend unbeeinflußbar durch Geld, Schmeichelei, Wissenschaft, Vernunft und Ethik. Sie ist also nicht manipulierbar und nicht vorherbestimmt (determiniert). Sie ist vielmehr in der Lage, rücksichtslos und mitleidlos überkommene Meinungen und Ideen zu sprengen. Die menschliche geistige Freiheit ermöglicht auch erst ein spezifisches, man kann oder muß sogar sagen „gottgewolltes", Menschsein zu vollziehen. Der geistige Bereich mit seinem Bewußtsein bildet den Anreiz und die Ursache menschlichen Denkens und des sich daraus ergebenden Handelns.

Die gottgegebene geistige Freiheit stellt ihn bei allen Einstellungs-, Verhaltens- und Handlungsweisen vor Entscheidungen und Wahlmöglichkeiten. Er hat jeweils die Entscheidung zu fällen und eine der Wahlmöglichkeiten zu ergreifen und macht dadurch von seiner menschlichen, geistigen Freiheit Gebrauch.

Bei der menschlichen Freiheit geht es natürlich nicht um die so viel umstrittene unbedingte Freiheit *von* allen Bedingungen oder von etwas Besonderem. Kein Mensch ist frei von seinen körperlichen und seelischen Voraussetzungen, von den ihm mitgegebenen „Schicksalsfaktoren" und seinen Bedingtheiten. Für den Menschen entscheidend ist nicht die Freiheit „wovon", sondern die Freiheit „wozu". Es geht um die Freiheit der Entscheidung *zu* seinen Bedingtheiten, um die Wahl seiner Antwort *auf* sein Schicksal, auf das, was er als begrenzend und vorherbestimmt empfindet, und vor allem auch auf das ihm unverständlich und ungerecht erscheinende Leid. Das Leid greift tief in unser Leben ein, und es stellt sich dabei die Frage nach dem Sinn des Leides ganz von selbst.

Wenn ich nach dem *Sinn* meines Lebens und meines Leidens frage, dann ist das zugleich eine Frage nach dem *Wert* des Lebens und Leidens.

Frankl erklärte, daß es drei verschiedene Möglichkeiten einer Wertverwirklichung im Leben und damit einer Überwindung des Leidens gibt:

- *Die Verwirklichung von „schöpferischen Werten"*, wie sie durch die aktive körperliche oder geistige Arbeit geschieht, indem man zum Beispiel einen Garten anlegt und gestaltet, handwerkliche Arbeiten aller Art durchführt, indem Frauen mit Stoffen, Wolle und anderen Textilien schneidern, sticken, häkeln, Stoffe bemalen und vieles andere mehr, indem man aktiv musiziert, Gedichte schreibt, Geschichten erzählt oder Spiele für und mit Kindern erfindet oder indem man eigenschöpferische Ideen entfaltet und realisiert. Irgendwelche schöpferischen Werte stecken in jedem

Menschen. Ihre Verwirklichung läßt viele Leiden erträglich werden. Es kommen sogar Glücksgefühle und Dankbarkeit auf.

- *Die Verwirklichung von Erlebniswerten.* Sie geschieht am ehesten in einer ruhigen und entspannten Atmosphäre. Es kommt dann zu einem gefühlsmäßigen Mitschwingen durch Eindrücke aus der Natur, beim Hören guter Musik, beim Erleben von echten Kunstwerken, bei der Begegnung mit einem Du. Das ganz besondere Erlebnis ist das Erahnen und die erspürte Nähe des Ewigen durch Kontemplation, Meditation und in den Tiefen eines Gebets, was unmittelbar neue Kraft zum Erdulden unveränderbaren Leidens gibt.

- *Die Verwirklichung einer positiven Einstellung* zu unabänderlichen Tatsachen, seien es unheilbare Krankheiten, Leiden, Schicksale, Not, Trennung, Tod. Es kommt sehr, ja, entscheidend darauf an, wie ich diesen Erscheinungen begegne, wie ich ein Leid oder Schicksal hinnehme, wütend und abwehrend, ruhig und gefaßt oder gar gelassen, aggressiv oder geduldig, beispielgebend oder schockierend für meine Umgebung.

Wenn es mir gelingt, von mir selbst, von meinem Wollen und Wünschen abzusehen und alles in die Hand einer höheren, alles Geschehen führenden und leitenden Macht zu legen, vermag ich das Leid zu überwinden und eine nie gekannte Geborgenheit zu erfahren.

Wie wir unser Leben und Leiden erfühlen, erfüllen und tragen, wird über den Wert unseres Lebens entscheiden. Damit stehen wir im Bereich des Glaubens, der das Wissen und damit alle Wissenschaft übersteigt und deshalb „höher ist als alle menschliche Vernunft".

Den Sinn im Leben zu entdecken heißt zugleich auch im Leiden einen Sinn zu finden. Diese Sinnfindung allein mindert das Leid schon und läßt es überwindbar erscheinen. Diese Wendung ins Positive führt dazu, eine lebensbejahende Einstellung zum eigenen, vielleicht auch unauflösbaren Leiden zu finden. Die Gesprächstherapie bringt uns in die Nähe der religiösen, insbesondere christlichen Leidüberwindung.

Christliche Gesprächstherapie

Die bisher erwähnten Möglichkeiten der Leidüberwindung mit Hilfe verschiedener Methoden der Psychotherapie beruhen letztlich auf einem von der modernen Naturwissenschaft entwickelten Menschenbild. Die Behandlungsformen entstanden aus der Selbstgewißheit der menschlichen Vernunft. Die Erschütterungen dieses Jahrhunderts machten aber sichtbar, daß das naturwissenschaftliche Weltbild schwere Risse hat. Auch die heute noch häufig vertretene griechisch-christliche Metaphysik, die auf dem Wege des menschlichen Denkens nur zu einem allgemeinen Gottesbegriff und nicht zu einem personhaften Gott kam, kann dem Menschen nicht den Halt geben, den er braucht, um in seinem persönlichen Leid und dem vielfachen großen Leid in der Welt einen Sinn zu erkennen, es anzunehmen und überwinden zu können.

Ein Mensch kann in großer Angst, in Not, Schmerzen und Leiden mit einem allgemeinen Gottesbegriff, einem nur gedachten Gott oder Gottesbild nichts anfangen. Er muß sich vielmehr von dem Gott der Philosophen abwenden und sich für den lebendigen Gott entscheiden, der durch die Natur, durch sein Wort in der Bibel und durch seinen Sohn Jesus Christus zu uns spricht.

Nur muß man wissen, daß sich dieser Gott mit der Logik des griechischen Denkens und mit der Vernunft der griechischen oder der modernen Metaphysik ebensowenig erfassen und begreifen läßt wie mit modernen philosophischen Systemen.

Menschliches Denken ist in jedem Fall ein unzureichendes Mittel zur Gotteserkenntnis.

Es kann uns in der Entscheidung zwischen dem Gott der Philosophen und dem lebendigen Gott eine Hilfe sein, wenn wir bedenken, daß jede Gottesvorstellung der Philosophen immer nur ein gedachter, also toter, Gott ist. Selbst wenn ein solcher Gott von Menschen „geglaubt" wird, ist und bleibt er nur ein abstrakter und beziehungsloser Gott, der niemals einen Menschen als ein Gegenüber hat, der ihn weder anspricht noch hört und ihm auch keine Hilfe sein kann.

Es kann uns aber auch helfen, wenn wir von den Physikern unserer Zeit erfahren, daß die moderne Physik sich von der griechischen Metaphysik abgewendet hat. Die Physiker haben erkannt, daß weder die Logik des Aristoteles noch die neuere Erkenntnistheorie in der Lage sind, zu erkennen, „was die Welt im Innersten zusammenhält" oder, wie es Prof. *Hans Rohrbach* ausdrückt, „die Wirklichkeit um uns in ihren innersten Gegebenheiten und Gesetzmäßigkeiten zu erkennen und zu beschreiben".

Was kann nun das Christentum, das in unserer Welt keineswegs mehr selbstverständlich ist und das viele Menschen heute als Überbleibsel aus einer längst versunkenen Vergangenheit verstehen, zur Leidüberwindung beitragen?

Haben wir es dabei mit einer Psychotherapie vor dem Hintergrund einer christlich bestimmten weltanschaulichen Orientierung zu tun? Kann man als neuzeitlicher, moderner Mensch überhaupt noch ohne Bewußtseinsspaltung aufrichtig Christ sein, das heißt christliche Glaubensgrundsätze und Verhaltensregeln ausleben?

Die Wirksamkeit lebendigen Christseins gerade bei dem schweren Problem der Leidüberwindung spricht sehr für seine Notwendigkeit. Das christliche Menschenbild ist geprägt durch einen Glauben an Gott, ein Wesen, das alles geschaffen hat und erhalten kann. Daran zu glauben ist aber vielen Menschen deshalb heute nicht mehr möglich, weil sie meist in vielerlei Ideologien, im Wohlstandsdenken, im Immer-mehr-haben-Wollen befangen sind und sich durch Schlagworte und Werbung manipulieren lassen. Dadurch verunsichert und in Zweifel gestürzt, beginnen sie haltlos zu werden. Krankheit, Leiden und Leid sind schließlich die Folgen. Leider taucht vielfach dann erst das Interesse an dem auf, was über den Tag hinaus gültig bleibt, sinnvoll ist, Halt gibt und womit man als Mensch leben kann. Das sind die religiösen Werte und Wahrheiten.

Sobald ein Fragen danach aufbricht, hat bereits eine Bewußtseinsänderung stattgefunden, die den Weg erkennen läßt, der nicht in das Leid und in die Verzweiflung führt, sondern zu einer Religion, die Rückhalt und Geborgenheit vermittelt.

Begegnung von Medizin und Glaube

Ein Mensch in Not und Leid braucht überzeugende Antworten, die ihn anrühren, ergreifen, erfüllen, begeistern und festen Halt gewähren. Wir sind sicher nicht schlecht beraten, wenn wir die Aussagen der Bibel, die uns den Beistand eines starken Gottes verheißen, zumindest einmal zur Kenntnis nehmen.

Wer vom Standpunkt der psychosomatisch orientierten Ganzheitsmedizin den Menschen als eine Leib-Seele-Geist-Einheit versteht, weiß, daß es nicht genügt, nur eine naturwissenschaftliche oder nur psychologische Methode anzuwenden, um das Wesen des Menschen in Gesundheit oder Krankheit und vor allem in seinem Leid und Leiden zu erfassen. Hierzu bedarf es auch, den Menschen als geistige Persönlichkeit zu begreifen. Erst wenn wir den geistigen Bereich in unsere Überlegung über eine Hilfe für den leidenden und Leid

Wenn sie alle sprechen würden! Jeder der hier versammelten älteren Menschen könnte von Leid erzählen, aber auch von Leidüberwindung. Diese Erfahrungen, die man nicht missen möchte, haben weise und mild im Urteil gemacht.

tragenden Menschen einschließen, gewinnen wir einen Zutritt zu den Quellen des Leides und des Leidens.

Diese Ganzheitsschau entspricht in vollem Umfang dem biblischen oder christlichen Menschenbild. Hier begegnen sich Medizin und Theologie. Nach christlicher Auffassung soll ein Mensch hinter Leid und Leiden den Willen Gottes erkennen, auch wenn er keine Erklärung dafür findet, und ihn in persönlicher Entscheidung annehmen. Das ist sicher leichter gesagt oder geschrieben als getan. Dazu ist ein Leidender allein selten in der Lage.

Er benötigt daher zunächst einen anderen Menschen, zu dem er Vertrauen hat und von dem er glaubt, daß er ihm hilfreich sein kann. Diese Vertrauensperson muß nicht, kann aber auch ein Arzt, zum Beispiel der Hausarzt, oder ein Seelsorger sein. Wer es auch immer sei, er braucht nicht durch Suggestion (wie oft angenommen wird) oder durch Übernahme einer Vaterrolle (im psychologischen Sinne der Übertragung und Gegenübertragung) zu wirken. Er braucht seinen Patienten nur als ganzen Menschen, als Partner, als Nächsten oder als Bruder anzusprechen.

Auf diesem Grenzgebiet und an dem Problem des Leides und Leidens wird klar, daß der alte Gegensatz zwischen wissenschaftlicher und religiöser Medizin sinnlos ist. Seelsorger und Ärzte, die ein christliches Menschenbild vertreten, werden diese Zusammenhänge selbstverständlich respektieren. Es bedarf keiner Frage, daß sie ihre Patienten in jedem Falle, soweit es die Arbeitsbedingungen und die zeitlichen Verhältnisse überhaupt erlauben, nach bestem Wissen, aber auch Gewissen und nach den Methoden modernster Medizin behandeln. Aber sie werden ihr ganzes Tun vom christlichen Glauben her vollziehen. Das meint, daß sie dem Patienten nicht nur eine rein körperliche Behandlung (medikamentös, diätetisch, physikalisch) angedeihen lassen, sondern ihm auch seelisch-geistig aufzuhelfen versuchen. Gerade menschliche Führung, wie sie ein leidender Mensch im Krankenhaus nur noch selten erfährt, verhilft ihm ja erst dazu, sein Leiden oder sein Leid anzunehmen, damit zu leben und entweder schließlich gesund zu werden oder auch im Frieden mit sich, seiner Umwelt und mit Gott (das ist ganz bewußt gesagt!) zu sterben.

Leid und Schmerz verweisen uns auf eine Störung, die tief in unserer Seele sitzt und uns anzeigen will, daß wir die letzten Grundlagen unseres Seins aus den Augen verloren haben, daß wir im Begriff sind, den Weg zu verfehlen, oder etwas versäumt haben, gegenüber unserem Ehepartner, unseren Kindern, unserem Nächsten, daß wir schuldig geworden sind oder einem anderen, der an uns schuldig geworden ist, nicht vergeben haben. Leid und Schmerz machen viel Unbewußtes bewußt, setzen Verdrängtes wieder an den richtigen Platz, bringen ungelöste und ins Vergessenwollen abgeschobene Probleme wieder ans Licht, damit sie endgültig gelöst werden können.

So können Leid und Schmerz auch eine schützende und heilende Funktion haben. Arzt und Seelsorger sind also immer zugleich aufgerufen, die „Selbstreinigung der Seele“, die selbstverständlich noch längst

keine „Selbsterlösung" darstellt, mit den ihnen eigenen Mitteln zu unterstützen.

Helfendes Mitleid

Wir können nicht vom Leiden reden, ohne an das *Mit-Leiden*, das *Mitleid* zu denken. Das Mitleid tritt immer wieder in den Vordergrund, wenn das Euthanasieproblem (Tötung aus Mitleid) diskutiert wird. Mitleid wird hier oft genug zum Entschuldigungsgrund für eine unmenschliche Handlungsweise. Man möchte das Leiden sowenig wie das Mitleiden, es ist nicht mehr „zeitgemäß", man kann es sich nicht leisten, es bildet einen Störfaktor in unserem betriebsamen Alltag. In Wirklichkeit sind wir unfähig geworden, das Leiden anderer, auch unserer nächsten Angehörigen, zu ertragen. Wir täuschen Anteilnahme, Mitgefühl und Mitleiden nur vor. Unser Herz bleibt unberührt und kalt. Echtes Mitleid hat mit wirklicher Anteilnahme zu tun. Es kann nur empfunden werden, wenn wir uns mit dem Betroffenen identifizieren. Die Identifizierung darf allerdings nur so weit gehen, daß man noch über eine Abhilfe des Leidens nachdenken kann. Wer niemals selbst ein Leid durchgemacht hat, eigenes Leid verdrängt oder vor ihm flieht, wird selten Mitgefühl und Mitleid für das Leiden anderer Menschen empfinden. Er ist ja gegen sich selbst und damit auch gegen andere verhärtet.

Echtes Mitleid kann für den Leidtragenden eine große Hilfe sein, wenn man sich die folgenden Verhaltensregeln zu eigen macht:

- In allen schweren Fällen ist anfänglich schweigendes Mitleid angemessen, tröstenwollendes Reden kann peinlich sein.
- Teilnehmendes Zuhören und später ein sich aus der Situation ergebendes helfendes Gespräch sind notwendig.
- Der Eigenwille und die Eigeninitiative des Betroffenen sollen nicht unterdrückt, sondern gestärkt werden.
- Keineswegs darf das Selbstbewußtsein des anderen verletzt werden. Das erfordert große Vorsicht.
- Eigene Überlegenheit darf nicht aufkommen. Es bedarf also eines gewissen Feingefühls.
- Man muß dem Leidenden das Gefühl geben, daß man ihn nicht allein läßt, sondern begleiten möchte. Er wird dieses Gefühl haben, wenn er die Ehrlichkeit des Anteilnehmenden spürt.
- Ehrliches Mitleid – auch wenn es seine Grenzen hat – wird den Menschen immer ernst nehmen, das Leid des anderen nicht verharmlosen.
- Wie die Ehrlichkeit, so sind auch Offenheit, Verzicht auf Heuchelei, Täuschungen und falsche Versprechungen unverzichtbar für echtes Mitleid.
- Mitleid rechnet nicht und verlangt keinen Dank.

Ein Christ wird nach dem Vorbild Jesu Krankheit, Schmerzen und Leiden nie als Strafe Gottes oder Vergeltung für geschehenes Unrecht bezeichnen. Er wird am Leid weder vorbeisehen noch vorbeigehen, aber dem Betroffenen einen Weg durch das Leid hindurch zeigen.

Als Anteilnehmender oder gar Mitleidender wird er sich immer wieder vor allem auch für sich selbst mit dem Sinn des Leides, der Krankheit, der Schmerzen und des Todes auseinandersetzen. Es bleibt nicht aus, daß er dabei seine eigene Angst und Ohnmacht diesen großen Lebensfragen gegenüber erkennt, sie aber annimmt, weil er sich – als Frucht seines Glaubens – in den Händen Gottes geborgen weiß. Es ist meines Erachtens echte Seelsorge, in solcher Lage an das alte Kirchenlied zu erinnern: „Befiehl du deine Wege und was dein Herze kränkt der allertreusten Pflege des, der den Himmel lenkt."

Die heilwirkende Kraft des Vertrauens

„Die Wahrheit, die unsere Zeit auf der ganzen
Linie zu allermeist angeht, ist die, daß man ohne ewige Bindungen
nicht nur die Ewigkeit, sondern auch
die Zeitlichkeit verliert.“ (Gertrud von le Fort)

Krankheit als Begegnung

Wenn ein Arzt in ein Krankenzimmer tritt, dann weiß er, daß er im Vorzimmer des Todes steht. Sogar ein Schnupfen, eine banale Infektion, kann unter gewissen Umständen den Tod zur Folge haben. So wissen wir zunächst nie, wohin eine Krankheit führen wird. Das macht uns unsicher.

Wohin führt uns die Krankheit?

Begriffe wie „Krankheit" und „Gesundheit" lassen sich schlecht definieren. Wenn auch die Weltgesundheitsorganisation den Gesundheitsbegriff vom Krankheitsbegriff abgeleitet hat, kommen wir in Wirklichkeit damit nicht sehr weit. Man spricht da vom körperlichen, seelisch-geistigen und sozialen Wohlbefinden. Unmittelbar drängt sich einem der Gedanke auf, daß jemand demnach nur dann seinen Platz in der Gesellschaft als nützliches Mitglied einnehmen kann, wenn er leistungsfähig ist. Wir können uns einer solchen Definition nur teilweise anschließen. Denn es sind ja nicht wenige in einem höheren Sinne krank, die sich für gesund halten.

Wohin führt uns die Krankheit?
- **Sind wir nur Scheingesunde?**
- **Gesundheit ist nicht selbstverständlich**

Seelische Probleme in der Krankheit
- **Krankheit: eine sinnlose Störung?**
- **Krankheit wirft uns auf uns selbst zurück**

Wie verhalten wir uns?
- **Der Arzt ist kein Gesundheitstechniker**
- **Fetisch Arzneimittel**
- **Furcht vor dem Sterben**
- **Krankheit wird zur Gottesbegegnung**

Sind wir nur Scheingesunde?

Wir schließen Krankenversicherungen ab. Mehr und mehr werden Vorsorgeuntersuchungen propagiert. Immer zahlreicher werden die mit allen Finessen der Diagnostik und Therapie ausgestatteten Krankenanstalten.

Zeichnet sich in diesen Erscheinungen etwa eine immer größer werdende Verunsicherung ab? Sind wir nur mehr jederzeit von Krankheit bedroht – Scheingesunde, die sich dem sicheren Tod so lange als möglich entziehen wollen?

Etwas leisten und genießen – darum scheint es dem heutigen Menschen zu gehen. Wer sich gesund und in Ordnung fühlt, braucht scheinbar niemanden, der ihm sagt, wie er sein Leben einrichten soll. Schärfer formuliert: Wenn ich ordentlich und recht lebe, ein nützliches Glied der Gesellschaft bin, weshalb sollte ich da nach Gott fragen, nach seinem Willen, nach seinem Gesetz?

Aus einer solchen Einstellung resultiert,

daß ich mich nur mir selbst verantwortlich fühle. Und das überträgt ein solcher Mensch folgerichtig auf alle Praktiken seines Lebens. Somit – so denkt er – kann er mit seiner Gesundheit, mit seinem Leben tun und lassen, was er will. Er will nur sich selbst verantwortlich sein.

Gesundheit ist nicht selbstverständlich

Für den heutigen Menschen ist die Gesundheit eine Selbstverständlichkeit. Solange er gesund ist – könnten wir hinzufügen. Das liegt daran, daß wir die Gesundheit nicht als Gabe oder anvertrautes Gut, sondern eher als eine Art Besitz ansehen.

Versetzen wir uns in die Denkungsart eines jungen Menschen. Er ist kerngesund. Er denkt doch nicht daran, daß er einmal krank werden könnte. Gesundheit, Wohlbefinden sind für ihn eine Selbstverständlichkeit. Nehmen wir an, er bricht sich bei einem Skiunfall das Bein. „Aber das heilt ja wieder." Und weil es tatsächlich wieder heilt und er erneut seinem Lieblingssport nachgehen kann, scheint ihm das alles nur um so selbstverständlicher. Er bekommt vielleicht eines Tages eine Lungenentzündung. „Das kann der Arzt schon wieder in Ordnung bringen. Heute stirbt man doch an seiner solchen Sache nicht mehr. Es gibt Antibiotika, Kreislaufmittel usw."

Gesundheit richtig einzuschätzen ist schwer; mit der Krankheit fertig zu werden, ein Problem.

Seelische Probleme in der Krankheit

Betrachten wir einmal das übliche Verhaltensmuster, wenn uns Krankheit befällt:

Krankheit: eine sinnlose Störung?

Zunächst empfindet man das Kranksein als sinnlose Störung, als unnötige Unterbrechung der Arbeit, der Freizeitgestaltung, der Urlaubspläne. Man fühlt sich nicht nur in seinem Leistungsvermögen, sondern auch in seinem Genußvermögen beeinträchtigt. Krankheit reißt uns heraus aus unserer Arbeit, aus unserer Familie, aus dem Kreis unserer Freunde. Damit zerbricht für manch einen eine festgefügte und wohlgeordnete Welt, zerbrechen große Pläne.

Jede Krankheit bringt daher die ewiggültige Wahrheit ans Licht: Jede Krankheit kann zum Tod führen; der Tod ist unausweichlich.

Krankheit wirft uns auf uns selbst zurück

Vielleicht waren wir zu sehr in unsere Arbeit verstrickt und all unser Tun immer nur nach außen gerichtet. Plötzlich finden wir uns auf dem Krankenlager wieder. Es bleibt uns nichts anderes übrig, als uns in unser Schicksal zu fügen. Wir beschäftigen uns nur noch mit uns selbst. Diese Ichbezogenheit kann solche Ausmaße annehmen, daß wir wünschen, die Krankenschwester sollte so zu unserer Verfügung sein, als wären wir ihr einziger Patient. Auch der Arzt sollte sich nur um uns oder um uns zuallererst kümmern; denn die anderen haben ihn sicher nicht so nötig wie wir. Das gleiche Verhalten stellt man oft der Familie gegenüber fest. Die bescheidenen, geduldigen Kranken sind ja die Ausnahme. Man findet sie eher unter den chronisch Kranken. Krankheit macht also zunächst jeden egozentrisch.

Krankheit ist manchmal wie ein Blitz aus heiterem Himmel. Dieser Vergleich ist deshalb sehr treffend, weil ein Blitz auch immer das Hintergründige erleuchtet. Solange wir gesund sind, bewegen wir uns meist nur in den Bereichen des Vordergründigen. So ist es gut, daß das Hintergründige auch mal ans Licht gebracht wird.

Was die meisten von uns befällt, wenn sie krank werden, das ist Angst – namenlose Angst. Es ist Angst, die fragt: Was wird aus mir? Was wird man mit mir machen? Es ist Angst vor dem unbekannten Schicksal, Angst vor der Tatsache, daß man hilflos abhängig sein wird.

Das sind nur einige der Probleme, die sich uns stellen, wenn uns Krankheit befällt.

Wie verhalten wir uns?

Wie reagiert nun der Mensch? Unser Verhalten gegenüber der Krankheit beeinflußt den Heilerfolg. Zunächst, wie sieht er seinen Arzt?

Der Arzt ist kein Gesundheitstechniker

Schon bei einfachen Störungen, die mit unangenehmen Schmerzzuständen einhergehen, sagt sich der Mensch im allgemeinen etwa so: „Der Arzt bekommt sein Honorar – ich bin krankenversichert, also habe ich ein Anrecht darauf, daß man mir etwas gibt, damit diese Schmerzen so schnell wie möglich aufhören." Es ist ein Verhalten, wie es Kinder einem Bonbonautomaten gegenüber an den Tag legen.

Es geht einem solchen Menschen darum, so schnell wie möglich beschwerdefrei zu werden. Er ist der Überzeugung, daß dies käuflich erworben werden kann und vor allem „machbar" ist. Daß der Heilungsverlauf einer Lungenentzündung auch im Zeitalter der Antibiotika nicht wesentlich, wenn überhaupt, abgekürzt werden kann und ewiggültigen Naturgesetzen unterworfen ist, will er nur schwer zur Kenntnis nehmen.

Im allgemeinen betrachtet der heutige Mensch den Arzt und seine Gehilfen als so etwas wie einen Gesundheitstechniker. Er ist das gewohnt von seinem Autoservice. Wenn irgendeine Störung vorliegt, bringt er sein Fahrzeug zum Mechaniker. Der soll so schnell wie möglich die Sache wieder in Ordnung bringen. Mancher von uns hat es schon erfahren müssen, daß in der Autowerkstatt ein Ersatzteil nicht vorrätig war oder daß wegen Krankheitsfall nur eine viel geringere Zahl von Wagen täglich abgefertigt werden konnte. Das erfordert Geduld und viel mehr Zeit, als uns lieb ist. Vom Arzt verlangt man jedoch sehr oft, in ganz kurzer Zeit Störungen in Ordnung zu bringen, die die Folgen einer jahrelangen Mißachtung von Lebensgesetzen sind.

Fetisch Arzneimittel

Vor kurzem schrieb ein Arzt in einer gesellschaftskritischen Studie, daß wir alle mehr oder weniger einem „Fetischismus der Arzneimittel" verfallen seien. Aber die Medizin heilt eigentlich keine Krankheit. Gedankenlos sagt man so leicht, die Ärzte behandeln Krankheiten. Nehmen wir den Fall, daß jemand an einer Eisenmangelanämie leidet. Nicht in der Eiseninjektion, nicht in der Eisenpille liegt die heilende Kraft. Es wird dem Körper angeboten, was ihm fehlt. Erst dann kann das angebotene Eisen in den roten Blutfarbstoff eingebaut werden, und die roten Blutkörperchen können ihren Dienst als Sauerstoffträger voll und ganz erfüllen. Weder im Arzt noch in der Medizin liegt also Heilkraft.

Furcht vor dem Sterben

Oft hört man sagen, daß wir alle einmal sterben müssen. Das ist eine Binsenwahr-

> Die Menschen müssen wieder verstehen lernen, daß man nicht viel geben kann, wenn man nicht viel empfangen hat. Die Religion ist in erster Linie eine geöffnete Hand, eine Gabe entgegenzunehmen, und erst in zweiter Linie eine tätige Hand, Gaben auszuteilen.
> (Paul Tillich)

heit. Doch insgeheim hofft jeder, daß es ihn plötzlich hinwegrafft und daß er nicht zu lange leiden muß. Man fürchtet weniger den Tod als das Sterben. Das hat seinen guten Grund. Siechtum und langsames Dahinsterben sind schrecklich. Deshalb steckt man den Kopf in den Sand und meint: Das trifft nur die anderen.

Leid, Schmerz, Krankheit – das sind nun einmal Fragen an den Menschen, die an ihn von einer überpersönlichen Instanz gerichtet werden. An der Art, wie der Mensch auf diese Fragen Antwort gibt, wie er sein Schicksal annimmt oder ablehnt, wie er es aufnimmt, wenn er krank wird, vielleicht unheilbar krank – an der Art, wie er darauf Antwort gibt, kann man den seelischen Rang eines Menschen erkennen.

Krankheit kann Hintergründiges erhellen, kann Wahrheit ans Licht bringen; Wahrheit auch in dem Sinn, daß wir herausfinden, was wir verkehrt gemacht haben. Vielleicht noch mehr: daß wir in allem noch einen Sinn erkennen wollen.

Man kann auf Krankheit mit Angst reagieren, weil man sich hilflos ausgeliefert fühlt und nicht weiß, was die Zukunft bringt. Es kann auch Schuld plötzlich anklagend vor unseren Augen stehen. Man kann sich auflehnen gegen sein Kranksein, oder man will es nicht wahrhaben. Man kann schließlich in Verzweiflung und Teilnahmslosigkeit verfallen und sich selbst aufgeben.

Krankheit wird zur Gottesbegegnung

Aber es gibt auch solche, die ihre Krankheit willig annehmen, darin eine Herausforderung zur Stellungnahme erkennen und – ihrem Gott begegnen.

Die erste Frage, die fast immer gestellt wird, sobald jemand krank wird: „Warum widerfährt mir das? Und warum gerade mir?"

Dieses Warum kann verschieden motiviert sein.

Es kann vorwurfsvoll gerichtet sein: an den Arzt, an die Krankenschwester und schließlich an Gott selbst: „Warum hast du mich krank werden lassen?" Ist es ein fragendes, suchendes Warum, dann ist darin schon eine Wendung zum Heilsamen festzustellen. Ichbezogenheit beginnt sich in Gottbezogenheit zu wandeln. Aus der Angst vor dem Ungewissen wird ein Wissen, daß man in Gott geborgen ist, von ihm getragen wird und daß schließlich keine Krankheit „zum Tode" führen muß, wenn wir auch dieses Leben verlieren sollten.

Wer Gott begegnet, wer weiß, daß sein Erlöser lebt, bleibt nicht bei der Frage nach dem Warum hängen. Er schwingt sich auf zu den Höhen, welche ihm Weitsicht und Einsicht bieten, die ihn Gott, vielleicht auch einer gültigen Antwort näher bringen. Auf diesen Höhen fragt er nicht mehr „Warum?", sondern „Wozu?". Wozu schickt mir Gott diese Krankheit? Wozu läßt er mich diese Erfahrung machen? So schwindet die Angst. Es schwindet die Unsicherheit. Keine Verzweiflung mehr. Kein Sich-Verlassen-Fühlen. Keine Teilnahmslosigkeit. Keine Auflehnung. Wir erkennen die Herausforderung zur Stellungnahme und nehmen sie an. Nichts hindert uns mehr, Gott zu begegnen.

Die heilende Kraft von Glaube, Hoffnung, Liebe

Der Apostel Paulus hat einmal von den drei Grundkräften Glaube, Hoffnung und Liebe gesprochen, die ein christliches Leben bestimmen. Diese drei Grundkräfte kennzeichnen aber auch, abgesehen von ihrem religiösen Inhalt, von dem wir hier sprechen wollen, das Leben eines Menschen. Ein Leben ohne Glaube, Hoffnung und Liebe ist eine Last. Paulus hat uns nicht im unklaren gelassen, welche der drei Grundkräfte alle anderen überragt: die Liebe. Aller Glaube, alle Hoffnung sind unzureichend, wenn nicht die Liebe hinzukommt. Aller Lebenserfolg läßt das Herz leer zurück, wenn nicht die Erfahrung des Liebens und Geliebtwerdens hinzutritt.

Der Glaube trägt, auch wenn der Lebensfahrplan scheitert

- **Anschluß an eine Macht, die stärker ist als der Tod**
- **„Ich fange nun erst an zu glauben"**
- **Entspannung, Entlastung, Erleichterung durch den Glauben**
- **Mut zum Neuanfang**

Hoffnung – eine Kraft zum Handeln

- **Hoffnung befähigt, mit den Schwierigkeiten der Gegenwart fertig zu werden**
- **Ein Weg zu seelischer Gesundheit**
- **Die Abraham-Erfahrung**

Liebe – die tiefste Erfahrung des Menschen

Die Erfahrung der Liebe ist keineswegs auf die Ehe begrenzt, kann jedoch hier eine besondere Tiefe gewinnen – kann aber auch zu einer katastrophalen, Leib und Seele in Mitleidenschaft ziehenden Enttäuschung werden. Der Liebe fehlt allerdings die Kraft zum Durchhalten, wenn sie nicht in einem tiefen Vertrauen zu Gott und in einer über den Horizont des Sichtbaren hinausgehenden Hoffnung gründet.

Der Glaube trägt, auch wenn der Lebensfahrplan scheitert

Viele Menschen scheitern, weil sie die Ziele, die sie sich gestellt haben, nicht erreichen. Sie haben sich in ihrer Jugend einen Fahrplan gemacht, wie sie ihr Leben gestalten wollen. Sie hatten so schöne Vorstellungen von ihrer beruflichen Laufbahn, von ihrem Freundeskreis, von ihrem Lebenspartner, von ihrem zukünftigen Heim. Bald merken sie, daß sich die Wirklichkeit nicht an den aufgestellten Plan hält. Es kommt zu Abweichungen, die sich durch Anpassung auffangen lassen. Es kommt aber auch zu Änderungen und zum Ausbleiben des Erwarteten. Dafür ist man zum Teil selbst verantwortlich, oft ist es aber auch durch andere verschuldet. Der Lebensfahrplan verliert also seine Gültigkeit. Woran soll man sich dann halten, damit man wieder Orientierung und Si-

sicherheit erlangt? Oder bleiben nur Verzicht und Resignation übrig? Mit dieser Frage hängt aber auch zusammen, ob man körperlich-seelisch gesund bleibt oder ob man als seelisch angeschlagener Mensch sein Leben zu Ende führen muß.

Eine Missionarin sagte einmal zu *Corrie ten Boom*, der bekannten holländischen Christin, die im zweiten Weltkrieg vielen Juden das Leben rettete und dafür in ein deutsches Konzentrationslager kam: „Ich werde nicht damit fertig, daß ich keine Familie und keinen Mann habe. Aber das verstehen Sie nicht, das haben Sie nicht durchgemacht."

Da sagte *Corrie ten Boom:* „Ich will Ihnen einmal etwas sagen: Ich habe einen Mann sehr lieb gehabt. Ich habe auf ihn gewartet, und dann kam er, so unbedacht wie Männer sind, plötzlich mit einem anderen Mädchen und sagte: Corrie, dies ist meine Braut. Es wäre schön, wenn ihr euch gut versteht. Da brach eine Welt für mich zusammen, ich konnte nicht mehr weiter. Aber dann habe ich gelernt zu fragen: Was will Gott mir in dieser Situation sagen? Wenn ich glaube und getauft bin, dann will er mir sagen: Ich habe mit dir etwas anderes vor. Und in diesem Vertrauen – ich habe mit dir etwas anderes vor – wurde ich wieder gesund."

Gerade dann, wenn der Lebensfahrplan gescheitert scheint und nur noch Resignation und Verlassenheit das Schicksal zu sein scheinen, da erweist sich Glaube als hilfreiche, gesundmachende Kraft. Der Glaube geht davon aus, daß Gott ja zu mir sagt und bei seinem Ja auch bleibt, wenn ich an meinen eigenen Plänen und an mir selber scheitere. Es gibt Situationen, in denen sich jemand von aller Welt „abgeschrieben" vorkommt; Gott aber hat weiterhin Interesse an ihm und kümmert sich um ihn. Dadurch, daß jemand selber sündigt, und auch dadurch, daß an ihm gesündigt wird, kann jemand ganz ins gesellschaftliche „Abseits" geraten; Gott aber läßt ihn nicht im Stich. Und wenn er nichts hat und nichts kann, Gott nimmt ihn an. Ein solcher Glaube bedeutet daher eine große seelische Kraft. Das Gefühl des Angenommenseins befreit von den dunklen Gefühlen der Angst, gibt Selbstachtung und Sicherheit, ermöglicht neuen Anfang und neue Zuversicht. Wer einen allmächtigen Gott auf seiner Seite weiß, ist den Zweifeln an der Welt und sich selbst nicht hilflos ausgesetzt.

Anschluß an eine Macht, die stärker ist als der Tod

Martin Luther hat in einer Zeit großer Lebensgefahr in seiner Bibel das Wort des Psalmisten „Ich werde nicht sterben, sondern leben, um die Taten des Herrn zu verkünden" (Psalm 118, 17, Einheitsübersetzung) gelesen und dadurch neuen Lebensmut gewonnen. Im selben Psalm steht auch das Wort: „Der Herr ist bei mir, ich fürchte mich nicht. Was können Menschen mir antun?" Der Glaube ist Anschluß an eine Macht, die stärker als der Tod ist, weil sie schließlich auch den Tod überwindet. „Über nichts kann der Mensch Herr werden, solange er den Tod fürchtet. Wer aber den Tod nicht mehr fürchtet, dem gehört alles." *(Leo Tolstoi)*

Ein erhebliches Maß unserer körperlichen und seelischen Kraft opfern wir der Sorge um uns selbst. Der Teufelskreis dabei ist, daß der Mensch sich letztlich nicht selbst erhalten kann, weil er das Unberechenbare und Unvorhersehbare (das unseren Lebensfahrplan durchkreuzt) nicht unter Kontrolle hat. Trotzdem verzehrt er sich in der Sorge um sich selbst, und je größer diese Sorge ist, desto größer ist auch die Scharfsichtigkeit für das Unvorhersehbare und Bedrohende. Ein abschreckendes Beispiel ist der Hypochonder, der aus Angst vor der Krankheit jedes vermeintliche Anzeichen von Krankheit tödlich ernst nimmt

Jesus hat vor zwei Jahrtausenden darauf hingewiesen, daß der Mensch nur durch ein lebendiges Vertrauen zu Gott seelisch heil werden kann. Bis heute sind Glaube, Hoffnung und Liebe Grundkräfte, die Kraft und Mut geben und das Leben mit anderen ermöglichen.

Wenn ein Kind nicht Vertrauen und Geborgenheit erfährt, entsteht ein seelischer Mangel, den es im Leben kaum mehr aufholt.

und vor lauter Abwehr von Krankheit zu keinem normalen Leben findet.

Das Gefühl des Verlassenseins und des Ungeschütztseins macht Menschen krank. Schuldgefühle wirken sich in einer solchen Situation verheerend aus, weil sie den Menschen vollends aus der Fassung bringen. Besser als jede Medizin ist in einer solchen Lage die Gewißheit: „Ich bin nicht allein. Ich fühle mich geborgen bei einem Herrn, der alles vermag und der mich annimmt, wie ich bin." „Daß Gott den Menschen, der zu ihm kommt, liebt, wie er ist, und seine Liebe nicht von Vorleistungen abhängig macht, löst aus Ängsten und seelischen Verkrampfungen, die für Leib und Seele schädlich sind." *(Otto Gmehling)* „Ein fröhliches Herz tut dem Leib wohl", heißt es in der Spruchweisheit des Alten Testaments. (Sprüche 17, 22, Einheitsübersetzung.)

Der Psychiater *William Sadler* schreibt: „Ein Arzt kann am besten abschätzen, in welchem Ausmaß sich Krankheiten direkt auf Sorge, Furcht, Konflikten, Unmoral, Ausschweifung, Unwissenheit, krankhaftes Denken und zweifelhaften Lebenswandel zurückführen lassen. Wenn alle Welt die Lehren Christi annehmen würde und seinen Geboten gehorsam wäre, soweit sie sich auf ein Leben im Frieden der Seele und in der Freude an selbstlosen Gedanken und einem sauberen Lebenswandel beziehen, so würden mehr als die Hälfte aller Schwierigkeiten, Krankheiten und Kümmernisse der Menschheit mit einem Schlage verschwinden ... Ein reines Gewissen ist der beste Schutz gegen Neurosen."

„Ich fange nun erst an zu glauben"

Der Maler und Zeichner *Ludwig Richter* fand als 22jähriger zu einem lebendigen Glauben. „Zum erstenmal vielleicht seit Jahren konnte ich dankbar und innig freudig die Hände falten im Gebet", schreibt er über diese Erfahrung. Dann bekennt er: „Ich fange nun erst an zu leben, nämlich im Glauben und in der Wahrheit." Ungezählte Menschen verloren mancherlei Krankhei-

ten und Gebrechen, als sie in ihrem Herzen Frieden mit Gott gefunden hatten. Ein Evangelist erzählt von einem Mann, der im Rollstuhl zu seinen Vorträgen gefahren wurde. Er kam mit ihm in Kontakt. Der Mann sprach sich aus. Er bekannte, daß er seinen Bruder um das Erbteil betrogen hatte. Er ging zu seinem Bruder, bekannte seinen scheußlichen Betrug, trat ihm den zustehenden Teil ab, erlebte die Vergebung seiner Sünden und war geheilt. Vieler Menschen Leben könnte neu werden, wenn sie sich von Gott ihre Sünden vergeben ließen. Der Glaube bedeutet nicht ein geändertes Leben, sondern ein Leben mit einer neuen Lebensqualität, zu dessen Kennzeichen auch Dankbarkeit und festliche Freude über Gott gehören.

Durch den Glauben wird eine egoistisch-verschlossene Existenz aufgebrochen, indem an die Stelle des Gesprächs mit sich selber der Dialog mit Gott tritt. Gott wird zum Ansprechpartner, zum großen Du, und indem sich der Mensch ausspricht, befreit und entlastet er sich, bewahrt er sich vor seelischer und zum Teil auch vor körperlicher Krankheit. Frei und offen über sich sprechen zu können ist ein Zeichen seelischer Gesundheit. Mancher ist gescheitert, weil er keinen fand, bei dem er sich aussprechen konnte. Ein erheblicher Teil der Seelsorge besteht in verständigem Zuhören. Man hat gerade in unserer Zeit, in der der Mensch einer ungeheuren Reizüberflutung durch Presse, Funk und Fernsehen ausgesetzt ist, den Eindruck, daß die Fähigkeit zum Gespräch abnimmt und daß demzufolge bei vielen Menschen eine Menge unbewältigter und verdrängter Fragen aufgestaut ist, die ihre Seele belastet.

Entspannung, Entlastung, Erleichterung durch den Glauben

Der Glaube ist ein Rechnen mit Gott. Er führt dazu, daß der Glaubende in seinem Denken, Wünschen und Hoffen auf Gott gerichtet ist. Das schafft Distanz zu den Dingen, die uns bedrängen, wie bei jemandem, der auf einem hohen Berg steht und dadurch die eigenen Sorgen richtig einordnen kann. Ohne den Blick auf Gott fressen manche Probleme wie ein Krebs um sich und zerstören die ganze Persönlichkeit des Menschen. Der Glaube bedeutet Entspannung, Entlastung, Erleichterung. Gott ist gewissermaßen wie ein Zöllner, der zu einem aufgeregten Passanten, der sich in seiner Verworrenheit in seinem eigenen Koffer nicht mehr zurechtfindet, beschwichtigend sagt: „Beruhigen Sie sich doch! Entspannen Sie sich erst einmal! Nehmen sie doch die Kontrolle nicht so wichtig!“ Wer sich in Gott geborgen weiß, dem geht es wie einer Fußballmannschaft, die schon zuvor die Zusicherung des Sieges hat und entsprechend unbelastet, sicher und überlegen spielt.

Vom Glauben hängt glückendes, gelingendes Menschsein ab. Im Vertrauen auf Gott erreicht der Glaubende das Ziel jeder vernünftigen Erziehung: ein angst- und haßfreies Leben. Angstfrei deswegen, weil er alle Hilfe, allen Schutz und alles Heil von Gott erwartet. Haßfrei deswegen, weil die Welt ihren bedrohlichen Charakter verliert, da Gott größer als alle Umstände und sogar größer als das eigene Herz ist. Haßfrei auch deswegen, weil der Glaube den Sinn dafür schärft, wieviel Gutes wir in diesem Leben erfahren, das wir nicht verdient haben. Es ist schließlich der Glaube selbst, der als Geschenk erfahren wird. Der Gläubige dankt für das, was er hat, aber auch für das, was er nicht hat, weil er es nicht braucht. Wir kämen aus mancher mißlichen Lage heraus, wenn wir wieder anfingen, für das zu danken, was wir haben.

Unser seelisches Leben und unsere ganze Lebensphilosophie wird davon bestimmt, was für uns der höchste Wert ist. *Pierre Teilhard de Chardin* schreibt einmal: „Eines gibt mir Zuversicht: In mir selber ist das wachsende Licht mit Liebe verbunden und mit Selbstentäußerung auf das Große hin, auf das, was größer ist als ich. Das kann nicht irreführen. Insgeheim verschanze ich mich also in diesem Bewußtsein, daß das Sein unendlich reiner und wandlungsfähiger ist als unsere Logik."

Der Glaube hat eine so befreiende Wirkung, weil er uns davon wegführt, nur an uns selbst und an die Architektur der eigenen Persönlichkeit zu denken, und weil er uns, indem er unser Interesse auf Welt und Mitmenschen lenkt, menschlicher macht. Der Glaube hat es mit dem Mut zum Leben und damit mit einer gehörigen Portion gesunden Menschenverstand zu tun.

Mut zum Neuanfang

Hoffnung und Liebe schwingen im Glauben immer mit. Noch ein letzter Aspekt des Glaubens: Der Glaube ist Aufbruch zu neuen Ufern, Aufbruch zu neuer Lebenserfahrung. Es ist die Erfahrung Abrahams, der auf Gottes Geheiß seine Heimat verließ und sich von Gott in ein ihm unbekanntes Land führen ließ. „Altsein ist ja ein herrlich Ding, wenn man nicht verlernt hat, was anfangen heißt." *(Martin Buber)* Wer einen allmächtigen Gott an seiner Seite weiß, wird nicht alles Neue und Ungewohnte als Bedrohung empfinden. Gerade die Unfähigkeit zum Neuen – zu neuen Gedanken, zu neuen Aktivitäten, zu neuer Begegnung mit Menschen, zu neuem Vertrauen – bedeutet seelische Verarmung. Zwangsläufig zwingt sie zu jener hoffnungslosen Rückwärtsorientierung in die Vergangenheit, unter der viele seelisch kranke Menschen leiden und die sie so unfähig zum Kontakt mit anderen macht.

Glauben an Gott bedeutet daher auch: Das Leben muß nicht in ausgeleierten Gleisen verlaufen, weil sich der Mensch einem Gott anvertraut, der alles vermag.

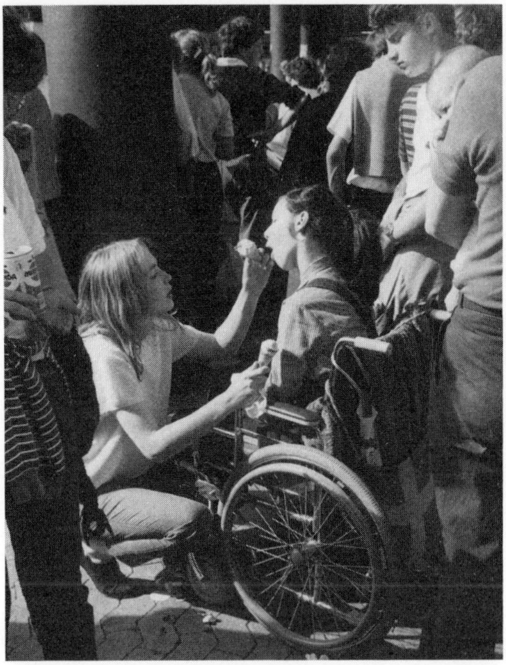

Wenn es keine Nächstenliebe, keine Barmherzigkeit und kein Mitleid mehr gäbe – welche Hoffnung bliebe dann für die Welt?

Hoffnung – eine Kraft zum Handeln

Im Gegensatz zum Rückwärtsdenken, wie man es bei alten Menschen immer wieder beobachten kann, ist die Hoffnung ein Vorwärtsdenken. Wer einen Beruf erlernt, erwartet davon eine die wirtschaftliche Grundlage bietende Qualifizierung und Bereicherung des Lebens. Wer heiratet, hofft, daß sich seine Vorstellungen und Träume von einem häuslichen Glück erfüllen. Wer Kinder hat, möchte, daß aus ihnen „etwas wird". Und selbst wer vier Wochen auf Urlaub in die Alpen fährt, gibt sich bestimmten Hoffnungen hin.

Hoffnung ist nicht lediglich ein Wunschdenken und die passive Erwartung von schönen Dingen. Hoffnung ist eine starke

Antriebskraft. Da wird Energie und Ausdauer investiert. Wer bei seiner Heirat ein schönes zukünftiges Zuhause vor Augen hat, wird auch, motiviert durch diese Hoffnung, an diesem zukünftigen Zuhause mitarbeiten und dafür Opfer bringen. Hoffnung für die Kinder wird auf seiten der Eltern häufig umgesetzt in das Zurückstellen eigener Wünsche. Aber in dem Maße, wie ein Mensch älter wird, seine berufliche Position festgelegt und sein sozialer Stand unveränderlich ist, in dem Maße, wie die „großen Hoffnungen" erfüllt oder gescheitert sind, wird das Leben an Hoffnung ärmer. Zudem sind berufliche Qualifikation, sozialer Stand und gesellschaftliches Ansehen vergleichsweise vordergründige Werte, die noch nichts mit Lebenserfüllung zu tun zu haben brauchen. Wie kann dann ein Mensch Hoffnung in sich haben, was seine persönliche Reife, Erfüllung und Vollendung betrifft?

Hoffnung befähigt, mit den Schwierigkeiten der Gegenwart fertig zu werden

Auch die Hoffnung, die aus dem Glauben an Gott erwächst, hat es zu tun mit der Investition von Kraft, die im Sinne eines Vorausdenkens erfolgt. Diese Kraft wird in der Gegenwart sichtbar. Die aus dem Glauben erwachsende Hoffnung hat nichts zu tun mit der vagen Sehnsucht nach einem besseren Leben und der Flucht aus der Wirklichkeit der Welt. Diese Hoffnung bedeutet nicht: Wer mit dem Leben nicht fertig wird, wird auf das Jenseits vertröstet. Im Gegenteil: Hoffnung auf Gott soll befähigen, mit den Schwierigkeiten der Gegenwart fertig zu werden. Diese Hoffnung auf Gott war es, die in dem angeführten Beispiel *Corrie ten Boom* davor bewahrte, nach einer Liebesenttäuschung ihre seelische Gesundheit zu verlieren. Es war ihre feste Überzeugung: Gott hat mit mir etwas anderes vor. Gott ist der Garant unserer Hoffnung, weil er es ist, dem die Zukunft gehört. Wir wissen nicht, was die Zukunft uns persönlich bringt, aber der Glaubende rechnet mit einem in der Zukunft handelnden und helfenden Gott. Der Apostel Paulus konnte bei aller Unsicherheit der Zukunft sagen: „Nichts kann mich trennen von der Liebe Gottes." Weil der Glaubende weiß, daß Gott ihn auch in Zukunft versorgen wird, darum braucht er nicht um den Erhalt seines Lebens besorgt zu sein. Jesus gab den Rat, nicht für den morgigen Tag zu sorgen. Der nächste Tag habe seine eigene, unvorhersehbare Last. Gott aber, der sich der Tiere und der Pflanzen annimmt, werde auch den Menschen versorgen.

Angst vor der Zukunft – oder Hoffnung für die Zukunft? An dieser Frage entscheidet sich häufig die körperlich-seelische Verfassung des Menschen. Gott verbirgt sich hinter jedem Widerspruch, unter dem wir leiden. Das ist die Überzeugung des Glaubenden. Letztlich, und davon ist das Leben des Glaubens bestimmt, bedeutet Zukunft Heil, Seligkeit, Errettung, Sein bei Gott. Diese Zukunftsperspektive nimmt den Problemen, die uns heute beschäftigen, ihre Unbedingtheit und Wichtigkeit, setzt dadurch Kräfte frei für den Nächsten und bringt den Frieden der Seele, nach dem sich heute so viele Menschen sehnen.

Ein Weg zu seelischer Gesundheit

Der Psychiater *William Sadler* und seine Frau bemühten sich beide um eine vornehme, hochgebildete Frau, die seelisch krank war. Dr. *Sadler* hatte nicht viel Hoffnung und meinte, man könne kaum nennenswerte Fortschritte erwarten, „bevor nicht die geistige Verfassung der Patientin in Ordnung gebracht und zahlreiche psychische Splitter gezogen worden seien". Er ging davon aus, daß die Behandlung noch mindestens ein Jahr dauern werde.

Ein fester Grund, auf dem sich leben läßt

„Etwas Festes muß der Mensch haben, daran er zu Anker liege, das nicht von ihm abhänge, sondern davon er abhängt. Der Anker muß das Schiff halten; denn wenn das Schiff den Anker schleppt, so wird der Kurs mißlich, und Unglück ist nicht weit." (Matthias Claudius)

„Die Freude über den geöffneten Himmel ist letztlich sozial leistungsfähiger als alle Angst vor der geöffneten Hölle." (Walter Lüthi)

„Wenn wir Gott unser Leben zur Verfügung stellen, können wir nie in eine Lage kommen, für die er nicht Vorsorge getroffen hätte." (Ellen White)

„Worauf also kommt es letztlich an im Menschenleben: Daß einer, ob gesund oder krank, arbeitsfähig oder arbeitsunfähig, leistungsstark oder leistungsschwach, erfolgsgewohnt oder erfolgsverlassen, schuldig oder unschuldig, nicht nur am Ende, sondern sein ganzes Leben hindurch an jenem Vertrauen unbeirrt und unerschütterlich festhält, das wir mit dem ganzen Neuen Testament den *Glauben* nennen." (Hans Küng)

C. H. Spurgeon, der berühmte englische Erweckungsprediger des letzten Jahrhunderts, hatte einen Mann zu Besuch, der über seinen Kleinglauben klagte. Da rief Spurgeon einen Knaben herbei, stellte ihn auf eine hohe Steinsäule und rief ihm zu: „Spring mir in die Arme!" Der Knabe wagte es nicht, sondern rutschte langsam herunter, wobei er ziemlich zerschunden unten ankam. Da nahm Spurgeon einen zweiten Knaben und stellte ihn auf die Säule. Dieser sprang unbefangen herunter und wurde glücklich aufgefangen. „Haben Sie den Unterschied gesehen?" fragte Spurgeon seinen Besucher. „Der erste Knabe war ein fremdes Kind, der zweite aber mein eigener Sohn, der Zutrauen zu mir hatte."

„Stellen Sie sich meine Überraschung vor, als diese Patientin ein paar Tage später zu mir in die Sprechstunde kam und erzählte, daß alle ihre Schwierigkeiten verschwunden seien, daß sie alles, von dem sie mir wenige Tage zuvor noch versichert hatte, es niemals tun zu können, inzwischen getan habe und daß sie auch das, was ich ihr als Teil ihrer Therapie zu tun empfohlen hatte, inzwischen in Angriff genommen habe – sie hatte ihr gesellschaftliches, familiäres und persönliches Leben vollständig überholt, hatte zahlreiche ‚Geständnisse' gemacht und eine ganze Menge seelischer und ‚moralischer' Kraftleistungen erbracht.

Auf meine erstaunte Frage: ‚Wie in aller Welt haben Sie das geschafft und in weniger als einer Woche eine so große Veränderung Ihrer seelischen Einstellung gegen sich selbst und Ihre Umwelt zustande bringen können?' erwiderte sie lächelnd: ‚Ihre Frau hat mir gezeigt, wie man betet!'"

Dieses Beispiel zeigt, wie eng Glaube und Hoffnung verbunden sind und welch eine Bedeutung sie für die seelische Gesundheit haben. Der Glaube, daß ein „höheres Wesen" da ist, genügt noch nicht. Der Glaube muß überzeugt sein, daß ein allmächtiger Gott auf meiner Seite ist und sich in Zukunft, also von jetzt an, als handelnder Gott erweisen wird.

Die Abraham-Erfahrung

Zur seelischen Gesundheit, die auch ihre körperlichen Auswirkungen hat, gehört der Mut, die Unsicherheit und Gefahr selbständigen Lebens auf sich zu nehmen. Alle machen die alte Abraham-Erfahrung, der aus seiner Heimat ausziehen mußte und nicht wußte, wohin der Weg führte. Niemand weiß, wo er sich in einem Jahr, in zehn Jahren befindet. Manche haben sich plötzlich in Situationen befunden, die ihnen nicht im Traum eingefallen wären. Das Unvorhersehbare und Unerwartete kam so plötzlich, daß sie darüber ihr seelisches Gleichgewicht verloren haben. Über Nacht kann zerbrechen, was auf Dauer ungefährdet schien.

Aber die Abraham-Erfahrung ist nicht nur die Erfahrung des Auszugs aus dem Vertrauten und Gewohnten. Zur Erfahrung Abrahams gehört die Führung Gottes. Wenn er auch nicht wußte, wohin es ging, glaubte er doch fest, daß Gott ihn zum Ziele führen werde. Bei allem, was ihm an Freude und Schmerz widerfuhr, wußte er Gott an seiner Seite. Dadurch wurde er mit den Situationen seines Lebens fertig, das bewahrte ihn vor dem Verlust seines seelischen Gleichgewichts. Bei jedem Problem, dem er sich ausgesetzt sah, erinnerte er sich daran, wie Gott in der Vergangenheit seine Probleme gelöst hatte. Das gab ihm die Zuversicht, daß auch alle zukünftigen Probleme mit der Hilfe Gottes lösbar sind.

Liebe – die tiefste Erfahrung des Menschen

Die dritte, alles krönende Grundkraft seelischen Lebens ist die Liebe. Der Gott, auf den der Glaubende seine Hoffnung setzt, ist keine Behörde, keine Instanz, kein namenloses Wesen, sondern ein Gott persönlicher Zuwendung, von dem der Glaubende sich geliebt weiß. Das größte Versprechen, das Menschen sich geben können, ist das einer bedingungslosen Liebe. Die tiefste Erfahrung, die ein Mensch machen kann, ist die des Geliebtwerdens. Das Geliebtwerden schafft die Voraussetzung zur Fähigkeit zum Lieben. Da alle menschliche Liebe Schwankungen unterworfen ist, die Liebe Gottes aber unveränderlich jeden Tag neu ist, kann es nichts geben, was das menschliche Herz stärker berührt als die Liebe Gottes. Gott weckt durch seine Liebe die Liebesfähigkeit des Menschen und verstärkt sie durch seine Kraft.

„Den Grund der Seele kann nur Gott anrühren", sagten die Mystiker. Um ein Liebender zu werden, muß dieser Grund der Seele angerührt werden. Gott ist es, der zum Glauben und zur Hoffnung die Fähigkeit zur Liebe dazugibt. Eine solche Liebe besitzt Dauer und Durchhaltekraft. Liebe ist nicht machbar mit psychologischen Tricks. Eine solche auf Glauben und Hoffnung beruhende Liebe ist eben nicht nur die Kehrseite der Angst vor Verlust, sondern eine eigenständige Kraft, in der sich Menschsein vollendet.

Augustin sagte so schön, daß unsere Seele erst zur Ruhe findet, wenn sie in Gott ruht. Wissenschaftler der amerikanischen Johns Hopkins-Universität haben herausgefunden, daß regelmäßige Kirchgänger seltener krank werden als Leute, die nicht zur Kirche gehen. Wenn Kirchgang nur eine Routine ohne tiefere Bedeutung ist, dann braucht er nicht viel zu bewirken. Wenn sich aber darin die Lebenshaltung von Menschen ausdrückt, die in ihrem Leben etwas erfahren haben von der heilenden Macht des Glaubens an Gott, von der gesundmachenden Antriebskraft einer lebendigen Hoffnung und von der von sich selbst frei machenden Fähigkeit zur Liebe, der führt in der Tat ein Leben von neuer Lebensqualität.

Das Gebet als Weg aus der Angst

„Die Angst ist die Grundbefindlichkeit des Daseins", so hat es *Martin Heidegger* schon Anfang der zwanziger Jahre in einem seiner Bücher formuliert. Ich wage zu behaupten, daß die Angst in all ihren verschiedenen Formen das Kardinalproblem der Menschen unserer Zeit ist, ja, noch mehr, daß viele seelische Schäden unserer Zeit einfach durch Angst entstehen.

Von ihrer sprachlichen Wurzel her bedeutet Angst in all ihren Formen eine von außen kommende Einengung (lat. angustiae; griech. angus). Sie bedrängt und bedroht, ficht den Menschen an, wird erfahren als ein Zustand großer Not, verunsichert, beunruhigt und drängt, fast immer verbunden mit einer tiefen Traurigkeit, in eine hilflose Ausweglosigkeit. Sie hofft nicht mehr, weil sie im Zukünftigen nur noch ein unentrinnbares Ereignis sieht: unseren Tod.

Sie zeigt sich in den verschiedensten Formen und Gestalten: als Platz-, Zeit-, Welt-, Sünden-, Todes- oder Höllenangst, und begleitet uns bis in unsere Träume.

In den verschiedenen Lebensphasen wird die Angst jeweils anders empfunden. Sie ist verschieden beschrieben worden in den jeweiligen Kulturstufen. Seit Menschengedenken ist versucht worden, dieses Phänomen zu deuten und zur Sprache zu bringen.

> **Das Erlebnis der Begrenztheit**
> - **Angst verursacht psychosomatische Krankheiten**
> - **Fragen, auf die wir eine Antwort brauchen**
>
> **Wir können täglich Gott erfahren**
> - **Gott steht immer für uns bereit**
> - **Geborgenheit und Fröhlichkeit**

Das Erlebnis der Begrenztheit

Keiner Zeit jedoch war es aufgegeben, sich so heftig und zugleich so umfassend mit der Angst auseinanderzusetzen wie der unsrigen. *Sören Kierkegaard* hat die Angst definiert als ein unser ganzes Dasein durchdringendes Erleben der Begrenztheit, die sich auf etwas Unbestimmtes und Unbekanntes richtet, erfahren als Preisgegebenheit, Schutzlosigkeit und Unsicherheit, als Grundbefindlichkeit des modernen Menschen, als existentielle Angst, als ein Geworfensein an den Rand des dunklen Abgrundes, dem Nichts.

Durch das Erlebnis der Angst läßt sich die um sich greifende Entfremdung und Gefühlsverarmung im Leben der Menschen untereinander verstehen, begreifen wir die seelischen Umweltschäden unserer Zeit. Die Vereinsamung des einzelnen beginnt schon in der Familie, bei den Kindern und Alten. Der vielgepriesene Wirklichkeitssinn des heutigen Menschen geht in

FEUER
NOTRUF

Das Gebet hilft uns, unser Leben vertrauensvoll in Gottes Hände zu legen. Wenn wir das getan haben, schwinden die Angst um die eigene Person und der Drang zur Selbstbehauptung. Das Gebet ist daher eine großartige Möglichkeit – nutzen wir sie?

Wahrheit an den wichtigsten Wirklichkeiten vorbei: denjenigen Wirklichkeiten nämlich, die dann zu einer größtmöglichen Erfüllung führen und die nicht nur intellektuell zu erfassen sind.

Angst verursacht psychosomatische Krankheiten

Die Bemühungen der Menschen der westlichen Länder, die Angst, ihre vielfältigen Erscheinungsformen und die damit verbundenen körperlichen Leiden in den Griff zu bekommen, sind umfangreich. So soll in den USA die Zahl der psychiatrischen Krankenbetten 40 Prozent der Gesamtbettenzahl der Krankenhäuser betragen. In der Bundesrepublik mit ihren zwei Millionen Alkoholikern erhöht sich die Zahl der Beratungsstellen und darüber hinaus der Entwöhnungskliniken ständig. Ein Gutteil der Großstadtbevölkerung nimmt Beruhigungs- und Schlafmittel, ferner psychische „Aufheller", also Mittel gegen die Angst, gegen psychosomatische Störungen, „Aktivatoren" zur Steigerung der Leistungsfähigkeit. Offenbar vermag der menschliche Organismus nicht mehr ohne weiteres mit den von den Menschen selbst geschaffenen Lebensbedingungen fertig zu werden. Es wird behauptet, daß bis zu 80 Prozent der Krankheitsfälle in einer Großstadtpraxis psychosomatischer Natur seien. Sollte das zutreffen, könnte man auch sagen, die meisten dieser Kranken wären gesund, wenn sie ein konflikt- und angstfreies Leben führten.

Trotz aller teils bewundernswerten Anstrengungen nehmen die durch Ängste hervorgerufenen und psychosomatisch sich äußernden Erkrankungen laufend zu. Die Erfolge der Psychotherapie sind sehr gering, die Psychopharmaka im günstigsten Falle geeignet, die ängstliche Konfliktsituation zu verdecken. Abgeschlossene Versicherungen geben nur den Anschein, als sei die Angst in Sicherheit übergegangen. Wie kann aber das Erlebnis der Angst, das unser Dasein zwischen Nichts und Nichts wie eine mathematische Gleichung einklammert, überwunden werden?

Fragen, auf die wir eine Antwort brauchen

Die Wirklichkeit zeigt das Dasein umfangen von einem Nichts, von Sinnlosigkeit bedroht. So lehren es einige moderne Geistesströmungen. Folgende Fragen bestimmen jeden Menschen – und den von Angst geplagten besonders: die Frage nach dem Sinn des Daseins, des Lebens überhaupt, die Frage nach Schuld und Sühne, Gesundheit und Krankheit, die Frage nach dem Tod, die Frage nach dem Sinn der Geschichte.

Um diese Fragen zu beantworten, die mein Dasein tragen und ihm einen Halt geben können, muß ich mir darüber klar werden, wie ich mein Dasein, mich selbst verstehen will. Die Tatsache allein, daß ich da bin, bedarf einer Deutung. Mein Dasein ohne Angst zu meistern heißt vor allem, mich selbst mit all meinen Grenzen anzunehmen. Um das zu erreichen, brauche ich den Glauben an Harmonie und Ordnung. Ich benötige auch Mut und Vertrauen als seelische Kräfte, die der Angst die Waage zu halten vermögen. Woher nehme ich diese Kräfte?

Wir können täglich Gott erfahren

Wenn in diesem Zusammenhang das Gebet als Heilkraft angeboten wird, so geschieht das nicht aus folgenden Gründen: Erstens aus der Einsicht, daß die Angst das Kardinalproblem des modernen Menschen ist. Alle gängigen Heilmittel, sprich materielle Absicherung, Psychotherapie, Psychopharmaka, haben versagt. Dennoch hält man sich in seiner Not an einen Strohhalm, obwohl man weiß, daß er keinen Halt geben kann.

Zweitens warne ich vor dem Irrglauben, als beginne der Glaube in jenem Bereich, in den die Vernunft nicht reiche und in dem sie versage. Wenn das wirklich so wäre, bliebe der Glaube nur Menschen zugänglich, die einen Intelligenzquotienten weit unter dem Durchschnitt der Bevölkerung hätten.

Drittens läßt sich die Heilkraft des Gebets in naturwissenschaftlichem Sinne nicht beweisen, weder positiv noch negativ. Das sagt jedoch nicht, daß es sich nicht um eine erfahrbare Wirklichkeit handelt.

Zu beten heißt nicht, erzürnte Götter oder, im christlichen Bereich, einen zornigen Gott zu beschwichtigen und ihn mit Opfern zufriedenstellen zu wollen.

Gott steht immer für uns bereit

Zu beten heißt zunächst, sich Gott so zu stellen, wie ich hier und jetzt bin, ohne irgendwelche Künstelei, zu meiner mich plagenden Angst mit allem Fehlverhalten zu stehen in dem Bewußtsein, daß Menschen mich wegen meines Soseins vielleicht ablehnen, nicht aber der unendliche, allgegenwärtige und allwissende Gott. („Wer zu mir kommt, den werde ich nicht hinausstoßen", verheißt Jesus in Johannes 6, 37.)

Zu erfahren, daß ich trotz allem geliebt und getragen werde, heißt schon, daß die Heilung meines angsterfüllten Lebens bereits begonnen hat. Jesus sagt: „Kommet her zu mir alle, die ihr mühselig und beladen seid; ich will euch erquicken." Die Last meiner Angst abzuwerfen, die Mühsal meiner seelischen Umweltschäden hinter mir zu lassen, schenkt mir nicht nur das Erlebnis, unbeschwert und befreit, sondern auch gestärkt sowie körperlich und geistig erfrischt zu sein.

Zu beten heißt auch, den Urgrund meiner Ängste und Unsicherheiten mehr und mehr zu erkennen. Ich durchschaue mich selbst und die anderen, sehe neue Möglichkeiten und blicke auf Zukünftiges, weil Vergangenes und Belastendes dahinten gelassen ist.

Wer die Heilkräfte des Gebets bis zu diesem Zeitpunkt in Anspruch genommen hat, erfährt ein weiteres: nicht nur die Möglichkeit abzuladen und ein höheres Maß an Selbsterkenntnis geschenkt zu bekommen, sondern auch, daß auf dem eingeschlagenen Wege Heilkräfte für mein körperliches Leiden frei geworden sind, die mir nach dem Erlebnis der Angst so unaussprechlich gut tun. In der biblischen Weisheitsliteratur (Sprüche 4, 20–22; 17, 22). heißt es „Mein Sohn, merke auf meine Rede und neige dein Ohr zu meinen Worten . . .; behalte sie in deinem Herzen, denn sie sind das Leben denen, die sie finden, und heilsam ihrem ganzen Leibe . . . Ein fröhliches Herz tut dem Leibe wohl; aber ein betrübtes Gemüt läßt das Gebein verdorren."

Die frühen Christen haben durch das Gebet Wunder erlebt. So wurde auf das Gebet des Apostels Petrus hin in der Stadt Joppe eine Christin namens Tabita, die sich mit Kleidernähen für die Armen eingesetzt hatte, vom Tode auferweckt (Zeichnung von Rembrandt).

Geborgenheit und Fröhlichkeit

Im Gebet, in der Begegnung mit dem Unendlichen jene Heilungskräfte seelischer und körperlicher Natur zu entdecken heißt auch, daß ich die großen Fragen meines Lebens stellen darf und daß mir geantwortet wird. Wer durch dieses Erlebnis hindurchgeht, sieht sein kleines Leben mit seinen kleinen und großen Pflichten und all den vielen Menschen, die ihm täglich begegnen, eingebettet in einen wunderbaren Plan, in dem es keine Kunstpausen und keine leeren Nummern und vor allem keinen Zufall mehr gibt. Er darf glauben, auch wenn er es nicht immer im wissenschaftlichen Sinne beweisen kann, daß sein Dasein einen tiefen und nicht mehr zu beschreibenden Sinn hat. Hoffnungslosigkeit verwandelt sich in Hoffnung und Freude; Sinnlosigkeit, Unsicherheit und Angst in Geborgenheit und Fröhlichkeit.

Die Fragen von Schuld und Sühne gewinnen einen ganz neuen Ausblick. Gesundheit und Krankheit werden in einem anderen Licht gesehen, und die Geschichte gewinnt einen neuen, bis dahin nicht erahnten Sinn, daß Gott, dem ich die Heilungskräfte in der Begegnung des Gebets verdanke, Könige ab- und Könige einsetzt, daß in allem sein Wille geschieht, auch in den großen Ereignissen der Vergangenheit, der Gegenwart und der Zukunft.

Diese Sinngebung des Daseins zu erfahren heißt nicht nur, gelegentlich die Heilungskräfte des Gebets zu beanspruchen, sondern in jedem Augenblick meines Lebens mit ihnen zu leben.

Antwort an einen Menschen, der beten lernen möchte

Das Einfache kann oft schwer sein oder besser: Wir machen es uns mit dem Einfachen so schwer. Es gibt Leute, die wohnen Tür an Tür und verkehren miteinander nur durch ihre Rechtsanwälte. Es sind Bagatellen, um die es geht, aber sie haben außer gegenseitiger Beschimpfung nicht versucht, einmal geduldig aufeinander zu hören, und mittlerweile scheinen sie es gar verlernt zu haben. Das Einfache ist für sie zur kompliziertesten Sache der Welt geworden. Was soll jemand tun, der zu Gott beten möchte?

Aber ich wollte Ihre Frage beantworten, wie man Beten lernt. Da gibt es gewiß auch etwas zu lernen, nämlich wie Gott ist, wie er an uns Menschen handelt und vor allem, wie wir seine Stimme hören. Doch davon später. Was soll jemand tun, der zu Gott beten möchte?

Sprechen Sie Ihre Not aus!

Vertrauen Sie sich Gott an!

Warten können – die erste Bewährung

Wer zu Gott spricht, muß hören lernen

Gott wünscht Lebensgemeinschaft

Die entscheidende Wende: Dankbarkeit

Sprechen Sie Ihre Not aus!

Der Mensch kommt zum Gebet ebenso unergründlich, wie er zum Glauben kommt. Zunächst heißt ja beten mit Gott sprechen. Dieses Sprechen soll etwas auslösen und bewirken, soll Hilfe, Trost oder Rat bringen. Werden Sie sich klar, worin Ihre eigentliche Not besteht. Wir schieben ja leicht zweitrangige Probleme an die erste Stelle, um uns von unserer eigentlichen Not abzulenken. Lassen Sie Gott teilhaben an Ihrer Not – oder auch an Ihrer Freude. Bitten Sie Gott, Ihr Leben in seine Hand zu nehmen.

Gott hat immer Sprechstunde. Sprechen Sie zu ihm, wann Ihnen danach zumute ist. Reservieren Sie für ihn eine bestimmte Zeit Ihres Tagesablaufs. Das kann am Morgen und am Abend sein. Ein Morgengebet gibt Ihnen Sicherheit für den Tag und ein Abendgebet Geborgenheit für die Nacht. Wählen Sie jedenfalls eine Zeit, da Sie einigermaßen innere Ruhe haben. Sprechen Sie laut, weil das uns das Beten oft bewußter macht und vor Ablenkung bewahrt.

Sie werden erfahren, welch eine heilende Wirkung es hat, wenn man die eigene Not ehrlich ausspricht und bekennt. Wenn die Not gewissermaßen aus uns herausgesetzt ist, hat sie nicht mehr das Gewicht wie bisher, weil sie nicht mehr allein die eigene Sache ist. Ein Anderer hat sie gehört und übernimmt die Sorge.

Oft ist es Schuld, die uns bedrückt. Gerade hier erweist es sich, daß die bibli-

> Es taugt nichts, Gott mit gekünstelter Dringlichkeit um A zu bitten, während in Wirklichkeit das Verlangen nach B unser ganzes Gemüt erfüllt. Wir müssen vor ihn bringen, was in uns ist, nicht was in uns sein sollte. (C. S. Lewis)

sche Botschaft vom liebenden Gott eine befreiende, glücklichmachende Botschaft ist. Gott will uns ohne jede Vorleistung unsere Schuld vergeben. Er ermöglicht uns den neuen Anfang, den Start zu einem neuen Leben. Nennen Sie Gott Ihre Schuld, bitten Sie ihn um Vergebung. Seine Verheißung lautet: Ich werde alle Schuld vergeben. Nehmen Sie dieses Geschenk an. Und wenn Sie dennoch wieder wankend werden, dann glauben Sie von ganzem Herzen, daß Gott Ihnen Ihre Schuld genommen *hat*.

Vertrauen Sie sich Gott an!

Gott ist vertrauenswürdig. Er läßt keinen im Stich, der sich auf ihn einläßt. Das ist die Erfahrung der Beter. Beten ist nun einmal ein Akt des Glaubens. Wenn Sie Gott um Vergebung Ihrer Schuld gebeten haben, dann glauben Sie es doch. Wenn Sie Gott bitten, Ihr Leben in Ordnung zu bringen, dann müssen Sie glauben, daß es geschieht. Unser Verhalten in Konflikten ist deswegen so kraftlos und ziellos, weil wir innerlich nicht mehr an eine Wende glauben. Es bedeutet eine ungeheure innere Befreiung, wenn man Gott seine Sorgen überlassen kann und nicht mehr heimlich weiter sorgt. Indem wir beten, beweisen wir unsere Freiheit gegenüber dem Bestehenden. Beten ist ja nicht nur Ausdruck von Denken und Fühlen, sondern erwächst auch aus dem Wissen, daß unser Leben sinnvoll ist.

Gott kümmert sich um Sie, er nimmt Sie ernst; er nimmt auch Ihr Wort ernst. Gott zu vertrauen, dazu gehört Mut; aber dieser Mut lohnt sich, da er uns von Sorgen befreit und Energien frei macht für die Bewältigung der eigentlichen Lebensaufgaben. Sie werden selbst merken, welch eine Veränderung es für Sie bedeutet, sobald Sie nicht mehr allein für Ihr Leben sorgen müssen und darauf vertrauen können, daß Gott Ihr Leben führt, lenkt und beschützt. Gott weiß am besten, was für uns gut ist.

Warten können – die erste Bewährung

Alle Menschen wären eifrige Beter, wenn Gott jede Bitte sofort in der gewünschten Weise erhören und erfüllen würde. Dann wäre man dumm, wenn man diese überirdische Lebensversicherung nicht in Anspruch nähme. Und so gibt es viele Menschen, die es auf diese Weise einmal mit dem Beten probiert haben. Sie wandten sich mit einer Bitte an Gott, wünschten sofortige Erfüllung, und als diese nicht eintraf, hatte eben die Sache nicht „funktioniert", und man hörte mit dem Beten wieder auf. So „einfach" ist das Gebet nun doch nicht, weil Gott nicht lediglich der Erfüllungsgehilfe unserer Eitelkeit, unserer Habgier, unseres Egoismus, unserer Gehässigkeit und unserer Wehleidigkeit ist. Das wäre so, als wenn man den Sinn der Erziehung darin sähe, einem Kind jeden Wunsch zu erfüllen. Manche Menschen würden wahrscheinlich sogar bestraft und Schaden erleiden, wenn jeder ihrer Wünsche in Erfüllung ginge.

Gebet am Morgen:

Ich danke Dir, Gott, daß Du mir an diesem Morgen das Leben neu schenkst. Ich danke Dir dafür, daß ich mich bewegen, daß ich atmen und daß ich meine Sinne gebrauchen kann. Schenke mir an diesem Tag ein waches Auge für die Not meiner Mitmenschen und eine lebendige Bereitschaft zum Hinhören, Helfen und Bewahren. Wirke durch mich Trost, und baue durch mich Dein Reich des Friedens! Amen.

Gebet am Abend:

Herr, ich gebe Dir diesen Tag zurück. Nimm alle Unrast und Sorge aus meinem Herzen. Vergib mir, wo ich heute Menschen verletzt habe. Laß mich still werden in Dir. Schenke mir einen ruhigen Schlaf. Sei auch mit denen, die in Sorge und mit Schmerzen einschlafen. Segne Kinder, die einsam sind, und alle jene älteren Menschen, die sich verlassen fühlen. Ich danke Dir für Deinen Schutz! Amen.

Gott erhört jede Bitte, auch die abseitigste und nebensächlichste. Aber Erhörung bedeutet nicht immer Erfüllung in unserem Sinne. Das Gebet hat aber auf jeden Fall eine Wirkung. Gott erfüllt unsere Bitte auf seine Weise. Das erfordert geduldiges Warten von unserer Seite. Wir müssen achthaben darauf, *wie* Gott erfüllt. Manchmal erfüllt er eine Bitte genauso, wie wir sie geäußert haben. Manchmal erfüllt er sie anders und besser, als wir dachten. Manchmal erfüllt er sie gar nicht – und wir werden vielleicht unser Leben lang nicht erfahren, warum er sie nicht erfüllt hat. Gerade dann müssen wir Geduld haben und an einen Sinn glauben, wo wir keinen Sinn sehen. Wir müssen vertrauen, daß Gott unsere Wege lenkt, auch wenn er uns in scheinbare Sackgassen führt.

Das Beste für uns ist nicht immer das, was wir dafür halten. Manchmal ist das Verweigern einer Bitte das Beste für uns. Jedenfalls – und hier ist wieder der Glaube gefordert – weiß Gott, was das Beste für uns ist, ja, wenn wir uns an Gott halten, müssen sogar alle Dinge zu unserem Besten dienen. Wenn wir das glauben können, dann verlieren wir jene nervöse innere Ungeduld, die Gott auf jeden Fall zum Eingreifen zwingen möchte. Das Gebet verwandelt uns. Die Situation, in der wir uns befinden, mag die gleiche bleiben; und doch verändert sie sich, sobald wir anders werden.

Wer zu Gott spricht, muß hören lernen

Wenn wir zu Gott beten, dann müssen wir achthaben auf alles, was in uns und um uns herum geschieht. Der Bittende muß sehr bewußt leben. Nehmen wir einmal an, jemand muß sich für einen Ehepartner entscheiden. Vorstellen kann man sich allerlei Partner, die für eine Ehe in Frage kommen. Wer aber ist nun wirklich der bzw. die Richtige? Man bittet also Gott: „Lieber Gott, zeige mir doch, wer der Partner ist, den du für mich vorgesehen

Gebet in schwerer Krankheit:

O Gott, es fällt mir schwer, Dich zu loben, da mich Krankheit quält. Ich fühle mich fortgenommen aus dem lebendigen Strom des Daseins und fern von Freude. Dennoch glaube ich, daß Du es gut mit mir meinst und mein Leben einen Sinn hat, auch wenn ich keinen sehe. Gib mir Geduld, dämpfe mein inneres Aufbegehren und laß mich die kleinen Freuden entdecken, die Du mir vorbehalten hast. Amen.

Gebet vor unsicherer Zukunft:

Herr, ich habe Angst vor der Zukunft. Ich habe Angst vor Armut, Atombomben, vor der Zerstörung unseres Lebensraumes, vor Krankheit, Arbeitslosigkeit, Sinnlosigkeit und einem bitteren Herzen. Du hast versprochen, jeden Tag für uns zu sorgen. Ich danke Dir, daß Du mich heute erhältst. Für morgen brauche ich mir keine Sorgen zu machen; denn Du bist der Herr der Zukunft. Amen.

hast." Diese Bitte kann uns, wenn wir wirklich glauben, von mancherlei innerer Unruhe befreien. Gott wird es tun! Aber wie?

Gott gibt ja keine direkte Antwort. Aber beim Beter wird ein Prozeß in Gang gesetzt, der zum Ziel führt. Er wird sich erst einmal selbst fragen, wer wohl am besten zu ihm paßt. Er wird auch auf das hören, was Freunde oder Eltern sagen. Er kann auf eine innere Sicherheit warten, die Gott in ihm wirkt. Das ist wirklich ein Hören, das einem Lernprozeß vergleichbar ist. Der bewußte Beter wird daher die Angebote und Signale seiner Umwelt mit seinem eigenen Beten in Zusammenhang bringen.

Gott wünscht Lebensgemeinschaft

Not lehrt beten, sagt schon das Sprichwort. Notsituationen sind auch dazu da, daß wir Kontakt zu dem bekommen, der alle Not wenden kann. Aber Gott ist zu sehr an uns interessiert, als daß er bloß unsere Bitten erfüllt, um uns dann einsam und auf uns selbst gestellt weiterleben zu lassen. Er möchte in unser Leben als ordnende und heilende Kraft eintreten. Es ist ein Unterschied, ob ein Sohn, der mit seinem Vater nichts mehr zu tun haben will, sich gelegentlich sehen läßt, um vom „Alten" Geld abzustauben, oder ob dieselbe Bitte von einem Sohn vorgetragen wird, der seinen Vater an seinem Leben teilhaben lassen möchte und Gemeinschaft mit ihm sucht.

Wer zu Gott sprechen, wer warten und wer auf Gott hören gelernt hat, der wird kein größeres Verlangen haben, als mit Gott zu leben, auch wenn der erste Anlaß zum Beten der Schrei aus der Not war. Gerade die Erfahrung von innerer Freiheit wird den Beter immer wieder den suchen lassen, der sein Herz ruhig gemacht hat.

Es ist das Überraschende, daß uns die Gemeinschaft mit Gott fähig zum Leben unter Menschen macht. Je tiefer sie ist, desto mehr lieben wir unsere Mitmenschen.

Beten ist ein für andere Menschen verborgener Akt, aber es ist ein Weg zu Freiheit, Gelassenheit und Dankbarkeit in allen Situationen des Lebens.

Die entscheidende Wende: Dankbarkeit

Noch auf ein letztes soll hingewiesen werden: Sie haben gewiß selbst schon erlebt, mit welch seelenloser Selbstverständlichkeit Gefälligkeiten, Dienste und Gaben hingenommen werden. Bei Gott ist es nicht anders. Vergessen Sie von Anfang an nicht das Danken. Dankbarkeit ist die schönste Motivation zum Beten. Jemand betete einmal sogar: „Lieber Gott, ich danke dir auch für die Dinge, die ich nicht habe – weil ich sie nicht brauche."

Durch Dankbarkeit kommt ein neues Element in unser Leben, das auch unsere Umwelt bald bemerken wird. Wenn wir dankbar sind, dann hören und sehen wir neu. Unser Leben verläuft oft so langweilig, weil wir nicht mehr staunen können – vor all dem, was Gott wirkt, schafft und schenkt. Gott zu loben ist ein deutliches Kennzeichen eines veränderten Lebens. Es ist diese Gemeinschaft des Dankens, der Anbetung und der Liebe, die uns neu macht: daß wir mit neuer Kraft den vielen Pflichten des Alltags gerecht werden können. Die Sehnsucht nach der inneren Erneuerung, die viele Menschen bewußt oder unbewußt in sich tragen, führt vom Beten zum Danken.

Das Beten ist daher ein entscheidender Schritt zur Erlangung seelischer Gesundheit. Das Gebet nimmt sich immer fremdartig in dieser Welt aus. Denn „Welt" im Sinne der Bibel ist der Bereich, wo nicht gebetet wird. Fangen Sie mit dem Beten an. Fragen Sie nicht so sehr nach dem, was morgen sein wird. Ist der Anfang gesegnet, dann sind es auch der Fortgang und das Ende. Dafür sorgt Gott; dafür steht er ein. Von dieser tiefen Überzeugung lebt der Beter.

Der Mensch und sein Schicksal

Redensarten wie „Das ist eben Schicksal", „Seinem Schicksal kann niemand entfliehen" und „Das Schicksal ist blind" umschreiben alle tragischen Weichenstellungen, die unser Leben bestimmen und prägen. Alle Geschehnisse, die durch eigenes Versagen, durch fremde Schuld oder durch unerklärliche Schicksalsschläge unser Leben ärmer machen, werden als schicksalhaft empfunden. Schicksal ist der Name für das Unverdiente, Unabänderliche, Tragische und hat kein menschliches Angesicht. Gern wird die persönliche Lebensgeschichte unter das Thema „Mein Schicksal" gestellt, wobei unausgesprochen mitklingt: Was ich erlebt habe, ist mir bestimmt gewesen; ich hätte es nicht verhindern können.

Ist wirklich alles nur Schicksal?

- **Voraussetzungen, für die wir nichts können**
- **Die Mutter als Schicksal**
- **„Jedes Häuschen hat sein Kreuzchen"**
- **Zum Kapitulieren besteht kein Grund**

Mit dem „Schicksal" leben lernen

- **Nicht alles dem Schicksal in die Schuhe schieben**
- **Vom Mut, das Unabänderliche anzunehmen**
- **Protest gegen das Schicksal: Der Mensch kann sich ändern**
- **Das Leben als Aufgabe**

Ist wirklich alles nur Schicksal?

Was ein Leben mit stark schicksalhaften Zügen ist, soll am Leben des berühmten englischen Erzählers, Gelehrten und Klassikers christlicher Meditation *C. S. Lewis (1898–1963)* veranschaulicht werden. *Lewis* hat über 50 Bücher geschrieben, die in 18 Sprachen übersetzt wurden. Zuletzt war er Cambridge-Professor für englische Literatur des Mittelalters und der Renaissance. Vom schriftlichen Erfolg und von seiner heiteren Art des Schreibens her müßten wir Lewis für einen vom Schicksal begünstigten Menschen halten.

„Ich bin ein Produkt langer Flure, leerer, sonnendurchfluteter Zimmer, der Stille oben, der Mansarden, die ich allein durchforschte ... Was mich zum Schreiben trieb, war meine Unbegabtheit für alles Praktische, unter der ich immer gelitten habe ... Mein wirkliches Leben lebte ich mehr und mehr in der Einsamkeit." Als er zehn Jahre alt war, starb seine Mutter an Krebs. „Mit dem Tod meiner Mutter verschwand alles Glück." Es kam zu einer Entfremdung mit dem Vater, die nie überwunden werden konnte. Negative Erfahrungen auf der Schule belasteten das junge Gemüt. Schwer verwundet kehrte er im ersten Weltkrieg von der Front in Frankreich zurück. Der Vater lehnte die Bitte um einen Besuch ab. *Lewis* zog zur kranken Mutter eines gefallenen Kameraden, für die zu

Wir sind nicht Spielball der Götter oder Schachfiguren in der Hand eines blinden Schicksals. „Schicksal" ist zwar eine Größe, an der viel Unerklärliches mitwirkt, aber es hat auch mit unserer Einstellung zum Leben zu tun und mit unserer Bereitschaft, uns selbst und neue Situationen zu akzeptieren.

sorgen er versprochen hatte, und hielt es in der bedrückenden Atmosphäre dieses Hauses bis zum Tod der Frau 31 Jahre lang aus. „Ein alter kranker Mensch bindet mich ans Haus . . . Ein Besuch auf einem anderen Erdteil ist für mich genauso unmöglich wie ein Besuch auf dem Mond", schrieb der immerhin 51jährige.

Da geschah etwas völlig Unerwartetes: Das Glück, das an ihm in den Zwanzigern vorbeiging, erreichte ihn jetzt. Er lernte die amerikanische Schriftstellerin *Joy Davidman-Gresham* kennen und verliebte sich unsäglich in sie. „Es war eine Freude, die beiden zu sehen", bemerkte sein Bruder. *Joy*, eine Jüdin, war durch die Schriften von *Lewis* Christin geworden. Sie war eine schwerkranke Frau. Die Hochzeit fand 1957 am Krankenhausbett statt. Drei glückerfüllte Ehejahre folgten. Der Krebs bei ihr schien zum Stillstand gekommen zu sein (schon *Lewis'* Mutter, sein Vater und seine liebste Tante waren an Krebs gestorben), neue Hoffnung auf Genesung keimte auf. Aber dann wurde ihm die geliebte Frau doch genommen. „Erst wenn dein eigenes Herz gebrochen ist, wird es für dich an der Zeit sein zu sprechen", schreibt *Lewis* damals. Er empfand es selbst, daß er in ein neues Stadium der Liebe eingetreten sei. Was wir lieben sollen, sei nicht unser Bild eines Menschen, sondern Gott selbst, bekennt er. Würden wir die verborgene Seite eines Menschen kennen, den wir beneiden, möchten wir mit seinem Leben nicht tauschen.

Voraussetzungen, für die wir nichts können

Was kann jemand dafür, daß er in Afrika in der Sahel-Zone wohnt, wo jahrelang kein Regen fällt, wo alles verdorrt, wo er keine Möglichkeiten zur beruflichen und schulischen Bildung hat und wo er sein Leben lang kaum satt wird? Was kann jemand dafür, daß er in einer Zeit leben muß, da das Menschenleben keinen Wert hat, wie es in Zeiten des Krieges der Fall ist? Auch jemand, der in einem Wohlstandsland als Kind wohlhabender Eltern zur Welt kommt, kann nichts dafür. Es gibt also kollektiv-geschichtliche Voraussetzungen des menschlichen Lebens, wie sozialer Stand, Rasse, äußere Umstände, die einfach hingenommen und akzeptiert werden müssen. Ebenso ist es mit individuell-geschichtlichen Gegebenheiten (Erbanlagen, Familienverhältnissen). Es gibt „glückliche Umstände", die das Leben erleichtern, und es gibt eine Erblast, die bedrückend empfunden werden kann. Kaum jemand hat einen schlechteren Start ins Leben als das ungeliebte Kind, das in ein Heim abgeschoben wird, wo es heranwächst, ohne jene familiäre Geborgenheit je kennenzulernen, die für die Entwicklung eines Menschen von entscheidender Bedeutung ist. Wie soll er Liebe geben können, wenn er nie welche empfangen hat? Wie seine Angst verlieren, wenn er einen angstfreien Raum nie kennengelernt hat?

Unverschuldet, unverdient und ungefragt beginnen wir unser Leben mit bestimmten Voraussetzungen, Gaben, Fähigkeiten, Belastungen und Begrenzungen, die wir akzeptieren lernen müssen. Wir können ein unseliges Erbe, das uns in die Wiege gelegt worden ist, nicht dadurch loswerden, daß wir es aus unserem Bewußtsein verdrängen, sondern nur dadurch, daß wir es uns bewußt machen, uns innerhalb der uns gestellten Grenzen Aufgaben und Ziele setzen und uns dem lähmenden Gedanken verschließen, alles in unserem Leben sei bereits beschlossen und festgelegt.

Die Mutter als Schicksal

Der Psychotherapeut *Felix Schottlaender* hat ein Buch geschrieben, das den Titel trägt „Die Mutter als Schicksal" (Stuttgart, 1966). Darin vertritt er die These, daß stets die Mutter in Betracht gezogen werden muß, wenn es zu neurotischen Störungen als den entscheidenden seelischen Störungen des Erwachsenen kommt. Neurotische Störungen seien durchweg in der Kindheit angelegt und entzünden sich später an einer menschlichen Beziehung. Ihre Hauptwesenszüge: erhöhtes Leiden am Leben, Minderwertigkeitsgefühl und Ichhaftigkeit, unstillbarer Liebesanspruch. Diese Hauptwesenszüge seien letztlich „auf Störungen in den Liebesbeziehungen des Kindes, vornehmlich zu seiner Mutter, zurückzuführen". „Wo es an Liebe fehlt – und Liebe heißt für das Kind zunächst Mutterliebe –, steht das Feld für die Neurose offen." Daher sei die Mutterliebe „der sicherste Schutz gegen Neurosen".

„Die Mutter als Ausgangspunkt unseres Lebens bleibt das dunkle Vorbild für den Charakter der Welt, wie wir sie sehen. Wie eine gute Mutter als Schutzgeist, als Quelle der Ermutigung in schweren Stunden während unseres Lebens in uns fortwirkt, so kann auch das Gegenteil der Fall sein: eine schlechte und lieblose Mutter, eine ängstliche und schwerlebige, ichhafte Mutter kann zum Dämon werden, der dem späteren Erwachsenen sein Selbstvertrauen raubt und sich überall da hindernd einmischt, wo es gilt, zu wagen und zu gewinnen."

Es ist von entscheidender Bedeutung für den Erwachsenen, wie er als Kind erzogen wurde, ob er durch eine von Egoismus beherrschte und folglich liebesarme Mutter seelisch unterernährt oder durch eine ängstliche Mutter verwöhnt und – quasi als Vertrauter der Mutter – seelisch überlastet wurde. In diesem Zusammenhang definiert *Schottlaender* seelische Gesundheit als den „Mut, die Unsicherheit und Gefahr selbständigen Lebens auf sich zu nehmen".

Schottlaender schildert in dem erwähnten Buch den Fall eines 27jährigen Juristen, der, obwohl sein Herz organisch gesund war, unter quälenden Herzschmerzen in Form von Stechen, Brennen und Zucken litt und dadurch in eine düstere Stimmungslage geriet. Diese Schmerzen traten mit etwa 14 Jahren auf. An seine Mutter, die kurz vorher gestorben war, konnte er sich nur vage erinnern, was darauf hindeutete, daß er ihr nicht sehr nahegestanden hatte. Die Mutter, eine kühle, liebesarme Frau, fand in einer Vernunftehe um des Geldes willen nicht die erhoffte Erfüllung und ließ ihre Kinder ihre Enttäuschung in der Ehe entgelten.

Sein Wunsch, die Liebe seiner Eltern und vor allem der Mutter zu erringen, trieb den jungen Mann in den Ehrgeiz, etwas vorweisen zu können. Er schaffte Abitur und Studium, was ihm die Eltern nie zugetraut hätten. Schwierig gestaltete sich seine Beziehung zu anderen Frauen. Immer wieder unternahm er einen Versuch. Auffallenderweise gehörten die Mädchen, um die er sich bemühte, dem sogenannten kühlen Typ an, und sie merkten auch bald, daß er eigentlich gar keine innere Beziehung zu ihnen suchte, sondern daß ihn Ehrgeiz trieb. Gewöhnlich empfand er Herzschmerzen in der Gegenwart der Mädchen. „Hatte er nicht während seiner ganzen Jugend erfolglos versucht, das Herz seiner Mutter für sich zu gewinnen?" fragt *Schottlaender* und kommt bei seinem Patienten zu dem Schluß: „Der Herzschmerz war ein Anzeichen dafür, daß das Mädchen dem gesuchten Muttertyp entsprach, und gleichzeitig eine Erinnerung an die Liebesarmut seiner Mutter, unter der er so sehr gelitten hatte ... Es dauerte einige Zeit, bis er einsehen lernte, daß eine glückliche Ehe von anderen Voraussetzungen abhängig ist als von dem Wunsche des Mannes, einen Liebesverlust aus der Kindheit auszugleichen."

Niemandem kann fehlende Mutterliebe ersetzt werden. Aber man kann jemandem zeigen, warum er so ist, wie er ist, und ihm zu einer richtigen Selbsteinschätzung und einem gesunden Verhältnis zur Wirklichkeit verhelfen. Bloß sind hier große seelische Barrieren zu überwinden, die bei einer vernünftigen Erziehung durch eine liebevolle Mutter nicht vorhanden wären.

„Jedes Häuschen hat sein Kreuzchen"

Weil der einzelne die Bitternis seines Schicksals intensiv erlebt und am besten kennt, hält er sein Schicksal oft für schwerer als das, was andere zu tragen haben. Manchmal mag er damit auch recht haben. *Wilhelm von Humboldt* sagte einmal: „Gewiß ist es fast noch wichtiger, wie der Mensch das Schicksal nimmt, als wie es ist." Auf die innere Haltung kommt es also an. Es kann jemand unter Bagatellen schwerer leiden als ein anderer unter echten Schicksalsschlägen. Es hängt davon ab, wie weit das Lösen von der Fixierung auf sich selbst gelingt.

Hinter dem Sprichwort „Jedes Häuschen hat sein Kreuzchen", das als gängiges Trostwort immer wieder zu hören ist, steht die richtige Einsicht, daß dort, wo nur Sonnenschein zu sein scheint, auch Schatten ist. Man hält gewöhnlich die für die größten Glückspilze, die man am wenigsten kennt. In dem Maße, wie wir mit einem Menschen vertraut werden, erfahren wir auch etwas von seinen geheimen Sehnsüchten, Nöten und Ängsten. Wahrscheinlich wird man mit niemandes Leben tauschen wollen. Das blinde Schicksal macht weder vor Armen noch vor Reichen, weder vor einfachen noch vor gebildeten Leuten halt. Das könnte uns mit dem, was wir unter Schicksal verstehen, aussöhnen und uns ein Trost sein; es sei denn, wir gehen in unserem Anspruch auf Glück so weit, daß wir vom Schicksal bevorzugt werden möchten.

Es könnte tatsächlich sein, daß wir Fügungen und ein Geschick zu ertragen haben, die von der allgemeinen Erfahrung abweichen. Nicht jede Frau verliert ihren Mann in jungen Jahren; nicht jede Familie hat ein krankes Kind; nicht jeder wird schon mit vierzig arbeitsunfähig. Das sind gewiß Widrigkeiten, die aus dem Üblichen herausragen; und dennoch sind es Lebenssituationen, die nicht schon an sich zu einem tragischen Lebensverlauf führen müssen. Im Gegenteil, sie vermögen innere Kräfte zu wecken und zu einer Lebensbewältigung zu führen, die man bisher nicht für möglich gehalten hat.

Zum Kapitulieren besteht kein Grund

Der Start ins Leben fällt bei den einzelnen Menschen sehr unterschiedlich aus. Es gibt glückliche Umstände, die das Leben begünstigen. Wer aber unter beengten räumlichen Verhältnissen, unter Mangel und Entbehrung und unter gefühlsmäßiger Kälte und Strenge großgeworden ist, kennt keine lockere Großzügigkeit, keine spielerische Leichtigkeit und kein natürliches Selbstbewußtsein, die zu einem angenehmen, sicheren Auftreten gehören. Vielleicht wird er diese Art sein Leben lang nicht lernen, aber er kann dennoch durch Offenheit und die Bereitschaft, sich für Menschen zu engagieren, eine sympathische Lebensart entwickeln.

Bei allen schicksalhaften Voraussetzungen unseres Lebens bleibt doch ein erheblicher Entfaltungsspielraum. Glaube an die Unabänderlichkeit des eigenen Schicksals führt zu Gleichgültigkeit, Lähmung und Antriebslosigkeit. Aus Angst, daß das Schicksal doch alles durchkreuzen könnte, wagt man gar nichts mehr. Die Feldzeichen des eigenen Handlungsspielraums werden auf einen immer kleineren Spielraum zurückgesetzt, bis man sich in sich selbst abkapselt. Schicksalsgläubigkeit ist daher ein sicherer Weg, am Leben und an den Möglichkeiten des Daseins zu scheitern. Eine solche Auffassung hindert auch an der Entfaltung eigener Energien und Fähigkeit, die nötig wären, um mit einer neuen Situation fertig zu werden.

> Hätte Gott all die dummen Gebete erhört, die ich mein Lebtag an ihn gerichtet habe, wo wäre ich jetzt? (C. S. Lewis)

Sicher, kein Leben bleibt frei von Dingen, die die eigenen Pläne kreuzen oder gar zerstören. Vieles, was schön erdacht und begonnen war, scheitert an plötzlich und unerwartet auftretenden Hindernissen. Der Mensch ist nicht imstande, die Wirklichkeit allein kraft seines Willens zu verändern. Es hängt auch an Zeit und Glück. In Zeiten eines wirtschaftlichen Aufschwungs sind andere berufliche Möglichkeiten vorhanden als in Zeiten der wirtschaftlichen Flaute und Arbeitslosigkeit. Nur ist diese realistische Einsicht nicht gleichbedeutend mit dem resignierenden Spruch, daß keiner seinem Schicksal entgehen könne. Die innere Offenheit und Lebendigkeit eines Menschen erweist sich eben gerade darin, daß er einen neuen Weg geht, wenn der alte zu nichts mehr führt. Der Mensch ist nicht bloß das Produkt seiner Erbanlagen und seiner Umwelt. Seinem Leben sind zwar Grenzen gesetzt, aber diese Grenzen sind in der Regel viel weiter und die Entfaltungsspielräume größer, als wir denken.

Der Verlust lieber Menschen ist bitter und bedeutet einen tiefen Einschnitt in das Leben. Es wird zu keinem Ziel führen, in einer solchen Situation ständig nach dem Warum zu fragen. Es kommt darauf an, unter den veränderten Verhältnissen das Leben mutig weiterzuführen.

Mit dem „Schicksal" leben lernen

Jeder kennt Menschen, die von einem unbegreiflichen Unglück heimgesucht worden sind. Kriegszeiten liefern die meisten Beispiele blinden Schicksals. Da fliehen die Soldaten bei einem Bombenangriff des Feindes in den Bunker. Einer von ihnen läuft in seiner Verwirrung in eine schäbige Holzhütte. Der Bunker wird durch einen Volltreffer zerstört; alle Insassen sind tot, und nur der eine in seiner Holzhütte kommt mit dem Leben davon. Oder: Ein „Geisterfahrer" auf der Autobahn stößt frontal mit dem Auto einer jungen Familie zusammen und löscht deren Leben aus. Schicksal?

Wir können nicht alles erklären. Vieles muß unverstanden hingenommen werden. Aber das Dasein der Überlebenden ist nie dadurch einseitig festgelegt, sondern bleibt offen für neue Entfaltung.

Nicht alles dem Schicksal in die Schuhe schieben

Eine mißlungene Erziehung, eine gescheiterte Ehe, die Ablehnung durch die Arbeitskameraden, eine nicht bestandene Prüfung, Armut, bestimmte Krankheiten – das alles ist nicht zwangsläufig Schicksal. Wir dürfen uns nicht dadurch selbst betrügen, daß wir dem Schicksal Dinge in die Schuhe schieben, die mit unserem Verhalten zu tun haben. Vielleicht war es autoritärer Egoismus in der Erziehung, der unseren Kindern den Weg ins Leben verbaute. Vielleicht waren es Rechthaberei und Unfähigkeit zum Kompromiß, die unsere Ehe zerstörten. Es ist auch kein Schicksal, wenn der besserwisserische, schulmeisterliche Kollege am Arbeitsplatz nicht akzeptiert wird. Faulheit und Bequemlichkeit können zu Armut und beruflichem Mißerfolg führen; und wer täglich 60 Zigaretten raucht, braucht sich nicht zu wundern, wenn ihm eines Tages ein Bein amputiert werden muß. Gerade derjenige, der mit seinem Verhalten an der Umwelt scheitert, redet sich gern ein, das Schicksal sei ihm nicht hold.

Irren, Versagen und Scheitern sind notwendige Stufen eines Lernprozesses, der unser ganzes Leben umfaßt. Wir sollen uns dann jedesmal fragen, woran es lag, daß uns etwas nicht gelang, und uns nicht vor dem Lernen und den nötigen Konsequenzen drücken. Und selbst wenn es sich um Geschehnisse handelt, an denen wir durch unser Verhalten keinen Anteil haben, gibt es ein trotziges Dennoch, das sich nicht unterkriegen läßt, den Blick für die Chancen und Gaben nicht verliert und neue Wege geht.

Vom Mut, das Unabänderliche anzunehmen

Um mit dem, was man für sein persönliches Schicksal hält, was uns also vorgege-

ben ist, fertig zu werden, ist es entscheidend, sich selbst und die eigenen Grenzen und Möglichkeiten zu erkennen. Es mag vielleicht manchem bitter sein, daß er das Kind ungehobelter, armer Eltern ist. Das läßt sich nicht ändern. Er kann sich auch nicht einbilden, eine bessere Kinderstube gehabt zu haben. Was sich aber ändern läßt, das ist ebenso klar: Er kann durch Entschlossenheit und Fleiß ein anderes Milieu als das der Eltern erreichen. Es liegt kein Schicksal vor, das uns davon abhalten könnte, strebsam zu sein und uns Ziele und Aufgaben zu setzen. Die Bereitschaft, Aufgaben zu übernehmen, ist ja ohnedies ein guter Weg zur Entfaltung und zum Reifwerden.

Auch das Geschlecht gehört zu den Dingen, die uns vorgegeben sind. Mancher Mann wäre gern eine Frau geworden, aber weit mehr Frauen überwinden ihr Leben lang nicht die Bitternis, daß sie kein Mann geworden sind. Jedesmal aber geht darüber der Blick für die eigenen Möglichkeiten verloren. Zu jedem neuen Schritt, den wir im Leben zu gehen haben, gehört Mut: Mut zur Schule, zum Beruf, zur Ehe. Es gehört auch Mut dazu, das Unabänderliche anzunehmen. Diese Annahme ist ein Akt innerer Freiheit. Wir werden selbst verspüren, welche Last von uns fällt, wenn wir das Unabänderliche anzunehmen vermögen und es nicht länger als ewiges Problem in unserem Denken und Fühlen bewegen.

Viele bedeutende Männer und Frauen sind aus einfachen Verhältnissen gekommen. Aber sie haben nicht ihr Schicksal beklagt, sondern haben die vor ihnen liegenden Aufgaben mutig angepackt, während umgekehrt Kinder aus wohlbehüteten Heimen oft im Leben versagten. Als klug erweist sich dennoch, wer das Gespür dafür hat, woher er kommt, in welcher sozialen Umwelt er zu Hause und was für ihn erreichbar ist.

Noch als alter Mann litt ein geschickter Handwerker darunter, daß seine Eltern ihn nicht auf eine höhere Schule geschickt hatten. Er war überzeugt, dann wäre etwas ganz Großes aus ihm geworden. (Es ist sehr zweifelhaft, ob es dazu gekommen wäre.) Jedenfalls hat diese heimliche Dauerklage ihn zu einem verdrossenen Menschen gemacht, der sein Schicksal beklagte und nicht merkte, daß er selbst es war, der scheiterte.

Zum Mut, das Unabänderliche anzunehmen, sollte auch Dankbarkeit hinzukommen für die Gaben und Möglichkeiten, die man besitzt. Es gibt im Leben keine Chancengleichheit, weil die Menschen mit so vielen unterschiedlichen Gaben zur Welt kommen. Nicht nur von den wirtschaftlichen Bedingungen her, sondern auch aufgrund der eigenen Begabung steht nicht jedem jeder Beruf offen. Jeder aber hat Gaben. Es ist manchmal das Tragische in der Erziehung, daß vorhandene Gaben eines Kindes nicht bemerkt werden und Fähigkeiten herausgepreßt werden sollen, für die keine Anlage vorhanden ist. Es sind viel mehr Begabungen im Menschen angelegt, als ihm bewußt ist und als je in ihm aktiviert werden. Ermutigung von anderen und gelungene Aufgaben vermögen die vorhandenen Gaben in erstaunlicher Weise lebendig zu machen. Mit seinem persönlichen Schicksal leben zu lernen heißt daher auch, die eigenen Gaben zu erkennen, dankbar anzunehmen und den Blick für die eigenen Möglichkeiten zu entwickeln.

Die Schönheit eines Mädchens hat sich im Rückblick oft als Schaden erwiesen, weil es sich allein auf seine Schönheit (gewissermaßen als einziges Kapital) verließ und darüber versäumte, seine Persönlichkeit zu entwickeln. Und manches Mädchen, das keine besondere Schönheit ist, sich aber dankbar zu akzeptieren lernte, hat dadurch eine sympathische Art entwickelt, die ihr das Leben erleichterte. Am schlimmsten ist, wenn man auf das fixiert ist, was einem fehlt, und darüber die Entwicklung der eigenen Fähigkeiten versäumt.

Helen Keller: Blind, taub und weltberühmt

Als 1903 das erste Buch der Amerikanerin Helen Keller (1880–1938) erscheint, in dem sie die Geschichte ihres Lebens erzählt, fahren Professoren aus Europa nach Amerika, weil sie nicht glauben können, daß ein blinder und tauber Mensch studieren und Bücher schreiben kann.

Die kleine Helen war erst 19 Monate alt, da verlor sie infolge einer Erkrankung Augenlicht und Gehör. Als sie sieben Jahre alt ist, übernimmt die 20jährige Anne Sullivan, die selber bis zu ihrem 14. Lebensjahr blind war und danach teilweise geheilt wurde, die Erziehung des blinden und taubstummen, aber hochintelligenten Mädchens. Anne Sullivan läßt Helen eine Puppe betasten und buchstabiert ihr den Begriff „d-o-l-l" (Puppe) in die Hand. Bereits nach einem Monat kann sie sich mit Hilfe der Fingersprache einigermaßen verständigen. Unter Anne Sullivans geduldiger, kluger und selbstloser Anweisung lernt Helen später sogar die Lautsprache. Sie besucht ein College und besteht den akademischen Abschluß mit Auszeichnung.

1903 kommt ihre Lebensgeschichte heraus, die sie in der ganzen Welt berühmt macht. Ihr Leben wird verfilmt. Mit ganzer Kraft setzt sie sich für behinderte, vor allem blinde Menschen ein. In einem Brief schrieb sie einmal: „Meine größte Freude war es, anderen zu dienen. Dafür setzte ich meine ganze Kraft ein."

Protest gegen das Schicksal: Der Mensch kann sich ändern

Die pessimistische Auffassung, wonach alles von Erbanlagen und Umwelt abhängt, wird uns bis in den Gesichtsausdruck hinein prägen. Es ist kein unabänderliches Schicksal, daß der Jähzorn des Großvaters beim Enkel wiederkehrt. Tatsache ist, daß eine Neigung und Schwäche in dieser Hinsicht vererbt sein kann, aber nie als eine unabänderliche Eigenschaft. Alle Erziehung und alles Streben nach Lebensbewältigung würde sinnlos sein, wenn das wahr wäre. Nur hat es jemand mit einer „jähzornigen" Erbanlage schwerer, mit dem Jähzorn fertig zu werden, als jemand, der mit einem phlegmatischen Temperament zur Welt kommt.

Der Philosoph und Pädagoge *Eduard Spranger* hat in seinem Buch „Lebensformen", das 1922 herauskam, sechs verschiedene Charaktertypen unterschieden, die ja auch in gewissem Sinne schicksalhafte Festlegungen darstellen: den *theoretischen Menschen,* dem es vor allem um die theoretische Erkenntnis des Grundsätzlichen geht; den *ökonomischen Menschen* mit seinem Sinn für Nützlichkeit und Sparsamkeit; den *ästhetischen Menschen,* der einen Blick für alles hat, was schön ist; den *sozialen Menschen* (der Gegentyp zum Ästhetiker), dessen Lebenssinn in der Zuwendung zum anderen besteht; den *Machtmenschen* mit seinem Durchsetzungsvermögen und seinem Organisationstalent; den *religiösen Menschen* mit seiner Bereitschaft, sich an eine höhere Macht zu binden.

Wie es keine Chancengleichheit gibt, so gibt es auch keine Charaktergleichheit. Zunächst einmal gibt es einen Charaktertyp nirgends in reiner Form, immer geht es um den überwiegenden Eindruck. Innerhalb jeden Charaktertyps aber gibt es die Möglichkeit des Wachsens nach allen Richtungen. Es gibt keine schicksalhaften Festlegungen, hinter denen man Zuflucht suchen kann, wenn man versagt. Nun werden die einzelnen Charaktertypen auf Herausforderungen unterschiedlich reagieren. Aber auch hier gibt es einen Ausgleich: Was dem einen auf einem Gebiet schwerer fällt, fällt ihm in einem anderen Bereich leichter. Wachstum heißt Wandel und Veränderung. So kann der geborene Ästhet in seiner unverbindlichen Lebensauffassung durchaus zu einem mitmenschlichen Verhalten gelangen, und der soziale Mensch ist durchaus in der Lage, sich an einem Kunstwerk zu erfreuen.

Das Leben als Aufgabe

Alle Diskussion um Schicksal, Zufall oder Eigengesetzlichkeit kann leicht am Eigentlichen vorbeiführen: daß uns nämlich das Leben als Aufgabe gestellt ist und daß wir uns nur in dem Maße zufrieden fühlen, wie wir diese Aufgabe akzeptieren und erfüllen. Nur der Tod ist unabänderlich, aber die Zeit davor bietet eine Fülle von Möglichkeiten, auf die wir im Sinne einer individuellen Herausforderung antworten sollen. Ob wir die Möglichkeiten des Lebens nutzen, das hängt von unserer seelischen Haltung und von unseren Grundüberzeugungen ab. Der Schicksalsglaube, bei dem man sich von einem blinden Schicksal festgelegt wähnt, hindert uns daran, zu den Angeboten unserer Umwelt ja zu sagen, und damit an der Entfaltung unseres Lebens. Alles, was uns als Erbe in die Wiege gelegt worden ist, stellt letztlich nur Rohmaterial dar, aus dem es etwas zu machen gilt.

Auch wem alles „zuzufliegen" scheint, muß arbeiten und Enttäuschungen verkraften. Was wie „Genie" aussieht, ist bei näherem Hinsehen in einem erheblichen Maß Fleiß und Ausdauer. Es kann sogar für seine Persönlichkeit schädlich sein, wenn jemand immer nur Erfolg hat. Einmal lernt er sich selbst nicht kennen, weil er vielleicht nur Aufgaben anpackt, die gelingen müssen, und sich so der Möglichkeit des Scheiterns nicht aussetzt. Zum andern kann er nicht lernen, eine Sache, die beim ersten Anlauf nicht glückt, von einer anderen Seite und mit anderen Mitteln anzugehen. Und drittens fehlt ihm das Verständnis für das Versagen anderer Menschen.

Wenn uns unser Leben als Rohmaterial gegeben ist: Was sollen wir damit anfangen? Wer gibt uns Sicherheit, daß es gelingen wird? Wer gibt uns Mut und befreit uns von dem Drang zur Selbstbehauptung, der sich oft so zerstörerisch auswirkt?

Der holländische Theologe *Kornelis Heiko Miskotte* schreibt einmal in Auseinandersetzung mit dem Schicksalsglauben: „Gott ist unser Schicksal, nicht das Schicksal ist Gott. Dies nämlich ist unser seliges Geschick, daß dieser Gott wahrhaftig Gott ist; und wir begreifen es in der Not, und wir vergessen es durch unseren Wahn." Dieser Gott ist anders als alle Mächte und Götter und anders als ein blindes Schicksal, weil er ein menschlicher Gott ist, der den Menschen in seinen Nöten und Sehnsüchten versteht und sich um ihn kümmert.

Gott ist gewissermaßen der Steuermann im Schiff meines Lebens. Nicht immer verstehe ich, warum der Weg so oder so geht; aber ich vertraue darauf, daß mich der Weg ans Ziel bringt. Gott meint es gut mit mir, und im Vertrauen darauf wage ich das Leben täglich neu. Alle Ängste vor einem blinden Schicksal sind aufgefangen durch das Gefühl einer tiefen Geborgenheit. Selbst das Unbegreifliche, Bittere und Unabänderliche kann dann angenommen und in Verbindung mit einem sich um mich sorgenden Gott gebracht werden, der mir in jeder Lebenssituation Kraft, Mut und Freude schenkt.

Ein neues Menschenbild

Die Krise unserer Zeit ist gewiß nicht nur ein Problem der gesellschaftlichen Struktur, eine Frage des politischen und wirtschaftlichen Systems. Ganz offensichtlich liegt das Übel viel tiefer. Hinter all den politischen, gesellschaftlichen, wirtschaftlichen, kulturellen Erschütterungen verbirgt sich in Wirklichkeit die Krise des Menschen selbst.

„Man wird nie laut genug betonen können", schreibt *Gabriel Marcel*, der französische Existenzphilosoph, „daß die Krise, durch die der Mensch des Westens heute geht, metaphysisch ist. Es gibt wohl kaum eine schlimmere Illusion als diejenige, sich einzubilden, daß diese oder jene gesellschaftliche oder institutionelle Verbesserung genügen würde, um eine Unruhe, die aus dem Tiefsten des Wesens selbst stammt, besänftigen zu können."

Es geht also darum, von der Krise der Zivilisation zu sprechen, von einer Krise, deren tiefe Ursachen metaphysischer und moralischer Art und selbst die Folge einer Krise des Menschen sind, eine späte Folge der Abwendung vom christlichen Bild des Menschen, auf das unsere Zivilisation aufgebaut wurde. Denn in der Tat liegt jeder Zivilisation wie jeder gesellschaftlichen Ordnung eine bestimmte Idee vom Menschen zugrunde.

Was für eine Zivilisation, eine Gesellschaft oder eine Epoche zutrifft, gilt auch für jeden von uns persönlich. Bewußt oder unbewußt lebt jeder gemäß einer Vorstellung vom Menschen, die er zu verwirklichen trachtet. Dieses Ideal ändert sich mit dem Alter, mit der Erziehung und mit dem Milieu, in dem man lebt, mit dem Beruf, den man ausübt, und mit den persönlichen Neigungen. Das Bild des Menschen, das man als Ideal wählt, besteht aus Vorstellungen, Überlieferungen und Vorurteilen, die als Grundlage – ohne daß man sich dessen bewußt wird – eine gewisse philosophische, religiöse oder politische Ansicht über den Menschen haben.

Von einem Menschenpaar, Adam und Eva (siehe rechts), stammen alle Menschen. Aber seit dem Sündenfall geht ein Riß durch die Schöpfung. Alle Menschen sind durch die Sünde infiziert und bedürfen bei aller Sehnsucht nach dem Guten einer Hilfe von außen. Gott selbst hat diese Hilfe in der Gestalt Jesu Christi gesandt.

Auf der Suche nach einem neuen Menschen

Die großen Geistesströmungen, die unser Jahrhundert bewegen und die Grenzen zwischen den Menschen innerhalb derselben Nation oder der gleichen Gesellschaft kennzeichnen, bieten sich uns als Lehren über den Menschen dar.

Zumindest suchen sie durch ihren anthropologischen Aspekt unsere Aufmerksamkeit auf sich zu ziehen und unsere Annahme oder Verwerfung hervorzurufen. Diese geistigen Strömungen, so fährt der Philosoph und Theologe *Roger Mehl* fort, seien Marxismus, Existentialismus und Christentum. „Es ist gegenwärtig kaum möglich, sich anderen Horizonten zuzuwenden. Wir stehen dieser dreifachen Herausforderung gegenüber, außerhalb derer kaum etwas anderes als liebenswürdiger Dilettantismus oder Mittelmäßigkeit zu finden sind.“

Eine schwierige Revolution

„Nun", fährt der gleiche Schreiber fort, „diesen Lehren ist wenigstens gemeinsam, daß sie uns mit Zwang zu gewinnen suchen. Sie versperren jedem Versuch des Ausweichens oder Abwartens den Weg. Wir können sie nicht ignorieren. Sie schlagen uns nicht nur theoretische Betrachtungen vor, sie verwickeln uns in ein Abenteuer, das vielversprechend erscheinen mag; denn es geht nicht nur darum, die bestehende Ordnung zu reformieren oder sogar zu revolutionieren, sondern einen *neuen Menschen* zu erfinden und hervorzubringen, einen wertvolleren Menschentypus als die vorherigen, einen, der ein besserer Meister seines Schicksals und der Geschichte ist, mit den andern und mit sich selbst versöhnt oder aber völlig davon überzeugt ist, daß absolut keine Versöhnung möglich ist. Mit anderen Worten: Die Revolution, die uns unter den drei so verschiedenen Lehren nicht nur als eine Möglichkeit, sondern als eine Forderung vorgeschlagen wird, ist die schwierigste, weil sie nicht den Rahmen unserer Existenz, sondern unsere Existenz selbst und unseren Lebensstil betrifft."

Es wäre gewiß interessant, hier diese drei Menschentypen, die man uns vorschlägt, zu skizzieren. Wir müssen uns aber mit der Bemerkung begnügen, daß, was den „neuen Menschen" des Marxismus betrifft, die Wirklichkeit zur Stunde ganz anders aussieht. Und der Mensch des Existentialismus, wie ihn eine ganze Literatur zu beschreiben bemühte und wie wir ihn verwirklicht sehen – welche Zukunft könnte er noch haben? Er ist ohne Glauben und ohne Hoffnung.

Ist der christliche Mensch die Lösung?

Es bleibt noch der christliche Mensch. Für viele ist auch seine Zeit vorbei. Der Historiker *E. H. Carr* erklärt: „An den christlichen Gedanken appellieren zu wollen, um das Verhalten des Menschen im Atomzeitalter zu beeinflussen, verlangt eine vorherige Umwandlung des Christentums oder eine Auferweckung seines ursprünglichen Geistes, was einer Revolution gleichkäme. Diejenigen, die glauben, daß eine Rückkehr zum Christentum eine Lösung für unsere Probleme bringen kann, müssen sich vor allem an die Arbeit begeben, das Christentum neu zu schaffen, bevor sie es zum Ausgangspunkt für die Auferweckung der Welt machen wollen."

Genau aus diesem Grunde wollen wir zu den Quellen zurückkehren und versuchen, das Bild des christlichen Menschen wieder so herzustellen, wie es zu Beginn des Christentums lebendig war.

Eine Umkehr zur biblischen Anthropologie, das heißt zur Auffassung vom Menschen gemäß der Bibel, scheint der einzig logische Weg zu sein. Es gibt für den, der eine Erneuerung der christlichen Geistigkeit sucht, keine andere Alternative sowohl auf individueller als auch auf sozialer Ebene.

Das biblische Bild vom Menschen

Die Theologen unserer Zeit geben allgemein zu, daß das christliche Bild vom Menschen schon in den ersten Jahrhunderten des Christentums durch die griechische Philosophie verfälscht worden ist.

Die Autoren des Neuen Testaments, die doch griechisch schrieben, verwandten zwar die gleichen Ausdrücke wie *Plato,* aber mit der besonderen Sinngebung der hebräischen Gedankenwelt. Sie griffen zwar die Wörter der griechischen Philosophie und der gängigen Anthropologie in der hellenistischen Welt auf, verwendeten diese jedoch im Sinne der jüdischen Terminologie. Von daher kann man die Verwirrung, die Widersprüche und die Probleme verstehen, die sich daraus ergaben und bis heute in hohem Maße die Denkweise unserer Zeitgenossen beunruhigen und durcheinanderbringen.

Es gibt in der Bibel keine klare und festumrissene Anthropologie. Weder das Alte noch das Neue Testament formuliert eine ausdrückliche Lehre vom Menschen. Ein bestimmter Begriff vom Menschen wird jedoch angenommen, und zwar jedesmal, wenn von seiner Struktur (Leib, Seele, Geist, Herz) die Rede ist, von seinem Verhalten (Wunsch, Leidenschaft, Tugend) und von seiner Bestimmung. Mit diesen Angaben ist es möglich, ein Bild vom Menschen gemäß der Bibel zu zeichnen.

Die biblische Anthropologie ist nicht in erster Linie das Ergebnis einer philosophischen Spekulation. Für die heiligen Schreiber ist der Mensch vor allem ein geschichtliches Wesen, und deshalb trägt sein Bild das Merkmal seiner geschichtlichen Eigenheit. Darüber hinaus existiert der Mensch in ihren Augen nur durch seine Begegnung mit Gott. Ohne Gott würde der Mensch nicht existieren, wäre folglich nicht erkennbar. Deshalb ist die biblische Anthropologie immer und in erster Linie eine Bezugnahme auf Gott.

Der Mensch, ein Geschöpf Gottes

Das Band, das den Menschen mit Gott verbindet, drückt sich in der Doppelbestätigung aus: Der Mensch ist ein Geschöpf, Gott ist sein Schöpfer.

Nach dem Bericht der Genesis (1. Buch Mose) hat die ganze Schöpfung tatsächlich diese Gegenüberstellung von Gott und Mensch zum Ziel. Diese Beziehung zwischen dem Schöpfer und dem Geschöpf erscheint als das alleinige Ziel der menschlichen Geschichte. Indem Gott einen Zeugen seines Werkes wünscht, spricht er zu sich selbst und beschließt die Erschaffung des Menschen: „Lasset uns Menschen machen, ein Bild, das uns gleich sei . . ." (1. Mose 1, 26). Und der Verfasser des Berichts fügt hinzu: „Gott schuf den Menschen zu seinem Bilde, zum Bilde Gottes schuf er ihn; und schuf sie als Mann und Weib."

Diese fundamentale Erklärung, die in der ganzen Bibel Widerhall findet, deutet entschieden auf die absolute Abhängigkeit des Menschen von Gott hin. Die Existenz des Geschöpfs neben dem Schöpfer ist nur durch eine ununterbrochene Verbindung mit dem Wesen möglich, das „allein Unsterblichkeit hat". Nicht nur „ist in ihm alles geschaffen", sondern „es besteht alles in ihm". „Denn in ihm leben, weben und sind wir . . ."

Der Begriff Schöpfung macht hier deutlich, daß es eine von Gott verschiedene Wirklichkeit gibt, die aber doch nur durch ihn existiert. Mit andern Worten: Obwohl von Gott verschieden, ist der Mensch dennoch kein unabhängiges Wesen. Er kann nicht Gott sein, sowenig wie er ohne Gott sein kann. Nach der biblischen Lehre ist der Mensch seinsmäßig anders geschaffen als Gott, aber unbedingt vom Schöpfer abhängig. Im Gegensatz zu den mythischen Anthropologien des Altertums wird der Mensch in der Bibel nie als eine der Materie beigefügte göttliche Substanz, als ein kleines, von Gott entfremdetes Teilchen in der Welt oder als eine in einem Körper gefangene Seele betrachtet.

Dieser Begriff der Abhängigkeit der Kreatur von ihrem Schöpfer betont ohne Zweifel die Kleinheit des Menschen und sein Angewiesensein auf die Gnade, zielt aber nicht ab auf einen Begriff der Unvollkommenheit, der Schwäche, sagen wir der Sünde, wie man unter dem Einfluß der Auffassungen einer dualistischen Philosophie annimmt. Der Mensch ist als Geschöpf kein gefallenes Wesen. Im Gegenteil: Die Bibel betont entschieden, daß die ganze

Schöpfung, als sie aus den Händen des Schöpfers hervorging, gut war. Auch vom Menschen sagt sie: „Gott hat den Menschen aufrichtig gemacht; aber sie suchen viele Künste." (Prediger 7, 29.)

Geschaffen nach dem Bilde Gottes

Nachdem gesagt wurde, daß der Mensch ein Geschöpf ist, fügt der Bericht über die Erschaffung des Menschen hinzu: „nach dem Bilde Gottes". Die erste Aussage erklärt den grundlegenden Unterschied, der zwischen dem Geschöpf und dem Schöpfer besteht. Die zweite Aussage hebt im Gegenteil das hervor, was Gott und der Mensch gemeinsam haben. Nicht Gott gleicht dabei dem Menschen, sondern der Mensch gleicht Gott.

Gestützt auf diese Aussage bemühten sich die Theologen im Laufe der Jahrhunderte, die geheimnisvolle Ähnlichkeit zu erklären, die den Menschen und Gott verbindet. Ganze Bücher wurden über dieses Thema geschrieben. Wir werden uns mit der Lösung begnügen, die wir im Schöpfungsbericht selbst zu finden glauben. Nach dem Bilde Gottes geschaffen zu sein bedeutet in erster Linie, daß der Mensch berufen ist, auf der Erde als Vertreter Gottes zu wirken.

Der Mensch sollte also seine Funktion als Vertreter Gottes durch die Herrschaft über die Erde im allgemeinen und über die Tierwelt im besonderen ausüben. Genau das sagt der Text: „Lasset uns Menschen machen, ein Bild, das uns gleich sei, die da herrschen über die Fische im Meer und über die Vögel unter dem Himmel und über das Vieh und über alle Tiere des Feldes und über alles Gewürm, das auf Erden kriecht." (1. Mose 1, 26.)

Da Gott den Menschen nach seinem Bilde schuf, erteilte er ihm nicht nur das Vorrecht zu sein, indem er ihm eine eigene Wirklichkeit schenkte, sondern er verlieh ihm auch die Macht – ähnlich derjenigen des Schöpfers –, die ihn befähigt, zu denken und zu handeln und seinen Zustand als Geschöpf anzunehmen oder abzulehnen. Der nach Gottes Bild geschaffene Mensch ist frei; er besitzt absolute Freiheit in dem Sinn, daß sein Leben und Sterben nicht mehr vom Schöpfer, sondern von seinem eigenen freien Entschluß abhängen. Er ist frei, aber gleichzeitig verantwortlich für sein Schicksal. Es hängt vom Willen des Menschen ab, Gott als Schöpfer und sich selbst als Geschöpf anzuerkennen oder auf Gott zu verzichten und selbst „wie ein Gott" zu sein. Von dieser Entscheidung hängt das Dasein des Menschen und sein ganzes Menschsein in allen seinen Lebensäußerungen ab.

Zuvor wollen wir aber noch die dritte Aussage des ersten Buches Mose über die Erschaffung des Menschen betrachten.

Ein lebendiges Wesen

Im Schöpfungsbericht heißt es: „Da machte Gott der Herr den Menschen aus Erde vom Acker und blies ihm den Odem des Lebens in seine Nase. Und so ward der Mensch ein lebendiges Wesen." (1. Mose 2, 7.)

Dieser kurze Bericht über die Erschaffung des Menschen offenbart zumindest vier wichtige Wahrheiten:

- Zunächst werden wir daran erinnert, daß der Mensch von Gott geschaffen wurde;
- ferner erfahren wir, daß er vom Staub der Erde genommen wurde; deshalb hieß auch sein Name Adam, weil er von der „Adama" (Erde) genommen war;
- dann erhält er den Lebensodem von Gott, dem Lebensspender;
- endlich sehen wir, daß der Mensch eine lebendige Seele bzw. ein lebendiges Wesen ist. Diese Seele ist das Ergebnis des schöpferischen Gesamtwirkens.

Man beachte: Der Text im 1. Mose sagt nicht, daß der Mensch eine Seele bekommen habe oder daß die Seele in den fertigen Körper eingedrungen sei. Die Seele ist nicht einer der Teile, die den Menschen ausmachen. Sie ist vor allem nicht das Göttliche im Menschen. Sie existiert nicht schon vor der Schöpfung des Menschen; sie ist auch keine unstoffliche, vom Menschen getrennt existierende oder im Körper gefangengehaltene Substanz.

Nach den Worten der Bibel ist die Seele ganz einfach das Ergebnis des schöpferischen Handelns Gottes. Sie kennzeichnet den Menschen als Persönlichkeit. An vielen Stellen der Bibel ist übrigens das Wort Seele gleichbedeutend mit Person.

„Der Mensch *wurde* ein lebendiges Wesen." Dieser Ausdruck betont den existentiellen Charakter der menschlichen Natur. Der Mensch geht aus den Händen des Schöpfers nicht endgültig abgeschlossen hervor. Er ist kein vorfabriziertes Wesen. Sein Charakter ist nicht von Anfang an fertig. Als Gott den Menschen schuf, hat er nicht eine lebendige Puppe nach seiner Willkür geschaffen. Der Mensch ist auch nicht das Supertier, der vollkommene Roboter, dazu bestimmt, nur das zu tun, was von seinem göttlichen Hersteller programmiert worden ist.

Der Mensch ist ein Wesen, das in Entwicklung begriffen ist, berufen, an der Entwicklung seiner Seele, seiner Person, seines eigenen Wesens mitzuarbeiten. Hierin liegt die einzigartige Chance des Menschen, was gleichzeitig auch die besondere Gnade des Schöpfers bedeutet. Als Gott den Menschen schuf, eröffnete er ihm auch die Möglichkeit, die Vollkommenheit, für die er ihn bestimmt hat, zu erreichen – unter der Bedingung jedoch, daß er als freies Geschöpf einwilligt, bei der Verwirklichung seines Wesens in dem vom Schöpfer vorgesehenen Rahmen mitzuarbeiten, innerhalb dessen allein er seine Existenz sichern kann.

Der Mensch in seinen vielfältigen Lebensäußerungen

Der biblische Ausdruck „nach dem Bilde Gottes" weist darauf hin, daß der Mensch ein Wesen von vollkommener Einheit ist. Diese Vorstellung von der Einheit des Menschen ist nicht das Ergebnis einer ungenügend entwickelten Psychologie, wie man gelegentlich meint. Sie ist im Gegenteil die logische Schlußfolgerung einer bestimmten Vorstellung von Gott und der Welt. Sie ist aber auch die Frucht einer objektiven Beobachtung des Menschen, die durch die neuesten wissenschaftlichen Erkenntnisse fortwährend bestätigt wird.

Gott ist eins, sein Werk ist eins. Der Mensch selber ist gemäß der biblischen Lehre geschaffen und dargestellt als eine vollkommene Einheit. Jede Vorstellung vom Dualismus der Natur ist der biblischen Anthropologie fremd. Das Schema

Körper + unsterbliche Seele = Mensch

widerspricht der Struktur des Menschen gemäß der Bibel. Dasselbe gilt für das Schema

Körper + Seele + Geist = Mensch.

In der Bibel wird uns der Mensch nirgends als ein Wesen vorgestellt, das aus zwei oder drei Teilen zusammengesetzt ist. Körper, Seele und Geist als einzelne Substanzen zu betrachten, ist eine rein philosophische Abstraktion und entspricht weder dem biblischen Begriff vom Menschen noch unseren heutigen wissenschaftlichen Erkenntnissen. Für die Schreiber der Bibel bedeuten diese Worte nie verschiedene Teile des menschlichen Wesens. Im Gegenteil: Jedes bringt jedesmal eine besondere Seite des ganzen Menschen zum Ausdruck, je nachdem, ob es sich um das körperliche, seelische oder geistige Leben handelt. So kann das Bild vom Menschen nach der biblischen Lehre in folgendes Schema zusammengefaßt werden:

Staub der Erde + Lebensodem = Mensch, ein lebendiges Wesen

Beim Menschen unterscheiden wir:
Kundgebungen körperlicher Art = Leib
Kundgebungen seelischer Art = Seele
Kundgebungen geistiger Art = Geist
Kundgebungen des Willens = Herz

Ein typisches Beispiel ist der Wunsch des Apostels Paulus in 1. Thessalonicher 5, 23, Einheitsübersetzung: „Der Gott des Friedens heilige euch ganz und gar und bewahre euren Geist, eure Seele und euren Leib unversehrt, damit ihr ohne Tadel seid, wenn Jesus Christus, unser Herr, kommt." Wie wir sehen, drückt sich das Wesen des Menschen jedesmal in seiner Gesamtheit aus, handle es sich nun um das geistige, seelische oder körperliche Leben.

Einheit und Ganzheit des Menschen

Einheit und Ganzheit sind tatsächlich die beiden Grundbegriffe der biblischen Anthropologie. Man findet sie bis in die kleinsten Einzelheiten des menschlichen Lebens. So wird jedes Glied des Körpers, jedes Organ stets in Verbindung mit dem ganzen Menschen gesehen. Gleicherweise findet sich das Ganze gewissermaßen im einzelnen Teil wieder. Jedes Organ bringt gewissermaßen die Person selbst zum Ausdruck. Die Füße genügen, um den Boten zu kennzeichnen; der Arm den schützenden Gott; die Zunge oder der Mund denjenigen, der spricht usw.

Der Mensch und sein körperliches Leben

Im Gegensatz zur Lehre der dualistischen Anthropologie wird in der Bibel die leibliche Seite des Menschen nie als schlecht betrachtet. Körperlichkeit wie auch Sexualität sind also nicht Folge eines Sturzes der schon zuvor bestehenden Seele in eine schlechte Materie (Körper). Im Gegenteil: Körperlichkeit und Sexualität sind vom Schöpfer gewollt. Gott schuf die Menschen, er schuf sie als „Mann und Frau". Die Körperlichkeit ist nach der Bibel vielmehr die unerläßliche Voraussetzung für die menschliche Person in allen Formen und auf allen Stufen des Daseins.

Wenn der Apostel Paulus in 1. Korinther 15 sogar von der „Unsterblichkeit des Leibes" spricht, so sagt das deutlich genug, daß es nach dem biblischen Menschenbild ohne einen Leib keine menschliche Existenz und menschliche Wirklichkeit gibt. Sogar in der künftigen Welt wird der Mensch einen Körper haben. Darum heißt es: „Denn dies Verwesliche muß anziehen die Unverweslichkeit, und dies Sterbliche muß anziehen die Unsterblichkeit." (1. Korinther 15, 53.) Der Körper drückt die Natur des Menschen vollkommen aus. Man sollte daher nicht sagen, daß der Mensch einen Körper *hat,* sondern daß er ein Körper *ist.* Übrigens könnte man in mehreren Texten der paulinischen Briefe das Wort „Leib" einfach mit „ich" übersetzen.

Jede Lehre, welche die Verachtung des

> Religion ist im weitesten und tiefsten Sinne des Wortes das, was uns unbedingt angeht ... Die Religion ist die Substanz, der Grund und die Tiefe des menschlichen Geisteslebens. Das ist die religiöse Dimension des menschlichen Geistes.
> (Paul Tillich)

Leibes fordert, steht im Widerspruch zur Bibel. Den Christen zu Korinth ruft der Apostel Paulus in Erinnerung, daß der Leib ein „Tempel des heiligen Geistes" ist. „Darum preist Gott mit eurem Leibe." (1. Korinther 6, 19. 20.) Dies erklärt, weshalb die Heilige Schrift hinsichtlich Hygiene, Ernährung und allem, was die Gesundheit und das Wohlbefinden des Menschen betrifft, so viel Belehrung erteilt.

Der Mensch und sein seelisches Leben

Wenn der Leib Ausdruck des Menschen in seinem allgemeinsten Aspekt ist, des Menschseins nämlich, so ist die Seele dagegen Ausdruck des individuellen Persönlichen. Die Seele ist wirklich das, was jedem Menschen eigen ist, das, was erlaubt, den einen Menschen vom andern zu unterscheiden. Kurz, die Seele ist seine Individualität, das Merkmal seiner Person.

In der Bibel finden wir das Wort Seele nie dem Wort Leib gegenübergestellt. Im Gegenteil: Beide Ausdrücke ergänzen sich. Immer bedeutet „Seele" eine Kundgebung des vollständigen Lebens des Menschen, sei es in der leiblichen und allen Menschen eigenen, sei es in der seelischen und individuellen Form. Vielleicht wäre es besser, von psychosomatischen Kundgebungen zu sprechen, wie dies in der wissenschaftlichen Welt geschieht und wie es uns auch die biblischen Begriffe nahelegen.

Der Mensch ist aber nicht nur ein Leib und eine Seele. Er ist auch ein denkendes Wesen.

Der Mensch und sein geistiges Leben

Das Wort „Geist" ist äußerst vielschichtig. Auch wenn es um den Geist des Menschen geht, sind Unterschiede zu machen, ob nun das Wort Geist die Lebenskraft von Gott oder ob es die intellektuellen und geistlichen Fähigkeiten des Menschen betrifft.

Im letzten Fall bezeichnen Hunderte von biblischen Texten den Geist als die Möglichkeit, durch die sich die Intelligenz des Menschen, seine geistigen Fähigkeiten, seine Denkweise, kurz: seine Geistesverfassung bekunden. In einem Gebet richtet König David folgende Bitte an Gott: „Schaffe in mir, Gott, ein reines Herz, und gib mir einen neuen, beständigen Geist." (Psalm 51, 12.) Beim Werk des Heilwerdens spielt der Geist die wichtigste Rolle. Der Geist Gottes spricht zum Menschen, indem er sich an dessen Geist wendet und diesen Geist erneuert, so daß der Mensch fähig wird, anders zu denken, über geistliche Dinge zu urteilen, den Willen Gottes zu erkennen.

Der Geist bezeichnet also die Intelligenz als das, wodurch der Mensch „weiß", „versteht", „urteilt" und „das Gute vom Bösen" zu unterscheiden imstande ist. Um aber ein wirklicher Mensch zu sein, genügt es nicht, den Willen Gottes zu erkennen. Man muß sich auch danach richten. Auf diesem Niveau nun verwendet die biblische Psychologie einen vierten, oft unbeachtet gelassenen Begriff: das Herz.

Der Mensch und sein Herz

Das Wort Herz ist ganz gewiß der sinnreichste Begriff der biblischen Anthropologie. Besser und mehr als alle anderen wird er benutzt, um die geheimsten und ursprünglichsten Äußerungen der Persönlichkeit zu bezeichnen.

Ist es notwendig zu erwähnen, daß das Wort Herz in der Bibel gar nichts mit dem Organ zu tun hat, dem die Wissenschaft diese Bezeichnung beilegt? Es hat auch nichts mit dem Gemüthaften zu tun, das man ihm in unseren modernen Sprachen zuordnet. Aber in der Bibel nimmt, was die Bekundung der menschlichen Persönlich-

Der Mensch ist nicht ein Wesen, das lediglich seine biologischen Bedürfnisse erfüllt wünscht. „Brot und Spiele" können nur eine Zeitlang befriedigen. Zumal in Grenzsituationen (Todesgefahr, schwere Krankheit usw.) steigt die Frage nach Sinn und Bestimmung des eigenen Lebens auf.

keit betrifft, das Herz eine Vorzugsstellung ein. Während die anderen Begriffe je nach Erwähnung ihre Reihenfolge ändern, erscheint das Wort Herz immer an erster Stelle. „Du sollst den Herrn, deinen Gott, lieben mit ganzem Herzen, mit ganzer Seele, mit all deinem Verstand und mit all deiner Kraft." (Vgl. Markus 12, 30.)

Mit dem Begriff Herz sind so viele Funktionen verbunden, daß man wohl sagen darf, ein Mensch sei das wert, was sein Herz wert ist. Das Herz ist in der Tat die verborgene Quelle, in der sich die Gedanken bilden und von wo sie gewissermaßen in das Licht des Geistes und auf unsere Lippen gelangen. „Was aber aus dem Munde herauskommt, das kommt aus dem Herzen", sagte Jesus. Und: „Wovon das Herz voll ist, davon fließt der Mund über."

Das Herz ist vor allem der geheime Ort, wo die Entschlüsse gefaßt werden, wo der Mensch seine Wahl trifft, wo er seine Freiheit ausübt und seine Verantwortung wahrnimmt. Das Herz ist der eigentliche Sitz des Willens.

Man könnte viele Texte anführen, die zeigen, daß sich das Verhalten des Menschen, seine Gedanken, seine Worte und seine Handlungen nach den Entscheidungen seines Herzens richten. Deshalb ist der Ratschlag der Bibel von so großer Bedeutung: „Behüte dein Herz mit allem Fleiß, denn daraus quillt das Leben." (Sprüche 4, 23.) Gerade weil der Mensch sein Herz nicht behütet, weil er seine Freiheit schlecht genutzt hat und in seinem Herzen Beschlüsse faßt, die gegen die Ordnung des Schöpfers sind, hat er sein Wesen im Tiefsten und von Anfang an verdorben, so daß man sagen kann, daß das „Dichten und Trachten des menschlichen Herzens" böse ist von Jugend auf.

Jesus weist darauf hin: „Von innen, aus dem Herzen der Menschen, kommen die bösen Gedanken: Unzucht, Diebstahl, Mord, Ehebruch, Habgier, Schlechtigkeit, Arglist, Ausschweifung, Mißgunst, Gotteslästerung, Hochmut, Unvernunft. Kurz: All diese bösen Dinge kommen von innen heraus und machen den Menschen unrein."

Die biblische Anthropologie offenbart mit dem Begriff Herz einen Aspekt der menschlichen Natur, ohne den die Beschreibung des Menschen unvollständig wäre. Ohne ihn würde derjenige Aspekt des menschlichen Lebens fehlen, der uns in unseren Tagen ganz besonders zu schaffen macht: Tragik, Angst, Not. Oder gemäß der biblischen Terminologie: Der Mensch ist der Sünde unterworfen.

In seiner Zeichnung „Die Heilung des Blinden" hat Rembrandt auf eindrucksvolle Weise das Heilandshandeln Jesu zum Ausdruck gebracht. Dieser Heil wirkende Herr ist das Urbild des neuen Menschen, von dem die Bibel spricht; denn den neuen Menschen kennzeichnen Barmherzigkeit und Liebe.

Die geistliche Berufung des Menschen

Die Erfahrung des Bösen ist universal. Jeder aufmerksame Beobachter ist gezwungen, mit dem Biologen *Jean Rostand* zuzugeben, daß „die Instinkte des Menschen im Grunde schlecht, gehässig, begierig, aggressiv sind". Sehr oft beschrieben Denker und Philosophen die Auswirkungen des Bösen in einer Sprache, die seltsamerweise mit derjenigen der Bibel übereinstimmt. So hat es gerade die existentialistische Literatur verstanden, mit Präzision, Brutalität und bisweilen Zynismus die menschliche Wirklichkeit zu beschreiben, die aus Not, Angst, Widerspruch und Eitelkeit besteht.

Die Tragik der Sünde

Die Bibel aber begnügt sich nicht damit, die Tatsachen festzustellen; sie erklärt die Ursachen. Da der Mensch die Ordnung der Schöpfung nicht beachtet hat, betrat er einen Weg, der dem vom Schöpfer vorgezeichneten zuwiderläuft. Und da der Mensch die wahre Existenz des Geschöpfes verkannte, suchte er das Leben da, wo es sich nicht befand. Indem er dies tat, geriet er in Widerspruch zu den Gesetzen, von denen sein Leben abhing. Und dadurch, daß er dem Gesetz Gottes ungehorsam war, wurde er ein Sklave des Gesetzes der Sünde; denn man ist immer Sklave dessen, der über einen gesiegt hat. Indem der Mensch sich der Sünde hingab, wurde er zu ihrem Sklaven. Dadurch verlor er seine ursprüngliche Freiheit, so daß es ihm nicht mehr möglich ist, das Böse entweder nicht oder das Gute nur seinem eigenen Willen entsprechend zu tun.

Gewiß, selbst als Sünder besitzt der Mensch noch eine gewisse Freiheit. Allenfalls kann er sogar ein tugendhafter Sünder sein; aber er ist nicht mehr in der Lage, *kein* Sünder zu sein. Durch seinen Ungehorsam, wie er auf den ersten Blättern der Bibel mit der Geschichte vom Sündenfall erzählt wird, hat sich der Mensch in Widerspruch zu seiner ursprünglichen Bestimmung und seiner von Gott geschaffenen Natur gesetzt.

Der Zustand der Sünde bedeutet für den Menschen nicht nur einen Bruch in den Beziehungen zu Gott, sondern auch eine Spaltung seiner Person. Diese Spannung zwischen den natürlichen Neigungen und dem sittlichen Ideal wurde zu allen Zeiten beklagt. „Wer ist es denn, der, wenn wir uns nach einer Seite wenden, uns auf die andere zieht?“ fragte *Seneca*, der römische Philosoph. Und sein griechischer Zeitgenosse *Epiktet* bemerkte: „Derjenige, der sündigt, tut nicht das, was er will; er tut das, was er nicht will.“

Der Apostel Paulus ruft in dieser dramatischen Situation aus: „Wollen habe ich wohl, aber vollbringen das Gute finde ich nicht. Denn das Gute, das ich will, das tue ich nicht; sondern das Böse, das ich nicht will, das tue ich. Wenn ich aber tue, was ich nicht will, so tue nicht ich es, sondern die Sünde, die in mir wohnt. So finde ich nun ein Gesetz, daß mir, der ich will das Gute tun, das Böse anhanget. Denn ich habe Lust an Gottes Gesetz nach dem inwendigen Menschen; ich sehe aber ein ander Gesetz in meinen Gliedern, das da widerstreitet dem Gesetz in meinem Gemüte und nimmt mich gefangen in der Sünde Gesetz, welches ist in meinen Gliedern. Ich elender Mensch! Wer wird mich erlösen von dem Leibe dieses Todes?“ (Römer 7, 18–24.)

„Ich elender Mensch! Wer wird mich erlösen von dem Leibe dieses Todes?“ In diesem Aufschrei liegt etwas von existentieller Angst, obwohl der Apostel weiß, daß die Entfremdung von Gott, die Auflehnung gegen ihn und die Unterwerfung unter die Sünde gegen seinen Willen ist. Wenn die Bibel die seelische Not des Menschen auf diese Weise betont, geschieht es schließlich nur mit der Absicht, ihre befreiende Botschaft besser zur Geltung zu bringen.

Die Daseinsberechtigung der biblischen Anthropologie beruht ja auf der Lösung, die sie dem Menschen bringt, um ihn aus seiner Gebundenheit zu befreien. Wenn der Mensch die Freiheit bezüglich Gut und Böse nicht mehr kennt und wenn er lebensfeindlichen Mächten unterworfen ist, hat er doch immer noch die Möglichkeit, davon befreit und in ein neues Leben geboren zu werden: das Leben des Geistes von Gott. Darum gibt der Apostel Paulus auf die Frage: „Wer wird mich erlösen von dem Leibe dieses Todes?“ auch gleich die Antwort: „Ich danke Gott durch Jesus Christus, unsren Herrn!“ Jesus spricht die Zusicherung aus, uns frei zu machen von allen lebensfeindlichen Mächten. Die Bedingung dazu ist klar: ein Gesinnungswandel durch Gott.

Gottes Antwort auf die Sünde: Jesus Christus

Man hat mit Recht gesagt, daß die biblische Anthropologie immer und in erster Linie auf Gott, den Gott Jesu Christi, bezogen sei. Tatsächlich erlangt der entfremdete, gefallene und durch den Geist erneuerte Mensch diese Erkenntnis nur, wenn er Christus kennt. In ihm erkennt er die Wirklichkeit unserer Existenz wie in einem Spiegel dessen, was wir sein sollen. Noch mehr: In ihm sieht er den Menschen mit den Aussichten auf ein neues Leben. Schließlich erkennt er in ihm die neue menschliche Existenz, die durch den Ruf des Geistes bestimmt ist. Insofern ist die Menschwerdung Christi eine anthropologische Notwendigkeit, ohne welche die Befreiung des Menschen nicht möglich gewesen wäre. Durch Christus ist es dem Menschen möglich, am Leben des Geistes teilzuhaben.

Vom Geist geboren, Träger des Geistes, kam Jesus Christus in diese Welt als der Erstgeborene einer neuen Generation von Menschen. Der Apostel Paulus nennt ihn den zweiten Adam, der durch sein Leben, seinen Tod und seine Auferstehung die menschliche Natur vom „Gesetz der Sünde und des Todes" befreit hat. Was Gott in Christus getan hat, möchte er auch im Leben eines jeden Menschen vollbringen. Und durch die Gabe des Geistes kann Gott uns am Sieg Christi teilhaben lassen.

Vor allem sucht Gott durch seinen Geist unser schlafendes Gewissen aufzuwecken, um uns der Sünde zu überführen und uns zur Buße zu leiten. Indem Gott uns ruft, gibt er uns die Möglichkeit, den Lauf unserer Existenz zu ändern. Die Wahl, die der erste Mensch traf, bestimmt das Schicksal eines jeden Menschen. Durch das Werk Jesu Christi wird jeder wieder in die Lage versetzt, sein eigenes Schicksal zu wählen, auf den Ruf des Geistes zu antworten, sich für Gott zu entscheiden und frei zu werden.

Die menschliche Wirklichkeit hängt letztlich davon ab, wie jeder die ihm gebotene Möglichkeit nützt. In unserem Zustand „unter der Sünde" kann also jeder immer noch entscheiden, was er sein möchte. Und schließlich bekommt das Bild vom Menschen von dieser Entscheidung seine Umrisse und seine endgültige Form. Wer auf den Ruf des Geistes antwortet, wird unverzüglich unter dessen Einfluß gestellt und als Sohn angenommen. „Weil ihr denn Kinder seid, hat Gott gesandt den Geist seines Sohnes in unsre Herzen, der schreit: Abba, lieber Vater! So bist du nicht mehr Knecht, sondern Kind [d. h. frei]." (Galater 4, 6. 7.)

Wenn uns der Geist gegeben wurde, daß er „in uns wohne", dann herrscht er unumschränkt „in unserm Herzen". Er heilt, er befreit. Die Ketten, die uns gefangen hielten, fallen. Die Pforten, welche die Zukunft verschlossen, öffnen sich. Die verkümmerte und in der Knechtschaft entfremdete Persönlichkeit kann nun entscheiden, „nach dem Geiste zu leben" im vollen Bewußtsein ihrer selbst.

Das Leben im Geist

„Der geistliche Mensch" ist nicht das Ergebnis einer augenblicklichen Umwandlung. Der neue Mensch ist der, der „im neuen Wesen des Geistes dient" oder „im Geist wandelt" oder der „vom Geist Gottes getrieben" wird. Alle diese Ausdrücke deuten darauf hin, daß die neue Existenz eine „Verpflichtung des Gewissens", eine neue Orientierung, der Anfang eines neuen Lebens ist; denn „das Alte ist vergangen", indem „ein Neues geworden ist".

Wir finden hier wieder, was über den Menschen bei seiner Erschaffung, als er aus den Händen seines Schöpfers hervorging, gesagt ist. Der neue Mensch besitzt keine von Anfang an voll entwickelte „Natur". Er muß jeden Tag sein geistliches Leben vervollkommnen. Ist der „neue Mensch angezogen", dann „erneuert sich der innere Mensch von Tag zu Tag" „zur Erkenntnis nach dem Ebenbilde dessen, der ihn geschaffen hat". Diese Erneuerung geht das gesamte menschliche Wesen an.

Durch die Gabe des Geistes verfügt der Mensch über eine Kraft, die imstande ist, die Macht der Sünde zu besiegen. Aber die Sünde dankt nicht ab, wenn dem Menschen der Geist verliehen wird. Sie macht sich im Gegenteil weiterhin bemerkbar. Aber jetzt kann das Böse „nach der Kraft, die da in uns wirkt" (Epheser 3, 20), überwunden werden. Durch den Geist kann Gott in uns nun „das Wollen wie das Vollbringen zu seinem Wohlgefallen" wirken.

Darum steht es dem Christen zu, die empfangene göttliche Macht anzuwenden, um Werke zu vollbringen, die des Geistes würdig sind. Er wird aufgefordert, unermüdlich an der Entwicklung des neuen Menschen zu arbeiten, in fester Zuversicht, daß der, der in ihm dieses gute Werk begonnen hat, es auch vollenden wird bis zum Tag Jesu Christi.

Drei Fragen entscheiden über mein Leben

Jeder erlebt es einmal, in einer ihm unbekannten Gegend unterwegs zu sein. Zwar trifft man immer wieder auf Wegweiser, an denen man sich orientieren kann. Manchmal bleibt aber gar nichts anderes übrig, als einfach stehenzubleiben. Warum? Ich will wissen, ob die Richtung noch stimmt. Nur unterwegs zu sein, das wäre mir zu wenig. Ich will ja an ein Ziel. Nicht an irgendeines. Ich will das Ziel meines Lebens nicht verfehlen.

Darum ist es von Zeit zu Zeit nötig, Standort und Kurs zu bestimmen. Wo stehe ich? Wie verlief der bisherige Weg? Sind Kurskorrekturen erforderlich? Fragen, die nicht nur bei einer Tageswanderung in den Alpen wichtig sind. Diese Fragen stellen sich auf dem Weg unseres Lebens. Unzählige Menschen haben es verzweifelt schwer, auf diese Fragen eine zufriedenstellende Antwort zu finden. Trotzdem wollen wir dieser Standortbestimmung nicht ausweichen. Sie ist nötig, weil sie uns hilft, den eigentlichen Sinn unseres Lebens zu verstehen.

Ein sensationeller Anruf

Unsere Welt und unser moderner Lebensstil werden heute in zahllosen Büchern untersucht. Immer häufiger enden die Autoren bei der alles entscheidenden Frage: „Führt der Weg der Menschheit in ein Paradies, oder treiben wir weltweit der Selbstvernichtung zu?“ In seinem Buch „Der Wettlauf zum Jahre 2000“ versucht *Fritz Baade* unsere Situation in einem packenden Gleichnis darzustellen.

Ein Assistent der Mount Wilson und Palomar Observatorien kommt eines Tages im Jahr 1997 aufgeregt zu seinem Chef. Er hatte Nachtwache gehabt an einem Gerät, mit dem das Observatorium geheimnisvolle Wellen aus dem Weltraum verfolgte. Diesmal hatte er einen direkten und verständlichen Anruf aufgefangen von einem Sender, der sich „Mann jenseits des Sonnensystems“ nannte.

Mit riesigen technischen Geräten vermögen die Menschen in den Himmel zu lauschen – hören sie auch die Stimme dessen, der allein Heil bringt?

Die dringende Warnung

Der Anruf enthielt eine dringende Warnung. Alle Pläne des Abfeuerns von Wasserstoffbomben und atomaren Mülls auf andere Weltkörper sollten sofort eingestellt werden, wenn nicht die Erde „desinfiziert", das heißt die Erdbevölkerung ausgerottet werden sollte.

Ein weiterer Anruf war für die nächste Nacht angekündigt. Die Direktoren der größten Sternwarten traten in funktelefonische Verbindung. Der Sender sollte in der nächsten Nacht gleichzeitig gehört werden.

Die wichtige Botschaft

Dies geschah. Die Botschaft hatte den gleichen Wortlaut. Der Sender „Mann jenseits des Sonnensystems" kündigte an, daß seine nächste Sendung eine für jeden Menschen auf der Erde wichtige Botschaft enthalten würde.

Diese dritte Sendung wurde überall auf der Erde von der Bevölkerung mitgehört. Es läge der Antrag im Planetenrat vor, die Erdbevölkerung schmerzlos auszutilgen. Dem Antrag war widersprochen worden. Man wollte der Erde eine letzte Chance geben. Die Menschheit sollte das Recht haben, drei Fragen an den Planetenrat zu richten. Von der Formulierung dieser Fragen würde es abhängen, ob die Erdbevölkerung am Leben bleiben dürfe oder nicht.

Die Reaktion der Menschen

Die Reaktion der Bevölkerung und der Presse in allen Ländern der Erde äußerte sich zunächst in einer Fülle von Albernheiten. Nur allmählich erkannte man den vollen Ernst der Situation. Die Vereinten Nationen traten zu einer Sondersitzung zusammen. Im Namen der Menschheit sollten die drei Fragen formuliert werden. Viele Sachverständige wurden vernommen, Astronomen, Physiker, Soziologen, Theologen. Nach Anhörung der Sachverständigen beschlossen die Vereinten Nationen, eine Kommission zu beauftragen, die Formulierung der ersten Frage vorzuschlagen. Nach vier Tagen empfahl sie einstimmig ihre erste Frage.

Drei entscheidende Fragen

Verlassen wir für einen Augenblick den Boden dieses modernen Gleichnisses. Welche Fragen würden wir selber stellen, hinge unser Leben vom Wortlaut einer einzigen Frage ab? In diesem vergleichenden Bild war dies die erste der entscheidenden Fragen: „Glaubt ihr an Gott?"

Die erste Frage

Oft gab es in der Geschichte der Menschheit Situationen, in denen die Frage nach Gott unausweichlich wurde. Der einzelne Mensch stand vor dieser Frage ebenso wie ganze Völker. Immer gehörte Mut dazu, sich der Frage zu stellen: „Gibt es einen Gott? Wenn ja, darf ich ihm vertrauen?"

Es gilt vielen als schick, den Glauben an Gott mit einem Lächeln oder mit resignierender Geste abzutun. Gott? Wenn es ihn gäbe, hätte er nicht längst eingegriffen, ja, zugreifen müssen, um den Wahnsinn auf der Erde zu beenden? Ein Gott, der die Menschheit nach Belieben drauflos leben läßt, was sollte ein solcher Gott wert sein? Darum steht es für die Mehrheit fest: Gott, wenn es ihn je gegeben haben sollte, ist tot.

Auf den ersten Blick ein bestechendes Argument. Und die sich zu Gott bekennen, haben dem offenbar nicht viel entgegenzusetzen. Es sei denn, wir sehen genauer hin. Wer wollte denn ernsthaft einen Gott, der auf unserem Planeten die Rolle des Weltpolizisten übernimmt? Der jedem auf die Finger klopft, der sich anders verhält, als Gott es von ihm erwartet? Viele schreien nach Gott, wenn es schiefgegangen ist. Vermutlich dieselben Leute, die heftig zeterten, würde ihnen dieser Gott ihre Freiheiten eingrenzen.

„Glaubt ihr an Gott?" Als man diese Frage an den Planetenrat ins Weltall funkte, war dieser Name für alle Beteiligten mehr als ein frommes Markenzeichen. Auf dem schmalen Grat zwischen Vernichtung und Überleben wurde der Name Gottes zum lebensrettenden Signal. Nur im Gleichnis? Viele Menschen aus allen Zeiten bezeugen, daß sie in der Begegnung mit Gott die alles entscheidende Wende ihres Lebens fanden. Wie man diesem Gott begegnen kann? Ein Patentrezept dafür gibt es nicht. Hier nur soviel: Wir müssen vor uns selbst ehrlich sein, aufgeschlossen gegenüber Gott. Gott finden zu wollen – das setzt voraus, daß wir ihn wenigstens mit der gleichen Gründlichkeit, mit demselben Zeitaufwand suchen, wie wir beides beim Bau eines Hauses oder beim Autokauf aufzuwenden bereit sind. Gott läßt sich finden, aber nicht so nebenbei. Er begegnet dem Suchenden.

Hilfreich dabei ist das Gespräch mit Menschen, die Gott erlebt haben. Viele Bücher berichten, was an Erfahrungen mit Gott überliefert wurde. Denn wenn es einen Gott gibt, dann wollen wir ihn erkennen, ihm vertrauen und mit ihm leben. Wagen wir einen Anfang.

Die zweite Frage

Es blieb nicht bei der einen Frage. Stellen Sie sich vor, man hätte Sie in jene Kommission gewählt. Was wäre Ihr Vorschlag für Frage Nr. 2 gewesen? Auch diese zweite Frage hat es in sich. Beziehen wir sie doch gleich auf unsere eigene Situation: „Wie seht ihr uns?"

Im allgemeinen kümmert es uns wenig, wie wir von anderen gesehen werden. „Was geht es mich an, wie andere über mich denken? Ich lebe, wie ich es für richtig halte. Ich selber rede keinem drein, und ich lasse mir von niemandem vorschreiben, was ich tun soll." Eine selbstbewußte, weitverbreitete Einstellung. Man will das Leben auf eigene Faust führen, unabhängig vom Urteil anderer.

Es ist für unser inneres Gleichgewicht unerläßlich, daß wir uns selbst bejahen. Wer sich ständig in Frage stellt, sich gar ablehnt, der kann auf die Dauer nicht mit sich leben. Und er wird auch unfähig zur Gemeinschaft mit anderen Menschen. Wir finden keine seelische Ausgeglichenheit, wenn wir uns selber auf die Nerven gehen. Darüber werden viele krank, seelisch und körperlich.

Dennoch, auch diese Münze hat ihre Kehrseite. Es kommt nämlich nicht nur darauf an, wie wir uns selbst sehen und bewerten. Anders gesagt: Das Bild, das wir selbst von uns haben, ist nicht das einzige. Vielleicht ist es auch nicht das echte, wirkliche. Andere sehen uns anders: meine Kinder, mein Ehepartner. Auch die Arbeitskollegen, Freunde und Nachbarn. Der Mann an der Tankstelle und mein Hausarzt. Wie sehen mich die anderen?

Ob wir es wagen würden, einmal jemanden zu bitten: „Sag mir doch ehrlich, wie siehst du mich?" Zugegeben, dieses Experiment ist nicht ganz ohne. Denn dabei können Dinge herauskommen, die wir an uns selbst nie bemerkt haben. Vielleicht sehen wir einige unserer Charaktereigenschaften und Gewohnheiten auf einmal in einem ganz neuen Licht. Was wir an uns selbst kritisieren, schätzen andere vielleicht gerade als einen unserer Vorzüge. Uns selbst war das nie bewußt geworden. Im Gespräch erkennen wir aber auch kantige

Eigenschaften, die wir nicht wahrhaben wollen. Ichbezogenes Denken, lästige Gewohnheiten, Charakterschwächen. Beispiele? Wir nennen es Ordnung und merken nicht, wie wir damit unsere Umwelt tyrannisieren. Geradlinigkeit, so sagen wir. Wie urteilt man in unserer Umgebung über diese vermeintliche Tugend? „Ein sturer Mensch, der um keinen Preis von der einmal gefaßten Meinung abzubringen ist." Wir selbst halten uns für großzügig. Anderen fällt an uns auf, daß man sich sehr oft nicht auf uns verlassen kann.

Wie siehst du mich? Ernüchternd, aber auch heilsam kann diese Frage sein. Wichtig ist, daß man sich damit einem Freund ausliefert, der wirklich helfen kann und will, ehrlich und liebevoll zugleich. Übrigens: Vielen Ehen wäre geholfen, stellten Eltern diese Frage ihren heranwachsenden Kindern. Kinder sehen oft in unbestechlicher Klarheit, was ihren Eltern fehlt.

Es gibt einen einleuchtenden Grund, warum es uns interessieren muß, wie andere uns sehen: Jeder ist verliebt in sein eigenes Bild. Natürlich geben wir zu, daß dieses Bild auch seine Schattenseiten hat. Wer hätte sie nicht! „Nobody is perfect" – vollkommen ist keiner. Auf diesen Trost verlassen wir uns gerne. Verglichen mit anderen, so reden wir auf uns selber ein, bist du doch ein ganz passabler Typ. Ich selbst, meine Umgebung, ja, warum auch nicht, Gott können mit mir zufrieden sein.

Wer dazu neigt, alles hundertprozentig machen zu wollen, wer bei eigenem Versagen schnell mutlos wird, wer über Lebensproblemen und Charakterfehlern zu verzweifeln droht – der darf sich ruhig in Erinnerung rufen: „Vollkommen ist keiner!" Das wird ihm helfen, unabänderliche Dinge etwas gelassener zu sehen. Trotz dieser Einschränkung, die für viele Menschen gilt, ermutigen wir zur Bestandsaufnahme der eigenen Persönlichkeit. Sie beginnt mit der Frage an sich selbst: „Wer bin ich wirklich?"

Sie fragen mit Recht, wie könnte das ganz praktisch aussehen? Sie werden in diesem Buch manchen Hinweis gefunden haben, der auf diesem Weg weiterführt. Suchen Sie das Gespräch mit einem Pastor ihres Vertrauens. Und wenn Sie ganz für sich einen Anfang wagen wollen, dann empfehlen wir Ihnen das Buch, das Unzähligen zu allen Zeiten ihr wahres Ich enthüllt hat: die Bibel. Ihrer eigenen Aussage zufolge wirkt sie wie ein Spiegel. Vielleicht gefällt uns das Bild nicht immer, das uns aus dem Spiegel entgegenblickt. Aber dieses Bild hat den Vorzug, die Wirklichkeit zu zeigen, wie sie ist. Der Blick in den Spiegel sagt mir, wo mein Leben geändert werden muß.

Zurück zum Gleichnis mit den drei entscheidenden Fragen. Warum eigentlich wollten die Menschen in dieser schwierigen Lage wissen, wie man sie von außen beurteilte? Offensichtlich vertraute die Menschheit am Rande des Abgrundes darauf, daß der Gesprächspartner „jenseits des Sonnensystems" noch Hoffnung hatte. Hoffnung für eine fast schon verlorene Menschheit. Die Frage „Wie siehst du mich?" hat nur Sinn, wenn noch Hoffnung besteht, daß sich etwas ändern kann zum Guten hin. Das große Schweigen setzt dort ein, wo man alle Hoffnung aufgegeben hat. „Der ändert sich ja doch nicht!" Die stumme Reaktion vieler, die gefragt werden: „Wie siehst du mich?" Wer die Wahrheit hören will über sich selbst, der darf nicht den Beleidigten spielen, wenn er diese Wahrheit zu hören bekommt.

Die dritte Frage

Mit den beiden ersten Fragen war eigentlich schon das Schlimmste überstanden. Im Gespräch mit dem Planetenrat bahnte sich die Wende zur Entspannung an. Die Gnadenfrist war schon halb zugestanden. Wer bereit ist, nach Gott zu fragen, wer den Mut hat, im Spiegel sich selbst in die Augen zu schauen, für den darf man hoffen. So wurde die letzte, die dritte Frage schnell gefunden und beantwortet. Eine zwingende Frage für unser eigenes Leben, heute und hier. Und es ist in einer bisher nie gekannten Aktualität die Lebensfrage der Menschheit in allen Völkern und auf allen Kontinenten: „Was ratet ihr uns?"

Es bedarf heute keiner großen Phantasie, um die für unsere Welt fälligen Selbstverständlichkeiten aufzuzählen. Der Planetenrat im Gleichnis forderte die Einstellung aller Atom- und Wasserstoffbomben-Versuche; er drang auf radikale Abrüstung bei sämtlichen, auch bei konventionellen Waffen. Und er riet dazu, Abrüstungsersparnisse für eine Welthilfe an hungernde Völker und für die Entwicklungsländer zu verwenden. Naheliegende, einleuchtende und bis heute unerfüllte Weisungen. An unserer Welt erleben wir, was wir in der kleinen Welt unseres eigenen Lebens nachvollziehen können: Weit ist der Weg von der richtigen Einsicht zum richtigen, der Situation angemessenen Verhalten.

In der Botschaft an die Menschheit wird schließlich erwähnt, daß dies alles nur Ratschläge, keineswegs Befehle seien – Empfehlungen freilich im Sinne einer Bewährungsfrist bis zum Jahre 2000. Bis dahin solle die Erdbevölkerung beweisen, daß sie die Reife erlangt habe, die sie zu einem Leben in der Gesellschaft der Planeten tauglich mache.

Erkennen wir uns selbst wieder in den Menschen, denen für ihr Leben keine unbefristete Zeit zugemessen ist? Unser Leben, das ist die kurze Spanne Zeit, die uns bleibt, um das Einleuchtende, das Naheliegende, das Selbstverständliche zu tun. Wie schwer uns das fällt, davon lesen wir täglich in der Zeitung, wir erleben es an anderen und an uns selbst. Keiner zweifelt doch daran, daß fast alle Menschen das Beste wollen. Wie kommt es denn, daß wir das Gute wollen und dennoch so verkehrt handeln? Auf Grund unserer Einsicht und unseres gesunden Urteilsvermögens könnte es doch nur die Entscheidung zum Guten geben. Warum in aller Welt scheitern wir oft so kläglich? Warum?

Die Macht, der wir nicht gewachsen sind

Mit unserer Einsicht und unserem guten Willen liegen wir im Widerstreit mit einer Macht, der wir nicht gewachsen sind. Jeden Menschen zwingt sie unter ihre Herrschaft. Sie bringt es fertig, daß wir oft genau das Gegenteil tun von dem, was wir eigentlich wollen. Wir nennen diese Macht bei dem Namen, den das Buch der Bücher, die Bibel, ihr gibt. Auch auf die Gefahr hin, daß Sie innerlich abschalten werden, weil Sie damit nicht gleich etwas anfangen können. Die Macht, die unser Leben bestimmt, heißt Sünde.

Die Kluft zwischen uns und Gott

Natürlich, wir verstehen kaum noch, was das heißt. Mit vielen anderen Worten unserer Sprache haben wir auch diesen Begriff verharmlost, umgedeutet, verfälscht. Die Sünde ist zur Karikatur geworden. Gesündigt wird in der Konditorei, wenn Übergewichtige oder zur Diät verpflichtete Leute ein Stück Torte zuviel gegessen haben. Sünde, eine niedliche, harmlose Sache.

Sünde – so heißt der Abgrund, der uns um Welten von Gott trennt, weil wir uns von Gott abgewendet haben. Wir leben ohne ihn, wenn es sein muß gegen seinen erklärten Willen. Mehr noch: Wir haben das Leben ohne Gott geradezu zur Krönung unserer wissenschaftsbesessenen und materialistischen Denkungsart er-

Die Botschaft von Jesus Christus, wie sie uns die Bibel überliefert, ist wie ein Brief, der eine Nachricht enthält, die uns glücklich macht. Diese Botschaft sagt uns, daß wir keine Angst zu haben brauchen und daß wir uns Gott für den heutigen Tag wie für alle Zukunft getrost anvertrauen dürfen.

hoben. Darum begreifen wir kaum noch, was wir durch die Sünde verloren haben. Wer einmal bewußt erlebt, wie die Gewalt der Sünde stärker ist als sein guter Wille, der hört auf, sich mit dem überlegenen Lächeln des aufgeklärten Menschen von der Bibel abzuwenden. Einer, dessen Gedanken wir in diesem Buch finden, beschreibt so seine Erfahrung:

„Denn ich bin mir darüber im klaren, daß in meiner irdischen Menschlichkeit keine Chance liegt, Gutes zu wirken. Ich kann es zwar wollen, aber nicht wirklich tun. Ich tue ja nicht das Gute, das ich ersehne, sondern das Böse, das ich vermeiden möchte... Es scheint ein Gesetz zu sein, daß in mir, der doch das Gute tun will, immerfort das Böse zustande kommt... Ich unglücklicher Mensch! Wer wird mich von dieser widersinnigen Menschlichkeit befreien und von dem Tod, den sie mir einbringt?" (Römer 7, 18. 19. 21. 24, Zink.)

Die große Chance

Über dieser Einsicht könnte man verzweifeln. Viele sind zerbrochen unter der Spannung, das Gute zu wollen, ohne dazu fähig zu sein. Die Arena, in der dieser Kampf ausgefochten wird, ist unser eigenes Herz. Allen entmutigenden Niederlagen jedoch zum Trotz: Es besteht kein Grund zur Verzweiflung. Über diesem Schauplatz wird eine Nachricht ausgerufen, die uns wieder Hoffnung fassen läßt: „Ich danke Jesus Christus, unserem Herrn, daß er mich befreit hat!"

Der Mann jenseits des Sonnensystems

Wie nannte sich doch der Gesprächspartner im Gleichnis von den drei Fragen, die lebensentscheidend waren? „Mann jenseits des Sonnensystems". Daß es ihn so gibt, wie das Gleichnis ihn zu beschreiben versucht, ist bis heute nicht erwiesen. Und dennoch – dieser Mann lebt. Als der Gesandte Gottes kam er in diese Welt. Sein Auftrag war es nicht, Revolutionär zu sein. Er wollte uns Menschen auch nicht für ein religiöses Hochleistungs-Training gewinnen. Er kannte nur eines: den Menschen zu lieben. Jeden Menschen und überall auf der Welt. Mit seiner Art zu leben machte er ein für allemal deutlich: Gott liebt diese Welt.

Daß er sich vor allem um Außenseiter kümmerte, um gestrandete, fragwürdige Existenzen, das sollte uns nicht an ihm stören, im Gegenteil.

Der „Mann jenseits des Sonnensystems"? Es gibt ihn wirklich. Die an diesem Buch geschrieben haben – Ärzte, Psychologen, Lehrer, Journalisten, Pastoren, Sozialpädagogen – wollen den Lesern dieses Buches bezeugen, daß sie alle ihre fachliche Hilfe, ihren Rat nicht trennen können von dem, was ihrem Leben die Richtung gegeben hat: ihr gemeinsamer Glaube an Jesus Christus. Auf den Seiten eines Buches auf ihn hinzuweisen, das kann nur ein Anfang sein. Es könnte ein Anfang sein, ein erster Schritt auf dem Wege, der unserem Leben als Menschen eine Tiefe schenken kann, die wir nur erahnen können.

Ausklang

Die Autoren dieses Buches haben sicher auch Gedanken formuliert, die für den Leser neu sind. Aber nicht deswegen wurden sie aufgezeichnet; sie möchten vielmehr dazu verhelfen,

- das uns geschenkte, einmalige Leben besser zu verstehen, zu bewältigen, sinnvoll zu erfüllen und den Menschen angstfrei und in Liebe zu begegnen;
- dem einen Menschen mit neuer Liebe gegenüberzutreten, der uns in einem unfaßbaren und beglückenden Augenblick seine ganze Liebe, ja, sein Leben schenkte, wodurch wir einen Abglanz göttlicher Liebe erlebten;
- die Situationen vor unserem geistigen Auge wiedererstehen zu lassen, in denen uns Mitmenschen aus Ängsten, Depressionen und Schwierigkeiten halfen oder uns im Leid beistanden;
- die Augenblicke zurückzuholen, die zu Marksteinen und Wendepunkten in unserem Leben wurden und uns immer wieder neue Kraft geben können;
- in der uns davoneilenden Zeit das Bleibende, Ewige zu erkennen, das unserem Herzen Ruhe und Frieden gibt;
- uns der Stunden zu erinnern, in denen wir die Nähe des Göttlichen erahnten, die uns etwas vom Endgültigen jenseits der Zeit wahrnehmen ließen.

In allen diesen Situationen, Stunden oder Augenblicken haben wir – oft kaum bewußt – Erfahrungen mit Gott gemacht. Es gehört schließlich auch zur Zielsetzung dieses Buches, daß wir mit Herz und Sinn, Gefühl und Verstand, Seele und Geist dem Geheimnis des Geistigen und Geistlichen nachspüren.

Das Unvermögen, die sinngebenden Kräfte für unser Leben zu erfassen, ist die größte und verbreitetste Krankheit unserer Zeit; an ihr wird das weit fortgeschrittene Stadium der religiösen Entwurzelung besonders deutlich.

Wir möchten, daß dieses Buch dazu beiträgt, die „Heimat unserer Seele" wiederzuentdecken und bei unseren Lesern der Entwicklung zur Sinn-Losigkeit entgegenzuwirken.

Es kann in einem Augenblick geschehen, oft braucht es aber einen langen Reifeprozeß, bis einem Menschen „die Augen aufgehen" und es ihm „ganz warm ums Herz" wird, wenn er dann endlich bis zu dem alten Weisheitswort der Bibel vorgedrungen ist: „Hab keine Angst! Ich bin der Erste und der Letzte. Ich bin der Lebendige!" Gerade hierin steckt die Heilkraft für Leib, Seele und Geist.

Ernst Schneider

Weiterführende Literatur

Balint, Michael: Der Arzt, sein Patient und die Krankheit, Klett-Verlag, Stuttgart, 1970

Barkow, D. R. / Graul, E. H.: Suchtprobleme heute – Nuklearkatastrophen, Medice-Hausdruck, Iserlohn, 1981

Barz, Helmut: Vom Wesen der Seele, Kreuz-Verlag, Stuttgart, 1983

Battegay, Raymond: Angst und Sein, Hippokrates Verlag, Stuttgart, 1976

Betz, Otto (Hrsg.): Das Leben meditieren. Ein Lesebuch, Verlag J. Pfeiffer, München, 1970

Blakeslee, Thomas R.: Das rechte Gehirn, Aurum-Verlag, Freiburg/Br., 1982

Bosmans, Phil: Vergiß die Freude nicht, Herder-Verlag, Freiburg/Br., 1979

Boss, Medard / Condreau, Gion / Hicklin, Alois: Leiben und Leben, Benteli-Verlag, Bern, 1977

Bräutigam, Walter / Christian, Paul: Psychosomatische Medizin, Thieme-Verlag, Stuttgart, 1981

Brocher, Tobias: Stufen des Lebens, Kreuz-Verlag, Stuttgart, 1977
- Von der Schwierigkeit zu lieben, Kreuz-Verlag, Stuttgart, 1977
- Sind wir ver-rückt?, Kreuz-Verlag, Stuttgart, 1983

Fischle-Carl, Hildegund: Sich selbst begreifen, Kreuz-Verlag, Stuttgart, 1978

Frankl, Viktor E.: Ärztliche Seelsorge, Kindler-Verlag, München, 1975
- Das Leiden am sinnlosen Leben, Herder-Verlag, Freiburg/Br., 1977
- Der Mensch vor der Frage nach dem Sinn, Piper-Verlag, München, 1980
- Der Wille zum Sinn, Huber-Verlag, Bern, 1978

Fromm, Erich: Die Kunst des Liebens, Deutsche Verlagsanstalt, Stuttgart, 1980
- Psychoanalyse und Ethik, Diana-Verlag, Stuttgart/Konstanz, 1954

Gali, Alexander: Selbstmord auf Raten, Dr. Gali-Verlag, Ebenkoben, 1978

Gasset, Ortega y: Der Mensch und die Leute, dtv, München, 1961

Heim, Edgar: Krankheit als Krise und Chance, Kreuz-Verlag, Stuttgart, 1980

Heim, Karl: Der christliche Gottesglaube und die Naturwissenschaft, Aussaat-Verlag, Wuppertal, 1976

Jaeger, Marc A.: Geist und Seele im technischen Zeitalter, Orell Füssli Verlag, Zürich, 1968

Jordan, Pascual: Der Naturwissenschaftler vor der religiösen Frage, Stalling-Verlag, Oldenburg, 1963
- Erkenntnis und Besinnung, Stalling-Verlag, Oldenburg, 1972

Jores, Arthur: Praktische Psychosomatik, Huber-Verlag, Bern, 1976
- Der Mensch und seine Krankheit, Klett-Verlag, Stuttgart, 1970

Legewie, Heiner / Ehlers, Wolfram: Knaurs moderne Psychologie, Droemer-Knaur, München, 1980

Levi, Lennart: Stress – Körper, Seele und Krankheit, Musterschmidt-Verlag, Göttingen, 1964

Luban-Plozza, Boris / Pöldinger, Walter: Der psychosomatische Kranke in der Praxis, Springer-Verlag, Berlin/Heidelberg, 1980

Mitscherlich, Alexander: Krankheit als Konflikt – Studien zur psychosomatischen Medizin, Suhrkamp-Verlag, Frankfurt, 1969

Müller-Eckhard, Hans: Die Krankheit, nicht krank sein zu können, Klett-Verlag, Stuttgart, 1955

Rahner, Karl: Wissenschaft und christlicher Glaube, Benziger Verlag, Köln/Zürich, 1983

Richter, Horst-Eberhard: Patient Familie, Rowohlt-Verlag, Hamburg, 1972

– Eltern, Kind und Neurose, Rowohlt-Verlag, Hamburg, 1974

Riesman, David: Die einsame Masse, Rowohlt-Verlag, Hamburg, 1961

Rothschild, Berthold: Seelische Notsituationen, Beltz-Verlag, Weinheim, 1980

Schlippe, Gunnar v.: Die Einsamen und Verlassenen, Furche-Verlag, Hamburg, 1971

Schottlaender, Felix: Die Mutter als Schicksal, Klett-Verlag, Stuttgart, 1956

Schultz, Hans Jürgen (Hrsg.): Einsamkeit, Kreuz-Verlag, Stuttgart, 1980

– Was weiß man von der Seele?, Kreuz-Verlag, Stuttgart, 1967

Selye, Hans: Stress, Humana-Verlag, München, 1973

Tournier, Paul: Bibel und Medizin, Rascher-Verlag, Zürich, 1953

– Liebe gibt dem Leben Sinn, Reinhardt-Verlag, Basel, 1983

Uexküll, Thure v.: Lehrbuch der psychosomatischen Medizin, Verlag Urban & Schwarzenberg, München, 1979

Wanner, Walter: Signale aus der Tiefe, Brunnen-Verlag, Gießen, 1977

Weizsäcker, Carl Friedrich v.: Deutlichkeit, Hanser-Verlag, München, 1978

– Der Garten des Menschlichen, Hanser-Verlag, München, 1977

Weizsäcker, Viktor v.: Der kranke Mensch, Krehler-Verlag, Stuttgart, 1951

Fremdwörter erklärt:

Abstinenz: Enthaltsamkeit.

Abstraktion: gedankliche Herausgliederung und nachfolgende Verallgemeinerung bestimmter Eigenschaften bzw. Merkmale konkreter, sinnlich wahrnehmbarer Gegenstände.

Adaptation: Anpassung von Lebewesen oder Organen an Umwelteinflüsse oder -reize.

Affekt: heftige, schnell ablaufende Gemütsbewegung.

Affektivität: Gesamtheit der Affekte, Emotionen, Gefühle von Lust und Unlust.

Aggressivität: angriffslustiges, streitsüchtiges Verhalten bzw. Wesen.

akut: plötzlich auftretend, von heftigem und kurzdauerndem Verlauf.

Allergen: Stoff, der eine Allergie auslöst.

Allergie: Sammelbezeichnung für Überempfindlichkeit und krankhaft veränderte Reaktion des Organismus auf bestimmte Substanzen und dadurch ausgelöste Antikörperbildung.

Allergiker: an einer Allergie Erkrankter.

Alternative: Wahl, Entscheidung zwischen zwei Möglichkeiten.

Ambition: Ehrgeiz, Bestrebung.

ambulant: zur Behandlung den Arzt aufsuchend, nicht stationär.

Analogie: Ähnlichkeit, Entsprechung.

Analyse: Zergliederung eines Ganzen in seine Teile, genaue Untersuchung der Einzelheiten.

Anämie: Blutarmut.

Anästhesie: Ausschaltung der Schmerzempfindung bzw. Schmerzempfindlichkeit durch Narkose und narkoseartige Methoden.

anatomisch: vom menschlichen Körperbau her.

Anthropologie: Wissenschaft vom Menschen, von den Menschenrassen.

anthropologisch: menschenkundlich.

Anthroposophie: von Rudolf Steiner (1861–1925) begründete Lehre vom Menschen in seiner Beziehung zur übersinnlichen Welt.

Antizipation: Vorwegnahme.

Arteriosklerose: Arterienverkalkung.

Aspekt: Blickrichtung, Ansicht, Gesichtspunkt.

Ästhetik: Lehre von den Gesetzen und Grundlagen des Schönen, besonders in Natur und Kunst.

asymmetrisch: uneben, ungleichmäßig, nicht symmetrisch.

Atheismus: Ablehnung bzw. Verneinung der Existenz Gottes.

atheistisch: gottlos.

authentisch: verbürgt, echt, zuverlässig.

Autonomie: Unabhängigkeit, Eigengesetzlichkeit.

Bakteriologe: Bakterienforscher.

Basedow: Überfunktion der Schilddrüse, u. a. mit Hervortreten der Augäpfel, Kropfbildung und Steigerung der Herzschlagfrequenz.

Biodynamik: Wissenschaft von der Wirkung verschiedener Außeneinflüsse (z. B. Beschleunigung, Schwerelosigkeit, Vibration) auf den Organismus.

biodynamisch: auf der Biodynamik beruhend.

biographisch: in der Art einer Lebensbeschreibung.

Bypass: Überbrückung eines krankhaft veränderten Blutgefäßabschnittes durch Einpflanzen eines Stückes einer (meist körpereigenen) Vene oder Arterie oder eines Kunststoffschlauchs; vorübergehende Blutumleitung eines Gefäßes während einer Operation an diesem Gefäß.

Cannabis: Hanf; Haschisch.

Charismatiker: Anhänger einer religiösen Bewegung, die besonderen Wert auf die Gaben des Heiligen Geistes legt.

Chirurgie: Lehre von der operativen Behandlung krankhafter Störungen und Veränderungen im Organismus.

chronisch: sich langsam, schleichend entwickelnd.

Delirium tremens: Säuferwahn.

Demoskopie: Meinungsforschung; Meinungsumfrage.

Destillation: Verdampfung und anschließende Wiederverflüssigung durch Abkühlen einer Flüssigkeit zur Abtrennung einer Flüssigkeit von darin gelösten Feststoffen und zur Trennung verschiedener Flüssigkeiten.

destruktiv: zerstörerisch, zerstörend.

determiniert: bestimmt, abgegrenzt; entschieden.

Diagnostik: Lehre und Kunst von der Erkennung und systematischen Benennung der Krankheiten.

Diätetik: Lehre von der gesunden Ernährung und Lebensweise.

differenziert: abgestuft, verfeinert.

Dilettantismus: Laienhaftigkeit; Pfuscherei.

Disharmonie: Mißklang, Unstimmigkeit, Uneinigkeit.

Diskriminierung: Herabsetzung, Herabwürdigung.

Disposition: generell die Veranlagung oder Empfänglichkeit des Organismus für bestimmte Erscheinungen, speziell für bestimmte Erkrankungen.

dissozialisieren: einen Bewußtseinszusammenhang auflösen, eine geordnete Vorstellungsverbindung zerfallen lassen.

Dualismus: jede Lehre, die zwei Grundprinzipien des Seins annimmt, z. B. Licht und Finsternis, männliches und weibliches Prinzip, Geist und Materie usw.; der Widerstreit von zwei einander entgegengesetzten Kräften.

dualistisch: zweiheitlich, den Dualismus betreffend.

Dynamik: Triebkraft, Schwung, Lebendigkeit.

dynamisch: voll innerer Kraft, lebendig, bewegt.

Dysfunktion: gestörte Funktion, Funktionsstörung (z. B. eines Organs).

Egoismus: Ichhaftigkeit, Selbstsucht, Eigenliebe.

egozentrisch: das eigene Ich in den Mittelpunkt stellend, nur vom eigenen Ich aus denkend und handelnd, alles auf das eigene Ich beziehend.

Ekstase: (religiöse) Verzückung.

elektroenzephalographisch: durch Aufnahme einer Hirnstromkurve (Elektroenzephalogramm = EEG).

embryonal: zum Keimling gehörend, im Keimlingszustand; unreif, unfertig.

emotional: gefühlsmäßig, durch Gemütsbewegung bewirkt.

Ethik: Lehre vom sittlichen Verhalten des Menschen und seines verantwortlichen Handelns innerhalb der Gemeinschaft.

ethisch: sittlich, moralisch.

Euphorie: Gefühl gesteigerten Wohlbefindens.

Eurhythmie: schöne Ausgeglichenheit von Bewegung und Ausdruck; die von Rudolf Steiner begründete Ausdruckskunst auf Grund der Vereinigung von Sprache oder Gesang und Bewegung, wobei den Bewegungen bestimmte Bedeutungen zugeordnet werden.

Euthanasie: Erleichterung des Todeskampfes durch Medikamente; „Sterbehilfe".

Eutonie: normaler Spannungszustand der Muskeln und Gefäße.

Existentialismus: Strömung der modernen Philosophie, die den Menschen im Hinblick auf seine Existenz betrachtet.

Existentialist, Existenzphilosoph: Anhänger des Existentialismus.

existentiell: die Existenz betreffend.

Existenzanalyse: psychoanalytische Methode, bei der die Geschichte eines Einzelwesens unter dem Gesichtspunkt von Sinn- und Wertbezügen durchforscht wird.

expansiv: sich ausdehnend.

Extremitäten: Bezeichnung für die Gliedmaßen Arme und Beine.

exzessiv: übertrieben, maßlos.

Gerontologie: die Wissenschaft von den Alterungsvorgängen.

Halluzination: Sinnestäuschung.

Halluzinogen: Sinnestäuschungen hervorrufende Droge.

hellenistisch: sich beziehend auf die Kulturepoche von Alexander dem Großen bis Augustus; während dieser Zeit breitete sich die griechische Kultur bis nach Rom und Innerasien aus.

Herzblock: völlige Unterbrechung der Erregungsleitung zwischen Vorhöfen und Kammern des Herzens, so daß die Vorhöfe und

Kammern völlig unabhängig voneinander in ihrem Eigenrhythmus schlagen.
Hieroglyphen: ursprünglich: altägyptische Schrift; hier: schwer lesbare Schrift.
Hypochonder: eingebildeter Kranker; egozentrischer Mensch, der in ständiger Angst lebt, krank zu werden oder krank zu sein, sich deshalb ständiger Selbstbeobachtung in dieser Hinsicht unterzieht und jede Kleinigkeit als Krankheitszeichen auslegt.
hypoton: mit vermindertem Druck.
Hypotonie: chronisch erniedrigter Blutdruck.
Hysterie: Zustand, in dem sich seelische Erregung durch körperliche Veränderungen oder Funktionsstörungen äußert.

Idealismus: durch sittliche, nicht materielle Ziele bestimmte Anschauung und Verhaltensweise; Glaube an Ideale.
Identifikation: Gleichsetzung.
Ideologie: Weltanschauung.
illusionär: auf einer trügerischen Hoffnung oder einer Selbsttäuschung beruhend.
Imitation: Nachahmung; Fälschung.
Improvisation: unvorbereitete Handlung, aus dem Stegreif Dargebotenes.
Impuls: plötzlicher Antrieb oder Anstoß; Augenblicksentschluß.
impulsiv: einem Impuls folgend, rasch handelnd.
Indikation: Heilanzeige, der Umstand oder die Anzeichen, aus denen die Anwendung bestimmter Heilmittel oder Heilmethoden angezeigt erscheint.
Individualismus: Lehre, die dem Einzelwesen in der Gemeinschaft den Vorrang gibt; Betonung der Interessen des einzelnen.
Individuation: Entwicklung zur Individualität, zu einem durch eigenes Gepräge gekennzeichneten Einzelwesen.
individuell: der Eigenart des einzelnen entsprechend.
Initialmedikation: Verwendung bestimmter Medikamente zu Beginn einer Behandlung.
Initiative: Fähigkeit, aus eigenem Antrieb zu handeln, Entschlußkraft; der erste Schritt zu einer Handlung.
institutionalisiert: zu einer festen Einrichtung geworden.
institutionell: die Institution betreffend.
Instruktion: Anweisung, Verhaltensmaßregel; Unterweisung.
Integrität: Vollständigkeit, Unversehrtheit; Reinheit, Makellosigkeit, Rechtschaffenheit, Redlichkeit.
intensivieren: verstärken.
Intention: Absicht, Bestreben.
Interaktion: Wechselwirkung, wechselseitige Beeinflussung von Einzelpersonen oder Gruppen.
interpretieren: erklären, auslegen, deuten.
Intimität: Vertrautheit; Vertraulichkeit.

Kanzerogen: krebserregende Substanz.
katathym: affektbedingt, wunschbedingt, durch Wahnvorstellungen entstanden.
Klimakterium: die Wechseljahre.
Kompensation: Ausgleich einer bewußten oder unbewußten Unsicherheit durch betont entgegengesetztes Verhalten.
kompensatorisch: ausgleichend, zum Ausgleich.
kompetent: zuständig; urteilsfähig.
Konfrontation: Gegenüberstellung.
konstruktiv: aufbauend.
Konsultation: ärztliche Beratung.
Kontemplation: schauende Selbstversenkung in das Wort und Werk Gottes; zweck- und begierdefreies Anschauen des Schönen.
Kybernetik: Theorie von der Aufnahme, Verarbeitung und Übertragung von Informationen verschiedenster Art.
kybernetisch: die Kybernetik betreffend.

labil: unbeständig, schwankend, wandelbar, anfällig.
Lethargie: Teilnahmslosigkeit, Abgestumpftheit.
Logotherapie: auf die Existenzanalyse (siehe dort) gegründete psychotherapeutische Methode zur Behandlung von Neurosen, die aus geistigen Problemen entstanden sind (Viktor E. Frankl).

Manie: krankhafte Leidenschaft, Besessenheit; Phase des manisch-depressiven Irreseins, abnorm heiterer und erregter Gemütszustand, durch Enthemmung, Triebsteigerung und Selbstüberschätzung gekennzeichnet.
manipulierbar: beeinflußbar, von außen steuerbar.
manisch-depressiv: periodisch irre, charakteristisch ist der mehr oder weniger rasche Wechsel von manischen (siehe Manie) und depressiven Phasen.

Masochismus: geschlechtliche Erregung beim Erdulden von Mißhandlungen.
Materialismus: Lehre, daß das Stoffliche das allein Wirkliche in der Welt und daß alles Nichtstoffliche nur als seine Eigenschaft und Wirkung aufzufassen sei.
materialistisch: den Materialismus betreffend.
Materie: Stoff, Masse; Inhalt bzw. Thema einer Schrift, eines Gesprächs usw.
mechanistisch: nur mechanische Ursachen anerkennend.
Meditation: aus religiösen Riten in die Medizin übernommene Technik der Selbstversenkung, z. B. beim autogenen Training.
Metaphysik: heute die philosophische Lehre, die sich mit der übersinnlichen Welt befaßt, also jener Welt, die sich über oder hinter der sinnlich erfahrbaren, natürlichen Welt befindet; philosophische Lehre von den letzten Gründen und Zusammenhängen des Seins.
Methodik: Lehre von den Methoden, besonders vom planmäßigen, geschickten Unterrichten.
Mikrobe: einzelliges Lebewesen.
Mobilität: Beweglichkeit.
Molekül: kleinster Bestandteil eines Stoffes.
Monotonie: Eintönigkeit.
Motivation: Gesamtheit der Motive, die nicht unmittelbar aus äußeren Reizen abgeleitet sind.
motivieren: jemanden dazu bringen, etwas zu tun, indem man sein Interesse dafür weckt.
Mystik: religiöse Richtung, die den Menschen durch Hingabe und Versenkung zu persönlicher Vereinigung mit Gott bringen will.
Mystiker: Anhänger der Mystik.
Mythos: Götter-, Geister-, Heldendichtung, Legende.
mythisch: sagenhaft.

Naivität: Kindlichkeit, Unbefangenheit, Natürlichkeit, Ursprünglichkeit, Harmlosigkeit, Einfalt, Treuherzigkeit.
Neurose: krankhafte, aber wieder rückgängig zu machende Verhaltensstörung mit seelischen Ausnahmezuständen und körperlichen Funktionsstörungen ohne organische Ursache.
neurotisch: unter einer Neurose leidend.

Okkultismus: Lehre von außersinnlichen Wahrnehmungen, übersinnlichen Erscheinungen und Kräften.
Ökologie: Lehre von den Beziehungen der Lebewesen zu ihrer Umwelt.
ökonomisch: wirtschaftlich, sparsam.
Originalität: Ursprünglichkeit; Besonderheit, Eigenart.
Orthopädie: Lehre von der Erkennung und Behandlung angeborener oder erworbener Fehler der Haltungs- und Bewegungsorgane.

Papille: Brustwarze.
Pathologie: die Lehre von den Krankheiten, besonders ihrer Entstehung und den durch sie hervorgerufenen Veränderungen im Organismus.
Peripherie: Randlinie.
peripher: am Rande befindlich.
permissiv: erlaubend, freizügig.
Perspektive: Zukunftsausblick, Zukunftsaussicht.
Perversion: krankhafte Abweichung vom Normalen, Verkehrung des Empfindens ins Krankhafte (besonders auf sexuellem Gebiet).
Pessimismus: Neigung, in der Welt, im Leben oder bei einer Sache nur das Schlechte zu sehen, Schwarzseherei.
Phänomen: Erscheinung.
Phantastika: Trugbilder und Sinnestäuschungen hervorrufende Drogen.
Pharmakologie: Lehre von den Arzneimitteln.
Physiopathologie: Lehre von den krankhaften Störungen und Veränderungen der natürlichen Lebensvorgänge.
physisch: körperlich.
Plazenta: Mutterkuchen, den Stoffaustausch zwischen Mutter und Ungeborenem vermittelndes schwammiges Organ, an dem der Nabelstrang des Ungeborenen ansetzt und das nach der Geburt ausgestoßen wird.
Prävention: Verhütung.
Primärpersönlichkeit: ursprüngliche Persönlichkeit.
Prodromalphase: Phase, in der Frühsymptome dem voll ausgebildeten Krankheitsbild vorausgehen.
Prognose: ärztliche Beurteilung des voraussichtlichen Verlaufs, der Dauer und des Ausgangs einer Krankheit.
Projektion: Übertragen bzw. Hineinverlegen bestimmter nur vorgestellter Eigenschaften in eine Person.
Prophylaxe: zusammenfassende Bezeichnung für die medizinischen und sozialhygieni-

schen Maßnahmen, die der Verhütung von Krankheiten dienen.
pseudo-: falsch, scheinbar, vorgetäuscht, nicht echt.
Psychedelika: Glücksgefühle hervorrufende, „bewußtseinserweiternde" Drogen.
Psychomotorik: das sich nach psychischen Gesetzen vollziehende Bewegungsleben, in dem sich ein bestimmter normaler oder krankhafter Geisteszustand der Persönlichkeit ausdrückt.
psychisch: seelisch.
Psychoanalyse: Verfahren zur Untersuchung und Behandlung seelischer Fehlleistungen, Störungen oder Verdrängungen sowie seelisch bedingter körperlicher Erkrankungen mit Hilfe der Traumdeutung und der Erforschung der dem Unbewußten entstammenden Triebkonflikte.
Psychodysleptika, Psychomimetika: Halluzinationen und abnorme psychische Zustände hervorrufende Drogen.
Psychopharmaka: zusammenfassende Bezeichnung für Arzneimittel, die eine steuernde (dämpfende, beruhigende, stimulierende usw.) Wirkung auf die psychischen Abläufe im Menschen ausüben.
Psychophysik: Lehre von den Wechselbeziehungen zwischen körperlichen Reizen und den dadurch hervorgerufenen Empfindungen.
Psychose: Geisteskrankheit, Seelenstörung, die innerhalb des Lebenslaufes zeitlich abgrenzbar ist.
Psychosomatik: Lehre von den Beziehungen zwischen Körper und Seele.
Psychotherapie: (Lehre von der) Behandlung psychischer und körperlicher Erkrankungen durch systematische Beeinflussung des Seelenlebens des Patienten.
psychotrop: auf das Seelische einwirkend.
Pubertät: die Zeit des Eintritts der Geschlechtsreife.

Rationalismus: jede Lehre, die die Vernunft, das logische Denken in den Mittelpunkt der Betrachtung stellt.
rationalistisch: vernunftgemäß, vernünftig.
Reduktionsprozeß: rückschreitende Umwandlung.
Reflex: unwillkürlich ablaufende Reaktion auf einen Reiz.
Rehabilitation: Gesamtheit aller Maßnahmen zur Wiedereingliederung eines Kranken, Versehrten oder Behinderten in das normale Leben.
renommistisch: angeberisch.
repräsentativ: würdig vertretend.
Resignation: Verzicht, Entsagung, Ergebung in das Schicksal.
Revision: nochmalige Prüfung.
Ritual: Gesamtheit religiöser Bräuche oder Kulthandlungen.

Sadismus: anormale sexuelle Triebbefriedigung in der Lust an körperlichen und seelischen Quälereien.
Schizophrenie: eine besondere Art von erblicher Geisteskrankheit; sie beginnt oft schon in jüngeren Lebensjahren und äußert sich durch Sinnestäuschungen und Wahnideen.
Seismograph: Gerät zum Aufzeichnen von Erdbeben.
sekundär: zweitrangig, nachträglich hinzukommend.
Selbstsuggestion: seelische Beeinflussung von innen, aus einem selbst heraus.
Solidarität: Zusammengehörigkeit, Verbundenheit.
Soziologie: Lehre vom Zusammenleben von Menschen, Tieren und Pflanzen in einer Gemeinschaft bzw. Gesellschaft.
Spektrum: Vielfalt, Buntheit.
spezifisch: arteigen, eigentümlich.
spontan: aus eigenem Antrieb; aus plötzlichem Entschluß.
Stagnation: Stockung, Stillstand.
stereotyp: feststehend, unveränderlich; ständig wiederkehrend, formelhaft.
Substanz: Stoff; innerstes Wesen, Kern einer Sache.
Suggestion: seelische Beeinflussung, Willensübertragung.
Symptom: Krankheitszeichen.
Syndrom: Krankheitsbild mit mehreren charakteristischen Symptomen.
synkretistisch: auf einer Verschmelzung mehrerer Religionen, Auffassungen oder Standpunkten beruhend.
Synthese: Zusammenfügung einzelner Teile zu einem Ganzen.

Terminologie: Gesamtheit der Fachausdrücke eines Wissensgebietes.
therapeutisch: mittels einer Therapie, zu einer Therapie gehörend.
Therapie: Heilbehandlung, Krankenbehandlung.
Thymusdrüse: im oberen Brustraum hinter dem Brustbein liegende innersekretorische Drüse, die sich nach dem Kindesalter zurückbildet; sie beeinflußt vor allem Stoffwechsel und Wachstum.
Tiefenpsychologie: Teil der Psychologie, der sich mit den vor- und unterbewußten Schichten des Seelenlebens befaßt.
toxikologisch: auf der Lehre von den Giften und Vergiftungen beruhend.
Typus: Gepräge, das eine Person mit anderen gemeinsam hat.

Über-Ich: durch die Erziehung entwickelte Kontrollinstanz des Ich; Gewissen.
Umstrukturierung: Veränderung des Aufbaus bzw. der inneren Gliederung einer Sache.
universal: umfassend, allgemein.
utopisch: nur in der Vorstellung möglich, erträumt; nach Unmöglichem und Unerreichbarem strebend.

Variante: Abart, Spielart.
vegetativ: dem Willen nicht unterliegend; das autonome (selbständige) Nervensystem und seine Funktion betreffend.
Vision: Traumgesicht, Erscheinung; Trugbild.
visionär: traumhaft, seherisch.
Vitalkapazität: Fassungsvermögen der Lunge an Atemluft.

Zynismus: philosophische Richtung, die alle kulturellen Werte verneint; schamlos-bissige Spöttelei.

Sachverzeichnis

(f. = folgende Seite, ff. = folgende Seiten)

Bildnachweis

Farbbilder

Anthony Verlag, Starnberg (Wegler): 61
Advest, Frankfurt: 85, 89, 101, 132, 133
Austerhoff A., Düsseldorf: 101, 108, 109
Baensch H., Hamburg: 93, 125, 144, 538
Bauer E., Karlsruhe: 137
Bavaria Verlag, Gauting
  Bias/Eichler: 29
  Bias/Orel. 45
  Photomedia: 117, 213
  Poss: 36
Bildagentur Stuttgart: 435
Fischer E., Hamburg: 162
Heine-Stillmark A., Karlsruhe: 281, 303, 323, 427
Jorde E., Hainburg: 171, 181, 280, 288, 362
Lohne A., Washington: 192
Mauritius Bildagentur, Mittenwald (Gräfingholt): 551
Müller W. H., Stuttgart: 20, 64, 156, 205, 423, 455, 511 (Christuskopf von Chr. Oehler, Pauluskirche Stuttgart), 539 (Der Sündenfall, Kirchenfenster, V. Saile, Stuttgart)
Nahler L., Hillesheim: 40, 53, 236, 490
Otto W., Oberhausen: 68
Poss O., Siegsdorf: 17, 21, 28, 48, 148, 189, 240, 264, 335, 347, 363, 406, 426, 494, 528
Sundquist P., Sollentuna/Schweden: 538
Uthoff H., Hamburg: Vorsatzbild
Tölle A., Rötenbach: 76
Volkswagenwerk Wolfsburg: 447
Zentrale Farbbild Agentur (ZEFA), Düsseldorf
  Benser: 403
  Damm: 84
  Helbing: 249
  Voigt: Titelbild
Zimmermann K., Burg/Mosel: 193, 268, 311, 446, 467, 510

Schwarzweißbilder

Anthony Verlag, Starnberg
  Castro: 318
  Jorde: 445
  Körnig: 67
  Pfeiffer: 484/85
  Rieder: 414
  Schmölzer: 230
  Siegert: 73, 357
  Weich: 83
  Wulff: 325
Baensch H., Hamburg: 109, 254/55, 319, 338, 392, 459
Bavaria Verlag, Gauting (Schäfer): 41
Center Press, Frankfurt: 267, 279, 460
Centrale Marketinggesellschaft der deutschen Agrarwirtschaft (CMA), Bonn: 402
Fehn H., Schwabenheim: 275
Globus-Kartendienst, Hamburg: 458
Grau G., Baiersbronn: 433
Gruner und Jahr, Hamburg (Brigitte): 139
Heine-Stillmark A., Karlsruhe: 185, 278
Jorde E., Hainburg: 158
Komplett-Bild, München: 375
Kortner B. S., München: 196
Nahler L., Hillesheim: 18, 50/51, 147, 219, 227, 235, 318, 356, 395, 440, 501, 513, 526
Otto W., Oberhausen: 23, 27, 35, 105, 176, 219, 252, 361, 533
Petri Christa, Regensburg: 115, 158/59, 159, 164, 238, 269, 279, 306, 353, 556
Poss O., Siegsdorf: 58, 302, 483
Simms K., Malmö: 546
sl/Gerstenberg, Frankfurt: 60, 342/43
Tiedemann M., Büderich: 421
Volkswagenwerk Wolfsburg: 259
Vorsorge-Initiative, Frankfurt: 130
Wort und Bild, Baierbrunn: 22
Zimmermann K., Burg/Mosel: 31, 210, 290, 296, 332, 518

Autorenverzeichnis